국제기업을 위한

표준 경영전략

임 성 훈

머/리/말

성공을 위해 기업은 환경에 적응하려고 노력하지만, 특별한 기업은 환경을 바꾸려고 한다.

표준 경영전략은 저자의 표준시리즈 다섯 번째 책이다. 본서의 관점과 구성내용은 출간 즈음에 새롭게 정리한 것이 아니라, 25년 전부터 저자의 전략을 보는 관점과 강단에서 강의한 내용을 정리한 것이다. 저자는 기존 전략경영의 가설인 환경이 전략에 영향을 주고, 조직은 전략에 따른다는 순차성에 대해, 역으로 기업이 환경에 응전하여 자신의 내부능력을 경쟁환경의 게임법칙으로 설정할 가능성을 중시했다. 기업의 내외부 환경 간 전략적 적합성을 단순한 맞춤보다는 상호 영향력 행사, 나아가 상대를 자신 기준으로 변화시키려는 의도와 실질적 행사로 간주했다. 시간이 흘러 지금에야 지필을 들었지만, 사고와 연구 방향을 현재까지 유지하고 있다. 가령 저자의 표준 시리즈 네 번째 책인 「표준 해외직접투자와 외국인투자」에서도 중앙정부와 지방정부의 정책 차이를 외국인투자정책의 목표와 수단 간에 '전략적 적합성' 관점에서 첫 장부터 끝장까지 유지하며 풀어썼다. 어찌 보면, 이번 표준 경영전략 논리의 실전 적용의 예라고 볼 수 있을 것이다.

표준 경영전략은 본서의 내용을 전달하고, 독자의 이해를 돕기 위해 그동안 표준시리즈에서 사용한 편집기법의 장점을 살려 적용했다. 가뜩이나 복잡한 이론 체계인 전략경영과 또한 새로운 관점까지 포함한 본서의 내용을 이해하는 데 도움이 되도록 최대한 독자 입장에서 문체와 편집을 시행했다. 만일 책을 읽고 이해가 안 된다면 오롯이 필자의 무능과 부족의 결과이다.

- 본문 내용에 해당한 사례를 되도록 풍부하게 작성하여 배치했다. 전략경영은 이론뿐 아니라 실제 현장에서 적용하여 성과로 이어지는 실무적 속성도 있어, 사례를 통한 내용 습득에 어려움이 없도록 노력했다.

- 문체를 독자의 이해도에 우선순위를 두어 작성했다. 눈으로 보았을 때 강조·고딕체가 소제목이 되도록 앞단에 기술하다 보니, 문장구조와 문법 측면에서 다소 어색한 면도 발생한다. 또한, 따옴표를 자주 사용했는데, 이는 용어나 정의로서 강조의 성격을 나타내기 위함이다. 겹따옴표는 강조보다는 인용의 경우에만 구별하여 사용했다.

- 하나의 긴 문장이나, 단락으로 작성하기보다는 단문으로, 동그라미 디자인(●)을 사용하여 핵심 요약정리 방식을 채택했다. 전체적 흐름을 문장으로 구성하여 읽을 때보다, 독자에게 개념정리가 더욱 잘 될 것이라는 기대감과 믿음에서다. 부디 저자의 예측이 맞았으면 하는 바람이다.

- 내용을 간추린 표를 삽입한 것이나, 그림을 많이 삽입하고 이에 대한 설명을 문장으로 다시 기술했다. 내용 개념을 이해하는 데 있어 시각적인 도표화는 도움이 될 것이다. 다른 표준시리즈와 달리, 좌우 여백에 특별히 요약이나 용어 정리를 삽입하지는 않았는데, 그만큼 편집과 구성만으로 이해가 되도록 최선을 다했다. 학습방법으로 읽으면서 본문 좌우의 여백이나, 도표에 독자의 생각과 느낌을 메모하는 방식으로 정리해 나가는 방법을 추천한다.

표준 경영전략의 출간에 학현사 편집부를 비롯한 임직원의 도움이 매우 컸음을 밝힌다. 표준시리즈는 15년 전에 시작됐다. 지금까지 수고해준 학현사 전·현직 여러분께 특별한 감사함을 표한다. 또한, 박세원 대표님과 학현사의 창대한 발전을 기원한다. 그리고 학문의 세계와 삶에 있어 항상 저자의 앞을 밝혀주신 존경하는 임동운, 유성열, 임효숙 님에게도 감사함을 전한다. 마지막으로 지금의 학술적 소양이 있기까지 저자에게 많은 가르침을 주신 서울대학교 이동기, 조동성, 민상기, 박철순, 문휘창 교수님께 이 자리를 빌려 감사드린다.

2025년 화양동 연구실에서 짙푸른 창밖을 바라보며

저자 임성훈 드림

목/차

04

제2부

전략의 계획 150

07

제3부 전략의 실행 290

PART 1
전략의 정의와 환경분석

01 전략의 정의와 체계

02 외부환경 분석 1: 국가경쟁력과 입지

03 외부환경 분석 2: 산업구조와 경쟁자

04 내부환경 분석: 자원 · 능력과 경쟁우위

절충적 정의	계층적 정의	적합성 정의	창발적 전략
미션	SWOT 분석	기업수준 전략	사업수준 전략
기능수준 전략	시나리오 계획	기업성장 방향	

01

전략의 정의와 체계

전략이란 무엇인가? 경영학 또는 비즈니스 분야에서 전략에 대한 정의는 매우 다양하다. 이는 전략이 경영학 연구 분야로서, 또 경영학 교육과정에서 현재까지도 누구나 공감하고 만족할 만한 정의가 여전히 정립되어 있지 않다는 것을 의미한다. 국제적으로 많이 사용되고 있는 전략경영 교과서에서 기술하고 있는 **전략 정의**는 다음과 같다.

전략이란 "기업이 어떻게 성공적으로 경쟁하는가 하는 기업이론", "관리자가 경쟁자에 대해 상대적으로 기업성과를 증대시키기 위해 채택한 일련의 행동들", "기업이 경쟁자보다 우월한 성과를 얻고 유지하기 위해 취하는 목표지향적 행동들", "기업이 성과를 유지하거나 개선할 수 있도록 해주는 자원할당의 패턴", "핵심역량의 활용 및 경쟁우위 획득을 위한 통합적이며 조정된 행동들의 집합" 등이다. '기업', '성과', '관리자', '목표', '경쟁', '행동' 등과 같은 핵심어가 포함되어 있음은 알 수 있으나 전략이란 개념을 머릿속에 쉽게 떠올릴 수는 있는 정의는 찾기가 어렵다. 이러한 가운데 "전략이 무엇인지는 사실 아무도 모른다"라든지,[01] "전략에 대한 정확한 정의를 찾는다는 것은 현실성 없는 일이다"라고[02] 심경을 밝힌 **코틀러**(Kotler) 교수나 전문경제지 **이코노미스트**(The Economist)의 주장에 공감이 간다.

오히려 인공지능(AI) 프로그램을 이용한 전략의 정의는 이보다 쉽게 개념에 다가서게 한다. 전략 정의를 "조직이 장기적인 목표를 달성하기 위해 어떤 행동을 취할 것인지에 대한 계획과 결정의 집합", "조직의 사명을 달성하고, 경쟁우위를 확보하며, 환경변화에 대응하기 위한 구체적인 방향성" 등으로 표현한다. 몇 차례 질문을 통해 얻은 표현을 요약하면, **AI 전략 정의**는 "전략은 자원 배분, 시장 포지셔닝, 경쟁력 강화, 혁신 추진 등 다양한 요소를 포함하며, '목표를 이루기 위해 조직이 어떻게 행동할 것인가'에 대한 종합적인 계획"으로 정리해 볼 수 있다. 이 정도면 여러 교과서나 이론가에 의한 정의보다 설명적이고 이해가 쉽다.

이에 본서인 **표준 경영전략**은 첫 장부터 두세 줄로 전략 정의를 새롭게 규정하기 전에, 기존 연구를 기반으로 한 전략에 대한 대표적인 접근법을 소개하여 전략의 개념에 대한 전반적 이해와 이에 따른 적절한 정의를 모색하고자 한다. 그 이유는 전략에 대한 보편적 정의가 없는 가운데, 전략 정의를 처음부터 기술하는 것은 전략의 한 측면만 치중해 전체를 부분으로 보거나, 부분을 전체로 오인하는 우를 범할 수 있기 때문이다. 사실, 현실적으로 다양한 기업의 형태와 사업에 대해 이를 공통으로 적용할 수 있는 전략을 정확히 묘사하는 것은 애초 무리다. 규모에서 대기업, 중소기업이 있고, 지배구조에서 민간기업과 공기업 그리고 업종의 속성으로 자본재와 소비재, 국제화 수준에서 국제기업과 국내기업 등 주체와 형태, 속성이 다양하다. 이런 이유에서 다음과 같이 **전략 정의에 대한 접근법**을 먼저 살펴보는 것은 본서가 강조하는 '성공적 전략은 무엇이며, 어떻게 실행할 것인가'를 이해하는 데 도움을 줄 것이다.

전략 정의의 접근법

전략 정의에 대한 접근법으로 절충적 접근, 계층적 접근, 적합성 접근을 선정하여 순서대로 설명한다.[03] 이들 전략 정의에 대한 접근법은 기존 교과서처럼 전략 정의를 한두 줄로 서술하는 것이 아니라, 일종의 전략에 대한 각각의 종합적 분석체계로 볼 수 있다. 따라서 각 접근법을 설명하는 것은 단면적인 측면만을 강조한 전략 정의 및 전략 개념에 대한 부작용을 방지하는 데 도움을 준다.

전략 정의의 절충적 접근

민츠버그(Mintzberg)는 전략에 대해 5P로 불리는 다섯 가지의 각각 다른 정의를 포괄하여 제시했다.[04] 이러한 **절충적 정의**(Eclectic Definition)의 각 내용을 요약하면 다음과 같다.

- **계획(Plan):** 상황에 대처하기 위해 의식적으로 의도한 행동 코스, 즉 일종의 안내지침이다. 조직이 특정 상황에 대해 어떻게 대처할 것인지를 담고 있다. '의도된 전략'에 해당한다.

- **책략(Ploy):** 상대방을 속이거나 이겨내기 위한 특정한 전술적 행동으로 일종의 속임수이다. 예컨대, 경쟁사의 새로운 설비확장을 막기 위해 자사의 거짓 대규모 확장계획을 발표하는 등의 교묘한 책동을 말한다.

- **패턴(Pattern):** 오랜 시간을 두고 나타나는 기업의 행동 패턴을 말한다. 의도하지 않게 발현된 돌발전략이다.

- **위치(Position):** 기업이 스스로 경쟁환경과 관련지으려는 방식이다. 조직이 시장환경에서 어떤 위치를 차지하는 방법으로써, 기업의 경쟁영역, 제품의 시장영역 등으로 나타난다.

- **관점(Perspective):** 기업을 경영하는 관리자가 기업을 둘러싼 세계에서 자신을 바라보는 방식이다.

민츠버그의 정의에서 절충적이란 여러 측면을 고려한다는 뜻으로, 결국 종합적 의미와 그 뜻이 상통한다. 즉 여러 분야에서 시도한 정의에 대한 접근을 종합적으로 반영했다고 볼 수 있다. 군사적 용어로서 친숙한 '전략과 전술'에 대응하는 '계획과 책략'이라는 용어 외에도, 패턴, 위치, 관점 등 추가의 개념을 통해 정의를 확장해 적용하고 있다. 그러나 뭐니해도 민츠버그 정의의 핵심이자 차별성은 이러한 계획/책략에 대비하여 **패턴**이라는 특정한 개념으로 전략 정의를 파악한 데 있다. 민츠버그의 주장에 다음과 같은 설명을 덧붙인다.

그는 절충적 정의라고 부를 만큼 전략을 고정된 개념이 아니라 다면적이고 복합적 개념으로 이해하고 있다. 그러나 복합적 개념으로 보는 관점보다, 민츠버그 시각이 독창적으로 담긴 것은 '기업의 행동 패턴' 정의다. 그는 패턴을 '조직의 행동 패턴'으로 간주하고, 계획과 책략은 사전적으로 의도된 계획인 데 비해, 패턴은 사전적 의도가 없는, 즉 불현듯 나타나 실행된 전략으로 정의하였다. 그는 궁극적으로 전략 개념에 이러한 돌발전략이 포함된다고 한다. 이외이지만 특정 행동이 오랫동안 일관적으로 나타나는 패턴을 보인다면 그것은 전략이 되며, 따라서 애초 의도적, 비의도적 차이 구분이 무의미하다는 주장이다. 이러한 그의 주장을 **요약정리**하면, 다른 학자의 일반적인 전략 정의로 채택하는 계획과 책략이 사전에 의도한 계획안에 의한 것이라면, 비의도적 차원에서 오랫동안 돌발적으로 나타나는 기업의 행동 패턴도 전략 범주에 통합해야 한다는 것이다.

해당 사례로 **혼다**의 소형 오토바이 미국진출 전략을 들 수 있다. 혼다가 오토바이로 미국시장에 최초 진출한 사례는 의도치 않은 패턴으로서 전략이 성공적으로 통한 경우이다. 사전 계획된 의도한 전략은 대형 오토바이를 판매하려는 것이었다. 그런데 현장에서 이에 대한 미국 수입업자의 반응은 미지근했던 반면, 오히려 미서부 대도시 LA 교통난으로 출장자가 타고 다니던 50cc 소형 오토바이에 수입업자의 관심이 뜨겁게 반응했다. 이는 의도하지 않게 소형 오토바이의 대형 수출계약으로 이어졌다.

슬랙(Slack)은 원래 온라인 게임 개발사인 **글리치**(Glitch)로 출발했으나, 게임 사업의 실패 이후 내부 커뮤니케이션 도구로 개발한 채팅툴을 외부에 서비스하며 협업 플랫폼 사업 분야로 대전환했다. 슬랙의 창업자는 내부적으로 사용하던 내부 커뮤니케이

그림 1-1 민츠버그의 의도된 전략과 실현된 전략

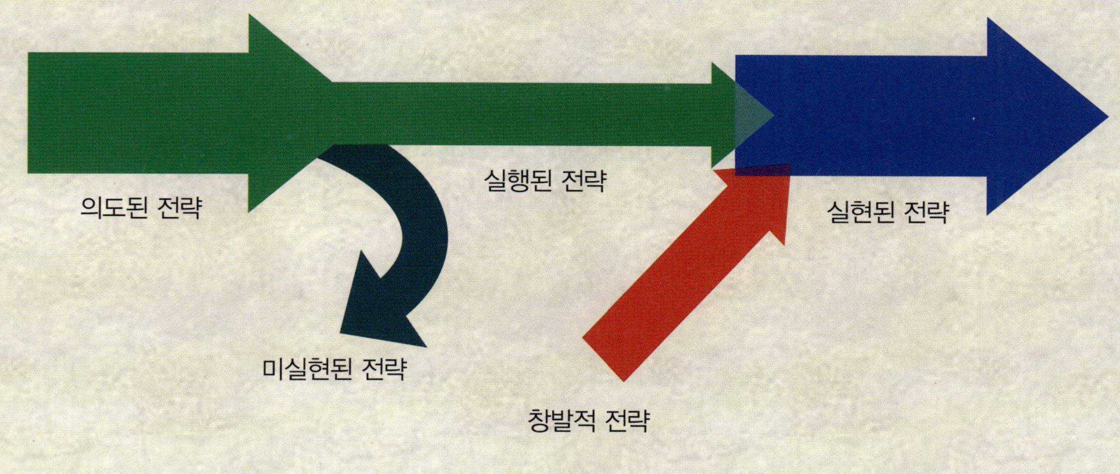

션 도구가 외부시장에서도 경쟁력이 있음을 발견하고, 이를 별도의 서비스로 출시했다. 슬랙은 게임산업의 특성상 여러 나라에 개발 오피스가 흩어져 있어서 오피스 간 협업이 필요하여, 이를 위해 개발한 자체 사용 목적의 채팅툴이다. 처음에는 자신의 회사와 비슷한 규모의 회사에 수요가 있을 것을 예상하였으나, 출시 이후 중소기업 할 것 없이 대기업에서도 주문 수요가 급격히 증가하였다. 직원 수가 수천 명이 넘는 회사라도 매일 같이 일하는 팀원의 숫자는 기껏해야 50명 이하였기 때문에 중소기업에 국한되지 않고 대기업까지 수요가 팽창하였다.

[그림 1-1]은 민츠버그의 의도하지 않은 전략이 전체 전략 형성과정에서 차지하는 위치를 표현한다.[05] 애초 의도된 전략은 모두 실현되는 것은 아니고, 실행된 전략만이 최종적인 실현된 전략으로 나타난다. 미실현된 전략은 실행전략에서 누락된 전략이다. 반면에 추가 산입된 전략도 있는데 **창발적 전략**이다. 즉 최종 실현된 전략에는 미실현 전략이 빠지고 창발적 전략은 더해진다.

- **의도된 전략(Intended Strategy):** 처음에 설정한 목표와 계획으로 경영진이 사전에 정의한 전략으로서 명확한 지향성을 가진다.

- **실행된 전략(Deliberate Strategy):** 의도된 전략 중에서 실제로 실행된 부분이다. 환경 변화나 내부 장애물 없이 계획대로 수행된 전략에 대한 결과물이라 할 수 있다.

- **미실현된 전략(Unrealized Strategy):** 의도된 전략 중 실행되지 못한 부분이다. 환경 변화, 자원 부족, 또는 기타 예상치 못한 요인들로 인해 실현되지 않은 전략에 해당한다.

- **창발적 전략(Emergent Strategy):** 처음 계획되지 않았지만, 실행 과정에서 발생하고 학습을 통해 형성된 전략이다. 이는 조직이 환경 변화에 적응하면서 자연스럽게 나타난 행동 패턴으로 간주된다.

- **실현된 전략(Realized Strategy):** 최종적으로 실행된 모든 전략을 의미하며, 의도적 전략과 창발적 전략이 합한 결과물을 지칭한다.

절충적 정의에서 전략경영 분야의 다른 학자 견해를 나타내는 전략 정의는 위치와 관점이다. 민츠버그는 **위치**를 조직과 환경 사이의 매개체로서, 조직이 외부환경 속에서 차지하는 특정한 위치를 개념으로 지칭한다. 이는 적합적 정의에서 외부환경을 강조하는 학자의 견해나, 산업조직론에 기반을 둔 **포터**(Porter)의 **전략적 포지셔닝** 개념과 관련 있다.[06] 또한 **관점**은 조직 구성원들이 공유하는 세계관이나 비즈니스를 바라보는 시각을 의미하는데, 조직 구성원 중 조직의 의사결정에 영향력을 행사하는 주체가 최고경영자나 고위층 관리자라는 점에서 경영자 역할에 초점을 두는 **최고경영진 이론**(Upper Echelon Theory)과 연결된다.[07]

민츠버그의 절충적 정의에서 전략 정의를 바라보는 독창적 영역은 전략이 단순히 계획의 차원이 아니라 예기치 못한 사건들이 어떻게 전략을 형성해 나가는지 행동 패턴의 강조에 있다. 전략이 반드시 계획적인 것만은 아니며, 종종 실수나 상황적 변화 속에서 자연스럽게 만들어지는 측면을 부각한다. 현실에서 전략 계획의 약 60~90%

넷플릭스와 에어비앤비의 창발적 전략

넷플릭스(Netflix)의 전략적 진화는 창발적 전략의 대표적 사례로 꼽힌다. 넷플릭스는 1997년 DVD 우편 대여 서비스로 출발했으나, 시간이 지남에 따라 성장 한계에 직면했다. 넷플릭스는 2007년 스트리밍 기술의 대중화 가능성을 포착하며 비즈니스 모델을 급격히 전환했다. 이때 스트리밍 전환은 처음부터 명확히 계획된 것이 아니라, DVD 대여 시장의 성장 한계, 인터넷 인프라의 발전, 소비자 행동 변화 등 외부환경 변화에 대한 조직의 민첩한 적응과 실험의 결과였다.

넷플릭스는 스트리밍으로의 전환 이후에도, 단순히 기존 콘텐츠를 중계하는 데서 멈추지 않고, 오리지널 콘텐츠 제작이라는 또 다른 창발적 전략을 펼쳤다. 2013년 첫 오리지널 드라마인 '하우스 오브 카드'는 기존 방송사와는 다른 방식의 콘텐츠 유통 모델, 즉 전편 동시 공개와 알고리즘 기반 추천 시스템을 통해 큰 반향을 일으켰고, 이는 콘텐츠 소비 방식에 구조적 변화를 일으켰다. 이후 넷플릭스는 축적된 시청자 데이터와 AI 기반 분석을 활용하여, 특정 지역이나 특정 시청자층을 타깃으로 한 오리지널 콘텐츠 제작에 집중했다. 그 결과, 다양한 국가의 언어와 문화를 반영한 콘텐츠들이 글로벌시장에서 연달아 히트하며 넷플릭스는 진정한 콘텐츠 기업으로 진화하게 된다.

에어비앤비(Airbnb)는 2008년에 시작된 창업 초기에 단순한 '방 공유' 플랫폼으로 시작했으나, 이후 여행자와 호스트의 다양한 니즈, 글로벌시장의 변화, 팬데믹 등 외부 충격에 대응하며 비즈니스 모델을 지속적으로 확장·변형해왔다. 특히 2016년 이후 '에어비앤비 익스피리언스'와 같은 서비스는, 플랫폼에 축적된 데이터와 사용자 피드백, 여행 트렌드 변화에 대한 민감한 관찰에서 비롯된 창발적 전략의 산물이다. 익스피리언스 서비스는 단순한 숙박 중개를 넘어 현지 문화를 체험하고, 새로운 활동을 제공하는 형태로 진화하였다. 이는 단순히 사업영역을 확장한 것이 아니라, 넷플릭스 플랫폼 내 사용자 행동 데이터를 정교하게 분석하고, 여행 트렌드 변화에 선제적으로 대응한 결과였다. 2024년에는 '아이콘스'라는 새로운 프로그램을 통해 유명 인사와 협업한 프리미엄 체험 상품을 선보이며, 숙박 중심 플랫폼에서 '경험 중심 브랜드'로 변신을 본격화하고 있다.

는 완전히 실행되지 못하고 실패한다고 한다.[08] 그런데도 학술적 전략 정의가 **전략의 실행 과정**(Strategy Implementation)을 소홀히 하고 **전략의 수립 과정**(Strategy Formulation)에만 초점을 맞춘다는 비판이 있는데, 오래전에 정립한 절충적 정의는 어느 정도 이에 대한 비판에도 대응력을 가진다고 평가할 수 있다.

전략 정의의 계층적 접근

전략의 **계층적 정의**(Hierarchical Definition)는 전략의 수립과 실행을 조직의 여러 수준으로 나눠 구분하고 분석한다. 이때 조직의 전체적인 목표와 방향을 효과적으로 구현하기 위해 각기 다른 계층에서 일관된 전략을 유지한다. 전통적으로 경영전략 분야에서 다루는 미션, 목표, 전략과 전술 등을 계층화한 그림이 [그림 1-2]이다.[09]

미션(Mission)은 조직이 추구하고 지향하는 방향성에 대한 최고경영자의 관점이다. 이는 미션 선언문(Mission Statement)로 명기된다. 선언문에는 조직이 존재하는 이유와 현재 누구를 위해 무엇을 하는지를 명확히 하여 작성한다. 또한 조직의 근본 목적과 핵심 가치를 담아 조직이 나아갈 장기적 방향성을 제시한다. 예를 들어, **테스코**의 미션은 '고객에게 더 나은 쇼핑 경험을 제공하는 것'과 같이 조직의 존재 이유를 나타내고, **구글**의 미션은 '전 세계의 정보를 체계화해 모두가 편리하게 이용할 수 있도록 하는 것'으로 조직이 누구를 위해 무엇을 하는지를 규정한다. **삼성전자**의 미션은 '인간의 삶을 풍요롭게 하고, 사회적 책임을 다하는 지속가능한 미래에 공헌하는 혁신적 기술, 제품 그리고 디자인을 통해 미래 사회에 대한 영감 고취'로 핵심 가치와 장기적 방향성을 제시한다.

목표(Objective)는 미션을 구체적이고 측정 가능한 성과로 설정한 것이다. 특정 기간, 특정 달성량 등 구체적이고 현실적인 일정과 결과를 지정한다. 이는 모호한 미션의 내용을 수치를 적용하여 구체화함으로써 조직 구성원들이 같은 방향으로 움직이게 하는 기능을 한다. **테스코**의 '2년 내 영국 시장 점유율을 27%에서 30%로 증가시킴'이 그 예라 할 수 있다. 목표 설정 방법은 **SMART 원칙**(구체성, 측정 가능, 달성 가능성, 관련성, 기한)을 적용한다.[10] 구체성(Specific)은 달성할 목표를 최대한 구체적으로 좁게, 측정 가능성(Measurable)은 진행 상황에 대한 모니터링을 가능하게, 달성 가능성(Achivable)은 현실적 상황에서 결과를 발생시킬 수 있게, 관련성(Relevant)은 장기 목표와 목적에 부합하게, 기한(Time-bound)은 완료에 대한 시효를 두게 설정하는 것을 말한다. 예컨대 '6개월 안에 웹사이트 방문자를 50% 증가시킨다', '다음 분기 내로 신규 거래 10건을 성사시킨다' 등이다.

전략(Strategy)은 상위 계층의 미션과 목표를 달성하는 수단이다. 자원 배분과 시장 선택, 경쟁우위 확보 방안을 포함한다. 하위 계층의 전술/정책과 비교하면 전략은 중장기적 방향성을 가진다. **테스코**는 재고비용 절감과 리드 타임 단축을 위한 공급망 관리 전략으로 '테스코 정보 교환 프로그램(TIE)을 통해 모든 매장과 공급자, 농장까지 연결하는 전산망을 구축, 이를 통한 수요변동에 신속한 대응과 재고 감축'이라는 전략을 채택했다.

그림 1-2 계층적 정의의 구성 요소

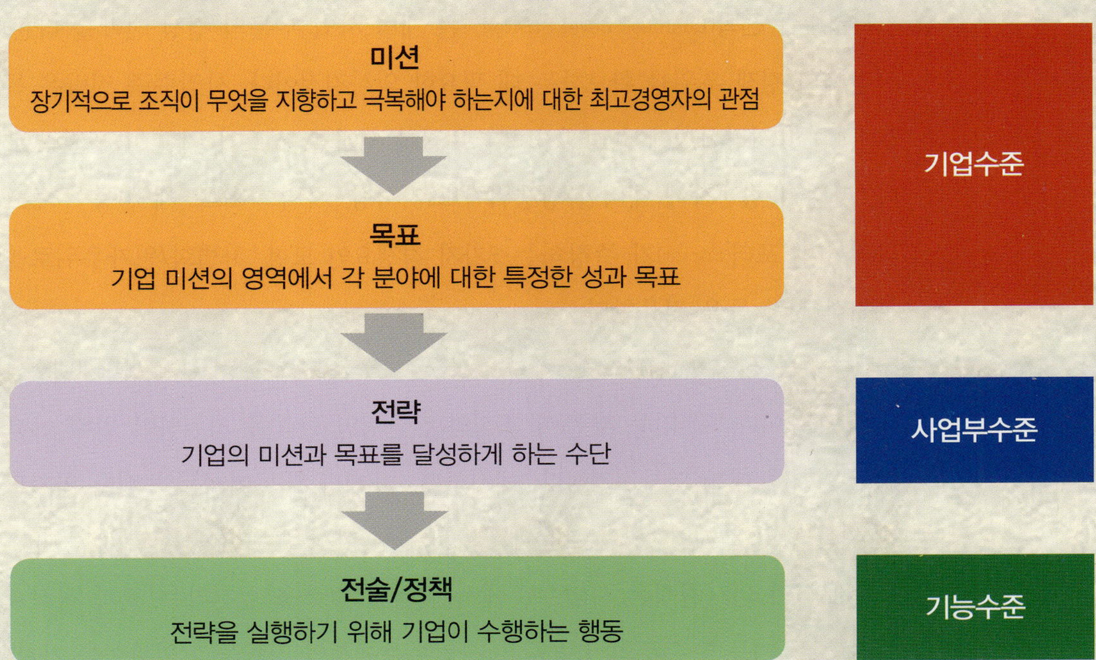

전술/정책(Tactic/Policy)은 전략을 실행하기 위한 구체적이고 단기적인 행동 계획으로, 부서별 또는 팀 단위에서 결정된다. 전술은 시장 변화에 신속히 대응할 수 있도록 유연성을 지니며, 전략을 실질적 성과로 연결하는 역할을 한다. **디즈니**는 코로나 팬데믹 기간 동안 유연한 하이브리드 근무를 허용했으나, 2023년 3월부터는 주 4일 사무실 출근을 의무화하는 정책으로 전환했다. 이는 조직문화 강화와 협업 촉진을 위한 전술적 시행이라 할 수 있다.

계층적 정의는 이른바 **전략의 세 가지 수준**에 대한 높은 설명력을 갖고 있다. 이때 세 가지 수준이란 기업 전체의 전략, 사업 단위별 전략, 그리고 기능별 또는 부서별 전략 등을 말한다. 가장 높은 수준의 전략은 최고경영자가 조직 전체의 방향성을 결정하는 **기업수준 전략**(Corporate Level Strategy)이다. 새로운 사업 진출, 기존 사업 철수 등 다각화 및 사업 포트폴리오 관리, 이에 따른 기업 보유자원의 배분 최적화가 주요한 의사결정 사안이다. 전략의 종류로 표현하면, 신규시장 진출 및 철수(시장 다각화), 인수합병(M&A) 전략, 수직적 통합, 기업의 국제화, 자본 구조조정, ESG(환경·사회·지배구조) 목표 설정 및 추진 전략 수립 등이다.

사업수준 전략(Business Level Strategy)은 개별 사업 부문의 경쟁 전략을 다룬다. 특정 시장에서 경쟁 우위를 확보하는 데 필요한 의사결정이다. 사업수준 전략은 특정 사업부가 속한 시장환경에서 경쟁자보다 우월한 성과를 거두기 위한 '경쟁전략'로 간주된다. 따라서 경쟁자에 대비한 경쟁위치 포지셔닝, 차별화 요소 개발 등이 주요 전략적 과제이며, 포터(Porter)가 주장하는 5가지 경쟁요인 모형, 차별화/원가우위로 나타나는 본원적 전략 등을 적용한다.

기능수준 전략(Functional Level Strategy)은 조직의 각 기능 부문, 마케팅, 생산 등에 대한 전략이다. 각 기능 부문이 조직의 전반적인 전략을 지원하기 위해 어떤 활동을 할 것인지에 대한 의사결정이다. 예시하면, 마케팅 부문에서는 브랜드 인지도를 높이기 위한 광고 캠페인, 생산 부문에서는 생산성 향상을 위한 공정 개선 등이다. 기능별 수준에서의 의사결정은 사업수준에서 결정된 전략을 실천하는 것과 직접 관련되어 있으므로, 기능별 수준의 전략들은 사업수준에서의 전략들과 일관성을 가져야 한다.

[그림 1-2]는 **계층적 정의와 전략의 세 가지 수준** 간 연계성을 보여준다.[11] 미션과 목

표는 기업수준 전략, 전략은 사업수준 전략, 전술은 기능수준 전략과 관련 높다. 최고경영자는 미션과 목표 설정하고 각 사업부를 조율하며, 사업부의 본부장급 경영자는 미션과 목표를 반영하여 각 사업시장에서 경쟁자를 능가하기 위한 경쟁 전략을 담당한다. 생산, 마케팅, 재무, 인사, 연구개발 등 각 기능부서의 팀장급 관리자는 사업부 전략을 구체화한 전술을 개발·실행한다.

계층적 접근 조직이 상위 수준에서부터 하위 수준까지 일관되고 효율적으로 목표를 달성할 수 있게 해준다. 계층적 접근의 **강점**은 기업의 조직 구조에 전략이 어떻게 분담하여 내재화되는지를 일목요연하게 보여준다. 전략이 최고경영자의 관념에 머물지 않고 실제로 실행단계로서 실천되어 나가는 것이라는 계통을 명확히 제공한다.

전략 정의의 적합적 접근

적합적 정의(Fitness Definition)는 기업의 외부환경과 내부환경을 대응하여 전략을 수립하는 개념이다. 외부환경에 존재하는 기회 요소와 위기 요소에 대하여 기업의 내부환경, 즉 강점과 약점이라는 내부능력에 따라 대응한다. 경영전략은 기업이 기회와 위협을 발견하기 경쟁환경을 분석하고, 자신들의 경쟁에 있어 강점과 약점을 파악하기 위해 내부의 자원과 능력을 분석하며, 전략을 선택하기 위해 이러한 두 가지 분석을 **적합**시키는 과정으로 인식한다.

강점(Strength)은 기업이 경쟁자에 비해 경쟁우위를 가질 수 있는 내부적 요소로 기술력, 브랜드, 인력자원 등이 있다. **약점**(Weakness)은 기업 내부에서 개선이 필요한 내부적 요소, 예를 들면 낮은 생산성, 저수준의 기술, 재원 부족 등이 된다. **기회**(Opportunity)는 경제 호황기 도래, 우호적 정책 변화 등 기업 외부환경에서 조직에 유리하게 작용할 수 있는 계기이며, 반면에 **위협**(Threat)은 시장경쟁 심화, 정부의 규제 강화 등 조직에 불리하게 작용할 수 있는 장애 요소이다. 앞 글자를 따서 조어된 **SWOT 분석**은 1980년대부터 전략경영 분야에서 보편적 전략 분석틀로 자리 잡았으며, 내부적으로 통제 가능한 요인과 외부적으로 통제 불가능한 요인을 구분하여 기업이 직면한 현 상황을 진단하고 미래 전략을 도출하는 데 널리 사용한다.

그림 1-3 적합성 정의

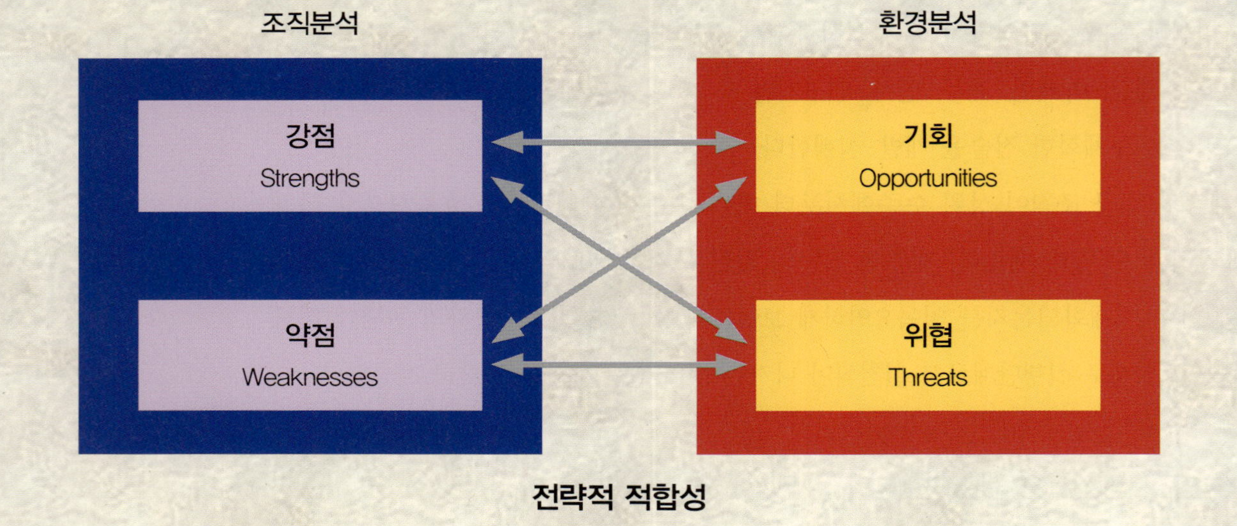

적합적 정의의 특징은 전략을 설정하는 데 환경 영향의 중요성을 인식한 데 있다. SWOT 분석은 간단하지만, 다양한 전략적 대안을 도출하고 조직의 현황을 객관적으로 점검하는 데 매우 유용하다. 그러나 구체적 실행 방안 도출에는 **한계**가 있다. '전략의 무엇인가'라는 전략의 정의를 밝히는 데 적합하기보다는 전략수립과 실행의 방법에 대한 분석틀로서 더 적당한 성격을 지닌다. **장점**으로는 내외부 환경을 한눈에 파악할 수 있고, 전략수립의 출발점으로 활용할 수 있으며, 간단한 구조로 누구나 쉽게 적용할 수 있고, 새로운 기회 및 위협요소 발견에도 도움을 준다. 조직의 강점과 약점이 적합성 달성에 제약조건으로서 내부능력을 고려한 점도 차별적인 장점이다.

SWOT 분석의 유의점은 분석의 핵심은 개별 S, W, O, T를 나열하는 것이 아니라, O와 T라는 외부환경 분석을 먼저 시행하고 자신의 조직이 가진 내부능력인 S와 W를 파악한 후에 적합성 기준에서 대응 조치로서 전략을 수립해야 한다는 것이다. 내부능력을 반영하여 외부환경에 전략적 대응 조합, 즉 강점-기회(SO), 강점-위협(ST), 약점-기회(WO), 약점-위협(WT) 등의 조합을 통해 전략수립 과정을 완성해 나간다. 〈표 1-1〉처럼 강점-기회(SO) 전략은 테슬라가 자율주행 기술(강점)을 활용해 모빌리티 서비스 시장(기회)에 진출한 사례, 약점–기회(WO) 전략은 애플이 제품 다양성 부족(약점)을 보완하기 위해 서비스 부문(Apple One) 확대로 신흥시장(기회)을 공략한 사례, 강점–위협(ST) 전략은 아마존이 AWS 기술력(강점)으로 규제 리스크(위협)를 분산시킨 사례, 약점–위협(WT) 전략은 마이크로소프트(MS)가 복잡한 라이선스 구조(약점)를 개선해 클라우드 경쟁(위협)에 대응한 사례 등을 들 수 있다.

기업별 SWOT에서 먼저 S와 W이다. 테슬라는 기술 혁신과 강력한 브랜드를 바탕으로 성장하지만, 생산능력 한계와 공급망 취약성이 약점이다. 아마존은 효율적 물류와 혁신 기술력이 있지만 높은 운영비와 오프라인 한계가 있다. 애플은 브랜드 가치와 혁신제품이 강점이나, 높은 가격과 제품 다양성 부족이 약점이다. MS는 광범위한 포트폴리오를 보유했으나, 하드웨어 경쟁력 약화와 복잡한 라이선스가 약점이다. 다음은 O와 T이다. 각 기업은 저마다 신흥시장 확대 및 AI 기술발전 등 신사업 확장 기회와 함께, 경쟁, 규제, 공급망, 보안 위협에 직면하고 있다.

표 1-1 주요 기업의 SWOT 분석 내용

기업	강점(S)	약점(W)	기회(O)	위협(T)
테슬라	• 기술 혁신(전기차, 에너지 저장, 자율주행) • 강력한 브랜드 파워 • AI · 로봇 등 미래 기술 선도	• 생산 능력 및 확장성 제한 • 프리미엄 가격 정책 • 배터리 공급망 취약성	• 친환경 정책 확대로 EV 시장 성장 • 재생에너지 · AI · 로봇 등 신사업 진출 • 신흥 시장 확대	• EV 시장 경쟁 심화(중국 포함) • 규제 변화 • 공급망 불안 및 마진 압박
아마존	• 강력한 브랜드와 고객 중심 서비스 • 효율적 물류 시스템 • AWS 등 혁신적 기술력	• 높은 운영비용 • 제한적 오프라인 매장 • 노동 관행 논란	• 신흥시장 성장 • AI/ML 기술 발전 • 오프라인 소매 · 헬스케어 등 신사업 진출	• 경쟁 심화(월마트 · 알리바바 등) • 규제 · 반독점 위험 • 사이버 보안 · 환경 압박
애플	• 브랜드 가치 · 충성도 • 혁신적 제품(아이폰 등) • 강력한 생태계	• 높은 가격대 • 제품 다양성 제한 • 공급망 취약성	• 헬스케어 · 웨어러블 · AR/VR 등 신시장 • 서비스 부문 성장 • 신흥시장 확대	• 치열한 경쟁(삼성 등) • 규제 및 보안 위협 • 특정 제품 의존성
MS	• 광범위한 제품 포트폴리오 • 클라우드(Azure) · AI 리더십 • 글로벌 파트너 생태계	• 하드웨어 경쟁력 약세 • 윈도우 · 오피스 의존 • 복잡한 라이선스 구조	• 클라우드 · AI · 보안 시장 성장 • 디지털 협업 툴 수요 증가 • AR/VR 신사업	• 클라우드 · AI 경쟁 심화(AWS, 구글 등) • 사이버 공격 위험 • 규제 · 법적 도전

표 1-2 주요 기업의 SWOT 분석을 통한 적합성 전략

기업	기회(O) 활용 전략(SO, WO)	위협(T) 대응 전략(ST, WT)
테슬라	SO: • 기술 혁신력 · 브랜드로 EV/AI/로봇 신시장 선도 • 재생에너지 · AI 등 신사업에 강점 집중 투자 • 신흥시장 진출 가속화 WO: • 생산능력 확대 및 공급망 다변화로 신시장 대응	ST: • 기술 우위로 경쟁사와 차별화 • 강력한 브랜드로 시장 점유율 방어 WT: • 배터리 · 부품 공급망 강화 • 가격 정책 유연화로 경쟁 심화 대응
아마존	SO: • AWS · 물류 인프라로 AI/신시장 진출 • 고객 중심 서비스로 신사업(헬스케어 등) 확장 WO: • 오프라인 매장 확대 및 운영 효율화로 신시장 공략	ST: • 혁신적 서비스로 경쟁사와 차별화 • AWS 강화로 규제 · 경쟁 리스크 분산 WT: • 비용 절감 및 노동환경 개선 • 사이버 보안 및 환경 규제 대응 강화
애플	SO: • 브랜드 · 생태계로 헬스케어/AR/서비스 시장 선점 • 서비스 부문 혁신으로 신흥시장 확대 WO: • 제품 다양화 및 가격대 확장으로 신시장 공략	ST: • 혁신 제품 · 생태계로 경쟁사 견제 • 보안 · 프라이버시 강화로 규제 대응 WT: • 공급망 다변화 • 특정 제품 의존성 완화 및 리스크 분산
MS	SO: • 클라우드 · AI 리더십으로 신시장(보안/AR/디지털 협업) 확장 • 글로벌 파트너십으로 시장 확대 WO: • 하드웨어 · 라이선스 구조 개선으로 신사업 진출	ST: • 기술력 · 생태계로 경쟁사와 차별화 • 보안 역량 강화로 사이버 위협 대응 WT: • 제품 · 서비스 다각화 • 규제 · 법적 리스크 관리 강화

세 가지 접근에 대한 평가와 시나리오 기획

세 가지 접근에 대한 평가

지금까지 전략 정의에 대해 절충적 접근, 계층적 접근, 적합적 접근 등 세 가지 측면의 접근법을 정리하였다. 각 접근법은 각각 여러 구성요소로 전략을 묘사하며 전략 정의의 접근에 있어 차별적 공헌도를 갖고 있지만, 공통적인 요소도 발견할 수 있다.

절충적 정의의 공헌은 여러 구성요소 중에서도 특히 패턴이라는 새로운 전략 개념을 구성요소에 포함한 것이다. 계획과 책략, 시장에서 포지셔닝, 경영자의 관점 등과 같이 의도와 의지가 담긴 계획적 시도가 아니라 과거부터 반복되어 습관처럼 나타나는 기업의 행동 패턴도 전략 정의의 범주에 포함시켰다. 이는 창발적 전략의 원천이 됨으로써 궁극적으로 '계획되어도 전략이고 계획되지 않아도 전략이다'의 함의를 갖는다. 결과적으로 수립된 전략이 아니더라도 현실에서 성과를 나타냈다면 이를 사후적으로 전략으로 간주하는 것이다. 경영자 또는 조직에 자신도 모르게 내재된 '전략적 무의식'이 현재의 전략적 행동으로 옮겨졌다고도 해석할 수 있다.

계층적 정의의 공헌은 경영자의 가치관이 최상위 조직전략에 투영될 수 있음을 출발점으로 하여 사업부, 기능부서 등 조직 구조 계층화에 따라 최고경영자 CEO, 본부장급 경영층, 팀장급 중간관리자의 의사결정을 전략 범위로 구성한 것이다. 현장에 있는 기업의 경영계획서 서두에 미션/비전, 목표, 실행계획 등이 자리 잡고, 본서를 포함한 경영전략 교과서에 구성목차로 활용하고 있음을 보면 가장 실무현장을 반영한 정의라 할 것이다. 이처럼 계층적 정의는 실무 경영자의 관심사인 전략과 성과 간 연계성을 강조하며 경영자의 전략수립 행위와 기능을 옹호한다.

적합적 정의의 공헌은 간결하면서도 기업의 전략수립 요령을 논리적으로 가르쳐준다. 우수한 전략은 외부환경에 대응하여 내부능력을 적합시킬 때라는 기준을 제시한다. 기업에게 환경분석의 중요성을 부각하는 계기를 주어 최근까지 전략의 기본 분석틀로 평가받는다. 이는 단점이기도 한데, 전략적 선택이 이루어지는 기준에 대해서 정의를 내리고 있을 뿐 선택의 내용에 대해서는 언급을 하고 있지 않다. 적합적 정의는 사전에 계획된 전략으로 우연히 나타난 전략보다는 의도된 전략을 강조한다. 즉 절충적 정의의 창발적 전략과는 정반대 입장을 취하고 있다.

세 가지 접근법의 공통점은 전략을 **계획**으로 보는 것이다. 이때 계획을 장기성을 지닌 기본 계획과 단기에 수정을 염두에 둔 시행계획으로 구분하기도 한다. 절충적 정의에서 계획과 책략은 계층적 정의에서 전략과 전술/정책이 각각 대응하는 개념이다. 적합적 정의에서는 외부환경과 내부환경을 적합시키는 것 자체가 계획의 일환이다. 한편, **최고경영자**와 관계된 개념은 절충적 정의에서 관점이고, 계층적 정의에서는 미션/목표이다. 적합적 정의에서는 외부환경의 기회와 위협과, 내부능력으로서 조직 강점과 약점을 판단하고 대응점을 결정하는 것은 최고경영자의 몫이다.

지금까지 논의를 종합정리하면, 전략 정의와 관계된 **핵심 요소**로 기업의 내외부 환경, 최고경영자, 기업의 행동 패턴 등 세 요소를 추출할 수 있다. 내외부 환경을 세분해 구별하면, 기업 외부환경으로서 국별환경과 산업환경, 기업 내부환경으로서 기업 특유의 자원·능력인 경쟁우위, 최고경영자 특성과 관점, 기업의 행동 패턴 등이다. 이러한 핵심 요소는 전략 정의뿐 아니라 경영전략 분야의 여러 현상을 설명하는 전략 이론의 구성 요소이다.

한편, 세 가지 접근법이 모두 간과하고 있는 요소는 **기업환경의 불확실성**에 대한 가정이다. 경영환경이 복잡화됨에 따라 미래 불확실성이 높아지고 있다. 이 때문에 경영 전략 분야에서 새롭게 도입되는 개념이 있다. 즉 불확실성을 고려한 다음과 같은 **시나리오별 접근**이다.

시나리오 기획

시나리오 기획(Scenario Planning)은 복잡하고 불확실한 미래 환경에서 조직의 전략적 대응력을 강화하기 위해 고안됐다.[12] 미래의 여러 시나리오를 구축하고 각각에 대한 대응 전략을 사전에 마련함으로써 유연한 의사결정을 끌어낸다. 환경 변화의 다양한 가능성을 포괄하며, 분석 가능한 불확실성을 전제로 한다. 추진절차를 예시하면 다음과 같다.

- **1단계 핵심 이슈 정의:** 시나리오 기획을 추진하는 목적 및 범위를 설정한다. 예를 들면 '10년 후 전기차 시장에서 경쟁 전략은 무엇인가?'와 같이 시나리오의 목적, 시간적 범위(3~10년 정도)를 명확히 하고 이슈를 구체화한다.

- **2단계 변화 동인 파악 및 분석:** '미래 환경을 형성하는 주요 요인은 무엇인가?'를 파악하는 단계이다. PESTL 분석(정치, 경제, 사회, 기술, 법률) 등을 통해 외부

환경을 식별하고, 각 동인의 영향력과 불확실성을 평가해 핵심 동인을 선정한다. 예를 들면, 기술 발전 속도, 규제 변화 등과 같이 시나리오의 축으로 사용할 동인을 도출한다.

- **3단계 시나리오 도출 및 매트릭스 구성:** '의미 있는 미래 시나리오는 무엇인가?'를 상정하는 단계이다. 핵심 동인 2~3개를 조합해 매트릭스(주로 2×2 매트릭스)로 시나리오를 생성한다. [그림 1-4]는 기술 발전(빠름/느림)과 규제 강도(강함/약함)로 심각 대응/보통 대응/단순 대응의 시나리오를 설정한 경우다.

- **4단계 시나리오 서술:** 미래가 어떻게 펼쳐질지 구체적으로 서술하는 단계이다. 각 시나리오를 스토리텔링 형식(소설형, 기사체)으로 작성한다, 인과관계, 시간적 전개, 이해관계자 반응 등을 포함하고 현실성 있게 작성한다.

- **5단계 영향 분석 및 대응 전략의 수립:** 각 시나리오에 어떻게 대응할 것인지 계획을 수립하는 단계이다. 각 시나리오가 사업에 미치는 기회, 위협, 리스크를 분석한다. 이에 대한 전략유형, 즉 예방/대비/대응/복구 유형을 설정하고 부서별 실행 방안을 마련한다. 예방은 위험이 발생하기 전 일반적 주의 촉구, 대비는 특정 위험이 감지될 때 이에 대한 대비, 대응은 위험이 발생한 후 이에 대한 위험 감소 방안 마련, 복구는 위험으로 인한 피해를 원상태로 복원하는 과정이다. 전략 수행 시점을 단기/중기/장기로 구분해 우선순위를 정하며, 이때 시나리오별 실행 가능한 전략 대안 도출에 SWOT 분석을 이용할 수 있다.

- **6단계 모니터링 및 업데이트:** 시나리오를 구현한 후에도 환경을 모니터링하고, 구비한 시나리오의 최신화에 노력한다. 환경 변화 지표를 꾸준히 추적하고 새로운 정보를 반영하여 시나리오를 갱신한다, 또한 모든 조직원이 시나리오 기반 사고를 습관화하도록 교육훈련과 기업문화를 구축한다.

그림 1-4 미래 시나리오 매트릭스

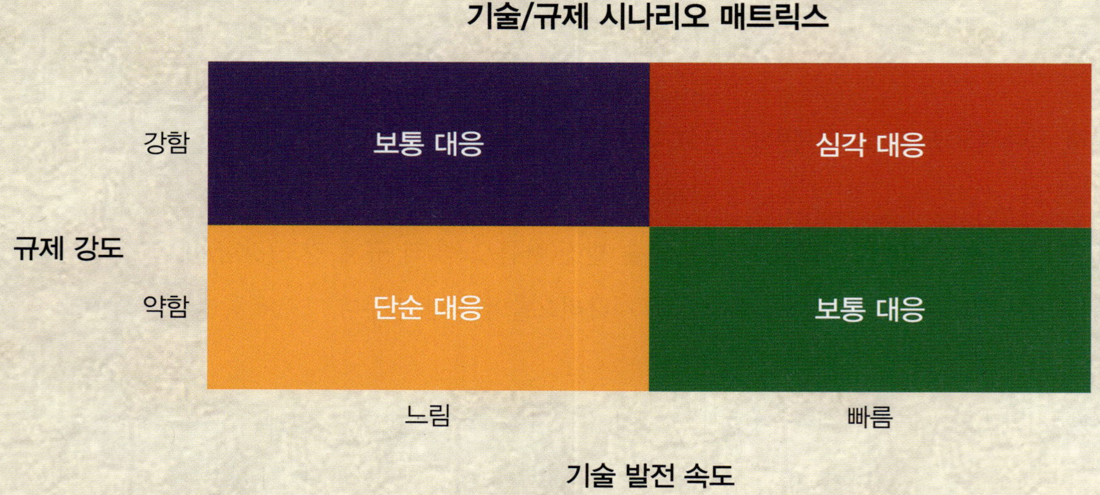

1970년대에 석유화학과 같은 에너지 산업에 종사한 기업들은 환경보호주의, OPEC 카르텔의 영향으로 잘못된 투자로 인한 수십억 달러의 매출 손실을 보았다. 이 가운데 **로열더치쉘**은 시나리오 기획을 실행하여 손실을 줄이고 세계 최대 기업으로 성장할 수 있었다. 시나리오 기획은 단순히 보고서나 매뉴얼 작성으로 끝나는 것이 아니라, 회사 내 조직원들이 시나리오에 기반을 두어 사고하고 전략을 실행하는 기업문화로 정착되어야 진정한 효과가 발휘된다. 시나리오 도출은 워크숍 형태로 진행되며, 1차 기획이 완료될 때까지 2~3개월에서 1년 이상이 소요될 수 있다.

시나리오 기획은 불확실성이 높아져 가는 오늘날 기업환경에서 조직이 미래를 탐색하고, 다양한 가능성에 대비하며, 전략적 유연성을 확보하는 데 매우 유용한 도구이다. **장점**으로 향상된 의사결정, 리스크 관리, 조직의 민첩성 향상, 장기 비전 강화, 지식 관리 및 공유 등으로 조직 전체의 전략적 사고 역량 강화에 기여한다. **단점**으로는 포괄적 시나리오 기획은 데이터 수집, 워크숍 운영 등에 상당한 시간, 노력, 비용 등이 소요되며, 빠른 환경 변화로 인해 금방 낡게 되어 현실적 유효성이 떨어질 수 있다는 것이다.

로열더치쉘의 시나리오 기획

로열더치쉘(Royal Dutch Shell)은 1967년부터 시나리오 기획을 도입해 불확실한 에너지 시장 변화를 예측하고, 1973년 오일쇼크에 선제적으로 대응함으로써 업계에서 독보적 경쟁우위를 확보했다. 1960년대 후반, 국제 석유 산업은 급격한 변화의 조짐을 보였다. OPEC의 영향력이 증대되고, 석유 자원의 한계에 대한 논의가 활발해지면서, 기존의 단선적 예측 방식으로는 복잡하고 불확실한 미래를 대비하기 어려운 상황이 되었다. 로열더치셸은 이러한 환경 변화를 인식하고, 미래의 다양한 가능성을 탐색할 수 있는 새로운 접근법이 필요하다고 판단했다.

석유 산업은 다른 어떤 산업보다도 원자재 가격의 변동성이 크고, 투자 회수 기간이 길며, 자산의 전문성이 높은 특성이 있다. 또한 각국 정부와의 복잡한 정치적 관계, 로열더치쉘 고유의 복잡한 조직 구조 등이 더해져 불확실성과 복잡성 관리에 대한 필요성이 절실했다. 시나리오 기획은 피에르 왁(Pierre Wack)과 테드 뉴랜드(Ted Newland)가 주도하는 전문팀에 의해 본격적으로 시작되었다. 이 팀은 미래 15~30년을 내다보는 장기 시나리오 개발에 착수했다. 이들의 목표는 단순히 미래를 예측하는 것이 아니라, 경영진과 조직 구성원들의 정신적 모델(Mental Model)을 변화시켜 다양한 미래 가능성에 대한 인식을 확장하는 것이었다.

두 가지 시나리오를 산정했다. A타입 시나리오는 OPEC 산유국들의 협조체제 강화와 가격 통제력 증대, 기존 유전의 생산량 감소와 신규 발견의 어려움, 석유 수요 증가와 공급 제약으로 인한 구조적 불균형, 배럴당 4달러에서 16달러로의 급격한 가격 상승 가능성 등이다. 그러나 이러한 시나리오는 당시 조직 내부에 만연했던 낙관적 전망과 크게 배치됐다. 대부분의 경영진과 직원들은 기존의 안정적인 석유 공급과 가격 체계가 지속될 것이라고 믿고 있었기 때문에 A타입 시나리오를 받아들이기 어려워했다. A타입 시나리오에 대한 조직 내 저항을 극복하기 위해, 왁과 뉴랜드는 B타입 시나리오를 개발했다. 이 시나리오는 표면적으로는 더 온화하고 낙관적인 미래를 제시했지만, 그 전제 조건들이 극도로 비현실적이라는 점이 핵심이다. B타입 시나리오는 OPEC 국가들 간의 완전한 비협조와 개별 행동, 석유 수요의 정체 또는 감소, 새로운 대체 에너지원의 즉각적이고 대규모 상용화, 지정학적 안정성의 완벽한 유지 등의 가정을 전제한다. 이러한 가정들의 비현실성으로 경영진은 역설적으로 A타입 시나리오의 현실성을 인식하게 되었다. B타입 시나리오는 "이런 평온한 미래가 오려면 이런 불가능한 일들이 모두 일어나야 한다"는 것을 보여줌으로써, 실제로는 급격한 변화가 불가피하다는 인식을 심어주었다.

1973년 오일쇼크에 대비하여 잔 쇼퍼(Jan Choufoer)의 정유 전략 혁신을 채택했다. 쇼퍼는 벙커C유, 아스팔트 등 대체재가 풍부한 제품인 중질유를 대신하여 휘발유, 등유 등 대체재가 제한적인 제품인 경질류로 제품을 전환하였다.

- 제품 구분 : 경질유, 중질유로 구분해 수요 특성을 분석
- 크래킹 설비 확대 : 중질유를 경질유로 전환하는 능력 증강
- 위기 시 전략 : 중질유 판매를 중단하고, 고부가가치 경질유 생산에 집중함으로써 유가 급등 시 높은 수익 확보

평상시에는 극도로 비용이 많이 드는 이 전략은 석유 가격이 배럴당 4달러에서 16달러로 급등하자 막대한 수익을 창출할 수 있었다. 위기 이전 업계 8위였던 로열더치쉘은 1970년대 후반 세계 2위 석유회사로 도약했다. 로열더치셸은 이후 수십 년간 시나리오 기획을 전사적 전략 수립 시스템으로 통합했고, 1980년대 전사적 계획에서도 핵심 원칙으로 유지되었다. 이로써 로열더치셸은 현대의 변동성(Volatility), 불확실성(Uncertainty), 복잡성(Complexity), 모호성(Ambiguity)의 VUCA 시대에도 유연한 전략적 사고와 조직 학습 문화를 지속해서 강화할 수 있었다.

기업성장과 전략

기업성장의 세 가지 방향

기업은 지속적인 성장을 추구한다. 기업은 경쟁력의 보유와 강화를 바탕으로 기업의 이윤과 사업영역을 지속해서 확장하여 조직의 규모를 확대해 나가는 것이 경영(Management)의 근본 목적이다. 따라서 기업성장은 전략의 기능수준 차원 및 사업수준 차원을 아우르는 기업수준 차원(Corporate Level)에서 행해진다. 기업수준의 전략적 의사결정과정에서 기업성장 방향은 크게 다음과 같이 세 가지가 있다. 첫 번째는 기업이 운영하는 사업영역을 확대하는 것이다. 기업의 취급하는 제품의 가짓수, 즉 **제품의 폭**(Product Line)을 늘리는 방법이다. 예를 들면, 가전제품을 생산·판매하는 기업이 반도체와 휴대폰으로 사업영역을 확대하는 경우이다. 경영전략과 관련한 용어로 표현하면 **다각화 전략**(Diversification Strategy)이다. 다각화 전략은 기업수준의 전략적 의사결정으로 기업성장을 위해 '기존 사업에서 다른 사업으로 확장·진출하는 것'으로 요약된다.

두 번째 방향은 기업의 개별 활동(기업활동의 기능)을 통합해나가는 것이다. 기업이 운영하는 기능을 통합하여 운영할 것인지, 아니면 이를 각각 분리하고 몇 개 기능에 집중하여 운영할 것인지는 사업수준 및 기능수준을 넘어선 기업수준에서 이루어지는 의사결정이다. 연구개발 기능부터 생산, 물류, 판매, 사후관리 등 각각의 개별 활동(즉 가치사슬)을 기업 외부에 위임하여 운영을 해오다가 이를 조직 내로 흡수하는 **기업 개별활동의 통합화**를 꾀하는 성장방식이다. 예를 들면, 공조기, 전장부품, 브레이크 시스템 구성부품 등을 기업 외부시장에서 공급받아서 조립·생산하던 완성차 기업이 이 기능을 조직 내로 흡수하여 직접 생산하는 경우이다. 경영전략 용어로는 **수직적 통합**(Vertical Integration)이라고 한다. 수직적 통합은 기업수준 성장전략 중 하나로 '가치사슬을 조직 내부로 통합하는 과정'으로 정리할 수 있다.

세 번째 방향은 기업의 활동 대상을 국내시장에서 국경 밖까지 확장하는 것이다. 사업영역을 확대하거나 가치사슬 활동을 통합하여 운영하는 방식 외에도 또 다른 기

그림 1-5 기업성장의 세 가지 방향

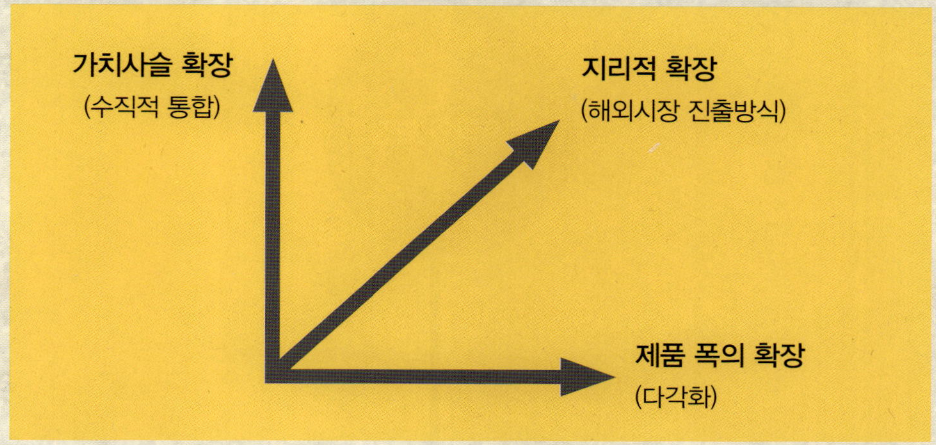

업의 성장 방향성은 기업활동 무대를 넓히는 **시장의 확장**이다. 직접적으로 표현하면 해외시장으로 진출이다. 즉 국내 소비자를 대상으로 가전제품을 판매하고 판매할 자동차를 국내에서 생산하던 기업활동을 해외로 확대하는 경우다. 경영전략 측면에서는 이를 **국제화**(Internationalization) 또는 **지리적 확장**(Geographical Expansion)으로 지칭한다. 기업의 국제화는 기업이 국제경영 활동을 수행하는 것으로 기업성장 차원에서 '기업활동 무대의 공간적 확장'으로 간주한다.

기업성장과 국제전략

국제전략으로서 지리적 확장은 경영활동의 대상을 국내시장을 넘어 해외시장으로 확대하는 것이다. 수출을 통해 해외시장을 개척하고, 현지에 생산시설, 판매법인 등을 설립하여 국제생산활동, 국제판매활동, 국제사후관리활동 등 개별 가치사슬을 국경을 넘어 해외시장으로 확장하는 것을 말한다. 기업의 **해외시장 진출방식**, 즉 수출, 국제라이선싱, 해외직접투자 등은 바로 지리적 확장을 위해 기업이 선택하는 진출전략 유형이라 할 수 있다.

그림 1-6 기업성장과 국제전략

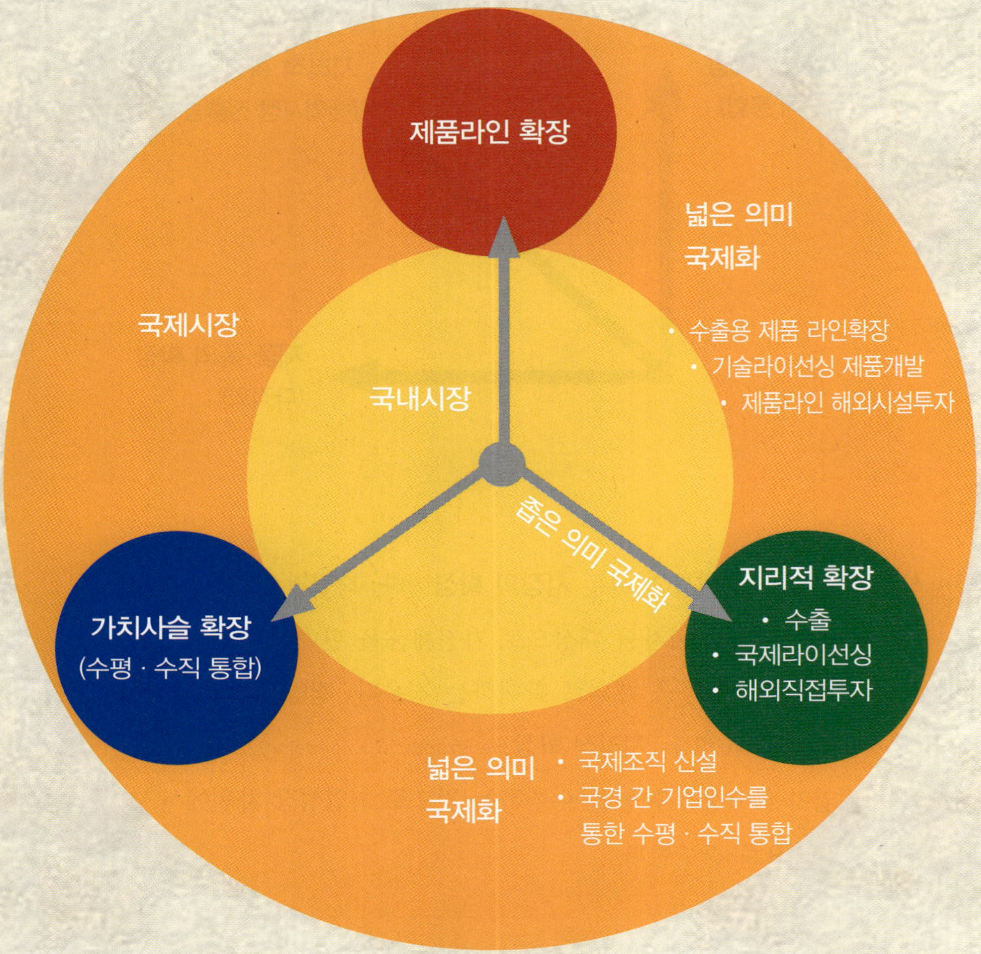

기업의 성장 관련한 **기업의 국제화**에 대한 개념을 정리해 보자. **좁은 의미의 국제화 방향**은 조직 확장 방향 중 지리적 확장을 의미하며, 기업의 지리적 확장은 수출, 국제라이선싱, 해외직접투자와 같은 해외시장 진출방식을 선택하는 것이라고 규정할 수 있다. 그런데 기업성장 과정에서 제품라인의 확장이나 가치사슬의 확장과 같은 다른 두 가지 기업의 성장 방향들도 지리적 확장 방향과 독립적으로 이루어지기보다는 지리적 확장과 결합하여 진행될 가능성이 크다. 예를 들면, 제품라인 확장은 수출용 제품라인 확장, 국제라이선싱을 통한 제품개발, 제품라인 해외시설투자 등 지리적 확장과 결합되어 진행된다. 또한, 가치사슬 확장 역시 판매조직, 생산시설, 서비스센터 구축에 있어, 해외에 국제조직의 신설(해외직접투자) 또는 국경 간 인수(해외직접투자) 등을 통한 수직·수평 통합과 같이 지리적 확장과 결합한 형태가 나타난다. 이처럼 국내시장에서의 제품라인 및 가치사슬 확장에 대비해 **넓은 의미의 국제화 방향**은 [그림 1-6]에 표시한 것처럼 '국제시장에서 해외시장 진출방식과 결합되어 나타나는 국제 제품라인 및 국제 가치사슬의 확장'으로 확대하여 규정할 수 있다.

본서의 전략에 대한 관점과 체계

전략경영에서 내외부 환경 관련 이론의 흐름

전략경영에서 기업의 환경에 대한 학술적 의미는 시대의 변화와 함께 발전해왔다. 본격적 토대는 **포터**(Porter)가 1979년 발표한 산업의 **5가지 경쟁요인 모형**(5 Forces Model)에서 출발한다.[13] 포터는 산업구조가 기업의 수익성과 성과를 결정한다는 산업조직론 기반의 외부지향적 시각을 제시했다. 그는 산업 내 5가지 경쟁적 압력인 기존 경쟁자 간 경쟁강도, 신규 진입자의 위협, 구매자의 교섭력, 공급자의 교섭력, 대체재의 위협이 기업의 이익을 좌우한다고 설명했다. 이 모형은 이후에도 전략경영의 기본 분석틀로 널리 활용되고 있으며, 포터는 이후 **본원적 전략**(Generic Strategies)과[14] **가치사슬**(Value Chain Model)을[15] 통해 비용우위·차별화·집중전략과 가치사슬 기반 내부활동 분석으로 이론을 보완했다.

그러나 1990년대에 접어들면서 포터의 외부구조 중심 시각에 대한 한계가 제기되었다. 같은 산업에 속해 있어도 기업마다 성과가 크게 다르다는 현상이 관찰되었기 때문이다. 이에 대해 **자원기반관점**(Resource-Based View: RBV)이 등장하였다. **워너펠트**(Wernerfelt),[16] **바니**(Barney)[17] 등이 대표 학자로 꼽힌다. 자원기반관점은 산업구조보다는 기업이 보유한 내부자원, 특히 가치 있고(Value), 희소하며(Rarity), 모방이 어렵고(Inimitability), 대체 불가능한(Non-substitutability) 자원이 장기적인 경쟁우위의 원천이 된다고 설명한다. 브랜드, 특허, 기술, 인적자본, 조직문화 등이 주요 자원으로 부각되었다. 이 관점은 기업 간 성과 차이를 자원격차에서 설명할 수 있는 이론적 기초를 제공했으나, 변화하는 환경 속에서 이러한 자원을 어떻게 지속 활용할지에 대한 설명은 부족했다.

이를 보완하여 등장한 것이 **동태적 역량이론**(Dynamic Capabilities Theory)이다. **티스**(Teece)[18], **헬파트·페테라프**(Helfat·Peteraf)[19] 등이 대표적으로 제시하였다. 동태적 역량이론은 단순히 자원을 보유하는 것만으로는 부족하고, 환경 변화에 따라 기업이 자원을 지속적으로 조정하고 재배치하며 학습·혁신할 수 있는 능력 자체가 경쟁우위의 본질이라고 강조했다. 즉, 동태적 역량은 자원의 '활용능력'에 강조점을 둔다. 이를 통해 기업은 기술변화, 시장환경 변화, 산업구조 변화에 유연하게 대응할 수 있다.

2000년대 중반 이후 플랫폼 기반 기업들이 급부상하면서 기존의 산업중심 전략이론은 다시 한번 도전을 받게 된다. 이 시기에 **플랫폼 이론**(Platform Theory)과 **네트워크 외부성**(Network Externality)이 중요한 전략이론으로 자리 잡았다. 예로써, 아마존, 구글, 페이스북, 애플, 알리바바 등 플랫폼 기업들은 판매자·구매자의 '양면시장(Two-sided Market)' 구조를 형성하며 사용자 수가 늘어날수록 플랫폼의 가치가 올라가는 네트워크 효과를 기반으로 시장을 지배해 나갔다. 전통적 제조기업은 공급의 규모경제가 핵심 경쟁요인이었으나, 플랫폼 기업은 수요 측면의 규모경제, 즉 수요 네트워크 외부성이 성장을 이끈다. 대표적 학자로 **로셰**(Rochet), **아이젠만**(Eisenmann) 등이 이론 정교화를 이끌었다.[20]

더 나아가 2010년대 이후에는 **생태계 전략**(Ecosystem Strategy)으로 전략이론이 확장되고 있다. **애드너**(Adner), **제이컵아이디스**(Jacobides) 등이 이 분야를 선도했다.[21] 생태계 전략은 기업 단독 성과가 아닌 파트너 전체 네트워크의 가치창출 능력이 핵심이라는 시각이다. 보완재와 파트너십, 플랫폼 표준, 공동투자, 규제 환경까지 전체 시스템이 기업 경쟁력을 결정한다. 예를 들어, 테슬라는 자동차를 넘어 충전 인프라, 자율주행, 에너지 저장, 배터리 생산, 태양광까지 통합 생태계를 구축하여 경쟁구조를 근본적으로 변화시키고 있다. 애플 역시 하드웨어·소프트웨어·앱스토어·보안·서비스를 통합한 폐쇄적 생태계를 형성해 전통적 경쟁요인을 넘어선 지배력을 행사하고 있다.

테슬라의 전략경영 이론 적용사례

테슬라(Tesla)의 5가지 경쟁요인 모형이다. 초기부터 기가팩토리, 슈퍼차저 네트워크, 독자적 자율주행 개발을 통해 진입장벽을 스스로 구축하며 신규 진입자의 위협을 차단하였다. 기존 기업 간 경쟁에서는 폭스바겐, GM, 현대, BYD 등과 치열한 경쟁구조에 있으며, 대체재는 수소차, 자율주행 공유모빌리티가 장기적으로 위협요인이며, 공급자는 배터리 셀, 희소금속, 반도체 등에서 일부 높은 교섭력을 가지며, 구매자의 교섭력은 프리미엄 고객층에서는 낮으나, 중저가 시장에서는 높은 편이다.

다음은 자원준거론 관점이다. 테슬라는 자체 설계한 FSD 자율주행 알고리즘, 독자적인 무선 소프트웨어 업데이트 시스템, 독점적 충전망인 슈퍼차저 네트워크, 테슬라 브랜드의 글로벌 기술혁신 이미지, 일론 머스크라는 상징적 리더십 자산, 그리고 자체 EV 플랫폼이 모두 희소하며 모방이 어렵다.

동태적 역량이론이다. 전기차 시장성장 속도가 급변하는 가운데, 테슬라는 기가팩토리 확장, 4680 신형 배터리 내재화, 새로운 기가캐스팅 제조방식 도입, 원자재 장기계약 확보 등 자원을 재조정하며 경쟁력을 선제적으로 확보하고 있다. 또한 자율주행, 로보택시, 에너지저장시스템(ESS), 태양광 사업 등 신사업 확장을 병렬로 전개하며 끊임없이 사업영역을 진화시키고 있다.

플랫폼 이론의 적용이다. 소프트웨어 업데이트를 지속 제공하는 구독형 시스템으로 운영된다. 사용 차량이 많아질수록 데이터가 축적되고, 데이터가 축적될수록 자율주행 기술이 고도화되는 선순환적 네트워크 효과가 작동한다.

생태계 전략 적용이다. 충전 인프라, 보험, 차량 금융, 앱 생태계 등이 연계되면서 생태계적 테슬라 플랫폼 구조가 형성되고 있다. 자동차 제조, 배터리 내재화, 광물 공급망 투자, 충전 인프라 보급, 에너지저장(ESS), 태양광 발전, 소프트웨어 서비스, 보험, 로보택시 계획 등 이 모든 가치사슬이 유기적으로 연결된다. 이러한 수직·수평적 통합구조 속에서 테슬라는 고객 락인(lock-in)을 강화하며, 경쟁자들이 단기간에 따라올 수 없는 생태계적 진입장벽을 구축하고 있다. 테슬라가 장기적으로 '자동차 회사가 아니라 에너지-모빌리티 통합 생태계 회사'로 진화한다는 점이 전략적 본질이다.

이처럼 기업 외부환경분석은 경제학의 산업조직론, 그리고 이를 기반으로 산업구조와 진입장벽을 중심으로 경쟁구조를 분석한 포터의 산업분석모형이 주도했고, 이후 외부환경보다는 기업 특유의 자산, 즉 기업 내부자원에 주목하는 RBV가 등장했다. RBV는 다시 변화 대응능력 중심의 동태적 역량이론으로 확장되었고, 플랫폼 기업의 부상으로 네트워크 외부성과 플랫폼 전략이 주목받았다. 결국, 오늘날은 생태계 전략이 기존 경쟁개념을 통합하면서 기업 간 경쟁의 단위를 '기업 대 기업'에서 '생태계 대 생태계'로 확대하고 있다. **기업사례에 전략이론을 적용**하면, 1980년대 GM, GE 등 제조기업은 산업구조 전략을, 1990년대 삼성, 소니 등은 자원·능력 내재화 전략을, 2000년대 애플·테슬라는 동태적 역량을, 2010년대 이후 아마존·구글·엔비디아는 플랫폼 및 생태계 지배 전략을 구사하며 시대적 전략 패러다임을 선도한다.

본서의 전략에 대한 관점

본서는 **적합성 정의를 기반**으로 한다. 기업의 환경을 중점으로 기업의 국내외 전략적 의사결정에 대한 이론적 접근과 분석법을 제시한다. 기업의 외부환경은 국가환경과 산업환경으로 구분한다. 국가환경 분석은 국가라는 실체적 입지가 가진 '국가경쟁력 분석'에 중점을 둔다. 현대 경영환경에서 해외에 연계 없이 가치사슬 활동을 국내에서만 추진하는 기업사례를 찾기가 드물다. 국제화 이전 기업을 내수기업으로 구별을 두어 전략이론을 적용·해석할 실익도 없다. 기업의 전략적 의사결정은 지리적 확장을 포함해 수직적 통합, 다각화 등을 활용하여 기업성과를 높일 수 있는 국내외 최적 입지를 선택한다.

기업은 전략적 선택과정에서 국가, 산업이라는 외부환경, 그리고 자원·능력의 내부환경 간 이상적 대응을 기대한다. 본서는 이때 대응의 개념을 기존 'SWOT 접근법'의 적합성 개념보다 확장하여 적용한다. 즉 **사전적합성**(ex strategic fit)뿐 아니라 **사후적합성**(post strategic fit)까지 적합성 범주에 포함한다.[22]

기업은 외부환경에 기업의 내부능력/환경을 맞추는 것이 일반적 시도이지만, 적극적으로 외부환경을 자신의 내부능력과 일치시키려는 노력까지 전략 적합성 범주에 포함시킨다. 만일 기업의 내부능력(경쟁우위)이 외부환경인 산업시장에서 게임의 법칙으로 자리 잡았을 때, 이런 경우도 넓은 의미로는 (사후적) 적합성을 달성한 것으로 간주해야 한다는 주장이다.

외부환경이 내부환경에 일방적인 영향을 주는 것이 아니라, 외부환경과 내부환경은 '서로 영향을 받으며 진화함'을 가정한다. 즉 기업의 외부환경으로부터 기업은 경쟁우위를 얻을 수도 있고, 경쟁우위가 외부환경을 바뀌게 할 수도 있다. 내외부 환경 간 단순 적합성이 아니라 상호 영향성, 상호 변경 가능성도 열어둔다. [그림 1-7]처럼 내외부 환경에 대한 적합성 의미를 '적합', '상호작용', '변경' 등을 포함하여 확장한다.

따라서 본서는 환경분석을 설명하는 전략이론 부문에서는 단순히 규모의 경제, 네트워크 외부성 등 환경분석 도구 설명에 국한하지 않고, 이를 적극적으로 활용하여 '경쟁우위 창출로 연결하는 다양한 방안'임을 **본서의 전략적 시사점**으로 선정하여 집중적으로 제시한다. 즉 규모의 경제 또는 네트워크 외부성은 '산업환경' 차원에서 나타나는 속성 중 하나이지만 궁극적으로 규모의 경제나 네트워크 외부성을 시도하는 주체는 기업이며, 기업의 전략 결정에 따른 성과이다. 예컨대, 국제기업이 본사의 경쟁우위를 기반으로 현지에 해외투자 자회사를 설립한 후에, 자회사가 현지 네트워크에

그림 1-7 기업환경, 산업환경, 국가환경

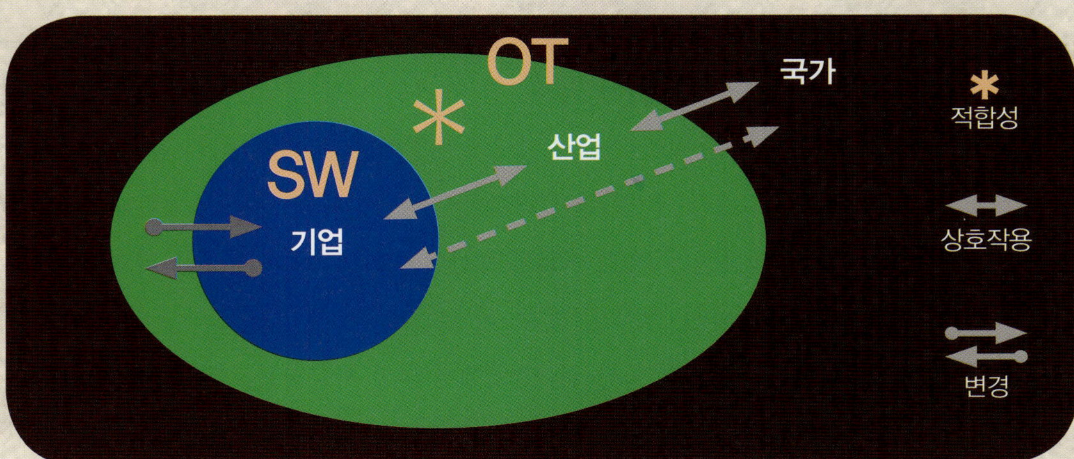

편입되고 현지 지식을 습득하면서, 오히려 본사 경쟁우위를 능가하거나 보완하는 경쟁우위 창출의 경우도 환경에 대한 기업 대응(적합성)으로써 네트워크 전략을 적용한 사후적 적합성의 새로운 경쟁우위를 창출한 사례로 간주한다.

본서의 구성 논리와 체계

본서는 기업의 전략경영 활동에 지리적 확장의 국제경영전략의 주제를 포함하여 현재 세계무대를 시장으로 하는 국제기업을 위한 경영전략을 설명하기 위한 교재이다. 분석 관점과 접근법으로 환경과 내부능력의 적합성 개념을 적용한다. 목차에도 이를 반영하여 PART 1은 전략의 정의에 대한 설명과 함께, 기업의 내외부 환경을 다룬다. 제1장은 전략의 정의와 체계, 제2장과 제3장은 외부환경 분석으로 국가 수준의 환경과 산업 수준의 환경을 나눠서 기술한다. **제1장**은 전략 정의의 접근법으로 절충적 정의, 계층적 정의, 적합성 정의를 선정하여 세부 내용을 인근 전략경영 분야의 주제와 연계하여 설명한다. 창발적 전략, 미션, SWOT 분석, 기업/사업/기능의 세 가지 차원의 전략 등이 해당한다. 정태적 전략관점의 한계에 대해 시나리오 계획을 추가하고, 지리적 확장의 국제경영전략을 포함하는 기업의 성장전략 방향을 정리한다. **제2장**은 국가환경 분석모형 다섯 가지를 소개한다. PESTL과 다이아몬드 모형은 국가환경 매력도를 측정하는 정태적 모형이다. 동태성을 반영한 입지 수명주기 모형도 소개한다. 또한 경영현장에서 국제시장 진출을 위한 국가별 입지매력도를 조사하는 모형으로 기회·위험 입지선정 모형과 입지우위·경쟁우위 매트릭스 모형을 추가한다. 기회·위험 입지선정 모형은 진출 전에 매력도에 대한 긍정적·부정적 기준을 제시하며, 진출 후 또는 현재 입지한 국가환경이 적합한지 점검하는 데에는 입지우위·경쟁우위 매트릭스 모형을 활용할 수 있다. **제3장**은 산업환경 매력도와 구조를 파악하는 도구로 규모의 경제, 경험곡선, 범위의 경제, 네트워크 외부성, 요소집약도 등 다섯 가지 산업분석 도구를 설명한다. 또한 전략경영에서 흔히 사용하는 전통적인 산업조직론적 모형, 이에 영향을 받아 세분된 기준으로 산업을 정밀하게 분석하는 포터의 5가지 경쟁요인 모형을 구성요인별로 설명한다. 여기에 산업환경 분석의 동태성을 반영하는 산업수명주기 모형도 덧붙인다. 그리고 국제경영전략 차원에서 산업적 속성, 즉 기업이 사업으로 취급하고 있는 제품의 속성이 국제전략에 어떻게 반영하는지를 별도 소제목으로 살펴본다.

PART 1이 기업환경 분석이라면, **PART 2**는 기업환경 분석을 통해 전략을 수립하는 내용을 담는다. 전략의 세 가지 수준을 반영하여, 제5장은 기능수준 전략, 제6장은 사업수준 전략, 제7장은 기업수준 전략으로 정리한다. **제5장**은 기능수준 전략의 개념·역할과 이를 적용한 기능수준의 마케팅활동을 분석한다. 기능수준 전략은 기업의 가치사슬 활동으로 부서 또는 팀에 부여된 경영활동이다. 가치사슬의 내용과 함께, 주요 기능영역별 전략인 마케팅, 생산·운영, 인적자원 관리, 연구개발, 정보시스템 등의 핵심과제를 설명한다. 또한 심도있는 적용사례로써 마케팅전략을 선정하여 제품수명주기, 경험곡선, 가격전략, 국제이전가격을 설명한다, **제6장**은 사업수준 전략으로 7장과 함께 전략경영의 핵심을 이루는 주제이다. 포터의 전략적 포지셔닝을 기준으로 본서가 제시하는 '게임법칙의 변경' 이론을 설명한다. 포터의 이론과 관련하여 본원적 경쟁전략, 생산성 프론티어 등을 선정하여, 그가 주장하는 '전략이란 무엇인가'의 핵심 관점을 분석한다. '게임법칙의 변경'은 본서의 전략 접근법인 적합성 정의를 사후적합성까지 확장한 경쟁전략이다. 이에 대한 이론적, 사례적, 실행방법론적 설명을 기존의 전략이론들, 즉 핵심성공요인(KSF), 자원기반관점(RBV), 블루오션 전략, 전략적 포지셔닝에 대응해 상술한다. 또한 국제기업을 위한 국제시장 선택 전략으로 순차적/동시다발적 전략, 집중/분산시장 전략, 대결/선점/구축 전략을 소개한다. **제7장**은 다양한 기업수준 전략 분석틀과 실행기법, 적용사례 등으로 구성한다. 특히 국제기업의 기업수준 전략으로 해외시장진출 방식 관련 이론과 아울러 본사의 자회사 전략, 자회사 유형과 지역본부 기능 등을 추가로 소개한다. BCG 매트릭스와 국제시장 포트폴리오 모형, 수직적 통합과 대응하는 조달전략으로써 아웃소싱 등을 비교·설명하고, 다각화에 대해서는 다각화 결정요인, 신흥시장 다각화, 그린필드와 인수 등 세부 주제를 선정해 비중 높게 다룬다.

PART 1과 PART 2가 전략수립에 관한 내용이라면, **PART 3**은 이를 어떻게 현실에 실현하는가에 대한 방법을 기술한 전략실행에 대한 파트이다. 계획(Planing)−실행

(Exemption)–평가(Evaluation)에 맞춰 **제8장**은 조직설계 그리고 통제와 평가로 구성한다. 조직설계는 수립한 전략을 추진하는 실행 주체로 전략방향에 따라 조직의 스타일이 결정된다. 목표한 전략이 효과적으로 성과까지 연결됐는지를 점검하는 것이 조직설계와 통제 및 평가 활동이다. 전략–조직 정렬 모델을 기반으로 조직유형, 조직문화, 전략적 통제, 통제시스템, 균형성과표 등을 다룬다. 본서의 차별적 공헌으로써 통제시스템 유형별로 기능/사업/기업수준 전략의 적용 가능성을 설명한다. **제9장**은 변

그림 1-8 본서의 구성 체계

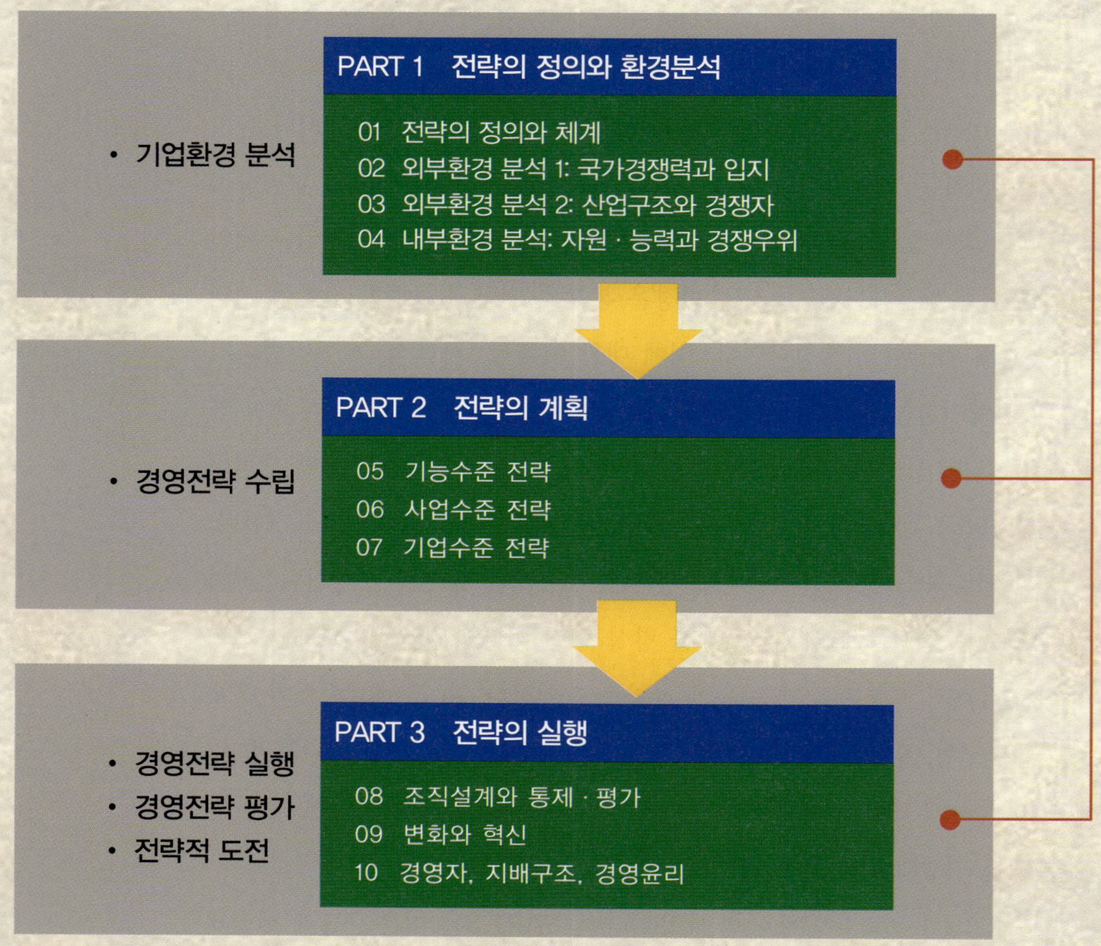

화와 혁신을 주제로 한다. 본서의 관점에서 조직의 변화와 혁신이 필요한 이유는 기업의 내외부 환경이 시간 흐름에 따라 변했기 때문이다. 외부환경의 변화에 대해 (다시 전략적 적합성을 달성해야 하니) 기업의 변신 또는 탈바꿈이 요구되고, 이에 대한 해법으로 기업은 혁신을 시도한다. 다양한 혁신기법과 분석틀을 소개한다. 마지막 장인 **제10장**은 경영자, 지배구조, 경영윤리 등을 다룬다. 내외부 환경에 대한 이해, 전략 적합성의 판단, 전략수립 계획과 이를 실천하는 방안으로 추진 조직설계 및 인력 배치, 그리고 조정자 역할로써 평가 실행 등은 모두 조직의 **최고경영자**에 주어진 권리이자 의무이다. 이러한 최고의 전략가로서 최고경영자를 선택하고 선발하는 구조를 갖추는 일, 이는 잘 구축된 기업 지배구조에서 가능한 일이다. **지배구조**는 회사에 대한 지분을 매개한 통제 형태, 이사회를 중심으로 한 회사의 의사결정 체계를 말한다. 건전한 지배구조는 건전한 사회를 반영한다. **경영윤리**는 경영자, 지배구조 등과 함께 기업의 가치를 높이는 ESG 경영의 핵심 요소이다. 착한 기업은 성과도 높다. 실증적으로 명확한 근거가 없더라도 믿고 싶은 경구다.

PART 1

전략의 정의와 환경분석

01 전략의 정의와 체계

02 외부환경 분석 1: 국가경쟁력과 입지

03 외부환경 분석 2: 산업구조와 경쟁자

04 내부환경 분석: 자원 · 능력과 경쟁우위

PEST 국가환경 분석모형

다이아몬드 국가경쟁력 모형

입지 수명주기 모형

기회 · 위험 입지선정 모형

입지우위 · 경쟁우위 매트릭스 모형

02

외부환경 분석 1: 국가경쟁력과 입지

외부환경 분석의 우선순위 대상은 **국가환경 분석**이다. 다음 장의 외부환경인 산업환경과 함께 전략적 접합성 달성을 위한 내외부 환경분석의 첫 단계이다. 기업이 경영성과를 높이기 위한 전략수립에 있어서 국가환경의 의미는 입지로서 역할이다. 국내 또는 국외 입지로서 국가는 지리적 공간이다. 해당 공간에서 기업은 경쟁우위를 발휘하여 높은 기업성과를 현실화하거나, 더욱 향상된 경쟁우위 창출에 필요한 인적·물적, 제도적 자원을 지원받는다.

지리적 우위가 있는 국가를 **국가경쟁력**이 있는 국가로 칭한다. 고전경제학파의 무역이론은 비교우위, 요소우위 등 수출경쟁력을 국내에서 비용우위를 가진 제품을 생산하는 원천으로 간주하고, 이를 국가별 제품생산 전문화(분업)의 대상 산업으로 보았다. 기업에게 유리한 입지에 있다는 것은 비용절감을 할 수 있는, 이에 따른 가격경쟁력을 확보할 수 있는 장소라는 의미이다.

자국 시장을 떠나 해외생산 입지를 물색하는 기업은 자국과 비교해 현지 입지가 가진 긍정적 우위 요소는 무엇인지, 아울러 부정적 요소는 무엇인지를 따져 진출 여부를 결정해야 한다. 또한 이미 입지에서 생산활동을 하는 기업은 현재 입지조건이 변화하여 자신의 경쟁우위 실현 및 향상에 있어 도움이 되는지도 점검해야 한다. 이러한 국가환경 분석의 주제를 분석할 수 있는 몇몇 분석틀, 즉 PESTL 국가환경 분석모형, 무역이론의 확장 모형으로써 다이아몬드 국가경쟁력 모형, 입지 수명주기 모형, 기회·위험 입지선정 모형, 입지우위·경쟁우위 매트릭스 모형 등을 설명한다.

- **PESTL 국가환경 분석모형:** 국가환경 분석의 기본틀로 정치, 경제, 사회, 기술, 법률 등의 범주에 국가환경을 분석한다. 간단하면서도 포괄적인 분석모형으로 다른 분석모형과 병행 및 연계하여 사용한다.

- **다이아몬드 국가경쟁력 모형:** 생산요소 및 수요조건과 같이 고전적 무역이론 요소에 기업관련 요소와 산업관련 요소를 추가하여, 구성요소 간 상호작용을 강조한 국가경쟁력 분석모형이다. 입지경쟁력의 원천을 다양화하고, 특히 혁신을 통한 국가경쟁력의 인위적 부양 가능성을 설명한다.

- **입지 수명주기 모형:** 탄생, 성장, 성숙, 쇠퇴 등 제품수명주기를 기반으로, 이에 대응되는 기업의 환경으로써 시장구조인 혁신기반 과점기, 성숙 과점기, 노쇠 과점기 등을 나눠 입지의 경쟁력을 분석한다. 다른 국가환경 분석모형과는 달리 국가별 입지 경쟁력 이동을 설명하는 동태적 분석모형이다.

- **기회·위험 입지선정 모형:** 국가환경이 지닌 긍정적 기회적 요소뿐 아니라, 부정적 위험요소를 상호 고려하여, 입지선택 기준(채택/기각/가능)을 선정해야 한다는 모형이다. 해외직접투자 입지선정에 유용한 분석틀로 기회요소는 해외직접투자 결정요인을, 위험요소는 PESTL 구성요인을 적용한다.

- **입지우위·경쟁우위 매트릭스 모형:** 현재 기업이 보유한 경쟁우위에 비해 위한 국가입지의 우위가 높은지, 낮은지를 매트릭스(공장의 폐쇄/매각/이전/확대)로 분

석하는 모형이다. 위의 모형들이 사전에 국가환경을 분석하는 데 비해 이 모형은 현재 입지가 타당한지 투자 이후 분석모형이라는 데 특징이 있다.

PESTL 국가환경 분석모형

국가환경 분석틀 중 하나인 PEST 모형은 각각 정치(Political), 경제(Economic), 사회(Social), 기술(Technological)의 앞글자를 각각 따서 만든 조어이다. **PEST 모형**은 국가환경을 분석하는 여러 기준 중에 네 가지 측면에 초점을 맞춰 분석한다는 것을 의미한다. 여기에 법(Legal)이라는 기준을 하나 더 포함하여 만든 모형이 PESTL 또는 **SLEPT 모형**이다. PEST 모형 및 PESTL 모형은 기업의 외부환경에 대한 국가 수준의 분석을 시행할 때 사용하며 각 **구성요소**는 다음과 같다.

- **정치적 환경(Political Environment):** 정부 정책, 세금, 무역 규제, 정치적 안정성, 정부의 산업 지원 등 기업활동에 직접 영향을 미치는 정치적 요인을 의미한다. 정치적 환경 변화는 기업의 투자 리스크와 사업 환경을 결정짓는 중요한 요소이다.

- **경제적 환경(Economical Environment):** 경제 성장률, 인플레이션, 환율, 소득 수준, 실업률 등 경제적 요인을 포함한다. 기업은 경제 환경의 변화에 따라 시장 수요 예측, 가격 책정 전략, 자금 조달 계획 등을 조정해야 한다.

- **사회적 환경(Social Environment):** 인구 구조, 문화, 소비 트렌드, 건강관리 관심도, 고령화 등 사회문화적 요소를 포괄한다. 기업은 소비자들의 변화하는 취향과 가치관을 고려해 제품과 서비스를 개발하고 마케팅전략을 수립해야 한다.

- **기술적 환경(Technological Environment):** 기술 혁신, 디지털화, IT 인프라, 신기술 도입 등 기술적 변화와 혁신을 의미한다. 기술 발전은 기업의 생산 효율성, 제품 경쟁력, 시장 대응력을 결정하는 핵심 요소이다.

- **법률적 환경(Legal Environment):** 상법, 조세법, 특허법, 소비자 보호법, 데이터 보호법 등 기업활동을 규제하는 법률, 규정, 규제기관의 감독 등을 포함한다. 법률 환경 변화는 기업의 법적 리스크 관리와 규제 대응 전략에 필수적인 요소이며, 사업의 안정성과 지속 가능성을 좌우한다.

PESTL 모형은 국가 수준의 외부환경을 체계적으로 분석하는 가장 기본적인 분석틀이다. 간단하고 모든 국가의 공통적 비교가 가능한 구성요소로 인해 일반적으로 널리 사용되는 **장점**이 있다. 이는 단점이 되기도 하는데, 너무 간명하고 열거식이어서 전략에 활용할 심층적 환경분석 자료로 부족하다는 비판을 받기도 한다. 또한 환경요소 간 상호작용을 구체적으로 설명하기가 어렵고, 변화와 시간의 흐름을 반영하지 않은 정적 모형이라는 **한계**도 있다. 이러한 한계를 극복하기 위해 다음에 소개하는

표 2-1 외국기업의 한국의 민간 의료보험 시장에 대한 PESTL 분석(예시)

구분	내용
정치(P)	• 안정적 정부와 예측 가능한 정책 환경 • 국민건강보험 중심 공공의료 강화 및 민간 보험 규제 강화 가능성 • 한미 FTA로 미국 기업 진출 우호적 환경 • 고령화 대응 정책 변화 가능성
경제(E)	• 세계 10위권 경제 대국, 높은 1인당 GDP • 빠른 고령화로 의료비 증가, 민간 보험 수요 증가 기대 • 경제계층별 보험 가입력 차이 존재 • 국내 보험 시장 경쟁 심화
사회(S)	• 고령인구 증가에 따른 장기요양, 만성질환 보험 수요 확대 • 건강관리 관심 증가, 예방 중심 보험 수요 확대 • 공공보험 중심 인식 잔존, 민간 보험 신뢰도 개선 필요 • 가족 구조 변화에 따른 개인 맞춤형 상품 수요 증가
기술(T)	• 세계 최고 수준 IT 인프라와 디지털 헬스케어 발전 • AI · 빅데이터 활용한 보험 업무 디지털 전환 가속화 • 개인정보 보호 및 사이버보안 강화 필요
법률(L)	• 보험업법 등 엄격한 보험 관련 규제 • 개인정보보호법 강화에 따른 데이터 관리 엄격 • 외국 보험사 라이선스 취득 및 승인 절차 복잡 • 소비자 보호 및 계약 투명성 강화 추세

다이아몬드 모형, 입지 수명주기 모형 등 다른 전략 분석 도구를 병행하여 사용한다. 예컨대 본격적인 다이아몬드 모형 같은 본 분석모형의 적용 이전에 다수의 투자입지 대상지에 대해 기본 분석 절차로 PESTL 분석을 먼저 시행하여 후보지 군을 압축한 뒤 본 분석모형을 실시하여 분석비용과 노력을 절감한다. 또한, PESTL 모형의 다섯 가지 범주의 구성항목을 다음에 소개하는 기회·위험 입지선정 모형에서 위험요인의 각 세부 항목에 활용한다.

다이아몬드 국가경쟁력 모형

다이아몬드 모형의 구성과 내용

포터의 다이아몬드 모형은 국가 경쟁우위를 결정하는 **네 가지 핵심 요소**(생산요소, 수요조건, 관련·지원 산업, 기업전략·구조·경쟁)와 **두 가지 외생변수**(정부, 기회)를 분석하는 프레임워크이다.[23] 포터는 특정 국가에서의 산업 경쟁력이 천연자원과 같은 단순한 외생적 요소에 의해 결정되는 것이 아니라, 국가 내부의 다양한 질적 요소들이 상호작용함으로써 동태적으로 창출된다고 보았다. 핵심 요소인 **네 가지 내생변수**를 설명하면 다음과 같다.

- **요소조건(Factor Condition):** 노동력(특히 고급 인력), 천연자원, 자본, 기술 인프라, 교육 시스템, 연구개발 역량 등 생산 활동에 필요한 기초 자원과 고급 자원을 의미한다. 단순한 자원의 양보다는 해당 자원의 질과 특화 수준이 중요하다. 가용 노동력의 크기(기본요소)보다는 고급기술 인력과 첨단 연구 인프라(고급요소)가 경쟁력의 핵심원천이 된다.

- **수요조건(Demand Condition):** 시장 규모, 소비자 요구 수준, 소비자 선호도의 복잡성과 까다로움 등 해당 산업 제품이나 서비스에 대한 국내시장의 수요를 말한다. 수요시장의 크기는 물론이고 까다로운 소비자와 고도화된 수요는 기업의

혁신과 제품품질 향상을 촉진하여 국가의 경쟁력을 강화한다.

- **연관 및 지원 산업(Related and Supporting Industry):** 경쟁 산업과 밀접하게 연결된 공급자, 고객, 보완 산업 등을 지칭한다. 강력한 협력 관계와 네트워크, 기술 및 정보의 원활한 교류, 효율적인 공급망 등이 지역의 경쟁력을 형성하는 구성요소이다. 우수한 연관 산업의 존재는 혁신 가속화와 비용 절감에 기여하며 산업 및 해당 입지의 경쟁력을 높인다.

- **전략, 구조 및 경쟁(Firm Strategy, Structure, and Rivalry):** 기업들이 어떻게 조직되고 경영되는지, 그리고 산업 내 경쟁 강도를 의미한다. 기업문화, 경영방식, 조직 구조, 경쟁 형태 및 강도, 시장 진입장벽 등이 해당한다. 치열한 국내 경쟁

그림 2-1 다이아몬드 국가경쟁력 모형

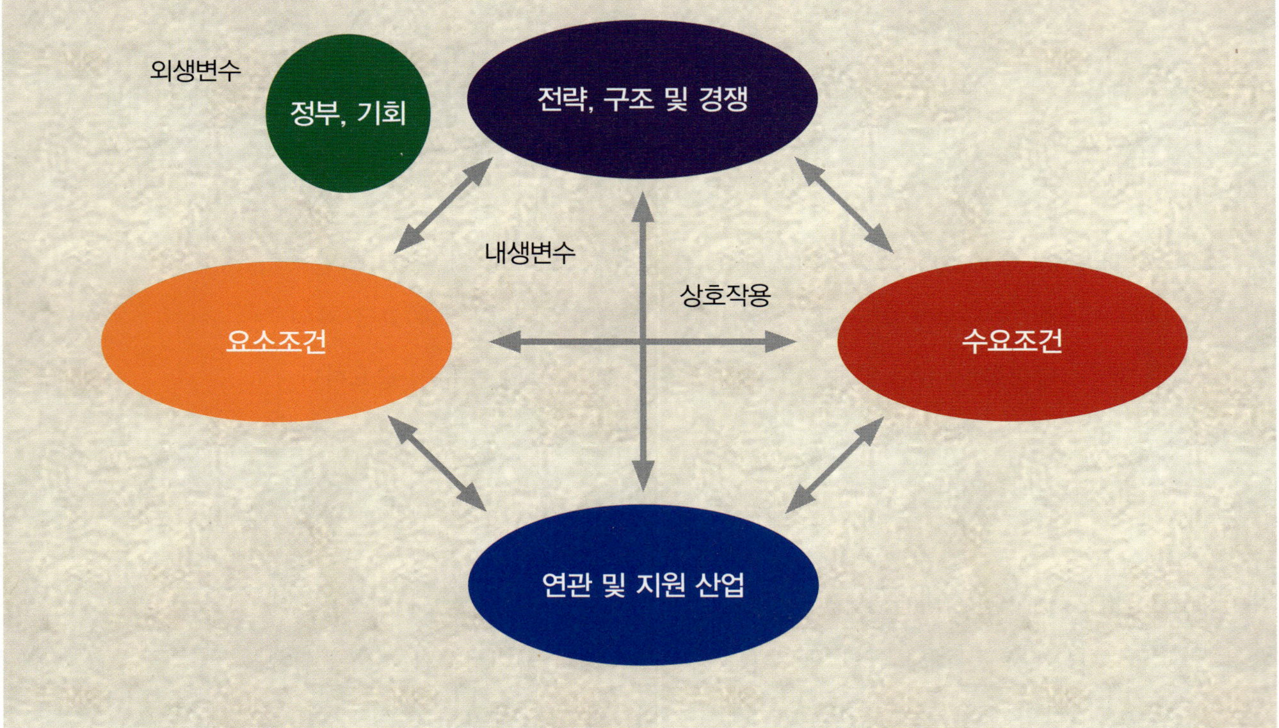

은 기업들의 혁신과 효율성 증대를 촉진하는 동력으로 작용하는 반면, 경쟁이 약하면 혁신 동기가 감소하여 경쟁력 향상에 부정요인이 된다.

한편, 다이아몬드 모형의 활용에는 **비판과 한계**도 존재한다. 대국과 소국이 함께 인접한 경우에 소국은 대국의 다이아몬드에 영향을 받는다. 따라서 이 경우까지 포괄하려면 두 국가의 다이아몬드를 연계한 분석이 되어야 한다는 주장, 즉 '더블 다이아몬드(Double Diamond)'에 대한 고려가 필요하다.[24] 최근 국제기업들은 가치사슬을 여러 국가에 분산시키는 경향이 강해지면서 국가 중심의 분석만으로는 모든 기업의 전략을 설명하기 어렵다는 비판도 있다. 이 두 측면의 비판은 포터의 모형 자체가 특정 국가 또는 입지에서 발생하는 경쟁력을 측정하는 모형이므로 이론의 한계라고 보기보다는 가정 상의 한계로 보아야 할 것이다. 그러나 요소들의 상호작용이 구체적으로 어떻게 이루어지는지에 대한 정량적 분석이 어렵다는 점, 동적 모형이 아니라 정적 모형으로서 산업변화 속도가 빠른 오늘날 변화 동력을 반영하지 못한다는 점은 분명한 모형의 한계점이라 하겠다.

다이아몬드 모형의 전략경영의 시사점

기존의 무역이론은 생산요소나 수요조건과 같은 외부적으로 해당 국가/입지에 주어진 자원의 크기, 즉 요소우위에 의해 경쟁력이 발생한다고 하였다. 하지만 포터는 국가의 경쟁력은 단순한 자원 보유에 있지 않고, 지속적인 혁신과 생산성 향상을 통해 경쟁력이 형성된다고 강조했다. 경쟁우위의 원천은 단순 요소의 집합체가 아니라, 산업 클러스터와 같이 제도적인 정책 도구인 역동적 시스템에서 나온다고 한다. 기업 혁신과 업그레이드는 자국 산업환경의 질에 달려 있으며, 국가 내 수요, 경쟁, 지원산업 등 환경이 기업의 성장을 규정한다고 하여 산업 클러스터의 중요성을 강조했다.

또한 경쟁은 기업에게 위협이 아니라 진보의 원천으로 보았다. 기업은 혁신을 통해 경쟁우위를 획득하며, 여기에는 기술뿐 아니라 경영방식의 혁신도 포함된다. 경쟁이 생산성과 효율성, 창의적 파괴를 유도하는 핵심 메커니즘이라는 전략경영적 의미를

표 2-2 다이아몬드 모형이 기업전략에 영향을 준 사례

요소조건 활용
• **전문인력 및 기술 기반 구축:** 독일의 고급 자동차 산업은 숙련된 엔지니어를 기반으로 BMW, 메르세데스-벤츠 등이 기술 경쟁력을 확보함. 자동차 기업은 현지 대학 · 연구기관과 협력해 인재 양성에 투자하고 배출된 전문인력을 활용함. • **인프라 최적화:** 실리콘밸리의 첨단 IT 인프라는 구글 · 애플이 클라우드 서비스를 글로벌로 확장하는 데 기여함.
수요조건 반영
• **고객 니즈 선제 대응:** 미국 소비자의 '최신 기술 선호' 성향은 애플이 아이폰 업데이트를 매년 진행하는 전략으로 연결됨. • **품질 기준 상향:** 스위스의 높은 식품 안전 기준은 네슬레가 글로벌 식품 규제를 선도하는 계기가 됨.
관련 · 지원 산업 협업
• **공급망 통합:** 도요타는 일본 내 강력한 자동차 부품 산업과의 협력을 통해 JIT(Just-In-Time) 생산 시스템을 완성함. • **생태계 구축:** 아마존은 미국의 클라우드 기술 지원업체와 협력해 웹서비스(AWS)를 글로벌 표준으로 성장시킴.
기업의 전략 · 경쟁 환경 설계
• **국내 경쟁을 통한 혁신:** 삼성전자와 LG는 가전 시장에서의 치열한 경쟁을 통해 OLED 기술에서 세계 1위를 차지함. • **조직 구조 최적화:** 독일 자동차 기업들은 수직적 통합 구조에서 소규모의 자율적이고 협력적인 에자일(Agile) 팀 구조로 전환해 신속한 의사결정 체계를 구축함.

부여했다. 자신의 기업이 발전하고 성장하는 데 있어 경쟁자는 부정적 존재가 아니라 협조자이며 파트너로 긍정적 기능이 있다는 것이다.

포터 모형의 **요약과 시사점**을 정리하면, 국가의 경쟁력의 **인위적 창출**이 가능한데, 이는 혁신으로써 창출되며 **혁신을 자극**하는 제도적인 시스템, 혁신을 자극하는 동인들이 중요하며, 이때 다이아몬드 모형의 네 가지 요소는 개별적 영향보다 전체적인 상호작용 구조를 통해 국가 경쟁우위를 궁극적으로 형성한다고 할 수 있다.

입지 수명주기 모형

다음은 국가환경 분석틀의 하나로 국가의 입지 경쟁력이 변화하는 과정을 제품수명주기에 초점을 맞춘 **버논**(Vernon) 이론을 적용하여 설명한다. **제품수명주기 이론**은 상품 또는 산업이 유기체처럼 탄생부터 성숙, 성장, 쇠퇴에 이르기까지 일정한 수명주기를 갖는다는 것이다. 버논은 제품의 수명주기에 착안하여 미국과 같은 선진국에서

엔비디아의 다이아몬드

■ 생산요소: 첨단 기술과 인재 기반

엔비디아(NVIDIA)는 고급 생산요소 확보에 전략적 투자를 지속하고 있다. 2025회계연도 연구개발 예산은 129억 달러로 전년 대비 48% 증가했는데, 이는 자체 AI 칩 설계 역량과 GPU 기술 고도화에 집중한 결과이다. 인적자원 측면에서는 2025년 기준 전 세계 직원 수가 36,000명으로 확대되었으며, 이 중 85%가 엔지니어링 분야에 종사한다. 실리콘밸리 내 MIT, 스탠퍼드대 등과의 산학협력 프로그램을 통해 최신 AI 알고리즘 개발 인력을 지속적으로 확보하고 있다.

■ 수요조건: AI 및 클라우드 시장의 폭발적 성장

미국 내 AI 인프라 수요는 엔비디아 성장의 원동력이다. 2025년 기준, 글로벌 AI 반도체 시장 규모는 1,200억 달러에 달하며, 이 중 엔비디아의 점유율은 80%를 상회한다. 특히 아마존 AWS, 마이크로소프트 애저 등 주요 클라우드 사업자들은 엔비디아 HGX 시스템을 대량 도입하며 AI 모델(LLM) 훈련 수요를 창출했다. 수요의 질적 측면에서 보면, 미국 국방부가 군사용 AI 시스템 구축에 엔비디아 칩을 채택했으며, 의료 분야에서도 메이요 클리닉과 협력해 영상진단 AI 솔루션을 공급 중이다. 이처럼 까다로운 고객 요구사항은 기술 혁신을 촉진하는 선순환 구조를 형성한다.

■ 관련·지원 산업: 반도체 생태계 협력

엔비디아의 성공은 산업 클러스터 효과와 분리할 수 없다. 설계(fabless) 기업으로서 TSMC, 삼성전자와의 파운드리 협업을 통해 최신 공정 기술을 선점하며, 미국 내에서는 인텔의 IDM 2.0 전략과 연계해 오하이오주 파브 건설에 참여 중이다. 또한, AI 소프트웨어 생태계 구축을 위해 쿠다(CUDA) 플랫폼을 오픈소스화하고, 2,500개 이상의 스타트업이 해당 API를 활용하도록 지원하며 지원산업 기반을 확장했다.

■ 기업 전략·구조·경쟁자: 혁신 주도의 경쟁 구도

엔비디아는 선제적 R&D 투자와 수직 통합 전략으로 경쟁우위를 공고히 했다. 2024년 AI 칩 시장에서 AMD(21%)와 인텔(9%)을 압도하며, 아마존, 구글 등 클라우드 사업자들의 자체 칩 개발에도 불구하고 70% 이상의 점유율을 유지 중이다. 이는 매년 신제품 출시 주기를 18개월으로 단축하고, AI 워크로드별 맞춤형 아키텍처를 차별화한 결과다. 조직구조 측면에서는 분권적 의사결정 체계를 채택해 신속한 기술 대응이 가능하다. GPU, 데이터센터, 자율주행 등 8개 사업부가 독립적으로 운영되며, 각 부서는 연간 15%의 예산을 실험적 프로젝트에 할당한다.

■ 정부: CHIPS 및 과학법 제정 등 대폭적인 정부지원

미국 정부의 반도체 산업지원 정책은 엔비디아 성장에 결정적이었다. CHIPS법을 통해 280억 달러의 보조금과 세제 혜택이 제공되며, 이 중 45억 달러를 TSMC 애리조나 파브 건설에 투입해 엔비디아 공급망 안정성을 높였다. 반면, 2025년 도널드 트럼프 행정부의 대중 AI 칩 수출 규제 강화로 H20 칩 45억 달러 분량의 판매가 차질을 빚었으나, 이는 미국 내 생산 확대로 상쇄되었다.

■ 기회: AI 기술 변곡점

기회요인으로는 AI 기술의 급속한 확산을 꼽을 수 있다. 2024년 생성형 AI 시장 규모가 480억 달러로 급증하며, 엔비디아는 NVIDIA Triton 플랫폼을 통해 실시간 AI 처리 시장을 선점했다. 또한, 코로나19 팬데믹 이후 원격 작업 증가로 GPU 기반 가상 데스크톱 수요가 3배 증가하며 신시장을 개척했다.

새로운 제품이 탄생한 후, 유럽 국가 그리고 개도국으로 수출 대상국이 옮겨가는 현상에 설명했다.[25] 버논의 무역이론은 20세기에 들어 TV, 자동차, 즉석카메라 등 대부분의 혁신적 제품들이 미국기업에 의해 미국시장에서 개발되어 유럽시장, 개도국 시장으로 무역경쟁력이 이동되는 현상을 잘 설명해 준다는 평가를 받고 있다.

[그림 2-2]는 신제품 탄생지인 미국의 입지 경쟁력이 시간이 흐름에 따라, 즉 제품의 수명주기가 진행됨에 따라 미국에서 유럽으로, 다시 유럽에서 개도국으로 무역량과 무역의 방향이 바뀌는 과정이 요약돼 있다. 그렇다면 미국이 국내에서 어떤 시장구조가 변화하여 이와 같은 현상이 발생하는지, 시장의 과점구조와 기업의 경쟁전략을 중심으로 다음과 같이 **과점기의 변천**을 정리한다.[26]

- **혁신기반 과점기(Innovation-based Oligopoly):** 초기 단계로 혁신을 바탕으로 경쟁을 한다. 이 시기에는 제품가격이 높은 것은 중요하지 않으며, 따라서 저렴한 생산요소를 확보하기 위해 입지를 해외로 이전하여 생산비용을 낮추기보다는 자국 시장 내에서 제품을 만들어 경쟁한다. 버논의 주장에 따르면 국가별로 혁신방법이 차이가 있는데, 예를 들면 미국은 노동절약적 혁신, 서유럽은 토지절약적 혁신, 일본은 자원절약적 혁신 등의 특징을 지닌다고 한다. 기술적 우위에 따른 품질에 의한 차별화로 진입장벽이 높으며 이윤이 급상승하는 특징을 보인다.

- **성숙 과점기(Mature Oligopoly):** 기업은 이제 혁신을 바탕으로 경쟁을 하지 않는다. 품질보다 비용 절감에 전략적 비중이 높다. 즉 규모의 경제가 경쟁의 관건이다. 규모의 경제까지 도달한 생산 규모는 이를 달성하지 못한 다른 경쟁자에게 진입장벽 구실을 한다. 이 시기에는 서로 경쟁에 살아남기 위해 담합과 공모가 빈번히 이루어진다. 과점적 경쟁구조에서 상대 경쟁자에게 타격을 주기 위해 상대방 주요 시장에 진출하거나, 미개척 시장에 먼저 진입하여 생산시설을 구축하는 등 자국 시장을 떠나 자사의 경쟁우위에 도움이 되는 해외입지에 대해 모색을 한다. 규모의 경제(비용)에 의한 차별화로 진입장벽은 중간 정도이며 이윤이 정체하는 특징을 보인다.

● **노쇠 과점기(Senescent Oligopoly):** 격심한 경쟁은 결국 극심한 가격경쟁을 불러온다. 시장은 포화상태에 이르러 비용 외 측면에서 유통/광고를 이용한 제품 차별화를 시도하지만 이도 소용없게 된다. 개도국의 저렴한 생산요소를 이용하여 비용을 절감하는 방식이 경쟁방식으로 자리 잡는다. 가장 저렴하게 생산할 수 있는 입지로 개도국을 물색하여 대규모 생산시설로 가격경쟁력을 확보하는 데 총력을 기울인다. 진입장벽이 낮고, 이윤이 감소하는 특징을 보인다.

버논의 국가별 **입지 경쟁력의 이동**은 기업이 생산하는 제품수명주기를 전제로 한다. 어느 한 국가에서 기존에 없었던 신제품을 출시했다면 제품의 수명주기로는 탄생기에 해당하며, 이를 생산한 국가의 입지는 유일한 장소이자 전 세계에서 가장 경쟁력 있는 입지이다. 이후 성장, 성숙, 쇠퇴 등 수명주기를 거치면서, 자국 시장에서 기

그림 2-2 **입지 수명주기 모형**

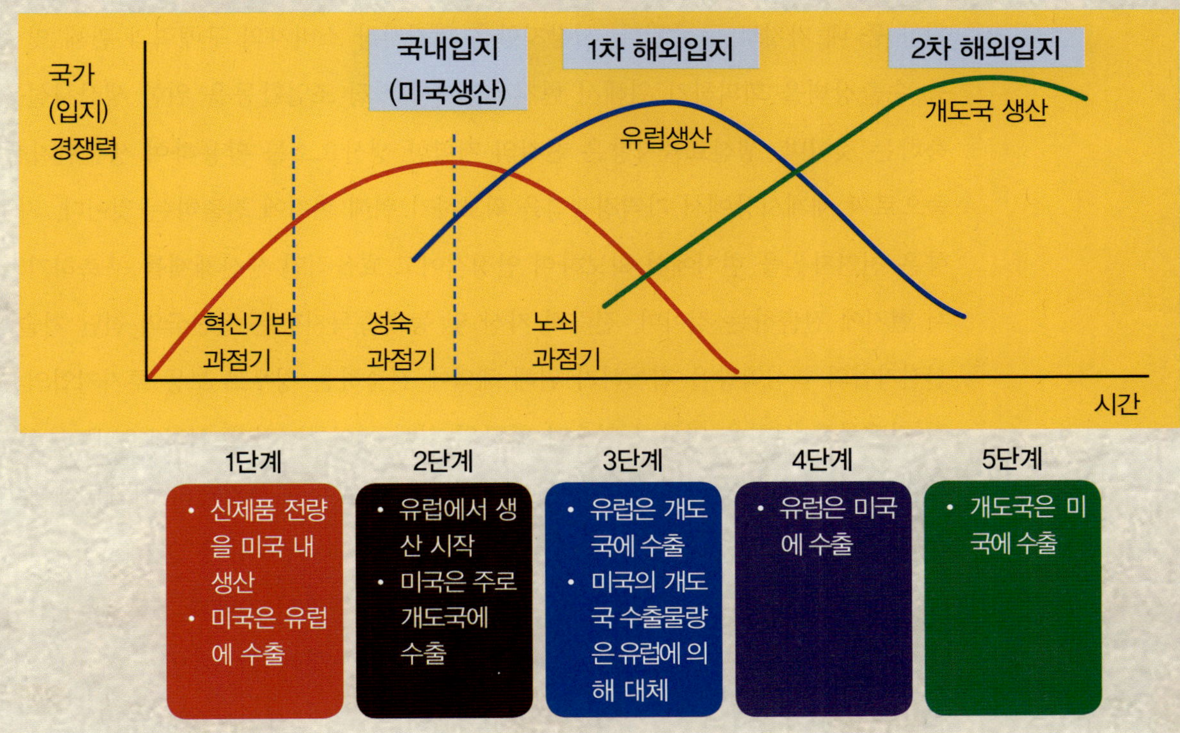

업이 속한 경쟁시장 구조가 혁신기반 과점시장, 성숙 과점시장, 노쇠 과점시장의 상황으로 전개된다는 접근법이다. 자국의 과점시장구조 변화에 대해 기업의 대처 방법은 제품의 수명주기를 연장에 적합한 해외입지를 찾아 생산시설을 이전시키는 것이다. 국내에선 제품수명주기가 마감해 가지만, 해외입지에서는 수명주기가 성장단계로서 유지하며 연장되는 것이다.

기회·위험 입지선정 모형

기업이 소유한 경쟁우위가 지리적 우위와 결합할 때 기업은 더 많은 부가가치를 창출한다. 기업이 자신이 소유한 경쟁우위를 기반으로 기업활동에 가장 유리한 지리적 우위를 습득할 수 있는 공간을 발견하는 의사결정과정이 **입지선정**이다. 기업의 해외직접투자 대상지로서 입지선정은 최대로 유리한 국가환경을 선정하는 행위이다. 기업에 최적 입지는 해외직접투자의 동기를 충족시킬 수 있는 장소다.

해외직접투자 동기는 시장지향, 생산효율지향, 자원지향, 전략적 자산 및 능력습득지향 등 네 가지로 구분된다. 시장지향은 현지시장 소비자의 구매력과 관세 및 쿼터 등 수출장벽을 회피하기 위해서 현지시장에서 직접 조업활동을 위한 생산시설을 구축하는 것이며, 생산효율지향은 현지의 저렴한 생산요소를 활용하여 생산단가를 낮춤으로써 세계시장에서 가격경쟁력을 확보하기 위해 현지에 진출하는 것이다. 자원지향은 천연자원을 현지에서 확보하여 안정적이고 효율적인 생산체제를 구축하기 위해서 현지에 진출하는 것이며, 전략적 자산 및 능력습득지향은 선진국의 첨단 기술이나 선진기업의 핵심역량을 획득하기 위해 해외에 진출하는 경우로 보통 투자기업의 장기적 전략목표 실현을 위하여 인수나 합작의 형태로 이루어진다. UNCTAD 보고서는 이러한 네 가지 **경제적 동기**(Economic Determinants) 외에도 현지국의 해외투자에 대한 **정책적 요인**(Policy Framework), **사업편의**(Business Facilitation) 등을 입지조건에 포함한다.[27] 정책적 요인에는 사회정치적 안정성과 아울러 외국인 기업과 자국인 기업 간 정책적용의 형평성, 민영화 정책, 해외직접투자에 대한 국제협약 가입 등이 있으며, 사업편의는 현지 정부의 외국인투자 유치 촉진활동, 투자인센티브 및 행정지원, 해외투

표 2-3 입지선정 기준으로 해외직접투자 결정요인

경제적 결정요인 (해외직접투자 동기)	• 시장수요(시장규모, 1인당소득수준, 시장성장성, 수입장벽, 지역시장 접근성, 소비자 특성과 선호도) • 생산효율성(숙련 및 비숙련공의 생산성, 부품 및 원자재 비용, 교통/통신/공공설비 사용요금, 금융비용) • 자원의 가용성(석유, 가스, 광물, 원재료, 농지, 관광자원) • 전략적 자산 습득(M&A 시장형성 및 용이성, 기술수준)
정책적 결정요인	• 사회정치적 안정(국가위험도, 사회정서) • 설립현황, 노조 성향 • 민영화정책(정부투자기관의 민영화) • 법률체계(지적재산권, 경쟁 및 노동법, 조세행정, 기업신설 관련 규정) • 국제협약(조세협약, 투자협정, FTA)
사업편의 결정요인	• 투자촉진활동(이미지 제고 및 홍보활동) • 생활편의 환경(외국인학교, 주거, 문화생활) • 기업경영환경(회계투명성, 관료주의, 부패) • 사후투자관리서비스(옴부즈만, 고충처리)

자 사후관리, 외국인학교 설치 등 외국인 투자절차 및 생활 측면에서의 편의 제공 서비스가 해당한다. 〈표 2-3〉에 **해외직접투자 결정요인**을 정리하였다.

본서는 입지선정 모형으로 **기회·위험 모형**을 제시한다. 입지선정에서 고려하는 일반적 국가환경 조건은 해당 국가입지가 가진 **기회요인**일 것이다. 즉 〈표 2-3〉에 열거한 입지조건들은 해외직접투자 결정요인으로서 개별 기회요인이다. 전략경영 현장에서는 자국(본국)을 포함하여 검토 대상 해외입지를 국가환경의 시장 매력도, 생산효율 매력도, 정책환경 매력도, 사업편의 매력도 등으로 범주를 나누고 각 세부항목에 대한 기회요인을 평가하여 점수 또는 등급화로 입지 매력도를 평가할 수 있다. 예를 들면 시장성장 잠재력, 노동 숙련도, 저임금, 풍부하고 저렴한 수도·전기 비용, 정부의 우호적 정책, 기반시장 발달, 정부 보조금 및 세금혜택 등은 입지에서 투자성과를 높이는 데 긍정적 요소가 될 것이다.

이와 함께 **위험요인**도 함께 평가에 포함한다. 위험요인은 투자성과를 감소케 하거나 투자 자체를 철회하게 하는 부정적 요소이다. 예를 들면 경기쇠퇴, 임금상승, 파업 및 노사갈등, 정치적 불안정, 외환통제 및 송금 제한, 엄격한 환경규제, 자연재해 가능성 등이다. 중국과 미국 간 무역마찰, 영국의 유럽연합 탈퇴(Brexit) 등의 사건도 각

각 중국과 영국의 투자입지 매력도를 떨어뜨리는 위험요인이다. PESTL 분석모형의 각 구성 요인 등을 활용하여 작성한다.

기회·위험 모형은 긍정적인 기회요인만을 평가하는 단일 기준의 모형과는 달리, 두 개의 기준으로 [그림 2-3]처럼 각 입지에 대한 계산 결과치를 좌표로 넣을 수 있어 투자입지에 대한 의사결정에서 시각적으로 이해하기 쉽다. 그림에서 어느 입지가 우수한 입지로 후보자 군이고 탈락할 입지인지를 직관적으로 알 수 있다. 보조선으로 그림에 빗금의 우하향하는 가상선 두 개를 삽입하였는데, A국가와 B국가와 같이 우·상측에 있을수록 우수한 입지로 **입지 채택 영역**에 속한다. E국가처럼 좌·하측 영역은 **입지 기각 영역**에 해당한다. C국가와 D국가와 같이 두 빗금의 가운데 영역은 **입지 가능 영역**이다. 기업마다 내부적으로 기회증가와 위험감소에 대한 가중치가 다르고,

그림 2-3 기회·위험 입지선정 모형

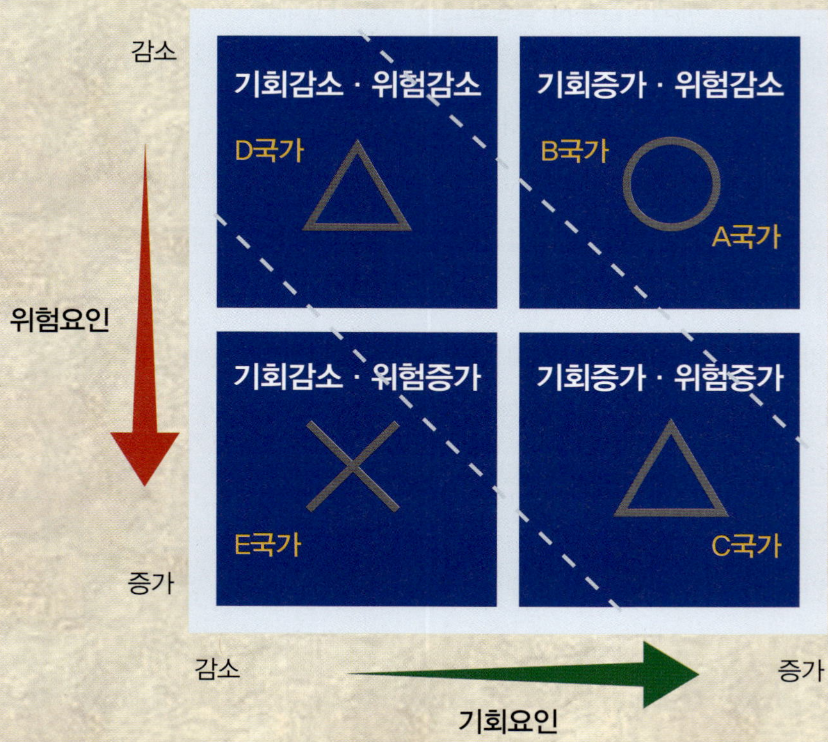

의사결정과정에서 경영층의 가중치에 대한 선호도 등에 따라 채택 결과가 달라진다. 해외직접투자를 실행하는 다국적기업은 규모와 경험 면에서 해외위험에 대응할 수 있는 능력과 자산이 뒷받침되며, 국내를 떠나 불확실성이 큰 해외시장에서 새로운 기회를 탐색하는 기업을 지칭하는 만큼, 기회요인을 위험요인보다 더 선호할 것으로 예상한다. 이점을 감안하면 B국가보다는 A국가, 또한 D국가보다는 C국가에 대한 입지선정 가능성이 클 것이다.

입지우위·경쟁우위 매트릭스 모형

기회·위험 입지모형이 해외직접투자를 시행하기 위해서 사전에 진출할 국가의 입지를 평가하는 모형이라면, **입지우위·경쟁우위 매트릭스 모형**은 진출 후, 또는 현재 위치한 입지가 입지로서 타당한지를 분석하는 모형이다. [그림 2-4]는 위치한 입지의 우위, 그리고 기업이 보유한 경쟁우위 간 상대적 크기에 대한 조합으로 네 가지 입지 상황을 보여준다.

첫 번째 사분면인 〔입지 상황 1〕은 **공장 폐쇄**(Shut Down)이다. 입지가 가진 우위로 낮고, 입지에서 자사의 경쟁우위도 낮다. 지리적 우위가 없거나 쇠퇴한 상태로 현재 소속한 산업이나 생산하는 제품에 대한 수명주기가 쇠퇴기에 있는 시장상태이다. 더군다나 자사의 경쟁우위가 다른 경쟁자에 비해 열위에 있는 상태이다. 현재 조업 중인 공장의 가동률이 점차 떨어지고 폐쇄 수순에 돌입한다.

두 번째 사분면의 〔입지 상황 2〕는 **공장 매각**(Sell Out)이다. 현재의 입지가 가지는 우위는 높지만, 자사의 경쟁우위가 낮은 것이 문제이다. 경쟁자는 입지우위로 인한 마진 증대 효과를 거두는 우호적 상황이지만 자사만큼은 입지의 이점을 수익률로 연결하지 못하고 저수익 내지는 손실에 직면해 있다. 따라서 다른 경쟁자, 특히 해외의 외국인 투자자에게 생산시설 매각을 검토할 운명이다. 〔입지 상황 1〕과 마찬가지로 공장 폐쇄 상황이지만, 차이점은 〔입지 상황 1〕은 매각하려 해도 인수할 수요자가 없는 상황이라 공장 폐쇄 상태로 고착되지만, 〔입지 상황 2〕는 생산시설 처분의 매각 기회가 있다는 점이 다소 유리한 상황이다.

세 번째 사분면인 〔입지 상황 3〕은 **공장 이전**(Transference)이다. 기업이 보유한 경쟁우위는 타 경쟁자보다 우월하지만 입지우위가 낮아 기대한 만큼 수익률을 달성하지 못하는 상황이다. 애초 입지를 잘못 선택하였거나, 최초 국가시장에 진입 당시의 입지우위가 점차 시간이 지나며 매력도가 감소한 경우이다. 따라서 다른 국가로 입지 재위치(Relocate) 전략이 필요하다.

네 번째 사분면인 〔입지 상황 4〕는 **공장 확대**(Expansion)이다. 국가 입지환경과 기업의 경쟁우위 모두가 유리한 상황이다. 최적 입지에서 경쟁자보다 우월한 경쟁 위치에 있어, 높은 수익률을 달성하고 있다. 규모의 경제를 통한 진입장벽을 공고히 하기 위해 추가적인 투자가 바람직하다. 생산에 집중할 수 있는 국가환경이므로 생산 규모를 증가하는 것은 그만큼 입지우위 요소의 부가가치 창출 가능성을 회사의 수익으로 현실화하는 과정이 된다.

그림 2-4 입지우위·경쟁우위 매트릭스 모형

다국적기업이 공장입지 이전을 하는 이유

삼성전자는 중국 산시성 시안에 2012년부터 대규모 반도체(낸드플래시) 생산공장을 건설하고, 2014년부터 본격적으로 가동을 시작했다. 당시 삼성전자의 해외 유일 메모리 생산기지로, 삼성 전체 낸드플래시 생산량의 40~60%를 담당하는 핵심 거점이었다. 그러나 중국 경제상황 변화로 공장 가동률이 크게 하락하여 가동률을 축소하다가 철수를 결정했다. 코로나19가 확산하면서 시안 등 주요 도시가 반복적으로 봉쇄되었고, 이후에도 코로나 이전 수준의 생산량을 회복하지 못했다. 중국의 인건비가 지속적으로 상승하면서, 제조업 기반의 이점이 약화되었고, 미국 정부의 대중국 반도체 장비 수출 규제가 강화되면서, 시안 공장에 첨단 장비를 도입하기 어려워졌다. 공장 이전 대체 입지로 인도 및 베트남이 부상하였다. 삼성전자는 가전제품 생산을 위해 인도 타밀나두주 스리페룸부두르 공장에 약 1억 1,700만 달러(약 1,683억 원)를 추가투자하고, 삼성디스플레이는 베트남 박닌성에 18억 달러(약 2조 5,700억 원)를 투자하여 OLED 디스플레이 공장을 건설하였다. 삼성전자는 인도 정부의 생산연계인센티브(PLI) 제도에 따라 100억 루피(약 1,600억 원) 이상의 인센티브를 받았는데, 이는 인도 내 생산 확대의 주요 동기로 작용했다.

다국적기업은 한 국가 내에서 공장입지를 이전하기도 한다. 모토로라(Motorola)는 1968년에 서울 광장동을 입지로 반도체 및 테스트 공장을 설립했다. 최초 투자 시 해당 지역이 도시 외곽이거나 산업지구로 구분되어 있었으나, 시간이 지나면서 도시 팽창과 인구 증가로 인해 주변에 아파트, 상가, 주택 등 주거시설이 대거 들어섰다. 공장과 주거지역이 혼재하는 형태로 변하면서, 공장의 입지 적합성이 크게 저하됐다. 주거지역으로의 도시계획 변경에 따라, 「환경보호법」, 「소음진동규제법」 등 관련 법규가 강화됐다. 넓은 공간 확보, 환경 개선, 생산설비 현대화 필요성 등으로 경기도 파주시로의 공장 이전을 단행했다. 2000년대 후반 이후 모토로라의 글로벌사업 구조조정에 따라, 파주 공장도 점차 축소하다가 폐쇄됐다. 대신에 양재동에 휴대폰 디자인 CXD 연구센터 설립 등 R&D 중심으로 사업을 재편했다. 미국 본사 다음으로 큰 규모의 디자인센터로 글로벌 신제품 개발에 기여도 높았다.

PART 1
전략의 정의와 환경분석

산업효과 기업효과 전략집단 산업분석 도구

규모의 경제 경험곡선 범위의 경제 네트워크 외부성

요소집약도 산업조직론적 모형 5가지 경쟁요인 모형 산업수명주기 모형

산업속성과 국제전략

03

외부환경 분석 2: 산업구조와 경쟁자

기업의 전략에 있어 산업환경은 어떤 의미가 있는가? **산업**은 '동종 또는 유사한 제품 및 서비스를 생산하는 자사와 경쟁기업들이 모인 곳'으로 정의할 수 있다. 경제학 관점에서는 산업이란 '풍요로운 인간 생활을 위해 재화나 서비스를 생산하는 일' 정도의 정의가 가능할 것이다. 기업의 경제활동이 모인 곳이 산업이고, 산업이 모인 곳이 국가 경제단위이다. 사실 산업, 시장, 제품, 사업 등은 경영전략 관점에서 보면 동일한 개념이다. 예를 들어, 한국이 휴대폰 산업에 우위가 있다면, 삼성전자의 휴대폰 제품의 생산 역량이 뛰어나다는 것이고, 삼성전자의 사업부 중에서 휴대폰 사업이 경쟁력이 있다는 것이며, 또한 휴대폰 시장에서 독점적 지위를 가졌다는 것이다. 마찬가지로 미국의 대형여객기 생산에 국가경쟁력이 높다면, 이는 보잉의 경쟁우위가 높다는 것과 같은 의미다. 미국의 대형여객기 산업에는 보잉 회사 외에는 없다. 미국이 대형여객기 산업과 함께, 프랑스, 독일, 스페인 등 유럽 국가의 대형여객기 산업이 강하다는 말도 한다. 이 역시 유럽 국가의 경쟁력도 에어버스 회사의 경쟁력을 지칭한다.

산업은 제품시장으로써 기업에는 수익에 영향을 주는 외부환경이며, 경쟁자가 있는 곳이다. 기업의 수익에는 해당 산업의 시장구조뿐 아니라 경쟁자 구조가 영향을 미친다. 시장구조가 얼마나 경쟁적인가로 **산업조직론** 경제학에서는 완전경쟁시장, 독점적 경쟁시장, 과점시장, 독점시장 등으로 나눈다. 이에 역순인, 즉 경쟁이 적은 시장에 소속한 기업일수록 독점적 이익, 과점이익, 정상이윤 순서로 높은 마진을 얻는다. 한편, 경쟁자 구조 분석에 초점을 맞춘 **포터**(Porter)의 **5가지 경쟁요인 모형** 경우에는, 현재의 경쟁자 외에 네 가지 잠재적 경쟁자까지 경쟁자 구조에 포함시킨다. 이웃 산업에서 진입해 들어오는 신규 진입자, 대체품, 현재 공급자의 진입 가능성과 수요자의 진입 가능성 등이다. 산업조직론은 사회 후생의 극대화 차원에서 높은 수준의 경쟁구조를 최선으로 보았지만, 경영전략 입장에서 분석한 포터의 모형은 오히려 경쟁을 심화하는 환경요소는 기업의 위협요인으로 간주한다.

산업구조와 산업 경쟁력은 변천한다. 시간이 흐름에 따라 산업은 성장하기도 하고 쇠퇴하기도 한다. 산업 내 경쟁구조는 한 기업이 독점적 위치를 한동안 차지하고 있다가도 경쟁자가 속속 산업 내 진출하면서 경쟁체제를 이루기도 하며, 과점상태에 있던 특정 기업이 상대 경쟁자를 물리치고 독점적 시장구조를 만들기도 한다. 따라서 기업은 전략경영 의사결정에 있어 산업환경을 분석할 때는 이처럼 **동태적 산업분석(산업 수명주기 분석모형)**까지 염두에 두어야 한다.

기업이 어떤 산업에 속해 있느냐는 국제전략에까지 영향을 미친다. **산업 속성별 국제전략**의 논리는 다음과 같다. 반도체, 전자부품 등 속성상 표준화 제품은 전 세계시장에 수정 없이 국내생산 제품의 동일 제품으로 세계시장에 판매할 수 있다. 규모의 경제를 십분 활용할 수 있는 제품 속성으로 글로벌 표준화한 국제전략 채택을 가능하게 한다. 반면 식기류와 같이 현지 음식에 따라 여러 형태의 모양을 요구하는 제품은 글로벌 표준화 전략을 어렵게 한다. 이 경우, 현지시장 반응에 대응한 수정화 또는 현지화 전략이 적절하다. 본 장에서 다룰 이와 같은 논의를 정리해 보자.

- **산업조직론**은 산업의 구조가 경쟁적인지, 비경쟁적인지에 초점을 맞춘 시장 효율성 측면의 산업환경을 분석한다. 사회 후생을 극대화하는 경쟁적 산업구조를

만드는 것을 정부 경제정책의 최대 역할로 간주한다. 산업경쟁 구조는 개별기업에 대해 외부환경으로서 기업전략수립과 행동을 구속하며, 기업성과에 직접적인 영향을 미친다.

- **5가지 경쟁요인 모형**은 산업구조의 초점을 기업 자신의 입장에서 현재 또는 미래의 경쟁자 구도 파악에 초점을 맞춘 전략경영 시각의 분석틀이다. 따라서 산업조직론 시각과 달리 경쟁심화를 회피하거나 방지하는 방향으로 설정하고 이에 대응하는 자세를 취한다.

- **산업수명주기 모형**은 산업구조의 변화에 초점을 맞춰 산업수명주기를 태동기, 성장기, 조정기, 성숙기, 쇠퇴기 등으로 가정하여 각 단계에 대한 기업의 전략적 대응을 분석하는 동태적 산업분석 모형이다.

- **산업 속성에 따른 국제전략**은 기업이 속한 산업의 성격이 기업의 국제화 전략에 반영된다. 반도체와 식기와 같이 취급 제품의 속성에 따라서 각각 글로벌 표준화 전략 또는 현지반응 전략으로 나눠 추진할 수 있다.

산업환경과 기업전략

산업효과와 기업성과

기업의 경영성과를 결정하는 요인을 크게 산업효과(Industry Effect)와 기업효과(Firm Effect)로 구분하는 시각이 있다. 이 논쟁은 전략경영 분야에서 1980년대 이후 핵심 이슈 중 하나로 다루어져 왔다. 산업효과는 기업이 속한 산업의 구조적 특성이 수익성에 영향을 미친다는 관점이고, 기업효과는 기업 고유의 자원, 능력, 경영전략에 의해 기업성과가 좌우된다는 관점이다.

산업효과의 이론적 기초는 주로 산업조직이론에서 출발한다. 특히 산업조직이론에 바탕을 둔 포터의 저서 「경쟁전략」에서[28] 제시된 관점과 분석모형이 많이 인용된다. 포터는 산업 내 구조를 이루는 구성요소를 이른바 다섯 가지 세력(Five Forces)이라 하였으며 이들 요소가 기업 전체의 평균 수익성을 결정한다고 주장한다. 산업효과를 측정한 대표적인 연구는 **슈말렌지**(Schmalensee)가 있다. 그는 미국 제조업 데이터를 활용하여 산업 간 이익률 차이가 기업성과 변동성의 상당 부분을 설명한다고 주장하며 산업효과의 중요성을 강조한다.[29]

기업효과는 자원기반관점(Resource-Based View: RBV)에서 중심적으로 논의된다. 이 관점에서는 기업이 보유한 독특한 자원, 역량, 조직문화, 경영능력 등이 성과를 결정하는 주요 요인으로 간주한다. 즉 기업 간 성과 차이는 산업보다는 내부 역량에서 기인한다는 관점이다. **럼멜트**(Rumelt)는 보다 정교한 분석기법을 적용하여 기업효과가 산업효과보다 기업성과의 변동성을 더 많이 설명한다고 하며, 기업 내부 역량의 중요성을 실증적 해석을 통해 강조한다.[30]

그렇다면 실제 어느 효과가 더 큰가? 이에 대한 답변은 기존 실증연구 결과를 토대로 한 〈표 3-1〉로 대신한다. 다양한 연구들이 시기, 방법, 데이터 등에 따라 약간씩 차이를 보이지만, **기업효과가 산업효과보다 2~3배 더 큼**의 경향을 보인다.[31] 최근 연구에서 산업효과 크기보다 기업효과의 크기가 더욱 커지는 추세이다. 이와 같은 통계

표 3-1 산업효과 및 기업효과의 실증결과

주요 연구	산업효과	기업효과	미설명 요인	비고
슈말렌지(1985)	약 19~20%	약 20~30%	약 50% 이상	산업효과가 기업성과에 상당히 중요함을 강조한 초기 연구
럼멜트(1991)	약 8%	약 46%	약 46%	기존 연구에 비해 기업효과의 중요성을 강하게 부각시킨 획기적 연구로 간주됨
로퀘버트 외(1996)	약 18%	약 41%	약 41%	다층분산분석 기법 활용, 기업효과의 중요성 재확인
맥간 · 포터(1997)	약 10~20%	약 35~45%	약 40~50%	산업효과와 기업효과 모두 중요하나, 기업효과가 상대적으로 큼을 확인
하와위니 외(2003)	약 17%	약 55%	약 28%	연구대상 표본을 확장하여 기업효과 비중을 50% 이상으로 추정

적으로만 해석하면, 기업요인, 즉 전략수립 능력이 기업성과에 영향력이 커지는 환경으로 점차 변해감을 유추할 수 있다.

현대 전략경영 연구에서는 산업효과와 기업효과가 상호보완적이며, 통합적으로 분석해야 한다는 **절충적 입장**을 취한다. 산업구조가 제공하는 기회 환경에서 기업은 내부 역량을 활용하여 차별적 성과를 달성한다는 관점이다. 특히 동태적 역량(Dynamic Capabilities), 제도이론(Institutional Theory) 등 다양한 후속 이론들이 이 두 효과를 결합하고 있다.

동태적 역량은 기업이 빠르게 변화하는 외부환경 속에서도 지속적으로 경쟁우위를 창출하고 유지하기 위해서 보유하여야만 하는 조정·통합·재구성 능력을 지칭한다.[32] 기존의 자원기반관점이 '보유하고 있는 자원의 희소성과 모방불가능성을 통한 경쟁우위'에 초점을 두었다면, 동태적 역량은 환경이 급변할 때 이러한 자원을 어떻게 새롭게 조정하고 재구성하는가에 강조점을 둔다. 동태적 역량은 단순히 '변화'를 관리하는 것이 아니라, **조직학습**(Organizational Learning)과 **경로 의존성**(Path Dependency)에 기초하여 발전한다고 하여[33] 개발과 진화과정의 인과성을 강조한다. 이처럼 동태적 역량 개념의 특징은 기업이 경쟁자산으로써 '무엇을 보유했는가?'보다는 '어떻게 끊임없이 진화시키는가?'로 관점을 확장한 데 있다.

제도이론은 조직이 단순히 효율성과 성과만을 목표로 행동하는 것이 아니라, 사회적 제도, 규범, 가치, 관습 등 외부환경의 제도적 압력에 의해 그 행동과 구조가 형성된다는 이론이다.[34] '제도적 압력'은 조직이 외부환경의 기대에 부응하려고 하면서 받는 압력이다. 조직은 생존을 위해 기술적 효율성뿐 아니라 사회적 정당성을 획득하려고 하며, 그 결과 유사한 구조, 관행, 정책들이 확산되는 동형화 현상이 발생한다는 것이 이론의 주요 내용이다. **사회적 정당성**은 조직이 외부 이해관계자로부터 승인과 수용을 받는 상태를 말하며, **동형화**는 다양한 조직이 유사한 구조와 관행을 채택하게 되는 현상이다. 제도이론은 기존 경제학적 효율성 중심 조직이론의 한계를 보완하여, 조직이 생존을 위해 사회적 승인과 합법성 확보가 중요함을 강조한다. 즉, 왜 조직들이 효율성이 다소 낮더라도 이를 감수하고 '동일한 구조나 정책을 선택'하는지를 설명한다.

전략집단과 전략

기업성과에 미치는 영향요인이 기업 능력이 중심인지, 기업이 속한 산업환경이 더 큰 요인지에 대한 논의에서 중간 영역에서 요인도 상정할 수 있다. 이 개념이 전략집단(Strategic Group)이다. **전략집단**은 동일한 산업 내에서 유사한 전략적 특성과 경영자원을 활용하여 경쟁하는 기업들의 집단을 의미한다. 전략집단의 개념은 **헌트**(Hunt)의 박사학위 논문에서 찾을 수 있다.[35] 그는 전략집단을 "동일 산업 내에서 유사한 전략적 특성과 자원 배분 패턴을 공유함으로써 서로 유사한 방식으로 경쟁하는 기업들의 집합"으로 정의했다. 이후 **포터**는 저서인 「경쟁전략」에서 정교화하여 전략경영의 핵심 분석단위로 확장하였다. 포터의 사고는 '산업은 단일하지 않다.'에서 출발한다. 기존 산업조직이론은 산업을 하나의 동질적 단위로 간주했으나, 현실에서는 기업마다 상이한 전략을 구사하며, 이는 산업 내부의 이질성 존재의 원인이 된다. 산업은 다수의 하위 시장 또는 전략집단으로 나뉘며, 이들은 서로 구별되는 경쟁구조와 수익성을 가진다. 포터가 말하는 **산업 세분화**가 필요한 이유다. 동일 산업 내 기업들이 반드시 동일 경쟁구조, 즉 단일 기준의 경쟁구조에 속하지 않으며, 전략적 선택(가격, 품질, 유통, 통합 등)에 따라 자연스럽게 군집으로 형성돼 있다. 이를 다른 표현으로 옮기자면, '단일 산업에 여러 경쟁구조가 존재한다'라는 뜻이다.

포터는 전략집단을 구분하는 기준인 전략적 차원을 그의 책에서 제시했는데, 일반 마케팅 교과서 내용과 별다른 게 없다. 마케팅 교과서에서 볼 수 있는 가격정책(고가/저가), 제품라인의 폭(제품 다각화 범위), 수직통합 정도(원재료 통합 여부), 서비스 수준(A/S, 보증, 금융서비스 등), 유통경로(직판/대리점/온라인), 지리적 범위(국내/글로벌), 연구개발투자(기술집약적 경쟁여부), 품질 수준(내구성, 브랜드 가치) 등이다. 다만 특별한 것은 이를 전략집단을 구분하는 **이동장벽**(Mobility Barrier)으로 본 것이다. 산업조직론에서 산업 간 구분은 진입장벽(Entry Barrier)이니, 산업 내 경쟁구조를 구분하는 전략집단 간 경계선은 있어야 하므로 이를 이동장벽이라 명칭하고 구분했다. 굳이 어감으로 구분하면, '진입'은 새로 시작해서 밖에서 안으로 들어간다는 절대적·단절적 의미의 행동이고, '이동'은 이미 안에 있는 상태에서 상대적·연속적으로 변화하는 행동이다. 예컨대, 신규기업이 자동차산업에 처음으로 진입한 후, 대중차 시장(토요타가 속한 전략그룹)에서 고급차 시장(BMW가 속한 전략그룹)으로 이동하는 경우다.

[그림 3-1]은 **자동차산업의 전략집단**을 보여준다. 포터의 전략적 차원 중 기준 축으로 품질 수준과 지리적 범위를 선정하여 작성하였다. BMW, 벤츠, 아우디 등은 **고급차 시장**에서 높은 품질과 프리미엄 가격 전략을 택하고 있다. 이 전략집단은 높은 가격정책, 고품질 제품라인, 높은 연구개발 투자, 글로벌시장 범위를 주요 전략적 차원으로 채택하고 있다. 반면, 현대·기아, 토요타, 폭스바겐, GM, 포드 등은 중간 가격대와 다양한 제품라인을 통해 **대중차 시장**을 공략한다. 이들은 비교적 폭넓은 고객층을 대상으로 하면서 원가우위를 기반으로 가격경쟁력을 유지하는 전략집단에 속한다. 이러한 전략집단 간에는 이동이 쉽지 않다. 포드가 BMW 수준의 고급차 전략집단으로 이동하려면 고급브랜드 이미지구축, 고성능 기술개발, 프리미엄 유통망 확보

그림 3-1 세계 자동차산업에서 전략집단

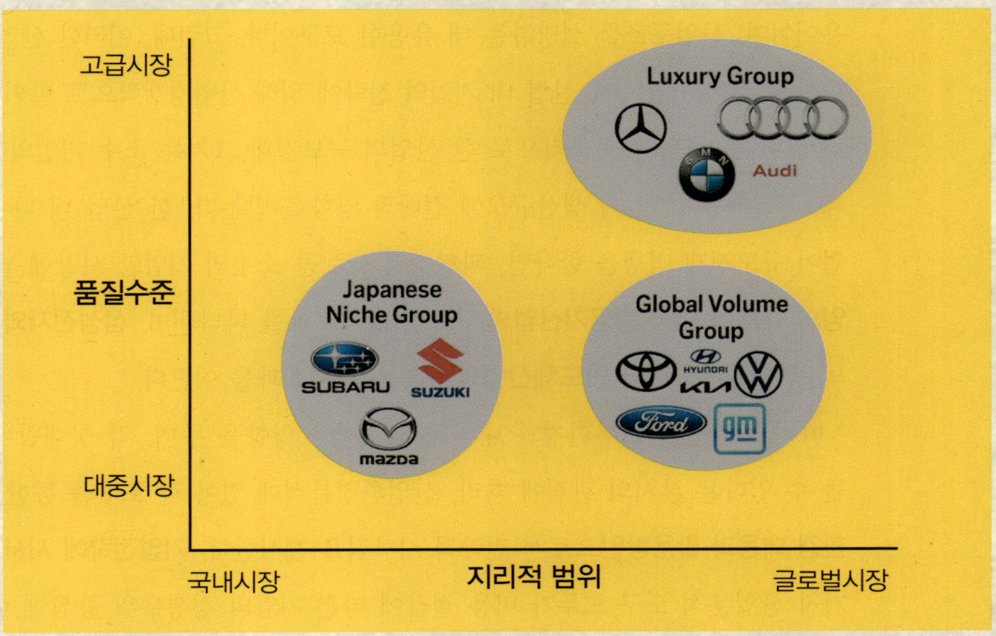

등 막대한 투자와 시간이 필요하다. 이처럼 이동장벽이 클수록 전략집단 간 경쟁은 완화되고, 집단 내 경쟁이 상대적으로 더 치열해진다. 포터는 성공적 전략의 조건에 따르면, 토요타는 대중시장 내에서 효율성과 품질의 균형을 유지하는 포지셔닝을 강화하고, BMW는 고급시장 내 차별화를 지속적으로 심화시켜야 한다. 각 기업은 자신이 속한 전략집단 내에서 경쟁우위를 확보하려 노력하며, 이동장벽 덕분에 상대적으로 안정적인 경쟁구조를 누릴 수 있다. 한편, 일본자동차 회사인 스바루, 스즈키, 마쓰다 등은 품질과 가격수준은 토요타, GM 등이 속한 전략집단과 유사하나 지리적 범위 측면에서 글로벌시장 진출이 미흡하고 국내시장 위주로 영업을 한다는 점에서 **틈새 전략집단**으로 구분할 수 있다.

산업분석 도구의 전략적 의미

산업구조, 혹은 산업환경을 통하여 경쟁력이 발생하는 경제학 논리로 규모의 경제, 범위의 경제 등이 자주 인용된다. 본서는 여기에 경험곡선 효과, 네트워크 외부성, 요소집약도 등을 더해 **다섯 가지의 산업분석 도구**를 설명한다. 이들은 산업과 연관된 용어이며, 산업구조를 설명하는 데 유용한 도구이다. 그런데, 이러한 산업경쟁력을 실현하는 것은 기업이며, 산업 내 기업의 전략에 의해 산업경쟁력으로 발휘된다. 규모의 경제의 예만 해도, 궁극적으로 한 산업의 규모경제 크기는 소수 기업의 경제규모 합계, 혹은 최대 기업의 생산규모에 절대적 영향을 받는다. 한 산업 내 다수의 모든 기업이 규모경제 경쟁을 한다면, 과당경쟁으로 곧 소수의 기업만 시장에 남게 된다. **보잉**의 규모가 **미국 항공기산업**의 규모의 경제효과를 나타내며, **삼성전자와 SK하이닉스**의 생산규모가 **한국 반도체산업**의 규모의 경제효과를 이끈다.

따라서 기업의 외부환경과 내부환경은 서로 영향을 주며, 각 상대방에 변화를 만들 수 있다는 본서의 관점에 따라, 산업환경분석에 있어 각 도구를 통한 **기업의 산업환경 대응과 활용방안**으로서 전략적 시사점을 제시한다. **기업전략에 시사점**으로 다섯 가지 산업분석 도구 모두가 비용 절감에 따른 기업의 경쟁우위 향상에 이용할 수 있다는 점에서 시작한다. 그리고 각 분석도구의 특성을 반영한 시사점을 추가한다.

규모의 경제와 전략

규모의 경제(Economy of Scale)란 기업이 생산 규모를 확대할수록 장기적으로 평균비용이 감소하는 현상을 의미한다. 즉, 생산량이 증가함에 따라 제품 하나를 만드는 데 드는 단위당 비용이 줄어드는 효과이다. 다음과 같은 이유에서 발생한다.

- **고정비용 분산:** 생산 규모가 커지면 고정비(설비, 임대료, 관리비 등)가 더 많은 생산량에 분산되어 단위당 고정비가 감소한다.
- **전문화 및 분업:** 대량생산이 가능해지면 노동과 기계의 전문화가 이루어져 효율성이 증가한다.
- **대량 구매 혜택:** 원자재나 부품을 더 많이 구매할 수 있어 공급업체와 협상력이 강해지고, 단위당 구매비용이 절감된다.

그림 3-2 규모의 경제 곡선

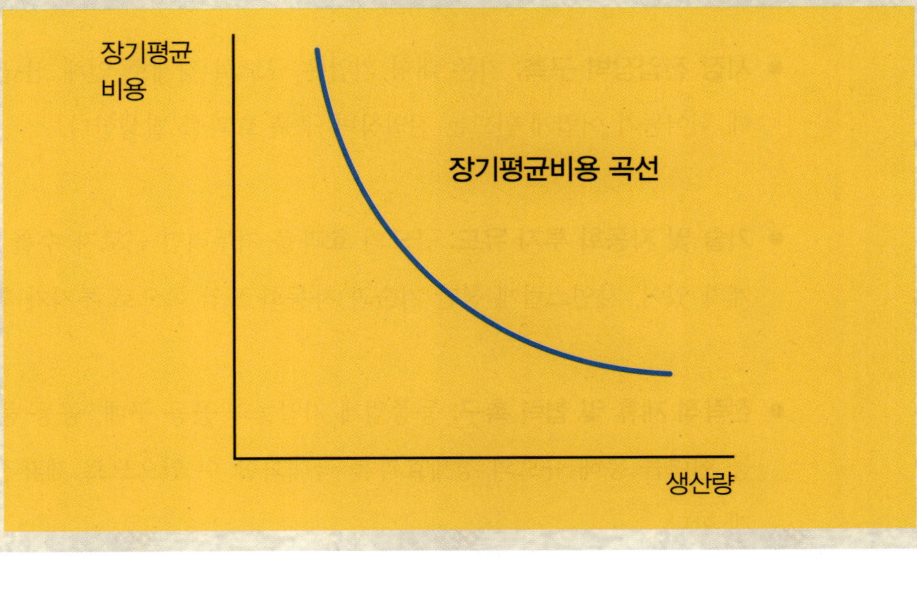

- **자원의 효율적 활용:** 일정 규모 이상이 되면 생산공정 간소화, 자동화 등이 가능해져 자원 활용이 최적화가 일어난다.

- **외부 규모의 경제:** 관련 기업, 인력, 인프라가 밀집되어 효율성이 증가하는 산업 클러스터, 또 정부의 도로, 통신망 지원 등 외부요소가 생산성을 향상하는 '산업 전체의 외부 규모의 경제'가 개별기업 규모의 경제에 영향을 미친다.

이처럼 규모의 경제는 대량생산, 전문화, 대량 구매, 자동화 등으로 실현되어 기업이 경쟁우위를 확보하지만, 관리의 복잡성이나 시장 변화에 대응력 저하 등 **한계**도 존재한다. 즉 대형화된 조직은 변화에 빠르게 대응하기 어렵고, 시장 변화에 둔감해질 수 있다. 또한 초기 투자리스크 부담도 한계이다. 대규모 설비투자에는 막대한 자본이 필요하며, 시장 수요 예측 실패 시 큰 손실이 발생할 수 있다.

규모의 경제는 기업에게 경쟁우위 창출의 원천이 되며, 이를 포함하여 다음과 같이 **기업전략에 시사점**을 제공한다.

- **경쟁우위 창출:** 규모의 경제를 실현한 기압은 낮은 가격을 기반으로 높은 품질, 강한 브랜드까지도 획득해 시장에서 경쟁우위를 가지게 한다.

- **시장 진입장벽 구축:** 기존 대형 기업은 규모의 경제로 인해 신규 진입자가 시장에 뛰어들기 어렵게 만드는 진입장벽 구축 효과를 발생한다.

- **기술 및 자동화 투자 유도:** 규모의 효과를 거두려면 근로자 수를 늘리는 것은 한계가 있어, 자연스럽게 첨단 기술과 자동화 도입 쪽으로 투자가 확대한다.

- **전략적 제휴 및 협력 촉구:** 동종업계 기업들과 공동 구매, 공동 물류, 공동 R&D 등 협력을 통해 규모의 경제효과를 극대화할 수 있으므로 제휴전략을 활성화하게 한다.

- **공유경제 활용 촉구:** 대여 및 공유경제 제도를 활용하여 규모의 경제를 확장하는 방안을 모색하게 하며, 공유 오피스, 공유 물류센터 등 외부 자원 활용으로 고정비 부담을 줄일 방안을 촉구한다.

- **글로벌 생산 자극:** 생산활동 저비용국가에 대규모 공장 건설해 규모효과 극대화를 꾀하게 하는 글로벌 생산을 자극한다.

글로벌기업들의 **자동차산업 규모의 경제** 현황을 〈표 3-2〉와 같이 소개한다. 세계 최대 규모의 경제를 실현하는 자동차 회사와 공장은 현대자동차의 울산공장이다. 단일 공장 기준 세계 최대인 약 140만 대 이상의 연간 생산 능력을 보유하고 있다. 초대형 생산라인을 통해 설비투자 및 고정비용을 차량생산 대수의 극대화로 분산한다. 부품 대량 구매 및 물류 효율 극대화, 공정 자동화, 노동자 전문화 등으로 단위당 생산비용 절감의 '규모의 경제효과'를 실현한다. 자동차산업에서는 규모의 경제효과를 일으키는 연간 생산 규모가 한 개 공장에서 30만 대 정도라고 한다. 현대자동차처럼 한 지역의 공장에서 100만 대 이상을 생산하는 경우는 흔치 않다. 폭스바겐, 토요타,

표 3-2 자동차 제조회사의 규모의 경제 현황

기업/지역	단일 공장 최대 연간 생산량	특징
현대 울산	약 140만 대	• 단일 공장 기준 세계 최대
폭스바겐 볼프스부르크	약 80만 대	• 단일 공장 기준 세계 최대 생산능력 보유 • 유럽 최대, 글로벌 네트워크 보유 • 다양한 브랜드와 다수 공장 네트워크를 통해 규모의 경제 극대화
토요타 토요타시	약 35~40만 대	• 대규모 다중 공장 체계 운영 • 단일 공장 규모보다는 전체 네트워크 규모로 규모의 경제를 극대화
테슬라 기가팩토리 텍사스	약 50만 대	• 전기차 특화, 배터리와 연계 생산 • 중국 상하이 공장은 약 45만 대 생산능력 보유
혼다 모토미나미	약 20~25만 대	• 여러 중소형 공장 통한 분산 생산 • 다수 공장의 총생산량으로 규모의 경제를 실현 • 미국 오하이오 공장은 약 약 15~20만 대 생산

테슬라, 혼다 등 글로벌 자동차 회사들은 글로벌 네트워크(폭스바겐)를 통해서, 또한 다중 공장 체제 운영(토요타), 전기차 특화(테슬라), 중소형 공장을 통한 분산 생산(혼다) 등 각사에 맞춤형 규모의 경제를 최대한 활용해 경쟁력을 확보한다.

경험곡선과 전략

경험곡선(Experience Curve)은 기업이 제품이나 서비스를 반복적으로 생산하거나 제공할수록 누적생산량(경험량)이 증가함에 따라 단위당 생산비용이 일정 비율로 감소하는 현상을 나타내는 곡선이다. 경험보다 작은 의미인 학습에 초점을 맞춘 효과는 **학습곡선**(Learning Curve)이라 한다. 보스턴컨설팅그룹(BCG)에 의해 경영전략 분야에 도입되었다.

규모의 경제와 다른 점은 수량 표시 생산량이 아니라, 누적생산량에 따른 비용 절감이라는 것이다. 단순 규모증가 요소가 아닌, 근로자의 숙련도에 초점을 맞춘다. 예컨대, 누적생산량이 두 배가 될 때 단위당 비용이 30% 감소한다는 식이다. 감소분은 업종에 따라 다르다. 항공기, 정밀제품 등의 경우라면 더 많은 감소율을 보일 것이고, 단순한 제조품이라면 그보다는 작을 것이다. 경험곡선의 **비용 절감 요인**은 다음과 같다.

- **학습효과:** 작업자와 관리자가 경험을 쌓으면서 숙련도가 높아지고, 오류가 줄며, 작업 속도가 빨라진다.

- **규모의 경제:** 생산량 증가로 고정비가 분산되어 단위당 비용이 낮아진다. 한편, 경제학 교과서는 '규모의 경제'의 요인을 설명할 때 경험효과를 규모경제 효과의 발생 요인 중 하나로 설명하기도 한다.

- **프로세스 개선:** 생산기술, 작업 흐름, 기술 혁신 등으로 효율성이 향상된다.

- **표준화와 전문화:** 생산 프로세스가 표준화되고, 작업이 전문화되어 효율성이 높아진다.

역시 다른 산업정책 분석 도구처럼 다음과 같은 **한계와 주의점**이 있다. 첫째, 모든 산업에 적용되지는 않는다. 표준화된 제품, 자본 및 노동집약적 산업에서 효과가 크며, 혁신적·차별화 제품에는 적용이 제한적이다. 둘째, 측정 및 예측에 어려움이 있다. 누적생산량과 단위 비용의 관계를 정확히 측정하고 예측하기는 쉽지 않은 일이다. 셋째, 학습률 유지가 어렵다. 생산량이 계속 증가하거나 제품 복잡성이 매우 크면 학습으로 인한 추가비용 절감이 점점 어려워진다. 넷째, 누적생산량이 근로자의 경험량과 직접 상관이 있는지, 또한 누적생산량이 증가할수록 그 원인이 경험의 축적에만 있는지 인과성이 확실하지 않다. 즉 적용기술변화, 시장 변화, 인플레이션 등 외부요인이 경험곡선에 혼합되어 나타난 결과일 수 있다.

그럼에도 경험곡선의 **공헌**은 기업의 경쟁우위를 형성하는 데 도움을 주며, 시장 점유율 확대를 위한 가격전략으로 흔히 적용된다. 경험곡선의 존재는 신제품의 시장 진입 시 경쟁자보다 낮은 수준의 **침투가격 설정의 타당성**을 부여한다. 원가 이하의 가격설정을 경험효과에 기반한 미래의 비용 절감 메커니즘으로 보충한다는 확신이 있다면, 초기부터 경쟁력 있는 가격 책정은 전략적 선택으로 경쟁자를 위협하기에 충분하다.

다음은 경험곡선 효과가 주는 **기업전략의 시사점**이다.

- **경쟁우위 핵심 도구:** 경험곡선 효과는 기업이 비용 경쟁력을 확보하고, 시장 점유율을 높이며, 장기적으로 수익성을 높이는 데 중요한 전략적 도구이다.

- **시장 선점전략의 중요성 지지:** 경험곡선 효과의 존재는 시장 선점전략을 가능하게 하는 동시에, 초기에 시장 점유율을 빠르게 확보하는 논리를 제공한다. 이는 경험곡선 효과의 존재성을 인식한 기업에게 시장 선점전략 실행의 타당성과 중요성을 지지한다.

그림 3-3 경험곡선과 가격전략

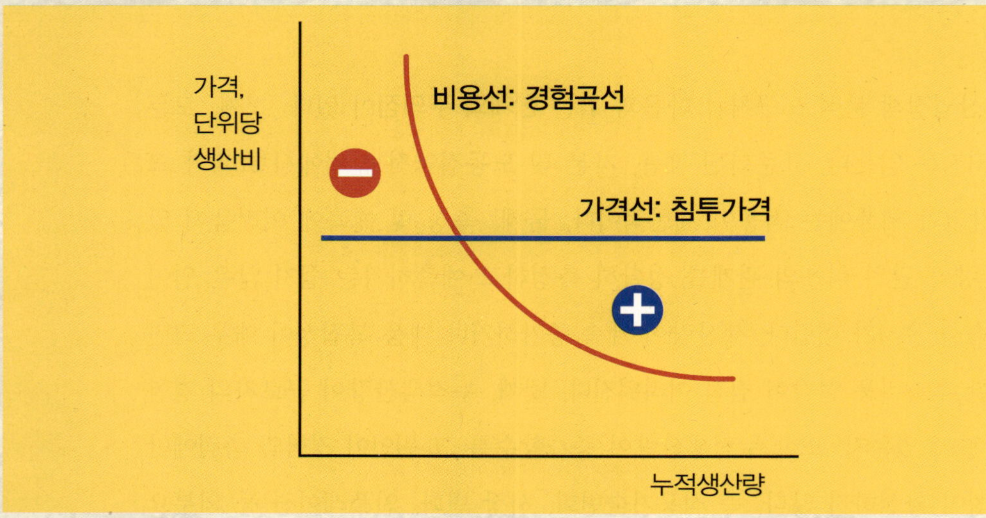

- **상시적·지속적 학습의 필요성 환기:** 경험곡선 효과 유지를 위해 생산 투입인력 감소와 같은 단순한 비용 절감에만 의존하지 않고, 근로자의 숙련도 배양, 교육 훈련 및 학습 등에도 노력을 기울여야 함을 기업에게 환기시킨다.

- **경영전략 수립의 기초:** 경험곡선 효과 분석은 미래 비용 예측, 투자 결정, 공급망 관리 등 경영전략 수립에 다양한 측면에서 중요한 통찰을 제공한다.

범위의 경제와 전략

범위의 경제(Economy of Scope)란 한 기업이 서로 관련된 여러 제품이나 서비스를 동시에 생산함으로써, 각 제품을 따로따로 생산할 때보다 생산비용이 절감되는 현상을 의미한다. 즉 두 가지 이상의 제품을 한꺼번에 생산할 때 단위당 비용이 더 낮아지는 효과로 이를 수식으로 표현하면 다음과 같다.

보잉의 항공기 제조 공정에서 경험곡선 효과

보잉(Boeing)은 세계 최대의 항공기 제조기업으로, 항공기 제조과정에서 경험곡선 효과를 효과적으로 활용한 대표적인 사례로 꼽힌다. 항공기 제조산업에서는 일반적으로 누적 생산량이 2배 증가하면 제조 비용이 평균 약 15~20% 감소하는 것으로 알려져 있다.

보잉의 대표 모델인 보잉 737의 생산 공정은 경험곡선 효과가 가장 명확히 나타난 사례다. 최초 737 모델이 생산된 1967년 초기, 737 한 대를 제조하는 데 소요된 비용은 매우 높았다. 그러나 생산 대수가 늘어나면서 보잉은 제조과정의 효율성을 크게 향상됐다. 실제로 초기 생산된 100번째 항공기와 200번째 항공기를 비교했을 때, 생산 비용은 약 20% 감소했다. 또한 500대에서 1,000대로 누적 생산량이 두 배 증가했을 때에도 평균 제조 비용이 추가적으로 약 16~20%가량 하락했다.

보잉은 경험곡선 효과를 실현하기 위해 생산공정을 최적화했다. 특히 부품 표준화와 생산라인 자동화를 통해 비용을 절감했다. 737 NG 모델에서는 기존 모델에 비해 부품의 60% 이상을 표준화하였고, 조립공정에서 로봇 자동화 시스템을 도입하여 생산 효율성을 높였다. 이러한 혁신을 통해 초기에는 약 10일 정도 걸리던 조립 시간이 최종적으로는 6~7일로 단축되었고, 비용 절감효과로 연결되었다.

또한, 최근의 787 드림라이너의 사례에서도 경험곡선 효과가 명확히 나타난다. 첫 번째 프로토타입 생산 당시 단위 제작 비용은 양산 모델 대비 10배 이상 높았다. 그러나 생산량이 증가하면서 누적된 경험과 기술 혁신을 바탕으로 생산비용이 점차 감소하여 초기 생산 모델보다 현재의 양산 모델이 약 50% 이상의 비용 절감을 달성하였다.

보잉은 생산 데이터를 축적하여 생산공정을 지속적으로 개선하였다. 축적된 데이터를 기반으로 조립과정의 문제점을 빠르게 파악하고 개선하는 '디지털 트윈(Digital Twin)' 기술을 도입해 공정의 효율성을 극대화했다. 이 결과, 보잉은 글로벌 경쟁사인 에어버스와의 가격경쟁력에서 우위를 유지할 수 있었다.

보잉의 경험곡선 효과는 항공기 제조에서 중요한 경쟁력의 원천이지만 그것만으로는 진정한 경쟁우위를 확보할 수 없으며, 지속적인 혁신, 품질 관리, 유연한 조직운영이 병행되어야 경험곡선 효과를 장기적으로 극대화할 수 있다.

$$C(X, Y) < C(X)+C(Y)$$

여기서 C(X)와 C(Y)는 X제품과 Y제품을 각각 개별적으로 생산할 때 비용이며, C(X,Y)는 두 제품을 함께 생산할 때의 총비용이다. 다음과 같은 이유에서 발생한다.

- **공유된 자원 활용:** 동일한 설비, 인력, 기술, 마케팅 인프라 등을 여러 제품에 공유함으로써 비용을 절감한다.

- **공통된 기술과 노하우:** 여러 제품에 동일한 기술이나 생산 프로세스를 적용하면 연구개발(R&D) 비용을 분산한다.

- **마케팅 및 배송 효율:** 다양한 제품을 한꺼번에 마케팅하거나 배송함으로써 마케팅 및 유통비용을 절감한다.

범위의 경제는 두 제품을 함께 생산함으로써 비용절감에 따른 경쟁우위 확보뿐 아니라 공유 자원 활용, 제품 다각화, 시장 확장 등 다양한 전략적 효과가 있다. 하지만 복잡성 증가, 자원 분배의 비효율 초래, 전략적 집중력 저하 등 **한계**도 존재한다. 즉 너무 많은 제품라인을 관리하다 보면 조직 내 복잡성이 커지고, 품질 관리와 전문성 유지가 어려워질 수 있다(복잡성 증가). 한정된 자원을 여러 제품에 분배하다 보면 핵심제품에 집중하지 못해 오히려 비효율이 발생할 수 있다(**자원 분배의 비효율**). 너무 다양한 사업에 진출하면 전략적 집중력이 약화되어 경쟁력이 떨어질 수 있다(**전략적 집중력 저하**).

규모의 경제와 같이 범위의 경제도 잘 활용하면 기업 경쟁우위 창출의 원천이 되며, 이를 포함하여 다음과 같이 **기업전략에 시사점**을 제공한다.

- **경쟁우위 창출:** 범위의 경제를 이용하여 기업은 생산비용을 절감하고, 시장에서 경쟁우위를 확보할 수 있다.

- **시장 리스크 분산:** 여러 제품을 생산함으로써 특정 시장의 침체나 수요 감소에 따른 리스크를 분산할 수 있다.

- **고객 가치 증대:** 다양한 제품을 통해 고객에게 더 많은 선택권과 편의를 제공할 수 있다.

- **기업성장 및 혁신 촉진:** 제품 다각화와 기존 인프라 활용을 통해 기업은 지속적으로 성장동력을 확보하고 성장할 수 있다.

범위의 경제는 규모의 경제보다 기업성장에 있어 전략적 활용성이 크다. 기업전략의 시사점의 마지막 내용처럼 **기업성장 활용방안**을 열거하면 다음과 같다. 첫째, **제품 다각화에 활용**이다. 한 가지 제품에만 의존하지 않고, 관련성이 높은 여러 제품을 생산해 리스크를 분산하고 시장 점유율을 높인다. 둘째, **공통 인프라의 활용**이다. 생산설비, 마케팅, 유통망 등 공통자원을 최대한 활용하여 생산 및 운영비용을 절감한다. 셋째, **시장 확장에 활용**이다. 다양한 제품을 통해 여러 시장에 진출할 수 있으며, 고객층을 확대할 수 있다. 넷째, **기술·노하우 공유의 활용**이다. 여러 제품에 동일한 기술이나 노하우를 적용해 R&D 효율성을 높인다. 다섯째, **인수합병에 활용**이다. 범위의 경제를 실현하기 위해서 회사 내 기존 공통 인프라를 활용해도 되지만 외부 조달이 더욱 합리적일 수 있다. 관련 분야의 기업을 인수해 범위의 경제효과 극대화하는 인수합병전략을 시도한다.

레스토랑 체인 및 식품산업은 범위의 경제를 쉽게 적용할 수 있는 대상이다. 주방 인프라, 유통망, 브랜드를 활용해 다양한 메뉴와 서비스를 제공한다. **얌! 브랜즈**(Yum! Brands)는 타고벨, 파자헛, KFC, 윙스트리트(WingStreet) 등 여러 유명 레스토랑 브랜드를 소유하고 있으며, 일부 매장에서는 두 개 이상의 브랜드를 동시에 운영, 예를 들어 타코벨과 파자헛, 피자헛과 윙스트리트를 동일 공간 내 다중 브랜드 운영하여 주방 인프라, 유통망, 마케팅 자원을 공유한다. **삼성전자**는 부품-완제품 연계를 통한 비용 절감, 공통 마케팅·유통망 활용, 연구개발 효율화, 플랫폼 기반의 고객 경험 통

삼성전자의 범위의 경제

삼성전자는 반도체, 가전제품, 스마트폰, 디스플레이 등 다양한 사업 부문을 운영하면서 범위의 경제를 다음과 같이 적극적으로 추구하고 있다. 첫째, 삼성전자는 부품에서 완제품에 이르는 수직적 통합 생산구조를 통해 범위의 경제를 구현한다. 대표적인 사례로 삼성전자는 반도체와 디스플레이 사업에서 축적된 기술력과 생산능력을 스마트폰, 태블릿, 스마트TV 등 자사의 다양한 완성품 제조에 활용하고 있다. 예를 들어 삼성의 갤럭시 스마트폰은 삼성디스플레이에서 생산된 OLED 디스플레이와 삼성 반도체 사업부에서 만든 엑시노스 프로세서를 장착한다. 이를 통해 부품조달 비용을 절감하고 기술력을 내부적으로 공유해 연구개발비 및 마케팅 비용 등을 효율적으로 관리하고 있다.

둘째, 삼성전자는 다양한 제품군을 활용하여 마케팅 및 유통에서 비용을 절감한다. 삼성은 스마트폰, TV, 가전제품 등을 전 세계 공통된 브랜드와 유통망을 통해 판매함으로써 글로벌 마케팅 비용을 효율적으로 사용한다. 삼성전자라는 단일 브랜드 아래 다양한 제품군을 배치함으로써 마케팅 비용을 개별 제품군으로 나눠 부담하여 제품별 마케팅 비용을 낮추는 효과를 얻는다.

셋째, 삼성전자는 R&D 과정에서도 범위의 경제를 적극 활용하고 있다. 삼성전자의 중앙연구소와 삼성리서치 등 연구개발 부서들은 부문별 연구 성과를 서로 공유하고 있다. 예를 들어, 인공지능(AI), 사물인터넷(IoT) 기술 등 핵심 기술은 스마트폰, 가전제품, 반도체 사업부문 모두에 공통적으로 적용될 수 있으며, 특정 부문에서 개발된 혁신 기술은 곧바로 다른 제품군에도 전파된다.

마지막으로, 삼성전자는 범위의 경제를 활용한 플랫폼 전략을 통해 고객에게 부가가치를 제공하고 있다. 삼성의 스마트싱스(SmartThings)는 스마트폰, TV, 가전제품을 하나의 사물 인터넷(IoT) 플랫폼에서 연동하는 통합 서비스를 제공한다. 고객은 하나의 삼성 스마트폰이나 앱으로 가정 내 여러 삼성이 만든 기기를 손쉽게 제어할 수 있으며, 이는 삼성 제품의 추가 구매를 유도하는 동시에 브랜드 충성도를 높이는 시너지 효과를 발휘한다.

합 등을 통해 범위의 경제를 효과적으로 실현하며 글로벌시장에서 경쟁력을 지속적으로 유지한다.

네트워크 외부성과 전략

네트워크 외부성(Network Externality)은 특정 제품이나 서비스를 사용하는 사람이 많아질수록, 그 제품이나 서비스의 가치가 더 커지는 현상이다. 네트워크에 참여하는 구성원이 늘어날수록 각 구성원이 얻는 효용과 가치가 증가한다. 즉 어떤 재화나 서비스의 이용가치(편익)가 그 네트워크에 참여하는 이용자 수에 따라 달라지는 현상으로, **수요측 규모의 경제**로 이해하면 된다.

보통 이렇게 긍정적 네트워크 네트워크를 지칭한다. 그러나 긍정적 네트워크 외부성과 부정적 네트워크 외부성으로 나눠 구분하기도 한다. **부정적 네트워크 외부성**은 사용자 수가 늘어날수록 가치가 감소하는 효과로, 인터넷 속도 저하, 도로의 교통 체증 등 과부하로 인한 품질 저하 현상을 말한다. 직접과 간접 네트워크 외부성으로 나누기도 한다. **직접 네트워크 외부성**은 사용자가 직접적으로 서로 연결될수록 가치가 커진다. 전화·팩스, 메신저, SNS, 옥션, 온라인 게임, 커뮤니티 등의 속성이다. 한편, **간접 네트워크 외부성**은 이용자 수가 늘어날수록 보완재·생태계가 풍부해져 가치가 커지는 경우다. 게임콘솔과 게임 타이틀, 운영체제(OS)와 애플리케이션, 전기차와 충전 인프라 간 관계에서 발생한다. 콘솔 사용자 수가 많아지면 게임개발사가 더 많은 타이틀을 출시(보완재 공급 증가)하고, 다시 콘솔의 매력 증가와 같은 반복적 선순환이 일어난다.

네트워크 외부성을 활용한 비즈니스 모델은 **플랫폼 비즈니스**이다. 네트워크 외부성은 플랫폼 가장 핵심적인 성공 요인 중 하나로, 사용자가 많아질수록 플랫폼의 가치가 커진다. 애플, 구글, 페이스북, 아마존, 우버, 에어비앤비, 오픈 테이블(Open Table) 등이 해당한다. 네트워크 외부성의 **기업전략 시사점**은 다른 산업분석 도구와 마찬가지로 기업의 경쟁우위 창출에 기여한다. 이외의 시사점은 다음의 **플랫폼 비즈니스의 성공원리**로써 제시한다.

- **초기 사용자 유치:** 플랫폼은 초기에 사용자를 확보하는 것이 매우 중요하다. 이를 위해 무료 체험, 판촉행사 등이 필요하다. 일정 수준 임계치 이상의 사용자가 모이면 네트워크 외부성에 의해 플랫폼 가치가 급격히 상승한다.

- **긍정적 피드백 유도:** 사용자가 많아질수록 플랫폼이 더 매력적으로 보이고, 이는 다시 더 많은 사용자를 유치하는 선순환 구조를 만든다.

- **승자독식 구조 실현;** 네트워크 외부성이 강한 플랫폼은 한 번 시장을 선점하면 경쟁자가 따라잡기 어렵고, 대부분 한두 개의 플랫폼이 시장을 장악하는 승자독식(Winner-take-all) 구조가 나타난다. 공급자와 수요자의 쏠림 현상이다. 이는 강력한 진입장벽이 된다.

표 3-3 플랫폼 비즈니스와 네트워크 외부성

기업	참여자	효과	내용
애플/구글 (앱스토어/ 플레이스토어)	앱 개발자와 사용자	스마트폰 유용성 증가 및 개발자/이용자 증가	개발자(앱, 게임 등)가 많아질수록 이용자는 더 다양한 서비스를 이용할 수 있고, 개발자는 더 많은 잠재 고객을 확보할 수 있음
페이스북	친구, 지인	소통, 정보 공유, 광고 증가	사용자가 많아질수록 서로 연결할 수 있는 친구와 지인이 늘어나고, 소통 · 정보 공유의 기회가 확대되어 플랫폼의 가치가 커짐
아마존	판매자와 구매자	상품 다양성과 거래 기회 증가	구매자가 많아지면 판매자는 더 많은 고객을 확보할 수 있고, 판매자가 많아지면 구매자는 더 많은 선택지를 갖게 되어 양쪽 모두 플랫폼에 매력을 느낌
우버	운전자와 승객	상호 대기시간 감소	승객이 많아지면 운전자는 더 많은 수익을 얻을 수 있고, 운전자가 많아지면 승객은 더 빠르게 차를 탈 수 있어, 양쪽 네트워크가 서로를 강화하는 구조를 이룸
에어비앤비	호스트와 게스트	선택지와 예약 기회 증가	호스트가 많아지면 게스트는 다양한 숙소를 선택할 수 있고, 게스트가 많아지면 호스트는 더 많은 예약을 받을 수 있음
오픈 테이블	레스토랑과 예약 고객	선택지와 예약 기회 증가	레스토랑과 예약 고객을 연결하는 플랫폼으로, 레스토랑이 많아질수록 고객은 더 많은 레스토랑을 선택할 수 있고, 고객이 많아질수록 레스토랑은 더 많은 예약을 받을 수 있음

한국 온라인 쇼핑몰의 네트워크 외부성 경쟁

쿠팡이 등장하기 전 한국의 온라인 쇼핑 시장은 이미 G마켓, 옥션(이베이코리아), 11번가, 인터파크, 위메프 등이 경쟁하며 복잡한 양상을 보였다. 쿠팡은 이러한 시장에 후발주자로 진입하며, 자체 배송 서비스인 '로켓배송'을 통해 강력한 네트워크 효과를 형성했다. 로켓배송은 익일배송 서비스를 표방하며 배송 속도와 품질에서 기존의 업체들과 차별화를 이루었다.

쿠팡의 네트워크 외부성은 '쿠팡 와우'라는 멤버십 서비스 출시를 통해 더욱 강화되었다. 멤버십 가입자는 무료 배송, 간편 반품, 추가 할인 등 다양한 혜택을 누릴 수 있었고, 이는 더 많은 소비자가 쿠팡을 계속 이용하게 하는 강력한 유인으로 작용했다. 고객들이 쿠팡의 멤버십 서비스에 가입할수록 플랫폼의 이용자층은 확대되었으며, 이를 통해 쿠팡은 더욱 강력한 네트워크 효과를 확보하게 되었다.

또한 쿠팡은 기술적 혁신을 통해 네트워크 외부성을 강화했다. 데이터 기반의 개인 맞춤형 상품 추천 서비스를 제공하여 고객 충성도를 높이고, 쇼핑 경험의 만족도를 극대화했다. 이용자가 많아질수록 데이터는 더욱 정교해졌고, 더 나은 개인화 추천이 가능해졌다. 이로 인해 고객들이 지속적으로 쿠팡 플랫폼을 선택하고 이용하게 되는 긍정적인 순환 구조가 만들어졌다.

G마켓, 옥션, 11번가, 인터파크 등 기존 온라인 쇼핑몰은 쿠팡과 달리 네트워크 외부성을 효과적으로 구현하지 못했다. 첫째, 기존 업체들은 플랫폼과 판매자·소비자 간의 상호작용을 촉진할 강력한 매개체가 부족했다. 예를 들어, G마켓과 옥션 등은 입점 판매자의 수는 많았지만, 고객에게 일관된 품질을 보장하는 물류 시스템이나 배송 서비스가 부재했다. 둘째, 포인트나 쿠폰과 같은 일회적 할인 혜택은 있었지만, 장기적이고 체계적인 멤버십 서비스로 확장되지 않아, 고객이 장기적으로 플랫폼을 이용해야 할 강력한 이유를 제시하지 못했다. 셋째, 플랫폼의 기술적 차별화가 부족했다. 쿠팡은 인공지능(AI)을 활용한 데이터 기반의 개인 맞춤 추천 서비스를 제공하여 플랫폼 내 체류 시간과 재구매율을 높였지만, G마켓이나 옥션 등은 이러한 기술적 혁신에 뒤처졌다. 네트워크 외부성 경쟁에서 후발주자인 쿠팡에게 역전을 당한 것이다.

- **전환비용 발생:** 사용자가 플랫폼에 익숙해지고 데이터(친구, 마일리지, 구매 이력 등)가 쌓이면 다른 플랫폼으로 이동하기 어려워지는 전환비용이 발생한다.

요약하면, 사용자 수는 가치를 만들고, 가치는 다시 네트워크를 만든다. 사용자 수와 가치 간 선순환이 네트워크 외부성의 핵심논리이다. 산업구조를 급격히 바꾸고 기업에 플랫폼 경쟁, 표준 전쟁을 촉발한다. 소비자에는 쏠림과 잠금(lock-in)이 일어나고, 마침내 산업 내에 승자독식에 의한 강력한 진입장벽이 형성된다.

한계도 존재한다. 임계치 이상 초기 사용자를 모집하는 데 오랜 시간이 걸릴 수 있으며, 초기 경쟁상태가 지속하여 유지될 수가 있다. 승자독식 기업에 대해 정부의 법적 금지, 과징금 부여 등 강력한 독점제한 규제를 하면 효과가 작거나 더디게 진행될 수 있다. 또한 네트워킹이 진행되면서 생래적으로 과도한 부하로 인한 혼잡/보안 문제와 같이 부정적 효과가 동반해 자체적으로 네트워크 크기가 제한될 수 있다.

요소집약도와 전략

요소집약도(Factor Intensity)란 어떤 산업이나 제품을 생산할 때 투입되는 생산요소(주로 노동, 자본, 기술 등)의 상대적 비율을 의미한다. 즉, 특정 산업이 노동, 자본, 기술, 지식 등 각 생산요소 중 어느 것을 더 많이 사용하는지를 나타내는 척도이다.

노동집약적 산업은 생산과정에서 노동을 상대적으로 많이 사용하는 산업으로, 예를 들면 의류, 신발, 농업 등이 해당한다. **자본집약적 산업**은 생산과정에서 자본(기계, 설비 등)을 상대적으로 많이 사용하는 산업이다. 자동차, 철강, 석유화학 등이 있다. **기술집약적 산업**은 생산과정에서 첨단 기술이나 연구개발 투자가 중요한 산업으로 반도체, 바이오, IT 등이 해당한다. **지식집약적 산업**은 기술집약적 산업에서 특히 지식이 핵심이며 혁신과 창의성을 바탕으로 성장하는 산업으로 구글, 마이크로소프트, 퍼플렉시티, 필란티어 등이 속한 산업이다. 기술집약적 산업과 차이점은, 지식집약적 산업은 지식·정보·창의성 등 무형자산이 핵심이 되는 산업이고, 기술집약적 산업은 첨단기술 투입과 연구개발이 핵심이 되는 산업이다.

요소집약도 표현은 상대적 개념이다. 예컨대, A산업이 B산업보다 노동집약적이라 표현한다. 특정 산업을 노동집약적 혹은 자본집약적이라 할 때, 정확하게는 국가와 시기가 상정되어야 한다. 요소집약도가 같은 산업 내에서도 국가나 기업, 시기마다 다를 수 있음에 주의를 요한다. 즉 의류산업이라 하더라도 어느 국가는 노동집약적 요소가 적고 자본집약적일 수 있으며, 동일 국가에서도 과거에 노동집약적 산업이 현재에는 자본집약적 산업 성격으로 변화할 수 있다.

요소가격과의 관계는 노동비용이 비싸면 노동집약도가 낮아지고, 자본비용이 비싸면 자본집약도가 낮아진다. 노동자원이 풍부하면 노동비용이 낮고, 자본자원이 풍부하면 자본비용이 낮다. 각국은 국가마다 풍부한 자원 위주로 제품생산 공정에 투입하여 산출물을 해외에 수출하는데, 이러한 논리에서 주창된 무역이론이 **헥셔·오린의 요소부존량 이론**이다.[36]

기업의 활용방안을 정리하면 다음과 같다.

- **생산방식 선택에 활용:** 기업은 요소가격(임금, 자본비용)과 요소집약도를 고려해, 비용이 가장 적게 드는 생산방식을 선택한다. 예를 들어, 노동비용이 낮은 국가에서는 노동집약적 생산방식을, 자본비용이 낮은 국가에서는 자본집약적 생산방식을 채택한다.

- **글로벌 생산 네트워크 구축에 활용:** 기업은 요소집약도에 따라 해외 생산기지를 선정한다. 노동집약적 제품은 저임금국, 자본집약적 제품은 고기술국 등 글로벌 생산 네트워크 결성에 활용한다.

- **기술·혁신과 결합하여 경쟁우위로 활용:** 자본집약적 산업은 자동화, 로봇, 첨단기술 도입을 통해 생산성을 높이고, 노동집약적 산업은 인력 교육 및 효율적 관리로 경쟁력 강화에 활용한다.

- **정부 인센티브 수혜 도구로 활용:** 정부는 자국의 산업을 고도화하기 위해 조세

감면 인센티브를 기업에게 제공하거나, 실업률 감소를 위해 고용보조금을 지급한다. 이때 요소집약도를 조정함으로써 보조금 수혜자격을 얻는 데 활용한다.

요소집약도로 산업을 분석하고 기업전략에 활용하는 데 **한계**가 있으므로 다음에 주의한다. 요소가격 변화에 따른 리스크이다. 노동비용이나 자본비용이 급격히 변하면 기존의 생산방식이 비효율적으로 될 수 있어 요소집약도에 의존한 분석과 전략수립에 경계가 필요하다. 요소집약도를 자본과 노동으로 이분화하거나 단순화할 수 없으며, 실제로는 두 요소가 복합적으로 작용하는 경우가 많아 구분의 실익이 적을 수 있다.

이러한 한계가 존재함에도 요소집약도는 고전학파 경제학에서부터 현재까지 기업의 제품전략과 정부의 정책 도구로서 많은 **전략/정책적 시사점**을 제공한다.

- **기업의 경쟁력 강화 요소:** 요소집약도를 고려한 생산방식 선택은 궁극적으로 기업의 비용 경쟁력과 시장 적응력을 높이는 데 기여한다.

- **국가별 무역경쟁력 원천으로서 산업구조 결정:** 국가는 보유자원(노동, 자본, 기술 등)의 풍부함 여부를 기준으로 산업을 전문화하는 정책 결정을 할 수 있으며, 이는 국제무역에서 비교우위의 기초가 된다. 헥셔·올린 정리의 무역경쟁력 원천을 반영한 산업의 선정과 집중이다.

- **글로벌 가치사슬에서의 위치 결정:** 요소집약도에 따라 기업은 글로벌 가치사슬에서의 역할(생산, 조립, R&D 등)을 선택할 수 있다.

- **정부의 산업정책에 활용:** 정부는 요소집약도 변화에 따라 고용정책, 교육정책, 산업정책 등을 조정해 산업 경쟁력 육성하고 유지할 수 있다.

- **기술혁신과 산업구조 변화:** 기술 발전은 요소집약도를 변화시키고, 이는 산업구

요소집약도별 네 가지 산업 유형 사례

국가의 요소집약도 변화는 산업구조의 변화를 촉진하며, 기업들의 경영전략에도 큰 영향을 미친다. 노동집약적 산업은 저임금 국가로 생산거점을 이전하고, 자본집약적 산업은 생산 효율성을 극대화할 수 있는 국가로 입지를 조정한다. 기술 및 지식집약적 산업은 기술 인프라와 고급 인력 확보 가능성을 중심으로 전개한다. 다국적기업들은 이와 같은 요소집약도의 변화에 따라 끊임없이 생산입지를 조정하고 경영전략을 최적화하여 글로벌시장에서 경쟁우위를 지속적으로 확보하고 있다.

첫 번째 사례로는 전통적 노동집약적 산업인 섬유 및 의류산업이 있다. 이 산업은 저렴한 노동력이 필수적이기 때문에, 다국적기업들은 노동비용이 낮은 국가로 생산공장을 이전한다. 대표적으로 글로벌 의류기업 나이키는 초기 생산기지를 미국에서 운영했지만, 미국의 임금상승과 노동비용 증가로 인해 생산원가 부담이 커지자 생산거점을 중국과 동남아시아 지역으로 이전하였다. 하지만 최근 중국에서도 임금이 상승하고 노동 관련 규제가 강화되면서, 나이키는 생산거점을 베트남, 인도네시아 등 더 낮은 비용으로 생산 가능한 국가로 다시 이전하였다. 이는 국가의 요소집약도가 변화함에 따라, 다국적기업이 입지를 지속적으로 조정하며 원가경쟁력을 유지하려는 대표적인 전략 사례이다.

두 번째 사례는 자본집약적 산업의 대표주자인 자동차 및 전자산업이다. 이 산업들은 대규모 초기 설비투자와 높은 기술력이 요구된다. 과거에는 선진국들이 자본과 기술력이 집중된 자동차산업의 주요 생산기지였으나, 최근 자동차 기업들은 글로벌 경쟁력을 위해 생산시설을 다양한 국가로 분산시키고 있다. 예를 들어, 폭스바겐과 토요타는 과거 독일과 일본이라는 본국 중심의 생산전략을 유지했으나, 특히 폭스바겐은 멕시코에 생산기지를 두고 북미 및 남미 시장으로, 토요타는 인도네시아와 태국을 중심으로 아시아 지역 생산거점을 확대하여 자본 효율성을 극대화하고 있다.

세 번째 사례로 기술집약적 산업인 반도체 산업이 있다. 반도체는 높은 수준의 기술력과 고급기술 인력이 필수적인 산업으로, 국가의 기술적 인프라와 연구개발 환경이 중요한 요소이다. 삼성전자와 인텔 같은 글로벌 반도체기업들은 국가별 기술집약도 변화와 인프라 환경에 따라 입지를 조정한다. 삼성전자는 최근 미국 텍사스주 테일러시와 한국의 평택에 대규모 반도체 생산공장을 신설하며, 미국 정부의 인센티브 지원과 고급 인력 공급 가능성을 고려해 생산입지를 결정하였다. 이와 같은 전략적 결정은 기술집약적 요소가 강한 산업 특성을 반영한 것이며, 기업은 기술적 환경 변화에 민감하게 반응하여 글로벌 경쟁력을 유지하려고 한다.

네 번째 사례로 IT와 AI를 기반으로 한 소프트웨어 산업, 인공지능서비스 산업 등이 있다. 지식집약적 산업의 발전은 지식창출 인적자원을 기반으로 한다. IT기업이나 컨설팅 기업은 고급 인력의 확보가 중요한 경쟁요소이다. 구글, 마이크로소프트, IBM 등 글로벌 IT기업들은 전 세계적으로 R&D 센터를 운영하며, 인도나 동유럽 등지에서 우수한 엔지니어를 비교적 낮은 비용으로 고용하여 지식집약적 경쟁력을 강화한다. 예컨대 IBM은 인도의 벵갈루루에 글로벌 기술센터를 두고, 비용 효율적이면서도 수준 높은 인력의 활용을 통해 글로벌시장에서의 경쟁력을 높이고 있다.

위에서 예시한 네가지 사례 외에도 현대에 들어 하이브리드 요소집약적 산업이 등장하기도 한다. 신재생에너지 산업 분야가 해당한다. 최근 요소집약도 변화에 따른 입지 변화로 친환경 및 지속가능성 요소가 강조되는 사례를 들 수 있다. 신재생에너지 산업의 경우 기술과 자본 요소가 동시에 중요하다. 덴마크의 베스타스(Vestas)나 독일의 지멘스(Siemens)는 해상 풍력 터빈 생산 공장을 유럽 북부 및 미국 동부 연안에 설치하여 기술력과 자본력을 동시에 충족하고 있다. 특히 이들 기업은 친환경 기술 개발과 높은 자본투자를 요구하는 환경적 요건을 만족시키기 위해 정부의 보조금과 기술인프라가 잘 구축된 국가를 선택하여 입지전략을 전개하고 있다.

조와 고용구조에 영향을 미쳐, 국가의 입지환경과 기업 외부환경에 변화를 오게 한다.

산업조직론적 모형

산업조직론(Industrial Organization)은 산업을 분석하는 기업 간 경쟁 양상에 따른 시장구조가 기업들이 선택하는 행동에 미치는 영향과 이에 따른 시장의 성과 변화를 분석하는 학문이다. 즉 산업의 구조가 기업의 행동을 규약하고, 이에 따라 기업의 성과가 좌우된다는 이른바 **SCP 패러다임**이 적용되는 구조(Structure)−행동(Conduct)−성과(Performance)의 체계를 갖는다. 산업을 인간사회의 경제적 발전과 복지 증진을 위한 체계적이고 조직적인 활동의 총체로 간주한다. 시장은 경쟁구조가 될수록 경제학의 기본 논제인 한정적 자원이 시장을 통해 적재적소에 효율적으로 배분되는 균형을 이룬다. 산업조직론에서 시장구조는 기업의 수(독점, 과점, 독점적 경쟁, 완전경쟁), 기업의 규모 및 분포(시장집중도), 제품차별화 정도, 시장의 진입장벽 유무 등에 따라 달라진다. 각각의 특징을 요약하면 다음과 같다(〈표 3−4〉 참조).

완전경쟁시장은 다수 기업이 동질적 상품을 자유롭게 거래하는 이상적 시장구조이다. 개별기업이 시장에 가격 영향력이 없으며, 기업의 자유로운 진입·퇴출, 각 경제주체가 완전한 정보를 소유한다. 산업 사례는 농산물, 원자재, 어업, 소규모 서비스업이 해당한다. 이들 산업은 매우 많은 생산자가 존재하고, 상품이 동질적이며 가격 결정에 기업의 영향력이 거의 없다. 예를 들어, 쌀이나 밀 같은 **일반 농산물**은 공급자가 거의 동일한 상품을 취급하며, 소비자는 가격에 민감해 가격이 시장에서 결정된다.

독점적 경쟁시장은 다수 기업이 차별화된 상품을 생산하며 진입·퇴출이 자유로운 시장이다. 제품차별화를 하고 제한적인 가격 결정력을 갖는다. 과점보다는 진입장벽이 낮다. 산업 사례는 **외식업, 의류업, 소매업, 미용실** 등이다. 이 시장에서는 많은 기업이 존재하지만, 각 기업은 브랜드, 품질, 서비스 등으로 상품이나 서비스를 차별화하며 어느 정도선에서 가격을 달리한다. 예를 들어, 여러 음식점이 다양한 메뉴와 분위기를 제공하며 고객을 유치하려 노력하는 경우다.

표 3-4 완전경쟁/독점적 경쟁/과점/독점의 시장 특징

구분	기업 수	상품 특성	가격 결정력	진입장벽	산업 사례	기업 사례
완전경쟁	매우 많음	동질적	없음 (가격 수용자)	없음	농산물, 원자재, 어업, 소규모 서비스업	없음(주로 소규모 개별 생산자)
독점적 경쟁	많음	차별화된 상품	일부 존재	낮음	외식업, 의류업, 소매업, 미용실	스타벅스, 나이키, H&M
과점	소수	동질 또는 차별화	있음 (상호 영향)	높음	자동차, 항공, 통신, 반도체	토요타, 폭스바겐, 보잉, AT&T
독점	1개	단일 상품	강함	매우 높음	수도·전기·가스 등 공공재, 특허 보유 기업	대다수 국영전력회사, AT&T(지역 독점인 경우), 제약 특허기업

과점시장은 소수 기업이 시장을 지배하며 서로 전략적으로 영향을 주고받는 시장이다. 상호의존적 가격 결정이 특징이다. 소수 기업에게 담합(카르텔)이 쉽게 일어나며, 카르텔 밖의 기업에게는 높은 진입장벽으로 작용한다. 제품은 동질적이지만 차별적 특징도 어느 정도 갖고 있다. 즉 기업별로 제한된 차별화가 가능하다. 산업 사례는 **자동차, 항공, 통신, 반도체** 등이 대표적이다. 예컨대 자동차산업은 현대, 토요타, 폭스바겐 등 몇몇 대기업이 전 세계시장을 주도하며, 높은 초기 설비투자와 기술력이 진입장벽 역할을 한다.

독점시장은 단일 기업이 시장 전체를 지배하는 구조이다. 독점기업은 시장의 가격 결정자이며 수요자는 독점 공급자에게 협상력을 갖지 못한다. 현재 경쟁자 없이 미래의 잠재경쟁자에게도 매우 높은 진입장벽이 존재하는 시장이다. **수도, 전기, 가스** 같은 공공재 산업이 해당하며, 이 분야는 제품 속성상 시설투자와 관리비용이 매우 높아 사실상 한 기업만 운영하는 경우가 많다. 이 밖에도 **혁신기업**으로 특정 기술에 대한 특허를 보유해 경쟁자가 없는 독점지위를 누리기도 한다. 배타적인 경쟁우위에 기반을 둔 독점의 경우라 하겠다.

SCP 모형은 기업의 경쟁우위를 분석하는 데 있어 경제학적 접근의 한계를 보인다. 이에 대하여 **케이브즈**(Caves)를 비롯한 후대 학자에 의해 [그림 3-4]와 같이 **SCP 수정모형**으로 진화했다.[37] 기존 전통적인 SCP 패러다임이 산업구조에 따라 기업의 행동과

과점시장의 페덱스와 UPS 간 경쟁전략

페덱스(FedEx)와 UPS는 국제 택배·물류 시장에서 사실상 시장을 양분하는 대표적 과점 기업으로, 두 회사는 상대방의 전략을 면밀히 관찰하며 서로 영향을 주고받는 과점적 경쟁을 전개하고 있다. 두 기업은 경쟁우위를 점하기 위해 가격 인하보다는 서비스의 품질, 배송 속도, 네트워크 규모, 기술 투자 및 차별화를 중심으로 경쟁을 벌인다.

첫째, 페덱스는 글로벌 항공 네트워크를 기반으로 빠른 배송과 프리미엄 서비스 전략을 추구한다. 특히, 페덱스는 익일 배송 등 긴급 배송 서비스로 경쟁사 대비 차별화를 꾀하고 있다. 반면, UPS는 지상 물류 및 통합 물류서비스 분야에서 강점을 보이며, 기업 고객을 위한 공급망 관리 솔루션 제공에 집중하고 있다. 예컨대 UPS는 'UPS Supply Chain Solutions'를 통해 고객의 재고관리, 물류센터 운영 등 부가가치 서비스를 제공하여 페덱스와의 서비스 경쟁에서 차별화를 도모한다.

둘째, 두 기업은 전략적으로 글로벌시장 확장과 물류 인프라 구축에 적극 투자하고 있다. 2016년 페덱스는 네덜란드 물류기업 TNT익스프레스를 인수하여 유럽시장에서의 경쟁력을 높였다. 이는 유럽시장에서의 입지가 강한 UPS와의 경쟁을 고려한 전략적 결정이었다. UPS 역시 아시아와 유럽시장에서 적극적인 인프라 투자 및 M&A를 통해 글로벌 경쟁력을 강화하고 있으며, 최근 몇 년간 물류 허브 및 자동화 시설 확장에 수십억 달러 규모의 투자를 진행하고 있다.

셋째, 두 기업 모두 기술 혁신을 경쟁의 주요 수단으로 삼고 있다. UPS는 경로 최적화 시스템인 외리온(ORION)과 같은 고급 물류기술을 도입하여 배송 효율성을 높이고 운영비용을 낮추고 있다. 페덱스 역시 물류 허브에서 인공지능(AI) 기반 자동 분류시스템과 로봇 기술을 적용하여 빠르고 정확한 서비스를 제공하고 있다. 두 기업의 이러한 기술 투자는 효율성 경쟁뿐 아니라 고객의 서비스 경험 개선을 통해 경쟁우위를 확보하기 위한 전략이다.

넷째, 친환경 및 지속 가능성 경쟁도 최근 주요 경쟁요소로 등장했다. 페덱스는 2040년까지 탄소중립을 선언하고, 대규모 전기차 구매와 지속 가능한 연료 사용을 통해 친환경 이미지를 구축하고 있다. UPS 또한 친환경 차량 도입 및 탄소중립 물류 서비스제공을 확대해 시장에서 친환경 경쟁을 선도하려는 노력을 기울이고 있다.

그림 3-4 수정된 산업조직론의 SCP 패러다임

성과가 결정된다는 일방적 인과관계를 강조한 반면, 케이브즈는 기업의 전략과 행동이 산업구조에 영향을 미칠 수 있음을 강조한다. 즉 기업의 전략과 내부 역량(자원·능력)이 산업구조와 상호작용하며, 이로 인해 경쟁우위가 형성될 수 있으며, 기업의 전략적 선택과 자원배분이 산업구조에 영향을 주고, 이는 다시 기업성과에 반영될 수 있음을 주장한다. 기업의 전략적 선택이 역으로 산업구조에 영향을 미칠 수 있음을 제시한 것이다. 케이브즈의 연구는 사업 환경이 기업의 성과를 결정하는 주요인으로, 기업의 전략수립 또는 전략적 행동이 기업성과에 미치는 영향력을 간과한 경제학적 접근과 차별적이다. 이는 기업의 전략적 자율성을 강조하여 이후 자원기반관점 등 내부 역량에 초점을 맞춘 전략이론 발전의 토대가 됐다.

5가지 경쟁요인 모형

포터의 5가지 경쟁요인 모형은 산업환경을 분석하는 틀이다. 원명은 'Five Forces Model'인데, 기업이 처한 산업환경을 다섯 가지 세력 또는 힘으로 분석한다는 것이다. 이미 앞에서 전략경영에서 산업, 시장, 제품, 사업 등은 유사한 의미로써, 전략경영 주제에 따라 선택해 사용된다고 하였다. 산업환경은 기업에게 사업환경이고, 조직관리 입장에서는 사업수준의 전략이 적용되는 장소이다. 따라서 산업환경은 사업부 수준의 경쟁자가 있는 곳이고, 경쟁환경에 영향을 주는 다섯 가지 세력, 움직이는 힘(동인)을 분석하는 경쟁자 분석틀이 5가지 경쟁요인 모형이다.

현재 사업이 추진되는 산업시장에 경쟁자만 단일 요인으로 삼아 분석할 것이 아니라, 네 가지를 추가하여 보다 정밀한 분석을 해야 한다는 것이 포터의 견해이다. 즉 **경쟁자 상황**을 '기존기업 간 경쟁강도'로 표현하고 자신이 운영하는 사업에서 **전후방 가치사슬 활동**, 즉 공급자와 관계 및 수요자와 관계를 포함했다. 경쟁요소로 표현하면 각각 '공급자의 협상력', '구매자의 협상력'이다. 이렇게 세 가지에다 **인접한 산업요소**를 더 추가했다. 하나는 대체재이고 다른 하나는 인근 산업시장에서 사업 중인 회사가 자신의 산업시장에 진입할 가능성을 염두에 둔 신규 진입자이다. 이러한 위협에 대해 각각을 '대체재의 위협'과 '신규 진입자의 위협'으로 명명했다. 사업부의 경쟁자가 있는 산업환경을 현재의 **경쟁자** 구조 외에 미래의 경쟁자가 될 수 있는 잠재경쟁자로 가치사슬 상의 **공급자와 구매자**, 인접 산업(사업)시장의 **대체재와 신규 진입자** 등 5가지 경쟁자로 확장한 모형이다.

기존 경쟁자 간 경쟁강도

기존 경쟁자 간 경쟁강도는 '기존 경쟁이 얼마나 치열한가'에 대한 분석이다. 산업

그림 3-5 포터의 5가지 경쟁요인 모형

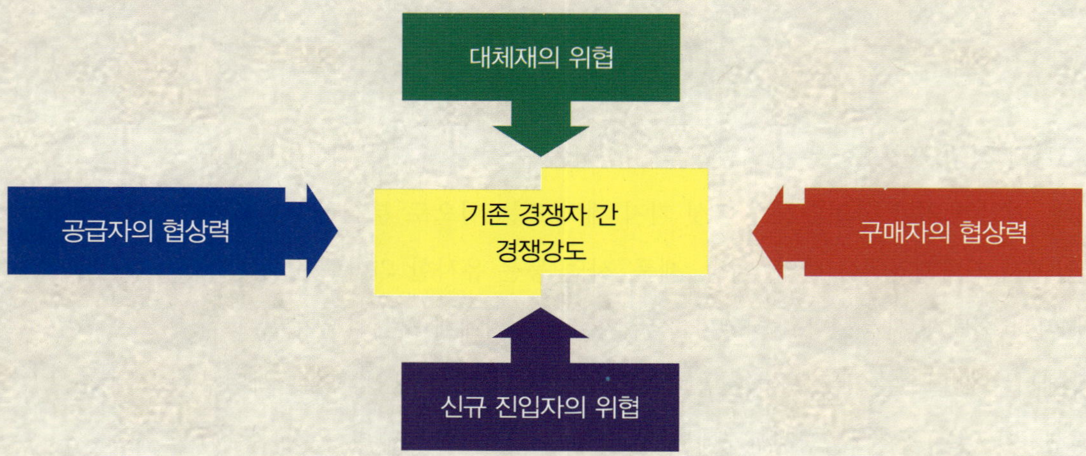

표 3-5 포터의 5가지 경쟁요인 모형에서 경쟁 심화 조건

경쟁요인	주요 내용	경쟁이 증가하는 기준(경쟁 심화)
기존 경쟁자 간 경쟁강도	동일 산업 내 현존 기업들 간 경쟁 압력	• 경쟁기업 수가 많고 집중도가 낮을 때 • 산업 성장률이 낮거나 정체될 때 • 고정비 비중이 높을 때 • 제품차별화가 낮고 유사할 때 • 퇴출장벽이 높아 시장 퇴출이 어려울 때 • 경쟁사 전략이 다양하고 예측 불가능할 때
신규 진입자의 위협	새로운 기업이 산업에 쉽게 진입하는 가능성	• 규모의 경제 효과가 작을 때 • 제품 차별화가 약할 때 • 초기 자본투자가 적을 때 • 전환비용이 낮을 때 • 유통채널 확보가 쉬울 때 • 기존 기업이 원가우위 독점요소가 없을 때 • 정부 규제가 약하거나 완화될 때 • 기존 기업의 예상 보복 가능성이 낮을 때
대체재의 위협	고객이 기존 제품 대신 다른 해결책으로 욕구를 충족시키는 가능성	• 기능적 대체 가능성이 있을 때 • 대체재의 가격이 낮고 성능이 동등 · 우수할 때 • 전환비용이 낮을 때 • 소비자가 대체재를 쉽게 수용할 때 • 보완재와 결합해 종합 효용이 높을 때 • 기술혁신 속도가 빠를 때 • 정부 정책이 대체재 확산을 지원할 때
공급자의 협상력	공급업체가 기업에 원가 인상, 조건 변경을 요구하는 협상력	• 공급자가 소수일 때(집중도가 높을 때) • 구매기업의 구매비중이 작을 때 • 공급품이 독점적 · 차별화되어 있을 때 • 전환비용이 높을 때 • 공급자의 전방통합 위협이 있을 때 • 공급자가 재무적으로 강할 때 • 대체 공급원이 부족할 때 • 공급망의 투명성이 낮을 때(정보 비대칭)
구매자의 협상력	고객이 기업에 가격, 조건, 서비스 개선을 요구하는 협상력	• 구매자가 소수 대형 고객일 때(구매자의 집중도) • 구매량이 클 때 • 제품이 표준화 · 동질화될 때 • 전환비용이 낮을 때 • 구매자가 원가정보에 정통할 때 • 후방통합 가능성이 클 때 • 가격 민감도가 높을 때

내 현존 기업 간의 가격, 품질, 마케팅, 서비스 경쟁을 말한다. 산업 내 경쟁기업 수, 성장률, 고정비 비중, 차별화 정도, 퇴출장벽, 경쟁사의 고도 전략기술 전략 등이 **경쟁강도**를 결정한다. 경쟁이 심할수록 산업의 수익성이 낮아진다.

- **공급 경쟁기업의 수와 산업집중도:** 산업 내 기업의 수가 많고 시장점유율이 분산되어 있을수록 경쟁강도는 높아진다. 예를 들어, 패션 의류산업에서는 수많은 브랜드와 소규모 업체들이 존재하여 시장이 과잉경쟁 상태에 놓인다. 일반적으로 소수 경쟁자는 경쟁강도를 낮게 한다. 그런데 소수의 기업이 과점인 특수시장의 경우, 예컨대 민간여객기 산업시장의 보잉과 에어버스, 군사 항공기 산업시장의 보잉과 록히드마틴과 같이 특정 과점구조 산업시장은 계약단위가 크고 경쟁건수 제한적이기에 개별 계약 건에 대한 경쟁은 매우 치열하다.

- **산업의 성장률:** 산업 성장률이 낮거나 정체될수록 기업들은 시장점유율을 확보하기 위해 상대방 고객을 빼앗아야 하므로 경쟁이 격화된다. 예를 들어, 유럽의 유선통신 산업은 스마트폰과 인터넷 발달로 성장률이 둔화하며 기존 업체 간의 가입자 유치 전쟁이 치열하다. 반면, 전기차 산업처럼 고성장 산업에서는 신규 수요가 지속적으로 발생하기 때문에 상대적으로 직접적 가격경쟁이 다소 완화될 수 있다.

- **고정비 비중:** 고정비가 높은 산업에서는 생산설비 가동률 확보가 수익성 유지에 절대적이므로 기업들이 판매량 확보를 위해 치열한 가격경쟁을 벌인다. 철강산업은 대표적으로 고정비 비중이 높아 경기침체에도 기업들이 감산 대신 저가 판매를 선택하여 경쟁강도를 높인다. 항공산업 역시 높은 고정비(보유 비행기, 공항 계류장 사용료 등)로 인해 공급과잉 시 가격경쟁이 격화된다.

- **제품의 차별화 수준:** 제품차별화가 낮아 대체 가능성이 클수록 가격 중심 경쟁이 심화된다. 예를 들어, 시멘트 산업은 기업간 제품 특성이 거의 유사하여 차별

AI가 분석한 테슬라의 5가지 경쟁요인

테슬라(Tesla)는 첫째, 기존 기업 간 경쟁강도는 매우 높은 수준이다. 테슬라는 초기 전기차 시장을 개척하며 독보적인 위치를 점했으나, 이제는 폭스바겐, GM, 포드, 현대·기아, BMW 등 전통적인 완성차 업체들이 대규모 전기차 라인업을 출시하며 격렬한 경쟁을 벌이고 있다. 특히 중국 내수시장에서는 BYD, NIO, XPeng 등 신생 전기차 기업들이 급속도로 성장하며 테슬라에 도전장을 내밀고 있다.

둘째, 신규진입자의 위협은 상대적으로 낮지만 완전히 무시할 수는 없다. 전기차 산업은 내연기관 자동차에 비해 부품 구성이 단순하고 제조 공정도 비교적 간소하여 신규 기업 진입의 문턱이 낮아 보인다. 그러나 실제로는 막대한 초기 자본투자, 배터리 및 핵심 부품 확보, 충전 인프라 구축, 소프트웨어 개발 역량, 글로벌 인증 및 유통망 확보 등 높은 진입장벽이 존재한다. 테슬라는 자체 기가팩토리와 슈퍼차저 네트워크, 독자적인 FSD(Full Self Driving) 소프트웨어 등으로 이 장벽을 견고히 유지하고 있다.

셋째, 대체재의 위협은 제한적이지만 점차 증가하는 추세다. 자율주행 택시, 공유 모빌리티, 수소 연료전지차, 개인형 전동 이동수단 등이 전기차 수요를 잠식할 잠재적 대체재로 부상하고 있다. 특히 도시지역에서 공유경제가 활성화되면서 개인 차량 소유의 필요성이 줄어들 가능성이 있다. 이에 대응해 테슬라는 자율주행 기술과 로보택시 서비스 개발에 적극 투자하며 미래 대체재 위협에 대비하고 있다.

넷째, 구매자의 교섭력은 시장 세그먼트별로 다르게 나타난다. 테슬라의 프리미엄 전기차 구매자들은 브랜드 충성도가 높고 독자적인 소프트웨어 생태계에 깊이 묶여 있어 교섭력이 상대적으로 낮다. 반면, 테슬라의 제품군 중 보급형 차종인 모델3의 하위 트림의 경우, 중저가 전기차 시장에서 다양한 브랜드와 모델이 경쟁하며 소비자의 가격 및 품질 비교를 통해 구매자의 협상력이 커지고 있다.

마지막으로 공급자의 교섭력은 핵심 부품별로 차이가 크다. 배터리 셀은 CATL, LG에너지솔루션, 파나소닉 등 소수의 공급업체에 집중되어 있어 공급자의 협상력이 높다. 테슬라는 4680 배터리 셀 자체 생산과 주요 원자재 공급사와의 장기계약, 광산 투자 등으로 이 리스크를 완화하려 노력 중이다.

화가 어려워 주로 가격경쟁이 벌어지지만, 이와 달리 명품시계, 고급 패션 브랜드 등은 브랜드 가치와 제품 스토리라는 차별화 요소로 인해 가격경쟁이 상대적으로 완화된다.

- **퇴출장벽의 높이:** 산업에서 철수하는 비용이 높을수록 손실을 감수하면서도 기업들이 경쟁에 머물게 되어 경쟁강도가 높아진다. 조선업은 설비매각이 어렵고 정부의 고용정책 이유로 구조조정이 지연되면서 장기간 과잉설비가 유지되어 가격경쟁이 심화된다. 반면, 소프트웨어 스타트업 시장처럼 자본설비 의존도가 낮고 빠른 사업 철수가 자율적인 경우에는 경쟁이 실패 기업의 조기 퇴출로 경쟁강도가 유연하게 조절된다.

- **경쟁사 전략의 고도화 수준:** 경쟁사 전략의 다양성과 예측 불가능성이 높을 때 경쟁강도가 높아진다. 비용우위 전략을 추구하는 기업과 프리미엄 차별화 전략을 추구하는 기업이 혼재하면 경쟁이 복잡해지고 불확실성이 커진다. 이와 함께 시장 접근방식, 마케팅 스타일, 제품 포트폴리오 차이 등도 경쟁의 복잡성을 증대시킨다.

신규 진입자의 위협

신규 진입자의 위협은 '신규기업이 현재 경쟁시장에 쉽게 들어올 수 있는가'에 대한 분석이다. 산업 외부에서의 신규기업 진입 가능성을 말한다. 진입장벽이 낮을수록 신규진입이 용이하며, 기존기업 수익성은 저하된다. 주요 진입장벽은 규모의 경제, 제품차별화, 자본소요량, 전환비용, 유통채널 접근성, 원가우위 독점요소, 정부규제, 보복 가능성 등이다.

- **규모의 경제:** 대표적인 진입장벽이다. 기존기업이 대규모 생산을 통해 단위당 생산비용을 낮추고 있을 경우, 신규기업이 이를 따라잡기 위해서는 대규모 설비투

자와 높은 초기 고정비 부담을 감수해야 한다. 이러한 비용 부담은 신규진입을 상당히 어렵게 만든다. 예를 들어, 반도체나 철강산업처럼 설비 규모가 수십억 달러에 이르는 경우가 이에 해당한다.

- **제품차별화:** 신규진입을 어렵게 만드는 요인이다. 기존기업들이 오랫동안 축적해 온 브랜드 이미지, 고객 충성도, 서비스 네트워크 등은 신규기업이 단기간에 따라잡기 어렵다. 코카콜라, 애플, 나이키와 같은 기업들은 강력한 브랜드 충성도를 기반으로 신규진입의 위협을 효과적으로 낮춘다.

- **자본소요량:** 특정 산업에서는 R&D 투자, 생산설비 구축, 유통망 확보, 마케팅 비용 등 막대한 초기 자본이 필요하다. 특히 항공기 제조, 자동차 생산, 제약 연구개발 분야는 신규기업에게 큰 재정적 부담을 안겨준다.

- **전환비용:** 소비자가 공급자를 변경할 때 발생하는 비용, 시간, 학습곡선, 시스템 호환성 문제 등이 이에 포함된다. 예컨대 기업용 소프트웨어 시스템(ERP, CRM 등)에서는 기존 시스템에서 새로운 공급자로 변경하는 데 상당한 시간과 비용이 들어가기 때문에 신규 진입자의 유치가 매우 어려워진다.

- **유통채널 접근성:** 기존기업이 유통망을 이미 장악하고 있다면 신규기업은 판매처를 확보하는 데 한계에 부딪힌다. 대형마트, 백화점, 온라인 플랫폼 입점 등에서 기존기업이 유리한 협상력을 가지고 있다면 신규기업은 시장 진입 초기에 불리한 위치에 선다.

- **원가우위 독점요소:** 기존기업이 원재료를 독점적으로 확보하거나, 더 낮은 원가 구조를 보유할 경우 신규기업은 동일한 원가경쟁력을 확보하기 힘들다. 예를 들어, 희귀 광물이나 독점적 특허기술을 보유한 기업이 있는 산업에서는 진입 자체가 거의 불가능한 경우도 발생한다.

- **정부규제:** 특정 산업에서는 정부의 인허가, 인증, 법적 규제가 까다로워 신규기업의 진입을 어렵게 만든다. 금융, 의료, 에너지, 통신산업 등은 대부분 정부의 승인을 받아야 사업을 시작할 수 있으며, 이러한 규제 장벽이 신규 진입자의 위협을 낮추는 역할을 한다.

- **보복 가능성:** 신규기업이 시장에 진입할 경우 기존기업들이 적극적인 가격 인하, 판촉 확대, 계약 단절 등의 보복 조치를 취할 것으로 예상된다면 신규기업들은 진입 자체를 포기하거나 진입 속도를 늦출 수밖에 없다. 특히 가격전쟁에 민감한 산업일수록 이러한 보복 위협은 신규 진입자의 진입 결정을 어렵게 만든다.

대체재의 위협

대체재의 위협은 '대체재가 기존 제품을 얼마나 위협하는가'에 대한 분석이다. 산업 외부 제품·서비스가 기존 수요를 대체할 가능성을 말한다. 대체재가 존재하고 가격·성능이 우수할수록 기존산업의 가격통제력이 저하되며, 이에 가격 인하·서비스 강화·마진 축소 등으로 대응할 수밖에 없어 기업 수익성이 악화된다. 즉 대체재의 위협은 산업 전체의 가격통제력과 장기적 안정성, 모두에 영향을 미친다. 예컨대 대표적인 상호 대체재인 철도·고속버스·항공기 관계를 보면 이해가 쉽다. 대체재의 위협은 기능적 대체, 대체재의 가성비, 전환비용, 소비자의 인식 및 수용성, 보완재와 결합, 기술혁신 속도, 정부의 촉진/규제정책 등이다.

- **기능적 대체 가능성:** 대체재는 반드시 동종·동일한 제품일 필요는 없으며, 소비자 입장에서 동일한 효용을 주는 다른 방식의 해결책이라면 모두 대체재가 된다. 예를 들어 철도는 항공, 버스, 자가용과 상호 대체적이며, 이메일은 기존의 우편 시스템을 대체했다. 넷플릭스와 같은 스트리밍 서비스는 전통 케이블 TV를 대체했고, 디지털카메라는 필름카메라의 대체재가 되어 코닥의 몰락을 초래했다.

- **대체재의 가성비:** 대체재가 기존 제품보다 가격이 훨씬 저렴하거나, 성능이 동등하면서 가격까지 낮을 경우에, 즉 가성비가 좋은 경우는 특히 대체압력이 강해진다. 예를 들어 온라인 무료교육 콘텐츠가 고가 학원 및 학교의 강의를 위협하고, 단거리 노선에서 저가항공사가 기존 풀서비스 항공사의 이용을 대체하는 것이 그 사례다.

- **전환비용:** 소비자가 기존 제품에서 대체재로 이동하는 데 추가적 비용이나 복잡성이 거의 없다면 빠른 속도로 전환이 이뤄진다. 인터넷망 이용 서비스, 스트리밍 서비스 전환, 이동통신 서비스 이동, 클라우드 스토리지 변경 등이 전환비용이 낮아 대체가 쉽게 발생하는 대표적 사례다.

- **소비자 인식 및 수용성:** 대체재 위협의 실제 실현 여부를 결정한다. 아무리 기술적으로 우수한 대체재라도 소비자가 이를 위험하거나 불편하다고 느낀다면 확산 속도는 더디다. 반면, 사회적 가치, 윤리적 소비, 친환경적 요소 등이 소비자의 수용성을 높이는 경우 대체재 확산은 폭발적으로 진행된다. 예를 들어 식물성 고기가 전통 축산업을 위협하는 속도는 소비자 인식 변화에 크게 좌우된다.

- **보완재와 결합 효과:** 하나의 대체재가 여러 보완 서비스를 통합할 경우 기존 제품보다 우월한 종합 효용을 제공해 급속한 확산이 가능하다. 스마트폰이 다양한 기능을 융합하면서 기존의 카메라, MP3, 지도, 인터넷, 게임기 등 여러 기기의 대체재가 된 것이 그 전형적 사례다.

- **기술혁신 속도:** 대체재 위협을 가속화한다. 대체재는 기존 산업과 다른 기술 영역에서 등장하는 경우가 많으며, 이 경우 기술발전 속도가 빠를수록 기존 제품은 빠르게 수명을 다한다. 디지털 음악 스트리밍이 CD와 MP3플레이어를 빠르게 대체했고, 스마트폰이 디지털카메라·내비게이션·MP3·게임기를 통합하면서 다양한 산업을 동시에 파괴한 것도 대표적인 사례다.

- **정부의 촉진정책과 규제정책:** 정부정책은 대체재 확산을 촉진하거나 지연시킨다. 예를 들어 정부의 친환경 정책은 내연기관 자동차를 대체하는 전기차의 확산을 촉진한다. 한편 의료 분야의 경우는 윤리문제 등으로 공공규제가 기술적 대체를 제한하는 경우가 종종 있다. 대표적으로, 인공지능 진단 시스템의 경우 의료윤리 및 법적 책임 소재 불명확으로 인해 의사의 감독 없이 최종 진단 도입이 제한되어 있다.

공급자의 협상력

공급자의 협상력은 '공급자가 원가조건을 얼마나 좌우하는가'에 대한 분석이다. 원재료·부품·노동력을 납품하는 공급자의 협상력을 말한다. 공급자가 높은 협상력을 가질수록 원가 상승압력 발생한다. 이 밖에도 품질·납기조건 악화, 기술이전 요구 등을 감내해야 하며, 이는 기업의 비용구조와 장기적인 수익성에 부정적 영향을 준다. 협상력에는 공급자의 집중도/수량, 구매의 규모·중요성, 공급제품의 차별화, 전환비용, 전방통합 가능성, 대체 공급원의 존재, 전체 공급망의 투명성(정보의 비대칭성) 등이 관여된다.

- **공급자의 집중도와 수량:** 공급자가 소수일수록 협상력이 커진다. 예를 들어 항공기 엔진 제조산업에서는 GE, 롤스로이스, 플랫앤휘트니(Pratt & Whitney)가 과점체제를 형성하여 항공사 및 항공기 제조사에 대해 강한 협상력을 행사한다. 반면 공급업체 수가 많고 대체 가능한 경우, 구매기업의 협상력이 커져 공급자의 영향력은 약화된다.

- **구매자의 구매규모와 중요성:** 공급자의 전체 매출에서 특정 구매기업이 차지하는 비중이 클수록 공급자는 구매기업을 잃지 않으려 하며 협상력이 약해진다. 반대로 구매기업이 소규모 고객일 경우 공급자는 쉽게 공급계약을 거부하거나 가격을 인상할 수 있다.

- **공급 제품의 차별화 수준:** 공급자가 제공하는 원자재나 부품이 독점적 기술이나 특허로 보호되거나 고도의 기술력을 필요로 할 경우에는 대체 공급자가 없어 협상력이 높아진다. 반도체, 희귀 금속, 고급 엔지니어링 부품이 여기에 해당한다. 반대로 표준화되고 동일한 품질을 여러 곳에서 조달할 수 있는 경우 공급자의 협상력은 제한된다.

- **전환비용:** 구매기업이 공급자를 바꾸면서 설계 변경, 품질 검증, 생산라인 재조정, 인증 획득 등의 복잡한 과정을 거쳐야 한다면 기존공급자에 의존할 수밖에 없다. 자동차부품, 고급 의료장비, 방산용 부품 등에서는 전환비용이 상당히 높다.

- **전방통합 가능성:** 공급자가 직접 최종 소비자 시장으로 진출하거나 완제품 사업에 뛰어들 수 있다고 위협할 경우 구매기업은 더욱 협상력이 약화된다. 예를 들어 반도체 파운드리 기업(제조공정 전문기업)이 시스템반도체 설계사업으로 확장하는 경우 기존 고객들의 협상력에 부담을 준다.

- **대체 공급원의 존재 여부:** 희소금속(리튬, 코발트, 니켈 등)처럼 채굴지역이 제한되거나 정제능력을 보유한 국가·기업이 소수일 경우 공급자의 협상력이 거의 독점 수준까지 상승한다. 반대로 농산물, 철광석, 석유처럼 다수 공급자가 전 세계에 분포하면 공급자의 교섭력이 약화된다.

- **전체 공급망의 투명성 및 정보 비대칭:** 원가구조, 수급상황, 재고수준, 미래 가격전망에 대한 정보가 불투명할수록 공급자가 협상 주도권을 쥘 가능성이 커진다. 하지만 최근 ESG 경영, 윤리적 공급망 관리가 확산되면서 공급자들의 비가격적 협상력이 계속 유지될 수 있는지 도전받고 있다. 또한 경쟁자 시장에서도 글로벌경쟁이 심화함에 따라 공급망의 투명성과 정보 비대칭성에 대한 개선이 이루어지는 추세에 있다.

구매자의 협상력

구매자의 협상력은 '구매자가 가격조건을 얼마나 좌우하는가'에 대한 분석이다. 구매자(소비자·중간재 구매기업)의 가격 및 거래조건 협상력을 말한다. 협상력이 높은 구매자로부터 가격 인하, 품질개선, 서비스요구 등으로 이익 압박을 받을 수 있다. 협상력은 구매자의 집중도, 구매량 규모, 제품의 표준화/차별화 정도, 전환비용, 구매자 정보력, 후방통합 가능성, 구매자의 가격 민감도 등에 따라 결정된다.

- **구매자의 집중도:** 소수의 대형 구매자가 전체 판매량의 상당 부분을 차지할 경우, 이들은 공급자에게 상당한 협상력을 행사할 수 있다. 예를 들어 완성차업체들이 부품회사에 가지는 협상력이 그렇다. 반면 개인 소비자처럼 구매자가 다수이고 분산되어 있으면 협상력이 상대적으로 약하다.

- **구매자의 구매량 규모:** 구매자가 대량으로 반복 구매를 하는 경우 공급자는 그 고객을 잃지 않기 위해 가격 인하나 특별조건을 제공해야 할 가능성이 크다. 대형 유통업체인 월마트나 코스트코가 공급사에 대해 강력한 협상력을 행사하는 것이 대표적인 사례이다.

- **제품의 표준화 및 차별화 정도:** 구매자가 원하는 제품이 표준화되어 있고 여러 공급업체로부터 동일하거나 유사한 품질로 쉽게 공급받을 수 있다면 구매자의 협상력은 강해진다. 반대로 제품차별화가 뚜렷하고 브랜드 충성도가 높은 경우에는 구매자의 교섭력이 약화된다. 명품 브랜드, 특허 의약품, 고급 전자기기 등은 차별화를 통해 구매자 협상력을 억제하는 사례이다.

- **전환비용:** 낮을수록 구매자의 협상력이 강화된다. 여기서 전환비용이란 고객이 기존공급자를 바꾸면서 발생하는 시간적·금전적·심리적 비용을 의미한다. 공급자의 기술, 시스템, 서비스를 대체하기가 쉬운 경우 구매자는 공급자를 자유롭

게 전환할 수 있어 협상력이 높아진다. 예를 들어 커피전문점처럼 커피 구매자가 구매하는 매장의 교체가 쉬운 경우에는 구매자의 협상력이 강한 상태이다. 반대로 항공기 엔진, 의료장비, 기업용 ERP 시스템 등에서는 전환비용이 막대하여 고객이 쉽게 다른 공급자로 이동하지 못한다.

- **구매자의 정보력:** 구매자가 시장가격, 원가구조, 기술사양, 경쟁사 가격 등을 잘 알고 있을수록 협상력이 강하다. 인터넷, 모바일 앱, 가격비교 플랫폼의 발전으로 소비자의 정보 비대칭이 줄어들면서 다양한 산업에서 구매자의 협상력이 빠르게 상승하고 있다.

- **후방통합 가능성:** 구매자가 공급자의 사업영역으로 진출할 수 있는 역량이나 의지를 보일 경우에 협상력은 크게 상승한다. 예를 들어 대형 소매유통업체들이 자체 브랜드(유통자 상표)의 상품을 생산하여 기존공급자의 협상력을 약화시키는 전략이 일반적인 예다.

- **구매자의 가격 민감도:** 구매자가 제품에 지불할 의사가 있는 가격이 낮고, 가격에 민감할수록 공급자는 더 낮은 가격을 제시해야 한다. 고가 내구재나 명품시장의 고객은 상대적으로 가격 민감도가 낮지만, 대량소비재나 생필품은 가격 민감도가 높아 가격 인하 압박이 커진다.

산업수명주기 모형

지금까지 살펴본 SCP 패러다임이나 포터의 경쟁요인 모형이 시간의 흐름에 따라 산업 상황변화를 가정하지 않은 정태적 모형이라면, 산업의 수명주기를 태동기(Embryonic), 성장기(Growth), 조정기(Shakeout), 성숙기(Mature), 쇠퇴기(Decline)로 나눈 **산업수명주기 모형**은 산업과 시장이 시간에 따라 발전하고 변모하는 과정을 설명하는 동태적 산업분석모형이다. 산업수명주기 개념은 **버논**(Vernon) 등[38]이 국제무역과 기술

표 3-6 사업수명주기별 단계별 특징

단계	주요 특징	시장 상황 및 경쟁	전략적 과제 및 초점	매출 및 이익
태동기	• 시장 형성 초기, 수요 미미 • 기술 불확실성 높음 • 생산 단가 높음	• 경쟁보다는 시장형성에 집중 • 고객 확보가 핵심	• 혁신과 표준화 • 초기 고객 확보 및 시장 개척	• 매출 낮음 • 이익 없음(적자)
성장기	• 수요 급증, 매출 빠른 성장 • 신규 진입 활발 • 생산 규모 확대 및 단가 하락	• 차별화 경쟁 시작 • 표준화 진행 중	• 브랜드 구축 • 생산 효율성 강화 • 시장 확대	• 매출 급증 • 이익 급증
조정기	• 성장 둔화, 경쟁 심화 • 과잉 투자 · 과잉 공급 • 약한 기업 퇴출, M&A 증가	• 차별화 경쟁 시작 • 표준화 진행 중	• 비용 절감 • 규모 확대 • 경쟁력 강화	• 매출 성장 둔화 • 이익 정체 또는 감소
성숙기	• 시장 포화, 수요 안정 또는 감소 • 산업 집중도 증가 • 이익률 안정적이지만 낮음	• 가격 · 서비스 경쟁 중심 • 진입장벽 높음	• 운영 효율 극대화 • 차별화 서비스 • 고객 유지	• 매출 정체 • 이익 정체 또는 하락
쇠퇴기	• 수요 감소, 대체재 등장 • 생산 · 투자 축소 • 산업 축소 및 재편	• 시장 축소, 경쟁 완화 또는 집중	• 철수 · 탈퇴 · 신산업 전환 • 비용 최소화	• 매출 감소 • 이익 감소

확산 연구에서 처음 도입했으며, 이후 포터 등[39] 전략경영 학자들의 경쟁구조 분석에도 영향을 주었다.

수명주기별 특징

태동기

태동기는 새로운 기술이나 혁신적 제품이 시장에 처음 등장하여 아직 소비자들이 그 제품이나 기술에 익숙하지 않은 단계다. 이 단계의 기업들은 초기투자비용이 크고 수익성은 낮지만, 미래 성장 가능성에 집중한다. 대표적으로 **전기차 산업**의 초기에 **테슬라**가 등장했을 때가 이에 해당한다. 2000년대 중반 테슬라는 로드스터 모델로 전기차의 가능성을 입증하기 위해 막대한 연구개발과 생산비용을 투자했고, 당시 시장의 규모가 작고 소비자의 이해도도 낮았기에 수익성은 낮았지만, 시장을 창출하는 데 목적을 집중했다.

태동기는 산업이 막 등장하여 아직 시장이 충분히 형성되지 않은 초기 단계이다. 이 시기에는 소비자의 제품 인지도가 낮고, 제품의 효용성과 기술에 대한 불확실성이 높으므로 시장의 규모가 작고 성장이 더딘 특징이 있다. 초기 기술과 제품개발에 막대한 자금이 투입되지만, 생산비용이 높아 수익성은 낮은 편이다. 시장에 진입하는 기업 수도 소수이며, 대부분 기업이 이윤을 얻기보다는 시장형성과 제품의 효용성을 입증하는 데 초점을 맞춘다. 또한 소비자 교육과 시장형성을 위한 홍보에 주력하며, 시장을 개척하기 위한 초기 비용이 매우 큰 시기이기 때문에 일반적으로 위험과 불확실성이 높은 단계로 간주된다.

성장기

성장기에는 제품이나 서비스에 대한 소비자 수요가 급격히 증가하고 시장이 빠르게 확대된다. 시장 진입 기업 수도 증가하면서 경쟁도 본격화되고, 기업들은 적극적인 마케팅과 기술 혁신으로 시장 점유율 확보에 주력한다. **스마트폰 시장**이 급성장했던 2010년 전후 시기가 대표적이다. 이 시기 **애플**의 아이폰은 혁신적인 디자인과 기능으로 소비자를 빠르게 흡수했고, 삼성전자 역시 갤럭시 시리즈를 앞세워 경쟁하며 스마트폰 시장은 전례 없는 성장을 기록했다. 두 기업 모두 기술 혁신과 대량생산을 통해 성장기의 기회를 적극 활용했다.

성장기는 소비자의 제품 인지도가 급격히 증가하면서 수요가 폭발적으로 늘어나는 단계이다. 이 시기에는 많은 기업이 신규진입을 시도하고, 경쟁이 점점 치열해지면서 기술 혁신과 제품차별화를 통해 시장 점유율을 확보하려는 전략이 나타난다. 생산 규모가 확대되며 규모의 경제를 실현하기 시작하고, 생산비용이 빠르게 감소하여 수익성이 크게 개선된다. 또한 유통망이 확대되며 제품의 품질과 서비스가 빠르게 개선되고, 소비자들에게 제품이 광범위하게 보급되는 현상이 나타난다. 이 단계에서 기업은 적극적인 마케팅과 기술개발을 통해 시장 지배력을 강화하며, 소비자 기반을 확장하여 장기적인 성장 기반을 마련한다.

조정기

조정기에는 시장성장 속도가 점차 둔화되고 경쟁이 치열해지면서, 일부 기업은 도태되고 강력한 소수 기업만이 시장에 남게 된다. **디지털카메라 시장**의 사례가 대표적이다. 2000년대 중후반, **소니**, **캐논**, **니콘** 등을 포함한 수많은 카메라 브랜드들이 경쟁했지만, 스마트폰의 등장으로 일부 카메라 브랜드는 시장에서 철수하거나 축소됐다. 강력한 브랜드와 기술력을 가진 기업들만이 시장에서 살아남아 시장을 점차 과점화시켰고, 이 과정에서 경쟁력이 떨어진 기업들은 급격히 시장에서 사라지게 되었다.

조정기는 시장이 급격한 성장기를 지나면서 기업 간 경쟁이 최고조에 달하는 단계이다. 경쟁이 심화하며 시장 내에서 경쟁력이 떨어지는 기업들이 퇴출되거나 인수합병을 통해 시장이 재편되는 현상이 뚜렷하게 나타난다. 이 과정에서 일부 강력한 기업들은 시장 점유율을 빠르게 확대하며, 반면 경쟁력이 부족한 기업들은 시장에서 도태되어 급격히 축소된다. 이 단계에서는 제품과 서비스가 점차 표준화되고, 가격경쟁이 치열해지면서 기업의 수익성이 감소할 수 있다. 기업들은 경쟁력을 유지하기 위해 비용 절감, 효율화, 제품차별화 전략 등을 적극적으로 구사하며, 효율성을 높이는 데 주력하는 단계로 접어든다.

성숙기

성숙기에는 시장 성장률이 둔화되고 제품 간 차별화가 적어져 경쟁이 주로 가격과 품질, 서비스 위주로 진행된다. **TV 시장**이 대표적인 성숙기 산업이다. **삼성전자**와 **LG전자** 등 소수의 글로벌기업들이 시장 점유율을 유지하며 경쟁하고 있다. 성숙기에서는 신규기업 진입이 어렵고, 기존기업은 비용 절감과 제품 품질 관리로 수익성을 유지한다. 삼성전자는 QLED, LG전자는 OLED 등 특정 기술을 활용해 제품의 부가가치를 유지하며 시장 내 안정적 위치를 확보하고 있다.

성숙기는 시장의 성장률이 현저히 둔화하고, 소비자의 수요가 포화상태에 이르는 단계이다. 제품과 서비스가 표준화되어 제품 간 차별성이 적어지며, 기업 간의 가격경쟁과 마케팅 경쟁이 심화된다. 시장에서의 신규 진입장벽이 높아지고, 기존기업들은 고객 유지와 비용 절감을 위한 운영 효율성을 극대화하는 전략을 구사한다. 이 단계에서는 대부분 기업이 규모의 경제를 최대한 활용하고 비용 절감과 품질 관리를 통해 안정적인 수익을 유지하려고 노력한다. 또한 기업들은 시장의 정체 상태를 극복하기 위해 새로운 시장이나 혁신적인 제품개발 등으로 사업영역을 확장하거나, 기존 제품의 부가가치를 높이는 전략을 시도한다.

쇠퇴기

쇠퇴기 산업은 기술 혁신이나 소비자 기호변화로 인해 시장 수요가 감소하는 단계다. **전통적인 휴대폰 시장**의 사례가 대표적이다. 스마트폰 등장 이후 **노키아**와 **모토로라** 같은 기존 휴대폰 제조사들은 심각한 타격을 받았다. 시장의 주류가 스마트폰으로 전환되면서 전통적인 휴대폰 수요는 급격히 감소했고, 노키아와 모토로라는 결국 시장 점유율과 수익성 하락으로 어려움을 겪었다. 이 시기 기업들은 생산 축소, 인력 구조조정 등 생존 전략을 펼쳤으나, 결국 스마트폰 시대에 적응하지 못하고 시장에서 대부분 철수하거나 사업을 대폭 축소하게 되었다.

쇠퇴기는 소비자 선호의 변화, 기술진보, 혁신적 대체품의 등장 등으로 인해 산업 전체가 지속적으로 축소되는 단계이다. 시장수요와 매출이 감소하며, 많은 기업이 시장에서 철수하거나 사업 규모를 축소한다. 생산설비의 가동률이 떨어지며 단위당 생산비용이 증가하여 수익성도 낮아진다. 이 단계에서는 기업들이 기존 설비를 축소하거나 매각하는 등 구조조정과 비용 절감을 통해 생존을 모색한다. 일부 기업들은 틈새시장에 집중하거나 혁신적인 기술과 제품으로 전환하여 새로운 성장동력을 찾기도 한다. 쇠퇴기에서는 장기적인 비전을 가진 일부 기업들만이 살아남아 새로운 기회를 모색하며, 다른 기업들은 결국 시장에서 퇴출되는 경우가 많다.

스마트폰의 산업수명주기와 애플 아이폰

스마트폰 산업의 태동기는 2000년대 초반 PDA, 피처폰, 블랙베리 등이 혼재하던 시기였다. 당시 스마트폰은 일부 비즈니스 고객에 국한된 제품이었고, 일반 소비자 대상 수요는 미미했다. 기술적 불확실성이 높고, 소프트웨어·하드웨어 표준이 정립되지 않았으며, 제조사들도 실험적 제품을 내놓는 수준에 머물렀다. 애플은 이 시기 시장을 주도하지 않았고, 기존 IT 제품을 통해 기술을 축적하는 단계였다.

2007년 애플이 아이폰 1세대를 출시하며 스마트폰 시장은 본격적인 성장기에 진입했다. 멀티터치스크린, iOS 운영체제, 앱스토어라는 생태계 기반이 등장하며 스마트폰은 대중시장으로 폭발적으로 확산되었다. 애플과 삼성, 구글 안드로이드 진영의 본격 경쟁이 시작되었고, 전 세계적으로 스마트폰 보급률이 급격히 상승했다. 이 시기 애플은 기술 혁신, 브랜드 파워, 디자인 차별화 전략을 통해 시장을 빠르게 확대하며 시장 선두권에 진입했다.

2013년 이후 시장경쟁이 과열되면서 조정기가 시작되었다. 글로벌시장에서 중저가 안드로이드 제조사들이 대거 등장했고, 특히 중국의 화웨이, 샤오미, 오포 등이 성장하며 경쟁구도가 복잡해졌다. 프리미엄 시장은 애플과 삼성 중심으로 집중되었고, 경쟁력을 잃은 제조사들은 대거 시장에서 퇴출되었다. 블랙베리, 노키아, HTC 등 한때 강자였던 기업들이 시장 지배력을 상실하고 급속히 쇠퇴하였다. 애플은 이 시기에도 프리미엄 전략을 유지하며 차별화된 생태계를 강화했다.

2020년대에 접어들며 스마트폰 산업은 성숙기에 진입했다. 글로벌 스마트폰 보급률이 80~90%를 넘어서며 신규 수요가 감소하고 교체 수요 중심으로 시장이 재편되었다. 제조사 간 기술격차가 축소되며 차별화가 점점 어려워지고, 소비자들은 가격과 브랜드 신뢰도를 기반으로 반복 구매를 결정하는 경향이 강화되었다. 페이스 ID, A 시리즈 칩 성능 개선, 고성능 카메라, 친환경 소재 적용 등 미세한 혁신을 지속하며 고객 충성도를 유지하고 있다.

스마트폰 산업 전체가 아직 쇠퇴기로 진입했다고 보긴 어렵다. 다만 일부 저가·보급형 제조사들은 가격경쟁 심화와 기술 포화로 시장 철수를 결정하기도 했다. 애플은 여전히 고가 프리미엄 시장을 중심으로 안정적인 수익을 확보하고 있으며, 쇠퇴기를 대비하여 차세대 성장 영역으로 AR/VR, 헬스케어 등을 준비하며 미래 성장 기반을 구축 중이다.

모형의 의의와 한계

산업수명주기 이론은 기업과 투자자에게 산업의 현재 위치를 파악하고, 이에 맞는 경영전략과 자원 배분을 결정하는 데 중요한 가이드 역할을 한다. 예를 들어, 태동기에는 혁신과 시장개척에 집중하고, 조정기에는 비용 효율과 경쟁력 강화, 쇠퇴기에는 철수나 재투자 전략을 마련하는 일 등이다. 모형의 의의로서 **단계별로 전략적 시사점**을 간추리면 다음과 같다.

먼저, **태동기**에서는 '기술개발과 시장형성이 핵심'이다. 이 시기의 기업들은 시장 불확실성이 높고 표준화되지 않은 제품을 공급한다. 따라서 **기술 선점과 시장 초기 포지셔닝**이 중요한 전략과제가 된다. 혁신 역량, 연구개발 투자, 선도적 브랜드 인지도 구축이 향후 성장을 위한 기반을 마련한다.

성장기에서는 '시장 확대와 점유율 경쟁'이 본격화된다. 이 단계에서는 제품과 기술 표준화가 점차 이뤄지고, **규모의 경제 시도**, 즉 대규모 생산과 유통망 구축이 필수적이다. 기업은 공격적 마케팅, 제품차별화, 생산효율화 등을 통해 경쟁우위를 강화해야 한다. 빠른 시장 점유율 확보가 이후 시장지배력으로 직결되므로, 적극적인 자원 투입이 중요하다.

조정기에서는 '본격적인 구조조정'이 발생한다. 경쟁 심화로 비효율적 기업이 퇴출되며, 강한 기업 간 합병과 인수(M&A)가 활발히 전개된다. 이 시기의 핵심 전략은 원가 절감, 제품라인 최적화, 경쟁사에 전략적 대응의 대안으로 **합리화와 구조조정**이다. 살아남는 기업은 시장 내 독과점적 지위를 확보하고 장기적 수익 기반을 구축하게 된다.

성숙기에서는 살아남은 기업은 '안정적 시장 지배'가 이루어지나 역시 '성장성은 둔화'된다. 기업들은 비용 효율화, 기존 고객 유지, 브랜드 충성도 강화 등에 집중한다. 추가 성장동력을 확보하기 위해 **해외시장 진출**, **신사업 다각화**, **제품개선** 등이 전략적 대안이 된다. 이 단계에서의 혁신은 기존 비즈니스 모델의 수익성을 유지하거나 확대하는 방향으로 추진된다.

쇠퇴기에서는 '수요 감소와 산업 축소'가 진행된다. 기업은 사업 철수, 규모 축소, 틈새시장 집중, 신규 기술 전환 등으로 **생존 전략**을 도모한다. 조기 철수 전략, 자산매각, 신산업으로의 전환 준비 등 **탈퇴 전략**이 핵심 과제가 된다.

산업수명주기 모형은 다른 산업환경에 비해 동태성 측면에서 산업환경 변화에 경영전략을 적절히 대응할 수 있는 장점에도 불구하고 다음과 같은 **한계**를 갖는다.

첫째, **단계 구분의 모호성**이다. 현실에서 산업이 명확히 태동기·성장기·조정기·성숙기·쇠퇴기로 명확히 구분되지 않는다. 동일 산업 내에서도 제품군, 세부 시장, 지역별로 서로 다른 단계에 있을 수 있다. 특히 빠르게 변화하는 기술산업에서는 성장기와 쇠퇴기가 중첩되거나 단축될 수 있다.

둘째, **산업경계의 모호성**이다. 디지털 융합, 플랫폼화 등으로 산업 간 경계가 모호해지면서 기존 산업수명주기 구분이 적용되기 어려운 경우가 많아졌다. 아마존은 유통·플랫폼·클라우드가, 넷플릭스는 미디어·ICT(정보통신기술)가 사업 간 융합되어 있다.

셋째, **예측의 불확실성**이다. 수명주기 모델은 기본적으로 과거 경향성을 기반으로 한다.

그러나 기술 혁신, 규제 변화, 경쟁자 전략, 소비자 트렌드 변화 등으로 수명주기 흐름이 급변할 수 있어 정확한 예측이 어렵다. 인공지능의 급속한 확산, 전기차 수요 정체 후 재도약 등 예상보다 빠른 성숙기 도달, 예기치 못한 재성장 등이 나타날 수 있다.

넷째, 갑작스런 **기술혁신 파괴성의 간과**이다. 수명주기 모델은 점진적 변화를 전제로 하지만, 실제 산업은 '파괴적 혁신(Disruptive Innovation)'에 의해 수명주기 흐름이 중단되거나 깨지는 경우가 발생한다. 예컨대 스마트폰이 피처폰을 빠르게 몰락시킨 사례, 스트리밍이 기존 음반산업을 재편한 사례, 디지털카메라가 필름이나 폴라로이드 카메라를 몰락시킨 사례 등이다.

다섯째, **기업의 개별전략이나 역량 반영 부족**이다. 동일한 산업에 속하더라도 기업별로 전략·역량·자원 배분에 따라 서로 다른 성장경로를 보일 수 있다. 수명주기는 산업 평균을 설명할 뿐, 개별기업의 차별적 성공전략을 충분히 설명하지 못한다. 선도기업은 성숙기에서도 혁신을 통해 성장을 유지하거나 쇠퇴기를 회피하기도 한다.

산업속성과 국제전략

국제기업은 본국을 비롯한 국제시장에 상반된 압력에 놓여 있다. 표준화, 규모의 경제, 비용절감 요구인 **글로벌통합압력**과 현지시장 적응, 문화·정책 차이 대응, 현지 고객 맞춤의 요구인 **현지반응압력**이다. 이는 전 세계적으로 효율성을 높이기 위해 표준화, 통합, 본사 통제 등에 초점을 둔 **글로벌전략**(Global Strategy), 각 국가의 문화, 소비자 선호, 법규, 경쟁환경에 맞춰 현지 적응에 초점을 둔 **다국가전략**(Multidomestic Strategy)을 채택하게 하는 배경이다. 글로벌전략과 다국가전략의 중간쯤 위치한 전략이 **다초점전략**(Multifocal Strategy)이다. 이러한 국제전략 개념은 **프라할라드·도즈**(Prahalad·Doz)에 의해 도입됐다.[40] 연구가 이루어진 1975년 당시 **코닝**은 실험실 유리기구(시험관, 비커 등 실험실 기자재), 통신 광섬유, 촉매변환기(자동차부품), 소비자용

그림 3-6 통합-반응 분석틀

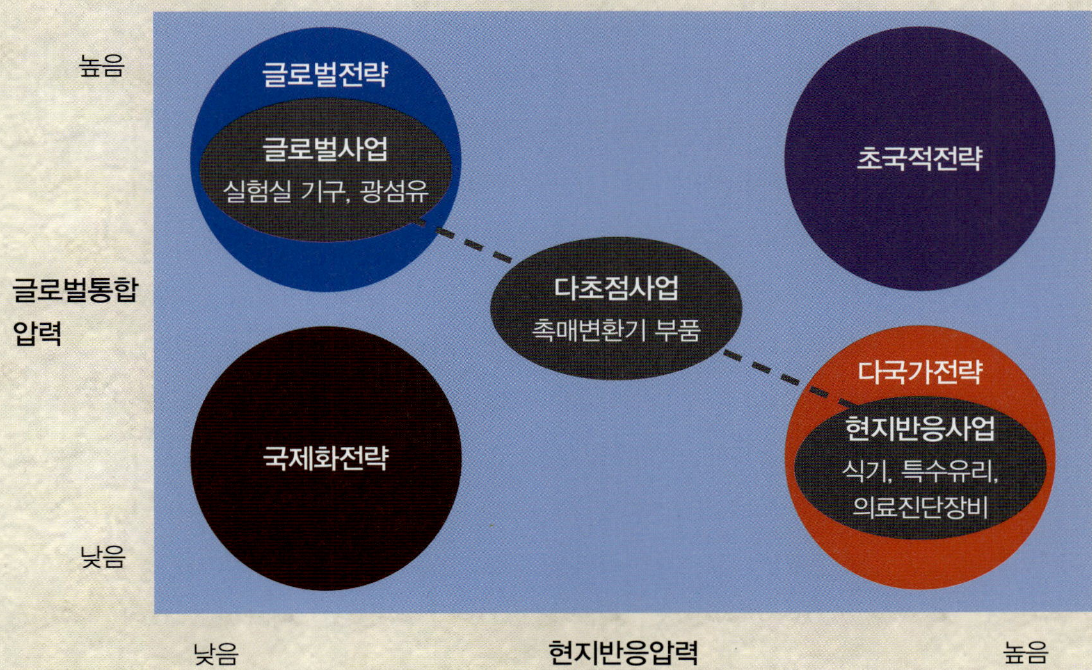

삼성전자의 제품 속성별 국제전략

먼저, 삼성전자의 반도체 사업부는 전형적인 글로벌전략(표준화전략)을 채택하고 있다. 메모리반도체(DRAM, NAND), 파운드리(Foundry) 등은 기술표준이 국제적으로 완벽히 통일되어 있으며, 전세계 고객이 동일한 규격과 성능을 요구한다. 여기서 경쟁의 본질은 원가우위, 공정미세화, 수율개선, 생산효율성에 집중된다. 소비자의 문화, 규제, 감성적 선호 등은 거의 개입되지 않으며, 기술적 정교함과 품질 일관성이 절대적인 성패요인이다. 삼성전자는 이를 위해 평택, 시안, 오스틴, 기흥 등지에 대규모 생산기지를 구축하고, 공정·품질·운영시스템을 글로벌 통합으로 표준화하여 운영한다. 반도체 사업부는 중앙집권적 본사 통제 하에 전세계 생산라인이 동일한 기술과 매뉴얼에 따라 운영되며, 글로벌 규모의 경제 실현을 통해 비용우위를 극대화하고 있다.

반면, 삼성전자의 고급가전 사업부는 다초점전략을 효과적으로 구사하고 있다. 프리미엄 TV, 냉장고, 세탁기 등은 기술표준은 상당 부분 통일되어 있으나, 소비자의 생활방식, 문화, 취향, 규제 등이 국가별로 다르기 때문에 현지 적응도 동시에 요구된다. 예를 들어 북미 시장에서는 대형 냉장고와 프렌치도어 모델이 선호되고, 유럽은 빌트인 스타일을 선호하며, 중동에서는 초대형 TV 수요가 높은 등 지역별 소비행태 차이가 뚜렷하다. 삼성전자는 핵심 부품·기술은 본사에서 통합 설계하여 효율성과 표준화를 확보하면서도, 디자인, 색상, 부가기능, 마케팅 커뮤니케이션 등에서는 각 지역의 고객 니즈에 맞춘 차별화를 적용하고 있다.

마지막으로, 삼성전자의 생활잡화용품(소형 생활가전) 사업부는 다국가전략을 주로 채택한다. 소형 청소기, 커피메이커, 전기포트 등은 소비자의 문화, 소득수준, 주거환경, 사용습관에 따라 제품사양이 매우 다르게 요구된다. 일본에서는 소형·경량 청소기가 선호되고, 북미는 대용량 커피머신이 일반적이며, 유럽은 주방공간을 고려한 슬림형 전기포트가 수요를 얻는다. 또한 가격민감도, 유통채널, 소비패턴 차이도 크기 때문에 지역별로 전담 제품기획팀이 배치되어 소비자조사를 주도하며 제품 사양을 설계한다. 본사의 통합적 글로벌 시스템보다는 현지 자회사의 시장이해도와 제품기획 역량이 경쟁우위에 더 중요한 영역이다. 따라서 소형 생활가전 사업은 지역사업부 자율성을 확대하여 각국 시장에 적합한 제품을 설계·생산하는 현지적응 중심의 국제전략을 운영하고 있다.

주방용품(식기, 코닝웨어), 산업용 특수유리 소재, 의료진단장비(진단기기, 시약) 등을 생산하고 있었다. 이들 제품의 속성에 따라 [그림 3-6]처럼 글로벌사업, 다초점사업, 현지반응사업으로 나누고, 해당 사업부별 국제전략을 달리해야 한다는 것이 프라할라드·도즈의 주장이다.

프라할라드·도즈가 국제기업이 직면하는 글로벌 통합압력과 현지 적응압력이라는 전략적 긴장을 처음으로 개념화했다면, **바틀렛·고샬**(Bartlett·Ghoshal)은 이를 구체적 국제전략 유형으로 발전시켜 조직설계까지 확장시켰다.[41]

통합·반응 분석틀의 네 가지 국제전략은 [그림 3-6]처럼 사분면에 배치되며, 각 내용을 정리하면 다음과 같다.

- **국제화전략(International Strategy):** 통합압력과 현지반응압력이 모두 낮은 영역이다. 국제화 초기 단계에서 등장하는 가장 단순한 형태의 전략이다. 기업은 본사에서 핵심 제품과 기술을 개발하고, 해외 자회사는 단순히 이를 현지에 판매하거나 생산하는 역할을 수행한다. 해외 자회사는 본사의 기술과 노하우를 이전받아 제한적 생산·판매만을 담당하며, 독자적 혁신이나 제품기획 기능은 거의 없다. 이 전략은 일반적으로 기술우위에 기반한 기업이 해외 확장을 초기로 시작할 때 활용된다. 대표사례로 **제약회사(특허기술 중심)**, 초기의 **고급기계제조기업** 등이 해당한다.

- **글로벌전략(Global Strategy):** 통합압력은 높고, 현지반응압력은 낮은 영역이다. 글로벌 효율성과 비용경쟁력을 최우선으로 추구하는 전략이다. 본사가 세계시장을 단일한 글로벌시장으로 간주하고, 동일한 제품·서비스를 전 세계 동일 사양으로 판매한다. 연구개발, 제품설계, 생산, 마케팅 모두 본사 중심으로 표준화되어 운영된다. 핵심경쟁력은 대규모 생산을 통한 원가 절감(규모의 경제), 공정표준화, 기술 일관성 확보이다. 각 국가 자회사들은 본사의 지침에 따라 판매·유통 기능만을 수행하고, 제품개발이나 전략적 의사결정 기능은 갖지 않는다. 이 전략은 기술표준이 통일되어 있는 산업에서 가장 효과적으로 사용된다. 대표사

례는 **반도체산업(삼성 DRAM)**, **디스플레이산업(코닝)**과 같이 표준화된 소비재산업이 해당한다.

- **다국가전략(Multidomestic Strategy):** 통합압력은 낮고, 현지반응압력은 높은 영역이다. 각 국가별로 소비자의 요구, 문화, 제도, 시장환경이 매우 다르기 때문에 현지 적응이 핵심전략으로 부각된다. 본사는 각국 사업부를 지원하는 소극적 역할을 수행한다. 반면에 해외 자회사들은 상당한 자율권을 부여받아 독립적으로 제품개발, 마케팅, 운영전략을 수립한다. 조직구조는 상당히 분권적이며, 자회사가 사실상 현지기업처럼 운영된다. 특히 현지의 소비자 감성·문화·법제도가 중요한 산업에 적합하다. 대표사례는 **식음료산업(네슬레)**, **화장품산업(P&G)** 등이 해당한다.

- **초국적전략(Transnational Strategy):** 통합압력과 현지반응압력 모두가 높은 영역이다. 글로벌 효율성, 현지 적응성, 그리고 글로벌 학습·혁신을 동시에 달성하려는 전략으로 가장 진화된 전략유형이다. 단순히 표준화와 현지화의 절충이 아니라, 두 가지 목표를 모두 적극 추구하는 복합형 구조다. 본사는 핵심역량(기술, 플랫폼, 시스템 등)은 통합관리하고, 현지 자회사들은 소비자 이해, 규제 대응 측면에서 적극적 역할을 수행한다. 자회사들은 지식창출의 독립적 주체로 간주되어 글로벌 혁신 네트워크의 일부로 참여한다. 조직구조는 네트워크형으로 설계되며, 지식의 양방향 흐름이 중요하다. 대표사례에 **삼성전자(고급가전)**, **테슬라(전기차·기가팩토리)**, **애플(플랫폼 운영)** 등을 적용할 수 있다.

프라할라드·도즈와 바틀렛·고샬 모형은 비슷한 시기에 글로벌표준화 기준과 현지적응 기준을 근본으로 하여 제품 사업부 또는 해당 산업에 맞춤적인 국제전략 유형을 탐색했다는 공통점이 있다. 프라할라드·도즈의 다초점전략과 바틀렛·고샬의 초국적전략은 각 이론에서 비슷한 위치를 차지한다. 그러나 양자 간 **이론적 차이점**도 존재한다. 다초점전략이 통합과 적응의 '균형'을 강조한다면, 초국적전략은 통합과 적응을 '동시에 극대화'를 강조한다. 다초점전략이 통합·적응 비율을 50:50 절충 지점(상충하는 요구를 조정)에 있는 반면, 초국적전략은 100:100(양립 불가능성을 넘어선 상호보완)을 상정한다. 본질적으로 각 모형 내에서 다초점전략이 복수의 전략적 초점 유지에 맞춰져 있다면, 초국적전략은 동시적 글로벌 역량구축에 맞춰져 있다. 이론적 비중 측면에서, 프라할라드·도즈 모형에서 다초점전략은 설명 비중이 작으나, 바틀렛·고샬 모형에서 초국적전략은 네 가지 전략 중 가장 선진적이며 기업이 지향해야 하는 전략으로 그들의 책의 설명내용 중 슈퍼스타에 해당한다.

PART 1
전략의 정의와 환경분석

01 전략의 정의와 체계

02 외부환경 분석 1: 국가경쟁력과 입지

03 외부환경 분석 2: 산업구조와 경쟁자

04 내부환경 분석: 자원 · 능력과 경쟁우위

경쟁우위와 가치 창출 경제적 렌트 내부능력 기반 전략이론 자원기반관점

자원 · 능력 VRIO 속성 핵심역량 지식기반관점

지식창조 과정 동태적 역량 소유우위와 국제기업

04

내부환경 분석: 자원·능력과 경쟁우위

기업의 이윤은 어디에서 발생할까?, 기업은 왜 각각 다른 성과를 낼까?, 이런 물음은 지극히 당연한 물음이고, 이 책을 읽지 않더라도 대략 답을 할 수 있을 것이다. 하지만 경제학 또는 경영학 이론에서는 확실하게 이를 구분한 것은 길게 보면 60여 년 전, 짧게 보면 40여 년 전이다. 절대 짧지 않은 시간이지만, 경제학 시조인 **스미스**(Smith)가 「국부론」을 1776년에, 지대(Rent)를 소개한 **리카르도**(Ricardo)가 「정치경제학과 과세의 원리에 대하여」를 1817년에 출간한 점을 미루어보면 짧음을 알 수 있다.[42] 경제학은 200~250년 전에 시장과 초과이윤(지대)에 대해 언급한 이래, **베인**(Bain)은 1959년도 출간한 「산업조직론」에서 **산업 중심의 경제분석**을 체계화했다. 산업조직론 시각은 기업의 성과 차이는 단지 '산업구조'에서 기인한다.[43] 미시경제학에서 미시(micro)의 의미는 분석대상이 시장구조까지이며 기업구조까지는 아니다. 동일 시장 혹은 산업구조 내 기업의 성과는 똑같다. 정확히 말해서 '똑같음을 가정'하고 단지 기업의 존재 이유는 '이익 극대화'이며, 기업의 행동은 이익 극대화 동기에 따른 산업구조별 대응을 한다. 예컨대, 완전경쟁시장에서는 가격 수용자, 독점시장에서는 가격

결정자, 과점시장에서는 과점기업의 대응적 행동 속성을 보이는 정도다.

경제학 가정처럼 기업은 똑같지 않다. **기업은 다르다.** 기업의 전략과 내부능력에 따라 기업성과는 다르고, 오늘날 삼성전자, 현대자동차, 애플, 구글, 마이크로소프트, 아마존, 엔비디아, 테슬라 등은 모두 똑같은 기업이 아니다. 경영자의 의사결정 스타일, 기업전략의 차이, 기술력과 인적자원 등 보유한 내부자원 특성 등에 따라 각기 다른 경영활동을 하며 경쟁자에 비해 우월하고 차별적 성과를 내기도 하고, 그저 그런 성과를 내기도 한다.

'기업은 왜 다르며, 각기 다른 성과를 낼까'라는 물음에 전략경영의 **자원기반관점**은 다음과 같이 답한다. 기업은 보유한 자원의 이질성(Heterogeneity)과 비이동성(Immobility)을 전제로, 경쟁우위를 통해 산업구조를 능가하는 경제적 초과이윤을 얻는다. 기업별 비즈니스 모델은 경쟁자들이 쉽게 모방할 수 있으므로, 지속가능한 경쟁우위를 위해서는 모방을 방지하는 장치가 필요하다, 즉 **격리 메커니즘**(Isolating Mechanism)이다.[44] 예컨대 특허, 저작권, 브랜드 자산, 경로 의존성, 인적자본의 암묵지, 시간 축적 자산 등이다.[45] 국가 간 구별은 '국경'이, 산업 간 구별은 '진입장벽'이, 전략그룹 간 구별은 '이동장벽'이, 그리고 기업 간 구별은 '격리 메커니즘'이 한다. 전략경영의 분석대상이자 본서의 궁극적인 분석단위는 격리 메커니즘을 지닌 기업이다.

기업 경쟁우위와 가치창출

자원 이질성과 기업성과

렌트(Rent), 일상생활에서 '렌트'라고 하면, 건물 임대, 자동차 임대, 구독경제에서 각종 필요 용품의 임대를 떠올릴 수 있다. 하지만 경제학에서 렌트는 '경제적 초과이윤'을 의미한다. **초과이윤**이란 모든 비용과 정상수익을 초과하여 얻는 초과 수익을 의미하며, 이러한 수익이 존재해도 새로운 경쟁자의 진입을 유발하지 않을 때, 초과이윤이 렌트로서 구분된다. 경제학에서 초과하지 않은 이윤은 **정상이윤**이다. 즉 경제적 이윤이 '0'인 상태다. 이름에 '정상'이 들어가지만, 사실은 '평범', 또는 '특출나지 않은'

뜻이 더 걸맞다. 이윤이 없다기보다는 여러 산업 분야의 평균적 이윤율과 동일한 수준의 이윤을 얻고 있는 **'일반이윤'** 상태이다. 어감으로 보면, 사업하는 사람들이 흔히 '그럭저럭 먹고살 만해'라는 표현에 부합하는 이윤이다.

시장의 효율성을 중시하는 경제학 관점은 이게 정상적 시장상태다. 완전경쟁시장일 때 정상이윤에서 수요와 공급이 일치한다. 그러나 기업인, 비즈니스맨, 또는 개인도 초과이윤을 좋아하고, 초과이윤을 추구한다. 기업 경영자에게는 초과이윤이 정상적인 목표이다. 이 정상적 목표를 이루기 위해선 어떻게 하면 초과이윤을 얻을 수 있고, 초과이윤을 발생하게 하는 원천을 찾아 파악하는 일이 중요하다.

경제학 교과서에서 렌트를 **지대**로 번역한다. 지금 땅을 빌리는 대가가 지대라고 한다면 갸우뚱거리겠지만, 농업중심 사회에 살았던 경제학자 리카드도가 기업활동 대신 땅을 대상으로 이론을 전개하였기에 토지 경작에 대한 초과이윤을 렌트, 즉 지대를 렌트라고 부른 것은 이상한 일이 아니다. 경작하는 산출량은 토지 비옥도에 따라 다르고, 비옥도가 높은 토지는 한정된 희소자원이다. 경제학 논리로 희소해서 가치가 더 있다. 자원기반관점(Resource-Based View: RBV)에서 정의하는 '자원' 속성인 가치성 및 희소성 조건과 일치한다. 비옥도가 높은 토지에서 초과이윤을 얻듯이, 높은 가치와 희소한 자원을 보유한 기업은 초과이윤을 얻는다. 시장 내 평균적인 기업의 성과보다, 경제학 표현으로는 '정상적 기업성과'보다 더 우월한 성과를 내는 것이다. 즉 우월한 자원우위는 우월한 성과를 낸다. 다시 말해 경쟁우위가 우월한 성과를 내는 원천이며, RBV는 이를 **자원**(Resource)이라 명명했다. 경제학의 천연자원에서 '자원'과 구별해야 한다. 기업의 자원은 이질적(Heterogeneous) 자원임을 강조한다. 리카르도의 토지 비옥도 차이가 이질적이듯이 기업마다 보유한 자원이 서로 달라야 한다. 그래야 초과 성과 기업을 구분해 낼 수 있으며, 또한 초과 성과 발생 원천의 중요성을 강조할 수 있다. 그런데 RBV는 토지와 달리, 하나 더 조건이 필요했다. 자원의 비이동성(Immobility)이다. 만일 이질적 자원의 기업 간 이동이 자유롭다면, 경쟁우위로서 가치성, 희소성은 의미가 없어진다. 초과이윤 설명이 불안정해진다. 따라서 기업 간 자원의 이동을 막는 장벽(Resource Mobility Barrier)의 조건이 필요하다. 이로써 다음과 같은 분석단위로서 **기업 존재감**에 대한 명제를 도출할 수 있다. '기업은 기업소유 자원의 이질성(Heterogeneity)과 비이동성(Immobility)을 전제로, 경쟁우위를 통해 경제적 초과이윤(렌트)을 획득한다.'

[그림 4-1]은 리카르도의 지대, 또는 기업의 자원 이질성에 의한 이윤(성과) 차이를 보여준다. [A 그림]은 공급자(D)와 수요자(C)가 만나는 지점에서 균형가격(P*)이 결정된다. [B 그림]은 비옥도가 낮은 토지를 가진 농부, [C 그림]은 비옥도가 높은 토지를 가진 농부의 비용곡선이다. [B 그림]의 농부는 한계비용(MC)=평균비용(AC)이며, [C 그림]의 농부는 MC>AC이다. 이윤으로 보면, [B 그림]의 농부는 P=AC로 초과이윤은 'P−AC=0'으로 발생하지 않는 상태다, 반면 [C 그림]의 농부는 P>AC로 초과이윤이 'P−AC>0'으로 발생한다. 토지를 기술우위나 노하우를 가진 기업으로 RBV 입장에서 간주하면, 낮은 비옥도 상황과 같은 고원가 구조 기업은 초과이윤이 없고, 높은 비옥도 상황과 같은 저원가 구조 기업은 초과이윤이 발생한다. 전통적인 경제적 분석에 따르면 높은 비옥도의 초과이윤은 다른 농부의 진입을 유도하게 되는데, 그러나 P*의 시장가격에서 적어도 보통의 수확량을 얻기 위한 토지는 이미 사용 중인 상

그림 4-1 리카르도 지대와 기업의 자원 이질성

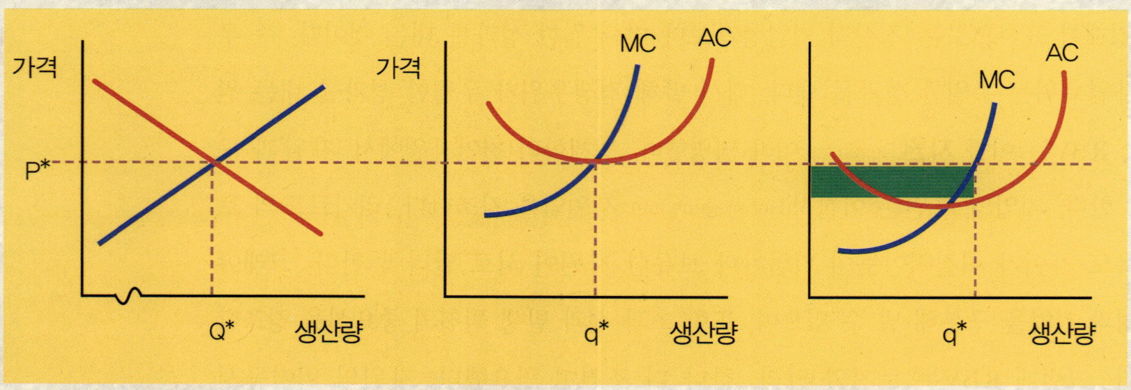

[A 그림] 시장 공급곡선, 수요곡선 **[B 그림]** 비옥도가 낮은 토지를 가진 농부 고원가기업 **[C 그림]** 비옥도가 높은 토지를 가진 농부 저원가기업

P* 시장 균형가격 Q* 시장 균형생산량 q* 개별기업 생산량 MC 한계비용 AC 평균비용 ■ 초과이윤(렌트)

태이므로 높은 비옥도를 가진 토지는 더 이상 구할 수 없다. 토지공급은 비탄력이기 때문이다. 비옥한 토지 소유자(즉, 낮은 원가구조를 가진 농부)는 척박한 토지 소유자(즉, 높은 원가구조를 가진 농부)에 비해 지속적인 경쟁우위를 가지며, 따라서 보통 이상의 초과 경제이익을 얻을 수 있다. 다만 비료와 같은 생산성을 높이는 기술을 바탕으로 한 수단의 투입을 가정하면, 이때는 시장의 농산물 공급량을 증가시켜 균형가격을 현재 P*의 아래로 하향 이동시킬 것이다. 이때도 새로운 기술적 수단(방법)에 따른 시장변화에 적응능력이 있는 [C 그림]의 농부는 새롭게 낮게 형성된 균형가격에 맞출 수 있다(초과이윤=0), 물론 [C 그림]의 농부는 이미 우월한 이질적 자원인 높은 비옥도의 토지가 있으므로 비료 투입방법을 함께 도입한다면 새롭게 낮게 형성된 균형가격보다도 더 낮은 평균가격(초과이윤>0)에 도달할 수 있다. 다만 [C 그림]에서 토지 비옥도만 믿고 외부환경 변화와 위협에 적응 못 해 비료 투입방법을 간과한 농부의 초과이윤은 더 이상 보장되지 않을 수 있다.

경제적 렌트와 경쟁우위

리카르도 렌트 외에도 경제적 분석에 인용하는 렌트 종류로 독점적 렌트, 슘페터 렌트, 파레토 렌트 등이 있다. 리카르도의 지대 개념으로 자원기반관점의 자원 이질성을 설명한 바와 같이 이들 렌트도 모두 기업 간 차별적 성과에 영향을 주는 경쟁우위 원천이 될 수 있다. 차례대로 특징, RBV와 연계 및 시사점, 해당 사례 등을 설명한다. 또한, 말미에 각 렌트의 비교설명과 전략적 시사점을 제시한다.

리카르도 렌트

리카르도 렌트(Ricardian Rent)는 **토지 비옥도**와 같은 생산자원의 질적 차이로 인해 초과이윤이 발생한다. 인구 증가로 생산에 덜 비옥한 토지도 활용되면, 가장 비옥한 토지 소유자는 생산성 차이만큼의 초과 수익(지대)을 얻을 수 있다. 이처럼 일정한 공급량을 지닌 우수한 자원이 존재하고, 그 자원이 산출물 단위당 더 높은 생산성을 발휘할 때 발생하는 초과이윤이다. 리카르도 렌트는 자원의 내재적 희소성과 생산성 차이에 기인하며, 이는 산출량을 인위적으로 제한해서 얻는 다음 설명할 독점적 렌트와 구별된다.

RBV에 적용하면, 가치 있고 희소한 자원을 보유한 기업은 동종업계의 다른 기업들보다 낮은 비용이나 높은 효율로 생산하여 차별적 성과를 거둘 수 있다. 이러한 차등적 생산성이 바로 리카르도 렌트의 원천이며, 경쟁자들은 단기간 내 동일한 수준의 자원을 확보하지 못하기 때문에 그 초과이윤은 유지된다. **역으로 리카르도 입장**에서 전략경영 이론인 RBV를 해석하면, 기업성과의 이질성은 생산성 차이가 있는 자원(토지) 보유에 기인하는 것이다. 요컨대, 리카르도 렌트는 우수한 자원을 선점함으로써 얻는 경쟁우위의 경제적 성과이며, 이는 RBV의 자원 선정 관점과 기준에 대한 전략적 시사점이다.

현실에서 리카르도 렌트를 적용할 수 있는 대표사례는 자원 채굴 산업의 사우디아라비아 기업 **아람코**(Aramco)이다. 국제 유가는 높은 비용의 OPEC 외 지역 국가 생산자의 한계비용에 의해 형성되는데, 아람코는 지질학적으로 우수한 유전을 바탕으로 다른 생산자보다 훨씬 낮은 단가로 생산한다. 그 비용 우위만큼의 초과이윤을 장기간 확보하게 해주는 경쟁우위이다.

독점적 렌트

독점적 렌트(Monopoly Rent)는 **시장의 구조적 특징**이나 **인위적 제한**을 통해 발생하는 초과이윤이다. 경제학 이론의 완전경쟁 하에서는 어떤 기업도 초과이윤을 장기간 얻을 수 없지만, 시장지배력을 지닌 독점 또는 과점 기업은 의도적으로 산출량을 제한하여 가격을 높게 유지함으로써 초과이윤을 창출할 수 있다. 즉, 리카르도 렌트가 자원의 '내재적 희소성'에서 나오는 데 비해, 독점적 렌트는 기업이 산출을 축소하거나 경쟁 진입을 막음으로써 발생한다. 독점적 렌트는 **주체에 따라 두 가지 원천**이 있다. 정부로부터이냐, 또는 기업 자신으로부터이냐에 따른 원천 구분이다. 하나는 인허가나 지식재산권처럼 **정부의 법적·행정적 보호**로 특정 자원에 대한 접근이 제한될 때다. 예를 들어, 특허로 보호되는 기술은 일정 기간 지식 독점을 보장하여 높은 가격 유지를 통한 초과이윤을 얻게 한다. 다른 하나는 **기업 자체의 행위**로 사실상의 독점적 시장지배력을 구축하는 경우이다. 네트워크 효과나 표준 선점으로 경쟁자를 배제하는 경우가 이에 해당한다. 예컨대, 마이크로소프트나 인텔은 자사가 구축한 산업 표준과 생태계로 인해 경쟁자가 쉽게 넘볼 수 없는 지위를 누리며 독점적 렌트를 얻는다. 이와 같은 주체의 구분 외에도 원천의 유형에 자연독점 산업(예, 전력, 수도)이 있다. 그리고 주체가 독점기업일 때만을 지칭하는 것은 아니며 담합에 의한 과점도 독점적 렌트의 사례가 될 수 있다.

이를 **RBV 연계 해석**을 해보자. 전통적인 RBV는 주로 기업 내부자원의 우수성(즉 리카르도 렌트)을 강조하지만, 독점적 렌트 역시 RBV 맥락에서 자원과 연계하여 해석할 수 있다. 예를 들어, 희귀한 자원에 대한 독점권(특허, 라이선스 등)도 일종의 자산으로 간주할 수 있다. RBV의 관점에서 보면, 완벽히 이동 불가능한 자원 중에는 정부로부터 부여받은 권리나 시장 지위도 포함되며, 이는 타사가 획득할 수 없는 희소자원으로써 경쟁우위를 제공한다. 현실에서 기업은 표준 선점과 같은 전략 실행은 기업이 의도적으로 경쟁우위를 보호하는 행위이며, 이는 RBV의 불완전 모방성과 대체불가능성 조건과도 부합한다. 결국, 독점적 렌트는 희소성의 인위적 창출을 통해 경쟁우위를 지속하는 방법으로 볼 수 있으며, RBV와 산업구조관점의 교차점에 위치한다고 할 수 있다.

특허로 보호되는 제약회사의 **블록버스터급 신약**은 전형적인 독점적 렌트 사례다. 예컨대 다국적 제약사가 혁신 신약에 대한 20년 특허를 획득하면, 특허기간 동안 경쟁 없는 시장에서 고가격을 유지하여 막대한 초과이윤을 얻게 된다. 이 이윤은 동일 기술을 보유하지 못한 경쟁자는 접근할 수 없으므로 독점적 렌트이다. 또 다른 예로 마이크로소프트의 **윈도우 운영체제와 MS오피스**가 있다. 이들은 해당 소프트웨어 분야에서 사실상의 표준을 구축하여 오랫동안 독점적 초과이윤을 누리고 있다. **디지털 플랫폼 기업**들 또한 초기 시장 선점으로 승자독식 구조를 형성하여 '플랫폼 독점 렌트'를 획득한다. 예를 들어 **구글과 애플의 앱스토어 수수료**는 사실상 독점적 렌트로 간주할 수 있다.

슘페터 렌트

슘페터 렌트(Schumpeterian Rent)는 오스트리아 경제학자 슘페터(Schumpeter)의 이론에 기반한 개념으로, **혁신적 기업가 활동**으로 인한 일시적 초과이윤을 의미한다. 슘페터는 자본주의 체제에서 '창조적 파괴(Creative Destruction)'를 통해 새로운 조합을 만들어 내는 기업가가 일시적으로 초과이윤(기업가적 이윤)을 획득하지만, 결국 모방과 확산으로 그 이윤은 사라진다고 보았다. 이러한 맥락에서 슘페터식 초과이윤은 혁신의 도입부터 시장에 확산하기까지의 기간 동안에만 발생하는 '임시적'인 경제적 렌트이다. 성공적인 혁신상품이나 기술을 처음 도입한 기업은 경쟁자들이 이를 모방하여 따라잡기 전까지 일종의 독점적 지위를 누리며 높은 수익을 올리는데, 이 기간의 초과이윤이 슘페터 렌트다. 슘페터 렌트는 전통적 의미의 경제적 렌트와 동일하게 초과 수익이지만, 그 원천이 기술 혁신과 새로운 지식이라는 점에서 구별되며, 흔히 **기업가 렌트**(Entrepreneurial Rent)로 불린다.

RBV와 동태적 역량관점에서, 슘페터 렌트는 혁신과 학습을 통한 경쟁우위와 연결된다. 전통 RBV가 기존 자원의 희소성에 초점을 맞춘다면, 슘페터 렌트는 '시간적 희소성(Temporary Scarcity)'에 주목한다. 즉 한 기업이 새로운 기술이나 제품을 시장에 내놓으면, 경쟁자들이 그 능력을 모방하고 따라잡는 데 시간이 걸리기 때문에, 그 사이 기간에만 초과이윤을 얻는다. 이 점에서 슘페터 렌트는 **일시적 경쟁우위**에 해당한다. 렌트의 원천은 예측 불가능한 혁신의 성과가 현실화될 때 계획된 비용 대비 초과가치를 창출하며, 이는 경쟁자들이 확실히 알 수 없었기 때문에 가능한 이윤이다. RBV에서는 이러한 슘페터 렌트를 창출하려면 동태적 역량 개발, 학습조직 구축, 지식의 축적과 활용이 중요하다고 보고 있다.

애플은 2007년 아이폰을 최초로 선보여 스마트폰 시장을 혁신했고, 후발 경쟁자들이 유사 제품을 내놓아 따라잡기까지 수년간 막대한 초과이윤을 누렸다. 이 기간 동안 애플이 누린 이윤은 혁신적 신제품으로 인한 일시적 독점 덕분에 발생한 슘페터 렌트로 볼 수 있다. 이후 구글 안드로이드 진영 등 경쟁자의 등장으로 스마트폰 기술이 산업 표준이 되자 애플의 초과이윤 폭은 줄어들었지만, 애플은 지속적인 제품혁신, 즉 앱스토어 생태계, 기술 업그레이드 등으로 일정 수준의 초과이윤을 재창출해 왔다. **테슬라**가 초기 전기차 시장 진출 후 누린 초과이윤 역시 슘페터식 혁신 렌트로 볼 수 있다. 테슬라는 전기차 시장을 선도하며 기술우위로 높은 이윤을 얻었으나, 기존의 주요 자동차 업체들이 전기차에 진입하면서 그 격차가 좁혀지고 있다. 초과이윤을 유지하기 위해 테슬라는 배터리 기술, 자율주행 등 끊임없는 혁신에 투자하고 있다. 애플과 테슬라 사례는 '선도적 혁신 → 일시적 이윤 → 모방에 따른 정상화'라는 **슘페터식 렌트 사이클**을 잘 보여준다.

파레토 렌트

파레토 렌트(Pareto Rent)는 **준지대**(Quasi-rent)라고도 부른다. '파레토'라는 명칭은 경제학자인 파레토(Pareto)의 이름 및 그의 이론명칭에서 유래했는데,[46] 다만 파레토 자신이 이 개념을 직접 명명했다기보다는 후대 경제학자들이 그의 효율 개념을 응용하여 붙인 이름이다. 파레토 렌트는 신고전학파 경제학의 기회비용 개념과 맥락을 같이 하며, 어떤 자원을 현재 사용하는 데 필요한 최소 지불액(즉 대안 용도에서의 가치)을 초과하여 실제 지불되고 있는 금액을 말한다.

최근에는 RBV 문헌에서 파레토 렌트 개념이 더 많이 사용된다.[47] 기업 관점의 RBV에서는 특정 자원의 현재 사용 가치와 차선의 대안 사용 가치 간의 차이로 정의된다. 다시 말해, 어떤 자원이 특정 기업 내에서 창출하는 가치가 그것을 다른 용도로 전용했을 때 받을 수 있는 가치보다 높다면, 그 초과 부분이 파레토 렌트인 것이다. '파레토' 원어명에 충실하여 풀어 쓰면, 파레토 최적 상태에서 벗어나 새로운 파레토 최적 상태로 이동할 때, 그 변화 과정에서 일부 경제주체가 얻게 되는 초과이익을 의미한다. 즉, 파레토 렌트는 파레토 최적 상태 간의 이동 과정에서 발생하는 이익을 설명하는 개념이다.

이해를 돕기 위해 사례를 가정해 설명한다. 특정 자산이 내 회사에 있을 때 최고의 가치를 실현하지만, 똑같은 자산인데 다른 회사에서 사용되면 내 회사에 있을 때보다 떨어지는 성과가 나오는 경우가 있다고 하자. 이때 두 회사 간 성과 차이는 내 회사에서 획득한 초과이윤(렌트)이며, 렌트의 크기는 내 회사에서 용도가 아닌 (다른 회사에서) 차선의 용도로 사용됐을 때 차이(크기)가 된다. 좀 더 심화해 표현하면, 한 기업에 특화되어 개발된 기술, 프로세스, 인적자원은 그 기업 내에서는 매우 높은 가치를 창출하지만, 외부시장에서는 동일한 가치를 인정받지 못할 수 있다. 이런 경우 해당 자원이 현재 용도로 창출하는 가치와, 차선책으로 다른 기업이나 용도로 옮겼을 때의 가치(매각 가치 등)의 격차가 발생하는데, 이 격차가 바로 파레토 렌트이다. 이 점에서 파레토 렌트는 **RBV에서 기업 특유적 자원**(Firm-specific Resources) 개념을 잘 설명해 준다. 기업의 각 특성에 따라 각기 특화된 자원, 즉 궁합이 잘 맞는 자원이 존재한다는 것이 기업 특유적 자원의 개념적 정의다.

또 다른 개념인 **RBV의 관계 특유적 자원**(Relation-specific Assets) 개념과도 잘 맞는다.[48] 전략적 제휴나 공급망 관계에서 파레토 렌트로 설명해 보자. 둘 이상의 기업이 함께 특정 관계 특유적 자원에 투자하여 얻는 공동의 초과이윤이 있다면, 이는 관계적 렌트(Relational Rent)로서 파레토 렌트이다. 이때 각 기업이 가져가는 몫을 분석할 때, 각 자원이 그 관계 밖에서 사용할 경우의 가치에 대비한 관계 내에서의 가치 차이가 바로 준지대라 불리는 파레토 렌트이기 때문이다.

RBV와 자원의 비대체성과 비이동성 측면에서 밀접히 연관된다. RBV에 따르면 어떤 자원이 기업 특유적이어야, 즉 해당 기업을 떠나면 가치가 크게 감소해야 그 자원을 통해 지속적인 경쟁우위를 유지할 수 있다. 파레토 렌트가 크다는 것은 그 자원이 현재 제휴 관계나 기업에 매우 특화되어 있음을 의미하며. 이는 경쟁우위의 지속성을 뒷받침한다. 파레토 렌트는 RBV에서 자산의 비대체성 및 비이동성이 만들어 낸 초과이윤으로 기업이 특수한 결합과 활용을 통해서만 얻을 수 있다. 정리해 말하면, 파레토 렌트는 '자원의 특정 용도에 묶여 있는 가치'로서, 자산의 비이동성과 전용손실에 의해 발생하는 초과이윤이다.[49]

예로, 자동차 업체와 부품 공급업체 간 전용 설비투자를 들 수 있다. **토요타**는 주요 부품 공급업체들과 공동으로 관계 특화적 설비와 프로세스를 개발해왔는데, 이러한 설비는 토요타와 거래할 때는 높은 효율과 품질 향상을 이루지만, 해당 부품사가 토요타가 아닌 다른 완성차업체에 동일 설비를 활용하려 하면 효율이 떨어진다. 결과적으로 그 설비로 인한 초과이윤은 토요타–공급업체 관계 내에서만 발생하며, 이것이 관계 특유적 파레토 렌트로 볼 수 있다. 이처럼 기업 특유적 인적자원(예, 특정 기업에서만 뛰어난 성과를 내는 인재)이나 관계 특유적 전용 자본설비 등은 현실에서 파레토 렌트를 발생시키는 요인이고, 이는 해당 기업이나 연관 기업들에게 경쟁자들이 쉽게 따라 할 수 없는 이익원이 된다.

렌트별 비교 및 기업활용의 전략적 시사점

네 가지 렌트 유형은 모두 기업이 평균 이상의 경제적 이윤을 획득하는 현상을 설명하지만, 발생 원인과 지속성, 경쟁우위 확보 방법 등에서 뚜렷한 차이를 보인다. 이를 요약하면 다음과 같다.

발생 원천을 비교하면, 리카르도 렌트는 자원 자체의 질적 우위와 희소성에서 비롯되며, 독점적 렌트는 시장구조의 지배력이나 인위적 진입장벽에서 발생한다. 슘페터 렌트는 혁신에 따른 선도적 지위(기술/제품의 신규성)에서 나오고, 파레토 렌트는 자원의 특정용도 전용성(기업 특유적 활용)에서 생겨난다.

지속기간을 비교하면, 리카르도 렌트는 자원의 희소성이 유지되는 한 비교적 지속적일 수 있으나, 기술변화나 자원 대체가 일어나면 감소한다. 독점적 렌트는 규제나 장벽이 유지되는 기간 동안 지속되며, 규제가 풀리거나 경쟁이 허용되면 사라지게 된다. 슘페터 렌트는 본질적으로 일시적이며, 경쟁자의 모방 속도에 의해 지속기간이 결정된다. 파레토 렌트는 자원이 해당 맥락에 묶여 있는 동안 지속되며, 만약 그 자원이 분리되거나 거래 가능해지면 줄어든다(예, 핵심 인재의 이직, 제휴 관계 종료 등).

경쟁우위 확보 방법으로 구분하면, 리카르도 렌트는 우량자원 확보와 효율적 활용으로 얻어지며, 독점적 렌트는 시장지위 강화 전략(예, 특허 포트폴리오, 네트워크 효과 극대화)으로 확보된다. 슘페터 렌트는 지속적인 혁신 역량과 학습속도로 결정되며, 파레토 렌트는 기업별 자산 특수화와 관계 구축(예, 공급망 파트너십, 고객 락인(lock–in))을 통해 극대화된다.

결론적으로, RBV와 연계하여 네 가지 렌트 유형은 경쟁우위의 다양한 모습을 보여주며, 기업은 이를 종합적으로 고려해 전략을 수립해야 한다. **기업활용의 전략적 시사점**을 정리하면 다음과 같다.

기업은 자사의 초과이윤이 어떤 렌트에 해당하는지를 인지함으로써 효과적인 전략을 수립할 수 있다. 만약 **리카르도 렌트**에 의존한다면, 먼저 해야 할 일은 뛰어난 자원을 확보하고 보호하는 것이다. 이때 경쟁자가 해당 자원을 모방하거나 대체하지 못하도록 지적재산권 보호, 인적자원 유지, 자원 개발 등에 집중한다. **독점적 렌트**에 기반한 기업이라면, 지속적인 진입장벽 관리와 규제 변화 모니터링이 중요하다. 예를 들어 특허 만료 전에 차세대 기술을 준비하거나, 네트워크 효과를 강화하여 경쟁자 진입 억제 전략을 펼쳐 나간다. **슘페터 렌트**가 핵심인 산업에서는 혁신 사이클을 앞서가기 위한 R&D 투자와 동태적 역량구축이 필수이며, 경쟁우위가 금세 잠식될 수 있음을 인식하고 기민한 조직문화를 조성하는 데 힘을 기울인다. **파레토 렌트**에 주력하는 경우, 관계특수적 자산을 공동 개발하여 파트너들과 윈-윈(Win-Win) 관계를 구축하고, 핵심자산의 이탈을 방지하는 이른바 '묶어두기 전략(keep them specific)'을 전개한다. 또한 파레토 렌트를 극대화하려면 기업 내 지식 흡수능력을 높여 자원이 대안 사용으로 쉽게 이전되지 않도록 하고, 조직 학습을 통해 자산의 가치를 증대시켜 나간다.

궁극적으로, 지속적인 초과이윤 창출은 단일한 요인보다 **여러 렌트 요인의 복합적 관리**에 달려 있다. 따라서 경영자는 각 렌트 유형의 특성을 이해하여 자사의 가치창출 메커니즘 최적화에 힘을 쏟아야 한다. 가상의 예를 들어 적용하면, 초기 스타트업은 혁신(슘페터 렌트)으로 승부하지만, 성장하면서 특허와 브랜드(독점 렌트)를 구축하고, 핵심 역량(리카르도 렌트)을 내부화하며, 파트너십과 고객관계(파레토 렌트)를 공고히 함으로써 지속가능한 경쟁우위 포트폴리오를 형성한다.

경쟁우위와 가치창출, 그리고 수익성

현대의 전략경영에서 기업의 지속가능한 성과는 경쟁우위의 확보와 유지에 달려 있다. **경쟁우위**란 단순한 비용 절감이나 일시적 유행이 아니라, 고객에게 보다 큰 가치를 제공하고 이를 통해 경쟁자보다 높은 수익성을 실현하는 능력을 의미한다. 기업이 고객에게 경제적, 기능적, 또는 감성적 효용을 제공함으로써 설정한 가격에 대한 지불 의사를 높이고, 이를 기업이 비용 이하의 원가구조에서 실현할 수 있을 때 수익이 발생하는 구조로 연결된다. 따라서 전략적으로 중요한 것은 단지 '무엇을 파느냐'가 아니라, '어떤 방식으로 더 높은 가치를 어떻게 창출하고, 얼마나 효과적으로 그 가치를 수익으로 전환하느냐'에 있다. 본 절에서는 **경쟁우위와 가치창출의 상관관계**, 그리고 그 결과로 나타나는 **수익성 구조**를 전략적 관점에서 체계적으로 고찰한다.

경쟁우위와 가치창출

경쟁우위(Competitive Advantage)란 같은 산업의 경쟁자들보다 더 큰 가치를 창출하여 우월한 성과를 거둘 수 있는 능력이다. 경쟁우위와 가치창출이 밀접한 관계에 있음에 대해서는 학술이론가들은 크게 부정하지 않는다. 하지만 둘 간의 방향성에 대한 이견은 있다. 경쟁구조 환경에 기반을 둔 이론가인 **포터**는 기업의 전략 설정 유형이 가치창출 발생의 원인이 되며, 가치창출은 각 전략유형 선택에 대한 결과로써 전략선택(정확한 표현으론 전략적 방향 선택)이 곧 경쟁우위라고 주장한다. 포터의 관점은 다음에 설명할 RBV가 보는 경쟁우위 시각과 사뭇 다르다. RBV는 경쟁우위가 직접적으로 가치창출의 근원이라고 간주한다. 하지만 포터는 경쟁우위가 곧 가치창출로 이어지는 것이 아니라, 우수한 전략 설정으로 가치창출과 경쟁우위가 확보된다는 것이다. 이러한 포터의 경쟁우위 시각을 부연해 설명한다. 포터는 경쟁우위는 단순히 경쟁자를 이기는 것이 아니라 뛰어난 가치를 창출하는 것을 의미하며, 그 구체적 기준은 경쟁사 대비 낮은 비용으로 운영하거나 프리미엄 가격을 받을 수 있는 능력이라 한다. 한 기업이 동일한 제품을 생산하면서 더 낮은 원가로 생산하거나, 더 높은 고객가치를 제공하여 고객이 기꺼이 지불하는 가격을 높이는 전략을 취할 때 비로소 경쟁우위가 확보된다. 이러한 경쟁우위의 핵심은 결국 가치창출 능력의 차이에서 나오며, 경쟁자보다 경제적 가치를 더 많이 만들어낼 때 해당 기업이 경쟁우위를 가진다고 주장한다.

이에 반해 RBV는 기업이 경쟁우위를 확보하는 방법은 내부자원과 역량의 확보에 있다고 본다. 기업이 보유한 독특하고 모방이 어려운 자원과 이를 활용한 역량이 경쟁자가 따라 할 수 없는 가치창출을 가능케 하고 이는 지속적 경쟁우위를 제공한다. 예를 들어, 특허기술이나 강력한 브랜드 자산과 같이 가치 있고, 희소하며, 모방 곤란한 자원은 경쟁자 대비 뛰어난 제품품질이나 서비스 혁신을 끌어내 고객이 느끼는 가치를 높이고, 경쟁자 대비 궁극적 경쟁우위로 이어진다.

다음은 **가치창출 과정**을 설명한다. 경쟁우위를 가진 기업은 동종 경쟁자보다 더 큰 총가치(Value − Cost)를 만들어 낸다. 이는 곧 해당 기업이 고객에게 더 높은 효용(가치)을 제공하거나 동일한 효용을 더 효율적으로, 낮은 비용으로 제공한다는 뜻이다. 포터도 "실질적인 경쟁전략은 기업의 재무성과와 직결되어야 하며, 그렇지 못한 전략은 의미가 없다"라고 지적하면서, 경쟁우위는 반드시 더 뛰어난 가치창출로 연결되어야 함을 강조한다.[50] 포터의 견해에 따른 **가치창출 과정의 예**를 보자. 품질 차별화 전략을 통해 제품의 품질을 업계 최고수준으로 높이면 고객의 인식가치가 커지는데, 이 경우 기업은 경쟁자보다 높은 가격을 책정해 프리미엄을 통한 이윤을 확보하거나, 또는 같은 가격으로 판매하여 고객에게 더 큰 효용(소비자잉여)을 제공함으로써 수요확대에 따른 이윤을 확보한다. 비용우위 전략 차원에서는 생산원가를 획기적으로 낮춘 기업은 동등한 가격에 판매해도 더 큰 마진을 얻는다.

가치창출과 수익성

일반적으로 기업이 고객가치로 창출한 총편익이 그 가치를 만들어 내는 데 소요된 비용보다 클 때, 해당 비즈니스는 **경제적 이익**을 창출한다고 본다. 고객이 어떤 제품이나 서비스로부터 얻는 가치가 그 제품을 생산·전달 비용보다 높다면, 그 차익은 기업과 고객 사이에 분배 대상으로써 의미를 지닌다. 즉 **'기업이 창출한 가치 > 비용'** 조건은 기업 수익성의 전제라고 할 수 있다. 예를 들어 어떤 제품에 대해 고객이 느끼는 가치가 100만 원인데, 이를 70만 원의 원가로 생산했다면, 30만 원의 경제적 가치가 창출된 것이고, 이 가치가 적절한 가격 책정을 통해 나누어지면 기업은 이윤을 얻을 수 있다.

그러나 가치창출이 곧바로 기업의 이윤으로 연결되는 것은 아니다. 두 가지의 제약이 있다. 첫 번째는 소비자와 관계한 **소비자가격 설정의 제약**이고, 두 번째는 원가를 구성하는 원부자재, 부품 등의 공급자와 관계한 **공급자가격 설정의 제약**이다. 가치창출은 '파이를 키우는 행위'이고, 수익성은 '그 파이에서 기업이 차지하는 몫'이다. 기업이 최대 이윤을 획득하는 **이윤극대화 방정식**은 먼저 가치창출을 높이고 공급자가격을 낮추는 데 있다, 그리고 나서 소비자가격을 최대한 창출된 가치와 근접하게 높이는 것이다. **가치창출**은 '혁신'에 의해, **공급자가격**은 '공급자와 협상력'에 의해, 또 **소비자가격**은 '소비자와 협상력'에 의해, 여기다 동종제품을 생산하는 '경쟁자 구조(경쟁강도)'에 의해 결정된다. 기업이 많은 가치를 창출해도 그 가치의 상당 부분이 고객에게 소비자잉여로 넘어가거나, 또는 원자재 공급자 등 다른 이해관계자에게 이전될 수 있다. 경쟁자가 많고 대체재가 풍부한 산업에서는 기업은 소비자와 경쟁자에 대하여 가격 결정력을 갖기 어렵다. 기업들이 비슷한 제품을 만들어 내면 소비자들은 가장 가격이 낮은 쪽을 선택하고, 결국 시장가격은 원가에 근접하여 기업이윤(Price – Cost)은 최소화된다.

기업이 가치창출 대가로서 수익성을 보존하고 극대화하는 방안은 차별화된 독특한 가치를 제공하고 동시에 진입장벽이나 모방 방지책(예, 특허, 브랜드 충성도, 네트워크 효과 등)을 갖추는 것이다. 경쟁 위협으로부터 그 가치를 보호할 수 있으므로, 보다 높은 가격을 유지해 가치의 상당 부분을 기업이윤으로 확보할 수 있다. **요약**하면, 수익성을 높이고 지속하려면, 경쟁자들이 쉽게 제공할 수 없는 독특한 '고객가치 제공'과 함께, 동시에 소비자가격설정 제약과 공급자가격설정 제약을 극복하는 '가격결정 협상력'을 보유해야 한다.

수익성의 구조: 고객가치, 소비자잉여, 기업이윤, 총가치

기업이 창출한 가치와 수익성은 거래로 발생하는 가치의 분배 구조로 이해할 수 있다. 하나의 제품 판매나 서비스제공에서 창출되는 **총가치**(Total Value)는 고객이 그 제품에 부여하는 가치(Value)와 기업이 투입한 비용(Cost)의 차이로 정의된다. 이 총가치는 다시 소비자와 기업 사이에 나누어지는데, 소비자가 느끼는 가치 중 가격으로 지급하지 않은 초과 부분이 소비자잉여(Consumer Surplus)로 남고, 가격에서 기업의 비용을 뺀 부분이 기업이윤(Producer Profit)이 된다.

- **고객가치(VALUE):** 소비자가 제품으로부터 얻는 총효용 또는 최대 **지불의사금액**(willingness to pay)을 의미한다. 이는 고객이 해당 제품/서비스에 대해 느끼는 가치의 크기로, 제품이 제공하는 편익의 금전적 표현이다. 예를 들어 어떤 고객이 스마트폰에 100만 원의 가치를 둔다면, 그 금액이 해당 제품의 고객가치이다.

- **소비자잉여(VALUE - PRICE):** 고객가치에서 실제 지불한 가격(PRICE)을 뺀 차익으로서, 소비자가 지불한 금액 이상으로 얻은 이득을 뜻한다. 소비자잉여는 고객이 느낀 가치 중 가격으로 내지 않고 절약하거나 추가로 얻은 효용이며, 소비자가 '좋은 거래를 했다'고 느끼는 만족의 크기다. 예를 들어 앞서 고객가치가 100만 원인 스마트폰을 80만 원에 구매했다면 소비자잉여는 20만 원이 된다.

- **기업이윤(PRICE - COST):** 소비자가 지급한 가격에서 제품/서비스의 원가(COST)를 뺀 부분으로, 거래를 통해 기업이 획득하는 이익에 해당한다. 이는 경제학에서 말하는 생산자잉여(Producer Surplus)와 같으며, 기업이 최소한 받고자 하는 금액(원가)보다 실제 더 많이 받은 금액이 곧 이윤이 된다. 위 예에서 제품의 생산원가가 70만 원이고 판매가격이 80만 원이라면 기업이윤은 10만 원이다.

- **창출된 총가치(VALUE - COST):** 고객이 얻은 가치 전체에서 기업의 비용을 뺀 순가치로, 해당 거래로 사회적으로 창출된 총편익을 의미한다. 총가치는 '소비자잉여 + 기업이윤(생산자 잉여)'으로 구성되며, 위 사례에서는 30만 원(100만 원 - 70만 원)의 가치가 창출되었고, 그중 20만 원은 소비자가, 10만 원은 기업이 가져간 구조이다. 한 기업이 경쟁자보다 높은 경쟁우위를 지녔다 함은, 동일한 거래에서 총가치(VALUE - COST)의 폭이 더 크다는 뜻이고, 이는 곧 그 기업

그림 4-2 기업의 수익성 구조

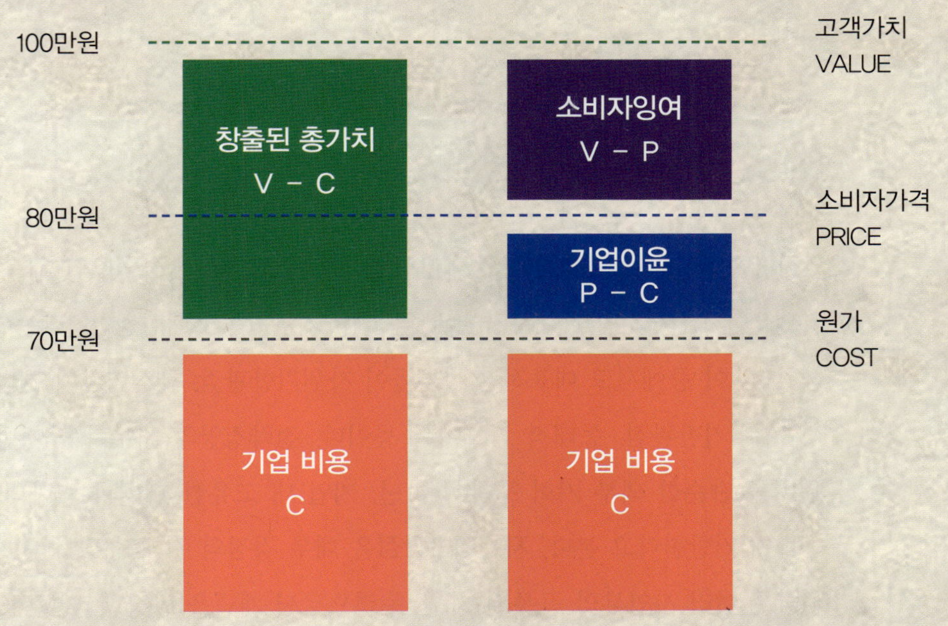

이 '경제적 가치'를 더 효율적으로 창출하고 있음을 뜻한다.

기업 현장에서는 이러한 개념을 활용하여 가치창출과 함께 **가치포획전략**(Value Capture Strategy)을[51] 전개한다. 예를 들어, 기업들은 가격 차별화나 제품 버전 전략, 번들링 등의 방법으로 소비자잉여를 기업이윤으로 전환하려고 시도한다. 항공사의 시즌별 요금 차등, 소프트웨어의 기본판/프리미엄판 출시, 통신사의 결합상품 할인 등이 모두 고객이 얻는 초과가치를 기업이 추가 이윤으로 확보하려는 전략이다. 이러한 전략들을 성공적으로 실행하려면, 기업은 자신의 고객이 어디에 가치를 두는지 파악하고 경쟁 상황에서 최적의 가격 책정과 비용구조를 설계해야 한다. **성공적 포획전략**의 핵심은 고객에게 높은 가치를 제공하여 시장에서 선택받으면서도, 그 가치의 일부를 합리적으로 가격에 반영하여 지속적인 수익성을 확보하는 균형 감각에 있다. 바로 전략경영에서 말하는 '가치창출과 수익성의 통합적 관리'이며, 경쟁우위를 장기적으로 유지하기 위한 필수요소다. **가격결정**은 경제학에서는 수요와 공급의 균형에 의해 일어나지만, 전략경영 혹은 경영학에서는 경쟁환경에서 **기업과 소비자 간 협상력**에 의해 결정된다.

내부능력 기반 전략경영 이론

전략경영이론은 경제학의 분석대상인 시장구조, 즉 산업구조와 외부요인에 초점을 맞췄으나, 점차 기업의 내부자원과 역량이 경쟁우위의 핵심원천이라는 관점으로 발전해왔다. 이 중에서도 대표적인 이론들이 자원기반관점, 핵심역량의 개념화, VRIO 분석, 지식기반관점, 동태적 역량이론 등이다. 전략경영의 내부자원 기반 이론은 경쟁우위를 단순한 외부 기회 포착이 아닌, 기업 내 고유한 자원과 역량의 보유 및 활용 능력에 기반한다고 본다. **자원기반관점**은 내부 강점의 정태적 평가를 제공하며, **핵심역량**은 여러 사업부의 공통된 자원·능력으로써 개념을 확장했고, **VRIO**는 이를 정량화하는 실용적 틀을 제공하고, **지식기반관점**은 지식과 같은 무형자산의 강조, **동태적 역량이론**은 그러한 자원을 시대에 맞게 변형하고 재구성하는 조직의 학습·혁신 능력을 강조하며 이론적 진화가 이루어졌다.

- **독보적 역량과 자원의 중요성 초기 연구:** 초기 연구자로 각각 1957년과 1959년에 저서를 쓴 셀즈닉(Selznick)과 펜로즈(Penrose)가 있다. **셀즈닉**은 조직이 외부환경에 전략적으로 적응하기 위해 내부적으로 '독보적 역량(Distinctive Competence)'을 발전시킨다고 주장했다.[52] 독보적 역량은 경쟁자와 차별화된 제품을 제공할 수 있거나, 또는 경쟁자보다 확실하게 더 낮은 비용을 달성하게 하는 기업 특유의 강점을 말한다. 그는 조직의 사회적 가치와 구조가 전략적 선택에 영향을 미치며, 단순한 기술적 능력 이상의 내재적 특징이 전략의 토대가 된다고 보았다. **펜로즈**는 기업은 단순한 자산 집합이 아니라, 경영진의 역량과 학습 과정을 통해 자원을 재구성하고 활용하는 역동적 조직체라고 보았다.[53] 또한 기업을 물적·인적자원 등 '생산적 자원의 집합(a collection of productive resource)'으로 단순한

행정적 단위가 아니라, 다양한 자원의 집합체로 간주했다. 그녀는 특히 기업 내의 지식 축적, 관리자 경험, 내부자원의 조합 능력이 기업의 성장을 결정짓는 핵심요인이라고 강조하였다. 이는 후에 자원기반관점(RBV)의 이론적 기반으로 작용하게 된다.

- **자원기반관점의 등장:** 1980년대 중반부터 워너펠트(Wernerfelt)에 의해 개념이 처음 제시된 후 1990년대에 바니(Barney), 페터라프(Peteraf) 등에 의해 정립되며 전략경영의 중심이론으로 자리 잡았다. **워너펠트**는 기업분석 시 제품 중심이 아닌 기업이 보유한 자원(resources) 관점에서 분석할 것을 주장하며, 내부자원구성과 그 활용 가능성을 보고 전략수립을 하여야 한다고 했다. 이전의 기존 산업구조 중심의 외부환경지향적 전략이론과 구별되는 내부지향적 접근이다.[54] **바니**는 자원의 속성을 구체화하였는데, 가치(Value), 희소성(Rarity), 모방불가능성(Inimitability), 대체불가능성(Non-substitutability)을 갖춘 자원(VRIN)을 전략적 자산으로 정의하였다.[55] **페터라프**는 자원기반관점을 이론적 기반을 강화하기 위해 다음처럼 네 가지 조건(자원 이질성, 경쟁 후 제약, 자원 이동 불가능성, 경쟁 전 제약)을 제시했다.[56] 즉 기업 간 자원의 질과 구성이 다르며, 경쟁사가 쉽게 모방·대체가 불가능하고, 시장에서 거래가 되지 않으며, 자원획득 초기 단계에서, 자원을 비교적 저렴하게 획득·가능해야 한다는 뜻이다. 이처럼 바니와 페터라프는 자원기반관점이 단순한 직관을 넘어서서 지속가능한 경쟁우위를 설명할 수 있는 이론적·경제적 논리 구조를 강화하는 데 이바지했다.

- **유사개념으로 핵심역량 등장:** 자원기반관점의 자원·능력과 개념적 속성이 유사하지만, 기업의 사업부 조직, 다각화 측면에서 역할을 강조하는 핵심역량이란 용어가 **프라할라드·하멜**(Prahalad·Hamel)에 의해 1990년에 발표됐다. 고객 가치 제공 능력과 조직 내 기술 통합력을 평가하여 핵심역량을 정의하고, 이를 중심으로 기업 전략(다각화, 신규사업 진출 등)을 설계하여야 한다고 주장했다.

- **자원·능력의 VRIO 분석 등장:** 내부 자원(유형·무형)과 역량을 체계적으로 평가하여, 전략적으로 중요한 자원(모든 VRIO 조건 충족)을 식별하고 이를 바탕으로 전략을 수립해야 한다는 자원기반관점의 대표적 분석틀이다.[57] **바니**의 1991년도 VRIN에다 1995년도는 조직화(Organization: O)를 추가하여 VRIO가 됐다. 자원의 전략적 활용 가능성을 강조하며 추가한 것이다. VRIO는 자원기반관점의 추상적 개념을 실천적 평가모형으로써 전환하였다는 평가를 받는다.

- **지식기반관점과 무형자산 강조:** 대표적 학자인 **그랜트**(Grant)는 기업이 지식을 통합·활용하는 구조임을 강조하며, 무형자산과 조직 내 지식의 관리가 전략적 자원임을 강조하였다.[58] 조직 내 지식의 보유·공유·활용 구조를 진단하고, 지식경영 프로세스를 통해 무형자산이 경쟁우위로 전환되는지를 분석한다. 그는 지식이 기업의 핵심 자원이며, 기업은 지식을 통합하고 적용하기 위한 구조적 장치라고 설명하였다. 특히 암묵지(Tacit Knowledge)와 명확지(Explicit Knowledge)를 결합하는 능력이 경쟁우위의 핵심이라고 강조했다.

- **동태적 역량이론의 부상:** 동태적 역량의 연구자인 **티스·피사노·슈엔**(Teece·Pisano·Shuen)은 급변하는 환경에서 지속적 경쟁우위를 유지하려면 자원을 통합·재구성·변형하는 기업의 내부 역량이 필요하다고 주장했다.[59] 자원의 동태적 역량구축의 필요성을 설파한 것이다. **티스**는 동태적 역량의 활동은 탐지(Sensing), 포착(Seizing), 변모(Transforming) 등 세 활동으로 이루어진다고 했다.[60] **아이젠하트·마틴**(Eisenhardt·Martin)은 동태적 역량이 특정 기업만의 고유하고 미묘한 암묵지나 복잡한 프로세스가 아니라, 반복적이고 학습 가능한 조직 루틴(Routine)이라고 정의하며, 역량 그 자체보다 그로부터 변모하여 재구성된 자원구성이 경쟁우위를 만든다고 보았다.[61] 동태적 역량의 핵심은 조직의 변화대응 능력, 학습 및 혁신 프로세스 중심의 내부분석을 수행한다. 기존 자원의 보존이 아닌 재구성과 혁신 능력이 진정한 내부 강점으로 간주한다.

표 4-1 내부자원 전략이론의 흐름과 기여도

이론	시기	핵심개념	기업 내부분석에 기여
자원기반관점	1984년~	가치 · 희소성 · 모방불가능성 기반 자원	전략적 자원의 식별 및 보호 대상 자원 설정
VRIO 분석틀	1991년, 1995년	자원이 전략적 우위를 제공하는 네 가지 조건	자원의 체계적 평가도구로 활용, SWOT 보완
핵심역량	1990년	통합된 기술 · 학습 · 조직역량	전략 다각화 및 집중 투자 방향 도출
직식기반관점	1996년~	지식의 창출 · 통합 · 활용이 전략자산	무형자산 중심의 내부 경쟁력 진단
동태적 역량	1997년~	자원 재구성 · 통합 · 학습 능력	변화 환경 속 지속가능성 확보 수단 평가

자원·능력 기반 관점

자원기반관점(Resource-Based View: RBV)은 기업이 보유한 내부자원과 역량이 지속가능한 경쟁우위의 핵심원천이라는 이론이다. 기존의 산업환경 중심의 전략 분석, 예컨대 포터의 5가지 경쟁요인 등의 요소와 달리, RBV는 기업 내부의 자산, 기술, 지식, 브랜드, 조직문화와 같은 **자원**(Resource)의 질과 특성에 주목한다.

RBV의 중요한 특징은 '자원 이질성(Resource Heterogeneity)'과 '자원 비이동성(Resource Immobility)'이라는 두 가지 전제에 기반을 둔다. 전자는 기업 간 자원은 질적·양적으로 상이하다는 가정이고, 후자는 이러한 자원이 시장에서 자유롭게 거래되기 어려워 특정 기업에 고착된다는 점을 의미한다. 자원 이질성 또는 상이성은 동일한 사업을 하는 데 있어 어떤 기업이 다른 기업보다 더 잘할 수 있다는 것을 말한다. 이 속성은 기업이 가진 자원의 이질성과 능력의 차이가 오래 지속될 수 있는 뜻도 함께 내포한다. 즉 일반 기업이 어떤 자원과 능력을 개발하거나 획득하기가 단기간 내 쉽지 않다는 가정이다. 결국, 이로 인해서 발생하는 현상이 바로 '자원 비이동성'이다. 자원 비이동성은 다른 기업에 의한 자원에 대한 '모방불가능성' 및 시장에서의 '거래불가능성'이 존재함에 따라 나타나는 결과적 양상이다.

RBV는 또한 경쟁우위가 단순히 자원의 존재로 확보되는 것이 아니라, 그러한 자원을 전략적으로 조합하고 활용할 수 있는 조직의 **능력**(Capability)과 연계되어야 함을 시사한다. 따라서 RBV는 자산의 단순한 평가를 넘어서, 기업이 어떻게 자원을 선택, 개발, 보호(유지)하는가에 대한 전략적 판단을 중시한다.

경영현장에서 적용도 활발하다. 많은 경영현장에서 RBV를 통해 기업은 내부자원을 체계적으로 점검하고, 경쟁사 대비 차별화 가능한 자원을 중심으로 전략을 설계한다. 고유한 기술력, 특허, 브랜드 가치, 고객 관계 관리능력 등을 RBV의 관점에서 전략적 자원으로 평가하고, 기업 특성에 맞춰 이를 적극적으로 활용하는 경영계획과 실행 활동을 추진한다. 이러한 자원기반 접근은 이후 VRIO 분석모형으로 이어지며 전략경영 분야의 핵심 패러다임 중 하나로 자리 잡았다.

자원의 유형

RBV는 '자원(Resource)'과 '능력(Capability)'을 구별한다. 경쟁우위가 단순히 자원의 존재로 확보되는 것에 국한하지 않고 자원의 결합과 활용하는 능력까지로 확장한다. 둘을 **구분하여 정의**하면, 자원이란 기업이 소유하거나 통제하는 자산으로서, 유형 자산(예, 공장, 기계, 자본)과 무형 자산(예, 브랜드, 특허, 조직문화, 데이터베이스 등)을 포함한다. 반면, 능력은 이러한 자원들을 효과적으로 통합하고 활용하여 원하는 결과를 도출할 수 있는 '기업의 조직적 능력'을 의미한다. 예를 들어, R&D 부서의 인력이나 기술 그 자체는 자원이지만, 그것을 통해 혁신적 제품을 꾸준히 시장에 출시할 수 있는 시스템이나 프로세스는 능력에 해당한다.

다시, 상호 비교로써 정의하면, **자원**은 '기업의 전략을 고안하고 실행하는 데 이용하는 기업의 통제관리가 가능한 유·무형 자산'이며, **능력**은 '**자원의 한 부분**이며, 동시에 통제관리에 있는 **다른 자원들을 최대한 이용하게 하는** 유·무형의 자산'이다. 기업은 능력만 갖추고는 전략을 고안하거나 실행하지 못한다. 그 대신 기업의 능력은 기업이 다른 자원들을 이용하여 전략을 고안하거나 실행할 수 있게 한다. 우수한 소프트웨어 개발자와 고급 마케팅 전문인력이 각각의 자원이라면, 이들의 협력 팀워크가 능력인데, 이 예에 적용하면 협력 팀워크만으로는 전략을 수행할 수 없다. 그러나 협력 팀워크는 개별 자원이 성과에 미치는 영향보다 곱절로 성과를 높이는 전략 추진을 가능하게 한다.

바니(Barney)에 따르면 기업이 보유한 자원 범주는 다음과 같이 재무자원, 실물자원, 인적자원, 조직자원 등 **네 가지 유형**이 있다.[62]

첫째, **재무자원**(Financial Resource)은 기업이 사용할 수 있는 자본, 현금흐름, 투자 여력, 외부 조달 능력 등 금전적 자산을 의미하며, 기업 인수와 같은 전략적 투자의 기반이 된다. 사례로는 **애플**의 수천억 달러의 막대한 현금 보유고이다. 애플은 이를 통해 대규모 R&D 투자, 전략적 인수합병(M&A), 공급망 선지불 등으로 경쟁우위를 강화할 수 있다. 예컨대 애플은 TSMC에 대규모 선금 계약을 체결함으로써 반도체 공급을 우선 확보하며, 이는 제품 출시의 시간 경쟁력을 확보하는 데 기여한다.

둘째, **실물자원**(Physical Resource)은 공장, 설비, 원재료, 기술 장비 등 물리적으로 실존하며 생산에 직접 투입되는 자산을 뜻한다. 사례로는 **토요타**의 고도화된 생산설비 및 자동화 공정이 있다. 이는 토요타 생산방식(TPS)의 핵심 기반으로서 품질과 원가 경쟁력을 동시에 확보하게 해준다. TPS는 적시생산(JIT) 등의 원칙에 기반하여 고효율·고품질 생산을 실현하며, 토요타가 장기간 글로벌 자동차산업에서 우위를 점하는 핵심 요소가 되었다. 설비 자체만이 아니라 그 운영방식까지 결합한 실물자원으로서, 타 기업들이 쉽게 모방하기 어렵다.

셋째, **인적자원**(Human Resource)은 구성원의 지식, 기술, 경험, 창의성, 리더십, 조직문화와 같은 사람 중심의 자산으로, 특히 무형성과 축적성이 특징이다. **구글**은 세계 최고의 엔지니어, 디자이너, 데이터과학자 등 인재를 채용하고 유지하는 시스템을 갖추고 있으며, 창의적이고 자율적인 조직문화를 기반으로 혁신적 서비스를 창출해왔다. 구글의 검색엔진 알고리즘의 고도화, 지메일과 구글지도 같은 서비스의 지속적 개선은 고급 인력의 협업에 바탕을 둔다. 특히 구글의 '20% 프로젝트'(직원의 업무 시간 중 일부를 자율 프로젝트에 활용하도록 허용)는 인적자원의 잠재력을 극대화한 사례로 평가받는다.

넷째, **조직자원**(Organizational Resource)은 기업의 구조, 통제시스템, 정보시스템, 브랜드, 평판, 특허, 데이터베이스 등 조직이 보유한 제도적·관행적 자원이다. **코카콜라**의 브랜드 자산, 전 세계적 유통망, 데이터 기반 마케팅 시스템 등이 대표적이다. 코카콜라의 브랜드 자산과 글로벌 유통망, 프랜차이즈 관리시스템은 단순한 제품의 맛을 넘어서 전략적 자산으로서 기능을 한다. 또한 탄탄한 물류 시스템과 현지 마케팅 역량, 지속적인 브랜드 관리능력은 오랜 시간에 걸쳐 구축된 조직적 역량이며, 경쟁사가 단기간에 따라잡기 어렵다.

이외에도 유형자원과 무형자원으로 양분할 수 있다. **유형자원**(Tangible Resource)은 물리적으로 존재하며, 육안으로 확인하고 계량할 수 있는 자원으로 기업의 대차대조표에 명시되는 자산이 대표적이다. 반면 **무형자원**(Intangible Resource)은 물리적으로 존재하지 않지만, 기업에 경제적 가치를 제공하는 자원이다.

- **유형자원:** 물적자원(건물, 토지, 설비, 기계, 생산시설, IT 시스템 등), 금융자원(현금, 예금, 자본금, 부채, 투자자산 등), 재고자산(원자재, 제품, 반제품 등) 등을 말한다.

- **무형자원:** 기술적 자원(특허권, 기술노하우, R&D 능력, 소프트웨어 등), 브랜드 및 마케팅 자원(브랜드 가치, 고객 충성도, 시장 점유율, 유통 네트워크 등), 조직적 자원(조직문화, 경영노하우, 정보시스템, 데이터베이스 등), 계약 및 권리(라이선스, 프랜차이즈, 저작권 등) 등이 해당한다.

자원 속성과 VRIO 가정

VRIO 분석은 RBV의 개념을 보다 실용적으로 확장한 평가도구로, **바니**에 의해 제시됐다.[63] RBV의 개념인 자원이 기업 내에 단지 보유되어 있다고 해서 경쟁우위를 보장하는 것이 아니라, 그 자원이 실제로 시장에서 어떻게 활용되고 경쟁우위로써 방어되는지를 판단하는 체계를 제공한다. VRIO의 네 가지 요소, 즉 **가치**, **희소성**, **모방불가능성**, **조직화**를 기준으로 자원의 전략적 가치를 판단한다. VRIO는 RBV가 제공하는 자원의 이론적 가치를 현실의 경영분석 도구로 구체화한 분석틀로서, 기업 내부의 전략적 자산을 식별하고, 그 자원이 지속가능한 경쟁우위를 창출할 수 있을지를 판별하는 데 필수적 평가모형이다.

- **가치(Value):** 자원이 기업의 경쟁우위에 기여하는지, 즉 '기회 활용과 위협 완화'에 대한 평가다. SWOT 분석에서 내부능력(SW)이 외부환경 요소(OT)를 압도하는 전략적 비중을 갖는다는 의미다. VRIO 모형의 취지는 실무현장에서 자원이 외부 기회를 활용하거나 위협을 상쇄하는 데 실질적으로 기여해야 한다는 점을 강조한다. 예를 들어, **넷플릭스**의 데이터 분석 역량은 고객 선호를 예측하고 개인화된 추천 알고리즘을 통해 사용자 만족도를 극대화한다. 이 분석력은 단순한 기술이 아닌 전략적 가치의 원천이 된다. 심화하는 콘텐츠 스트리밍 경쟁시장에서 위협을 완화하고 경쟁자 대비 신규회원 확보·탈퇴방지라는 실질적 기회를 제공한다.

- **희소성(Rarity):** 자원이 얼마나 희소한지, 즉 '독점적 보유 여부'에 대한 평가다. 해당 자원이나 역량이 경쟁자에게도 널리 보유되어 있는지, 아니면 기업만이 독점적으로 가졌는지다. 자원은 경쟁자들이 쉽게 보유할 수 없는 자원이어야 하며, 자원이 희소할수록 기업은 경쟁사와 차별화된 우위를 가진다. **테슬라**의 배터리 관리기술 및 자체 소프트웨어 통합 능력은 다른 자동차 제조사와 차별화된 희소성을 지니고 있다. 특히, 자체 개발된 차량 운영체제(OS)는 전기차 시장에서 기술적 진입장벽을 높이고 있다. 가치만 있고 희소성이 없다면 해당 자원은 경쟁우위로 이어지지 않는다.

- **모방불가능성(Inimitability):** 경쟁사가 자원을 모방하거나 대체할 수 있는지, 즉 '모방 난이도'에 대한 평가다. 경쟁자가 해당 자원이나 역량을 모방하거나 대체할 수 있는지다. 자원이 모방하기 어렵거나, 대체하기 어렵다면 기업은 지속가능한 경쟁우위를 누릴 수 있다. 모방이 어려운 자원의 예로는 브랜드, 조직문화, 특허, 네트워크 효과, 고객 데이터 등이 있다. **디즈니**의 브랜드 가치는 오랜 시간에 걸쳐 구축된 문화적 자산, 창작 콘텐츠, 각 사업의 통합운영 경험 등으로 구성되며, 단기간에 따라잡기 어렵다. 이처럼 타 기업이 비용 효율적으로 모방할 수 없도록 복잡하거나, 경로 의존적이거나, 사회적으로 내재화될 때 모방불가능성은 더 커진다.

- **조직화(Organization):** 자원을 효과적으로 활용할 수 있는 '조직 구조와 시스템'이 있는지 평가다. 즉 기업이 해당 자원이나 역량을 효과적으로 활용할 수 있는 조직 구조, 시스템, 프로세스, 인력 등을 보유하고 있는지를 평가한다. 자원이 아무리 가치 있고 희소하며 모방이 어렵더라도, 이를 조직이 전략적으로 활용할 수 있는 조직시스템이 갖춰져 있어야 경쟁우위로 연결된다. **아마존**은 물류센터의 자동화, 재고관리 시스템, 인공지능(AI) 기반 수요예측 등 조직적으로 자원을 통합적으로 활용하는 능력을 갖추고 있어 지속적 경쟁우위를 창출한다.

VRIO 분석은 자원의 전략적 기여 수준을 경쟁열위, 경쟁균형, 일시적 경쟁우위, 지속적 경쟁우위 등으로 구분하여 평가할 수 있는 실용적 프레임워크다. 예를 들어, 어떤 기업의 R&D 역량이 가치 있고 희소하지만, 경쟁자가 쉽게 모방할 수 있는 경우 이는 일시적 경쟁우위로 간주된다. **구글**의 검색 알고리즘처럼 VRIO의 모든 기준을 충족하는 자원은 지속적 경쟁우위의 원천이 된다. 반면 **일시적 경쟁우위 사례**로서 **블랙베리**(BlackBerry)는 스마트폰 시장 초기에는 우수한 보안과 키보드로 가치를 인정받았으나, 후속 제품에서 고객의 변화하는 니즈인 터치스크린, 앱 생태계 등을 충족시키지 못해 쇠퇴했다. 가치의 차별성이 경쟁우위로 지속하지 못했기 때문이다. **코닥**은 디지털카메라 기술을 보유했으나, 조직 내 보수적 문화와 변화에 둔감한 의사결정 구조로 혁신을 상용화하지 못하고 시장에서 도태됐다. 조직화가 미흡하여 우수한 자원을 제대로 활용하지 못한 경우에 해당한다.

전략적 시사점으로 VRIO 분석은 내부환경분석의 구조화된 틀로서 활용되며, 경영자들은 이를 통해 자원 간 우선순위를 설정하고, 약점을 보완하며, 조직적 대응방안을 설계할 수 있게 한다. 또한 VRIO 분석은 전략 실행력 확보 여부, 즉 조직화 요건을 진단함으로써 실질적인 전략수립의 기초를 제공한다. 특히 현대 기업환경처럼 기술과 시장이 급변하는 상황에서는 단순한 자원 보유보다는 해당 자원을 전략적으로 활용하는 조직능력이 함께 평가되어야 하며, VRIO는 이를 구조적으로 점검할 수 있는 유용한 수단이다.

표 4-2 애플 · 아마존 · 테슬라의 VRIO 분석

VRIO	애플	아마존	테슬라
가치 (V)	하드웨어 · 소프트웨어 · 서비스 통합 생태계 구축으로 고객에게 차별화된 가치 제공	방대한 물류 네트워크와 데이터 기반 개인화 서비스 제공	전기차 기술, 자율주행 소프트웨어, 슈퍼차저 네트워크로 혁신적 가치 제공
희소성 (R)	브랜드, 디자인, R&D 역량 등 경쟁사가 쉽게 모방 불가한 희소 자원 보유	글로벌 풀필먼트 센터와 로지스틱스 역량은 경쟁사 모방 어려움	배터리 기술과 글로벌 충전 인프라는 경쟁사 모방 어려움
모방 불가능성 (I)	혁신 문화와 생태계는 단기간 모방 어려움	데이터 분석 역량과 자동화 시스템은 단기간 모방 불가	기술과 네트워크는 단기간 모방 불가
조직화 (O)	혁신적 조직문화, 수직적 통합, 효율적 공급망, 강력한 리더십으로 자원 활용 극대화	데이터 기반 의사결정, 효율적 조직구조, 고객 중심 문화로 자원 활용	혁신적 엔지니어링 문화, 수직적 통합, 신속한 의사결정 구조로 자원 활용

핵심역량

핵심역량의 개념

프라할라드 · 하멜(Prahalad · Hamel)은 **핵심역량**(Core Competence)을 "다양한 제품군에 접근 가능하며, 고객 가치에 크게 기여하고, 경쟁사가 쉽게 모방할 수 없는 통합된 기술 및 학습 체계"라고 정의하였다.[64] 핵심역량은 "경쟁우위로서 기업이 보유한 기술적 능력, 조직의 학습능력, 다양한 사업 부문에 걸쳐 공유되는 집합적 노하우"를 말한다.[65] 이를 **요약**해서 표현하면 '사업 부문에 공유된 기술적 능력과 조직학습능력'이다.

핵심역량이 전략경영에서 주목받는 이유는 핵심역량은 단일 사업이 아닌 기업 전반의 장기적 전략의 중심으로서 아웃소싱, 다각화 전략 등 전략적 의사결정의 판단 기준이 되기 때문이다. 앞서 설명한 **RBV와 핵심역량 간 공통점**은 두 이론 모두 외부환경이 아닌 내부환경의 내부자원과 역량을 전략의 핵심 요소로 본다. 지속가능한 경쟁우위는 내부에 존재하는 희소하고 모방 어려운 역량에서 비롯된다고 전제한다. 장기적 관점에서의 경쟁우위를 설명하며 전통적인 산업구조론(Porter의 관점)의 외부환경 중심 전략관점과 반대 입장인 것도 공통점이다. **차이점**은 RBV는 개별 자원의 VRIO 속성에 초점을 맞추는 정태적 분석인 데 비해, 핵심역량은 여러 자원의 결합으로 형성된 통합적 역량에 초점을 두며, 특히 조직 전체의 학습능력과 기술 통합을 강조하는 동태적·시스템적 관점인 데 있다. 전략경영에 주는 의의 측면에서는, 핵심역량은 경쟁우위로서 사업 다각화와 시너지 전략의 기준으로 활용되고, RBV는 경쟁우위로서 자체의 존재성과 자원 속성(VRIO)의 개념적 정의에 공헌이 크다.

프라할라드·하멜은 진정한 핵심역량이 되기 위해서는 다음의 **세 가지 기준**을 충족해야 한다고 했다.

- **다양한 시장접근 가능성:** 해당 역량이 여러 산업 또는 제품 분야에 적용 가능해야 한다. **혼다의 엔진 설계 기술**은 오토바이, 자동차, 엔진동력 장비, 해양 엔진 등 여러 제품군에 활용되어 다양한 시장으로 진입할 수 있는 기반이 된다.

- **최종 제품의 고객 가치에 기여:** 핵심역량은 소비자가 실제로 인식하는 가치창출에 기여해야 한다. 단순히 내부 기술이나 자산이 아닌, 고객 경험이나 품질, 성능 등에서 직접적인 차별화 요소가 되어야 한다. 예를 들어, **애플의 디자인 및 UI 역량**은 고객의 제품 만족도에 결정적 영향을 미친다.

- **경쟁자가 쉽게 모방할 수 없음:** 핵심역량은 희소성과 복잡성, 그리고 조직에 깊이 내재된 학습·문화·프로세스를 통해 타사가 단기간 내에 모방할 수 없어야 한다. 예컨대, **디즈니의 스토리텔링 및 콘텐츠 통합 역량**은 오랜 기간에 걸쳐 형성된 창작 문화와 자산의 결합으로, 경쟁자에게는 진입장벽이 된다.

핵심역량은 단순한 기술이나 자산 목록이 아니라, 기업 내 다양한 활동이 유기적으로 결합하여 창출되는 전략적 집합체이다. 그러나 조직 내부에서는 이러한 역량이 너무 익숙하거나 암묵적으로 작동하기 때문에 명확하게 인식되지 못하는 경우가 많다. 따라서 기업은 핵심역량을 평가하기 위한 **평가방법론**을 구축해야 한다.

- **식별:** 외부 벤치마킹 및 내부자원 감사(resource audit)를 병행한다. 가치사슬 분석, 직무별 핵심성과지표(KPI) 검토 등을 통해 조직의 차별화 요소를 구체화한다.

- **평가 기준:** 핵심역량의 세 기준(시장 접근성, 고객 가치, 모방 불가능성)을 바탕으로 정성·정량 지표를 병행한다. 예를 들어, 시장 접근성은 핵심기술이 얼마나 다양한 제품군이나 시장으로 확장 가능한지를 제품 매트릭스나 매출 구성비를 통해 측정할 수 있고, 고객 가치 기여도는 해당 역량이 제품차별화나 고객 충성도 지표와 어떤 연관이 있는지를 분석함으로써 평가된다. 모방불가능성은 기술의 복잡성, 사회적 내재화 정도(조직문화, 팀워크), 축적 시간 등으로부터 정성적 진단이 가능하다.

그림 4-3 핵심역량과 사업단위

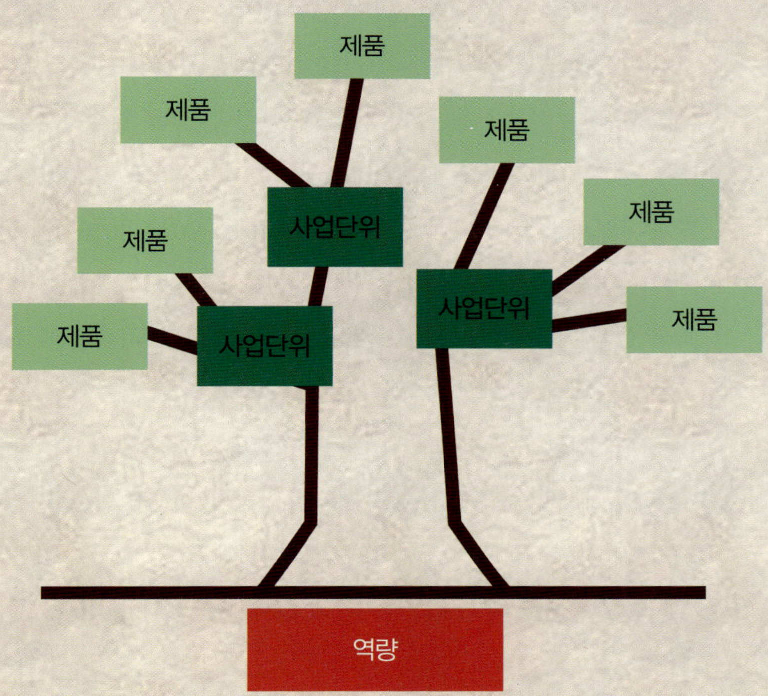

3M의 핵심역량

3M은 '접착기술'로 널리 알려졌지만, 단일 제품이나 기술이 아닌 복수 기술의 조합과 이를 활용한 문제해결 능력, 그리고 혁신 중심의 조직문화를 핵심역량으로 보유한 기업이다. 3M이라 하면 떠오르는 대표적 제품인 포스트잇은 우연히 개발된 약한 접착제가 시장의 요구와 연결되면서 세계적인 성공을 거둔 사례다. 하지만 이 한 가지 제품 뒤에는 3M이 축적해온 40여 가지의 핵심기술 플랫폼과 이들 간의 융합 역량이 작동하고 있다.

3M은 핵심기술 분야로 연마, 접착제, 필름, 정전기 제어, 광학 및 마이크로복제 등 수십 가지의 플랫폼을 보유하고 있으며, 다양한 산업군에서 이 기술들을 조합해 새로운 제품을 끊임없이 창출해 낸다. 예컨대 디지털 프로젝트에 사용되는 광학 필름은 3M의 정밀 코팅기술, 접착기술, 광학 제어기술이 융합된 결과물이다. 이처럼 복합 기술 기반의 응용역량은 단기간에 모방이 어렵고, 다양한 산업에 확장 가능하다는 점에서 3M의 핵심역량 중 하나로 평가된다.

이러한 기술적 역량과 더불어 3M은 '30% 신제품 매출 규칙', '15% 시간 정책', 직원 아이디어 공모제도 등 조직 차원의 혁신 촉진 구조를 갖추고 있다. '30% 규칙'은 연 매출의 30% 이상을 최근 4년 내 출시한 신제품에서 발생시킨다는 목표이며, 이는 제품 수명주기 단축에 대응해 기업 경쟁력을 지속적으로 갱신하는 전략적 기준이 된다. 또한 R&D 인력에게 전체 근무시간의 15%를 자율적인 실험에 할애하도록 권장하는 '15% 정책'은 조직 내부에서 자발적 혁신이 촉진되도록 설계된 제도다. 포스트잇도 이 15% 정책을 통해 탄생했다는 점은 3M의 문화가 단지 제도에 그치지 않고 창의성과 자율성을 핵심으로 한 조직역량임을 잘 보여준다.

3M의 핵심역량은 따라서 단순한 기술이나 제품이 아니라, 기술 간 융합을 기반으로 한 문제해결 능력, 이를 지속시키는 자율적·분산적 혁신문화, 그리고 이 모든 활동을 연결하는 조직 내 학습체계와 공유 메커니즘이다. 3M은 이를 통해 산업 간 경계를 넘나드는 제품을 개발하고, 장기간에 걸쳐 기술과 시장을 선도할 수 있는 역량을 유지하고 있다.

- **역량 갱신:** 핵심역량도 시대 변화에 따라 쇠퇴할 수 있으므로, 조직 학습 시스템, 혁신 프로세스, 외부 지식 도입 등을 통해 주기적으로 점검하고 보완해야 한다.

이러한 식별·평가 체계는 전략수립뿐 아니라 기능별 전략의 정렬에도 기여하여 조직의 일관성과 경쟁력 확보에 핵심적인 역할을 한다.

전략적 사업단위, 조직설계, 다각화에 대한 전략적 시사점

핵심역량 이론은 **전략적 사업단위**(Strategic Business Unit: SBU)의 개념과 상반된 입장을 취한다. SBU는 대체로 시장, 제품, 또는 지역 기준으로 구분되며, 개별적인 수익 책임과 전략수립 권한을 갖는 조직 단위이다. 그러나 핵심역량 중심의 시각에서는 이러한 외형적 기준보다, 각 사업단위가 조직 전체의 핵심역량과 어떻게 연계되는지가 더 중요하다. 이는 기업이 SBU를 단순히 독립적으로 운영하기보다, 핵심기술이나 역량을 중심으로 묶어 시너지 효과를 극대화하는 방식으로 재구성할 필요가 있다는 전략적 시사점을 제공한다. 기존의 제품 중심 혹은 지역 중심의 SBU 구성이 기업의 핵심역량을 분산시키거나 활용을 저해할 수 있다는 점에서, 핵심역량 중심의 SBU 재편이 요구된다. 예컨대, **캐논**(Canon)은 광학, 정밀기계, 이미지 처리 기술이라는 핵심역량을 기반으로 프린터, 카메라, 의료기기 등 여러 사업부를 구성하면서도 동일한 기술역량을 공유하도록 설계하였다. 이는 각 SBU가 독립적으로 운영되면서도 기업 차원의 핵심기술을 공동 활용함으로써 시너지 효과를 창출하는 구조이다.

따라서 핵심역량은 조직 구조와 프로세스 설계에도 깊은 영향을 미친다. **핵심역량 중심의 조직설계**는 기능 간 장벽을 최소화하고, 정보와 기술이 부서 간 원활하게 흐를 수 있도록 한다. 예를 들어, 3M은 자사의 핵심역량인 화학소재 기술과 융합적 혁신 역량을 살리기 위해 연구개발(R&D) 조직을 사업부문별로 분할하지 않고, 기술 플랫폼을 중심으로 통합 설계하였다. 또한 핵심역량에 기반한 조직설계는 자원배분 방식에도 전략적으로 중대한 시사점을 제공한다. 투자 우선순위를 매길 때, 단기 성과가 아닌 핵심역량의 장기적 강화 여부를 기준으로 삼는 것이 효과적이다. 즉 특정 SBU의 성과가 낮더라도 다른 SUB에 시너지 효과를 발휘한다면, 투자 우선순위에서 반드시 열위에 둘 필요는 없다는 것이다.

이는 **핵심역량 기반 다각화 전략**을 고려하게 한다. 핵심역량 이론은 기업이 새로운 시장이나 제품으로 다각화를 추진할 때 중요한 판단 기준을 제공한다. 역량 기반 다각화는 보유한 기존 핵심역량을 그대로 활용하거나 확장할 수 있는 방향으로 진행되어야 시너지 효과가 극대화된다. 대표적인 예로 **혼다**는 자사의 엔진 설계 및 제조 능력을 핵심역량으로 삼아, 오토바이에서 자동차, 엔진동력 장비, 해양 엔진 등으로 사업을 확장하였다. 이처럼 하나의 기술 기반이 다양한 제품군으로 확장 가능한 경우, 다각화는 조직 전체의 학습 비용을 절감시키고 브랜드 연계성을 강화한다. 반대로 핵심역량과 무관한 다각화는 내부 역량의 분산과 경영비용 증가로 이어질 수 있다. GE가 다수의 비관련 사업에 무리하게 진출한 사례는 핵심역량과의 정렬 부족이 성과 저하로 이어질 수 있음을 보여준다. 따라서 기업은 다각화 전략을 수립할 때, 각 신규사업이 기존 핵심역량과 어떤 방식으로 연결되는지를 명확히 분석해야 한다. **다각화 전략에 대한 시사점**으로는, 다각화가 단순히 포트폴리오 확장이 아닌 '역량의 확장'이 되어야 한다는 점이 핵심이다. 즉, 기존 역량을 통해 새로운 사업에서도 경쟁우위를 확보할 수 있을지를 판단 기준으로 삼아야 하며, 이를 위해 사전 역량 감사 및 시너지 효과 분석이 병행되어야 한다.

지식기반관점

지식기반관점의 개념

지식기반관점(Knowledge-Based View: KBV)은 기업의 핵심 자원이 지식(Knowledge)이며, 이를 효과적으로 통합·활용하는 조직역량이 경쟁우위의 원천이라는 관점이다. 이는 자원기반관점(RBV)의 확장으로, 1990년대 중반부터 **그랜트**(Grant)를 비롯한 여러 학자에 의해 본격적으로 발전되었다.[66] 전통적인 RBV는 유형자원 중심의 경쟁우위를 강조했으나, 시장환경이 복잡해지면서 특허, 브랜드, 조직문화, 인적자본 등 무형자산과 지식의 중요성이 부각됐다. 이러한 환경은 전통적 RBV의 한계를 극복하고 경쟁우위의 개념을 KBV로 확장하는 계기가 됐다.

다음과 같이 **KBV 등장 배경**을 간추린다. 첫째, **RBV의 유형자원 중심의 한계**이다. RBV 초기에는 물리적 자산이나 재무자산 등 유형자원을 경쟁우위의 핵심으로 간주했다. 그러나 이러한 자원은 시장에서 상대적으로 쉽게 구매하거나 모방할 수 있어, 장기적으로 지속가능한 경쟁우위를 제공하기 어렵다는 한계가 있다. 둘째, **RBV의 환경변화에 대한 대응력 부족**이다. 시장환경이 빠르게 변화하면서, 기존의 유형자원 중심 접근만으로는 변화에 적응하기 어렵다는 문제가 제기됐다. 셋째, **무형자산의 부각**이다. 점차 브랜드, 특허, 조직문화, 인적자본 등 무형자산이 기업성과에 더 큰 영향을 미친다는 인식이 확산했다. 무형자산은 모방이 어렵고, 축적과 활용에 시간이 오래 걸리기 때문에, 경쟁사가 따라잡기 어렵다는 장점이 있다.

KBV는 지식의 특성을 다음과 같이 정의한다.

- **무형성(Intangibility):** 지식은 기계와 장치 등 생산설비와 달리 물리적으로 존재하지 않으며 형태가 보이지 않지만, 기업의 경쟁력과 혁신에 핵심적 역할을 한다.

- **경로 의존성(Path Dependency):** 지식의 축적과 활용은 기업의 역사적 경로, 조직문화, 개별 구성원의 경험 등에 따라 달라지며, 외부에서 쉽게 모방하거나 복제하기 어렵다.

- **증가 수익성(Increasing Returns):** 유형자산은 사용할수록 감소하거나 감가상각이 이루어지나, 지식은 사용할수록 가치가 증가하며 전통적 생산요소와 달리 소진되지 않는다.

- **전이와 공유의 어려움(Difficulties in Transferring/Sharing):** 지식은 개인에게 내

재되어 있어 조직 내에서 전이와 공유가 쉽지 않으므로, 조직은 효과적인 지식 관리시스템과 조직문화의 구축으로 전이와 공유의 가능성을 높인다.

KBV에서 기업의 핵심역량은 개별 구성원이 보유한 지식을 조직 전체가 효과적으로 통합·활용하는 데 있다. KBV는 기업을 **지식 통합의 제도**로 정의하며, 조직의 역할은 지식의 창출 못지않게 응용에 있음을 강조한다.[67] 즉, 기업은 다양한 전문지식을 갖춘 구성원들을 모아, 이들의 지식을 조화롭게 통합하여 새로운 가치를 창출하는 조직이며, 기업은 지식의 적용과 응용 활성화를 위해 공통 언어, 표준화된 프로세스, 팀워크, 리더십 등 다양한 조정 메커니즘을 활용한다. 조직 내 지식의 전이와 공유에는 정보기술(IT), 지식관리시스템(KMS), 조직학습 등이 중요하게 작용한다. 이 점에서 지식기반관점은 다음과 같은 **전략적 시사점**을 제공한다.

- **지식기반 자원의 중요성:** 기술, 브랜드, 조직문화, 인적자본 등 무형자산이 다른 어떤 자원보다도 기업의 지속가능한 경쟁우위를 결정하는 핵심 요소이다. 기존 유형의 자원기반에서 무형의 지식을 강조하여 핵심역량의 폭을 확장해석한다. 이는 현대 기업환경의 변화를 반영하여 핵심역량으로서 지식의 중요성을 인식하고 활용을 현실화하는 데 공헌한다.

- **조직 구조의 관리의 변화:** 무형의 자산에 초점을 맞춘 만큼, 지식의 통합과 활용을 극대화하기 위해 조직은 수평적 구조, 팀 기반 작업, 분권화된 의사결정 등 새로운 조직 설계가 필요하다는 것을 강조한다. RBV의 구성요소인 개별 자원(Resource)과 능력(Capability) 중 능력에 해당하는 우위이다. 따라서 자원보다 능력의 중요성을 지지한다고 볼 수 있다.

- **동태적 역량과 연계:** KBV의 본질은 개별 지식 또는 지식창출보다는 지식의 응용과 적용을 더욱 강조한다. 이는 기업이 변화하는 환경에 적응하고, 지식을 전이·재구성·활용하는 동태적 능력의 정의와 일맥상통한다.

- **전략적 제휴와 협력:** 지식창출은 외부환경과 상호작용에 의해서도 이루어진다. 따라서 외부 지식과 네트워크를 활용하기 위해 전략적 제휴, 연구개발 협력, 개방형 혁신 등을 활성화하는 계기를 부여한다.

지식창조 과정

지식창조의 과정은 **노나카**(Nonaka)에 의해 주장됐다.[68] 기업이 암묵지와 명확지를 오가며 지식을 창조하고, 이를 조직적으로 활용하는 것이 혁신과 경쟁우위의 핵심임을 강조한다. **암묵지**는 개인의 경험과 노하우, **명확지**는 문서화된 지식으로, 이 두 가지 지식의 상호작용이 지속적인 지식창조와 혁신을 이끈다.

- **암묵지(Tacit Knowledge):** 개인의 경험, 직감, 노하우, 기술 등으로, 언어나 문서로 명확히 표현하기 어려운 지식이다. 암묵지는 직접적인 경험과 관찰, 실습을 통해 습득되며, 주로 비공식적으로 전달되어 구성원 간 공유가 쉽지 않다. 예를 들어, 제빵사의 반죽 감각, 음악가의 연주력, 회사의 조직문화 등이 해당한다.

- **명확지(Explicit Knowledge):** 문서, 매뉴얼, 데이터, 공식, 절차 등으로 체계적으로 표현된 지식이다. 명확지는 누구나 쉽게 이해하고 전달할 수 있어 조직 내에서 공유·확산이 용이하고 관리도 비교적 쉽다. 예를 들어, 업무 지침서, 설계도, 소프트웨어 코드, 교육 자료 등이 해당한다.

노나카는 마쓰시타(파나소닉)의 자동 빵 굽기 기계 개발, 캐논, 혼다, NEC 등 다양한 일본 기업사례를 통해 지식창조가 어떻게 혁신과 성공으로 이어지는지 주장했다. 마쓰시타 사례를 통해 **지식창조 과정**을 알아보자.

1980년대 중반, **마쓰시타 전자**(현재 파나소닉)는 가정용 자동 빵 굽기 기계를 개발하고 있었다. 그러나 개발팀은 빵 반죽을 제대로 하는 기술, 즉 반죽을 적절히 치대는 방법을 완벽하게 기계에 구현하는 데 어려움을 겪고 있었다. 전문 제빵사의 손길

로만 가능하다고 여겨졌던 빵 반죽의 섬세한 감각(암묵지)을 기계로 전달하는 것이 불가능해 보였다. 이 문제를 해결하기 위해 마쓰시타의 소프트웨어 엔지니어 다나카(Tanaka)는 오사카 인터내셔널 호텔의 베이커리에서 근무하며, '오사카에서 가장 맛있는 빵'을 만드는 유명 제빵사에게 직접 배우기로 했다. 다나카는 제빵사와 함께 빵을 만들며, 반죽의 촉감, 힘 조절, 손동작 등 언어로 설명하기 어려운(암묵적인) 기술을 몸소 익혔다. 이를 시작으로 다음과 같은 과정을 통해 마쓰시타는 세계 최초의 완전 자동 가정용 빵 굽기 기계를 성공적으로 개발할 수 있었다. 오사카 인터내셔널 호텔의 제빵사가 가진 암묵적 지식이 마쓰시타의 엔지니어에 의해 명확하게 전환되고, 이를 통해 혁신적인 제품이 탄생한 것이다.

- **사회화(Socialization):** 소프트 엔지니어 다나카가 제빵사와 함께 일하며 제빵사의 기술을 자신이 몸소 느끼며 내부 지식으로 학습·체득하는 과정이다. 즉, **암묵지 → 암묵지** 과정이다.

- **외재화(Externalization):** 다나카는 자신이 체득한 반죽의 감각과 기술을 엔지니어링 팀과 논의하고, 이를 기계 설계에 적용할 수 있는 언어와 개념, 예를 들면 '반죽을 더 길게 늘여야 한다'로 전환했다. 이 과정에서 다나카는 제빵사의 암묵지(손동작, 감각)를 명확지(설계 사양, 제어 프로그램)로 바꾸었다. 즉, **암묵지 → 명확지** 과정이다.

- **결합(Combination):** 엔지니어링팀은 다나카가 제공한 정보를 바탕으로 기계 설계를 조정하고, 새로운 반죽 메커니즘을 개발했다. 즉, **명확지 → 명확지** 과정이다.

- **내재화(Internalization):** 개발팀은 실제로 기계를 조작하면서, 암묵적 경험을 다시 내면화하고, 필요할 때마다 응용할 수 있게 되었다. 즉, **명확지 → 암묵지** 과정이다. 이로써 오사카 인터네셔널 호텔 제빵사의 암묵지가 마쓰시다 전자의 암묵지로 완전하게 내재화되었다.

동태적 역량

동태적 역량의 개념

동태적 역량(Dynamic Capabilities)은 급변하는 시장환경에서 기업이 기존 자원과 역량을 유연하게 재구성하고 적응시키는 능력을 의미한다. 단순히 자원이나 지식을 보유하는 데 그치지 않고, 변화하는 환경에 맞춰 자원과 역량을 신속하게 재배치·활용하여 새로운 기회를 포착하고, 지속적으로 혁신을 끌어내는 능력을 강조한 이론이다.

동태적 역량을 갖춘 기업은 시장 변화, 신기술 등장, 경쟁 구도 변화와 같은 외부환경 변화에 신속하게 대응할 수 있으며, 이를 통해 지속적으로 경쟁우위를 확보할 수 있다. **동태적 역량의 핵심 요소**는 다음과 같이 정리할 수 있다.[69]

- **환경 변화 적응의 신속성·유연성:** 환경 변화에 신속·유연하게 적응한다는 것은 기업이 외부환경의 급격한 변화, 예를 들어 기술 혁신, 시장수요 변화, 경쟁 구도 변화, 규제 변화 등에 빠르게 대응할 수 있는 능력을 의미한다. 적응의 **신속성**은 기업이 경쟁에서 뒤처지지 않고 시장에서의 위치를 유지하거나 강화하는 데 중요하며, **유연성**은 다양한 시나리오에 대비해 여러 대안을 마련하고 실행할 수 있는 역량이다. 단순히 기존 자원을 보유하는 것을 넘어서, 변화하는 상황에 맞게 전략수정, 조직 구조와 프로세스의 조정, 새로운 기회를 포착이라는 동태적 능력의 바탕을 이룬다.

- **기존 자원의 재구성과 재배치:** 기업이 보유한 자원을 변화하는 환경과 전략적 요구에 맞게 재조직하고, 새로운 방식으로 활용하는 과정을 의미한다. 단순히 자원을 유지하는 것이 아니라, 자원의 조합을 바꾸거나 새로운 자원을 통합, 불필요한 자원을 제거하는 등 자원의 최적화를 통해 경쟁력을 강화하는 활동이다. **재구성과 재배치**는 기업이 시장 변화에 대응하고, 혁신을 촉진하며, 새로운 사업기회를 포착하는 데 중요한 역할을 한다. 예컨대 기술변화에 따라 생산설비를

최신화하거나, 조직 내 인력을 재배치하여 신사업 부문에 집중하는 것이 해당한다.

- **지속적 혁신과 새로운 기회 포착:** 기업이 변화하는 시장과 기술 환경 속에서 끊임없이 새로운 제품, 서비스, 프로세스, 비즈니스 모델을 개발하고, 이를 통해 성장과 경쟁우위를 확보하는 능력을 말한다. **혁신**은 단발성 이벤트가 아니라 조직 전반에 걸친 지속적인 활동으로, 연구개발(R&D), 고객 피드백, 시장 분석, 내부 아이디어 발굴 등을 포함한다. 새로운 **기회 포착**은 기업이 시장의 변화, 기술 발전, 고객 요구의 변화를 민감하게 감지하고, 이를 사업기회로 전환하는 능력이다. 이 과정에서 기업은 위험을 감수하고, 자원을 전략적으로 배분하며, 조직 문화를 혁신 친화적으로 조성해야 한다.

- **조직 내 학습, 협업, 유연한 의사결정 구조:** 기업이 내부 지식을 효과적으로 축적하고 공유하며, 다양한 부서와 구성원 간 협력을 촉진하고, 신속하고 유연한 의사결정을 가능하게 하는 조직역량을 일컫는다. **학습**은 조직이 과거 경험과 외부 정보를 바탕으로 지속적으로 개선하고 혁신하는 과정이며, 이는 조직의 적응력과 경쟁력 강화에 필수적이다. **협업**은 부서 간, 팀 간, 개인 간 지식과 자원의 통합을 촉진하여 복잡한 문제를 해결하고 혁신을 가속화한다. **유연한 의사결정 구조**는 변화하는 환경에 신속히 대응할 수 있도록 권한 위임, 분권화, 개방적 커뮤니케이션을 포함하며, 이는 조직의 민첩성과 혁신 역량을 높인다.

동태적 역량과 자원·지식기반관점 간 차이점과 후속 이론

RBV, KBV, 동태적 역량 등 세 가지 이론은 각각 자원, 지식, 그리고 변화에 대응하는 역량에 초점을 두고 기업의 경쟁우위와 성장을 설명한다. 외부환경보다는 기업 내부능력을 중시한다는 공통점이 있으나, 능력의 원천을 달리 본다는 점에서 이론의 접근 방식과 전략에 대한 시사점에 차이가 있다. **각 이론을 비교·정리**한다.

SK하이닉스의 동태적 역량

SK하이닉스는 반도체 메모리 분야에서 세계 2위의 시장 점유율을 기록하고 있으며, 고도로 기술집약적이고 경기 변동성이 큰 산업구조 속에서도 장기적인 경쟁력을 유지해왔다. 특히 D램과 낸드플래시 등 메모리 반도체 분야에서 시장 변화에 민첩하게 대응하며 글로벌 입지를 확대해왔다. 이는 단순한 비용 우위나 일회성 혁신에 기반한 성과가 아니라, 시장 변화에 대한 지속적 학습과 자원의 능동적 조정이라는 '동태적 역량'의 전형적 발현으로 평가된다.

먼저, SK하이닉스는 시장 변화와 기술 트렌드를 빠르게 탐지(Sensing)하고 이를 기반으로 전략적 방향을 설정해왔다. 예컨대, AI·빅데이터 시대의 수요 증가를 반영하여 고대역폭 메모리(HBM) 및 DDR5 등의 차세대 제품개발에 집중 투자하고 있다. 이는 기술진보의 흐름을 정확히 읽고 선제적으로 대응한 사례로 평가된다.

둘째, SK하이닉스는 주요 기술확보를 위해 전략적 인수합병(M&A)을 적극적으로 활용하며 기회를 포착(Seizing)해왔다. 대표적으로 2021년 인텔(Intel)의 낸드 사업부를 인수한 사례는, 제품 포트폴리오를 확장하고 글로벌시장에서 낸드 경쟁력을 확보하기 위한 결정이었다. 이는 단순한 사업 확장이 아닌, 핵심기술과 고객 기반을 동시에 확보하는 행위로서 동태적 역량의 전형적인 발현이다.

셋째, SK하이닉스는 이러한 외부 기술과 자산을 자사 내부 시스템과 빠르게 통합하며 자원을 변모(Transforming)하는 능력을 보여주었다. 인텔 인수 후, SK하이닉스는 글로벌 생산라인을 재배치하고 R&D 거점을 확장하면서 조직 내 기술역량과 시장 대응 체계를 동시에 조정하였다. 또한 ESG 및 친환경 생산공정 전환, 탄소배출 감축 전략 등을 병행하며 기업의 지속가능성과 장기적 경쟁력까지 고려한 자원 재구성 전략을 실행하고 있다.

이와 같은 역량은 SK하이닉스가 단순한 메모리 제조기업을 넘어, 글로벌 반도체 생태계 내에서 전략적으로 자원을 조율하고 변화에 주도적으로 대응하는 기업으로 성장하는 데 기여하고 있다. 결국 SK하이닉스 사례는 동태적 역량이론에서 강조하는 탐지, 포착, 재구성의 세 요소가 유기적으로 작동하며 글로벌전략의 성패를 좌우하는 핵심 메커니즘임을 보여준다.

자원기반관점(RBV)은 기업이 보유한 유형·무형의 자원, 예를 들어 물리적 자산, 재무자산, 특허, 브랜드 등이 경쟁우위의 원천으로 강조한다. 이 관점은 자원의 희소성, 가치, 모방 난이도, 조직화 가능성에 주목하며, 기업이 이러한 자원을 효과적으로 보유하고 활용할 때 시장에서 우위를 점할 수 있다고 간주한다. 그러나 RBV는 비교적 정적인 환경을 전제하기 때문에 급변하는 시장환경이나 기술변화에는 대응이 어렵다는 한계로 나타난다.

지식기반관점(KBV)은 RBV를 확장한 이론으로, 기업 내부에 축적된 지식, 특히 암묵지, 조직 내 경험, 학습능력 등이 핵심 자원임을 강조한다. KBV는 지식의 창출, 공유, 활용, 그리고 조직 학습 역량이 경쟁우위를 결정짓는 핵심요인이라 본다. 이 관점은 기업이 지식기반의 무형자산을 지속적으로 발전시키고, 이를 조직적으로 활용할 때 혁신과 차별화가 가능하다고 설명한다. 그러나 KBV 역시 외부환경의 급격한 변화에 대한 대응력에는 한계가 있는 정태적 이론이다.

동태적 역량이론은 RBV와 KBV의 한계를 보완하는 이론으로, 기업이 변화하는 환경에 신속하고 유연하게 적응할 수 있도록 내외부 자원과 역량을 끊임없이 통합하고 재구성하는 능력이 경쟁우위의 핵심임을 강조한다. 동태적 역량이론은 기업이 새로운 시장기회를 포착하고, 기존 자원과 지식을 신속히 재배치·활용하여 지속적으로 혁신

표 4-3 자원기반관점, 지식기반관점, 동태적 역량 간 비교

구분	자원기반관점(RBV)	지식기반관점(KBV)	동태적 역량
핵심 자원	유형자원(물리적 자산, 재무자산), 무형자산(특허 등)	지식(특히 암묵지, 조직 내 경험, 학습능력 등)	내·외부 자원과 역량의 동적 통합·재구성 능력
경쟁우위 원천	자원의 희소성, 가치, 모방 난이도, 조직화	지식의 창출, 공유, 활용, 조직 학습 역량	변화하는 환경에 맞춰 자원과 역량을 신속히 재구성하는 능력
환경 변화 대응	비교적 정태적, 환경 변화에 둔감	지식의 활용과 학습을 통한 혁신, 환경 변화에 유연	환경 변화에 신속·유연하게 적응, 자원과 역량을 끊임없이 재구성
이론적 한계	유형자원은 모방이 쉬움, 환경 변화에 둔감	지식의 측정·관리, 외부 환경 변화에 대한 적응력 필요	역량구축과 유지에 비용 및 시간 소요, 복잡성
확장성/관계	KBV, 동태적 역량이론의 기초가 됨	RBV의 확장, 동태적 역량이론과 연계	RBV와 KBV의 한계를 보완, 변화에 유연한 경쟁우위 강조

을 이끌어낼 때 장기적인 성장이 가능하다고 설명한다. 동태적 역량의 발현은 탐지(Sensing), 포착(Seizing), 변모(Transforming) 순서로 이루어진다.

동태적 역량의 **후속 이론과 이론의 확장 대상**을 살펴보자. 적응-형성 관점, 디지털 전환, 생태계 전략, 생태계 전략, 비즈니스 모델 혁신 등이 있으며, 이들은 동태적 역량이론의 핵심 메시지를 확장·심화하거나 영향을 주는 전략적 확장 대상이다.

- **적응-형성 관점(Adapting-Shaping View):** 최근 연구에서는 동태적 역량이 단순히 환경에 적응하는 것을 넘어, 환경을 형성(Shaping)하는 능력까지 포함하는 것으로 확장되고 있다.[70] 기업은 환경 변화에 반응할 뿐 아니라, 시장과 기술의 방향을 주도적으로 설계하는 역할도 수행할 수 있다. 동태적 역량이 환경에 단순히 적응하는 수단이 아니라, 환경을 주도적으로 형성하는 역할까지 확장한다는 관점이다. 초기의 동태적 역량이론에서 기업환경과 내부 역량 간 연계성을 적극적으로 해석한 관점이라고 볼 수 있다.

- **디지털 전환(Digital Transformation)과 통태적 역량:** 동태적 역량의 전략적 확장 대상으로써 디지털 전환과정에서 동태적 역량이 어떻게 중요한 역할을 하는지 분석한다.[71] 디지털 기술의 발전과 함께, 기업은 내·외부 데이터와 기술을 신속히 통합하고, 새로운 비즈니스 모델을 구축하는 동태적 역량이 더욱 중요해지고 있다. 디지털 플랫폼, 인공지능, 빅데이터 등 신기술 활용이 동태적 역량의 핵심 요소임을 밝히는 후속연구의 대상이다.

- **생태계 전략(Ecosystem Strategy)과 통태적 역량:** 기업이 단독으로 모든 역량을 갖추기보다는, 외부 파트너와의 협력과 네트워크를 통해 생태계를 구축하고, 이를 통해 혁신과 경쟁우위를 확보한다는 기업 생태계 전략과 동태적 역량의 연계를 다룬다. 동태적 역량이 강한 기업은 생태계 전략을 효과적으로 수행하며, 파트너들과의 조율과 협업을 통해 지속가능한 경쟁우위를 확보할 수 있다.[72]

- **비즈니스 모델 혁신(Business Model Innovation)과 통태적 역량:** 기업은 변화에 신속히 대응하고, 새로운 제품·서비스·비즈니스 모델을 지속 개발하는 능력이 필요하다.[73] 이때 동태적 역량은 조직 민첩성(Agility)과 혁신 역량의 기반이 된다.[74] 기존 비즈니스 모델의 연구자들은 비즈니스 모델이 기업의 가치창출과 수익 포착, 그리고 혁신의 성공에 핵심적 기능을 한다고 주장하는데, 이를 실현하기 위해서는 비즈니스 모델의 혁신과 동태적 역량이 필수적임을 강조한다.

소유경쟁우위와 국제기업

국제기업이 국내생산을 대체하는 해외입지에서 생산, 즉 해외직접투자를 통한 국제생산을 하기 위해서는 소유경쟁우위(Ownership Competitive Advantage)가 있어야 한다. 해외직접투자(Foreign Direct Investment: FDI) 이론을 비롯한 국제경영이론에서는 '경쟁우위' 대신에 **소유경쟁우위** 또는 **소유우위**라는 표현을 사용한다. 소유우위를 보는 시각은 해외직접투자 이론 학자별로 차이가 있다.

FDI 이론을 무역이론으로부터 분리하는 데 학술적 공헌도가 큰 **하이머**(Hymer)는 기업의 소유우위 대신 독점적 우위(Monopolistic Advantage)라는 용어를 사용했다.[75] 그는 독점적 우위를 "기업이 해외에서 현지기업과 경쟁하기 위해, 현지기업이 가진 언어, 문화, 법제, 소비자 선호 등 내재적 이점을 극복할 수 있는 우위"로 표현했다. 하이머는 세계 2차 대전 무렵부터 다국적기업이 활발히 추진하는 FDI 현상에 대해, 당시 무역이론에서는 이를 포트폴리오 투자 현상으로 간주했으나 이를 부정하고, 이는 단순히 자본이동이 아니라 기업의 독점적 우위를 해외로 확장하려는 기업의 전략적 행위라는 주장을 했다. 하이머는 기업의 FDI 동기를 치열한 국내의 과점시장에서 경쟁하는 기업이 해외의 자원 개발이나 비용절감 효과를 위해 해외생산에 투자하려는 행위로 보았다. 하이머의 FDI 이론은 과점적 경쟁이론 요소가 다분히 담겨 있다. 이후 과점경쟁이론가인 **킨들버거**(Kindleberger)는 기업이 해외에서 경쟁하기 위해서는 시장 불완전성 조건에서 얻은 독점적 우위가 필요하다고 하여 하이머의 견해를 지지했다.[76] 이처럼 초기 FDI 이론가의 소유우위 정의는 RBV 경쟁우위와 차이가 크다.

RBV의 경쟁우위와 유사한 개념은 FDI 주류 이론으로서 절충이론을 완성한 **더닝**(Dunning)에서 찾을 수 있다.[77] **절충이론**(Eclectic Theory)은 OLI 패러다임이라고 불리는데, 이론을 구성하는 소유경쟁우위(Ownership Competitive Advantage), 입지우위(Locational Advantage), 내부화(Internalization) 등의 영문명 첫 자를 모으면 OLI가 되기 때문이다. **소유경쟁우위**는 상대 경쟁기업에 대하여 차별적으로 기업의 소유한 독특하고 귀중한 자원을 말한다. 기업의 규모, 독점적 지위, 특허, 상표권, R&D능력, 인적자본, 시장경험, 위험분산 능력, 정부에 대한 협상력 등으로 측정되며 유·무형의 자산을 모두 포함한다. 사실 더닝의 절충이론에서 소유우위는 같은 시기의 소유우위를 연구한 케이브즈(Caves), 허쉬(Hirsh) 등의 학자와 교감이 있었다. **케이브즈**는 기업의 소유우위가 주로 제품차별화에서 비롯된다고 하였고, 기업이 브랜드, 특허, 기술력, 마케팅 능력 등으로 제품을 차별화하면, 해외시장에서 현지기업과 비교해 경쟁우위를 가질 수 있다고 했다.[78] **허쉬**도 기업의 소유우위를 특허, 기술 등 기업 고유의 자산으로 보아 RBV의 개념과 유사한 범주에서 경쟁우위를 보고 있다.[79] 하지만 FDI는 기업이 본국에서 누리는 비교우위(기술, 노동력, 자본 등)를 해외시장에서 활용할 수 있는 경쟁우위로 전환할 때 발생한다고 하여, 기업 소유우위와 국가의 비교우위와 연관성을 강조한 것이 일반 상황을 가정하는 RBV와 다른 접근법이다. 기업 소유우위와 투자대상 국가의 비교우위와 연계 또는 결합과정을 해외직접투자의 발생 조건으로 보는 견해는 국제시장 진출수단으로서의 FDI 성격을 반영한 결과라 할 수 있다.

이 외도 최근에 **신흥국 기업의 소유우위**에 대한 정의에서 또 다른 관점을 발견할 수 있다. 신흥국 기업은 선진국 기업과 달리 현지화된 기술, 저비용, 유연성 등에서 경쟁우위를 확보하며, 이는 해외진출의 핵심 동인이 된다고 한다.[80] 또 신흥국 기업은 기술 축적을 통해 경쟁우위를 확보하는데, 경쟁우위 확보 과정 자체가 FDI라는 것이다.[81] 특정 신흥국 기업은 전략적 자산(기술, 지식, 브랜드 등)을 해외에서 적극적으로 획득하여, 자사의 역량을 강화하는 '역방향의 기술활용'을 꾀하는 현상이 발생한다는 것이다. 이러한 과정은 신흥국 기업이 현지에서 동태적 역량을 발휘하여 국가 특유의 자산(지리적 우위)을 기업 고유의 역량(소유우위)으로 전환하는 것으로 풀이할 수 있다.[82]

PART 2
전략의 계획

기능수준 전략의 역할　가치사슬 활동　기능수준 전략의 핵심 요소

주요 기능영역별 전략　제품수명주기와 마케팅전략　경험곡선과 가격전략

국제이전가격

05

기능수준 전략

기능수준 전략은 기업 내 각 기능부서에서 수립하고 실행하는 세부적인 전략을 의미한다. 기업의 전략은 일반적으로 세 가지 수준으로 구분한다. 가장 상위에 기업의 장기적 비전과 목표를 설정하는 기업수준 전략이 있고, 그다음으로 사업부 단위에서 경쟁우위를 확보하기 위한 사업수준 전략이 있다. 기능수준 전략은 기업의 전략 계층구조에서 가장 하위 단계로, 사업부가 설정한 목표와 전략을 실제 업무 현장에서 구현하는 **상위 전략의 실천적 전환과정**이다.

기능수준 전략은 각 기능부서가 가진 전문성을 바탕으로 특정 목표를 달성하기 위한 세부 방안을 수립하는 것으로, 상하위 전략 간 중계와 조정의 역할, 가치사슬 간 연계 역할 등을 담당한다.

기능수준 전략의 핵심은 구체성과 실행 가능성에 있으며, 마케팅, 생산, 인사, 연구개발(R&D), 정보시스템 등의 각 기능부서에서 다양한 방식으로 나타난다. 이와 같은 기업의 기능활동을 **포터**(Porter)는 **가치사슬**(Value Chain)이라 불렀다. 각 가치사슬 활동에 대한 상세한 전략과 실행방법을 본 장에서 모두 담을 수 없어, 기능전략별로 강조해야 할 핵심내용만을 간략히 정리한다. 즉 마케팅 기능전략, 생산 및 운영 기능전략, 인적자원 관리 기능전략, 연구개발(R&D) 기능전략 등에 대해 각각의 전략과제와 해당 기업사례를 설명한다. 이 중에 마케팅전략을 기능수준 전략의 대표적 분석 사례로 지정하여 제품수명주기별 마케팅전략, 경험곡선을 활용한 가격전략 등을 소개한다. 본 장과 관련한 주제의 국제기업 시사점으로 국제이전가격에 대해 상황별 이전가격 조정전략, 그리고 국제이전가격 결정 기준을 사례와 함께 기술한다.

기능수준 전략의 개념과 역할

기능수준 전략(Functional Level Strategy)이란 기업의 전략 계층구조에서 가장 하위에 위치한 전략으로서, 각 부서나 기능영역(예, 마케팅, 생산, 인사, 재무, R&D 등)의 전략이다. 기업 전체의 기업전략 및 각 사업부가 추진하는 사업전략을 실행하기 위해 수립하는 '구체적인 방안'으로서 의미를 지닌다. 기업전략이 기업 포트폴리오와 비전 등 큰 그림을 그리고, 사업 단위별 사업전략은 각 시장에서의 경쟁방식을 결정하는 것이라면, 기능전략은 이를 뒷받침하기 위해 부서 차원에서 수행할 세부 활동과 자원배분 방향을 정하는 '실천적 전략'이다. 예를 들어 기업전략에서 차별화 방향의 신성장 동력을 선정하고, 사업전략에서 해당 사업부의 차별화된 고객가치를 정했다면, 기능전략은 고품질을 위한 마케팅 부서의 브랜드 전략, 생산 부서의 제조 전략, R&D 부서의 기술개발 전략 등으로 구체화하여 상위 전략을 현장에 적용하는 역할을 한다. 기능수준 전략은 전략의 계층구조에서 맨 아래 단계에 위치하지만, 실질적으로 전략을 실행에 옮기는 출발점이 되기 때문에 실제 매출액이나 전략적 성과를 높이는 데 매우 중요한 전략적 의의를 지닌다.

기능수준 전략의 역할

기능수준 전략의 역할은 상위 전략인 기업수준 전략 및 사업수준 전략을 명확한 실행계획으로 변환하여 기능별 운영성과를 극대화하는 데 있다. 실행계획으로 변환 과정에서 기능전략은 상하위 전략 간 중계역할, 상하위 전략 간 조정역할, 기능전략으로서 가치사슬 간 연계 역할 등을 수행한다.

- **상하위 전략 간 중계역할:** 기능전략의 첫 번째 임무는 무엇보다도 조직의 각 부문이 자신의 전문영역에서 최고 효율과 효과를 달성함에 있다. 마케팅부서는 시장점유율과 같은 마케팅성과를, 재무부서는 안정적 자금조달·운영과 같은 재무성과를 각각 최대화하는 것이다. 그럼으로써 상위 전략의 현장에서 실현의 완성도를 높인다. 기능전략은 일상적인 업무와 전략적 목표를 연결하는 **다리 역할**을 한다. 현장에서 무엇을 어떻게 해야 할지를 명확히 해준다. 잘 설계된 기능전략이 있을 때, 각 부서는 자신들의 활동이 기업 전체 성과에 어떻게 이바지하는지 이해할 수 있으며, 갈등과 마찰 없이 모든 부문이 같은 방향으로 진행돼 시너지를 얻을 수 있다.

- **상하위 전략 간 조정역할:** 기능전략은 상하위 전략 간 중계역할을 수행하되, 그 과정에서 조정역할도 동시에 요구받는다. 기능수준에서의 목표와 지표가 명확하면, 부서원들은 일상 업무의 우선순위를 전략적 목표에 맞춰 쉽게 조정할 수 있다. 이를 통해 기업은 전략-실행 간격을 줄이고, 기능별로 축적된 성과가 모여 사업부와 기업수준의 성과로 원활히 이어지게 된다. 반면 기능전략이 부재하거나 상위 전략과 **정렬**(alignment)이 되지 못하면 부서 간 엇박자가 발생하고, 노력이 분산되어 전략 실행력 저하와 성과 부진으로 이어진다. 예를 들어, 최고경영진이 품질 차별화 전략을 추구하는데 생산 부서가 비용 절감만을 중시하는 방향으로 움직인다면 전략이 현장에서 구현되지 못한다. 기능전략은 상위 전략과의 정렬을 통해 상위 전략의 방향성에 맞춰 부문별 성과를 극대화한다. 기능전략은 하향식(top-down)으로 진행되지만, 정렬과정에서 상위 전략에 대한 모니터링과 제안 등의 피드백 효과도 발휘한다.

- **가치사슬 간 연계역할:** 기능수준 전략은 포터의 가치사슬 모형과 밀접한 관련이

있다. 가치사슬은 기업이 제품이나 서비스를 통해 고객에게 제공하는 가치를 창출하는 활동들의 집합이다. 각 가치사슬 활동은 실질적인 개별 기능전략이 된다. 이때 개별 기능전략은 연결되어야 한다. 연구개발, 투입물류, 운영, 산출물류, 마케팅/판매, AS 등의 흐름으로 연결돼야 비로소 기업 마진이 창출된다. 개별 기능전략은 가치사슬의 각 활동영역에서 최적의 성과를 도출하는 데 목적을 두지만, 기능수준 전략은 궁극적으로 이들 가치사슬이 일관성 있게 **연계**하여 마진까지 이르는 경로를 통제하는 역할을 포함한다. 즉, 기능수준 전략은 가치사슬 각 활동이 부여된 기능별 성과를 발휘하고, 나아가 가치사슬 담당 조직(기능부서) 간 상호보완적이고 효율적으로 연계될 수 있도록 관리하여 최종적으로 기업 전체의 경쟁우위를 확보하는 데 기여한다.

기능수준 가치사슬 활동

포터의 가치사슬 모형은 기업의 모든 경영활동을 가치창출 관점에서 분해하여 분석하는데 요긴하게 사용된다. 가치사슬 모형을 통해 각 활동이 얼마나, 또는 어떻게 부가가치를 높이며, 원가를 절감하는지 파악할 수 있다. 가치사슬 분석의 목적은 각 활동에서 최대의 가치를 최저의 비용으로 창출하여, 즉 생산성 향상과 비용 관리를 통해 경쟁우위를 확보하는 데 있다.

가치사슬은 크게 **본원활동**(Primary Activities)과 **지원활동**(Support Activities)으로 나뉜다. 본원활동은 제품과 서비스가 소비자에게 전달되는 과정과 직접 관련된 활동이며, 지원활동은 본원활동을 효율적으로 수행하기 위한 보조적 역할을 수행하는 활동이다. 본원활동에는 내부물류(자재 투입), 운영(제품 제조/조립), 외부물류(유통), 마케팅 및 판매, 사후서비스 등과 같이 제품과 직접 관련된 기능영역을 포함하고, 지원활동에는 획득, 기술개발, 인적자원관리, 기업하부구조 등을 포함한다.

- **내부물류 활동(Inbound Logistics)**: 제품생산 이전 단계에서의 자원 확보와 관련한 활동이다. 구체적으로는 원재료의 수급, 저장, 운반, 재고관리 등으로 구성되

며, 생산과정에 필요한 투입요소들이 적시에 적절한 조건으로 준비될 수 있도록 하는 것을 목적으로 한다. 효율적인 내부물류 시스템은 생산 지연을 최소화하고, 원가를 절감하며, 전체 운영 효율성을 높이는 데 기여한다. 전략적 관점에서는 공급사슬의 안정성, 공급업체와의 관계관리, 적시생산(JIT) 시스템의 도입 등이 내부물류 경쟁력 확보의 핵심 요인으로 작용한다.

- **운영 활동(Operation):** 확보된 투입요소를 실제로 제품으로 전환하는 중심 활동이다. 생산, 조립, 가공, 포장, 품질검사 등 일련의 공정이 여기에 포함된다. 이 활동의 효율성은 제품의 품질, 생산비용, 납기 등에 직결되며, 따라서 기업의 원가경쟁력과 고객만족도에 큰 영향을 미친다. 최근에는 자동화, 공정혁신, 린 생산(Lean Production) 등의 개념이 도입되며 운영 활동의 전략적 중요성이 더욱 부각되고 있다. 이처럼 운영 활동은 단순한 생산 기능을 넘어, 가치창출의 중요 기능으로 인식되고 있다.

- **외부물류 활동(Outbound Logistics):** 생산된 제품이 최종적으로 고객에게 전달되기까지의 과정을 포괄한다. 완제품의 저장, 주문처리, 수송, 유통계획 수립 등이 이에 해당한다. 이 활동은 고객의 서비스 만족도와 직결되며, 배송 속도, 정확성, 유연성 등은 기업에게 차별화된 경쟁우위 요소로써 작용한다. 전략적으로는 물류 네트워크 설계, 배송 시스템의 최적화, 유통 채널과의 연계성 강화 등이 중요 사안이며, 정보기술(IT)을 활용한 실시간 재고관리 및 주문처리 시스템은 경쟁력의 주요 요소가 된다.

- **마케팅/판매 활동(Marketing and Sales):** 구매자가 제품을 구매하도록 하기 위한 활동으로서 제품의 인지도 제고 및 구매자 유인을 위한 활동으로 구성된다. 광고, 판촉, 유통경로 선정 및 관리, 가격결정 등 다양한 마케팅믹스(Marketing Mix) 요소들을 포함한다. 이러한 활동은 고객의 수요를 자극하고, 브랜드 인식을 강화하며, 구매 결정을 유도하는 핵심적 역할을 한다. 전략적 측면에서는 고객

세분화, 경쟁기반 가격설정, 고객경험 관리 등이 중요하며, 이들은 기업의 시장 지위 확보와 유지에 직접적으로 연결된다.

- **판매 후 서비스활동(After sales Service):** 고객이 제품을 구매한 이후의 경험에 관여하는 활동으로, 설치, 수리, 보증, 부품 공급, 사용법 교육 등이 포함된다. 이는 고객 만족도를 유지하고 장기적인 충성도를 확보하는 데 중요한 역할을 하며, 특히 내구재나 기술제품에서 그 중요성이 크다. 전략적 시사점으로는 고객 피드백의 체계적 수집, 서비스 프로세스의 표준화, 서비스 품질의 지속적 개선 등이 있으며, 이는 고객 유지율 증가 및 긍정적인 브랜드 인식 형성으로 이어진다.

- **획득 활동(Procurement):** 투입요소(원재료, 비품, 소모품, 기계류, 건물 등) 구매뿐 아니라 구매요소와 관련된 여러 기능을 포괄하는 활동이다. 기업이 제품생산 및 서비스제공에 필요한 자원을 외부에서 조달하는 활동에 관한 전반을 포함한다. 이는 단순한 구매 행위를 넘어, 구매 전략의 수립, 공급업체 선정, 계약 관리, 품질검수 등 다양한 요소를 포함한다. 전략적으로는 원가 절감뿐 아니라 품질 확보, 공급 안정성, 공급업체와의 전략적 파트너십 형성이 중요하며, 최근에는 글로벌소싱이나 ESG(환경·사회·지배구조) 기준을 반영한 지속가능한 구매 전략이 더욱 강조되고 있다.

- **기술개발 활동(Technological Development):** 제품 및 공정의 혁신, 생산성 향상, 비용 절감 등을 가능하게 하는 기술적 노하우와 관련한 활동이다. 이는 R&D, 제품설계, 공정 자동화, 정보시스템 개발 등 다양한 형태로 나타나며, 모든 가치활동에 파급효과를 미친다. 기술개발은 경쟁우위의 핵심원천 중 하나로 전략적 차별화 및 지속적인 성장을 가능케 한다. 특히, 디지털 전환, AI, 사물인터넷(IoT) 등 신기술 도입이 기업의 전략적 유연성과 민첩성을 결정짓는 요소로 부상하고 있다.

- **인적자원관리 활동 판매 후 서비스활동(After Sales Service):** 기업 내 인적자본의 확보, 개발, 유지, 보상 등을 총괄하는 활동이다. 인재의 채용, 교육훈련, 성과평가, 보상체계 설계 등은 기업의 전반적인 경쟁력에 지대한 영향을 미친다. 전략적으로는 핵심인재 확보, 조직문화 관리, 리더십 개발 등이 중요하다. 특히 지식기반 산업에서는 인적자원의 질이 곧 기업의 전략적 자산의 기능을 한다. 최근에는 직원의 개별성을 인정·존중·활용하는 다양성과 포용성(Diversity & Inclusion), 유연근무제, 직무 재설계 등이 인사 전략의 새로운 이슈로 대두되고 있다. 여기서 다양성과 포용성은 성별, 인종, 연령, 문화 등 다양한 배경을 가진 인재를 조직 내에 포용하고 존중함으로써 차별 없이 역량을 발휘할 수 있도록 지원하는 인적자원관리 방안으로 조직의 창의성과 혁신을 촉진하고 지속가능한 경쟁우위 확보에 기여한다.

그림 5-1 가치사슬의 구성

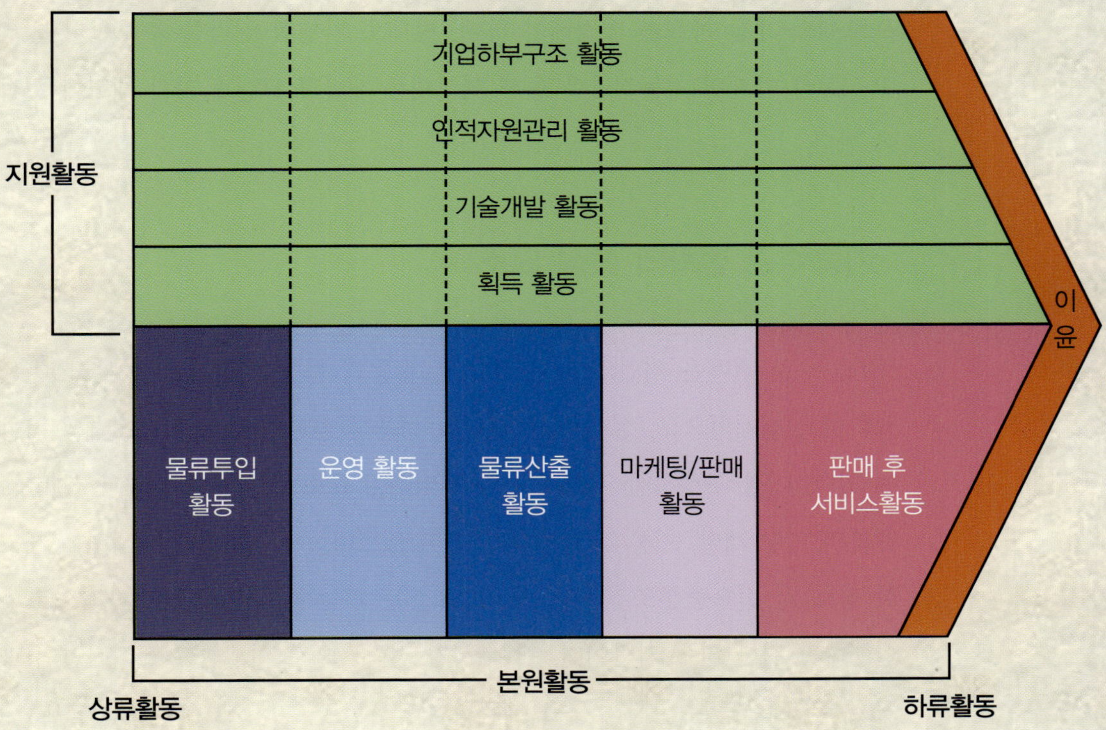

- **기업하부구조 활동(Firm Infrastructure):** 기업 전체를 운영하고 통제하기 위한 기반 기능으로, 전략기획, 회계, 재무, 법무, 품질관리, 대정부 관계 등을 포함한다. 이는 관리와 관련한 모든 활동을 지원하며, 조직 전체의 전략 실행력을 결정짓는 구조적 틀로서의 기능을 한다. 전략적 관점에서는 조직구조의 유연성, 의사결정 프로세스의 효율성, 내부통제 시스템의 정교함 등과 관계된 중요한 기능이다. 나아가 직접적 또는 간접적으로 기업의 신뢰성, 사회적 책임 이행, 위기대응능력 등을 결정하는 기반이 된다.

포터는 이러한 각각의 가치사슬 활동이 **경쟁우위의 기본 단위**이며, 각 활동의 가치를 극대화하는 것이 기업성과를 높이는 열쇠라고 강조했다. 또한 기능수준의 각 부서 전략이 독립적으로 운영되지 않고 가치사슬 내에서 **통합적으로 관리**될 때 기업은 더 높은 성과를 달성할 수 있다고 한다. 즉 전체 가치사슬의 경쟁력을 높이는 방향으로 설계되어야 한다는 것이다. 예를 들어 원가우위 전략을 추구하는 기업이라면, 가치사슬 전반의 비용 효율화를 위해 생산, 물류, 조달 부문의 기능전략에서 원가 절감과 프로세스 개선 목표를 설정해야 하며, 반대로 차별화 전략을 추구한다면, 연구개발(R&D)과 마케팅 기능전략을 통해 혁신제품 개발과 브랜드 가치 제고에 초점을 맞춰야 한다.

기능수준 전략의 핵심 요소

기능수준 전략은 기업의 상위 전략에 대해 각 기능을 담당하는 부서 수준으로 구체화한 실행계획으로, 실제 상위 전략의 성공적 실현 여부는 기능전략의 적합성에 달려 있다. 이를 구성하는 **기능수준 전략의 핵심 요소**로는 목표 설정과 성과지표, 자원배분과 역량 개발, 기능 간 통합과 조정이 있으며, 이들은 전략 실행력을 제고하기 위한 상호 간 필요충분조건이다. 이 세 요소는 기능수준 전략을 효과적으로 설계하고 실행하기 위한 필수 기반이며, 각 부서가 전략적으로 사고하고 실질적인 성과로 연결될 수 있도록 돕는 실천적 틀을 제공한다.

목표 설정과 성과지표

기능수준 전략의 출발점은 명확한 목표의 설정이다. 각 기능부서는 기업의 상위 전략과의 연계를 바탕으로, 부서별로 달성해야 할 구체적이며 실현 가능한 **목표를 설정**한다. 이 목표는 반드시 핵심성과지표(KPI)와 같은 측정 가능한 정량적 지표를 통해 구체화해야 한다. 목표 설정은 상위의 전략적 방향을 실무현장에 적용 가능한 행동 계획으로 전환하는 과정이며, 실무자가 전략의 의미를 명확히 이해하고 행동으로 옮길 수 있도록 돕는다.

성과지표는 숫자 지표를 넘어, 전략의 실행 상태를 지속적으로 모니터링하고 평가할 수 있는 기준이다. 정량화한 KPI는 전략적 의사결정을 지원하며, 문제 상황을 조기에 인식하고 대응할 수 있는 근거를 제공한다. 예를 들어, 마케팅 부서의 경우에는 시장점유율, 브랜드 인지도, 고객 재구매율 등이 핵심성과지표로 활용될 수 있고, 생산 부서에서는 단위당 생산비용, 공정 불량률, 납기 준수율 등이 전략 실행 상태를 보여주는 주요 지표가 된다. 이러한 지표는 부서 구성원에게 기대 수준을 명확히 전달하고, 전략 실행의 방향성과 속도를 조정하는 데 있어 필수적인 관리 도구로 작동한다.

예를 들면, 목표 설정과 성과지표와 관련하여 소비재 기업의 마케팅 부서는 '분기 내 시장점유율 5% 확대'를 목표로 설정하고, KPI로는 TV 광고 도달률, 신규 고객 수, 재구매율 등을 도입한다. 이를 통해 구성원들은 명확한 기준 아래 각자의 역할을 인식하고, 실행 결과를 수치로 평가할 수 있게 된다. 이러한 KPI는 단기 실적 확인뿐 아니라 장기적인 마케팅 방향 수립에도 유용한 정보로 활용된다.

자원 배분과 역량 개발

전략의 성공적 실행을 위해서는 필요한 자원의 확보와 적절한 배분이 선행되어야 한다. 자원은 인력, 예산, 시간, 기술, 정보 등 다양한 형태로 존재하며, 이들은 전략 목표를 달성하는 데 있어 핵심적인 수단이다. 기능부서는 자체 전략목표에 따라 자원을 우선순위에 맞추어 배분하고, 자원의 활용 효율성을 극대화할 수 있는 **자원배분 운영체계**를 마련한다.

그러나 단순한 자원 배분만으로는 충분하지 않으며, 해당 기능영역의 역량을 어떻게 개발하고 유지할 것인지에 대한 전략도 함께 수립되어야 한다. 역량이란 특정 활동을 경쟁사보다 더 효과적으로 수행할 수 있는 기능적·조직적 능력을 의미하며, 이는 전략의 지속가능성과 차별화된 성과를 결정짓는 기반이 된다.

역량 개발에는 인재육성, 핵심 기술 도입, 내부 프로세스의 고도화 등이 포함되며, 이를 통해 기업은 환경 변화에 유연하게 대응하고, 새로운 기회를 포착할 수 있게 된다. 자원과 역량은 서로 독립된 요소가 아니라, '상호보완적 관계' 속에서 전략을 뒷받침한다. 예컨대 연구개발 부서가 기술혁신 전략을 수립했다면, 이를 실행하기 위해서는 우수한 연구 인력 확보, 장비와 예산 투자, 외부 기술 제휴 등 자원적 측면이 뒷받침되어야 하며, 동시에 실험 설계 능력, 실패대응 능력, 지식 축적 등의 조직학습의 역량도 갖추어야 한다.

예에 적용해 보자. 중견 제조기업의 생산부서가 '불량률 1% 미만 유지'라는 전략목표를 설정하고, 이를 위해 자동 검사장비 도입에 예산을 집중적으로 배분한다. 동시에 품질관리 인력을 교육하고, 작업 표준화 매뉴얼을 개선함으로써 역량 기반의 성과 개선을 추진한다. 이처럼 자원의 전략적 사용은 역량 강화와 직접 연결되어 있으며, 지속적인 학습과 개선을 통해 성과가 누적된다.

기능 간 통합과 조정

기능수준 전략은 각 부서가 고립적으로 운영되며, 기능이 분절적으로 실행되지 않도록 주의한다. 기업 조직은 마케팅, 생산, R&D, 재무 등 여러 기능부서가 유기적으로 연계된 복합체이기 때문에, 기능전략의 효과적인 실행을 위해서는 기능 간 **통합과 조정 메커니즘의 구축**이 필수적이다.

특히 전략 실행 과정에서는 부서 간 상호 의존성이 높게 나타난다. 따라서 기능 간 전략 정렬을 통해 공동의 전략목표를 설정하고, 이를 실행하는 데 필요한 의사소통

구조와 협력 체계를 갖추는 것이 중요하다. 이를 위해 기업은 다양한 조직적 장치를 활용할 수 있으며, 대표적으로 프로젝트 기반 조직, TFT(Task Force Team), 공동 KPI의 도입, 정례 조정회의 운영 등이 있다. 이러한 수단은 부서 간 정보 공유를 촉진하고, 전략 실행 시 발생할 수 있는 갈등이나 비효율을 미연에 방지하는 데 기여한다.

또한, 기능 간 통합을 전담하는 **최고운영책임자(COO)** 등의 역할을 부여함으로써, 전략의 일관성과 실행력을 높일 수 있다. **통합·조정**은 단순한 협업 이상의 의미를 갖는다. 이는 전략목표를 기준으로 부서 간 자원과 활동을 구조화하고, 권한과 책임을 명확히 설정하며, 정기적인 상호작용을 통해 전략 실행 과정을 점검하고 조율하는 체계를 말한다. 예를 들어, 신제품 개발 전략을 추진하는 경우 R&D 부서의 개발 일정, 생산 부서의 제조 가능성, 마케팅 부서의 시장 진입전략이 사전에 조정되지 않으면 일정 지연이나 자원낭비가 발생할 수 있다. 따라서 기능 간 통합은 전략 실행의 성공 여부를 결정짓는 핵심요인으로 간주된다.

예로 표현하면, 기술기반 스타트업이 신제품을 출시할 때, R&D, 생산, 마케팅 등의 부서가 초기부터 통합 회의를 통해 사양, 제조 가능성, 시장 포지셔닝을 사전에 조율하는 경우를 들 수 있다. 출시 과정에서 마케팅 부서는 초기 고객군을 정의하고, R&D 부서는 기능 명세(spec)를 구체화하며, 생산 부서는 생산일정을 조정함으로써 제품이 시장에 적기에 공급되게 한다. 전략목표 달성을 위한 기능 간 조정, 공동 책임 구조의 중요성, 그에 대한 성과를 이해하기 위한 예다.

주요 기능영역별 전략

기업의 가치사슬을 구성하는 각 기능영역은 고유한 전략적 역할과 실행과제를 지니고 있으며, 해당 기능수준 전략은 기업이 경쟁우위를 창출하고 유지하는 데 핵심적인 기반을 제공한다. 다음에서는 대표적인 기능영역인 마케팅, 생산 및 운영, 인적자원관리, 연구개발(R&D), 정보시스템 부문에서의 **기능전략별 핵심내용**을 정리한다.

- **마케팅 기능전략:** 마케팅전략은 시장과 고객을 중심으로 기업의 제품과 서비스

를 효과적으로 인식시키고 판매를 촉진하는 것을 목적으로 한다. 핵심적으로는 목표시장 선정, 포지셔닝, 제품, 가격, 유통, 촉진관리로 구성되는 마케팅믹스(4Ps) 전략수립이 포함되며, 이를 통해 고객가치와 브랜드 인지도를 증진시킨다. 전략의 성공은 고객만족도 및 충성도 향상으로 이어져 매출 증대와 시장점유율 확대로 귀결된다. 예를 들어, **P&G**는 철저한 소비자 분석, 차별화된 브랜드 캠페인, 대규모 광고투자를 통해 다수의 글로벌 1위 브랜드를 확보하고 있으며, 이는 마케팅 기능전략이 기업의 핵심경쟁력으로 작용할 수 있음을 보여주는 대표적 사례이다.

- **생산 및 운영 기능전략:** 생산 또는 운영의 기능전략은 원가 절감, 품질 향상, 리드타임 단축, 생산 유연성 제고 등을 목표로 하며, 기업의 운영 효율성과 제품 경쟁력을 동시에 추구한다. 구체적인 전략 도구로는 적시생산(JIT), 린 생산, 설비 자동화, 공정혁신 등이 있으며, 이를 통해 규모의 경제 달성과 원가우위 확보가 가능하다. 또한 공급망 관리(SCM)와 연계하여 내부물류부터 외부물류까지의 전체 흐름을 최적화하는 것도 중요한 전략과제이다. 예컨대 **삼성전자**는 대규모 자동화 설비와 수직적 통합전략을 통해 반도체, 디스플레이, 스마트폰 생산에서 품질과 비용을 동시에 관리함으로써 전 세계시장에서 생산 경쟁력을 확보하고 있다.

- **인적자원 관리 기능전략:** 인적자원관리(HRM) 전략은 인재 확보, 개발, 동기부여, 보상 등을 통해 조직의 성과와 혁신역량을 극대화하는 데 초점을 둔다. 주요 전략으로는 우수 인재 채용 시스템, 교육 및 리더십 개발, 성과에 연계된 보상체계, 조직문화 설계 등이 있으며, 이는 구성원의 역량과 몰입을 높이는 기반이 된다. 지식기반 사회에서는 인적자원이 경쟁우위의 원천으로 작용하며, 특히 **삼성전자**는 글로벌 인재육성과 인재중심 조직문화를 통해 이를 제도화하고 있다. 직원을 해외 현장에 1년 이상 파견하는 지역전문가제도 운영이 그 예이다. 또한 **아마존**은 데이터 기반 인력 운영과 생산성 관리시스템을 활용하여 인력 효율을 극

대화하고 있으며, 이는 HRM 전략이 단순한 관리 기능을 넘어 기업전략 실행의 핵심 수단임을 보여준다.

- **연구개발(R&D) 기능전략:** R&D 전략은 신기술 및 신제품 개발을 통해 지속가능한 성장 기반과 미래 경쟁력을 확보하는 데 목적을 둔다. 관련하여 연구개발 투자, R&D 포트폴리오 관리, 오픈 혁신(Open Innovation), 특허 전략, 제품개발 프로세스 개선 등이 핵심을 이룬다. 예를 들어 **P&G**는 내부 R&D 생산성 정체를 극복하기 위해 외부 아이디어를 적극 도입하는 연계개발, 즉 C&D(Connect & Develop)를 도입하였으며, 현재 전체 신제품 아이디어의 약 35% 이상을 외부 제휴를 통해 확보하고 있다. **삼성전자** 역시 연 매출의 10% 이상을 R&D에 투자함으

표 5-1 기능영역별 핵심 전략

기능	전략 목적	핵심 구성 요소	전략 도구/방식	대표 사례	전략적 시사점
마케팅	시장과 고객 확보	시장세분화, 타깃팅, 포지셔닝, 4P 관리	CRM, 디지털 마케팅, 퍼포먼스 마케팅, ESG 마케팅	P&G: 소비자 조사, 광고 투자, 브랜드 1위 확보	고객가치 창출 → 매출 증대 및 브랜드 충성도 확보
생산/운영	원가절감 및 생산 효율성 제고	품질, 비용, 리드타임, 유연성 관리	린 생산, JIT, 설비 자동화, SCM 통합, 스마트 팩토리	삼성전자: 자동화, 수직 통합, 대량생산	생산경쟁력 강화 → 원가우위 및 납기 경쟁력 확보
인적자원 관리	인재 확보 · 육성 및 몰입 유도	채용, 교육, 성과 보상, 조직문화	인적자원 분석, 리더십 개발, 유연근무제, 다양성 · 포용성 정책(D&I)	삼성전자: 글로벌 인재 육성(지역전문가제도) 아마존: 생산성 분석 기반 인력 운영	역량 기반 성장 → 전략 실행력과 조직 적응력 강화
연구개발	기술혁신 및 신제품 창출	투자 배분, 기술 포트폴리오, 개방형 혁신, 특허관리	오픈 혁신, 애자일(Agile) R&D, 기술 상용화 전략	P&G: 외부 기술 도입(C&D) 삼성: 매출 10% 이상 R&D 투자	기술 선도 확보 → 장기 경쟁우위 및 제품 차별화 가능
정보 시스템	디지털 전환 및 전략 실행 기반화	데이터 기반 의사결정, 프로세스 혁신, 전사 통합	ERP, CRM, AI, 클라우드, 사이버보안, SCM 시스템	아마존: 추천 알고리즘, AWS 사업화, 스마트공장 시스템 도입	전사 연결 강화 → 민첩한 의사결정, 맞춤화, 생산성 혁신 가능

P&G, 마케팅·혁신 기능전략으로 지속성장

글로벌 소비재 기업 프록터앤드갬블(P&G)은 마케팅 기능전략과 혁신전략의 균형 잡힌 운영으로 유명한 글로벌기업이다. P&G의 마케팅전략은 철저히 브랜드 관리 중심으로 이루어진다. P&G는 20세기 초부터 브랜드 매니저 제도를 도입하여 각 브랜드가 독자적으로 시장조사를 하고 광고 캠페인을 펼치게 했다. 이를 통해 타이드, 팜퍼스, 질레트 등 수십 개의 유명 브랜드를 시장 1위로 성장시켰다. 2024년 기준 P&G는 연간 96억 달러(약 12조 7,000억 원)의 세계 최대 규모 광고비를 지출하며, 오랜 전통의 라디오 연속극 스폰서십에서부터 최근에는 인공지능(AI)과 디지털, SNS를 포함한 최신 마케팅 기법까지 적극적으로 도입해 시대를 선도하는 마케팅 혁신을 이어가고 있다. 자사 고유의 데이터 플랫폼(Consumer 360)을 통해 맞춤형 타깃팅 및 광고 최적화를 실현하며, 광고 테스트 및 효과 분석도 AI를 통해 수일 내 신속하게 완료한다.

또한 소비자로부터 제품개발 통찰력을 얻기 위한 리서치에 막대한 자원을 투입하고, 이를 바탕으로 한 정교한 세분화 전략으로 경쟁사와 차별화된 브랜드 포지셔닝을 확립하였다. 이러한 마케팅 기능전략 덕분에 P&G는 '마케팅 머신'이라는 별칭을 얻으며 다양한 제품군에서 강력한 브랜드 파워를 구축했다.

P&G의 R&D 기능전략은 개방형 혁신과 네트워크 활용으로 요약된다. 2000년대 초 P&G는 혁신의 위기를 돌파하고자 사내 연구인력 외에 대학, 벤처, 고객아이디어 등 외부 지식자원과 협업하는 시스템(Connect & Develop)을 구축했다. 그 결과 프링글스 팝콘에 글자·그림 인쇄 기술, 바이오메디컬 피부케어 제품 등 여러 혁신이 외부 파트너와의 연결을 통해 탄생했고, 현재 신제품의 1/3 이상이 이러한 개방형 혁신에서 비롯되고 있다. 또한 P&G는 제품혁신 프로세스(Stage-Gate)를 업계 모범으로 발전시켜 아이디어 도출부터 출시까지의 사이클 타임을 단축하고 자원의 우선순위를 체계적으로 관리했다. 요컨대, P&G의 사례는 마케팅 기능전략으로 시장지배력을 확보하고, R&D 기능전략으로 혁신역량을 강화함으로써, 양면에서 경쟁우위를 유지해온 전형으로 평가된다. 이는 다양한 기능 부문의 노력이 조화를 이룰 때 장기적인 기업 성장이 가능함을 보여준다.

로써 기술 선도기업의 입지 유지를 꾀하고 있다. 이들 사례는 기능전략과 기술경쟁력 간의 긴밀한 연결을 보여준다.

- **정보시스템(IT) 기능전략:** 정보시스템 전략은 IT를 활용하여 업무 프로세스를 혁신하고 의사결정의 정확성과 속도를 높이는 데 중점을 둔다. 주요 전략과제로는 전사적 자원관리(ERP), 데이터 기반 분석, 인공지능(AI) 및 자동화 기술 도입, 사이버 보안 강화, 클라우드 인프라 구축 등이 있다. 예컨대 **아마존**은 추천 알고리즘과 방대한 고객 데이터를 활용한 개인화 전략을 통해 마케팅 효과를 극대화했으며, 자사의 IT 인프라를 사업화하여 세계적인 클라우드 서비스(AWS)를 구축하였다. 제조업에서도 스마트팩토리, 디지털 SCM 등 정보시스템 전략은 전체 가치사슬을 연결하며 경쟁력을 통합적으로 강화하는 역할을 수행한다.

기능수준 전략 분석: 마케팅전략

제품수명주기와 마케팅전략

제품수명주기(Product Life Cycle: PLC)는 제품이 시장에 출시되어 사라지기까지 거치는 일련의 단계를 의미하며, 일반적으로 도입기, 성장기, 성숙기, 쇠퇴기의 네 단계로 구분된다. 각 단계는 제품의 매출과 이익 수준에 따라 뚜렷한 특징을 가지며, 마케팅활동 또한 이에 따라 달라져야 한다. 특히 마케팅 부서를 중심으로 한 기능수준 전략은 제품수명주기의 흐름에 맞추어 마케팅 목표, 제품구성, 가격설정, 유통경로, 촉진전략 등을 탄력적으로 조정함으로써 전략 실행의 효과성을 높일 수 있다.

- **도입기 마케팅전략:** 도입기에는 제품이 처음 시장에 등장하는 시기로, 주된 마케팅 목표는 시장 진입과 초기 수요 확보에 있다. 이 시점에서는 소비자 인식을 창출하고 시험 구매를 유도하기 위한 전략이 필요하며, 제품전략은 기본적 기능 위주의 단일 모델 중심으로 구성한다. 가격전략은 고가정책으로 스키밍 전략

(Skimming Strategy)을, 저가정책으로 시장침투 전략(Penetrating Strategy)을 선택한다. 유통은 제한된 채널을 중심으로 통제된 방식으로 운영한다. 촉진전략은 강력한 홍보활동과 정보 제공 중심의 커뮤니케이션에 중점을 둔다. 기능수준 전략 차원에서 보면, 신제품 연구개발과 연계하여 시장 창출과 시장점유율 확보에 필요한 기반을 조성하는 시기다.

- **성장기 마케팅전략:** 성장기는 시장에서 제품에 대한 수용이 확대되고 매출이 급증하는 시기로, 마케팅의 초점을 시장 확장과 브랜드 이미지 구축에 맞춘다. 제품전략은 다양한 소비자 수요에 대응하기 위해 기능 차별화와 제품라인 확장을 포함하며, 가격은 초기보다 점진적으로 조정되어 보다 경쟁적인 형태로 전개된다. 유통 채널은 본격적인 확대 단계에 들어서며, 전략적 제휴나 파트너십을 통해 시장 접근성을 높이는 노력이 요구된다. 이 시기의 촉진전략은 설득 중심의 광고와 브랜드 강화를 통해 경쟁사 대비 우위를 확립하는 데 중점을 둔다. 따라서 기능수준 전략 측면에서, 생산 및 물류 기능과의 협력을 통해 수요 급증에 대응할 수 있는 공급 역량을 확보하고, 마케팅전략을 공격적으로 전개한다.

표 5-2 제품수명주기별 마케팅 전략

단계	마케팅 목표	제품 전략	가격 전략	유통 전략	촉진 전략	기능전략적 시사점
도입기	시장 진입, 초기 수요 확보	제품 인지도 강화, 시험 구매 유도	고가(스키밍) 또는 저가(침투)	제한적 유통망 확보	강한 홍보, 정보 제공 중심	시장 창출을 위한 초기 집중 투자 필요(R&D, 마케팅 자원 배분 강화)
성장기	시장 확장, 브랜드 구축	차별화 기능 추가, 제품군 확대	점진적 가격 조정	유통망 확대, 전략 제휴 추진	브랜드 강화, 설득형 광고	수요 급증기에 대비한 생산 · 유통 능력 확충, 마케팅 전략 가속화 필요
성숙기	시장 방어, 점유율 유지	제품 리뉴얼, 서비스 강화	경쟁적 가격 인하	유통 효율화, 전략적 채널 관리	경쟁우위 강조, 차별화 중심 촉진	비용 효율성 및 브랜드 충성도 강화 전략 필요(SCM, CRM 등 연계)
쇠퇴기	수익 극대화 또는 철수 결정	제품 축소, 핵심 모델 유지	수익 확보 중심	유통 축소, 선택적 집중	최소화, 유지 고객 대상 프로모션	자원 회수 전략 또는 잔존 고객 유지 전략 수립 필요

- **성숙기 마케팅전략:** 성숙기에 이르면 시장은 안정화되고 경쟁이 심화되며, 제품 간 차별성이 줄어드는 경향을 보인다. 마케팅의 주요 목표는 시장 방어와 점유율 유지이며, 제품전략은 리뉴얼, 추가 서비스 지원 등 추가적 부가가치 제공을 통해 차별화를 모색한다. 가격전략은 경쟁사와의 가격경쟁에 대응하기 위한 인하 정책이 주를 이루며, 유통은 효율성을 중시한 전략적 채널관리로 전환된다. 촉진전략은 경쟁우위를 부각시키기 위한 브랜드 중심의 커뮤니케이션이 강조되며, 기존 고객의 충성도를 유지하는 방향으로 설계된다. 이 단계에서 기능전략으로서는 고객관계관리(CRM), 공급망관리(SCM) 등과 연계하여 비용 효율성과 고객유지 전략을 강화하는 것이 중요하다.

- **쇠퇴기 마케팅전략:** 쇠퇴기는 시장 수요가 감소하고 제품의 경쟁력이 약화되는 시기이다. 이때 마케팅의 목적은 단기적 수익 극대화 또는 전략적 철수 결정에 따른 자원 회수로 구분된다. 제품전략은 비수익 제품을 정리하고 핵심 모델만 유지하는 방향으로 진행한다. 가격전략은 수익성을 고려한 유지 혹은 할인정책을 병행하며, 유통망은 축소하여 비용 효율적인 채널 중심으로 운영한다. 촉진활동은 최소화하거나, 기존 고객을 유지하기 위한 선택적 프로모션에 집중한다. 상위 사업부수준의 지침 아래, 기능수준 전략 입장의 선택 옵션으로, 아예 사업철수를 하고 자원의 효과적인 회수 전략을 수립하거나, 틈새시장 유지 전략을 통해 잔존 가치를 극대화하는 접근이 있다.

PLC의 각 단계는 마케팅 부서뿐만 아니라, 생산, 연구개발, 인사, 정보시스템 등 모든 기능부서의 전략실행 방식에 영향을 미친다. 따라서 기능수준 전략은 제품이 속한 PLC 단계에 적합한 목표와 수단을 설정하고, 기능 간의 유기적 조정을 통해 전체 전략 실행의 일관성과 효율성을 확보해야 한다. 이 점에서 기능수준 전략의 핵심 요소에 준한 **PLC별 마케팅전략의 시사점**을 정리하면 다음과 같다.

첫째, **PLC별 마케팅전략 목표**에 관한 시사점이다. PLC는 단순히 시장의 시간 흐름에 따른 반응 변화가 아니라, 기능부서의 전략조정을 요구하는 시간 기반의 전략 분석틀이다. 마케팅 목표는 시장개척에서 시장 유지, 수익 회수로 전환되며, 이에 따라 전략의 방향이 근본적으로 변화해야 한다.

둘째, **PLC별 마케팅전략의 자원 배분과 역량**에 관한 시사점이다. 도입기·성장기에는 시장 확대를 위한 자원 집중 투자가, 성숙기·쇠퇴기에는 비용 효율성과 선택적 집중이 요구된다. 마케팅 부서는 예산, 인력, 채널 관리 등 자원을 유연하게 조정해야 하며, 생산, R&D, 인사 등 타 기능부서와 연계된 실행이 중요하다.

셋째, **PLC별 기능 간 통합·조정**에 관한 시사점이다. 제품의 생애주기 단계 변화는 단지 마케팅만의 이슈가 아니라, 생산(수량/공정 조절), R&D(제품/품질 개선), 유통(채널 확대/축소) 등 타 기능부서 전략에도 영향을 미친다. 따라서 기능 간 목표와 일정, 자원의 통합관리 체계가 수립되어야 한다.

종합적으로 **PLC의 마케팅전략 시사점**은 PLC가 마케팅 기능전략의 시간적 분석틀로써 활용도와 유용성이 매우 크다는 것이다. 마케팅전략을 기능수준 전략 차원에서 목표 설정, 자원활용, 실행속도로 구분해 구조적인 방향성을 적용하고 분석하는 데 요긴한 전략 도구이다. 각 단계에 적합한 전략적 의사결정은 마케팅 성과(매출과 이익)를 최적화할 뿐 아니라, 기능 간 통합성과 실행 일관성을 확보하는 기준이 된다. 마케팅조직 구축에 있어서도, PLC 흐름에 따라 기능전략 핵심 요소를 반영한 전략적 민첩성과 유연한 실행체계 구축이 필요하다.

제품수명주기, 경험곡선, 그리고 가격전략

제품의 가격은 시간이 지남에 따라 변한다. 보통 하나의 제품은 시장에 처음 나오는 '도입기'를 지나, 수요가 빠르게 늘어나는 '성장기', 그리고 경쟁이 치열해지는 '성숙기'로 이동한다. 도입기에서 성장기에 진입하면서 비슷한 제품이 속속 등장하고 차별화가 점차 어려워지면서 제품가격이 점점 내려가는 압력이 생긴다. 이에 대한 대응 중 하나가 경험효과에 대한 착안이다. **경험효과**란, 생산을 반복해서 누적생산량이 늘어날수록 제품 하나를 만드는 데 드는 단가가 점점 줄어드는 현상을 말한다. 경험효과를 이론으로 정리한 것이 **경험곡선**이다. 이 곡선은 전략경영, 마케팅 등 기업 의사결정 분야에서 폭넓게 사용되고 있으며, 기업의 경쟁전략을 설명하는 데 큰 도움을 주고 있다.

기능전략으로서 마케팅 가격전략에 적용하면, 경험곡선은 후발기업이 시장에 처음 진입할 때, 생산원가보다 낮은 가격의 **침투가격**을 설정해도 그 선택이 합리적일 수 있다는 이론적 근거를 제공한다. 실제로 새로운 시장에 제품을 팔고자 할 때, 처음부터 기존 경쟁자의 가격보다 비싼 가격으로 제품을 판매하면 판매 자체가 어려울 수 있다. 하지만 경험효과를 염두에 두면, 시간이 흐르면서 초기 생산비용이 줄어들 것을 기대하고 처음부터 낮은 가격을 설정해 공격적 시장 진입을 꾀할 수 있다. 처음에는 손해를 보게 되지만, 시간이 지나 경험이 쌓이고 생산효율성이 높아지면서, 비용이 줄어 궁극적으로 이익을 낼 수 있는 구조가 된다. [그림 5-2]는 제4장에서 예시한 스마트폰의 원가 70만 원보다 아래인 60만 원의 가격설정이 가능한 예를 보여준다. 80만 원 언저리가 정상적 가격설정 범위인데, 70만 원의 경제적 가격설정 범위를 넘어, 60만 원까지 **전략적 가격설정 범위**가 확대될 수 있는 것은 경험효과를 염두에 둔 전략적

그림 5-2 전략적 가격설정 범위

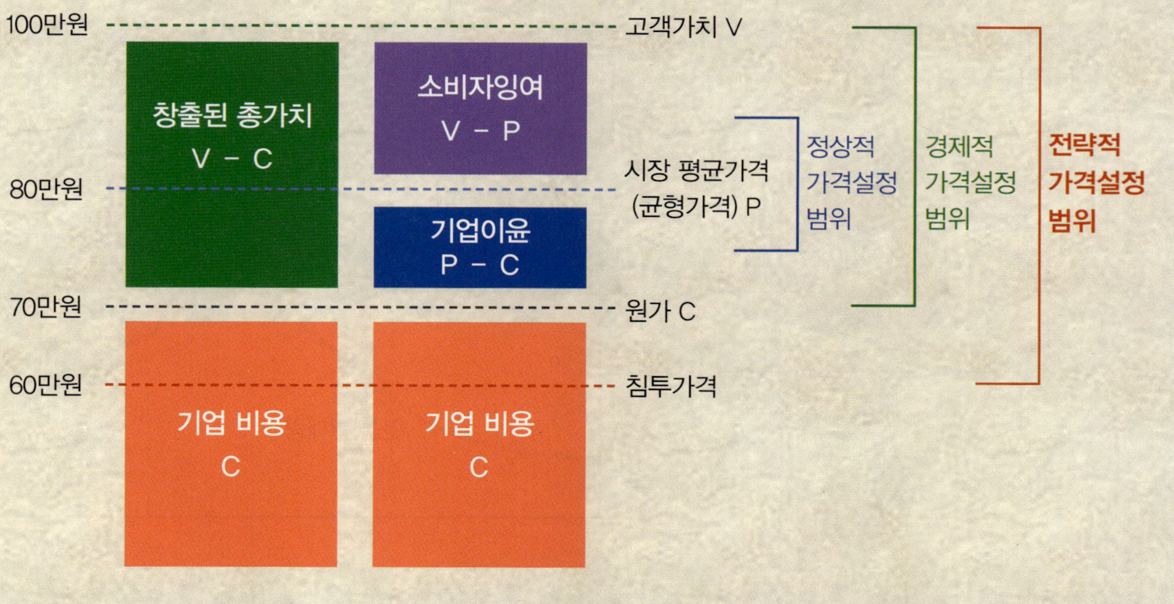

가격설정에 기인한다. 그만큼 경쟁자와 소비자에게 탄력적 가격설정이 가능해진 것이다.

[그림 5-3]을 이용하여, 경쟁자가 있는 **시장 전체에서 경험곡선 현상**을 해석해보자. 특정 기업이 우수한 잠재 생산성을 보유했지만, 신생기업으로 경험이 부족해 미래의 경험효과 시현을 예상하고 제품주기 도입기에 침투가격 설정을 시도한 경우를 예로 설정한다. 시장진출 이후 이 기업은 잠재 생산성을 보유한 만큼 제품생산 평균비용은 빠르게 내려가고, 일정 시간이 흐른 후 생산(판매) 규모도 일정 수준으로 커지면, 이제 기업의 수익은 흑자로 전환된다. 그러나 다수의 경쟁자가 있는 시장에서 시장 평균가격은 성장기에 접어들면서 가격 하방압력을 받으며 천천히 내려간다. 그 결과, 특정 기업의 비용과 시장 평균가격 차이가 크게 벌어져 일정 동안에 특정 기업에게 가격 보호 효과인 **가격 우산**(Price Umbrella) 현상이 발생한다. 이는 특정 기업의 공급비용은 급격히 떨어지는데, 수요 측면의 시장가격은 더디게 내려가기 때문에 특정 기업에 혜택이 커지는 가격 보호 구간이다. 하지만 이런 가격 보호 상태는 오래가지 않는다. 상

그림 5-3 경험곡선과 마케팅 가격전략

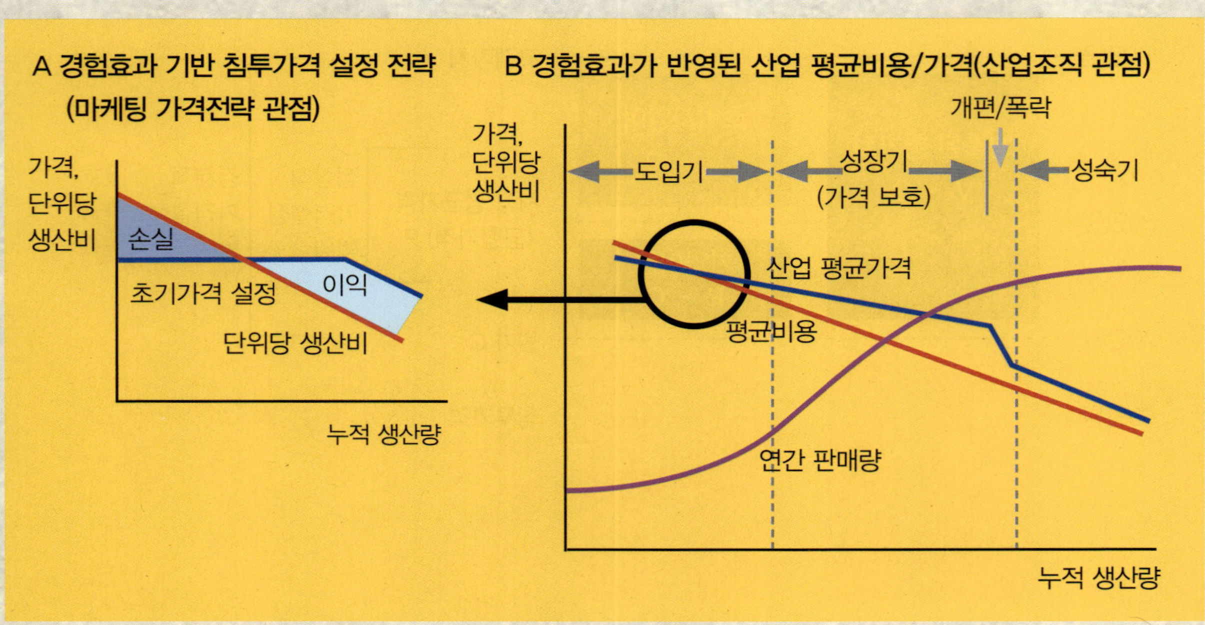

대 기업의 높은 수익성은 더 많은 경쟁자를 시장으로 끌어들이고, 따라서 경쟁은 점차 심해진다. 그 결과, 산업 내 평균가격은 계속해서 낮아지고, 경쟁을 버티지 못하는 기업은 시장에서 사라지는 **구조조정**(shake-out)이 일어난다. 이후 성숙기에 들어서면, 평균비용과 평균가격이 비슷한 속도로 떨어지며, 비교적 안정적인 가격 구조가 형성된다. 물론 가격우산 혜택을 볼 수 있는 특정 기업은 잠재적 시장지배력이 있는(예를 들면, 기술우위가 있는) 기업이 해당한다. 다만 그렇지 않은 경우에도, 몇몇 소수 기업이 가격우산 효과를 누릴 수 있는데, 그것은 소수 기업의 담합(카르텔)을 통한 시장지배력이 형성된 경우다.

국제가격 설정과 이전가격

이전가격(Transfer Pricing)은 동일한 기업조직 내의 하위 부서 간, 예컨대 생산 부서가 마케팅 부서에 제품을 공급하는 형태의 내부거래에서 설정되는 가격을 의미한다. 이 개념이 국제적으로 확장된 것이 바로 국제이전가격이다. **국제이전가격**(International Transfer Pricing)이란 다국적기업의 본사와 해외 자회사, 혹은 자회사 간의 경영자원(유·무형 자산, 서비스, 자금 등)의 이동에 대하여 기업 내부적으로 설정하는 가격을 말한다. 이러한 가격은 외부 시장가격이 아니라 기업 내부의 전략적 판단에 따라 결정되며, 국가 간 거래임에도 불구하고 형식적으로는 내부거래의 성격을 지니게 된다.

국제이전가격은 단순한 거래 가격설정이 아니라, 기업의 **글로벌 수익 배분 전략**과 직접적으로 연결된다. 다국적기업은 이전가격을 조정함으로써 다음의 다섯 가지 목적을 달성할 수 있다. 국가별 법인세 부담 최소화, 고율 관세 회피, 외환 규제 회피 및 자본 회수, 인플레이션 위험 조정, 환율변동에 대한 수익성 방어이다. 다섯 가지에 해당하는 **상황별 이전가격 조정전략**을 간추리면 다음과 같다.

- **법인세율이 높은 국가:** 법인세율이 높은 국가에서 기업의 이익이 많이 발생하면, 그만큼 세금부담도 커진다. 고세율 국가의 자회사가 외부에서 제품이나 서비스를 구매할 때 **수입가격을 높게 책정**하고, 판매 시 **수출가격을 낮게 설정**하여, 그

자회사의 회계상 이익을 줄인다. 이렇게 되면 실질적인 수익은 법인세율이 더 낮은 국가의 자회사에 귀속된다. 전략적 효과는 전체 법인세 부담을 낮추고, 세후 이익을 극대화할 수 있는 구조가 된다. 이는 **수익 이전**(Profit Shifting)의 대표적인 형태이며, 과세당국의 주요 감시 대상이 된다.

- **관세가 높은 국가:** 고관세 국가에 있는 자회사가 **수입하는 제품의 가격을 최대한 낮게 설정**하여, 관세의 기준 가격 자체를 낮춘다. 대부분 관세는 상품가격을 기준으로 산정되므로, 가격이 낮을수록 납부세액이 줄어든다. 전략적 효과는 자회사의 비용 부담이 줄고, 현지시장에서 제품의 가격경쟁력을 유지할 수 있다. 단, 세관 당국은 이러한 이전가격을 **탈법적 수단으로 간주**할 수 있어, 통관 기준 가격과의 비교검토가 이뤄진다.

- **외환통제 국가:** 자회사가 본사로부터 수입하는 제품이나 서비스의 **가격을 높게 설정**하고, 자회사의 **수출가격을 낮게 조정**하여, 상품 거래형식을 통한 자금 회수가 가능하도록 만든다. 전략적 효과는 외환송금 제한을 우회하면서도 현지 이익을 실질적으로 본사에 귀속시킬 수 있다. 이러한 방식은 재무회계상 정상적인 거래처럼 보이지만, **외환규제 당국의 감시 대상**이 될 수 있다.

- **인플레이션이 심한 국가:** 물가 상승률이 높은 국가에서는 화폐의 실질가치가 빠르게 하락하고, 회계상 이익이 남아도 실제 구매력이 떨어질 수 있다. 인위적으로 해당 국가의 자회사에 대한 **수입가격을 높게 책정**하여, 이익을 줄이고 **저인플레이션 국가로 수익을 이전**한다. 자회사의 장부상 이익은 감소하지만, 이는 실질적 자금 이동을 동반한 구조이다. 전략적 효과는 화폐가치 하락으로 인한 자산손실을 방지하고, 기업 전체의 실질 수익을 안정적으로 보전할 수 있다. 특히 고인플레이션 국가에서 **현금 보유 비중이 높은 기업에 효과적**이다.

- **환율 변동성이 높은 국가:** 환율이 불안정한 국가에서는 수출입 거래 시 환차익

표 5-3 주요 상황별 이전가격 조정

상황	이전가격 조정 방향	목적
법인세율이 높은 국가	해당 자회사의 수입가격을 높이고, 수출가격을 낮춤	고세율 국가의 과세소득 축소, 저세율 국가로 이익 이전
관세가 높은 국가	현지 자회사의 수입가격을 낮춤	관세 부과 기준가격 하향 조정 → 세금 부담 완화
외환통제 국가	자회사의 수입가격을 높이고, 수출가격을 낮춤	외화송금이 제한될 때 본사로 이익을 이전하는 간접적 방법
인플레이션이 심한 국가	자회사의 수입가격을 높임	화폐가치 하락 국가에서 비인플레이션 국가로 실질이익 이전
환율 변동성이 높은 국가	환율 불리 시 자회사 수입가격을 낮추고, 유리할 때 수입가격을 높임	환율 하락으로 인한 수익성 악화 방지(현지 통화 기준 원가조절을 통해 마진 확보)

또는 환차손이 크게 발생할 수 있다. 환위험을 완화하고, 이익 변동성을 줄이기 위해 해당 국가의 통화가 절하될 경우, 자회사의 **수입가격을 낮춰** 수익성을 방어하고, 반대로 절상이 예상될 경우에는 **수입가격을 높여** 본사 수익으로 이전한다. 전략적 효과는 환율 하락기에 자회사 수익 악화를 줄이고, 환율 유리할 때는 본사의 환차익을 극대화할 수 있다. 이는 국제재무관리 측면에서도 이전가격이 일종의 **헤지**(Hedging) 수단이 될 수 있음을 보여주는 예다.

국제이전가격은 다국적기업의 전략적 도구로 활용될 수 있지만, 조세회피 및 자금 불법유출의 수단으로 악용될 소지가 있다. 이에 따라 OECD와 각국 정부는 '정상가격 원칙(Arm's Length Principle)'을 기반으로 이전가격 규제정책을 마련하고 있으며, 이를 위반할 경우 과징금, 조세 추징 등의 제재가 수반된다. 그런데도 애플, 스타벅스, 글락소스미스클라인(GSK) 등 다국적기업은 국제이전가격을 안정적 수익을 확보하기 위해 활용한다. **애플**은 유럽시장에서의 수익 대부분을 법인세율이 매우 낮은 아일랜드에 있는 자회사에 귀속시키는 방식으로 조세 부담을 최소화했다. **스타벅스**는 유럽 각국 매장에서 발생하는 수익 중 일부를 네덜란드에 있는 자회사로 로열티 형태로 이전하여 과세소득을 축소하는 구조를 사용했다. 네덜란드는 당시 지식재산에 대한 세제 혜택이 큰 국가이다. GSK는 미국 자회사가 판매한 의약품 수익 중 일부를, 영국 본사

국제이전가격과 애플, 스타벅스, GSK

국제이전가격은 다국적기업의 합법적 경영전략 수단이면서도, 불투명하거나 과도한 활용은 조세회피 논란을 불러올 수 있음을 다음의 사례들은 잘 보여준다.

애플은 유럽 각국에서 발생한 매출의 회계상 이익을 아일랜드에 있는 자회사로 집중시키는 전략을 사용하였다. 이를 위해 애플은 자사의 지식재산(IP) 사용권을 아일랜드 자회사에 집중시켰고, 유럽 국가들에서 발생한 수익은 브랜드 사용료와 로열티라는 명목으로 이 자회사로 이전되었다. 아일랜드는 법인세율이 12.5%로 매우 낮은 국가였기 때문에, 애플은 정상적으로 유럽 각국에 법인세를 납부하는 대신 아일랜드에서 훨씬 적은 세금만을 부담하게 되었다. 이와 같은 방식은 세법상 큰 문제가 없다는 이유로 오랜 기간 유지되었지만, 결국 유럽연합 집행위원회(EU Commission)의 조세 회피 조사 대상이 되었다. 유럽연합은 애플이 아일랜드 정부와의 협의를 통해 세금 특혜를 받았다고 판단하고, 130억 유로의 세금 납부를 명령하였다.

스타벅스는 네덜란드에 위치한 자회사를 통해 유럽 각국 매장에서 얻은 수익의 일부를 이전하였다. 구체적으로는 매장들이 네덜란드 자회사에 브랜드 사용료와 커피 원두 관련 기술료를 지불하는 구조를 만들어, 영국이나 독일 등의 고세율 국가에서의 과세소득을 줄였다. 예를 들어, 영국에서 한 매장이 수익을 올렸다고 해도, 수익 중 상당 부분이 '브랜드 사용료' 형태로 네덜란드 자회사에 지불되었기 때문에, 영국 내 자회사는 실제로 납세할 이익이 거의 없는 것처럼 보이게 되었다. 이러한 구조는 일반 소비자와 여론의 비판을 받았고, 결국 유럽연합은 이 거래 구조가 조세회피 목적으로 설계된 것으로 판단하였다.

GSK는 미국 자회사가 판매한 의약품 수익 중 일부를, 영국 본사로 로열티 및 R&D 보상금 형식으로 이전하였다. GSK와 미국 국세청(IRS) 간 분쟁은 1989년부터 2005년까지의 세무 처리와 관련된 양도가격에 집중되었다. IRS은 GSK의 미국 자회사가 이익 창출에 실질적인 기여를 했음에도 불구하고, 이익이 과도하게 본사로 이전되었다는 점을 문제 삼았다. 이 사건은 미국과 영국 간 조세권 충돌로 발전하였으며, IRS은 총 34억 달러에 달하는 세금 및 이자 납부를 요구했으며 GSK는 결국 2006년 약 30억 달러를 납부하며 합의하였다.

로 로열티 및 R&D 보상금 형식으로 이전하였다.

국제이전가격의 결정은 주로 다음의 세 가지 방식 중 하나로 산정된다. 다만, 실제 적용에서는 법률, 시장구조, 제품 특성 등에 따라 각 방식의 사용이 제한되거나 혼용되는 경우가 많다.

- **시장기반 이전가격(Market-based Transfer Price):** 시장기반 방식은 가격결정 대상 제품에 대해 외부시장에서 정상적으로 형성된 가격(Arms-length Price)을 기준으로 삼는다. 이는 과세기관이 정상거래 기준으로 간주하는 가격이며, 조세회피 여부 판단의 기준이 된다. 하지만 해당 제품이 오직 내부에서만 거래되는 특수한 경우에는 적용이 곤란하다.

- **원가기반 이전가격(Cost-based Transfer Price):** 원가기반 방식은 생산원가(재료비, 인건비 등)에 일정한 마진을 가산하여 가격을 산정하는 방법이다. 특히 원가가산 방식(Cost-plus Method)은 미국, 영국, 일본의 다국적기업들이 선호하는 방식으로, 내부통제가 용이하다는 장점이 있다. 그러나 마진 비율이 자의적으로 설정될 경우 조세 당국의 감시 대상이 되기도 한다.

- **협상 이전가격(Negotiated Transfer Price):** 협상 방식은 기업 내부 부서 간 자율적인 협의를 통해 이전가격을 설정하는 방법이다. 이 방식은 조직의 자율성을 높이는 장점이 있지만, 외부시장과 괴리된 비정상적 가격이 설정될 가능성이 있고, 세무상 위험요인이 크다. 따라서 협상 방식은 보통 시장이나 원가 기준으로 산정이 어려울 때 보완적으로 사용된다.

PART 2
전략의 계획

본원적 전략	중간에 끼인 위험	전략적 포지셔닝
생산성 프론티어	주요 기능영역별 전략	핵심성공요인
게임법칙의 변경	블루오션 전략	국제시장 선택 전략

06

사업수준 전략

사업수준의 전략은 특정 사업영역에서 기업이 경쟁자와 차별화된 가치를 창출하고, 이를 통해 지속적인 경쟁우위를 확보하기 위한 활동과 방향을 의미한다. 이는 기업 전체 전략 중에서 개별 사업 단위가 시장에서 성공하기 위해 구체적으로 실행하는 전략이며, 주로 특정 제품 또는 서비스가 속한 산업에서의 경쟁방식에 초점을 맞춘다. 다시 말해, 사업수준 전략은 '어떻게 경쟁할 것인가'에 대한 해답을 제시하는 전략적 틀이다.

이러한 사업수준 전략의 궁극적인 목적은 경쟁우위를 지속적으로 유지하여 수익성과 시장 지위를 확보하는 것이다. 이를 위해 기업은 외부환경 분석(산업구조, 경쟁 강도, 고객 니즈 등)과 내부 역량 분석(핵심역량, 자원 배분, 조직역량 등)을 병행하며, 전략의 실행 가능성과 차별성을 지속적으로 점검해야 한다. 또한 시장변화에 유연하게 대응할 수 있는 동태적 역량 습득도 사업수준 전략의 성패를 좌우하는 핵심요인이 된다.

사업 혹은 사업부 수준에서 전략의 요체는 기업의 특정 사업부(전략사업단위)가 속한 시장에서 경쟁자에 대하여 자사의 경쟁우위를 확보하는 방법을 결정하는 데 있다. 경쟁에서 승리하여 우월한 사업부의 성과를 거두기 위해 경쟁자와 어떻게 경쟁할지, 어떤 제품을 판매할지, 어떤 목표고객을 정할지 등 구체적인 경쟁전략을 수립하고 실행하는 것이다. 따라서 사업수준 전략은 '동종 사업시장에서의 상대방을 이기기 위한 경쟁전략'으로 간주된다.

이에 대한 두 가지 접근이 있다. 하나는 **산업조직론 사고**에 기반한 포터의 견해이며, 다른 하나는 경쟁시장에서 요구하는 핵심성공요인(KSF)에 대한 자사 역량의 적합성 여부를 따지는 **적합성 정의 관점**이다. 후자는 전략사업단위의 자원과 역량이 산업 내에서 요구되는 KSF에 얼마나 적합한가를 평가하는 관점이다. 본서는 후자의 입장에서 '게임의 법칙 변경' 관점을 확장·추가해 적용한다. 오늘날 경영환경은 급격하게 변화하고 있으며, 기업이 지속가능한 경쟁우위를 확보하기 위해서는 단순히 기존의 경쟁 규칙을 따르는 것을 넘어서, 때로는 '게임의 법칙' 자체를 바꾸는 전략적 사고가 요구된다. 기존 산업의 경쟁 규칙이나 KSF 자체를 경영자의 전략적 의지와 조직의 동태적 역량을 통해 재정의함으로써, 새로운 시장질서와 경쟁우위를 창출하려는 보다 적극적인 전략 관점이다. 이 관점은 정태적 경쟁 대응을 넘어, 시장의 틀을 바꾸는 창조적 전환의 전략적 사고를 강조한다. 본서의 관점이 독자에게 과연 설득력이 있는지, 그 첫발을 포터의 본원적 전략으로부터 시작한다.

사업전략과 소비자 선택기준, 본원적 전략

기업의 제품을 중심으로 한 **사업전략**(Business Strategy)를 추진할 때 항상 염두에 두어야 할 것은 소비자의 구매 결정 기준이다. 일반적으로 소비자는 제품이나 서비스를 구매할 때 가격과 품질 두 요소를 가장 중요하게 고려한다. 특히 소비자는 가격대비 품질(value for money)이 높다고 느낄 경우 해당 제품을 선택할 가능성이 커지는데, 이는 곧 기업의 매출 증가와 수익성 향상으로 연결된다. 아래는 소비자 관점에서의 두 가지 핵심 판단 기준이다.

가격(price) 기준이다. 동일한 조건이라면 더 낮은 가격의 제품을 선호한다. 소비자는 저렴한 제품일수록 구매 리스크가 적다고 여기며, 가격이 낮으면 품질이 약간 떨어지더라도 구매를 고려하게 된다. 이와 함께 **품질**(quality) 기준도 고려한다. 동일한 가격이라면 더 높은 품질의 제품을 선호한다. 여기서 품질이란 제품의 성능, 내구성, 디자인, 서비스 수준 등을 포괄하며, 품질이 우수한 제품은 다소 가격이 비싸더라도 가격을 정당화할 만한 가치가 있다고 구매자는 인식한다.

결국, 소비자는 '얼마나 좋은 제품을, 얼마나 합리적인 가격에 얻을 수 있는가'를 판단하여 구매를 결정한다. 따라서 기업은 가격 측면에서 탁월하거나, 품질 측면에서 탁월한 경쟁우위를 확보해야 시장에서 선택받을 수 있다. 이것이 바로 포터가 밝힌 원가우위 전략과 차별화 전략이 지향하는 각각의 목표다. 원가우위 전략을 펼치는 기업은 업계 최저가를 제시함으로써 '이 가격에 이 정도 가치면 충분히 구매할 만하다'는 인식을 주어야 한다. 반대로 차별화 전략을 취하는 기업은 '가격이 비싸더라도 이 가치는 살 만하다'는 만족감을 소비자에게 제공해야 한다. 즉 소비자의 선택기준이 공급하는 자신의 기업 또는 경쟁자의 전략 방향에 영향을 미친다. 이 점에서 포터의 본원적 전략은 **소비자의 본원적 선택기준**의 다른 표현이라 하겠다.

한편, 현실에서는 한 가지 전략 방향에 집중한다고 해서 다른 요소를 전혀 고려하지 않는 것은 아니다. 기업은 선택한 전략에서 핵심역량을 극대화하는 동시에, 다른 차원의 가치도 최소한의 기준은 충족시켜야 한다. 예를 들어 벤츠, BMW 등 고급 자동차 업체들은 차별화를 강조하지만, 제조원가 절감과 운영 효율화에도 꾸준히 신경 쓰고 있다. 반대로 원가우위를 추구하는 저가형 기업들도 마냥 품질을 떨어뜨리기만 해서는 소비자의 선택을 받을 수 없기 때문에, 기본적인 품질관리와 서비스 향상을 등한시하지 않는다. 이 같은 기업의 시장반응은 현실에서 상식과 일상적인 행동이니, 아마 포터도 이를 부정하지 않을 것이다. 이 점에서 후대 학자들은 포터의 양자 선택적인 기준에 대해, 현실에서 양자의 양립 가능성을 충족하는 사례를 들어 비판한다. 그럼에도 그는 경쟁자를 분석하기 위한 자신의 관점을 공고히 하기 위해 두 기준만을 대립기준으로 완전히 분리하고, 이를 혼용하는 '어중간한 전략' 내지 '중간에 끼인 상태'의 위험을 경계하는 논리를 편다. 그의 전략적 가치관의 근간인 본원적 전략에 관한 설명을 시작으로, 사업수준 전략을 탐구해 보자.

포터의 본원적 경쟁전략

포터는 기업이 산업 내에서 경쟁우위를 확보하기 위해 취할 수 있는 세 가지 기본 전략을 제시하였다. 원가우위 전략, 차별화 전략, 집중화 전략으로, 모든 기업전략의 기초가 되는 **본원적 경쟁전략**(Generic Competitive Strategies)이라 칭했다. 포터의 이론은 기업이 시장에서 어떤 방식으로 경쟁할 것인지 결정할 때, 가장 기본적이고 보편적인 틀을 제공하며, 전략경영 분야에서 교과서적 이론으로 간주된다. 어떠한 산업이나 기업에도 적용될 수 있는 범용적인(generic) 경쟁전략을 정립함으로써 기업전략 수립의 출발점을 제시했다.

경쟁우위와 경쟁범위

포터는 이러한 경쟁전략을 분류하기 위해 두 가지 기준 축을 제안했다. 첫째는 **경쟁우위**의 원천으로, 기업이 비용우위(경쟁사보다 낮은 비용)로 가격경쟁력을 가지느냐, 혹은 차별화 우위(독특한 제품/서비스 가치)로 품질이나 브랜드 경쟁력을 가지느냐의 구분이다. 둘째는 **경쟁범위**로서, 기업이 광범위한 시장(산업 전체)에 초점을 두는지, 아니면 특정 세분시장(틈새시장)에 집중하는지에 따른 전략 방향의 구분이다. 두 기준의 조합을 통해 이론상 다음과 같은 **네 가지 전략유형**이 도출된다.

- **원가우위 전략(광범위 + 비용우위):** 산업 전체를 대상으로 경쟁우위를 추구하되, 비용 면에서 경쟁자보다 유리한 위치를 확보하는 전략이다. 예로써, **이마트, 월마트, 코스트코** 등은 유통단계의 효율화와 자체 브랜드(PB) 상품을 통해 낮은 가격에 제품을 공급함으로써 원가우위를 실현하고 있다. 이러한 전략은 가격 민감도가 높은 소비자층을 끌어들이는 데 효과적이다.

- **차별화 전략(광범위 + 차별화 우위):** 산업 전반의 고객을 대상으로 경쟁하되, 자사의 제품이나 서비스를 차별화된 가치로 만들어 높은 가격을 정당화하는 전략

이다. **애플**은 직관적인 인터페이스, 세련된 디자인, 견고한 생태계로 제품을 차별화하여 높은 가격에도 불구하고 충성 고객을 확보하고 있다. 사용자는 '다른 제품과는 다르다'는 인식을 기반으로 구매 결정을 내린다.

- **원가 집중화 전략(좁은 범위 + 비용우위):** 특정 좁은 세분시장만을 겨냥하여 비용우위를 달성함으로써 그 틈새시장에서 경쟁하는 전략이다. **다이소**는 생활용품 중에서도 천원 또는 오천원 미만의 저가 상품군에 집중하여 틈새시장 내 가격 민감 고객을 타깃으로 한다. 대형마트나 고급 브랜드가 포착하지 못한 시장을 공략해 원가우위로 경쟁한다.

- **차별 집중화 전략(좁은 범위 + 차별화 우위):** 한정된 시장 세그먼트의 고객 요구에 특화된 차별화를 이룸으로써 그 분야에서 경쟁우위를 확보하는 전략이다. 프리미엄 유아식 브랜드인 **LG생활건강** '베비언스'는 고소득층 부모를 위한 고품질·무첨가 유아식을 제공하며, **롤렉스**는 고급시계 시장이라는 좁은 시장에만 집중하여 뛰어난 품질과 명성을 구축함으로써 해당 분야에서 독보적 지위를 누린다. 특정 소비자층의 요구에 특화된 제품을 통해 시장에서 독자적 위치를 확보하려는 전략이다.

집중화 전략은 기업이 선택한 틈새시장에서 다시 원가우위 또는 차별화 중 하나를 실현하는 변형으로 간주된다. 집중화 전략은 목표로 하는 시장 범위를 좁힌다는 공통점을 가지므로, 원가 집중화와 차별 집중화는 하나의 범주로 묶일 수 있다. 이런 범주 구분으로 포터의 본원적 경쟁전략을 **원가우위·차별화·집중화의 세 가지 전략**으로 구분하기도 한다. [그림 6-1]은 포터가 제시한 경쟁우위의 원천(가로축: 원가우위, 차별화)과 경쟁 범위(세로축: 광범위. 집중화)를 조합한 매트릭스를 보여준다. 네 개의 사분면은 기업이 취할 수 있는 네 가지 전략 방향, 즉 원가우위, 차별화, 원가 집중화, 차별 집중화에 각각 대응되며, 중앙에 표시된 어중간한 상태는 명확한 전략적 지향 없이 중간에 머무르는 바람직하지 않은 상태를 의미한다.

그림 6-1 포터의 본원적 전략

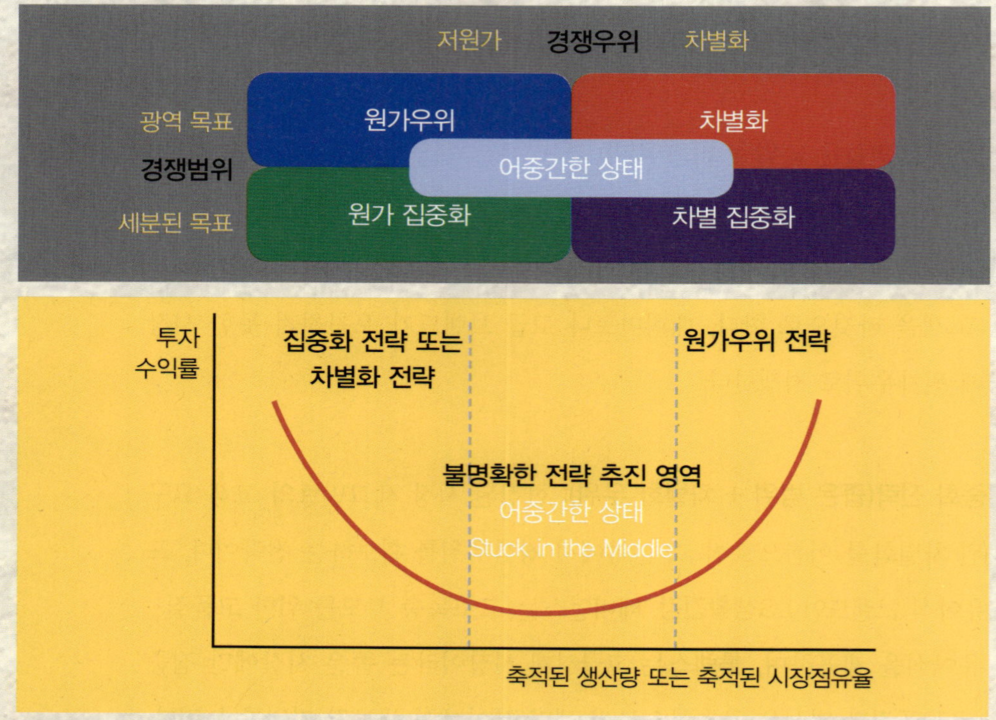

원가우위 전략

원가우위 전략(Cost Leadership)은 말 그대로 업계 최저 수준의 원가구조를 달성함으로써 경쟁자보다 가격경쟁력을 확보하는 전략이다. 원가우위 기업은 동등한 제품을 더 낮은 비용으로 생산하여 시장점유율을 넓히거나, 경쟁사와 비슷한 가격으로 판매하더라도 더 높은 마진을 남길 수 있다. 이를 위해 규모의 경제를 극대화하고 운영 효율을 높여 낮은 단가를 실현하는 것이 핵심이다. 예를 들어, 세계 최대 소매유통 기업인 **월마트**는 대량 구매와 효율적인 공급망 관리로 제품원가를 낮춰 낮은 가격전략을 구현한 대표적 기업이다. 월마트는 막대한 구매력으로 납품업체와의 가격 협상을 유리하게 이끌어 상품을 매우 저렴하게 공급하며, 이러한 원가우위 덕분에 대형마트 산업에서 압도적인 시장점유율과 수익성을 확보하고 있다. 다만 원가우위 전략을 추구할 때에도 최저가만을 고집해서 품질이 지나치게 떨어지는 일은 경계해야 한다. 원가를 절감하더라도 최소한의 품질 기준을 충족시켜 가격대비 가치를 느낄 수 있어야 소비자의 선택을 받을 수 있기 때문이다.

원가우위를 실현하기 위한 **주요 원천**으로는 규모의 경제가 있다. 생산설비의 규모를 확대함으로써 구매, 연구개발, 유통, 광고 등 다양한 활동에서도 비용절감 효과를 얻을 수 있기 때문이다. 또한, 경험효과는 누적생산량이 증가할수록 생산원가가 하락하는 현상으로, 근로자들의 생산방식 개선 의지나 공정혁신이 함께 이루어질 때 그 효과가 극대화된다. 투입요소비용 절감 노력도 원가우위를 창출하는 요소다. 예컨대, 노동집약적 산업에서는 저임금 국가에서 생산하거나 대량구매를 통해 구매원가를 낮추는 방법을 적용한다. 또한 생산시설의 활용도 제고를 통해서도 원가를 낮춘다. 이는 경기변동에 따라 신축적으로 유휴설비를 줄여 효율성을 높이는 용량 활용성 방안을 말한다. 한편으론 플랫폼, 공유부품 수의 확대를 이용한다. 자동차산업처럼 다양한 모델의 자동차를 몇 개의 플랫폼으로 묶어 부품을 공유함으로써 비용을 절감한다.

차별화 전략

차별화 전략(Differentiation)은 경쟁사와 차별되는 독특한 가치를 제품이나 서비스에 부여하여 품질이나 브랜드 측면의 우위를 확보하는 전략이다. 즉, 소비자들에게 자사만의 차별화된 장점을 뚜렷이 인식시킴으로써 가격경쟁보다는 가치경쟁을 하게 된다. 차별화에 성공한 기업의 고객들은 해당 제품이 제공하는 독특한 편익에 기꺼이 프리미엄 가격을 지불하기 때문에, 차별화 전략은 다섯 가지 경쟁세력에 대한 강력한 방어막이 될 수 있다. 차별화된 제품은 가격 민감도가 낮아 수익성을 높여줄 뿐만 아니라, 모방이 어려운 독자적 가치를 갖고 있어 잠재적 진입자에 대한 진입장벽으로도 작용한다. 예컨대, **BMW나 벤츠**와 같은 고급 자동차 브랜드는 탁월한 성능과 품질, 세련된 디자인과 브랜드 이미지를 통해 시장에서 차별화 우위를 확보한 대표적 사례다. 현실 시장에서는 이러한 기업들은 제품의 고급화 전략을 앞세워 소비자들의 높은 가격 지불 의사를 끌어내지만, 동시에 생산 공정의 효율화나 부품 공용화 등 비용 절감 노력도 병행하여 수익성을 극대화한다. 차별화 전략을 택한 기업이라 하더라도 원가 관리를 도외시하지 않고 기본적으로 효율성을 추구함으로써 가격대비 품질에서 경쟁사보다 유리한 위치를 차지하려 노력한다.

차별화의 **달성 방법**에는 먼저, 고객 경험을 개선하여 차별화 만족도를 높이는 것이다. 제품이나 서비스를 구매하는 과정에서 고객이 느끼는 전반적인 경험을 보다 만족스럽게 만드는 데 중점을 둔다. 다음으로 제품혁신이 있는데, 새로운 기술을 도입하거나 기존 제품을 개선함으로써 고객의 니즈를 충족시키는 방법이다. 또한 브랜드 포지셔닝을 통해 특정 고객층에게 고유한 브랜드 메시지와 콘셉트를 구축하여 차별적 이미지를 만들어 낸다. 창의적인 광고, 콘텐츠, 소셜 미디어 등의 마케팅 커뮤니케이션으로 고급 브랜드 형성을 위한 메시지를 고객에게 전달한다.

집중화 전략

집중화 전략(Focus)은 특정 세분시장이나 소비자 집단에 사업 범위를 국한하고 그 목표시장에서 경쟁우위를 확보하는 전략이다. 전체시장을 포괄하지 않고 한정된 틈새시장에 모든 역량을 집중함으로써, 좁은 범위 내에서는 대형 경쟁사들보다 더욱 효과적으로 고객 요구를 충족시킬 수 있다는 가설을 전제한다. 집중화 전략을 취한 기업은 큰 시장에서는 전반적인 원가우위나 광범위한 차별화를 달성하지 못하더라도, 특정 분야에서는 원가우위 또는 차별화 중 하나를 선택적으로 실현할 수 있다. 다시 말해, 집중화 전략에는 **원가 집중화**(Cost Focus)와 **차별 집중화**(Differentiation Focus)의 두 가지 변형이 있으며, 기업은 자신이 노리는 틈새시장의 특성에 따라 낮은 가격을 무기로 할지, 독특한 가치를 무기로 할지 결정한다. 예를 들어 미국의 저비용 항공사 **사우스웨스트항공**은 대형 국적 항공사들이 주로 취하는 허브앤스포크(Hub-and-Spoke) 방식 대신 단거리 직항 노선만을 운영하며 운임을 낮추는 데 집중함으로써, 특정 고객층을 공략하는 집중화 전략의 성공 사례로 꼽힌다. 이처럼 집중화 전략은 경쟁자가 간과하고 있거나 역량을 충분히 발휘하지 못하는 틈새를 파고들어, 그 영역에서만큼은 경쟁자 대비 압도적인 가치를 제공함으로써 높은 충성도의 고객층과 수익률을 확보하는 것을 목표로 한다.

집중화의 장점은 넓은 영역에서 경쟁을 벌이고 있는 다른 기업들과는 달리 한정된 목표를 보다 효과적이고 빠르게 달성할 수 있다는 것이다. 특정 분야에서 전문성과 경쟁우위를 구축하면서 해당 시장 세그먼트의 소비자들로부터 충성도와 높은 수익률을 얻을 수 있다. **집중화의 단점**은 해당 기업이 추구하는 세분시장 상황이 악화되거나 고객의 니즈가 변할 위험이 비교적 크며, 또한 대기업이 동일한 세분시장에 진입하게 되면 현재 지위가 금방 위험해질 수 있는 점이다.

어중간한 상태, '중간에 끼인 위험'

포터는 명확한 전략적 지향 없이 어설프게 모든 것을 추구하는 경우, 이도 저도 아닌 **중간에 끼인 상태**(Stuck in the Middle)인 **어중간한 상태**에 빠질 수 있다고 경고했다. 이는 한마디로 원가우위도 아니고 차별화도 아닌 애매한 포지셔닝을 뜻한다. 이런 상태에 놓인 기업들은 경쟁 기업들에게 고객을 빼앗기기 쉽고 전반적인 수익성이 저하된다. 실제로 포터는 "중간에 끼인 기업은 거의 필연적으로 낮은 수익성을 보인다"고 언급하며, 뚜렷한 원가우위도 없고 두드러진 차별화도 없는 기업은 저가를 중시하는 대량 고객을 놓치거나, 그들을 붙잡기 위해 어쩔 수 없이 이익을 깎아내는 상황에 처하게 된다고 지적했다. 동시에 고가의 높은 마진 고객층도 더 매력적인 차별화에 성공한 경쟁사에 뺏기게 돼, 결국 양쪽 시장에서 모두 밀려나는 이중고를 겪게 된다.

포터의 연구에 따르면, 차별화 전략이나 집중화 전략을 명확히 추구하는 기업은 대개 낮은 시장점유율에도 불구하고 높은 투자수익률(ROI)을 확보하는 반면, 원가우위전략을 구사하는 기업은 광범위한 높은 시장점유율을 통해 수익성을 끌어올릴 수 있었다.[83] 그러나 이 둘 사이에서 전략적 방향이 모호한 중간 수준의 기업들은 오히려 가장 낮은 수익성을 기록하는 경향이 발견되었다. 중간에 끼인 상태 현상은 뚜렷한 전략 없이 어중간한 위치에 머무르는 기업이 겪는 구조적 한계를 보여준다고 포터는 주장한다.

궁극적으로는 한 기업이 장기적으로 우수한 성과를 거두기 위해서는 원가우위든 차별화든 한 방향을 선택해 전사적인 역량을 집중해야 하며, 이것저것 해보는 식의 방식을 탈피하여 자신만의 뚜렷한 경쟁우위를 구축하는 것이 필수적이라는 견해다. 만약 현재 **전략적으로 애매한 위치**에 놓여 있다면, 지체없이 근본적인 방향 전환을 통해 확고한 전략적 정체성을 수립해야 한다고 포터는 강조한다. 중간에 끼인 상태의 위험에서 벗어나는 것이 곧 지속가능한 경쟁우위를 확보하는 지름길이라고 본 것이다. 예컨대, 1980년대 영국의 **레이커항공**(Laker Airways)은 값싼 운임을 내세웠지만 동시에 어느 정도 서비스를 유지하려 해 명확한 전략적 정체성이 없었던 사례로 거론된다. 포터는 이러한 점을 경고하면서, 한 기업이 자신의 핵심 경쟁우위를 구축할 수 있는 단일한 방향에 전략적 자원을 집중해야 함을 역설했다.

포터의 전략적 포지셔닝

포터는 현대 경영전략 분야의 방향성 정립에 산업구조 분석과 경쟁우위에 관한 개념들을 체계화한 공이 크다.[84] 특히 1980년 출간된 「경쟁전략(Competitive Strategy)」에서 **본원적 전략**, 산업 내 **경쟁의 5가지 요인**(Five Forces) 모형 등을 소개하며 업계 경쟁구조 분석의 틀을 제시했고, 1985년 저서 「경쟁우위(Competitive Advantage)」를 통해 **가치사슬** 개념을 도입하여 기업활동을 세분화함으로써 차별적 가치창출의 중요성을 강조했다. 이러한 초기연구를 바탕으로, 그는 1996년 하바드대학 발간 저널(HBR)에 논문 〈What Is Strategy?〉를 발표하면서, **전략적 포지셔닝**(Strategic Positioning)의 개념을 심화시켜 설명하며, 운영상의 효율성과 전략을 명확히 구분 짓고 지속가능한 경쟁우위를 확보하는 방법을 제시했다. 지금부터 포터의 주요 이론을 그의 저서들과 논문을 중심으로 정리하고, 각 개념이 전략적 포지셔닝에 미치는 영향과 역할을 연계하여 설명한다.

첫 번째 저서, 「경쟁전략」에서 소개된 **5가지 경쟁요인 모형**은 기존 경쟁자 간의 경쟁 강도, 잠재적 진입자의 위협, 대체재의 위협, 공급자의 협상력, 구매자의 협상력 등 다섯 요소에 따른 산업마다 경쟁 양상이 어떻게 다르고 진화하는지를 보여주며, 기업이 그 속에서 '독특한 포지션'을 찾도록 돕는 분석틀이다. 포터는 이 모형을 통해 산업의 매력도를 평가하고 수익성을 결정짓는 핵심요인을 파악함으로써, 향후 그의 전략적 포지셔닝 관점의 **경쟁시장의 분석 도구**로 활용한다. 명확한 전략적 정체성이 없는 경우, 즉 애매한 전략의 선택을 지양할 것을 주장하는 **본원적 전략 모형**은 한 기업이 자신의 핵심 경쟁우위를 구축할 수 있는 단일한 방향에 전략적 자원을 집중해야 함을 역설한다. 이는 전략적 포지셔닝 관점에서 **경쟁전략의 분석 유형**으로 인용된다. 요컨대 「경쟁전략」의 핵심 메시지는 '산업을 체계적으로 분석하고, 명확한 경쟁전략을 택하라'는 것으로 요약될 수 있다.

두 번째 저서, **「경쟁우위」**에서는 가치사슬을 소개했다. 포터는 기업이 각 가치사슬 활동별로 원가우위를 확보하거나 차별적 가치를 창출함으로써 전체적으로 경쟁우위를 달성한다고 설명했다. 예컨대 원가우위를 추구하는 기업은 생산, 물류, 조달 등 가치사슬의 각 단계에서 비용을 낮출 수 있는 원가의 동인들을 찾아내어 누적된 원가우위를 확보한다. 차별화 우위를 노리는 기업은 연구개발, 마케팅, 서비스 등에서 경쟁사와 다른 독특한 활동을 수행하거나 기존 활동을 색다르게 수행함으로써 고객이 특별히 선호하는 가치를 만들어 낸다. 포터는 가치사슬 분석을 통해 기업이 어떤 활동에서 비용을 절감하고 어디에서 가치를 더할지에 대한 명확한 그림을 그릴 수 있다고 주장한다. 지속적인 경쟁우위를 구축하려면, 경쟁사가 모방하기 어려운 독자적인 가치사슬 구성과 활동들을 개발해야 함을 역설한다. 원가우위 전략과 차별화 전략을 추구하는 기업은 독자적으로 각각 가치사슬 세트가 그에 맞춰 구성되고 활동으로 실현돼야 한다는 것이다. 즉 **가치사슬**은 기업의 전략을 구별하는 '본원적 전략의 세부 구성요소'로서 의미를 가진다. 전략적 포지셔닝 관점을 설명할 때, **경쟁활동의 분석 도구**로 해석할 수 있다.

운영효과성과 전략적 방향, '무엇이 전략인가?'

1990년대에 들어 많은 기업이 품질경영, 벤치마킹, 리엔지니어링 등 운영의 효율성 개선 기법들을 앞다투어 도입했다. 이에 대해 포터는 그의 HBR 논문으로 "운영상의 효과성 자체는 전략이 아니다."라고 선언하면서, 기업들이 운영효과성(Operational Effectiveness)과 전략을 혼동함으로써 진정한 경쟁우위를 놓치고 있다고 지적했다.

포터의 비판을 정리해 보자. **운영효과성**이란 '동일한 활동을 경쟁자보다 더 잘 수행하는 것'으로, 예를 들면 불량률을 줄이거나, 벤치마킹으로 업계 최고 사례를 따라 배우는 것, 아웃소싱으로 전문성을 확보하고 비용을 절감하는 것 등을 표방하는 **식스 시그마**(Six Sigma), **린**(Lean) 생산기법 등이 모두 운영효과성을 높이는 활동이다. 현장에서 이러한 노력은 기업 내부 운영의 생산성을 높이고 원가를 절감하며 품질을 향상시키는 데 필수적이지만, 포터는 이를 경쟁자들 역시 똑같이 따라 할 수 있는 보편적 활동이라는 한계성을 지적했다. 한 기업이 새로운 운영 개선을 이뤄 성과를 내면, 이내 업계의 다른 기업들도 앞다투어 그 기법을 모방하게 되고, 그 결과 시간이 지나면 모든 경쟁자의 운영수준이 상향 평준화되어, 처음 혁신을 주도한 기업도 더 이상 상대적 우위를 누릴 수 없게 된다는 논리에서다. 결국 경쟁자보다 계속 더 잘하려는 것만으로는 장기적으로 이길 수 없으며, 그런 경쟁은 점차 수확체감과 서로의 수익성 잠식만을 초래한다는 비판이다. 결론지어 말하면, 운영효과성의 개선 노력은 중요하나, 그것만으로는 지속적인 경쟁우위를 확보할 수 없다는 것이 포터의 지적이다.

그럼 포터가 보는 **진짜 전략의 의미**는 무엇인가? 전략경영에서 전략은 운영효과성과 본질적으로 다른 차원의 개념으로, 이와 혼동해서는 안 된다고 경고한다. 전략적 경쟁우위는 경쟁자와 다르게 하는 것에서 나오며, 전략이란 경쟁자와 동일한 활동을 단순히 더 잘하는 것이 아니라 아예 다른 활동을 하거나, 또는 같은 활동을 남들과는 다른 방식으로 수행하는 데 있다. 이를 **전략적 포지셔닝**이라 부른다. 즉 '자사의 독자적인 위치를 정하고 그에 맞는 차별적 활동들의 집합을 구축하는 것'으로 정의된다.

그의 책에서 설명 사례로 카센터의 집피루브(Jiffy Lube), 금융업의 시티은행, 영화관의 카마이크시네마(Carmike Cinemas) 등을 든다. **집피루브**는 자동차 오일 교환 서비스라는 좁은 범위의 서비스에만 집중함으로써 그 분야에서만큼은 탁월한 효율과 전문성을 보여주는 포지셔닝을 취하고, **시티은행**은 자산가 고객층을 대상으로 자산관리, 투자, 신용 등 금융 전반에 걸친 고객 니즈를 종합적 풀서비스로 제공하는 포지셔닝, 그리고 **카마이크시네마**는 인구 20만 이하의 소도시에만 영화관을 운영함으로써 대도

시 중심의 경쟁을 피하고 그들만의 고객 기반을 확보한 포지셔닝 사례다. 이처럼 포지셔닝의 형태는 다양하지만, 공통점은 자사가 무엇을 하고, 무엇을 하지 않을 것인지를 명확히 결정하여 특정 차원에서의 차별화를 달성한 데에 있다.

전략적 활동의 적합성: 사우스웨스트항공

포터는 특히 전략의 본질을 선택과 집중, 그리고 무언가를 포기하는 데서 찾았다. 전략의 본질을 "무엇을 하지 않을지를 선택하는 것(Choosing what not to do)"이라 한 데서 알 수 있다. 전략적 포지셔닝을 위해서는 어떤 고객층, 어떤 제품, 어떤 활동에 초점을 맞출지 결정해야 할 뿐 아니라, 동시에 무엇을 과감히 하지 않을지를 결정해야 한다는 뜻이다. 모든 것을 다 잘하려는 시도는 오히려 전략의 방향성을 흐리고 내부 혼선을 초래하기 쉬운데, 사우스웨스트 항공이 '무엇을 하지 않는 것'을 잘한 모범사례라는 것이다.

사우스웨스트항공은 저렴하고 신뢰할 수 있는 미국 국내 단거리 항공운송을 표방의 뚜렷한 포지셔닝을 선택했다. 풀서비스가 업계 관행과 정반대 행동을 취했다. 주요 허브 공항을 중심으로 연결노선을 제공하는 대신 중소도시 간 직항만 운항하고, 좌석 지정을 하지 않으며, 기내식 제공을 없애고, 수하물 연계서비스를 포기하는 등의 결정을 통해 비용구조를 획기적으로 낮추고 빠른 운항 스케줄을 가능케 했다. 기존 풀서비스 항공사를 이용하며 당연하게 여겼던 서비스를 고객에게 의도적으로 제공하지 않은 대신, 단일 기종(보잉 737)만 운용하여 정비효율을 높이고, 탑승부터 이륙까지 20분 내외의 초단시간 회전율을 달성하는 등 비용우위 달성에 필요한 활동에 집중했다. 이로써 동종업계의 다른 항공사들이 쉽게 따라 할 수 없는 지속적 경쟁우위를 누릴 수 있게 됐다.

반면에 전통적 대형항공사들은 가격을 낮추기 위해 사우스웨스트항공의 일부 기법을 모방하려 했지만, 풀서비스 모델을 유지한 채 일부 저가 전략만 따르는 **실패사례**가 속출했다. 실제로 1990년대 **컨티넨탈항공**은 저가노선 브랜드인 '컨티넨탈 라이트(Continental Lite)'를 출시하며 좌석 비배정, 간소 서비스 등을 도입해 보았지만, 동시에 자사의 기존 허브앤스포크 네트워크와 기내 서비스도 유지하려 했기 때문에 모순된 운영 모델이 되어 결국에 컨티넨탈 라이트는 얼마 못 가 중단됐다. 전략적 트레이드오프(Trade-off)를 수반하지 않은 본원적 전략에서 '어중간한 상태'에 해당한 경우다.

포터는 전략이란 여러 활동을 결합하는 것이라고 표현하며, 단일 활동이 아닌 활동 시스템 전체를 경쟁우위의 대상으로 삼고, 모든 활동이 조화와 체계적으로 결합하는 **활동의 적합성**이 높을 때, 경쟁자에 대한 모방장벽이 한층 높아져 지속가능성이 확보된다고 주장한다. 예를 들어 **사우스웨스트항공**의 '신뢰할 수 있는 잦은 운항과 저가운임'이라는 포지션은 표준화된 단일 기종 운영 → 정비 용이성 증대, 짧은 회전시간 → 항공기 높은 가동률, 노선당 높은 운항 빈도 → 고객 편의 증대, 저가운임 → 수요 증대 등 일련의 활동 연결고리의 적합성을 통해 달성된다. 기존 대형항공사가 기내식은 유지한 채 가격만 낮추거나, 여러 기종을 운영하면서 회전시간 단축 일부만 흉내

그림 6-2 사우스웨스트항공의 활동시스템지도

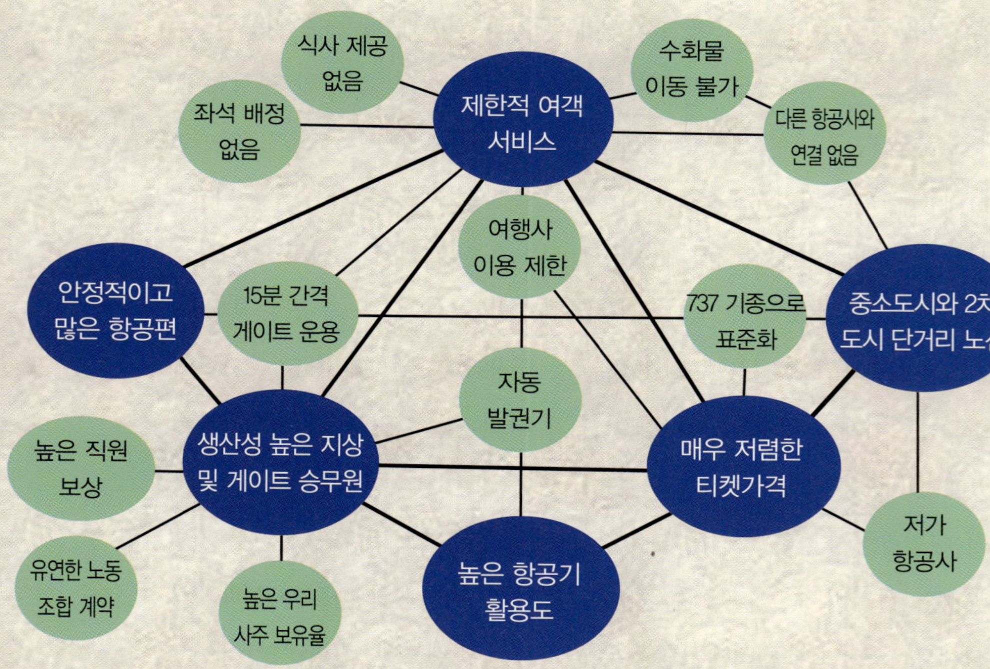

를 내는 정도로는 오히려 수익성 악화나 서비스 품질 저하를 가져와 실패할 가능성이 크다. [그림 6-2]는 포터가 사우스웨스트항공 전략의 분석도구로 제시한 **활동시스템 지도**(Activity System Map)이다. 사우스웨스트항공이 고객에게 핵심 가치인 '친절하고 신뢰할 수 있는 저가항공 여행'을 뒷받침하는 주요 활동들과 세부 실행들을 어떻게 유기적으로 연결하고 있는지를 잘 보여준다.

활동 적합성의 차원은 다음과 같이 세 가지로 구분한다. 첫 번째 활동 적합성은 각 활동(기능)과 전체 전략 사이의 단순한 '일관성(simple consistency)'이며, 두 번째의 활동 적합성은 활동들이 서로 '보강(reenforcing)'해 줄 때 발생한다고 하였다. 세 번째의 활동 적합성은 활동의 보강을 뛰어넘어 노력을 '최적화(optimization of effort)'하는 것이라 한다. 전략이란 기업활동들 사이의 이러한 적합성을 창조하는 것이며, 만약 활동들 사이에 적합성이 없다면 독특한 전략이 존재할 수 없고 유지 가능성이 거의 없는 것으로 간주한다. 포터가 보는 **전략의 본질을 요약**하면, 경쟁자의 활동들과 다른 활동들을 수행하거나 비슷한 활동들을 다른 방식으로 수행하는 전략적 위치화이며, 수익성 증대의 방법은 포지션을 넓히고 타협하는 것보다는 각자의 포지션을 깊게 하는 것이다. 그는 포지션을 깊게 한다는 뜻에 대해, 기업의 활동들을 좀 더 독특하게 만드는 것, 적합성을 강화하는 것, 그리고 그것을 가치 있게 여기는 고객들에게 그 전략을 더 잘 설명하는 것이라고 한다.

전략적 포지셔닝과 생산성 프론티어

포터는 전략적 포지셔닝의 현상을 생산성 프론티어(Productivity Frontier) 개념으로 설명했다. **생산성 프론티어**란 한 기업이 주어진 기술과 경영 역량, 자원 범위 안에서 달성할 수 있는 최대의 고객가치와 최소의 비용 간 조합을 의미한다. 포터는 이 개념을 전략적 차별화와 운영효과성의 차이를 설명하기 위해 차용했다. 생산성 프론티어는 두 가지 기준축으로 그려진다. 가로축은 기업이 제품이나 서비스를 제공하기 위해 들이는 **비용의 축**이며, 오른쪽으로 갈수록 더 낮은 비용구조를 의미한다. 세로축은 고객이 인식하는 **가치의 축**으로, 위로 갈수록 더 높은 품질이나 차별화된 가치를 뜻한다. 이 두 축이 만나는 곡선, 즉 생산성 프론티어는 현재 이용 가능한 기술과 경영 기법하에서 이론적으로 달성 가능한 **최고 성과 조합의 경계선**을 나타낸다.

이 **곡선 위에 위치**한 기업은 경쟁자들보다 더 뛰어난 운영효과성을 확보한 상태이며, 이는 같은 가치를 더 적은 비용으로 제공하거나, 같은 비용으로 더 높은 가치를 창출한다는 뜻이다. 반대로 **곡선 아래에 위치**한 기업은 내부의 비효율이나 전략적 부조화로 인해 자신이 달성할 수 있는 최적 조합보다 낮은 성과를 내고 있는 것을 의미한다. 예를 들어, 비용을 줄이려다 품질까지 낮아진 경우, 혹은 고품질 제품을 만들지만, 그에 걸맞은 비용 통제가 이뤄지지 않는 경우 등이 이에 해당한다.

생산성 프론티어는 고정된 것이 아니라, 시간이 지남에 따라 점선 형태로 **바깥쪽으로 확장**될 수 있다. 기술의 발전, 인공지능이나 자동화 같은 혁신, 그리고 새로운 경영 기법의 도입 등은 산업 전체의 생산성 수준을 끌어올리며 프론티어 자체를 외부로 밀어내게 한다. 예컨대, 2010년대와 비교했을 때 2020년대에는 AI와 클라우드 컴퓨팅의 확산으로 인해 기업들이 더 낮은 비용으로 더 높은 품질의 제품을 제공할 수 있게 되었고, 이에 따라 새로운 생산성 프론티어가 형성된다. 포터의 예상에 따르면, 향후 시간이 흐르면서 기업들이 각자 운영효과성을 극대화해 나가면 산업 전체의 생산성 프론티어가 바깥쪽으로 이동(확장)하지만, 또한 모든 기업도 함께 따라서 프론티어 위에 놓이게 되는 '기업 간 격차 축소' 현상이 나타난다고 한다.

전략적 해석으로 중요한 점은 단순히 이 곡선 위(즉, 선상)로 올라가는 것이 목표가 아니라, 곡선 선상의 어디에 위치할지를 선택하는 것이다. 어떤 기업은 낮은 비용을 중심으로 포지셔닝할 수 있고, 어떤 기업은 높은 가치를 중심으로 프리미엄 전략을 택할 수 있다. 이처럼 전략은 곡선 위의 하나의 점을 선택하는 문제이며, 이는 비용과 가치 간의 반비례 관계를 수반한다. 동시에 전략적 포지셔닝이 제대로 작동하기 위해서는, 기업의 다양한 활동들이 선택된 지점과 '정합성' 있게 연결되어 있어야 한다. 즉, 전략은 곧 "무엇을 하지 않을지 선택하고, 모든 활동을 그 선택에 맞게 정렬하는 것"이라는 포터의 정의로 귀결된다.

[그림 6-3]은 애플, 휴렛팩커드(HP), 델의 전략적 포지셔닝 위치와 시간별 경로를 표시했다. 전략유형으로 보면, 애플은 전형적인 차별화 전략, HP는 하이브리드전략,

델은 원가우위 전략에 해당한다. 또한 프론티어 경계선 기준으로 보면, 애플, 델, HP 순서로 최고 성과 수준에 도달하고 있다. 이 세 기업에 대해 2005년부터 10년 단위로 어떻게 전략적 포지셔닝이 변화하는지 **생산성 프론티어 사례분석**을 해보자.

2005년, 애플은 디자인과 사용자 경험을 앞세운 차별화 전략을 시도하고 있었지만, 아직 제품군 간 생태계가 완성되지 않은 상태였다. 아이팟은 성공했지만, 맥은 여전히 틈새시장을 벗어나지 못했고, 운영효과성도 낮은 편이었다. 이 시기의 애플은 고객가치를 어느 정도 제공하되, 비용구조의 비효율로 인해 생산성 프론티어 좌측에서 조금 하단에 머물러 있었다. 반면 **델**은 온라인 직판과 맞춤형 생산 시스템을 통해 비용을 최소화하면서도 고객이 원하는 제품을 효율적으로 제공했다. 운영효과성 면에서 산업 내 최상위에 있었으며, 생산성 프론티어 곡선의 우측 하단, 즉 비용우위의 정점에 위치해 있었다. **HP**는 이 두 전략 사이에서 뚜렷한 방향성을 갖지 못한 상태였다. 비용우위와 차별화를 동시에 추구했지만, 내부 활동 간 정합성이 부족했고, 전략

그림 6-3 애플, HP, 델의 생산성 프론티어

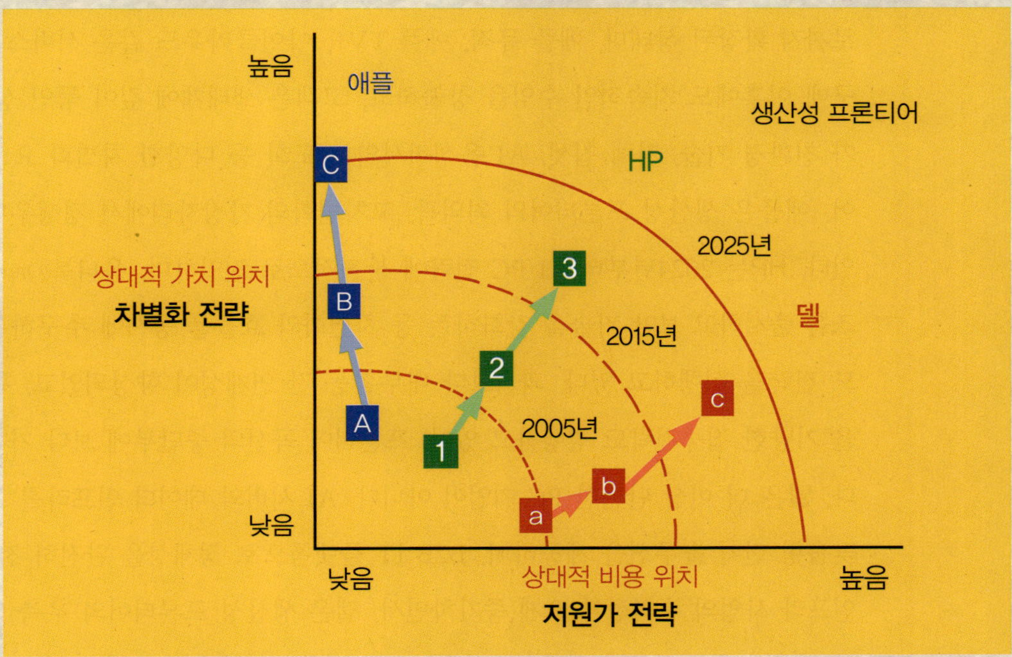

의 일관성도 떨어졌다. 이로 인해 HP는 프론티어 아래 어딘가에, 전략적 혼선 상태에 놓여 있었다.

2015년이 되면서 **애플**은 완전히 달라졌다. 아이폰과 앱스토어, iOS 기반 생태계가 자리 잡으면서 하드웨어, 소프트웨어, 콘텐츠가 긴밀하게 결합되었고, 고객 충성도는 극대화되었다. 자체 운영체제, 독자적인 디자인, 제한된 제품군을 통해 애플은 고비용 구조를 감수하면서도 그 이상의 고객가치를 제공하게 되었으며, 생산성 프론티어의 좌측 상단, 고차별화의 정점에 위치하게 되었다. **HP**는 2015년에 기업을 둘로 분할하며 전략을 다시 정비했다. PC와 프린터 부문은 HP(HP Inc.)로 재편되었고, 서버·클라우드 부문은 별도 기업으로 분리되었다. 이를 통해 HP는 효율성을 개선하려 했지만, 명확한 전략 포지셔닝을 확보하기에는 아직 내부 정리가 충분하지 않은 상태였다. **델**은 이 시기에 EMC 인수를 추진하며 단순한 PC 제조에서 벗어나 클라우드, 서버, 스토리지 등 IT 인프라 기업으로의 전환을 준비하고 있었다. 생산성 프론티어 상에서는 과거보다 다소 하락했지만, 새로운 전략적 도약을 위한 기반을 마련하는 중간 지점에 위치해 있었다.

2025년에 이르면 **애플**은 단순한 하드웨어 기업을 넘어서 구독 기반 서비스 기업으로까지 확장된 상태다. 애플 뮤직, 애플 TV+, 아이클라우드 같은 서비스는 하드웨어 구매 이후에도 지속적인 수익을 창출하고, 고객은 생태계에 깊이 묶인 상태다. 게다가 친환경 기술, 자체 칩셋, AI 음성비서의 고도화 등 다양한 차별화 요소가 축적되어, 애플은 생산성 프론티어의 최외곽, 고차별화의 가장자리에서 경쟁우위를 누리고 있다. **HP**는 2024년부터 AI PC 전략에 본격적으로 진입하며, 옴니북(OmniBook) 시리즈를 출시하고 보안 기술을 강화하는 등 차별화와 효율을 동시에 추구하는 하이브리드 전략을 실행하고 있다. 과거보다 내부활동 간 연계성이 향상되었고, 특정 고객층을 겨냥한 집중전략도 병행하고 있어, 프론티어 곡선의 중단부에 보다 가까워지고 있다. **델**은 더 이상 단순한 PC 기업이 아니다. AI 서버와 데이터 인프라를 포함한 기업 맞춤형 턴키 솔루션을 제공하며, B2B IT 플랫폼으로 정체성을 완전히 전환했다. AI 인프라 사업의 수익성이 크게 증가하면서, 델은 생산성 프론티어의 우측 영역에서 상단으로 향하는 궤도에 올라섰고, 기술기반의 차별화 전략을 본격화하고 있다.

표 6-1 애플, HP, 델의 생산성 프론티어 포지셔닝 변천

연도	기업	전략 유형	생산성 프론티어 내 위치	전략적 특징/해석
2005	애플	초기 차별화 시도	프론티어 좌측 상단	iPod 성공, Mac은 소수 시장에 머물며 비용구조 비효율
	HP	통합 전략(비용+차별화 혼합)	프론티어 아래(내부 충돌로 비효율 발생)	전략 혼선, 명확한 포지셔닝 결여
	델	비용우위 전략	프론티어 우측 상단(최적의 효율성)	직판 · 맞춤 생산 · 재고 관리로 효율 극대화
2015	애플	고도화된 차별화	프론티어 우측 상단	iPhone 생태계 완성, 브랜드 충성도 강화
	HP	구조 분할 통한 효율성 강화 시도	프론티어 중단부 진입 중	전략 재정립 단계, 내부 조정 진행
	델	인프라 기반 전환 준비	프론티어 우측 상단, 과거보다는 조금 하단(효율성 유지, 전환 준비)	EMC 인수, 클라우드 · 서버 집중
2025	애플	생태계+서비스 기반 차별화	프론티어 우측 최상단(고차별화 정점)	M칩, AI통합, 구독형 서비스로 가치 극대화
	HP	AI 기반 하이브리드 전략	프론티어 중단부 상향 진입	AI PC, 보안 강화, OmniBook 출시 등 전략 일관성 강화
	델	AI 인프라 중심 B2B 차별화	프론티어 우측 상단, 과거보다는 좌측으로 조금 이동(효율+차별화 융합)	AI Factory, 서버 · 스토리지 중심 IT솔루션 기업으로 전환

이처럼 세 기업은 20년의 세월 동안 각자의 전략적 위치를 끊임없이 조정해 왔고, 그 변화의 흐름은 단지 비용 절감이나 품질 개선에 그치지 않았다. 그보다는 무엇을 선택하고 무엇을 포기할 것인가에 대한 전략적 사고의 깊이로 연결되었다. 포터가 말한 바와 같이, 진정한 전략은 더 잘하는 것이 아니라, 다르게 하는 데서 비롯된다는 점을 이들은 각기 다른 방식으로 증명하고 있다.

핵심성공요인과 전략적 적합성

핵심성공요인과 사업수준 전략

핵심성공요인(Key Success Factors: KSF)은 특정 산업에서 기업의 성패를 좌우하는 가장 중요한 요소들을 말한다. 산업마다 이러한 요인은 다르다. 예를 들어 시장점유율,

제품라인 다양성, 유통 효율성, 브랜드 파워, 제품의 감성적 품질, 디자인 차별성, 제품 제원에 표기된 성능, 생산성, 가격경쟁력, 인적 역량, 기업 이미지 등은 각기 다른 산업에서 KSF로 꼽힐 수 있다.

전략경영적 맥락에서 KSF라는 용어를 최초로 명시적으로 사용한 것은 **호퍼**(Hofer)와 **쉔델**(Schendel)이다. 이들은 "KSF은 경영자가 의사결정을 통해 영향 미칠 수 있고, 해당 산업 내 여러 기업의 전반적인 경쟁 지위에 상당한 영향을 주는 변수들"이라고 정의하였다.[85] 그리고 **KSF의 도출**은 한 산업의 '경제적·기술적 특성'과 산업 내 기업들이 전략을 구축하는 '경쟁 속성'이라는 두 요소 간 상호작용으로부터 나온다고 하였다. 다시 말해, 산업 환경 요인, 즉 시장성장률, 기술변화 등과 경쟁기업들이 추구하는 주요 방향, 즉, 가격경쟁, 품질 경쟁 등이 만나면서 해당 산업만의 KSF가 결정된다는 것이다. 이러한 관점은 전략경영 측면에서 중요한 **분석적 시사점**을 내포한다. 하나는 **경영자가 통제하고 결정**함으로써 산업 내 기업들의 경쟁적 지위에 상당한 영향을 미칠 수 있는 변수라는 시사점, 다른 하나는 KSF는 본질적으로 **산업 특유의 외부 환경**과 맞닿아 있는 개념이라는 시사점이다.

KSF을 파악하고 이에 집중하는 것은 기업의 필수적인 **경쟁우위 확보 노력**에 해당한다. KSF는 업계에서 경쟁하기 위해 반드시 갖춰야 할 조건이므로, 기업이 해당 요인들을 충족하거나 경쟁사보다 더 뛰어나게 수행할 때 시장에서 유리한 위치를 차지한다. 산업마다 서로 다른 KSF가 존재하는데, 한 기업이 자기 산업의 KSF와 일치하는 강점을 보유할 경우 높은 성과를 거둘 가능성이 크다.[86] 이는 기업이 속한 산업에서 해당 산업의 KSF에 부합하는 역량을 키우는 것이 성과 향상의 핵심임을 뒷받침한다. 예를 들어, **여객항공산업**에서 고객이 가장 중요하게 여기는 것은 '안전하고 정시 운항을 하면서도 저렴한 운임'일 수 있다. 이 경우엔 '운항의 안전과 신뢰성'과 '원가 효율성'이 여객항공산업의 KSF가 된다. 실제로 항공사들이 이들 요인을 충족하지 못하면 시장에서 살아남기 어려우며, 반대로 이를 뛰어나게 달성한 항공사는 고객을 끌어모으고 높은 수익을 얻는다. **KSF와 경쟁우위 간 관계**를 정리해 보자. KSF는 기업이 특정 산업(시장)에서 시장이 요구하는 경쟁우위로서 목표를 달성하기 위해 반드시 갖추어야 하는 핵심적 요소나 조건이다. 따라서 KSF가 기업에게 특정 경쟁우위 확보를 유인하며, 기업의 노력 결과로 KSF를 확보한 기업은 곧 경쟁우위를 보유한 상태로 이는 높은 기업 성과로 이어진다. 다음의 'KSF 전략 중요성'으로 관계의 인과성을 좀 더 설명한다.

KSF의 전략적 중요성은 외부적으로 주어진 성공조건을 정확히 파악하여, 기업 내부 역량과 연결함으로써 경쟁우위를 창출하는 데 있다. 기업은 KSF를 달성하기 위한 자원과 역량을 집중배분하고, 이러한 역량이 경쟁자보다 우월하도록 만들어야 한다. 경쟁우위란 남들보다 잘하거나 남들이 따라오기 어려운 것을 통해 얻는 초과이익의 원천인데, 그 '남들이 잘하려고 하는 것', 또 '남들보다 잘해야 하는 것'의 상당 부분이 바로 해당 산업의 KSF와 겹치기 때문이다. 다시 말해, 산업의 KSF와 기업의 핵심역량이 교차하는 지점에서 경쟁우위가 창출된다.

한편, 산업수준 KSF 분석은 **기업의 산업선택에도 활용**된다. 기업이 신규사업에 진출하거나 포트폴리오를 조정할 때, 각 산업의 KSF를 비교함으로써 어떤 산업이 자사에 더 매력적이고 적합한지 판단할 수 있다. 산업매력도가 높더라도 자신들이 보유한 역량과 동떨어진 KSF의 산업이라면 진출 후 성공 가능성이 작을 수 있다. 반대로, 비록 산업 자체의 평균 수익성은 낮더라도 자사가 그 산업의 KSF를 뛰어나게 잘 수행할 수 있는 역량을 갖췄다면 그 산업에서 차별적 성과를 낼 기회가 된다. 이러한 관점에서, KSF 분석은 기업의 성과와 직접적 연관되어 산업선택의 기준이 된다,

사업부수준에서 핵심성공요인 분석

사업수준의 KSF란 특정 산업의 모든 기업에게 성공의 필수조건이 되는 요인들을 말하며, 이는 해당 산업(사업)의 구조적 특성과 매력도와 밀접하게 연관된다. **사업부수준의 KSF 분석**은 개별기업이 자사가 속한 산업의 KSF를 얼마나 충족하고 있는지, 그리고 경쟁 대비 어떤 강점과 약점을 지니는지 평가하는 것이다. KSF을 식별하는 방법으로는 여러 가지가 있지만, 가장 널리 알려진 접근법은 외부환경 분석을 토대로 KSF를 논리적으로 도출하는 것이다. 앞서 언급한 포터의 5가지 경쟁요인 분석이 그 출발점이 될 수 있으며, 여기에 시장수요 분석을 결합하여 KSF를 찾아내는 것이 효

과적이다. 예를 들어, 공급자의 교섭력이 매우 높은 산업이라면 KSF으로 원자재 조달 안정성이나 공급망 통제력이 중요하게 부상할 수 있다. 경쟁자 간 경쟁이 치열하고 가격경쟁이 중심인 산업에서는 저비용 구조와 운영 효율성이 KSF가 되며, 구매자의 브랜드 충성도가 중시되는 산업에서는 브랜드 인지도와 고객관계 관리가 KSF가 될 것이다. 이처럼 산업구조 분석은 산업매력도를 결정짓는 요인들을 밝히는 동시에, 그 산업에서 성공하려면 반드시 갖춰야 할 요인, 즉 KSF가 무엇인지 시사해준다.

보다 구체적으로 **KSF 식별방법**을 이해하기 위해, 철강산업, 패션 의류산업, 슈퍼마켓 산업 등 몇몇 **산업들의 KSF 사례**를 살펴보자.

- **철강산업:** 고객은 낮은 가격, 제품품질의 일관성, 신뢰할 수 있는 공급을 원한다. 동시에 이 산업은 가격경쟁이 극심하고 수요 변동이 심해 저비용 구조와 재무건전성 충족이 필수적이다. 따라서 철강산업의 KSF는 원가우위를 확보하기 위한 규모의 경제를 갖춘 대형 설비나 첨단 기술을 활용한 소규모 유연 생산체제이며, 아울러 고품질 제품과 고객맞춤 서비스제공 능력이다. 다시 말해 비용 **효율성과 품질/서비스 차별화**가 핵심이다.

- **패션 의류산업:** 고객 수요가 스타일, 품질, 가격 민감도 등에 따라 매우 세분화되어 있으며, 일부 고객은 브랜드 이미지와 트렌디한 디자인에 프리미엄을 지불한다. 이 산업은 진입장벽이 낮고 다수의 경쟁자가 존재하며, 대형 소매유통업체가 높은 구매자 교섭력을 행사한다. 유행 변화에 빠르게 대응하면서도 저비용 생산을 유지하는 것이 관건인데, 따라서 패션산업의 KSF는 **디자인 혁신과 스피드**(트렌드 대응력, 신속한 공급망)의 겸비, **브랜드 구축 능력**, 그리고 **낮은 생산비용 구조**를 동시에 달성하는 역량을 요구한다. 스타일 면에서 차별화를 이루더라도 이를 빠르고 저렴하게 구현하지 못하면 성공하기 어렵기 때문이다.

- **슈퍼마켓 산업:** 고객이 원하는 것은 저렴한 가격, 가까운 위치의 매장, 다양한 상품 구색(특히 신선식품), 그리고 쾌적한 쇼핑 환경과 서비스이다. 경쟁은 지역

적 범위에서 이루어지며, 인근에 몇 개의 경쟁 매장이 있느냐에 따라 가격경쟁의 강도가 달라진다. 또한 유통업 특성상 공급업체에 대한 규모의 교섭력이 원가 절감의 핵심이다. 이 산업의 KSF로는 우선 운영상의 효율성과 공급망 관리능력을 통한 저비용 운영이 있다. 예를 들어 대량구매를 통한 원가 인하, 자동화된 물류 시스템 등이 그것이다. 동시에 다양한 상품 구비와 편의성 제공이 중요하여, 대형 매장으로 폭넓은 상품군을 갖추는 것, 입지선정의 용이성(주차 및 접근성) 등이 성공요인으로 꼽힌다. 즉, **저가격전략과 고객 편의성**을 모두 충족하는 것이 슈퍼마켓의 KSF이다.

이처럼 KSF 식별 방법론을 통해 산업별로 성공을 좌우하는 요인을 뽑아낼 수 있으며, 기업은 이를 토대로 차별화된 전략을 수립하게 된다. 유의할 점은, 모든 기업이 동일한 KSF를 인지하고 대비할 수 있으므로 KSF 자체는 경쟁우위를 보장하지는 않는데 있다. 결국 KSF를 남들보다 잘 구현하거나, 새로운 KSF를 창출해 낼 때 비로소 경쟁우위로 이어진다. 따라서 기업은 식별된 KSF를 자사 전략의 중심축으로 삼되, 이를 창의적이고 탁월하게 수행하는 방식으로 경쟁자와 차별화해야 한다.

경쟁전략과 게임법칙의 변경

KSF는 시장의 요구에 의해 정의되므로, 결국 고객이 원하고 가치 두는 것을 얼마나 잘 제공하는지가 기업 성공의 열쇠이다. 동시에 KSF를 충족하는 능력은 모든 경쟁자들에게 중요하기 때문에, 경쟁우위의 지속성을 위해서는 단순히 KSF를 따라잡는 데 그치지 않고 타사보다 뛰어난 수준으로 구현하거나 혁신적인 방식으로 발전시켜야 한다. 예컨대, 품질이 KSF인 산업에서 경쟁우위를 가지려면 단순히 업계 표준 품질을 충족하는 것을 넘어, 경쟁사 대비 월등한 품질이나 브랜드 신뢰를 구축해야 한다. 그러나 이게 그리 쉽지는 않다. 특히 후발기업이라면 선발기업을 따라잡으려면 몇 배의 노력이 필요하며, 노력만으로 안 될 가능성이 크다. 이때 후발기업이 고려할 전략으로 다음의 '게임법칙 변경'이 있다.

핵심성공요인과 게임법칙 변경

경쟁전략을 보는 본서의 접근법인 **게임의 법칙**에 대해 다음과 같은 정의와 개념부터 설명을 시작한다. 게임의 법칙(Rules of Game)을 **정의**하면, '특정 산업 내에서 성공하기 위해서 기업들이 따라야 한다고 믿는 공통된 경쟁방식이나 운영방식'이다. 오랜 시간 동안 형성된 산업 내부의 규범과 가치관에 기반하며, 산업에 속한 기업들 사이에 자연스럽게 공유된다. 게임의 법칙은 단순한 규칙을 넘어서, 어떤 방식으로 경쟁하고, 어떻게 고객에게 가치를 제공하며, 어떤 자원을 중요하게 여겨야 하는지를 정한다. 이 법칙은 시간이 지나도 쉽게 바뀌지 않고, 기업들은 여기에 맞춰 전략을 수립하고 운영한다. 기존기업에게는 전략수립과 실행의 기준이 되며, 산업에 새로 진입하려는 기업에게는 이러한 게임의 법칙이 높은 진입장벽으로 작용한다.

그럼 **게임의 법칙이 바뀔 수 있는가?** 대답은 '그렇다'이다. 게임의 법칙은 고정되어 있는 것이 아니며, 어떤 기업이 기존 방식과 전혀 다른 전략을 통해 성공할 경우, 새로운 경쟁기준이 형성될 수 있다. 다시 말해, 기존의 방식이 아닌 새로운 방식으로 고객에게 더 큰 가치를 제공하거나, 산업 내 지배적인 논리를 바꾸는 데 성공하면, 그 기업이 새로운 게임의 법칙을 만들게 되는 것이다. 예를 들어, 제품을 오프라인 매장에서 판매하는 것이 당연하던 시기에, 전자상거래 기업이 온라인을 통한 판매방식을 제시하고 성공했다면, 이제 그 방식이 유통산업에서 새로운 게임의 법칙이 되는 것이다. 이렇게 되면 기존기업들도 생존을 위해 그 새로운 방식에 적응해야 한다. 예컨대, 공급자의 제품을 위탁판매 위주로 했던 과거 방식에서, 자사 부담의 제품 재고와 직영 배달시스템으로 고객의 기대를 충족시키는 **아마존·쿠팡**의 사업방식인 **풀필먼트**(Fulfillment)는 전자상거래 산업 내에서도 새롭게 등장한 게임법칙이다.

게임의 법칙 변경을 있게 하는 **동인은 무엇인가?** 게임의 법칙을 바꾸는 데 있어 가장 중요한 역할을 하는 것은 바로 **경영자**다. 경영자는 기존의 틀을 깨고 새로운 방향을 제시하는 결정을 내릴 수 있는 사람이며, 변화의 가능성을 먼저 인식하고 전략으로 실현해내는 주체이다. 경영자의 관점, 경험, 통찰력은 새로운 가치창출의 출발점이 된다. 게임법칙 변경과 관련하여, 전략적으로 경영자는 다음과 같은 역할을 할 수 있다.

- 기존 경쟁 기준(핵심성공요인)을 다시 정의하거나 대체할 수 있다.
- 고객에게 전혀 새로운 가치를 제공함으로써, 시장의 기대 자체를 바꿀 수 있다.
- 산업 내 오랜 규범을 무력화하거나 무시하고도 성공할 수 있는 전략을 실행함으로써, 산업의 경쟁구조를 바꿀 수 있다.

게임의 법칙 변경이 **경영전략으로서 효과적인 이유는 무엇인가?** 게임의 법칙을 바꾸면 기존기업들이 갖고 있던 경쟁우위가 무력화된다. 오히려 새로운 규칙에 적응하지 못한 기존기업들이 산업에서 도태되는 경우도 생긴다. 반면, 새로운 법칙을 만든 기업은 그 산업의 새로운 기준을 주도하게 되며, 빠르게 시장점유율을 확대하고 높은 성과를 거둘 가능성이 커진다. 그러나 이는 위험을 수반하기도 한다. 새로운 게임의 법칙이 시장에 받아들여지지 않으면 실패로 이어질 수 있으며, 기존 시장지배 기업과 정면으로 충돌하게 되는 경우도 많다. 그럼에도 불구하고, 성공적으로 게임의 법칙을 바꾸는 데 성공한 기업은 산업 전체를 재편할 만큼 강력한 힘을 갖게 된다. 그것이 다른 전략분석모형과 차별적인 전략적 매력이다.

후발기업에 주는 매력은 무엇인가? 자신의 위치가 중하위권만 아니라, 2등까지도 모두 1등이 되길 원한다. 그런데 이를 위해서는 넘어야 할 많은 장벽이 있다. 자신이 특정 산업 또는 사업시장에서 후발기업 또는 신규진입자라면, 산업 간 진입장벽(Entry Barrer), 전략그룹 간 이동장벽(Mobility Barrier), 기업 간 경쟁우위 모방을 방해하는 장치인 격리 메커니즘(Isolating Mechanism) 등을 넘어서야 한다. 선발기업은 브랜드 인지도, 규모의 경제, 유통채널, 고객 충성도 등 여러 면에서 유리한 위치에서 장벽의 보호를 받고 있다. 이에 게임법칙을 바꾸는 전략을 통해 후발기업도 선발기업을 능가할 수 있다. 기존 오프라인 판매 중심의 경쟁 상황에서, **델**은 온라인 직판이라는 전혀 새로운 방식으로 고객에게 접근함으로써 기존의 법칙을 바꾸었다. 이처럼 전자상거래나 새로운 기술을 활용하면, 기존 경쟁기준을 무시하고도 성공할 수 있는 가능성이 생긴다. 게임의 법칙을 바꾸기 위해서는 단순히 기존전략을 회피하는 것이 아니라, 아예 새로운 '산업가치관'을 형성하고 이를 시장에 정착시키려는 의지가 필요하다. 그리고 이를 가장 먼저 실천하는 주체가 바로 경영자, 즉 직분으로서 **기업가**(Entrepreneur)다.

게임의 법칙 변경 사례: 델

델(Dell) 컴퓨터는 1980년대 후반에서 1990년대 초반, 개인용 컴퓨터 시장이 빠르게 성장하던 시기에 등장한 후발 기업이다. 당시 PC 산업은 IBM, 휴렛팩커드(HP), 컴팩 등 대형 기업들이 지배하고 있었으며, 이들 기업은 다단계 유통망(도매 → 리셀러 → 소매점 → 소비자)을 통해 제품을 판매하고, 시장에서의 경쟁력은 대부분 브랜드 인지도와 유통채널 장악력에 의해 결정되었다. 이와 같은 구조에서 성공하기 위해서는 대규모의 재고 운영, 유통 파트너 관리, 광고 및 판촉 비용 투입 등 고정비 중심의 사업모델이 필수적이었다. 이처럼 고정화된 경쟁 규칙, 즉 해당 산업의 "게임의 법칙"은 막대한 자본력과 유통지배력이 핵심성공요인(KSF)으로 작용하던 구조였다.

그러나 델은 이러한 기존의 게임 규칙을 따르기보다는, 전혀 다른 방식으로 시장에 접근했다. 델은 'Build-to-Order(주문생산)' 모델을 도입하여 고객이 주문한 후에야 컴퓨터를 조립하기 시작했고, 대리점이나 소매점을 거치지 않고 전화 및 온라인을 통한 직접판매 방식을 선택했다. 이로 인해 델은 재고비용을 획기적으로 줄이고, 가격경쟁력을 확보함과 동시에 고객 개별 니즈에 맞춘 커스터마이징을 제공할 수 있게 되었다. 이러한 전략은 단순한 유통방식의 변경이 아니라, 당시 PC 산업의 게임의 법칙, 즉 유통채널 기반 경쟁을 본질적으로 무력화하는 방식이었다.

이러한 접근은 기존 선도 기업들의 고정된 전략 구조를 흔들었다. 전통적인 제조업체들이 막대한 비용을 들여 제품을 재고로 확보하고 유통업체를 통해 판매하는 동안, 델은 고객이 원하는 사양만을 그때그때 생산하여 낭비를 줄였고, 빠르게 변화하는 기술 트렌드에 민첩하게 대응할 수 있었다. 나아가, 델은 고객의 피드백을 직접 수집하고 즉시 반영할 수 있는 시스템을 구축함으로써, 품질 향상 및 고객만족도를 동시에 높일 수 있었다. 이는 곧 델이 정보기반 경쟁력, 운영 효율성, 고객 중심 가치를 새로운 산업표준으로 제시하게 된다는 의미였다.

결과적으로 델은 기존 시장지배기업이 구축해온 진입장벽(브랜드, 유통망, 대량생산 기반 원가우위)를 우회하거나 무력화함으로써, 후발주자임에도 불구하고 단기간 내에 시장점유율을 크게 확대할 수 있었다. 특히 1990년대 후반에는 미국 내 PC 시장점유율 1위를 차지하며, 선발기업들을 압도하는 성과를 보였다. 이는 델이 단순히 틈새시장을 공략한 것이 아니라, 산업의 경쟁 원리 자체를 재정의하고 새로운 게임의 법칙을 제시했음을 보여준다.

델 사례는 앞서 설명한 이론적 내용, 즉 게임의 법칙이란 산업 내에서 통용되는 표준적 경쟁방식이며, 이를 변경함으로써 기존 산업 규범을 전복할 수 있다는 개념을 잘 입증한다. 델은 자원이 부족한 후발기업으로서 기존의 규칙에 맞춰 경쟁하기보다는, 전자상거래 기술과 운영전략의 혁신을 통해 산업의 새로운 가치관과 표준을 형성하였다. 이로써 게임의 법칙 변경 전략이 실제 시장에서 어떻게 작동하며, 어떠한 경쟁우위로 이어지는지를 보여주는 대표적인 성공 사례로 평가된다.

델의 전략이 업계의 표준으로 자리 잡기 시작하면서, 컴팩은 경쟁력 유지를 위해 더욱 근본적인 전략 전환을 시도하게 되었다. 컴팩은 1998년, 자사의 고정비 구조와 유통망 중심의 전통적인 비즈니스 모델을 대대적으로 재구성하려 했고, 대규모 구조조정을 단행하며 일부 유통 계약을 축소하고 온라인 채널을 확대했다. 또한, 델과 유사한 주문생산 시스템과 공급망 최적화 전략을 도입하려 했으나, 기존 시스템과의 정합성 부족, 조직 내부의 이해 상충, 기술적 전환의 비효율성 등으로 인해 기대한 성과를 내지 못했다.

컴팩은 이러한 어려움을 극복하기 위해 HP와의 합병을 추진하였고, 결국 2002년 HP에 인수되면서 독립적인 브랜드로서의 역할을 종료하게 되었다.

게임법칙 변경의 세 가지 동인

게임의 법칙 변경은 우연한 기술 발전이나 환경 변화의 결과로만 이루어지는 것이 아니다. 실제로는 산업 내 **핵심성공요인의 동태적 변화**, **경영자의 전략적 판단력**, **조직의 전략적 의도**라는 세 가지 동인이 맞물릴 때 실현 가능하다. KSF는 시간의 흐름에 따라 변화할 수 있으며, 이에 대한 유연한 대응력은 기업의 전략적 유연성과 동태적 역량에 좌우된다. 경영자는 이러한 변화 속에서 새로운 KSF를 창출하거나 재정의할 수 있는 주체로, 산업규칙 자체를 변화시킬 수 있는 존재이다. 더불어 조직 내부의 전략적 의도는 현재 자원에 얽매이지 않고 미래 성공조건을 목표로 하는 조직의 의도가 담긴 강한 방향성과 실행력을 의미한다.

핵심성공요인의 동태적 변화

산업환경은 시간이 지남에 따라 변화하고, 이에 따라 KSF도 정태적(static)이지 않고 동태적(dynamic)일 수 있다. 즉, 오늘의 KSF가 내일도 그대로 유지된다는 보장이 없다. 그러므로 기업은 KSF의 변화 가능성을 염두에 두고, 이에 유연하게 대응하는 전략을 마련해야 한다. KSF가 변하는 주요 요인으로는 기술 혁신, 소비자 선호 변화, 규제와 제도 변화, 경쟁 구도 변화 등이 있다. 예를 들어, 과거 필름 카메라 산업에서는 필름 품질과 광학 기술이 KSF였으나 디지털 혁명이 도래하면서 전자공학 기술과 이미지 센서 역량이 새로운 KSF로 부상하여 이를 대체하였다. 또 스마트폰 시장에서는 한때 하드웨어 사양이 중요했다가, 시간이 지나며 소프트웨어 생태계와 플랫폼 서비스가 더 중요한 성공요인이 되는 식으로 계속된 변화가 일어난다.

산업수명주기는 KSF의 동태적 변화에 관한 설명에 유용하다. 일반적으로 산업의 도입기에서는 제품 혁신과 시장개척이 KSF가 되는 반면, 성장기에는 대량생산 능력과 유통망 확보, 성숙기에는 원가 효율성(규모경제, 자동화 등), 쇠퇴기에는 구조조정 능력과 틈새시장 공략 등이 KSF로 부각된다. 예컨대, 도입기에는 신제품 개발과 브랜드 이미지 구축이 중요하지만, 성숙기에 접어든 산업에서는 저가 생산과 비용 절감이 더 중요해지는 식이다. 이런 변화는 산업의 성장 단계에 따라 성공요인이 변화함을 의미하며, 기업은 각 단계에 맞는 전략적 대응이 필요하다.

또한 **경쟁의 역동성**도 KSF 변화에 큰 영향을 준다. 경쟁사들이 모두 특정 KSF에서 일정 수준 이상 역량을 갖추게 되면, 더 이상 그것만으로는 차별화가 어려워진다. 이때 시장의 경쟁 규칙이 바뀌거나 새로운 KSF가 부상할 수 있다. **호퍼·쉔델**의 견해도 이를 뒷받침한다. 그들은 시장경쟁과 기술 발전이 시간이 흐르며 산업의 KSF을 지속적으로 약화 또는 평준화시킨다고 한다.[87] 기업이 한때 KSF를 잘 충족하여 누리던 성공도 시간이 지나면 퇴색할 수 있으며, 지속적인 성공을 위해서는 새로운 성공요인을 꾸준히 찾아내고 확보해야 함을 시사한다.

이러한 **KSF의 동태적 변화에 대한 전략적 대응**으로는 다음의 조치를 제안한다.

- **모니터링과 예측**이다. 외부환경 변화를 지속적으로 모니터링하여 KSF의 변화 조짐을 조기에 포착해야 한다. 기술 트렌드, 소비자 트렌드, 규제 변화, 경쟁자 전략 등을 관찰함으로써 미래에 어떤 역량이 중요해질지 예측할 수 있다. 예를 들어, 자동차 업계에서 전동화와 자율주행이 부상함에 따라 향후 배터리 기술이나 AI 소프트웨어가 KSF로 자리 잡을 것을 미리 내다보고 대비하는 식이다.

- **유연한 전략 수정**이다. KSF의 변화에 맞춰 전략목표와 자원 배분을 재조정해야 한다. 기존 전략이 과거의 KSF에 최적화되어 있다면, 새로운 KSF에 부합하도록 사업 포트폴리오를 변경하거나 조직구조와 프로세스를 재설계할 필요가 있다. 예컨대, 디지털화가 KSF가 된 소매유통 산업에서 전통적 오프라인 소매기업은 온라인 역량을 강화하기 위해 투자 방향을 전환하고 조직에 전자상거래 부서를 신설하는 등의 전략수정이 요구된다.

- **학습과 역량 개발**이다. KSF가 변화할 때 기업 내부에 그에 필요한 새로운 역량을 구축하는 것이 핵심 대응이다. 이를 위해 조직학습, 인재 채용 및 육성, 기술 도입 등을 통해 동태적 역량을 길러야 한다. 동태적 역량은 급변하는 환경에서

새로운 자원을 재조합하여 경쟁우위를 재창출하는 조직의 능력이다.[88] 기업이 새로운 KSF에 빠르게 적응하려면 이러한 동태적 역량이 뒷받침되어야 한다. 예를 들어, 스마트폰 산업에서 처리속도나 디자인이 KSF였던 시기에 성공했던 기업이라도, 앱스토어 생태계가 중요해진 시기에는 소프트웨어 개발자 역량과 외부 파트너십 구축 능력을 학습하고 개발해야 지속적인 성공을 거둘 수 있다.

- **지속적인 혁신**이다. 가장 선도적인 기업들은 KSF 자체를 재정의하거나 새로운 KSF를 창출하기도 한다. 이는 환경 변화에 수동적으로 대응하는 단계를 넘어서서, 시장 게임의 룰을 바꾸는 전략이라 할 수 있다. 예컨대 **애플**은 제품혁신뿐 아니라 생태계 구축(앱스토어, 아이튠즈 등)을 통해 소비자들에게 새로운 가치를 제시함으로써 '생태계 통합'이라는 새로운 KSF를 만들어 냈다. 이러한 혁신전략은 기업이 KSF 변화의 추격자가 아닌 주도자가 될 수 있게 한다.

요컨대, KSF는 시간과 상황에 따라 변동할 수 있으며, 기업은 이를 예견하고 기민하게 대응하는 능력을 갖추는 것이 장기적 성공의 관건이다. 전략적 유연성(Strategic Flexibility)과 조직학습 능력은 KSF 변화에 대응하는 핵심 자질로 꼽힌다. 환경 변화에 적응하는 데 그치지 않고 변화를 활용하여 **새로운 성공요인을 만들어 내는 기업**만이 지속적인 경쟁우위를 유지할 수 있다.

경영자의 전략적 판단

KSF는 산업환경이나 고객 요구로부터 도출되는 외부적 조건이지만, 이를 어떻게 충족할 것인지, 어떤 방식으로 우위로 전환할 것인지는 전적으로 경영자의 전략적 선택과 실행 역량에 달려 있다. 예를 들어, 패션산업에서 '빠른 공급망 대응력'이 KSF라고 해도, 어떤 기업은 내재화된 제조라인 강화를 통해, 이와 달리 다른 기업은 글로벌 아웃소싱을 통해 이를 충족시킬 수 있다. 즉, 같은 KSF를 어떻게 구현하느냐는 경영자의 전략적 판단에 따라 전혀 달라질 수 있고, 나아가 성과 차이의 원천이 된다.

그러나 게임법칙 변경은 이러한 소극적 전략적 판단을 일컫는 것이 아니다. 전통적인 산업분석에서는 KSF를 환경이 규정한 고정 변수로 보지만, 실제로는 다음과 같은 이유로 경영자가 KSF 자체를 바꿀 수 있다. KSF는 정태적인 '주어진 조건'이 아니라, 경영자가 '재정의하거나 재창조'할 수 있는 대상이다.

전략경영에서 KSF 개념을 본격적으로 도입한 선구자인 **호퍼·쉔델**은 KSF를 산업의 외부요인(경제·기술)과 경쟁구조에 의해 결정되는 요소로서, **경영자가 영향 미칠 수 있는 범위 내의 변수**로 규정했다.[89] 경영자는 단순한 KSF의 수용자가 아니라, 적극적으로 새로운 KSF를 창출할 수 있는 주체가 될 수 있다. 산업 내 업계 선도기업은 자신만의 독특한 방식으로 고객에게 새로운 가치를 제공하고, 이를 시장에 정착시킴으로써 경쟁규칙 자체를 변화시킨다. **애플**은 사용자 경험(UX)이라는 개념을 스마트폰 산업의 핵심 가치로 부각시켜, '디자인', '생태계 통합', '소프트웨어·하드웨어 통합성' 등을 새로운 KSF로 정착시켰다. 그 결과, 기존의 하드웨어 사양 중심의 경쟁기준은 퇴색되었고, 애플이 창출한 새로운 기준이 산업 전체의 KSF로 재편되었다. 이러한 변화는 기술 발전 때문이 아니라, 경영자의 전략적 의지와 실행력에 의해 이루어진 것이다.

KSF는 산업구조와 고객 요구로부터 도출되는 외부적 조건이지만, 경영자의 전략적 선택에 따라 실현 방식과 중요성이 결정되며, 때로는 경쟁의 법칙 자체를 바꾸는 방식으로 KSF를 재정의하거나 창출될 수 있다. 따라서 KSF는 단순한 환경변수로서 존재하는 것이 아니라, 경영자의 인식, 해석, 실행을 통해 형성되는 **경영자의 시각을 반영**한 전략적 구성물이다. 이는 경영자의 역할이 기업의 대표로서 단순한 계획 수립자, 조직 관리자가 아니라, 시장을 재구성하고 산업의 성공조건을 새롭게 설정하는 '게임체인저'로서의 기능을 수행함을 의미한다. 기업의 성패는 결국 KSF를 어떻게 해석하고, 그것을 중심으로 어떤 전략을 세우고 실행하는지에 달려 있다. 이 모든 과정에 경영자의 통찰력과 판단력이 개입한다. 게임법칙의 변경을 위한 **경영자의 개입 통로**는 다음과 같이 첫째, 기존의 산업규칙을 전복하거나 재구성하여 새로운 규정 설정, 둘째, 창의적 기술 및 비즈니스 모델의 혁신적 도입, 셋째, 집중적인 자원 배분 및 우선순위 조정 등이 있다.

- **신규 산업규칙의 설정:** 경영자는 기존의 산업규칙을 전복하거나 재구성함으로써, KSF 자체를 바꿀 수 있다. 블루오션 전략이론에서 강조하듯이, 기존 산업에서의 경쟁요인이 지나치게 동질화되고 가치가 소진될 때, 선도기업은 고객에게 새로운 가치를 제안함으로써 시장에서 경쟁의 기준을 새롭게 설정할 수 있다. 대표적인 사례로 저가항공사인 **라이언에어**(Ryanair)와 **이지젯**(EasyJet)은 기존 항공산업의 KSF였던 '기내서비스'와 '허브 중심 운항체계'를 무시하고, '초저가 운임'과 '회전율 극대화'를 새로운 KSF로 설정함으로써, 이들 기업은 산업 내 경쟁 프레임 자체를 전환시켰다. 이처럼 경영자가 의도적으로 기존 KSF를 무력화하거나 새로운 기준을 부각시킬 경우, 시장 전체가 그 변화에 반응하게 되면서 새로운 KSF가 정착된다.

- **창의적 기술 및 비즈니스 모델의 혁신적 도입:** 기술의 도입이나 비즈니스 모델 혁신을 통해 KSF는 경영자의 주도 아래 재정의될 수 있다. **넷플릭스**의 경우, 전통적인 비디오 대여 산업의 KSF였던 '매장 수'나 '재고관리 능력'을 완전히 무력화하고, 스트리밍 기술과 개인화된 추천 시스템을 중심으로 한 '고객 편의성과 데이터 활용능력'을 OTT 산업의 새로운 KSF로 정착시켰다. 이러한 변화는 기술 변화 자체에서 비롯된 것이 아니라, 그 기술을 전략적으로 활용하고 산업구조를 재해석한 경영자의 의사결정에서 비롯되었다. 즉, 기술이나 환경 변화는 가능성을 제공할 뿐이며, 그 가능성을 KSF로 전환하는 것은 경영자에게 주어진 전략적 선택의 문제이다.

- **집중적인 자원 배분 및 우선순위 조정:** KSF는 경영자의 자원 배분과 우선순위 설정을 통해 실현 여부가 결정된다. 전략이란 본질적으로 제한된 자원을 어디에 집중할지를 결정하는 행위이며, KSF는 그 집중의 '타깃'이 된다. 하지만 기업의 자원은 항상 한정되어 있기 때문에, 모든 KSF를 동시에 충족시키는 것은 현실적으로 불가능하다. 따라서 경영자는 산업이 요구하는 여러 요인 중에서도 자사 역량과의 적합성을 고려하여 전략적으로 우선순위를 설정하고, 특정 KSF에 자

원을 집중함으로써 차별적 경쟁우위 확보를 시도한다. 이처럼, 경영자의 전략적 우선순위 설정이 없이는 KSF 변화는 실현될 수 없으며, KSF의 상대적 중요성은 경영자의 선택에 따라 가변적으로 해석된다.

조직의 전략적 의도

조직 내부의 강력한 의지와 미래를 향한 명확한 방향성이 뒷받침될 때, 기존의 규칙을 전복하거나 새롭게 정의하는 게임법칙의 변경이 실현될 수 있다. 이러한 전략적 동력의 이론적 기반으로는 **하멜·프라할라드**(Hamel·Prahalad)의 **전략적 의도**(Strategic Intent) 개념이 자리한다.[90] 이들은 기업은 현재 자원에 얽매이지 말고 야심찬 미래 지향 목표를 중심으로 전략을 수립해야 한다고 강조한다. 전략적 의도는 단순히 비전을 제시하는 것을 넘어, 조직이 현재 보유하지 않은 핵심역량을 미래 지향적으로 뻗쳐서(Stretch) 확보하려는 의지를 뜻한다. 이는 산업의 KSF가 현재 조직 내에 존재하지 않더라도, 이를 목표로 설정하고 역량을 점진적으로 구축해 나가는 접근이다. 특히 게임의 법칙 변경과 같은 급진적 전략은 기존 질서에 도전해야 하며, 따라서 현재 기업이 보유한 역량과 자원에 적합한 전략이 아니라, 미래 규칙을 설정할 수 있는 능력 중심의 전략이 필요하다.

하멜·프라할라드는 'KSF를 고정'된 것으로 보고, '부족한 핵심역량의 상향 뻗침'에 주목한 반면, **게임법칙 변경 관점**은 자신의 '핵심역량을 기준'으로 외부환경인 'KSF를 변경'하려는 적극적 뻗침 전략이라는 차이점이 있다. 두 개념은 모두 현재의 내부환경과 외부환경 간 적합성 달성이라는 사전적 적합성 충족이 아닌, (비록 현재 부적합성 상태에 있더라도) 전향적으로 미래의 **사후적합성 충족**을 광의의 적합성으로 간주했다는 공통점이 있다. 조직의 전략적 의도가 반영된 사례는 전기차 산업의 선도자인 **테슬라**이다. 테슬라는 설립 초기부터 전통 내연기관 자동차 산업과는 다른 게임의 법칙을 염두에 두었다. 당시 전기차는 충전 인프라 부족, 배터리 용량의 한계, 가격경쟁력 문제 등으로 인해 '불가능한 기술'로 여겨졌다. 하지만 경영자인 **머스크**(Musk)는 전통 자동차의 KSF인 생산 규모, 브랜드, 연비 경쟁력이 아닌 소프트웨어 중심 운영체계,

배터리 기술 내재화, 직접판매 네트워크, 슈퍼차저 인프라 등을 미래의 전기차 산업 KSF로 상정하고 이에 조직역량을 집중시켰다. 이와 같은 전략은 기존의 적합성 패러다임을 뛰어넘으려는 전략적 뻗침의 사례로, 결국 자동차산업의 기존 게임규칙을 무력화하고 새로운 규범을 정착시키는 데 성공했다.

게임법칙 변경과 전략경영 이론

게임법칙 변경 관점의 **이론적 근거**를 다른 전략경영 이론의 흐름과 함께 설명한다. **하멜·프라할라드**는 10년간에 걸쳐 범세계적 경쟁, 국제적 제휴, 다국적기업 등에 관한 연구에서, 기업의 성공요인을 추적하는 과정에서 두 가지 대조되는 전략의 틀을 발견한다. 하나는 내외부 환경의 전략적 적합성 문제에 초점을 맞추는 접근과 이와 달리 내부자원을 최대로 활용하는 문제에 초점을 맞추는 접근이다. 첫 번째 접근이 가용자원에 적합하도록 목표와 야망을 조절하는 것이라면, 두 번째 접근은 언뜻 보아 도달할 수 없다고 느껴지는 목표, 자신의 능력 이상으로 도달하기 어려운 목표를 위해 자원을 최대한으로 활용하는 데 역점을 둔 데 차이가 있다.

이타미(Itami)의 전략적 불균형(Strategic Imbalance)과 과대확장전략(Overextension Strategy)은 두 번째 접근 방식이다.[91] **과대확장전략**이란 기업이 현재 능력 범위 밖의 활동을 추진하는 것이다. 이때 발생하는 **전략적 불균형**은 조직 내 '창조적 긴장'으로 작용하여 조직 구성원의 노력을 촉발하여 장기적으로 사후적 적합성에 이르도록 하는 긍정적 에너지다. 그가 강조한 레버리지 적합성은 환경을 통제 불가능하거나 고정된 것으로 보지 않고 환경의 위협요인을 조직의 무형자산을 활용할 수 있는 지렛대(레버리지)로 삼아 기회로 이용하는 것을 말한다. **오마에**(Ohmae)도 산업 내 환경에 초점을 맞추지 않고, 기업 자신의 실질적인 기능상의 강점에 바탕을 두어 경쟁하는 것을 전략적으로 선택하는 경우도 있다고 하며 **토요타**를 예로 들었다.[92] 토요타가 생산하는 지게차 시장에서 경쟁이 치열해지자, 토요타는 대폭 강화한 고객서비스로 돌파구를 찾았다. 서비스 분야를 지게차 시장의 중요 전쟁터로 선택한 것은 전략상의 중대한 결정이다. 그 이유는 높은 고정비용을 수반하는 정책이기 때문이다. 토요타는 일본 전역에 두 시간 내로 서비스를 제공하는 투자를 완성했다. 서비스 구축 고정비용은 상당히 높은 수준이었으므로 토요타에게 위협적인 경쟁자들로서는 토요타 투자에 대적할 엄두를 내지 못했다. 토요타는 광대한 서비스망을 구축하고, 다소 구형에 속하는 제품라인과 불리한 가격조건에도 불구하고 서비스가 빈약한 산업 내에서 토요타의 시장점유율 상승을 지속할 수 있었다.

조직 내에 지배원리로써 공유된 가치가 존재하듯이[93] 산업에도 기업 모두에게 공통적으로 공유된 **산업 가치관**(Industry Norms)이 존재한다. 한 산업 내에는 기업의 행동을 구속하는 그 산업만의 독특한 운영체계인 법칙의 존재다. 경영자들은 산업의 성공요인에 대해 몇 가지 뿌리 깊은 믿음을 가지고 있으며, 이러한 믿음은 시간이 지나더라도 쉽게 변하지 않는다는 가정이다. **스펜더**(Spender)는 이러한 산업의 성공 관점, 즉 공통적인 '조리법'이 존재하며 이를 **산업 레시피**(Industry Recipes)라고 명명했다.[94] 나아가 이는 산업 내 위치한 기업이 성공하기 위해 반드시 지켜야 할 '경쟁적 행위'라고 강조했다. **햄브릭**(Hambrick)은 한 산업 내에는 '공통적인 지식체계'가 존재한다는 사실을 실증적으로 발견하였다.[95] 그에 따르면, 기업마다 전략이 다른 것은 정보의 불균형적인 보유 및 환경에 대한 스캐닝 능력의 부족에 기인한 것이 아니라, '공통된 지식체계'에 대하여 각 기업이 다른 방법으로 행동을 보임으로써 기업마다 다른 전략이 표출된다고 한다. 이와 맥락을 같이 하는 연구에서 산업을 '메타퍼(Metaphor) 또는 세상관(World Views)의 공유'로 표현한 용어도 경영자 관점이 산업관에 투영된 결과임을 암시한다.[96]

이러한 산업 가치관은 기업의 행동을 구속하고, 또한 기업들이 비슷한 행동 양상을 보이도록 한다. 산업 가치관은 산업 내 경쟁방식에 대한 해석에도 작용한다. 한 산업 내에 산업가치관이 투영되어 그 산업만의 독특한 경쟁체계로 인식되는 '게임법칙 존재'를 지지한다. 기존 개념과 용어를 바탕으로 **게임법칙 정의**는 '산업 내에서 성공하기 위한 표준적 경쟁방식'으로 표현할 수 있다. 게임법칙은 산업 내 경쟁활동에 참여하고 있는 기업이나, 또 산업에 신규로 진출하고자 하는 기업들이 일반적이라 믿고 있는 산업 내 표준적인 경쟁방식이다. 따라서 게임법칙은 신규 진입자들에게는 진입장벽으로 작용하며, 기존기업에는 경쟁활동의 지침서 역할을 한다.

게임법칙의 변경에는 무엇보다도 **기업가의 역할**이 크다. 경영자 특성이나 시각은 전략의 선택, 나아가 기업성과에 비중 높게 반영된다.[97] 경영자는 외부환경의 변화를 자신의 인지능력을 바탕으로 소화하고 해석한다. 경영자 특성과 시각은 신규 산업 진출이나 신사업 출범에서 두드러지게 반영된다.[98] 결국, 환경 변화를 인식하여 전략적 대안을 수립하는 것은 경영자의 의무이자 역할이다. 경영자는 현재 수행된 일과 앞으로 반드시 수행되어야 할 일 사이의 차이를 제일 먼저 인식하는 역할을 갖는다.[99] 이러한 인식하에 경영자가 미래의 경쟁환경을 예측하고 미래 지향적인 전략을 수립하는 과정의 일환으로서 '게임법칙의 변경'이 검토된다. 게임법칙 변경에 경영자의 '전략적 의도'는 결정적인 역할을 한다.[100] 기존의 산업 가치관이자 경쟁원칙으로써 지배하는 게임법칙에 의한 균형을 깨고, 새로운 지배법칙으로 게임법칙을 변경하려는 시도는 기업의 성공을 위해 경영자가 해야 하는 일상 범주에 속하는 전통적인 역할이다. 이는 오스트리아학파에 속하는 **슘페터**(Schumpeter)의 지론과도 맞닿아 있다.[101] 슘페터는 기업가를 고의로 시장의 균형상태를 깨려고 노력하는 자로 보았다. 경쟁을 정태적 균형상태에서 창조적 파괴과정으로 보고, 경쟁자의 산업 내 위치를 쓸모없게 만드는 방향으로 혁신을 선택하고 창조하여 경쟁기회를 얻어야 한다고 강조한다. 이러한 그의 주장은 신조류 경제학의 창시자이기도 하지만, 창조적 파괴는 오롯이 경영자에 의해 시작된다고 하여, 경영학에서 그를 전략경영 분야의 초기 학자로 분류하는 연유를 제공한다.

자원기반관점, 전략적 포지셔닝, 블루오션, 그리고 게임법칙의 변경

게임법칙의 변경과 연관한 경쟁전략에 대한 관점들을 [그림 6-4]에 정리했다. 포터의 **전략적 포지셔닝**은 기존 산업의 경쟁구조에서 경쟁자의 전략유형을 그의 본원적 전략 유형으로 구분하고, 최적의 경쟁위치에 포지셔닝을 하는 것이 궁극적인 경쟁우위를 확보할 수 있는 성공전략이라 주장한다. 예컨대, 그림에서는 상대적으로 경쟁강도가 낮은 차별화 그룹 쪽에 전략적으로 포지션을 정한다. 산업의 KSF는 고려치 않거나 중요한 요소가 아니며, 주로 일본기업이 추구하는 생산의 효율성 달성은 전략의 본질이 아니라 한다. 그는 진정한 의미의 전략은 경쟁자와 다른 위치에서 일관적인 행동의 활동시스템 지도를 구성하는 선택과 집중으로, 선택한 전략 방향에 대한 '활동의 적합성'을 강조한다.

반면에 **자원기반관점**과 **핵심역량 분석**은 기업 내외부 환경의 적합성을 기반으로 하여, 특히 산업 내 성공조건으로서 기업의 경쟁우위가 반영된 KSF를 중시한다. 성과 높은 기업의 전략수립 기준은 KSF를 파악하는 것에서 시작하여, 이에 적합한 내부 자원 및 역량을 매칭하는 방법으로 전략을 수립·추진한다. 기존 전략경영의 전략 정의에 대한 관점 중에 SWOT 분석의 '적합성 정의'와 일치하는 견해다.

블루오션 전략은 KSF 분석보다는 가깝게는 포터의 전략적 포지셔닝, 멀게는 산업조직론과 맥을 같이한다. 기존 산업은 치열한 경쟁상태, 즉 레드오션인 경우가 일반적이므로, 이곳에서 경쟁하는 것보다 경쟁강도가 낮거나 아예 없는 새로운 블루오션에서 사업하는 것이 성공을 위한 전략이라고 주장한다. 따라서 요체는 블루오션 영역을 발견하거나 창출하는 것이 성공전략의 핵심인데, 블루오션은 산업과 산업 간 경계에, 또는 여러 산업 간 융합으로부터 창출될 가능성이 크다고 한다. 큰 틀에서 다른 경쟁자가 보지 못한 산업의 숨은 영역을 찾아야 한다는 의미다. 포터 모델 이후에 만들어진 블루오션 전략은 포터의 한계, 즉 '중간에 끼인 위험'에 대한 해법을 제공하는 등 포터의 이론에 대비해 블루오션 전략만이 가진 장점을 제시한다. 하지만 결국 포터식의 산업 내 특정 영역에서 경쟁해야 한다는 '산업조직' 기반 관점을 완전히 벗어나지 못한다. 이른바 포터식으로 표현하면, 전략적 포지셔닝의 위치 선정에서 블루오션이 최적지라는 이야기다. 전략수립의 논리틀은 포터와 같으며, 단지 산업/사업 영역을 새로운 관점으로 찾아봐야 한다는 의견 피력이 차별성을 갖는다.

게임법칙의 변경은 그림에서처럼, 기존 KSF가 아닌, 새로운 KSF를 설정한다. 이때 새로운 KSF는 자신의 경쟁우위에 준하는 경쟁규칙이 설정된다. 기존 방식으로는 경쟁자를 추월하기 어려운 상황에 있는 2등 내지 후발기업에게는 역전 가능성이 큰 기회다. 현재 사전적 적합성을 충족 못 한 기업이지만, 만일 기업이 의도적 의지로 전략을 성공시킨 후에는 내외부 환경 간 사후적 적합성이 일어난다. 이 점에서 게임법칙 변경은 KSF 분석 및 전략적 적합성 이론과 궤를 같이한다.

그림 6-4 전략적 포지셔닝, 블루오션 전략, 게임법칙의 변경

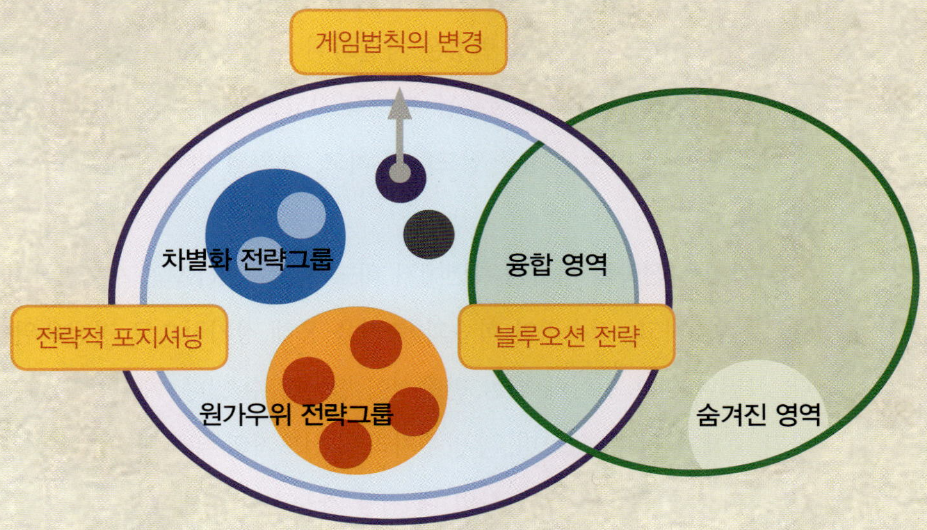

자원기반관점과 게임법칙의 변경

자원기반관점(RBV)은 기업 내부의 자원과 역량이 경쟁우위의 핵심원천이라고 본다. 기업이 보유한 자원이 희소하고, 모방이 어렵고, 조직에 잘 통합되어 있을수록 지속가능한 경쟁우위를 확보할 수 있다고 주장한다. 게임의 법칙 변경은 산업 외부의 규칙과 가치관, 경쟁방식 자체를 새롭게 정의하거나 바꾸는 전략이다. 이는 기존 산업 내의 질서 자체를 전복하거나 대체함으로써 새로운 경쟁 규칙을 형성한다. 즉, RBV는 '기업 내부에 있는 자원'을 중심으로 경쟁우위를 구축하고자 하는 반면, 게임의 법칙 변경은 외부의 규칙 자체를 바꿈으로써 '게임판을 유리하게 재설정'하는 데 초점을 둔다. **차이점**은 RBV는 전략 초점을 내부 역량 활용에 맞추고, 경쟁우위 원천인 가치 있는 희소자원을 개발·보유·강화로 경쟁전략을 구성한다. 반면 게임법칙 변경은 외부규칙 변화에 초점을 맞추고, 새로운 산업표준 선도를 위해 시장규칙 재정의, 산업 가치관 변경을 경쟁전략의 핵심으로 삼는다. 즉 RBV는 주어진 산업의 게임 내에서 '가장 잘하는 기업'을 지향하는 반면, 게임법칙 변경은 게임 자체를 바꾸어 '자

신에게 유리한 환경'을 조성한다.

공통점은 경쟁자와의 차별화를 중시한다는 점에서 유사하다. 자원기반관점은 차별화된 자원을, 게임의 법칙 변경은 차별화된 경쟁방식이나 산업 질서를 강조한다. 두 관점 모두 기존 질서에 도전하는 전략적 사고를 전제로 한다. RBV는 내부에서 경쟁우위를 만들어 기존 질서를 압도하려 하고, 게임의 법칙 변경은 그 질서를 아예 새로 만든다.

두 관점을 **전략적 시사점 측면**에서 비교해 보자. RBV의 시사점은 내부자원과 역량을 잘 관리하고, 지속적인 학습과 축적을 통해 장기적으로 경쟁우위를 확보할 수 있다. 그러나 외부 변화에 대한 반응성이 떨어질 수 있다. 게임법칙 변경의 시사점은 변화의 주체가 될 수 있으며, 후발주자라도 선도자의 위치에 오를 수 있는 기회를 확보한다. 다만 높은 리스크와 산업 내 저항 가능성이 존재한다.

결국, 전략수립에 있어 두 관점은 상호보완적으로 활용될 수 있다. 내부자원을 기반으로 역량을 강화하면서, 필요시에는 산업의 규칙 자체를 바꾸는 창의적 도전을 생각해 보아야 한다. 즉, '강한 내부자원'을 기반으로 '새로운 게임을 설계'하는 것이 지속가능한 경쟁우위를 확보하는 열쇠이자, 궁극적인 지속적 유지 방안이 될 수 있다.

전략적 포지셔닝과 게임법칙의 변경

전략적 포지셔닝은 기존의 경쟁 질서를 인정하면서, 그 안에서 자신만의 유리한 틈새를 찾는 전략이다. 반면, 게임의 법칙 변경은 기존의 질서를 인정하지 않고, 완전히 새로운 방식으로 산업의 경쟁 틀을 다시 짜는 전략이다. 예를 들어, 기존 산업이 품질 중심의 경쟁을 하는 상황에서, 어떤 기업이 가격을 무기로 전면에 나서 가격 중심의 산업구조를 만들었다면 이는 게임의 법칙 변경이다. 이러한 전략은 기존 선도기업에게 큰 위협이 되며, 일단 게임법칙 변경이 성공하게 되면, 기존 규칙에 익숙한 기업일수록 새로운 방식에 적응하지 못해 급격히 퇴출당할 가능성이 크다.

게임의 법칙 변경은 단순히 창의적인 전략으로만 간주할 것이 아니라, 산업구조를 바꾸고 시장질서를 다시 세우는 강력한 전략 수단으로서의 의미가 크다. 특히 후발기업이 기존 질서에 도전하고자 할 때, 선택지가 많이 없는 상황에서 게임의 법칙 변경은 높은 리스크에도 불구하고 선도기업을 위협하는 가장 강력한 성장전략이 될 수 있다. 결국은 전략이란 단순한 운영 효율이 아니라, 어떤 가치관을 중심으로 경쟁할 것인가를 결정하는 것이며, 경영자는 그 경쟁의 규칙조차 새로 만들 수 있는 주체이다. 산업의 기준을 다시 세우는 자만이, 진정한 의미에서 시장을 선도할 수 있다.

전략을 운영효과성이나 운영의 효율성으로 보지 않고, 독특한 전략적 방향설정만이 진정한 전략이라는 포터의 전략적 포지셔닝 개념과 일면 상통하는 **공통점**이 있다. 그러나 포터는 산업환경 및 산업구조에 초점을 맞춘 외부환경을 전략적 대상으로 치중하고, 게임법칙 변경은 외부환경과 내부환경의 균형을 전략수립의 기반으로 하는 점은 **차이점**이다. 후발기업에게 전략적 선택폭을 넓히는 게임법칙 전략과 달리, 포터의 경쟁전략은 후발주자나 선도기업이 되고 싶은 기업에게 전략적 기회에 대한 시사점이 미흡한 것도 차이점이다. 기존 산업구조에서 경쟁에 유리한 틈새 전략, 또는 전략그룹 개념으로 인텔 및 AMD, 포드 및 GM, 노키아 및 모토놀라 등에 비해 업계에 늦게 진출하여 최고의 지위에 오른 **NVIDA**, **테슬라**, **애플** 등 최상위 경쟁 지위에 오른 기업을 설명하는 데 한계가 존재한다.

앞서 설명한 전략적 포지셔닝의 분석틀, 즉 본원적 전략이나 5가지 경쟁요인 모형은 게입법칙 변경의 전략수립과 실행을 위한 산업속성과 경쟁자 상황을 파악하는 **사전 분석기법과 절차**로써 활용된다. KSF와 경쟁자가 인지하는 게임법칙을 파악하고 이에 대해 출범 가능한 새로운 법칙을 모색할 때 방법론적 기여를 한다.

블루오션과 게임법칙의 변경

블루오션 전략은 기존 경쟁이 치열한 시장(레드오션)을 벗어나, 경쟁이 존재하지 않거나 무의미한 새로운 시장 공간(블루오션)을 창출함으로써 수요를 새롭게 창출하고 고수익을 확보하고자 하는 전략이다.[102] 내용의 핵심은 기업이 가치혁신을 통해 비용과 가치의 동시에 추구할 것을 강조하고, 포터의 본원적 전략과 달리 블루오션 전략은 양자를 병립할 수 있게 하는 전략이라 것이다.

블루오션 전략의 세부 내용은 게임법칙 변경과 공통점 및 차이점을 비교하면서 설명한다. 먼저 두 이론 간 **차이점**을 설명하면, 게임의 법칙 변경은 산업 내부의 경쟁조건 자체를 새롭게 설정하는 전략이다. 반면 블루오션 전략은 기존 산업보다 새로운 산업영역을 찾는데 주안점을 둔다. 게임법칙 변경 전략은 새로운 시장을 창출하지 않더라도 기존 시장구조의 작동 방식을 바꿔 유리한 경쟁영역을 확보한다. **세부 차이점**은 다음과 같다.

블루오션 전략이 새로운 시장 창출인 데 비해, 게임법칙 변경은 기존 산업규칙의 재정의 또는 전환이라는 **시장접근 방식**에서 차이가 있다. 또한 블루오션 전략이 가치혁신을 중시한 데 비해, 게임법칙 변경은 경쟁 논리의 무력화 또는 재설계라는 **핵심전략 요소**가 다른 데서 차이가 있다. 블루오션 전략은 경쟁 없는 시장 공간 확보를 추구한다. 반면 게임법칙 변경은 기존 질서의 재구성으로 경쟁우위 확보라는 **전략적 목적**에서 차이가 난다. **대표적 추진 도구**에서도 차이가 있다. 블루오션 전략의 대표적 도구는 'ERRC 그리드' 및 '전략 캔버스'이다. ERRC 그리드는 기존 산업의 가치 요소 중에서 제거할 것(Eliminate), 줄일 것(Reduce), 높일 것(Raise), 새로 만들 것(Create)을 체계적으로 분석해 '가치혁신'을 설계하는 틀이며, 전략 캔버스는 경쟁자와 자사의 가치 제안을 시각적으로 비교해 보여주는 도구로 각 경쟁요소에 대한 기업의 집중 정도를 한눈에 파악할 수 있게 해준다. 게임법칙 이론은 이러한 별도의 복잡한 분석도구는 필요치 않으며, 다만 포터의 산업분석 모형은 게임법칙의 사전 분석 단계에서 기초도구로 활용된다.

공통점은 두 전략 모두 기존 경쟁 규칙에 대한 문제의식에서 출발하며, 기존 질서에 순응하기보다는 도전적 전략이 필요하다는 데 동의한다. 창의성, 파괴성, 비선형적 사고를 강조하며, 경쟁우위를 확보하는 데 있어 '차별화된 방식'을 중시하는 점, 시장 내 후발주자에게도 성공의 기회를 제공할 수 있다는 점에서도 공통점이 있다.

전략적 시사점을 비교하면, 블루오션 전략은 경쟁 그 자체를 무력화하며, 차별화와 비용절감을 동시에 추구할 수 있다는 점을 전략적 매력 요소로 강조한다. 단, 신시장 개척에 따른 불확실성과 수요 창출의 부담이 존재함을 인정한다. 이에 대비한 게임법칙 변경의 매력 요소는 기존 산업의 틀 안에서 경쟁 규칙 자체가 바뀌기만 하면 단기

태양의 서커스의 블루오션

태양의 서커스(Cirque du Soleil)는 블루오션 전략의 대표적인 사례로 자주 언급된다. 이 기업은 기존 서커스 산업이 쇠퇴하던 시점에서, 새로운 시장 공간을 창출하고 기존의 경쟁 규칙을 무력화함으로써 전 세계적 성공을 거두었다. 1984년 캐나다에서 설립된 태양의 서커스는, 당시 미국의 링링 브라더스(Ringling Bros.) 등 전통 서커스가 겪고 있던 매출 감소, 동물 학대 논란, 어린이 관객 위주의 한정된 시장이라는 한계를 기회로 전환시켰다.

이 기업은 기존 서커스 산업의 주요 가치 요소를 재구성했다. 먼저 동물 공연을 과감히 제거(Eliminate)하고, 코미디와 신체묘기와 같은 반복적 요소를 축소(Reduce)하였다. 동시에 무대예술, 음악, 조명, 의상 등에서 극적인 시각적 아름다움을 강조하고(Raise), 연극적 서사와 철학적 메시지를 접목한 완전히 새로운 형태의 퍼포먼스를 창조(Create)하였다. 이와 같은 전략은 ERRC 그리드를 정교하게 구현한 결과로 해석된다.

태양의 서커스는 서커스와 연극, 무용, 콘서트의 경계를 허물며 전혀 새로운 시장을 개척하였다. 이는 기존의 서커스 고객뿐 아니라, 고급 공연예술을 즐기던 중장년층 및 기업 고객층까지 새로운 수요층으로 끌어들였다. 전통적인 서커스가 어린이 중심의 저가 시장에서 경쟁하던 것과는 달리, 태양의 서커스는 고가 티켓 정책과 고품질 경험을 결합해 수익성을 대폭 높였다. 이 전략은 단순히 경쟁을 피하는 차원을 넘어, 경쟁 자체를 무의미하게 만든 전형적인 블루오션 전략의 구현으로 평가된다.

또한, 태양의 서커스는 기존 산업의 경계를 넘는 창조적 융합을 통해 자신만의 독자적 시장을 구축했다. 연극 연출가와 음악 감독, 무용 안무가 등을 영입하여 각 공연에 주제와 스토리를 부여했고, 이는 전통 서커스의 단순한 시각적 자극과 명백히 차별화되었다. 결과적으로 이 회사는 전 세계 180개국 이상에서 공연하며, 수익성과 브랜드 인지도 양 측면에서 전통 서커스 기업들을 압도하는 성공을 거두었다. 특히 전략 캔버스를 통해 전통 서커스와의 가치 곡선을 비교할 때, 태양의 서커스는 공연 구성요소에서 극명한 차별화를 보여주며, 단순한 제품 혁신이 아닌 산업 규칙 자체의 재설계를 구현한 사례로 평가된다.

간에 우월적 지위를 급격히 확보할 수 있다는 점에서 파괴력이 크다. 또한 게임법칙 변경도 변화과정에서 산업 내 기득권의 저항과 이로 인한 상대적으로 높은 실패 부담 위험을 감수해야 한다.

두 이론의 **실현 가능성 측면**에서 보면, 경쟁이 없는 영역을 찾거나 창출하는 것이나, 기존 규칙을 대체하는 새로운 규칙을 설정하는 것 모두가 쉽지 않은 일이다. 만일 블루오션 전략의 실현이 어려운 일이 아니라면 (게임법칙 변경에 비해 장점이지만) 그 의미는 그만큼 다른 모방자가 창출된 신규 영역에 짧은 시간 내 진출할 가능성이 크다는 것을 의미한다. 게임법칙 변경의 실현이 블루오션을 찾는 것보다 어려울 수 있으나, 지속성 측면에서는 더욱 유리할 수 있다.

블루오션 전략은 **본원적 전략에 대한 시사점**으로 블루오션 전략이 차별화와 원가우위를 동시에 실현할 수 있는 전략적 장점을 내세운다. 이론의 논리에 의하면, 새로운 시장영역을 찾아 가치사슬 활동을 운영하면 당연히 초기시장에 경쟁자가 없으니 차별화와 원가우위 모두의 운영방식 채택에 걸림돌이 없을 것이다. 따라서 '중간에 끼인 위험'으로부터는 자유로울 수 있다. 그러나 경쟁자가 없다 하더라도 원가우위를 내부적으로 시현하여 절대적 초과이윤을 얻기 위해서는 생산성 높은 기술이나 운영관리 효율성에 대한 역량이 갖춰져야 함은 자원기반관점을 비롯한 일반 경쟁우위 이론과 동일하다. 한편, 게임법칙의 변경도 블루오션 전략과 마찬가지로 차별화와 저원가의 병행전략, 일명 하이브리드 전략을 사용할 수 있게 한다. KSF 제정자에게 본원적 전략 선택권은 블루오션 시장보다 더 방해받지 않을 수 있다. 차별화와 원가우위 측면에서 **테슬라**의 운영상황과 **태양의 서커스**의 운영상황을 비교해 보면 알 수 있다.

게임법칙 변경의 실행

기업에 의하여 기존 산업 내 경쟁규칙이 변경되거나 창출되는 게임법칙 실행이 어떻게 이루어지는지 진행단계별 개념과 사례를 들어 설명한다. 모든 기업이 전략변경에는 실패의 위험이 따른다. 실패를 줄이고 성공 가능성을 높이기 위한 **게임법칙 실행 방안**을 정리한다.

먼저 적절한 **시행시기**의 선택이다. 적절한 시행시기는 아무래도 외부환경의 변화 조짐으로부터 시작한다. 그러므로 외부환경 움직임에 대한 전략적 탐침(Strategic Probe)이 준비 기간으로써 필요하다. 외부환경에 급격한 변화는 기존 KSF에 동요와 충격 요인으로 작용할 수 있다. 이 시기가 새 규칙으로 변경 가능성을 높인다. 또한, 탐침의 대상은 환경뿐 아니라 경쟁자의 동향도 포함한다. 경쟁자가 기존 경쟁법칙에 몰입되는 경우가 심하여 다른 전략적 방향에 대해 전혀 관심을 기울이지 못하는 자세를 보인다. 이때는 거의 모든 산업에서 치열하게 비용절감 기법이 난무한다. 모두 다 박한 마진 때문이다. 이때는 산업의 수명주기가 거의 끝나갈 무렵으로 시대적으로 새로운 산업의 전환이 요구되는 시기이다. 앞서 인용한 **호퍼·쉔델**의 주정처럼 시장경쟁과 기술발전이 시간이 흐를수록 산업의 KSF는 지속적 약화 또는 평준화가 일어난다.[103] 그런데 산업 내 너무 오래 있던 경쟁자들은 이를 자신의 내부 문제로 인식한다. 게임법칙 변경의 필요성은 이를 시도하는 개별기업의 의도나 의지를 넘어, 이처럼 산업발전 단계에서 숙명적으로 나타나는 현상이기도 하다.

또 다른 중요 사항은 게임법칙 변경 후 규칙변경자(Rule Changer)의 **후속 조치**와 관련 있다. 새로운 KSF는 규칙변경자의 경쟁우위를 지지하는 기반이다. 그러나 완전히 새로운 규칙이 안정적으로 정착된 것이 아니므로 이에 대한 후속 조치가 필요하다. 자신의 핵심역량에서 파생하는 우위를 몇 가지 더 적용하거나 제품의 기능과 유사한 사업을 연계·확장함으로써 바뀐 게임법칙이 타 경쟁자에게 강력한 진입장벽이 되도록 강화하고 보강하는 전략이다.

이 두 가지 중요 사항을 바탕으로 **게임법칙 변경 실행단계**를 정리한다.

- **1단계 탐침 및 준비:** 현재 산업 내 표준인 KSF에 자사의 핵심능력이 미흡하여 경쟁우위로서 충분히 작용하지 않은 상태다. 전략적 의도를 가지고 외부환경의 변화를 관찰·주시한다. KSF에 영향을 미치는 정치·경제·사회·기술·법률(PESTL)에서 주요한 변화가 일어나는지를 탐지하는 단계로, 다음의 단행·변경의 시도 이전까지 단계다. 경쟁자는 기존 KSF에 어떻게 부합할 것인지에 대해 몰입된 상태로, 전략적 의도를 가진 후발주자의 탐색·준비에 주의를 기울이지

않으며, 또한 움직임을 인지하더라도 별다른 대응이 없이 기존 질서에서 치열한 경쟁을 하는 상태에 있다.

- **2단계 단행 및 변경:** 규칙변경 단행의 시점은 임의로 정할 수 있지만, 단행 시점을 성공률을 최대한 높이는 시기에 추진한다. **외부환경 측면**에서 시점에 대한 신호는 외부환경에 중대한 변화가 일어나는 시기다. 예컨대, 기술 측면에서 인터넷 기술, AI 기술, 양자컴퓨팅 기술 등 전반적 변혁기술뿐 아니라 특정 산업기술인 배터리 소재 기술 등에서 급격한 진화가 이루어지는 시기에 주목한다. 경제/사회 측면에서는 경기침체로 소비자의 실용구매 분위기로 인해 저렴하고 가성비 높은 제품 선호현상이 나타날 때, 정치/법률 측면에서는 환경규제, 신재생에너지 등에 지지와 정책이 분출할 때 등도 시도 가능한 시기에 해당한다. 또 **내부환경 측면**에서 시점에 대한 신호는 경쟁자의 행동에서 감지된다. 경쟁자들은 기존 KSF에 믿음에 과신하여 치열한 원가경쟁 압력에 내몰리고 고육지책의 과당경쟁 양상이 일어나는 시기다. 예를 들면, 내연기관 자동차산업에 있어 원가경쟁으로 자사의 제품품질과 브랜드 가치를 떨어뜨릴 수도 있는 저급부품을 사용한다거나, 품질 외 마케팅 캠페인에만 치중함으로써 고객이 원하는 진정한 가치에 부응하지 못하는 상황이 전개된다. 이러한 증상과 양상이 내외부 환경에서 일어나는 시기가 '단행 가능한 시점'이다.

- **3단계 정착 및 유지:** 게임의 법칙이 바뀐 후에는 지속적인 경쟁우위를 유지가 전략목표이다. 그러기 위해서는 변경 직후에 몇 가지 조치가 필요하다. 일단 기존 규칙이 변해 정착되는 과정에서 경쟁자는 혼란에 빠진다. 특히 지난 시절 구 KSF 기반에서 1위였던 경쟁자는 산업 내 주도권 전투에서 세가 기울자 게임법칙 변경자의 전략을 모방한다. 이는 더욱 세가 가파르게 감소하는 '모방의 덫'에 빠지는 지름길이다. **조직관성**(Organizational Inertia)이 작용하기 때문이다. 이제 게임법칙 변경자는 게임법칙 변경 후 즉시 새로운 규칙에 부합하되, 보완하는 파생적 세부 전략을 보강하여 변경된 게임법칙의 정착과 유지를 공고히 하여야 한다.

다음에 설명하는 테슬라 전기차 사례처럼, 탭리스 원통형 4680 배터리 및 기가 프레스 방식 적용, 그리고 자율주행 소프트웨어, 태양광 발전·에너지 저장장치 등 연계사업확장으로 전기차 산업에서 장기간 **경쟁우위를 강화하는 전략**(Re-enforcing Strategy)을 실행한다.

전통적인 내연 자동차산업에서 신예로 등장한 전기차 제조업체 **테슬라**에 의한 **게임 법칙 변경 사례**이다. 2003년 테슬라가 설립된 후 2004년에 머스크가 투자하며 이사회 의장이 됐다. 2008년 첫 상용 전기차 '로드스터' 출시. 고성능 전기 스포츠카로 한 번 충전에 395km 주행 가능, 전기차에 대한 대중 인식 변화에 기여했다. 당시 자동차산업은 내연기관 혹은 하이브리드 파워트레인이 장착된 자동차 판매가 주를 이루었으며, KSF은 얼마나 효율적인 엔진을 만들고 생산원가를 낮추는가에 있었다. 대표적 기업이 세계시장 판매 1위인 **토요타**였다. 이때 토요타의 부품품질 불량 사태가 빈번히 발생했다. 2000년대 초반 토요타는 주요 170개 부품의 구매비용을 평균 30% 삭감하는 CCC21(2000~2004년) 프로젝트 등 대규모 원가 절감 작업을 진행했다. 협력업체와의 공동 기술개발 및 이익공유 체계를 도입했으나, 일부 협력업체에서는 품질 저하 우려를 제기했다. 품질관리 미흡과 부품불량 문제는 2000년대 초반부터 누적되어, 2010년 전후에 폭발적으로 드러났다. 1,000만 대 이상의 리콜 사태, 가속페달 결함에 의한 캘리포니아 사망사고도 이 시기에 일어났다.

테슬라는 전기차 판매 외에 탄소배출권 판매 이익을 얻고 있었지만, 2019년까지 계속 적자였다. 그러나 2020년도 약 7억 달러 흑자로 돌아서며 흑자와 급성장 행진이 이어졌다. 그 배경에는 각국 정부의 친환경 정책이 있었다. 미국 캘리포니아는 2020년, 뉴욕 등 다른 주는 2021년, 유럽연합은 2022년(합의)과 2023년(법안 승인)에 각각 내연기관 신차 판매 금지 정책 일정을 공식적으로 발표했다. 대체로 2035년까지 순차적인 내연기관 차량의 판매 금지에 관한 규제다. 자동차 제조업체 글로벌시장 순위에서 토요타는 여전히 1위이지만, 테슬라는 생산량 기준은 10권에, 다만 수익 기준으로는 6위 권에 형성돼 있다. 그러나 전기차 브랜드 파워에서 차별적 1위이며, 수익구조, 시가총액, 혁신성 등에서 세계 자동차산업에 독보적 위치를 차지하고 있다. 내연기관

판매가 종료되는 2035년 무렵 테슬라의 산업 내 위치는 쉽게 예상이 된다.

전기차가 전체 자동차 시장에서 대세로 자리 잡은 시기는 2021년도다. 코로나로 인한 공급망 사태에도 불구하고 전기차 판매량이 6.75백만대로 2020년 대비 2배 이상 증가했다. 2024년 기준 전기차 판매량은 1,700만대를 넘어섰고 전체 자동차 시장에서 20% 이상의 점유율을 보인다. 2020년대 초는 각 정부의 전기차에 유리한 환경규제의 급진적 합의와 타결 시행, 소비자 시장에서 전기차 관심 고조 등 외부환경 변화가 크게 일어난 시기다.

자동차 시장에서 생산 주종목이 내연기관에서 전기차로 전환되고 있다. 그런데 현재 생산량 1위 기업인 토요타는 전기차에 대한 기술투자나 판매에 타사보다 소극적이다. 전기모터로 움직이는 전기차보다는 내연기관이 파워트레인에 주축인 하이브리드 차량에 내부자원을 높게 배정하고 있다. 일종의 **조직 관성 현상**이다. 반면, 폭스바겐에 이어 글로벌 3~5위 업체인 현대기아, 르노·닛산, GM 등은 상대적으로 발 빠른 전기차로의 전환 모습을 보인다. 이들 기업은 상대적으로 기존 내연기관 차량에서 토요타만큼의 절대적 우위를 갖고 있지 않았기 때문에, 전기차 시장을 새로운 도약의 기회로 인식하고 선제적 전환 전략을 택할 유인이 더 크다.

내연기관 차량에서 전기차로의 시장전환 과정에서, 테슬라는 전기차 시장에서 자신의 **경쟁우위를 강화하는 후속 조치**를 적극적으로 시행하고 있다. 현재의 전기차 제조 역량을 유지하는 것이 아니라, 스포츠카를 표방하는 디자인, 견고한 내구성, 나아가 제조 원가우위를 전기차의 게임 규칙으로 설정해 진행하고 있다. 별도의 기가배터리 생산시설 구축으로 부품공급 원활화, 기가프레스로 최대 40%의 생산원가 절감 등 내연기관에서 전기차로 전환하는 경쟁기업에 추가적인 '원가적 진입장벽'을 구축하고 있다. 소프트웨어(SW) 중심 전기차 제조 경쟁우위의 연장선에서 자율주행(FSD), SW 업그레이드, 인터넷·디지털 서비스의 커넥티비티(connectivity) 등을 이용한 수익사업과의 연계·확장으로 전체 테슬라 원가구조를 낮추고 있다. 전기차 충전 인프라(슈퍼차저) 운영, 보험, 정비 등 다양한 부가서비스도 이에 포함된다. 또한 가정용, 상업용, 전략사업용 등 다양한 시장에 배터리 기술을 활용한 에너지 솔루션 제공으로 전기차의 품질개선을 함께 도모하는 자원 공용 사용의 경쟁우위를 확대·보강한다.

국제시장 선택 전략

국제시장 선택기준에 따라 시장진출 전략은 **기간**(단기 또는 장기), **범위**(집중 또는 분산), **경쟁의 강도**(전면 또는 회피) 등 크게 세 가지로 나눌 수 있다. 첫째는 순차적 진출전략과 동시다발적 진출전략, 둘째는 집중시장 전략과 분산시장 전략, 셋째는 선점전략, 대결전략, 구축전략이다. 첫째와 둘째는 **가용자원의 양**과 관련이 있고, 셋째는 **가용자원의 질**과 관련된다.

순차적 진출전략은 해외시장 진출 경험이 부족하거나 자원이 제한된 기업이 단일 핵심시장에서 경험을 축적한 뒤 점진적으로 다른 시장으로 확장하는 방식이다. 이러한 전략은 해외시장 진입에 필요한 노력과 자원을 효율적으로 관리할 수 있으며, 시장정보와 경험을 체계적으로 축적하여 위험을 최소화한다. 예를 들어, 핀란드의 **노키아데이타**(Nokia Data)는 초기 해외 진출 시 경쟁이 덜 치열한 북유럽 국가들인 스웨덴, 노르웨이, 덴마크에 먼저 진입한 후 점차 유럽 전역으로 시장을 확대했다. 순차적 진출전략은 재정적, 관리적 자원을 신중히 활용하고자 하는 기업들에게 적합하다.

그림 6-5 국제시장 선택 전략 유형

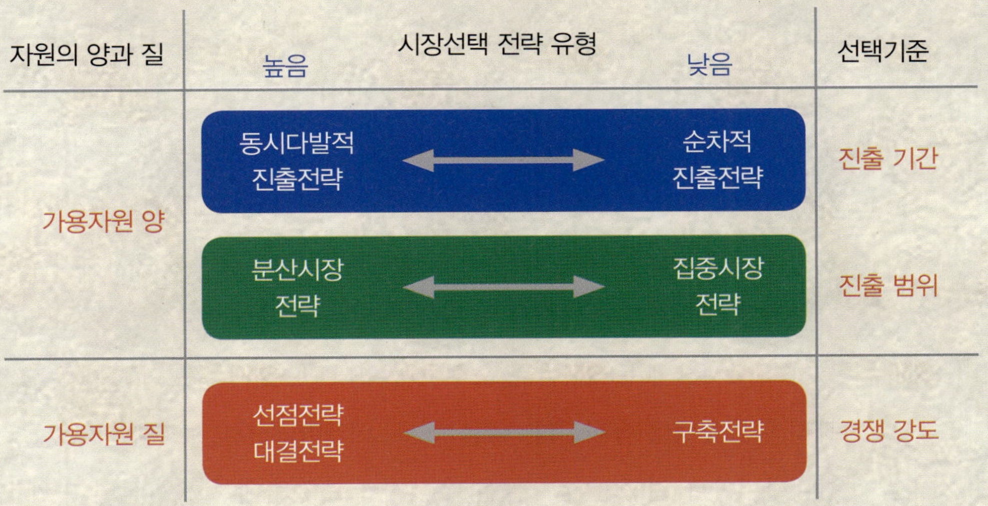

반면, **동시다발적 진출전략**은 기업이 보유한 핵심역량과 자원을 동시에 여러 시장에 투입하여 신속하게 시장기회를 선점하고 경쟁에서 우위를 점하는 전략이다. 이는 빠른 현지화와 시장 간 활동의 통합을 통해 생산 및 마케팅 분야에서 규모의 경제효과를 극대화할 수 있다는 장점이 있다. 특히 제품이나 기술이 혁신적이고 경쟁자의 모방을 사전에 차단할 필요가 있을 때 유효하다. 그러나 이 전략은 다수 시장에 동시 진출하기 위한 재무적, 경영적 자원이 많이 소요되며, 잘못된 의사결정 시 상당한 경영 위험을 초래할 수 있다. 예컨대 글로벌 IT기업인 **삼성전자**는 스마트폰 신제품 출시 시 전 세계 주요 시장에 동시에 제품을 선보이며 시장점유율을 극대화하는 전략을 사용하고 있다.

이처럼 시장진출 전략의 선택은 기업이 보유한 자원과 역량, 목표시장의 특성, 경쟁환경 등 다양한 요인에 따라 달라지며, 각 전략유형은 그 목적과 실행 방식에 따라 명확히 차별화된다.

순차적 또는 동시다발적 전략은 시장진출 '시기 및 기간'과 관련된 전략적 개념이지만, 마케팅 자원을 소수의 유사한 시장에 집중시킬 것인가, 아니면 다수의 이질적인 시장에 분산시킬 것인가를 결정하는 전략은 '시장 간 이질성'을 기준으로 한다. 이 기준에 따라 시장전략은 집중시장 전략과 분산시장 전략으로 나눌 수 있으며, 이를 **유사시장 전략** 및 **이질시장 전략**으로 이해할 수도 있다.

집중시장 전략이란 몇 개의 유사 시장에 마케팅 자원을 집중시키는 전략으로, 기업의 자원이 제한적이거나 핵심역량이 특정 시장의 요구와 밀접하게 일치할 때 적합하다. 이 전략은 국내시장과 유사한 시장특성을 가진 국가들을 선정하여 진출함으로써 상대적으로 적은 노력으로 최대의 성과를 거둘 수 있도록 한다. 유사시장을 중심으로 한 진출은 시장 수가 증가하더라도 현지화 비용이 급격히 증가하지 않고, 확장된 시장에서도 경쟁력과 노하우를 공유할 수 있으며 재고자산의 상호 이전이 가능해진다. 특히 유사시장의 동질성이 높을수록 권역시장으로서 규모의 경제를 달성하고 마케팅 관리의 효율성이 높아진다. 예를 들어, **이케아**와 같은 스웨덴과 핀란드 기업들이 스칸디나비아나 걸프만 국가들을 우선적으로 진출대상으로 삼아 마케팅 관리비용을 절감한 사례가 이에 해당한다. 또한, 전 세계적으로 흩어져 있어도 시장 특성상 유사하다면, 이를 통합하여 단일 전략을 전개하여 생산, 디자인, 자원획득의 경제성 확보와 글로벌 이미지 구축 효과를 누릴 수 있다.

반면, **분산시장 전략**은 이질적인 특성을 지닌 다양한 시장에 진출하여 위험을 분산시키는 전략이다. 시장 간 경쟁의 강도나 경제적 상황이 서로 다르기 때문에 특정 시장에서 발생한 손실이 다른 시장의 수익으로 상쇄될 수 있다. 최근의 글로벌 경제통합 추세에도 불구하고 국가 간 거시경제 지표의 편차는 여전히 존재하므로, 지리적으로 분산된 시장진출을 통해 이러한 위험을 효과적으로 관리할 수 있다. 다만, 시장 간 이질성이 크기 때문에 표준화된 마케팅전략의 적용이 어렵고, 관리비용 절감이 쉽지 않다는 한계가 있다. 하지만 글로벌기업들이 위험분산 효과를 높이기 위해 분산시장 전략을 활용하는 사례도 많다. 예컨대, 글로벌 자동차 제조업체인 **토요타**는 북미, 유럽, 아시아의 다양한 시장에 분산 진출하여 특정 지역의 경기 침체가 다른 지역의 호황으로 보완되는 효과를 얻고 있다.

대결전략은 경쟁자의 본국 시장이나 주요 시장에 직접 진입하여 맞대응하는 적극적인 시장진출 전략으로, 경쟁의 공간과 영역 측면에서 능동적이고 공격적이다. 이 전략의 목적은 경쟁자의 시장지배력을 약화시키고 자사의 시장 위치를 강화하는 것이다. 예를 들어, **나이키**가 아디다스와 푸마의 본국인 독일 시장에 진출하여 직접적인 경쟁을 펼쳤고, 면도기 제조업체인 **빅**은 질레트가 장악한 면도기 시장에 1회용 면도기를 출시하며 도전했다. 또한 타이어 업체 **미쉐린**은 굿이어의 유럽시장 진출을 예방하기 위해 미국시장에서 공격적인 가격 인하 전략을 펼쳤다. 다만 대결전략은 소규모 신생기업이 사용하기에는 한계가 있으며, 일정 수준 이상의 글로벌 브랜드 파워와 제품혁신 능력을 갖춘 기업들이 효과적으로 활용할 수 있다.

선점전략은 경쟁이 치열해지기 전에 시장에 먼저 진입하여 시장지배력을 구축하는 전략이다. 이를 통해 소비자 충성도, 유통망 확보, 진입장벽 형성 등 다양한 경쟁적 이점을 누릴 수 있다. 예컨대 3M은 '먼저 진입자가 시장을 지배한다'라는 철학 아래 신시장에 조기 진출하여 시장지배력을 강화했고, **켈로그**는 유럽의 아침 식사용 시리얼 시장에 미리 진출하여 제너럴밀즈(General Mills)와 퀘이커(Quaker)의 진입을 어렵게 만들었다. 그러나 성숙한 글로벌시장에서는 선점전략의 효과가 제한적이며, 혁신적이

노키아와 이케아의 순차적 시장 진출전략

노키아데이타(Nokia Data)와 이케아(Ikea)는 순차적 진출전략을 성공적으로 활용한 대표적 사례이다. 순차적 진출전략은 제한된 자원과 경험을 가진 기업이 해외시장에서 단계적으로 사업을 확장할 때 선택하는 전략이다. 특히 새로운 시장에 처음 진입하는 기업은 초기에는 소규모이거나 문화적, 지리적, 경제적 유사성이 높은 시장에 먼저 진입하여 역량과 경험을 축적한 후, 점진적으로 보다 크고 경쟁이 치열한 시장으로 확장하는 방식을 선호하게 된다.

노키아데이타는 핀란드 기반의 정보시스템 기업으로, 해외시장 진출 초기 단계에서 자국과 문화적, 경제적 유사성을 가진 북유럽 국가인 스웨덴, 노르웨이, 덴마크에 우선 진출하였다. 이들 국가들은 지리적 인접성과 시장환경의 유사성 덕분에 시장 진입 초기의 위험을 최소화하고 빠르게 성과를 창출할 수 있었다. 노키아데이타는 초기 진출국가에서 시장정보 습득, 브랜드 인지도 구축, 마케팅 역량 개발 등의 다양한 경험을 축적하였다. 이후 점차 진출 시장의 범위를 유럽 전역으로 확대했다.

스웨덴의 글로벌 가구기업 이케아(Ikea)는 1943년 설립 이후 처음부터 글로벌시장 진출에 나선 것이 아니라, 자국 시장에서 탄탄한 브랜드 인지도를 구축하고 운영 시스템을 정비한 후 점차적으로 해외시장으로 영역을 확대했다. 초기 해외진출 단계에서는 덴마크, 노르웨이 등 같은 북유럽 문화권의 시장을 우선 목표로 삼았다. 이들 시장은 이케아의 제품 컨셉과 디자인 철학을 쉽게 이해하고 수용할 수 있는 문화적, 소비자 선호도의 유사성을 가지고 있었다. 이케아는 이러한 유사성을 기반으로 해당 국가들에서 시장조사, 마케팅 전략 수립, 유통망 구축 등 해외 진출에 필요한 다양한 경험과 노하우를 쌓을 수 있었다.

이후 이케아는 북유럽 시장에서 얻은 성공적 경험을 바탕으로 보다 넓은 유럽시장으로 진출을 확대하였다. 1970년대 이후 독일, 프랑스, 영국 등 서유럽 국가로의 진출이 본격화되었으며, 더 나아가 북미, 아시아 등 전 세계 주요 시장에 순차적으로 진입하였다. 이러한 점진적인 시장 확장 과정에서 이케아는 각 시장 진입 전에 철저한 시장 조사와 소비자 성향 분석을 통해 효율적으로 시장진출 전략을 수립하였고, 초기 진입국에서 축적한 경험을 기반으로 새로운 시장에서도 성공적으로 브랜드를 안착시켰다.

거나 특허 보호가 어려운 제품의 경우에는 특히 중요한 전략이 될 수 있다.

구축전략은 선점이나 대결전략과 달리 소극적이고 우회적인 접근법으로, 주요 경쟁자가 진입하지 않은 작고 덜 매력적인 틈새시장을 공략하여 경험과 역량을 축적하는 전략이다. 이를 통해 시장 선도자의 관심을 피하면서 해외 진출 경험을 확보할 수 있으며, 이후 주요 시장 진출의 기반으로 삼을 수 있다. **에릭슨**은 유럽 주요 시장에서 경쟁이 심화되자 중립적인 신흥시장 및 아프리카 시장을 공략하여 성공적인 경험을 쌓은 후 유럽 주요 시장으로 재진입하였다. 구축전략은 시장 규모와 시장 간 이동이 제한적인 시장이 대상이며, 극단적으로 고립된 시장에서는 오히려 비용증가와 경험 전환의 어려움으로 인해 효과가 떨어질 수 있다.

궁극적으로 국제기업에게 시장진출 전략의 선택은 기업의 자원 규모 및 질적 역량, 시장의 특성, 경쟁환경 등 다양한 변수에 따라 결정되며, 각 전략은 그 성격과 목적에 따라 명확하게 차별화하여 진행하는 것이 국제적 성과를 높이는 데 도움이 된다.

PART 2
전략의 계획

BCG 매트릭스 국제시장 포트폴리오 수직적 통합 조달전략
아웃소싱 전략적 제휴 다각화 전략 신흥시장의 다각화
다각화 결정요인 그린필드와 인수 해외시장 진출방식 본사/자회사 전략
지역본부 자회사 유형

07

기업수준 전략

기업수준의 전략은 기업 차원의 성과를 거두기 위해, 사업의 영역을 어디에, 얼마나, 어느 수준으로 집중하고 확장할 것인가에 대한 조직의 **최상위 의사결정 체계**다. 사업부수준 전략이 한 산업에서 사업부가 핵심역량을 기반으로 경쟁자를 능가하기 위한 경쟁방식을 결정하고 사업성과를 내는 데 비해, 기업수준 전략은 그러한 사업부를 어떻게 구성하고, 내부 사업부 간 자원을 배분할 것인가에 대한 과제를 풀어내는 과정이다. 흔히 기업수준의 전략을 **기업의 경계**를 설정하는 것이라 말하는 이유다.

사업부 포트폴리오의 구성과 평가모형으로 오래되고 보편적으로 사용하는 모형이 **BCG 매트릭스**다. 마케팅을 비롯한 시장 분석, 제품분석, 사업부 분석 등에 활용도가 크지만 이를 전형적인 기업수준 전략의 분석모형이라 부르는 데 한계가 있다. 사업부 성과의 총합을 극대화하는 것이 곧 기업수준의 전략목표라고 보는 것은 무리다. 부분합의 극대화가 기업이 추구하는 목표를 충분히 설명하지 못하는 이유는 기업은 지속가능 성장, 미래의 경쟁력, 미래의 산업 내 위치까지 고려하기 때문이다. BCG 매트릭스의 한계는 사업부 간 긍정적 상호작용, 즉 시너지에 대한 고려가 없다는 데 있다. 본서의 **관련성·조정비용 모형**은 이를 보완하는 모형으로 기업수준 전략을 설명하는 데 도움을 줄 것으로 기대한다. 본서는 이와 함께 BCG 매트릭스를 국제시장에 적용하는 **국제시장 포트폴리오 모형**을 함께 소개한다.

사업부 구성은 기업의 가치사슬 구성과 관련 있다. 가치가슬의 기업 내 내부화가 곧 **수직적 통합**이다. 이를 기업조직이 다시 시장거래로 돌려주면, 그것을 **아웃소싱**이라 한다. 이렇듯 수직적 통합과 아웃소싱은 기업의 경계 설정과 연계된다. 그런데, 아웃소싱은 사업 포트폴리오 측면에서 수직적 통합과 대칭적으로 사용하는 전략적 개념이지만, 사실은 기업관리의 기능 측면에서 보면 **조달전략**의 일환이다. 본서는 국제시장 조달을 포함하는 '조달전략 유형'의 분류 모형을 제시한다. 한편, 기업의 경계 설정에 대한 전략적 판단을 내리는 데 있어, 경계를 모호하게 하는 전략 수단이 등장했다. '제휴'를 통한 경계 설정이다. 시장에 기반을 둔 계약 조건으로, 또는 지분참여를 통한 합작투자 방식으로 시장과 기업(조직)의 경계를 설정하는 것이 전통적 방식이다. 그런데, 양 방식의 영역에서 전략적 의도가 다분히 담겨 있는 **전략적 제휴** 방식이 추가됐다.

기업수준 전략의 핵심주제는 **다각화**이다. 다각화는 기업 내 운용하는 사업의 수나 분포에 대한 의사결정이지만, 전략적 의미는 이를 넘어 기업의 현재와 미래에 대한 경쟁우위, 경영자의 미션, 의지, 지향성, 그리고 사업부 구조, 핵심역량 등을 포괄하는 고도의 전략적 의사체계와 연관된다. 다각화 주제에 대하여, 다각화의 개념, 성과, 결정변수를 정의하고, 다각화 추진수단으로써 **그린필드 방식과 인수방식**을 비교 설명한다.

기업수준 전략에서 해외시장 확장과 관련한 전략적 의사결정의 과제는 해외시장에 어떤 방식을 통해 진출하는 것을 정하는 것이다. 이때 **해외시장 진출방식**으로써 수출이나 라이선싱이 아니라 해외직접투자를 선택한다면, 해외 현지법인인 자회사 설치 과제가 수반되며 본사와 자회사 간 관계설정이 필요하게 된다. 이에 대해 국제기업의 **본사 전략과 자회사 전략**을 비교해 설명하고, 세부적으로 본사와 자회사의 기능, 본사와 자회사 간 관계(통제시스템), 또한 본사를 대행하는 광역시장의 지역본부 정의와 개념까지 자회사 유형 구분과 함께 설명한다.

기업수준 전략의 분석모형

BCG 매트릭스의 활용과 평가

BCG 매트릭스의 네 개 사분면

BCG 매트릭스는 미국의 보스턴컨설팅그룹이 개발한 전략적 분석 도구로, 기업이 진출한 사업부나 제품시장을 두 가지 기준에 따라 분류하여 분석하는 틀이다. 기준은 세로축이 '시장성장률', 가로축이 '상대적 시장점유율'이다. 상대적 시장점유율이 높을수록 해당 사업부는 가로축 중앙에서 왼쪽에 위치하게 된다. 가로축 중앙에서부터 좌측은 상대 경쟁자들보다 자신의 시장점유율이 더 높고, 중앙의 우측은 더 낮은 상태임을 나타낸다. 두 축의 높고 낮음을 기준으로 네 개의 사분면이 형성되며, 각각 다음과 같은 **전략적 함의**를 지닌다.

- **개 사분면(Dog):** 시장성장률과 시장점유율이 모두 낮은 사업부로, 현재의 수익성뿐 아니라 미래 성장 가능성도 제한적이다. 네 사분면 중 가장 안 좋은 위치에 놓인 사업부다.

- **물음표 사분면(Question Mark):** 시장성장률은 높으나 시장점유율이 낮은 사업부로, 향후 전략적 선택이 중요한 사분면이다. 투자를 통해 시장점유율을 확대해 '별'로 전환할지, 실패하여 '개'로 전락할지가 불확실한 상황이기 때문이다. **문제아**(Problem Child) 또는 **들고양이**(Wild Cat)로도 불린다.

- **별 사분면(Star):** 시장성장률과 시장점유율이 모두 높은 이상적인 상태의 사업부로, 미래의 성장동력이 될 수 있다. 다만 지속적 투자가 필요하므로, 실질적인 이익률은 높지 않을 수 있다.

그림 7-1 BCG 매트릭스, 국제시장 포트폴리오

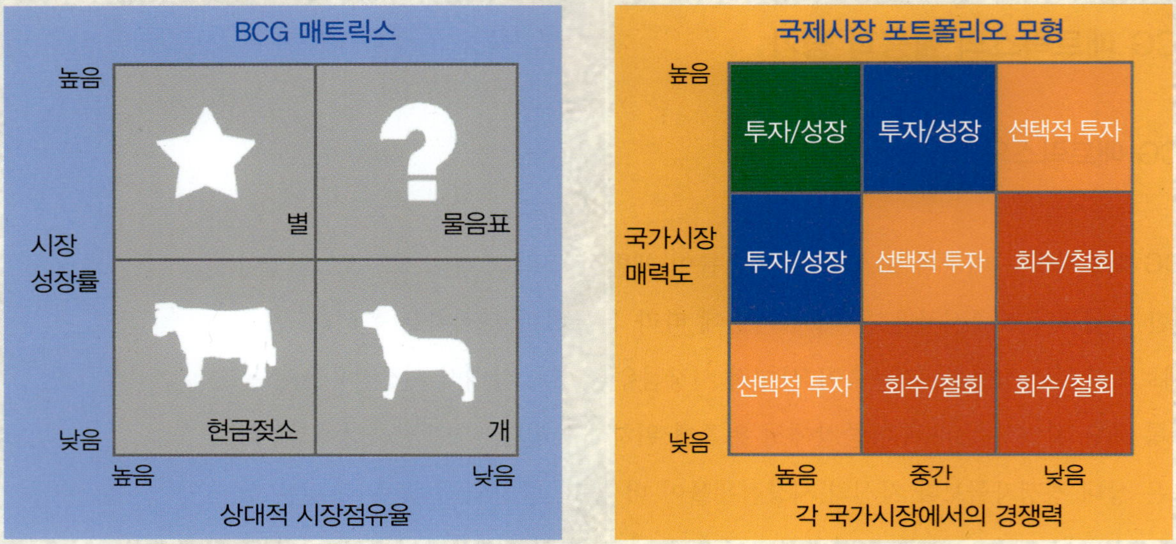

- **현금젖소 사분면(Cash Cow):** 시장성장률은 낮지만 시장점유율이 높은 사업부로, 제품수명주기가 성숙기에 접어들어 추가적인 투자가 크지 않으면서도 안정적인 수익과 현금흐름을 창출하는 핵심사업이다.

BCG 매트릭스 분석의 제안은 명확하다. 현금젖소 사업부에서 확보한 자원을 활용해 물음표 사업부에 투자하여 '별'로 전환시키는 한편, 개 사업부는 구조조정을 통해 철수하거나 다른 사업부에 통합하는 전략을 추진한다. 이러한 전략은 사업부의 수명주기를 고려한 동태적 분석에 기반을 두고 있으며, 단순한 모형 구조에도 불구하고 현재의 사업포지션을 평가함과 동시에 미래 포트폴리오 구성까지 예측 가능하다는 **장점**이 있다.

BCG 매트릭스의 적용: GE 사업 포트폴리오

GE는 20세기 말에서 2000년대 초까지 1세기 동안 금융, 항공, 가전, 의료, 방송 등

그림 7-2 과거와 현재 GE 사업 포트폴리오

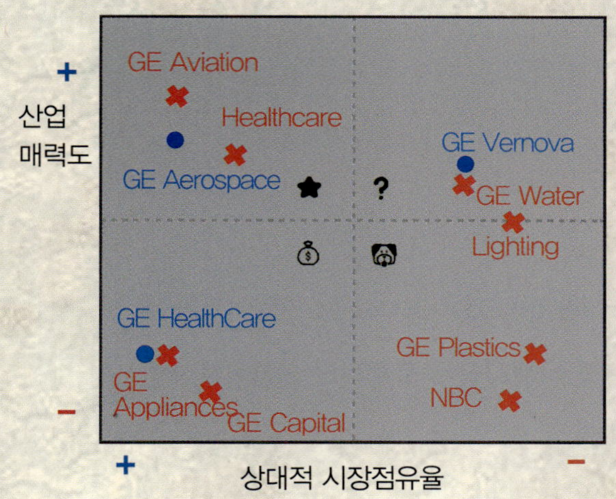

✖ 과거 GE(1990~2000년대) ● 현재 GE(2020년대 기준)

	✖ 과거 GE(1990~2000년대)	● 현재 GE(2020년대 기준)
Star	• 항공엔진(GE Aviation) • 진단영상(Healthcare)	• 항공엔진(GE Aviation)
Cash Cow	• 가전(GE Appliances) • 금융(GE Capital)	• 진단영상(독립 상장) (GE HealthCare)
Question Mark	• 수처리(GE Water) • 조명(Lighting)	• 재생에너지 및 송배전 (GE Vernova)
Dog	• 방송(NBC) • 플라스틱(GE Plastics)	• 없음 (해당 사업군 대부분 철수 또는 매각됨)

다양한 산업에 진출한 대표적인 복합기업이다. GE는 '초다각화 전략의 실패'를 경험한 후, 2015년부터 급격한 구조조정에 착수하여, 비핵심 사업은 매각하거나 분사하고, 항공·에너지·헬스케어 중심의 '핵심 사업군 집중전략'으로 전환하였다. 2024년 GE는 **GE Aerospace**(항공), **GE Vernova**(에너지), **GE HealthCare**(헬스케어) 등 세 개의 독립 회사로 분할을 마치고 전문기업 구조의 재편을 완성했다. [그림 7-2]는 과거와 현재의 **GE의 사업 포트폴리오**를 보여준다.

GE는 **1990~2000년대 BCG 매트릭스** 기준으로, 항공엔진과 의료기기 사업을 고성장·고점유율의 별(Star)로, 금융(GE Capital)과 가전제품을 안정적인 수익을 창출하는 현금젖소(Cash Cow)로 운영했다. 반면, 수처리나 조명과 같은 일부 사업은 점유율이 낮아 물음표(Question Mark)로 분류되고, 방송(NBC), 플라스틱 등은 성장이 둔화되어 개(Dog) 영역에 가까웠다. 하지만 2008년 금융위기 이후, GE는 금융사업부의 과도한 확장이 리스크로 작용하면서 대대적인 구조조정을 단행했다. 이후 GE는 비핵심 사업을 매각하거나 철수하고, 핵심사업에 집중하는 방향으로 전략을 전환했다.

2020년대 중반 BCG 매트릭스 기준으로, 항공엔진(GE Aerospace)은 여전히 높은 성장성과 점유율을 유지하는 별(Star) 사업으로, 분사하여 독립 상장된 GE 헬스케어(GE

Healthcare)는 비교적 안정적인 시장에서 강한 입지를 지닌 현금젖소(Cash Cow)로 작동하고 있다. 또한, 재생에너지 및 전력 사업을 담당하는 GE 버노바(GE Vernova)는 아직 수익성은 낮지만, 향후 성장을 기대할 수 있는 물음표(?)로 간주된다. GE는 이를 장기적으로 별(Star)로 육성하기 위해 적극적인 투자와 기술개발을 추진하고 있다.

국제시장 포트폴리오 모형

BCG 매트릭스의 논리는 국가별 수출시장 분석에도 확장 적용될 수 있다. 이를 위해 개발한 것이 [그림 7-1]에서 우측의 **국제시장 포트폴리오 모형**이다. 이 모형은 세로축에 국가시장의 매력도, 가로축에 해당 시장 내 자사의 경쟁력을 기준으로 설정하여, 총 9개의 정방형 칸으로 구성된다. BCG 매트릭스가 시장성장률과 시장점유율을 각각 시장의 매력도와 경쟁력의 대리 변수로 사용했던 것처럼, 국제시장 포트폴리오 모형은 이를 보다 보편화하여 국가 단위의 시장 분석에 활용할 수 있도록 설계하였다. 이를 통해 기업은 자사의 국제사업 포트폴리오를 보다 체계적으로 구성하고, 전략적 자원 배분 결정을 내릴 수 있게 된다.

국제시장 포트폴리오 모형은 시장 매력도와 자사의 경쟁력을 기준으로 하여 국가별 시장을 체계적으로 분류하고, 이에 따른 전략적 의사결정을 유도하는 분석틀이다. 본 모형에서 좌측·상단의 세 개 구역은 시장매력도와 경쟁력이 모두 높은 지역으로, 기업이 **적극적 투자전략**으로 성장을 도모할 수 있는 핵심시장이다. 반대로, 우측·하단의 세 개 구역은 시장매력도와 경쟁력이 모두 낮은 영역으로, '회수 또는 철수'와 같은 **소극적 투자전략**이 필요한 시장을 의미한다. 한편, 대각선상의 세 개 구역은 하나의 기준은 높으나 다른 기준은 낮은 중간지대에 해당하며, **선택적 투자전략**이 요구되는 영역이다. 이 구역은 시장매력도는 높으나 자사의 경쟁력이 부족한 경우, 또는 경쟁력은 있으나 시장 자체의 성장성과 수익성이 낮은 경우이다. 따라서 이들 시장에서는 기업의 자원, 역량, 현지 여건 등을 종합적으로 고려하여 선별적 투자 여부를 결정한다.

이러한 분류 기준에 따라, 수출시장 포트폴리오 모형은 다음과 같은 **정책적 시사점**을 제시한다. 즉, 해당 국가시장이 매력적이고 자사가 경쟁력을 확보하고 있다면 자원을 집중투입하여 지속적으로 시장을 확대해야 하며, 반대로 두 요인이 모두 부족하다면 신속히 철수하거나 회수 전략을 고려해야 한다.

BCG 매트릭스의 한계와 평가

1960년대 후반, 미국의 대기업들은 기존 핵심사업의 성장 한계에 직면하면서 새로운 수익원을 발굴하기 위한 방안으로 **사업다각화**(Diversification) 전략을 적극적으로 추진하기 시작하였다. 이러한 전략의 확산은 기업 내부에 서로 다른 산업 분야에 속한 복수의 여러 사업부를 출현시키는 결과를 낳았다. 그 결과, 다각화된 사업부들은 각기 다른 시장성장률, 수익성, 경쟁 위치를 보유하고 있었으며, 이에 따라 경영진은 전체 기업 차원에서의 자원을 전략적으로 배분해야 하는 문제에 직면하게 됐다. 즉 어떤 사업부에 자원을 집중적으로 투입하고, 어떤 사업부에 대해서는 철수나 구조조정을 고려해야 하는지에 대한 기준과 판단에 대한 분석이 필요했다.

이러한 맥락에서 기업들은 각 사업부의 성과와 전략적 위치를 정량적이고 체계적으로 비교·평가할 수 있는 분석 도구, 즉 **사업 포트폴리오 관리**의 필요성을 인식하게 되었고, BCG 매트릭스와 같은 전략적 분석모형이 등장하는 계기가 됐다. 초기 분석모형인 만큼 오늘날 BCG 매트릭스에 대한 한계와 비판은 다양하게 제기된다. 그중 주요한 **한계점**은 다음의 두 가지다.

첫째, **외부금융시장 무시**에 대한 지적이다. BCG 매트릭스는 별 또는 물음표에 속한 사업부에 대한 투자재원을 현금젖소에서 조달하는 것을 전제로 한다. 이는 내부재원에만 의존한 폐쇄적 자원 배분 논리로, 현대의 발전한 금융자본 시장이 제공하는 외부자금조달 기능을 반영하지 못한다는 비판이다.

둘째, BCG 매트릭스는 사업부 간의 **시너지 효과를 간과**한다는 지적이다. 시너지를 고려치 않으면, 각 사업부를 독립적으로만 분석하여 당장 수익성이나 성장성이 낮은 사업부 순서로 철수대상을 분류하는 것이 합리적이다. 하지만 비록 성과가 낮은 사업부라 하더라도 기업 내 핵심사업과의 기술적 연계, 브랜드 강화, 혹은 전략적 완결성 측면에서 중요한 역할을 수행할 수 있다. 그런데 시너지 효과에 대한 간과는 이를 철수대상에 포함하는 우를 발생한다.

이러한 비판에도 불구하고, 전략경영 및 마케팅전략 분야에서 초기 포트폴리오 분석 도구로서 **실무적인 가치와 공헌**을 인정받고 있다. 특히 간결하고 직관적인 구조를 통해, 기업의 최고경영자가 사업부별 현황을 손쉽게 파악하고, 자원 배분 및 투자 우선순위를 설정하는 데 있어 실질적인 의사결정의 기초를 제공했다는 점은 분명한 장점이자 공헌이다.

경쟁력 모형과 관련성·조정비용 모형

[그림 7-3]은 경쟁력 모형과 관련성·조정비용 모형을 보여준다. **경쟁력 모형**의 X축은 경쟁력이며, Y축은 산업매력도이다. 그림 내 위치를 해석하면, 우측·상단의 A구역은 경쟁력과 산업매력도가 높은 구역이다. 반면 B구역은 경쟁력과 산업매력도가 낮은 구간이다. BCG 매트릭스를 대입하면, 각각 스타 사분면과 개 사분면이 해당한다. A구역은 산업매력도가 높으니 외부환경의 이점을 볼 수 있으며, 경쟁력 측면에서 내

그림 7-3 경쟁력 모형과 관련성·조정비용 모형

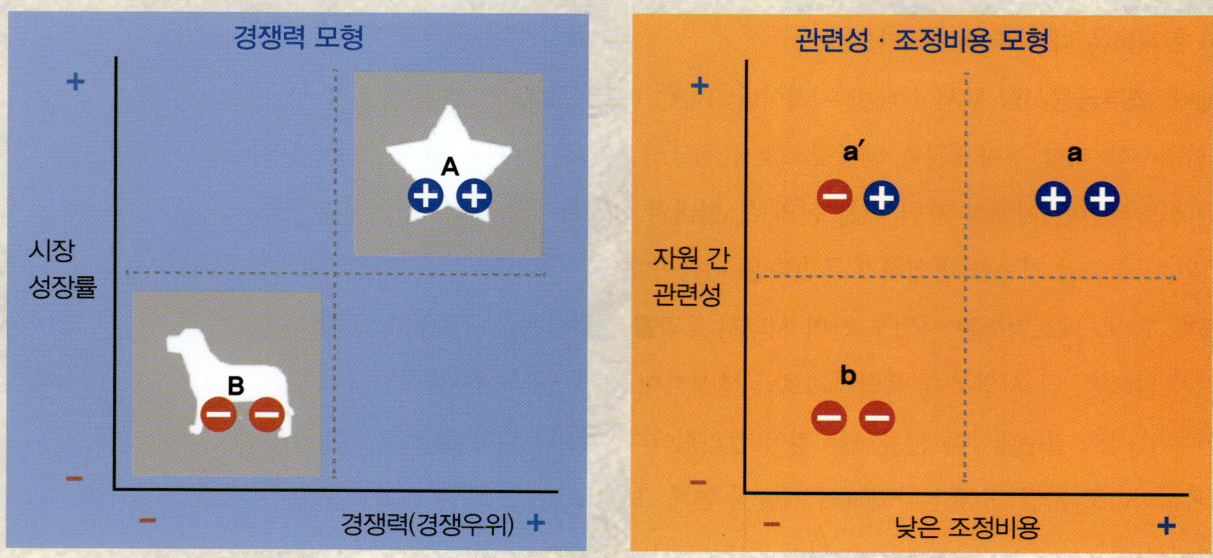

부환경의 경쟁우위 이점으로 인해 높은 수익성이 보장된다. B구역은 외부환경 이점도 없고 내부능력의 이점도 낮은, 수익성에 취약한 영역이다.

BCG 매트릭스에서 시장성장률은 산업매력도의 측정지표 중 하나다. 사실, BCG 매트릭스는 경영학의 마케팅관리론에서 더 많이 차용되는 분석틀인데, 시장점유율이 마케팅관리에서 주요 성과목표인 것을 봐도 알 수 있다. 마케팅관리론에서는 각 제품이 시장에서의 위치를 분석하는 데 사용한다. 결론적으로, **BCG 매트릭스 분석은 경쟁력 모형**과 원리가 같으며, '경쟁력 모형을 기반으로 만들어진 포트폴리오 분석모형'이다. 따라서 개별 사업부가 어디에 위치하고, 이익이 어느 정도인지 가늠할 수 있는 시사점은 제공하나, 이미 앞서 모형의 한계점으로 지적한 대로 기업수준에서 관리해야 하는 '사업부 간 시너지'에 대한 분석과 시사점을 제공하지 못한다. 이는 다음의 관련성·조정비용 모형으로 보완할 수 있다.

관련성·조정비용 모형은 각 사업부의 경쟁우위(자원·능력)의 조화성과 조정비용 간 조합으로 사업부를 파악한다. a구역이 각 사업부가 보유한 자원·능력의 관련도가 가장 높으면서도 조정비용이 적은 구역이다. 즉 시너지 효과가 극대화된 사업 포트폴리오 상태이다. 반면, b구역은 관련도와 조정비용이 측면에서 가장 불리한 구역이다. a′구역은 관련도는 높지만, 조정비용이 커 실질적 시너지 효과에 대한 실효성은 의문이다. 관련성·조정비용 모형의 장점은 **사업부 포트폴리오에서 시너지 분석**이 가능하다는 것이다. 따라서 **모형의 시사점**으로 제시하는 최적의 **기업수준 전략**은 ① 사업부 간 조정비용을 최소화하는 전제로, ② 사업부 간 공통의 자원·능력을 바탕으로, ③ 높은 산업매력도에서 자사의 경쟁우위를 확보한 사업부들로 구성하는 것이다,

수직적 통합

시장거래와 조직 내부화, 수직적 통합의 동기

기업이 성장전략을 수립하는 과정에서 가장 본질적인 전략적 선택 중 하나는, 제품과 서비스를 제공하는 데 필요한 다양한 기능을 시장으로부터 조달할 것인가의 **아웃**

삼성전자, 자라, 쿠팡, 아마존의 수직적 통합

삼성전자, ZARA, 쿠팡, 아마존의 수직적 통합 사례는 각기 다른 산업에 속해 있지만, 공통적으로 핵심 가치사슬을 내부화하여 공급망 통제력과 전략적 유연성, 고객가치 제공능력을 강화하고 있다는 점에서 유사하다.

삼성전자는 반도체 산업의 주요 가치사슬인 설계, 생산, 패키징 및 테스트, 납품에 이르기까지 대부분 기능을 내부화하고 있다. 메모리 반도체 부문에서는 DRAM, NAND 플래시 등 제품설계와 생산을 자체적으로 수행하며, 소재와 부품 일부까지도 자회사 및 관계사를 통해 내부 공급하고 있다. 시스템 반도체(비메모리)의 경우에도, 반도체 설계자산(IP)을 확보하고 자체 설계 역량을 강화하는 한편, 세계 최고수준의 파운드리(위탁생산) 사업을 전개하며 설계-제조 간 통합 역량을 키우고 있다.

ZARA는 의류 산업에서 보편적인 외주 제조와 유통망 위탁 방식을 따르지 않고, 설계, 원단 조달, 재단, 생산, 물류, 매장 운영에 이르기까지 공급망의 대부분을 조직 내부에 통합하였다. 특히 유럽 내 고품질 제품은 인근 자체 생산시설에서 직접 제조하고, 저가 제품은 아시아 하청공장에서 생산하되 품질통제는 내부적으로 직접 수행한다. 또한, 제품은 모두 스페인 본사 인근 물류센터를 거쳐 전 세계 매장으로 일괄 배송되며, 매장 역시 대부분 직영체제로 운영된다.

쿠팡은 '로켓배송'으로 상징되는 자체 배송망을 구축하기 위해, 수천 개의 물류센터와 직고용 배송 인력(쿠팡맨)을 통해 주문 다음 날까지 전국 대부분 지역에 배송할 수 있도록 시스템을 설계했다. 또한, 플랫폼에 입점한 판매자 물품도 쿠팡 물류센터에 보관하는 방식(Fulfillment)을 통해 재고 예측, 물류 최적화, 고객 만족도 향상을 동시에 달성하고 있다.

아마존 역시 FBA(Fulfillment by Amazon) 시스템을 중심으로 물류와 재고, 배송 기능을 강력하게 통합해 운영한다. 드론 배송, AI기반 수요 예측, 자율창고 로봇 등 기술을 결합한 아마존의 수직 통합은, 고객에게는 빠른 배송을, 기업에는 데이터 기반 의사결정을 가능하게 한다. 이는 단순한 쇼핑 플랫폼을 넘어서, 디지털 유통 인프라 전체를 소유한 기업으로 아마존의 위상을 재정의하고 있다.

소싱, 아니면 조직 내부에서 수행할 것인가의 **수직적 통합**에 관한 결정이다. 이 선택은 곧 '기업의 경계'를 어디까지 설정할 것인지, 나아가 기업이 '가치사슬'을 어떻게 설계하고 통제할 것인지를 결정짓는 중대한 전략적 결정 사안이다.

고전경제학은 시장의 기능을 완전하고 효율적인 자원 배분의 메커니즘으로 보았으나, 실제 현실에서는 **거래비용**(Transaction Cost)이 존재하여 시장이 그 기능을 완전하게 수행하지 못하는 경우가 빈번하다. 정보의 비대칭성, 계약의 불완전성, 환경의 불확실성, 거래 당사자의 기회주의적 행동 등으로 인해 시장에서의 거래비용이 증가한다. 이러한 시장 실패(Market Failure)는 기업이 거래를 외부에서 처리하지 않고 조직 내부에서 수행하는 조직 내부화를 촉진한다. 이는 가치사슬의 수직적 통합(Vertical Integration) 형태로 나타난다.

기업의 수직적 통합 추진 결정에는 비단 이러한 시장거래의 비효율성에 대한 대응으로써 수직적 통합을 추진하는 동기 외에, 적극적으로 자신의 경쟁우위를 유지하고 통제하기 위해 내부화 방식을 취해야 하는 동기가 추가된다. 수직적 통합은 기업이 설계, 생산, 유통, 마케팅, 고객서비스 등 다양한 기능을 내부에서 통제함으로써, 거래비용 절감뿐 아니라 품질, 일정, 기밀성 등 전략적으로 중요한 요소를 관리할 수 있게 해준다. 특히 해당 기능이 자사의 핵심역량이나 지속가능한 경쟁우위와 직결되는 경우, 외부에 위탁하는 것은 모방의 위험을 증가시키므로 내부화가 바람직하다. 즉, 가치사슬의 외주화, 즉 시장거래를 통하여 기업활동에 필요한 기능을 획득하는 경우를 대체하는 수직적 통합은 '외부거래의 시장 비효율성'을 내부거래로 전환함으로써, **추가 마진을 확보**한다는 선택적 동기 외에도, 자신의 핵심역량이나 경쟁우위를 잠재적 경쟁자에게 노출되는 것을 방지하기 위한 **지속가능 경쟁력 확보**의 필연적 동기에서도 추진한다.

요약하면, **수직적 통합의 동기**는 시장에서 존재하는 비효율적인 거래비에 대해 조직 내로 내부화를 통한 '추가 이윤 확보', 그리고 자사의 핵심역량에 대한 조달 공급자의 모방 및 습득을 방지하는 '지속가능한 경쟁우위 확보'로 구분된다. 기업수준 전략 차원에서 기업 경계와 관련해 추진하는 수직적 통합은 통상적으로 추가 마진의 확보라는 **경제적 동기**와 함께, 지속가능한 경쟁우위 확보라는 **전략적 동기**가 혼재한다.

기업은 각 기능의 전략적 중요도, 거래비용의 크기, 외부시장의 효율성, 그리고 자사의 경쟁우위와의 연관성 등을 종합적으로 고려하여, 수직적 통합과 아웃소싱 사이에서 최적의 경계를 설계한다. 이는 기업의 장기적인 경쟁력 확보와 성장을 위한 운영과 조직설계 전략에 시사점을 제공한다. 대표적인 글로벌기업인 **애플과 테슬라의 '경계 설정'**은 극명히 비교된다. **애플**은 제품 기획과 디자인, 운영체제 개발 등 고부가가치 기능은 내부화하면서, 제품조립과 부품생산은 폭스콘 등 외부 전문업체에 위탁함으로써, 품질과 원가를 동시에 통제하는 선택적 통합전략을 구사한다. 반대로 **테슬라**는 배터리, 전기모터, AI 기반 소프트웨어 등 핵심기술의 경쟁우위를 유지하기 위해 관련 가치사슬을 직접 통합하며, 외주화에 신중한 태도를 보인다.

수직적 통합의 핵심판단 과제

최근 많은 기업에서 핵심 기능은 내부화하고, 비핵심 기능은 외주화하는 **선택적 통합** 전략이 유행이다. 기업은 해당 기능의 중요성, 외부환경의 안정성, 거래비용의 크기, 통제력 확보의 필요성 등을 종합적으로 고려하여 수직적 통합전략의 범위를 설계한다. 통합 범위는 고정된 정답이 아니라, 기업의 산업환경과 전략목표에 따라 탄력적으로 조정한다. 이들 판단 기준으로 내부자원과 외부 파트너십 간 최적의 균형을 설계함으로써 기업의 지속가능한 경쟁력 은 확보된다.

기업이 수직적 통합 추진을 고려할 때 '이 기능을 직접 할 것인가?'라는 물음에 명확히 답해야 한다. 이때 다음 네 가지 질문을 전략적으로 검토해서 추진한다. 이는 수직적 통합의 전략적 타당성을 평가하는 **핵심판단 과제**로서, 이를 기반으로 내부화와 외주화 간 최적의 균형을 설계한다.

- **이 기능은 우리 경쟁력의 핵심인가?:** 해당 기능이 기업의 핵심역량이나 지속적 경쟁우위에 해당하거나 직접적 연결이 되어있는지 아닌지를 따진다. 경쟁우위를 창출하거나 유지하는 데 결정적인 기능이라면, 외부 의존은 기술 유출, 품질 저하, 경쟁력 약화 등 심각한 리스크를 초래할 수 있다. 예컨대 **애플**이 자체 개발

한 운영체제(iOS)나 칩셋(M 시리즈)을 외부에 위탁하지 않고 내부화하는 이유는 바로 이것이 경쟁력의 핵심이기 때문이다.

- **외부 공급자가 충분히 믿을 만한가?:** 외부 공급자의 품질, 전문성 및 신뢰도가 얼마나 높은지 평가한다. 외부 공급업체가 높은 품질과 전문성을 가지고 있으며 납기와 품질 유지 측면에서 충분히 신뢰할 만하다면 해당 기능을 외부에 위탁하는 것이 오히려 효율적일 수 있다. 반대로 외부 공급자의 품질관리가 불확실하거나 신뢰성이 낮다면, 기업은 내부에서 직접 수행하는 것이 바람직하다. 대표적으로, **퀄컴**, **애플** 등은 첨단반도체 생산을 TSMC와 같은 뛰어난 위탁생산업체에 맡겨, 투자효율성과 기술신뢰성을 동시에 확보한다. 다만 공급망 불안정성이 커지는 시기에는 외부 의존의 리스크를 완화하기 위해 일부 기능의 재내부화(Re-internalization)를 검토한다.

- **시장거래의 비용은 내부화보다 많은가?:** 거래비용의 크기를 평가한다. 시장에서 거래를 수행할 때는 계약 협상, 이행 감시, 분쟁 조정 등 다양한 형태의 비용이 발생한다. 이러한 거래비용이 내부화로 인해 발생하는 조직관리 비용보다 높다면 내부화를 선택하는 것이 경제적으로 합리적이다. 특히 공급자가 소수이거나, 거래가 복잡하고 불확실성이 높으며, 계약의 명확성이 떨어질 때는 시장에서의 거래비용이 크게 증가하기 때문에 내부화의 타당성이 더욱 높아진다. 반대로, 공급자가 다수 존재하고 거래가 표준화되어 있다면 굳이 내부화할 필요 없이 외부에서 효율적으로 조달할 수 있다. **삼성전자**는 반도체의 핵심 공정을 외부에 맡기기보다 내부 자회사나 사업부를 통해 수행함으로써 수율을 높이고 기술 보호를 강화하고 있다.

- **이 기능에 대한 전략적 통제권을 반드시 가져야 하는가?:** 기술 보호, 고객경험의 일관성, 납기 단축 등 전략적 통제권이 필요한 기능인지를 검토한다. 특히 고객 접점이 브랜드 충성도와 직결되거나, 경쟁자가 쉽게 모방할 수 있는 산업, 또는

납기가 수익성과 직결되는 산업에서는 외부 조달자에 위임하기보다는 기업이 해당 기능을 직접 통제하는 것이 바람직하다. 예를 들어, ZARA는 디자인에서부터 생산, 물류, 매장까지 모든 과정을 내부화하여 트렌드 반영 속도를 높이고 재고 부담을 줄이는 전략을 구사하고 있다. 이는 수직적 통합을 통해 제품 기획부터 소비자 판매까지 전 가치사슬을 직접 관리하는 전략이다. 또한 **쿠팡**은 자체 물류망과 배송시스템을 통해 '로켓배송'이라는 고속·정시 배송을 실현하고 있다. 이도 역시 외부 의존도를 줄이고, 배송 품질과 속도를 전략적으로 관리할 수 있는 수직적 통합의 효과를 의미한다.

이처럼 수직적 통합의 범위를 결정할 때 기업은 위 네 가지의 전략적 기준을 복합적으로 고려해야 한다. 수직적 통합은 단순한 효율성의 문제를 넘어 기업의 장기적인 전략적 위치를 결정하는 선택이다. 따라서 기업은 자신이 속한 환경과 시장조건, 경쟁적 위치 등을 면밀히 분석하고, 내부화와 외부 위탁 사이에서 유연하고 전략적인 균형 자세를 취해야 한다.

수직적 통합의 유형

수직적 통합은 기업이 가치사슬 상의 활동 중, 기존에 외부에서 조달하던 단계를 기업 내부로 흡수하여 직접 수행하는 전략이다. 여기서 수직적 통합의 대상이자 범위가 되는 **조달 단계**란 제품이나 서비스가 생산되어 소비자에게 전달되기까지의 연결된 활동 흐름, 즉 **가치사슬 흐름**인 설계, 조달, 생산, 유통, 판매, 서비스 등을 말한다. 이 중 일부 또는 전체를 외부 거래 없이 기업 내부에서 처리하는 방식이다.

수직적 통합의 유형은 **통합 대상의 범위**에 따라 전체/선택적 통합, **통합 방향**에 따라서는 전방/후방/양방향통합으로 나뉜다. **전체 통합**(Full Vertical Integration)은 가치사슬 전체 범위, 즉 설계부터 서비스까지 전과정을 내부에서 처리하는 유형이다. **선택적 통합**(Selective Integration)은 일부의 가치사슬만을 대상으로 한다. 방향성에 따른 유형은 특정 가치사슬에 있어서 전후 가치사슬 방향이 기준이다. 예컨대, 생산기능에서 전방의 기능, 즉 유통, 판매, 서비스 등을 통합하면 **전방통합**(Forward Integration)이며, 조달, 설계 등 후방의 기능을 통합하면 **후방통합**(Backward Integration)이다. 전방과 후방 모두를 내부화하면 **양방향통합**(Balanced/Two-way Integration)이다. 각각의 예를 들면, 전방통합은 제조사가 자체 온라인 몰 또는 오프라인 매장을 운영하는 통합, 후방통합은 자동차 기업이 자체 부품 제조공장을 보유하는 통합, 양방향통합은 온라인 쇼핑몰이 판매물건을 일부 생산하고, 배달 기능까지 통합하는 경우다. 전체 가치사슬에서 생산(운영)은 전후방통합 방향을 설명하는 일반적 기준이 된다. 다음에 설명하는 전방/후방/양방향통합도 생산(운영)을 기준으로 전후 방향성을 기술한다.

- **전방통합:** 기업이 판매, 유통, 고객서비스 등 하류 가치사슬 단계에 진입하여 직접 수행하는 전략이다. 이 전략의 목적은 브랜드 일관성 확보, 고객 경험 통제, 유통 마진 절감, 고객 데이터 확보 등이다. 특히 소비자 접점이 브랜드 충성도와 직접 연결되는 산업일수록 전방통합의 효과가 크다. 대표적인 사례로 **애플**은 애플스토어를 통해 고객 접점에서의 서비스, 브랜딩, 피드백 관리를 직접 수행한다. **쿠팡** 역시 단순한 전자상거래 플랫폼을 넘어 자체 물류와 배송 인력을 보유하며 전방 가치사슬을 통합하고 있다.

- **후방통합:** 기업이 제품생산에 필요한 원자재, 부품, 핵심기술, 생산공정 등의 상류 단계를 내부화하는 전략이다. 주된 목적은 공급 안정성 확보, 원가 절감, 품질 통제, 핵심 자원의 외부 의존 축소이다. 특히 핵심 부품의 기술력이나 품질이 기업 경쟁력의 핵심 요소일 경우, 외부 공급자에 대한 의존은 리스크가 될 수 있기 때문에 후방통합이 유리하다. 예를 들어, **테슬라**는 파나소닉과 합작한 기가팩토리를 통해 주요 부품인 전기차 배터리 생산을 직접 수행함으로써 배터리 품질과 공급 속도를 통제한다. 또한 **삼성전자**는 생산공정뿐만 아니라 후방의 가치사슬인 반도체 설계부터 소재 내재화에 이르기까지 생산에 필요한 고부가가치 공정의 대부분을 자체 수행한다.

- **양방향통합:** 후방과 전방을 동시에 내부화하는 통합으로, 기업이 가치사슬을 포괄적으로 통제하려는 전략이다. 생산기능의 전후 단계를 통합함으로써, 기업은 생산 품질, 공급 안정성, 고객 경험, 납기 및 가격 통제 등 다수 영역에서 통제력과 함께 마진을 확보한다. **ZARA**는 의류 디자인, 소재 수급, 생산, 물류, 매장 운영까지 자체적으로 수행하여 패션산업에서 리드타임 최소화와 트렌드 대응력을 확보한다. 또한 **아마존**은 유통 및 위탁판매에서 시작하여 아마존 세이버(Amazon Saver)라는 자체브랜드(PB), 자체 물류센터, 운송망, AWS(클라우드 인프라) 등을 직접 운영하면서 PB 상품, 온라인 판매, 물류·운송, 데이터 인프라까지 수직적으로 통합한 시스템을 구축하고 있다.

- **전체통합:** 가치사슬의 전과정, 즉 원자재 확보부터 최종 소비자 접점까지를 완전하게 내부화하는 전략이다. 전체통합은 양방향통합보다 범위 측면에서 더 광범위하다. 전체통합은 특히 신기술 산업이나 공급망 리스크가 극단적으로 높은 환경에서 택해지는 전략으로, 기업은 극대화된 통제력을 바탕으로 품질·속도·기밀성 측면에서 경쟁우위를 도모한다. **테슬라**는 차량용 반도체, 배터리, AI 소프트웨어, 자율주행 기술까지 내부화하면서, 전기차 산업에서 기술 독립성과 통합 역량을 극대화한다. 또한 **삼성전자**는 반도체 산업 내에서 설계, 제조, 패키징, 테스트까지 모든 단계를 내부 수행함으로써 품질 통제와 기술 지배력 유지를 꾀한다.

- **선택적 통합:** 선택적 통합은 가치사슬의 전과정을 내부화하지 않고, 핵심 기능만을 선별적으로 내부화한 후, 나머지는 외부 전문기업에 아웃소싱하는 전략이다. 이 전략은 핵심역량은 유지하면서 자산 투자 부담을 줄이고, 유연성과 효율성을 확보하려는 기업에 적합하다. **애플**은 칩 설계 및 운영체제 개발 같은 전략적 핵심기술은 내부에서 수행하면서, 조립 생산은 외부 파트너에 맡긴다. 이는 기술 보호와 비용 효율성을 동시에 달성하는 구조이다. **삼성전자**가 고부가가치 메모리 반도체는 자체 생산하고, 일반적인 범용 공정이나 일부 원자재는 외부 조달하는 것은 선택적 통합에 해당한다.

수평적 통합과 수직적 통합 간 비교

수평적 통합의 장단점

수평적 통합(Horizontal Integration)은 동일한 가치사슬 단계에서 경쟁기업을 인수하거나 합병함으로써 시장 지위의 확대와 경쟁력 강화를 추구하는 전략이다. 예를 들어, 유사한 제품군이나 동일한 산업 내에서 기업 간 인수합병(M&A)이 대표적 사례이다. 수평적 통합은 규모의 경제, 범위의 경제, 시장점유율 확대 등의 긍정적인 효과를 제공하지만, 동시에 법적 규제, 조직통합의 어려움, 유연성 저하에 처할 수 있는 부정적 효과도 수반한다.

수평적 통합의 장점은 첫째, **시장지배력**을 강화한다. 기존의 경쟁기업을 흡수함으로써 시장점유율을 확대하고, 이에 따른 가격 결정력을 높이며, 진입장벽을 강화함으로써 장기적으로 안정적인 수익구조 형성에 기여한다. **페이스북**이 인스타그램과 왓츠앱을 인수함으로써 글로벌 SNS 시장에서 독보적인 영향력을 확보한 사례가 대표적이다.

둘째, **규모의 경제**를 실현하게 한다. 통합 후 생산설비, 유통망, 인력, 마케팅활동 등에서 중복을 제거하여 고정비를 절감하고, 단위당 생산비를 낮춘다. 대량생산 체제를 구축하거나 공동 구매력을 확보하는 데 유리한 구조를 제공한다.

셋째, **제품 다양화와 범위의 경제**를 실현하게 한다. 서로 다른 제품군이나 고객층을 보유한 기업 간의 통합은 제품 포트폴리오를 확장하게 하고, 교차판매 또는 묶음판매 전략을 통해 매출을 극대화하게 한다. **P&G**는 다양한 생활용품 기업을 인수하여 브랜드 포트폴리오를 확장하고, 범위의 경제를 실현한 대표적인 사례다.

넷째, **신시장 진입시간의 단축**에 도움을 준다. 기존기업을 인수함으로써 새로운 지역이나 고객 기반에 대한 접근성을 단시간에 확보할 수 있으며, 초기 진입비용과 시행착오를 줄이는 데 기여한다.

그러나 수평적 통합은 여러 가지 잠재적 위험과 부정적 효과도 함께 수반한다. **수평적 통합의 단점**은 첫째, **독점규제와 반독점법의 적용**을 받을 수 있다. 통합으로 인해 특정 기업의 시장지배력이 과도하게 확대될 경우, 정부 규제기관은 이를 공정거래법 위

현대자동차의 기아자동차 수평적 통합

현대자동차와 기아자동차는 모두 완성차 제조를 중심으로 하는 기업으로, 가치사슬의 동일 단계에서 활동하는 경쟁자였다. 따라서 두 기업 간의 인수는 전형적인 수평적 통합이며, 시장점유율 확대와 경쟁자 흡수를 통해 산업 내 주도권을 강화하려는 전략적 선택이었다. 당시 현대차는 국내 점유율 약 45%를 기록하고 있었고, 기아차는 약 20%를 차지하고 있었던 만큼, 두 기업의 통합은 단숨에 국내시장 점유율을 70% 가까이 끌어올리는 효과를 가져왔다.

현대차의 기아차 인수는 시장지배력 강화라는 측면에서 의미가 크다. 경쟁 관계에 있던 두 기업의 통합은 가격경쟁을 완화하고, 시장 내 공급자 수를 줄임으로써 수요자와의 협상력을 강화하는 효과를 가져왔다. 또한, 제품군과 고객층이 서로 보완적인 두 기업의 통합은 보다 광범위한 소비자층을 확보할 수 있는 기회를 제공하였다.

규모의 경제 실현이라는 측면에서도 통합 효과는 뚜렷했다. 부품 공동 조달, 연구개발(R&D) 통합, 생산설비 및 물류망의 효율화 등을 통해 고정비용 분산과 단위당 생산비 절감이 가능해졌다. 현대·기아차는 이후 글로벌시장에서 '듀얼 브랜드 전략'을 통해 고유의 브랜드 정체성을 유지하면서도 자원을 공동 활용하는 방식으로 운영되고 있다.

보완적 특성은 수평적 통합의 범위의 경제 실현으로 이어졌다. 현대차는 당시 내수시장에서는 강세였으나, 중소형차·젊은층 타깃 모델에서는 기아차에 비해 브랜드 매력이 약하다는 평가를 받고 있었다. 반면, 기아차는 유럽형 디자인과 소형차 중심의 라인업에서 차별화된 경쟁력을 보유하고 있었다. 현대차는 인수 이후 기아차의 브랜드 이미지를 유지하면서도, 디자인센터, 플랫폼, 전동화 기술 등 R&D 자산을 공유함으로써 기술 및 감성 품질을 강화할 수 있었다.

수평적 통합은 브랜드 정체성 혼란, 조직 문화 충돌 등의 리스크를 내포하고 있다. 실제로 초기 통합 과정에서 현대차와 기아차 간에는 경영 철학과 조직운영 방식의 차이로 인한 갈등이 발생하기도 하였다. 그러나 현대차 그룹은 완전한 흡수합병 방식이 아닌, 부분적 자율성을 인정하는 독립경영 체제를 구축함으로써 브랜드 간 충돌을 최소화하고, 내부조직의 안정화를 꾀하였다.

반으로 간주하고 합병을 불허하거나 기업 분할을 명령할 수 있다. 특히 미국과 유럽연합은 반독점 심사 기준이 엄격하여, 글로벌 M&A의 걸림돌로 작용하는 경우가 많다.

둘째, 기업의 **조직문화의 충돌**을 일으킨다. 서로 다른 기업문화, 경영방식, 인사제도, 리더십 구조가 병존하게 되면, 조직 내 혼란과 갈등이 발생한다. 내부 시너지 창출을 저해하고 통합 효과 약화가 발생한다. 특히 인력구조 조정이나 정보시스템 통합 실패는 장기적인 조직 비효율로 이어지게 한다.

셋째, 조직 규모 확대에 따른 **경직성 증가**를 초래할 수 있다. 통합 후 기업의 규모가 지나치게 커지면, 의사결정이 느려지고 관료화가 심화하여 전략적 유연성을 떨어뜨린다. 이는 변화가 빠른 시장환경에 효과적으로 대응하지 못하는 결과로 이어질 수 있다.

넷째, 보유한 **브랜드 가치가 손상**될 가능성이 있다. 고객 인식이나 포지셔닝이 서로 다른 브랜드 간의 통합은 기존 소비자에게 혼란을 줄 수 있으며, 브랜드 충성도에 부정적인 영향을 줄 수 있다. 예컨대 프리미엄 브랜드와 대중 브랜드를 무리하게 통합할 경우, 고급 이미지가 희석되거나 시장에서 중도적 위치를 상실할 우려가 있다.

다섯째, 지나친 수평적 통합에 의존은 **내부 혁신을 저해**한다. 외부 경쟁자 흡수에 집중하다 보면, 자사의 기술개발이나 내부 역량 강화를 등한시할 수 있으며, 장기적으로 조직의 창의성과 혁신 역량을 약화시킨다.

수평적/수직적 통합 간 전략적 시사점 비교

수직적 통합과 수평적 통합, 이 두 전략은 모두 기업의 경계를 확장하는 방식이라는 점에서는 공통적이나, 통합의 방향, 목적, 기대 효과, 그리고 적합한 산업환경 등에서 차이를 보인다. 따라서 자사의 산업 내부 역량, 시장 지위 등을 종합적으로 고려하여 두 전략 중 어느 쪽을 채택할 것인지, 혹은 상호보완적으로 활용할 것인지 두 전략 간 전략적 판단이 요구된다.

두 전략의 선택기준은 자사가 경쟁우위를 보유하고 있거나 확보해야 할 가치사슬 단계가 어디인가에 달려 있다. **수직적 통합의 선택**은 공급망의 안정성, 원가 절감, 품질

통제, 기술 보호, 고객 접점 확보 등을 전략적 우선 과제로 삼는 기업에게 적합하다. 이 경우, 가치사슬의 상류(후방) 또는 하류(전방)를 내부화함으로써 거래비용을 줄이고 핵심자산을 직접 통제할 수 있다. 반면, **수평적 통합선택**은 시장점유율 확대, 경쟁자 제거, 규모의 경제 실현, 브랜드 통합, 신시장 진입이 주요 전략 목적일 때 적합하다. 특히 성숙산업에서의 구조조정, 또는 빠른 성장을 원하는 기업에게 효율적인 선택이 될 수 있다.

두 전략의 성과창출 메커니즘은 다음과 같다. 두 전략 모두 단순한 사업 확장 이상의 전략적 시너지 창출을 전제로 한다. 전략적으로 성공적인 통합은 지속가능한 경쟁우위 확보에 도움을 준다. **수직적 통합**은 운영 효율성과 기술 축적을 통한 '통제력 강화'에 중점을 둔다. 예컨대, 자율주행 기술을 개발하는 기업이 센서부터 반도체, AI 알고리즘, 차량 플랫폼까지를 내부화할 경우, 혁신 속도를 높이고 기술 유출을 방지할 수 있다. 반면, **수평적 통합**은 시장 내 지배력 확대와 자원의 결합을 통한 '범위의 경제' 실현에 중점을 둔다. 브랜드 포트폴리오를 확장하거나, 생산 및 유통 채널을 공동화함으로써 마케팅 효율성과 고객층 확장에 도움을 준다. 이처럼 두 전략은 단기적인 성과뿐 아니라 기업의 경쟁우위 지속성과 사업 포트폴리오의 안정성에 직결한 기업수준 전략에서 핵심적 전략이다.

두 전략의 전략적 조합 가능성을 다음과 같이 설명한다. 기업은 수직적 통합과 수평적 통합을 상호 배타적으로 선택할 필요는 없다. 오히려 산업 특성과 기업의 전략적 포지션에 따라 조합적 전략으로 설계하는 것이 바람직한 경우도 많다. 예를 들어, **아마존**은 전자상거래 플랫폼으로서 수평적으로는 다양한 상품군을 확장해 나가며, 수직적으로는 자체 물류 시스템, 클라우드 인프라(AWS), 배송망을 내부화함으로써 두 전략을 유기적으로 결합하고 있다. 또한, **ZARA**는 의류 제조업체로서 유사한 브랜드를 인수하여 수평적 확장을 지속하면서도, 디자인·생산·물류·매장운영을 수직적으로 통합하여 트렌드 대응과 속도 경쟁에서 우위를 확보한다. 이처럼 **수평적 통합**은 시장지배력 확보를 위한 '확장적 전략'으로, 또 **수직적 통합**은 핵심 기능 통제 및 경쟁력 보호를 위한 '방어적·내재화 전략'으로 상호보완적 성격을 띤다.

두 전략의 전개 방향성에 대해 다음의 관점을 제시한다. 수직적 통합은 고정비 부담

증가와 변화대응 속도 저하라는 위험이 존재하며, 수평적 통합은 조직문화 충돌, 브랜드 손상, 반독점 규제 등 복합적인 위험을 수반한다. 그러므로 현대 기업의 **수직적 통합 방향성**은 전체통합보다는 핵심 기능만을 내부화하는 '선택적 통합'을 추진한다. 또한 **수평적 통합 방향성**은 시장지배력 확장보다는 '시너지 중심'의 수평적 통합으로 전략의 방향성을 설정하여 전개해 나간다.

조달전략과 아웃소싱

기업은 설계, 부품, 조립, 판매 등 가치사슬의 전체 과정을 조직 내에서 모두 수행할 수 있다. 하지만 전문성 및 투자자금 부족과 같은 이유로 기업 외부의 공급자에게 이를 대행하게 하는 경우가 있는데, 이를 **아웃소싱**(Outsourcing)이라고 한다. 앞서 전·후방 가치사슬을 조직 내부로 통합하는 것을 수직적 통합이라고 하였다. 이에 비하여 아웃소싱은 가치사슬을 조직 외부로 분리하는 것이다. 즉 아웃소싱과 수직적 통합은 기업수준에서 상대적인 전략적 의사결정 대상이다. 즉 **가치사슬 구성**과 연관되어 아웃소싱은 **수직적 통합의 상대적 개념**이다.

또한 아웃소싱은 부품조달 활동 측면에 초점을 맞춘 용어로서는 부품을 조직 내부에서 직접 생산하여 조달받는 방식인 인하우스(In-house)와 구별할 때도 사용한다. 즉 기업수준의 **조달전략** 일환으로써 아웃소싱은 **인하우스(소싱)의 상대적 개념**이다.

조달전략의 의의와 유형

조달전략이란 기업이 원재료, 부품, 서비스 등 외부 자원을 효과적으로 획득하기 위해 수립하는 계획과 방향성을 말한다. 이는 단순한 구매 활동을 넘어 비용 절감, 품질 확보, 납기 준수, 공급망 유연성 확보 등 경쟁우위 달성에 있어 전략적 기능을 수행한다. 특히 글로벌경쟁환경에서는 조달의 효율성과 안정성이 기업성과에 직접적인 영향을 미치기 때문에, 조달전략은 기업 전체 전략과 긴밀히 연계되어야 한다.

조달은 다양한 방식으로 구분되며, 목적에 따라 **국내 또는 해외조달**, **단일공급자 또**

그림 7-4 입지에 따른 조달전략 유형

는 **다수공급자 조달** 등으로 나뉜다. 국내조달과 비교할 때 해외조달은 비용 절감과 전문성 확보 측면에서 유리할 수 있지만, 환율변동과 정치적 리스크 등 새로운 위험을 수반한다. 또한 단일공급자 조달은 거래관계의 안정성을 강화할 수 있으나, 공급차질에 대한 리스크가 집중되며, 반대로 다수공급자 조달은 리스크 분산에 유리하나 관리비용이 증가한다.

조달활동은 국내외를 가리지 않고 최적 입지를 대상으로 활동을 전개한다. 조달활동이 일어나는 입지가 국내인지 또는 해외인지에 따라 **입지별 조달전략 유형**을 [그림 7-4]처럼 네 가지로 구분한다. 먼저 **오프쇼어링**(Offshoring)은 기업의 아웃소싱 활동을 국경 밖에서 수행하는 경우이다. 이와 반대로 **온쇼어링**(Onshoring)은 아웃소싱 활동을 국내에서 수행하는 것이다. 각각을 **역외조달**(International/Foreign Outsourcing)과 **역내조달**(Domestic Outsourcing)이라고 한다. 요약하면 아웃소싱을 할 때 역외에서 수행하면 역외조달(오프쇼어링)이고, 국내에서 수행하면 역내조달(온쇼어링)이 된다. 마찬가지로 인하우스 방식으로 할 때 기업이 해외에 생산시설, 즉 해외 자회사를 설립하고 이를 통해 조달하는 경우가 **역외생산**(International/Foreign In-house)이며, 국내 조직에서 생산하여 조달하는 경우가 **역내생산**(Domestic In-house)이다.

역외생산의 경우가 바로 해외직접투자(FDI)이다. 기업의 조달활동과 관련하여 역외

생산의 FDI를 설명할 때 특히 **캡티브소싱**(Captive Sourcing)이라고 표현한다. 이때 캡티브는 본국의 본사로부터 지시를 받아 본국의 본사에만 납품하는 종속 관계에 있는 현지 자회사의 내부조달 형태를 지칭하는 용어이다. 요약하면 인하우스를 할 때 해외 자회사의 생산시설을 통하면 역외생산(캡티브소싱)이고, 역내에서 수행하면 역내생산이 된다. 이때의 FDI는 조달활동을 역외생산활동으로 수행하는 것으로, 성격은 종속적인 캡티브소싱 속성을 지닌다고 할 수 있다.

한편, **리쇼어링**(Reshoring)이라는 용어가 있다. 일반적으로 조달전략으로서 리쇼어링은 역외조달(오프쇼어링)을 역내조달(온쇼어링)로 바꿀 때 지칭하는 용어이다. 그러나 요즘 각국 정부가 중점을 두는 '자국을 떠난 FDI 기업의 국내복귀'의 **리쇼어링 정책**을 말할 때는, 그 리쇼어링의 대상은 역외생산의 캡티브소싱을 염두에 두고 추진하는 것으로 이해하면 된다. 일반적인 학술 구분과는 다른 점에 주의를 요한다.

아웃소싱의 의의

현대 산업에서는 외부시장의 성숙도와 전문성이 높아지면서, 기업이 모든 기능을 직접 수행하는 것이 반드시 효율적이지는 않게 되었다. 기술의 발전, 글로벌 공급망의 정교화, 전문 아웃소싱 기업의 등장 등은 특정 가치사슬 기능을 외부에 위탁함으로써 비용 절감, 속도 향상, 유연성 증대와 같은 이점을 누릴 수 있는 환경을 조성하고 있다. 이러한 환경에서는 기업이 핵심이 아닌 활동은 과감히 외주화함으로써 자신의 경쟁우위가 집중된 기능에 더 많은 자원과 역량을 투입할 수 있으며, 변화에 민첩하게 대응하는 **전략적 유연성도 확보**할 수 있다.

애플은 제품의 설계와 디자인은 내부에서 수행하면서, 제조는 폭스콘과 같은 외주업체에 맡기는 전략을 통해 비용 효율성과 품질을 동시에 달성하고 있다. **토요타**는 공급업체와의 장기적 협력을 기반으로 한 '케이레츠(계열 네트워크)' 구조를 통해 안정적인 공급망을 유지하고 있으며, **아마존**은 물류 일부를 외주화하면서도 핵심 유통망은 자체 인프라로 운영하여 유연성과 통제를 동시에 확보하고 있다.

아웃소싱(Outsourcing)이란 기업이 원래 내부적으로 수행하던 업무나 가치사슬 활동

알리바마와 NVIDIA의 조달업체 다변화

알리바바 그룹의 창업자 마윈(Jack Ma)은 기업의 공급망 리스크를 최소화하고 협력업체와의 균형 있는 관계를 유지하기 위해, 조달 품목 중 어느 한 공급업체가 전체 구매 물량의 70% 이상을 차지하지 않도록 관리한다는 원칙을 수립하였다. 이는 그의 저서와 인터뷰를 통해 여러 차례 언급된 방침으로, 실제 알리바바의 운영 시스템에서도 적극적으로 구현되고 있다.

마윈은 단일 공급업체에 대한 과도한 의존이 기업의 협상력 저하뿐만 아니라, 공급 차질 발생 시 전사적 운영에 치명적인 영향을 미칠 수 있다는 점을 강조하였다. 특히 전자상거래 플랫폼으로서 다양한 상품과 서비스를 안정적으로 공급해야 하는 알리바바의 특성상, 특정 분야의 공급이 단절될 경우 소비자 신뢰도와 플랫폼 수익성 모두가 위협받을 수 있다. 이에 따라 알리바바는 모든 주요 품목에 대해 최소 2~3개의 대체 가능한 공급업체를 확보하는 것을 목표로 하고 있으며, 공급자 간 가격과 품질, 납기 경쟁을 유도하여 전체적인 조달 효율성을 높이고 있다. 이러한 전략은 단순한 리스크 회피 차원을 넘어, 장기적 협력관계 속에서 공급자 간 경쟁과 협업의 균형을 유지하는 공급망 거버넌스 전략으로 평가된다.

세계적인 그래픽처리장치(GPU) 제조업체인 NVIDIA는 최근 고대역폭 메모리(HBM) 기술의 급속한 확산에 따라, 해당 메모리의 안정적 공급을 핵심 조달 이슈로 인식하고 있다. 특히 2024년 이후 HBM3 및 HBM3E 메모리 수요가 폭증하면서, 현재 HBM을 거의 독점적으로 공급하고 있는 SK하이닉스에 대한 의존도가 급격히 증가하였다.

이러한 상황에서 NVIDIA는 HBM 시장의 공급 집중 리스크를 해소하기 위해 삼성전자와의 공급 협력 확대를 공개적으로 요청하였다. 실제로 NVIDIA는 자사 차세대 AI 칩에 탑재되는 HBM의 일정 비중을 삼성전자로부터도 공급받기를 희망하고 있으며, 이를 통해 가격 경쟁력, 공급 안정성, 기술 분산 효과를 동시에 확보하고자 한다. 삼성전자 역시 HBM 제품의 수율 개선과 규격 호환성 확보를 통해 NVIDIA의 조건을 충족시키려는 노력을 지속하고 있다. NVIDIA의 조치는 이러한 리스크를 사전에 방지하고, 공급자 간 경쟁 환경을 조성하여 조달권력을 유지하려는 대표적 전략으로 해석된다.

중에 일부를 외부 전문업체에 위탁하여 수행하게 하는 기업의 전략이다. 이는 단순히 업무의 외주화에 그치는 것이 아니라, 자원의 효율적 활용과 기업의 전략적 초점을 명확히 하기 위한 조직 구조 재설계의 일환이다. 아웃소싱은 기업이 핵심역량에 집중하고, 상대적으로 덜 중요한 비핵심 기능을 외부에 위탁함으로써 전체 조직의 성과를 극대화하고자 할 때 선택하는 전략적 수단이다.

아웃소싱 여부의 판단은 해당 기능이 기업의 핵심역량인지를 가장 먼저 고려해야 한다. 또한 내부수행과 외주위탁의 비용·품질·속도 등을 비교 분석해야 한다. 정보보안, 기밀 유지, 품질 통제의 가능성 등 통제력 확보 여부도 중요한 판단 요소이다. 계약체결 시에는 '서비스 수준 계약(SLA)'을 명확히 설정하여 외주업체의 성과를 관리하고 책임을 분명히 해야 한다.

아웃소싱의 이점과 위험을 명확히 인식하고 추진한다. 아웃소싱을 통해 기업은 비용을 절감하고, 핵심 활동에 집중할 수 있으며, 외부 전문성을 활용하여 품질과 생산성을 향상할 수 있다. 그러나 아웃소싱에는 외부 업체에 대한 과도한 의존, 통제력 상실, 기밀 유출 등의 위험이 존재하며, 노동환경 악화나 사회적 책임 이슈와 같은 윤리적 논란도 발생할 수 있다. 따라서 아웃소싱은 철저한 사전 검토와 전략적 접근이 필요하다.

아웃소싱의 성과 및 공급자 관리를 통해 아웃소싱의 효과성을 높인다. 공급자와의 관계는 단순한 거래 관계를 넘어서 전략적 파트너십으로 발전할 필요가 있다. 이를 위한 전략이 바로 **공급자 관계관리(SRM)**이다. 공급자를 전략적 파트너, 위험관리 대상, 단순 거래처 등으로 세분화하여 유형별로 다른 방식의 관리 전략을 적용한다. 또한 공급자 성과는 품질, 가격, 납기, 혁신 기여도 등을 기준으로 정기적으로 평가하여 피드백과 개선을 유도한다.

최근 조달과 아웃소싱 전략은 ESG 경영, 글로벌 리스크 대응, 디지털 기술 도입이라는 세 가지 방향에서 진화하고 있다. **ESG 경영**에 대한 사회적 압력은 지속가능한 공급망 구축, 즉 친환경 조달 및 윤리적 소비에 대한 기업 대응을 요구하고 있다. 또한 팬데믹, 지정학적 위기 등 글로벌 리스크에 대응하기 위한 **공급망 다변화** 및 **리쇼어링 전략** 역시 주목받고 있다. 한편, 전자입찰, 인공지능 기반의 가격 예측, 블록체인 기반의 공급망 투명성 강화는 디지털 조달의 이점을 강화한다. AI 기반의 예측 알고리즘은 공급가격의 변동을 실시간으로 분석하여 가장 적정한 구매 시점과 공급자를 제안할 수 있게 하며, **블록체인**은 공급망 내 모든 거래 기록을 투명하게 저장하여 위조 제품이나 비윤리적 거래를 사전에 차단케 하여 아웃소싱의 투명성과 안전성을 보장한다.

아웃소싱의 유형

아웃소싱은 위탁 기능의 범위와 방식에 따라 여러 가지 유형으로 나뉜다. 대표적인 **아웃소싱 유형**에는 IT 아웃소싱, 물류 아웃소싱, 제조 아웃소싱, 그리고 비즈니스프로세스 아웃소싱(BPO) 등이 있다.

IT 아웃소싱은 정보기술 관련 시스템의 구축, 운영, 유지보수, 보안관리 등의 업무를 외부 전문 IT 서비스 기업에 위탁하는 방식이다. 기업이 모든 IT 기능을 자체적으로 구축하고 유지하는 데에는 상당한 자원과 인력이 요구되므로, 이러한 부담을 줄이기 위해 IT 인프라를 외주화한다. 주요 위탁 대상은 서버 및 네트워크 관리, 소프트웨어 개발, 클라우드 관리, 데이터베이스 운영, 사이버보안 등이다. **GE**는 핵심 비즈니스에 집중하기 위해 IT 부문 일부를 인도계 글로벌기업인 인포시스(Infosys)에 위탁한 바 있으며, IBM과 같은 글로벌 IT 아웃소싱 제공자들은 전 세계적으로 대기업의 IT 시스템을 위탁 운영하고 있다.

물류 아웃소싱은 기업의 제품 이동 및 보관 등 공급망 상의 물류 기능을 외부 전문 물류업체(3PL)에 위탁하는 것이다. 제조기업뿐만 아니라 유통, 전자상거래 기업에서도 보편적으로 활용되며, 글로벌화가 심화되면서 복잡한 국제 물류의 효율적 운영을 위한 수단으로 자리 잡았다. 주요 위탁 대상은 창고 운영, 배송 관리, 통관 업무, 반품 처리, 포장·라벨링 등이다. **아마존**은 일부 물류를 페덱스, UPS 등 외부 물류기업과 협력하여 처리하면서도 핵심 물류는 자체 시스템으로 통제한다. 이처럼 일부 기능은 외주화하고 핵심 기능은 내부 보유하는 방식은 하이브리드 전략이라 할 수 있다.

제조 아웃소싱은 제품의 생산을 외부 제조업체에 맡기는 방식이다. 외부업체가 기업의 설계도나 사양에 따라 생산만 수행하는 형태의 **OEM 방식**, 그리고 외부업체가 설계부터 생산까지 모두 담당하며, 완성된 제품을 발주기업의 브랜드로 판매하는 **ODM 방식**이 있다. 이들 방식은 대규모 설비투자 부담 축소, 생산비 절감, 생산 유연성 확보, 리스크 분산은 장점이나, 품질 통제 한계, 제품기술 유출 가능성, 브랜드 가치 손상 위험은 단점이다. **애플**은 아이폰 생산을 대만의 폭스콘과 페가트론(Pegatron)에 맡기고 있으며, 자사는 설계 및 R&D에 집중하고 있다. 이는 고급기술 보유와 글로벌 생산 능력을 결합한 전형적인 제조 아웃소싱 전략이다.

비즈니스프로세스 아웃소싱은 기업의 '지원부문 및 관리 기능'을 외부 서비스 제공자에게 위탁하는 전략이다. 이는 비용 절감과 운영 효율성 개선을 목적으로 주로 비핵심 기능에 적용된다. 주요 대상 업무는 인사관리(HR), 급여처리, 회계 및 재무, 고객지원(CS), 콜센터, 교육, 마케팅 등이다. 업무 프로세스 단위로 위탁되며, 비교적 표준화된 업무에 적합하다. 운영비용 감소, 외부 전문성 활용 등은 장점이나, 고객 데이터 유출 가능성, 고객 응대의 품질 저하, 조직문화 단절 등 단점도 존재한다. **델**을 비롯한 PC/노트북 기업, 여행사 및 항공사가 예약 콜센터를 필리핀이나 인도기업에 위탁하는 것이 대표적 사례다.

아웃소싱의 전략적 시사점

기업은 제한된 자원과 시간, 인력을 이러한 핵심역량의 개발과 강화에 집중시킬 필요가 있다. 중점 기능 외에 나머지 기능은 외부의 전문적 역량을 활용함으로써 효율성과 유연성을 동시에 확보할 수 있다. 예컨대, 제조기업이 물류나 IT 관리처럼 본질적으로 경쟁우위를 좌우하지 않는 기능을 전문 외부 기업에 위탁한다면, 해당 기업은 제품개발이나 고객가치 창출과 같은 본업에 더욱 몰입할 수 있게 된다.

아웃소싱의 전략적 가치는 다음과 같은 측면에서 도출된다. 첫째, **비용 효율성**이다. 외부 전문업체는 특정 업무에 특화되어 있어 규모의 경제와 학습곡선을 통한 비용절감 효과를 실현할 수 있다. 특히 고정비를 변동비로 전환함으로써 경영 안정성을 높일 수 있고, 대규모 투자가 필요한 부문에 대한 부담도 줄어든다.

둘째, **운영의 유연성과 민첩성** 확보이다. 시장 변화가 빠른 환경에서는 변화에 민감하고 탄력적으로 대응할 수 있는 구조가 필요하다. 외부 자원을 유연하게 활용하면 신속한 확장 혹은 축소가 가능하므로, 기업은 경직된 조직 구조에서 벗어나 시장 중심적 운영체제를 구축할 수 있다. 특히 글로벌 공급망이 복잡해지고 지정학적·기후적 리스크가 증가하는 상황에서는, 특정 기능의 외부화를 통해 리스크를 분산하거나 다수의 협력 파트너와 유연한 계약 구조를 유지하는 것이 기업 생존에 필수적이다. 실제로 코로나 팬데믹의 공급망 위기를 경험하면서 많은 글로벌기업들이 일부 기능을 외주화하거나 분산형 조달 시스템을 대폭 도입하였다.

셋째, **외부 전문성 및 혁신 역량**의 활용이다. 외부 공급자는 해당 영역에서 다양한 산업군의 고객을 대상으로 서비스를 제공하며 축적된 기술력과 전문성을 보유하고 있다. 이는 내부 인력이나 조직이 단기간에 확보하기 어려운 자원이며, 아웃소싱을 통해 기업은 이러한 외부 전문지식과 혁신 역량을 간접적으로 내부화할 수 있다.

넷째, **경쟁우위의 간접적 강화**다. 아웃소싱을 통해 내부자원의 분산을 방지하고, 전략적으로 중요한 활동에 집중함으로써 기업의 가치사슬 상 경쟁력의 원천이 되는 활동에 역량을 집중적으로 배분할 수 있다. 경쟁우위에 대한 선택과 집중은 경쟁자로부터 자신의 경쟁우위를 더욱 차별적이고 강화하는 방편이다.

전략적 제휴

전략적 제휴의 정의와 범위

'시장거래와 조직내부화', 이는 전략적 제휴 정의의 본질적 속성을 나타내 준다. 시장거래는 **계약**(Contract)으로 성립하며, 계약이 아닌 조직을 설립하는 방식이 **지분참여**(Equity Participation)이다. [그림 7-5]와 같이, 계약은 다시 전통적 계약과 비전통적 계약으로 구분한다. **전통적 계약**에는 일반적으로 알려진 라이선싱(Licensing), 교차 라이선싱(Cross-licensing) 등이 있다. 이들은 일정한 기술이나 브랜드 사용권을 계약을 통해 이전하는 데 초점이 맞추어져 있으며, 전략적 자산의 공동 활용보다는 단순한 상

그림 7-5 전략적 제휴 범위

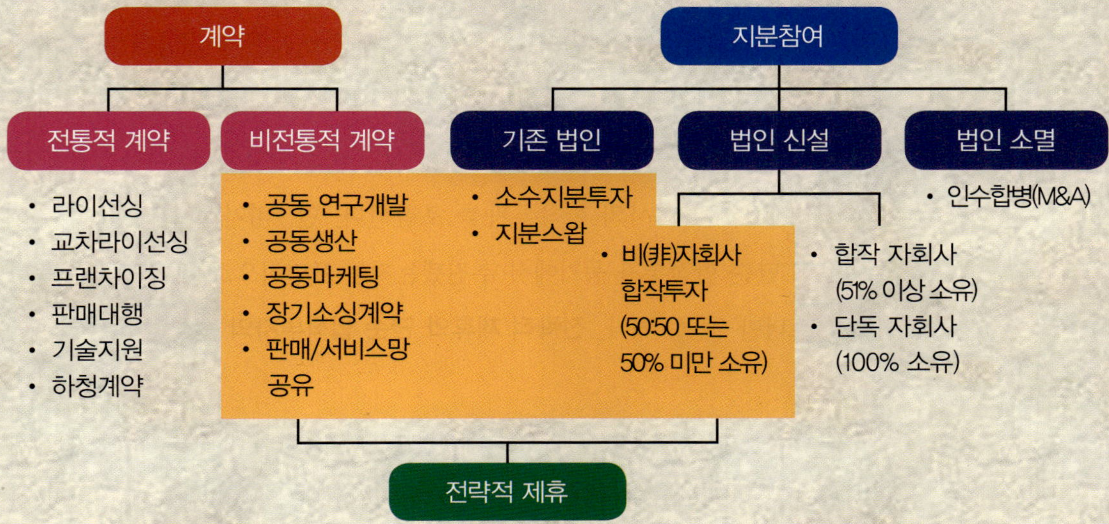

업적 계약 성격이 강하다. 반면, **비전통적 계약**은 제품 공동개발, 공동생산, 상호 시장진입 등 기업전략의 핵심에 해당하는 기능을 서로 연결하고 공유하는 협력 관계에 치중한다.

지분참여는 법인을 신설할 때 자본금의 일부를 소유하는 것이다. 이때 설립되는 법인은 투자자 및 본사의 지배력 수준에 따라 분류한다. 100% 소유하거나 51% 이상의 지분을 보유하여 통제력을 행사하는 경우를 각각 단독회사와 합작 자회사로 구분하며, 이는 투자자 또는 본사의 전적인 지배하에 운영하는 자회사 조직형태이다. **비(非) 자회사 법인**은 본사의 지분율이 50% 이하이거나 동등 지분 구조(50:50)를 가지는 경우로, 파트너와의 협력을 기반으로 경영이 이루어진다.

전략적 제휴의 정의는 파트너십 기반의 협력관계를 바탕으로 전략적 자산을 공유하려는 목적의 투자방식이다. 따라서 단순한 기술 라이선스나 브랜드 제공 계약은 전략적 제휴의 범주에 포함되지 않는다. 또한, 신설법인의 지분참여 방식에서 본사가 절대적인 통제를 행사하는 자회사 형태는 전략적 제휴로 간주하지 않는다. 보유하고 있는 기존법인은 제휴와 협력이 해당하지 않는, 즉 이미 자회사로서 소유한 법인이다. 다만, 기존법인의 경우에도 전략적 제휴 개념이 존재하는 경우가 있다. 예컨대, 상대방 회사 또는 경쟁자에 대한 소수지분 투자 혹은 지분스왑 경우다. 이때 소유하게 되는 지분은 소수이지만, 신설법인의 지분참여와 달리 소유통제 개념의 지분이 아니라, 그야말로 상호 연계와 관계 구축을 위한 **상징적인 소수지분** 투자다. 따라서 **전략적 제휴의 범위**는 비전통적 계약, 기존법인에서 상징적 소수지분 및 지분스왑, 그리고 법인 신설과정에서 비자회사의 합작투자를 포함한다. 단, 비자회사의 합작투자가 전략적 제휴인지, 단순 합작투자 동기에서 추진됐는지는 표면적으로 분간이 불가능하다. 오직 합작 파트너만 알 수 있다. **전략적 제휴와 단순 합작투자의 속성차이**는 다음과 같다.

- 전략적 제휴는 '핵심역량 보완'을 위한 전략적 선택인 반면, 단순 합작투자는 결합을 통한 '규모효과'에 초점을 맞춘다.
- 전략적 제휴는 향후 복잡하고 불확실한 경쟁구도 변화에 대해 포괄적인 '사업 불확실성 제거'에 목적을 둔 반면, 단순 합작투자는 재무위험과 같은 '알려진 위험 경감' 목적에서 실행한다.
- 전략적 제휴는 현재의 협력 파트너가 '미래의 경쟁자'로서 둔갑하는 현상이 종종 일어나는 데 비해, 단순 합작투자는 결렬이 되어도 '협력관계를 유지'하는 경우가 많다.
- 전략적 제휴는 여러 파트너 간 '공동 네트워크' 구축으로 복수의 파트너를 선정하는 반면, 단순 합작투자는 자사와 상대방 간 '양자 결합'인 경우가 일반적이다.

요컨대, 전략적 제휴는 계약방식과 지분참여방식으로 양쪽 방식 모두에서 나타날 수 있다. 외형적 방식보다는 추진 목적이 상대방과의 전략적 자산 공유, 상호 협력이며, 그 목적이 실질적 존재하는 경우가 해당한다. 단순한 기술 계약이나 단순 지분투자 여부가 아니라, **상호 전략적 의도와 자산 교환의 여부**가 전략적 제휴를 결정짓는 핵심 기준이 된다.

결과적으로 전략적 제휴란, 관계성의 목적이 단순히 시장진입이나 제품 판매에 그치는 것이 아니라, 상대방의 기술, 브랜드, 유통 채널, 지역적 자산 등 전략적 자원을 확보하고 이를 자사와 공유함으로써 경쟁우위를 구축하려는 상호 전략적 선택이라는 점에서 기존 협력방식과 차이가 있다. 이와 같은 전략적 목적은 때로는 계약의 형태로, 때로는 소규모 지분참여를 통해 실현될 수 있다. 전자가 **계약기반 제휴**(Equity Alliance), 후자가 **지분참여 기반 제휴**(Non-equity Alliance)이다. 다만, 속성상 일반적으로 시장에서의 계약만으로 구성된 제휴보다, 상호 지분참여를 수반하는 조직내부화의 제휴 관계가 장기적 협력 유지와 파트너 간 신뢰구축에 더 유리하다고 하겠다.

전략적 제휴: 왜, 누구와, 어떤 방식으로 협력할 것인가

전략적 제휴는 단순히 외부 기업과의 협력 구조를 수립하는 것이 아니라, 기업의 자원과 역량을 타자와 어떤 논리로 연결하고 배분할 것인지에 대한 고도의 전략적 판단을 요구한다. 이때 전략적 제휴의 설계는 세 가지 핵심 질문에 의해 구조화된다.

전략적 제휴는 단순한 외부 협력이 아니라, 기업의 조직 경계를 어디까지 설정하고, 핵심역량을 어떤 방식으로 공유하거나 보호할 것인지에 대한 전략적 결정이다. '왜, 누구와, 어떻게 협력할 것인가'에 대한 명확한 판단 없이는, 제휴는 오히려 자원 누수, 기술 유출, 전략 실패의 위험을 초래할 수 있다. 따라서 전략적 제휴는 항상 다음과 같은 질문에 기반하여 설계하여야 한다.

- 우리는 왜 이 제휴가 필요한가?
- 누구와 함께하면 시너지가 극대화되는가?
- 협력의 구조와 관리 방식은 무엇이 최적인가?

왜 협력할 것인가

전략적 제휴의 첫 번째 질문은 바로 **제휴의 필요성과 전략적 동기**를 명확히 규명하는 것이다. 기업은 왜 지금 이 시점에 외부기업과 협력을 모색해야 하는가? 전략적 제휴는 단순한 협력 수준을 넘어, 기업의 전략적 동기를 충족하고 경쟁우위를 강화하는 수단이다. 특히 글로벌시장에서는 자원 보완, 현지화, 기술 선점, 비용 분산, 경쟁 대응 등의 목적이 복합적으로 작용한다. 이러한 제휴는 기업의 장기적 생존과 성장을 위한 전략적 유연성 확보 수단으로서 중요한 의미를 지닌다. 다음은 전략적 제휴를 추진하는 배경으로 동기와 기대효과를 사례와 함께 정리한다.

첫째, **자원 및 역량 보완**의 동기다. 기업은 자사가 보유하지 못한 기술, 브랜드, 인적 자원, 생산시설, 네트워크 등을 파트너로부터 확보하고자 전략적 제휴를 활용한다. 전략적 제휴의 가장 근본적인 동기는 바로 이러한 자원 및 역량의 상호보완이다. 2011년 **마이크로소프트**는 스마트폰 OS인 윈도우폰을 보급하기 위해 **노키아**와 전략적 제휴를 체결했다. 마이크로소프트는 하드웨어 제조역량이 부족했고, 노키아는 모바일 OS 경쟁에서 뒤처지고 있었다. 두 기업은 각자의 약점을 보완하고자 협력했지만, 제휴 성과가 제한적이었던 사례로 평가된다.

둘째, **시장진입장벽 극복**이다. 해외시장 진출 시, 현지 정부 규제, 문화적 장벽, 유통망 부족 등의 문제는 기업에게 진입장벽으로 작용한다. 이때 현지기업과의 전략적 제휴는 진입 리스크를 낮추고 시장 적응력을 높이는 효과적인 수단이 된다. **스타벅스**는 인도시장 진출 당시, 유통과 입지선정, 인허가 문제에 직면했다. 이에 인도의 대기업 **타타그룹**과 전략적 제휴를 맺고 합작법인(Tata Starbucks)을 설립했다. 타타의 현지 기반과 네트워크를 활용함으로써, 스타벅스는 인도시장에서 안정적으로 안착할 수 있었다. 이는 현지 적응과 규제 대응에 목표를 둔 대표적 제휴 사례다.

셋째, **비용 절감과 위험분산**이다. 대규모 설비투자, 기술개발, 신제품 연구 등은 고비용과 고위험을 수반한다. 기업은 이를 단독으로 부담하기보다 제휴를 통해 비용과 위험을 분산하는 전략을 택할 수 있다. **토요타와** BMW는 환경차용 수소연료전지 기술, 경량화 기술 등 차세대 자동차 기술개발을 공동 추진하기 위해 전략적 제휴를 체결하였다. 개발비를 절감하면서도 기술적 시너지를 창출한 이 사례는 R&D 제휴를 통한 비용·위험 분산의 대표적 사례다.

넷째, **산업 표준 선점**에 제휴의 목적을 둔다. 기술이 급변하거나 경쟁이 치열한 산업에서는, 여러 기업이 공동으로 특정 기술을 채택함으로써 '시장 표준'을 선점하려는 전략이 자주 사용된다. 시장 표준을 먼저 확보할수록 그 기업은 그 기술 생태계를 장악할 가능성이 크다. 1980년대, **소니와 필립스**는 공동으로 오디오 CD 규격을 개발함으로써, CD 플레이어 및 음반 산업에서 사실상의 표준을 확립했다. 두 기업은 기술 주도권을 확보하고, 타사 진입을 어렵게 만들었다. 이는 전략적 제휴를 통한 기술 표준화의 전략적 가치를 보여주는 사례다.

다섯째, **공동 경쟁자 대응**의 필요성이다. 업계 내 강력한 경쟁자의 등장 또는 경쟁 심화 상황에서, 기업들은 제휴를 통해 경쟁자 견제 또는 공동 대응 전략을 구사할 수 있다. 이를 '방어적 제휴'라고 부른다. 글로벌 항공사의 제휴가 해당한다. 글로벌 항공사들은 가격경쟁과 노선 경쟁 심화에 항공동맹으로 대응한다. **스카이팀**은 마일리지 공유, 공동 운항, 일정 통합 등을 통해 고객 만족도의 제고와 함께, 경쟁 항공사들의 **스타얼라이언스**에 맞서는 연합체계를 구축하고 있다. 이는 경쟁자 공동 견제를 위한 전략적 제휴 사례로 해석된다.

누구와 협력할 것인가

전략적 제휴의 두 번째 질문은 제휴 대상으로 누구를 선정할 것인가이다. **제휴 파트너의 선정**은 전략적 제휴의 성공 가능성을 좌우하는 결정적 변수이다. 파트너의 선택은 시장 지위만이 아니라, 조직문화의 적합성, 기술의 상호 보완성, 신뢰 가능성, 전략적 목표의 일치 여부 등을 포괄적으로 고려해야 한다.

첫째, **보완적 자원의 보유 여부**를 확인한다. 제휴 상대방이 자사가 보유하지 못한 핵심 자원을 보유하고 있는가에 대한 평가를 가장 먼저 시행한다. 핵심 자원은 기술력, 생산시설, 유통채널, 브랜드 인지도, 특허권, 현지시장에 대한 이해 등 매우 다양하며, 제휴의 목적과 연계되어야 한다. 양사가 보유한 자원이 서로 보완적일수록 시너지 효과의 극대화 가능성이 크다. **애플**은 중국에서 제품을 대량 조립하는 데 있어 자체 생산공장을 갖추지 않고 **폭스콘**과 제휴를 맺었다. 이는 애플의 제품설계/브랜드와, 폭스콘의 대규모 생산 역량이라는 상호보완적 자원 기반이 결합된 사례다.

둘째, **전략적 목표의 정렬성**을 평가한다. 제휴는 '무엇을 위해 협력할 것인가'라는 공동의 목표를 전제로 한다. 파트너가 설정한 전략적 방향성과 자사의 방향성이 일치

GM과 SAIC의 전략적 제휴

2009년 세계 금융위기 이후 미국의 대표 자동차 기업 GM은 극심한 경영난에 빠진다. 이 과정에서 GM은 이미 1997년부터 파트너십을 맺고 있던 중국 국영기업 상하이자동차(SAIC)와의 협력을 더욱 강화했다. 두 기업은 '상하이GM'이라는 이름의 합작회사를 공동 설립하였으며, 초기에는 GM이 50%, SAIC이 50%의 지분을 보유하는 구조였다. 이 합작법인은 중국 내 자동차 생산, 판매, 마케팅 등 전반적인 사업을 함께 수행하며 중국 자동차 시장의 빠른 성장을 함께 누렸다.

그러나 2009년 GM이 경영위기에 처하자, GM은 현금 유동성을 확보하기 위해 SAIC에 상하이GM의 지분 1%를 매각했다. 이로 인해 SAIC은 51%의 지분을 보유하게 되었고, 중국 정부의 정책적 요구사항(현지 자본의 과반 보유 조건)을 만족시킨 형태가 되었다. GM 입장에서는 경영난 속에서도 중국 내 사업을 계속 유지할 수 있었고, SAIC은 중국 내 경영 주도권을 확보하며 기술력과 브랜드 역량도 동시에 흡수하는 기회를 얻었다.

이 제휴는 단순한 자본투자 이상의 전략적 제휴로 평가된다. GM은 첨단 차량 기술, 브랜드 경쟁력, 글로벌 공급망을 제공했고, SAIC은 중국 시장의 제도, 규제, 유통망, 인적자원 등의 현지 역량을 제공했다. 특히 SAIC은 정부와의 관계, 각종 인허가 절차 등에서 GM이 단독으로는 진입하기 어려운 정치·제도적 장벽을 극복할 수 있는 플랫폼 역할을 수행했다.

또한 GM은 기술 중심의 공동개발 플랫폼인 PATAC를 설립하여, SAIC과 함께 차량 설계·엔지니어링을 공동 수행하였다. 이를 통해 GM은 중국 소비자 맞춤형 차량 개발에 성공하였고, SAIC은 글로벌 수준의 연구개발 노하우를 내재화할 수 있었다.

양사는 이후에도 SUV, 전기차, 고급승용차 등 다양한 제품군에서 공동브랜드 개발을 지속했으며, 이로 인해 GM은 한때 중국 내 전체 자동차 판매 1위를 차지하는 등 놀라운 성과를 거두었다. SAIC 역시 GM과의 협력을 통해 급속히 성장하였고, 이후 자체 브랜드인 MG와 Roewe를 세계시장에 진출시키는 데 성공했다.

하지 않을 경우, 협력 관계는 곧 갈등으로 변질될 수 있다. 특히 장기 제휴일수록 기업 간의 전략적 정렬성(alignment)이 필수적이다. 기업이 제휴를 통해 진출하고자 하는 시장, 확보하고자 하는 기술, 구축하고자 하는 생태계 등이 파트너의 이해관계와 충돌하지 않아야 하며, 가능하다면 장기적 비전을 공유할 수 있어야 한다. **스타벅스**는 인도 진출 시 다수의 현지기업과 접촉했으나, 최종적으로 **타타그룹**과 제휴를 체결했다. 그 이유는 단순히 타타가 보유한 유통망 때문이 아니라, 양사 모두 지속가능성과 품질을 중시하는 기업 철학 공유에 동의했기 때문이다.

셋째, **거버넌스 구조의 명확성**을 확인하고 대비한다. 협력관계는 이상적으로만 운영되지 않는다. 따라서 제휴 초기 단계에서 의사결정 권한의 분배, 성과측정 방식, 갈등해결 메커니즘 등을 명확히 규정하는 것이 중요하다. 이러한 구조는 계약서상의 조항뿐 아니라, 실질적인 협력 관행으로 내재화되어야 한다. 거버넌스 구조가 불명확하면, 제휴의 방향성에 이견이 생기거나 위기 상황에서 책임 소재가 불분명해져 제휴 자체가 해체될 수 있다. **보잉과 스피릿 에어로시스템즈**(Spirit AeroSystems)의 제휴는 양사의 역할과 책임을 명확히 정하지 못한 체, 부품공급 과정에서 품질 문제와 일정 지연이 발생하자, 원만한 해결을 못 하고 결국 법적 분쟁으로 이어졌다.

넷째, **조직문화와 경영방식의 적합성**을 평가하고 고려한다. 기술, 자본, 유통망이 아무리 뛰어나더라도, 파트너와의 조직문화 간 불일치는 제휴의 실패 원인으로 작용한다. 이는 특히 다국적 제휴나 이종 업종 간 제휴에서 두드러지게 나타난다. 예를 들어, 의사결정 속도 차이가 큰 기업 간 제휴, 수직적 조직 기업과 수평적 조직 기업 간 제휴, 근로시간·보고체계·성과보상 등 운영방식의 차이가 큰 기업 간 제휴는 협력 과정에서 잦은 마찰이 발생한다. **벤츠와 크라이슬러**의 합병 실패사례는 문화적 통합의 부재가 제휴실패로 이어질 수 있음을 보여 준 예다. 독일식 정교함과 미국식 속도 중심문화는 갈등과 충돌로 이어져 마침내 제휴실패로 귀결됐다.

어떻게 협력할 것인가

협력방식을 어떻게 할 것인가는 **제휴의 구조와 운영방식**과 관련된다. 제휴의 방식은 계약에서부터 지분스왑, 소수지분참여, 합작법인 설립에 이르는 여러 방식이 있으며, 이 중 하나를 선택함으로써 구조와 운영방식이 구체화 된다. 통제력, 유연성, 지속성 요소 등을 고려하여 적합한 방식을 선택한다.

- **필요한 통제력 정도:** 기술 유출 위험도가 높은 경우, 비지분형 계약방식보다는 지분참여 및 합작투자를 통한 구조가 유리하다.

- **운영의 유연성 확보:** 시장변화에 민첩하게 대응해야 하는 경우, 비지분형 계약기반 제휴가 적합하다.

- **자본투자 가능 여부:** 재무적 여유가 충분할 경우, 비지분형 계약기반보다는 지분참여 및 합작법인 설립을 통해 장기적 구조를 설계하는 것이 안정적이다.

- **지속성과 의무의 강도:** 짧은 기간의 제품 공동개발이라면 프로젝트 기반 제휴로, 장기적인 공급계약이라면 물류·생산까지 통합된 형태가 지속성과 의무 강도 측면에서 적합하다.

즉, 전략적 제휴는 그 방식에 따라 기업이 확보할 수 있는 통제력, 유연성, 지속성의 수준이 상이하다. 이들 기준으로 라이선싱, OEM/위탁생산, 지분참여, 합작투자 등에 대한 속성을 비교한다.

라이선싱은 가장 유연한 형태의 제휴 방식으로 평가된다. 기업은 자사의 기술이나 상표권 등을 외부 기업에게 이전하거나 사용할 수 있도록 허용하고, 그 대가로 로열티를 받는다. 라이선싱은 높은 유연성을 보장하며, 기업 입장에서 큰 자본투자 없이 새로운 시장에 진입할 수 있는 장점이 있다. 그러나 외부 파트너에 대한 통제력은 낮으며, 기술 유출이나 브랜드 훼손 등의 리스크가 존재한다. 또한, 보통 계약기간이 짧아 단기적 관계에 머무는 경우가 많다. **화이자**와 같은 다국적 제약회사가 현지 제약회사에 기술을 이전하는 방식이 해당한다.

그림 7-6 속성 기준 전략적 제휴 방식 비교

		라이선싱	OEM/위탁생산	지분참여	합작투자	
−	통제력	낮음	중간	높음	높음	+
+	유연성	높음	중간	낮음	낮음	−
−	지속성	단기	중기	장기	장기	+
	사례	기술 이전 계약	애플–폭스콘	삼성전자–ARM 지분참여	소니–에릭슨	

OEM 또는 **위탁생산 방식**은 중간 수준의 통제력과 유연성을 보이는 제휴형태이다. 발주기업이 제품을 설계하고, 생산은 외주 기업이 담당하는 구조로, 생산 효율성과 원가 절감이 제휴의 주요한 목적이다. 통제력은 라이선싱보다는 높지만, 여전히 완전한 통제를 기대하기는 어렵다. 지속성은 일반적으로 중기 수준이다. 사례로 **애플**이 아이폰 조립을 폭스콘에 위탁하는 경우가 해당한다. 이 경우 애플은 설계 및 품질 기준을 통제하지만, 생산은 전적으로 글로벌 공급망을 통한 외주에 의존한다. **지분참여**는 파트너 기업의 지분을 일정 부분 인수하여, 보다 밀접한 관계를 구축하려는 방식이다. 이 방식은 통제력이 높아지는 반면, 상대적으로 유연성이 낮아지는 경향이 있다. 지분참여는 일반적으로 장기적 협력을 전제로 하며, 협력 파트너에 대한 상호 정보접근성과 의사결정 영향력을 어느 정도 허용한다. 예를 들어 **삼성전자**가 반도체 설계 IP 기업 ARM에 전략적으로 지분을 투자한 것은, 단순 기술 협력보다 더 깊은 수준의 연계를 목적으로 한 사례이다. 이러한 방식은 자본투자가 수반되므로 비교적 장기적 파트너십에 적합하다.

합작투자는 양 기업이 자본을 공동 출자하여 별도의 법인을 설립하고, 해당 법인을 통해 공동 사업을 수행하는 방식이다. 이 방식은 높은 수준의 통제력을 확보할 수 있지만, 동시에 유연성은 가장 낮은 제휴형태로 평가된다. 합작투자는 조직 간 복잡한 조율과 거버넌스 구조를 필요로 하며, 협력 실패 시 고비용 리스크를 초래할 수 있다.

그러나 지속성 면에서는 매우 장기적인 관계 설정이 가능하며, 기술개발이나 신시장 개척 등에서 효과적으로 활용된다. 사례로는 **LG와 필립스**가 LCD 디스플레이 사업을 위해 공동으로 설립한 LG필립스LCD가 있다.

제휴방식에 따라 **통제력과 유연성은 상반된 속성**을 보이는 경향이 있다. 통제력과 지속성 기준으로는 라이선싱, OEM/위탁생산, 지분참여, 합작투자 순서의 방향으로 점차 높고 장기 속성을 갖는다. 유연성 기준으로는 역순의 방향성이다. 제휴 방식을 구분하는 기준요소인 통제력, 유연성, 지속성 등에 대한 증가와 감소 방향성은 [그림 7-6]에 표시하였으니 참고 바란다.

전략적 제휴의 유형

기업은 자사의 목표와 환경, 자원 구조에 따라 적절한 **전략적 제휴 유형을 선택**함으로써 경쟁우위를 강화하고 시장 변동성에 대응한다. 전략적 제휴 유형은 가치사슬의 위치, 제휴 목적, 자본참여 여부 등의 기준에 따라 다음과 같이 수직적/수평적 제휴, 공격적/방어적 제휴, 지분형/비지분형 제휴 등으로 나눈다.

- **수직적 제휴(Vertical Alliance):** 수직적 제휴는 가치사슬의 상하 단계에 위치한 기업 간에 체결된 제휴형태이다. 예컨대, 제조업체가 부품 공급업체나 유통업체와 협력하여 생산과 공급의 연계성을 강화하는 제휴가 해당한다. 제휴 체결로 공급망 안정화, 품질 관리, 원가 절감, 납기 신뢰확보 등의 협력 효과가 발생한다. 예를 들어, **삼성전자와 SK하이닉스**가 고성능 D램을 공동 개발한 협약은 반도체 공급망 안정성을 확보하기 위한 수직적 제휴 사례이다.

- **수평적 제휴(Horizontal Alliance):** 수평적 제휴는 동일한 가치사슬 단계에 있는 경쟁자 또는 유사 기업 간에 체결되는 제휴로, 주로 R&D 공동개발, 생산 협력, 시장 분할 등의 목적에서 추진한다. 수평적 제휴는 체휴 참가자가 경쟁 기업 간 협력을 통한 시장점유율 확대, 규모의 경제 달성, 경쟁 강도를 낮추는 목적에서

선택한다. **토요타와 스바루**가 공동으로 스포츠카를 개발한 사례는 개발비용과 리스크를 분담한 수평적 제휴의 대표적인 사례로 평가된다.

- **공격적 제휴(Offensive Alliance):** 공격적 제휴는 신제품 개발, 신시장 진출, 기술 주도권 확보 등 전략적 기회를 달성하기 위해 체결하는 제휴이다. 시장 선점이나 빠른 기술 확산을 통해 성장을 가속화 하려는 기업이 선택한다. **삼성과 하만**의 제휴는 공격적인 전략적 제휴 사례다. 삼성은 커넥티드카 시장 선점을 위해 하만과 협력하여 차량용 인포테인먼트 및 오디오 기술을 내재화하고, 자동차 전장 시장이라는 신시장 진입을 가속화하는 데 고급 음향기기 글로벌기업과의 제휴를 활용했다.

- **방어적 제휴(Defensive Alliance):** 방어적 제휴는 기존 시장에서의 경쟁 심화나 새로운 경쟁자의 등장에 대응하기 위해 이루어지는 제휴이다. 이를 통해 리스크를 분산시키고 시장점유율을 방어하거나, 기술표준을 지키는 등의 목적을 달성한다. 대표적인 예는 항공업계의 **스카이팀** 동맹으로, 이는 경쟁 동맹인 **스타얼라이언스**에 대응하고 항공 네트워크를 확장하기 위한 방어적 제휴의 전형에 해당한다.

- **지분형 제휴(Equity-based Alliance):** 지분형 제휴는 협력 기업 간 자본참여가 수반되는 제휴로, 상호 지분을 보유하거나 공동으로 합작회사를 설립하는 형태이다. 이는 협력 관계의 안정성과 책임 공유를 강화하는 효과가 있다. **소니와 에릭슨**이 휴대폰 사업에 진출하기 위해 공동 출자하여 소니에릭슨을 설립한 사례가 해당한다.

- **비지분형 제휴(Non-equity Alliance):** 비지분형 제휴는 지분투자 없이 계약에 기반하여 공동 연구개발, 생산, 마케팅 등을 수행하는 협력 유형이다. 이 방식은 자본 부담이 적고 실행 속도가 빠르며, 높은 유연성을 보장하는 장점이 있다. **마**

이크로소프트와 인텔 간의 기술 로드맵 공유 협력은 독립적인 법인을 설립하지 않고 양사 간 기술 방향을 조율하기 위해 선택한 비지분형 제휴의 예다.

다각화 전략

기업수준 전략과 다각화

기업수준 전략은 기업이 어떤 사업영역에 진출할 것인지, 즉 사업 포트폴리오를 어떻게 구성할 것인가를 결정하는 전략이다. 이러한 전략을 **사업의 수**를 중심으로 분류하면, 일반적으로 다음 네 가지 형태로 구분할 수 있다. 단일사업(Single Business), 주력사업 중심의 제한적 다각화(Dominant Business), 관련다각화(Related Diversification), 비관련다각화(Unrelated Diversification) 등이다. 각 전략은 기업의 리스크 분산 정도, 자원 활용 효율성, 시너지 가능성, 관리 복잡성 등에 차이가 있으며, 경영성과에서도 차이를 보인다.

첫째, **단일사업 전략**은 기업이 전체 매출의 대부분(일반적으로 95% 이상)을 하나의 산업이나 제품군에서 창출하는 전략이다. 이 전략은 경영자원이 특정 사업에 집중되므로 전략적 집중이 용이하며 관리의 효율성이 높다. 기업의 성장 초기 단계에서 빠른 성과창출이 가능하다. 하지만 외부환경 변화에 취약하며, 특정 산업의 경기변동에 따라 기업 전체가 영향을 받을 수 있는 구조적 한계가 있다. 예컨대, 창업 초기의 **코카콜라**는 탄산음료라는 단일사업 모델로 큰 성공을 거두었다. 그러나 이후에는 이익률을 유지하기 위해 제품 다양화를 통해 리스크를 분산해야 했다.

둘째, **주력사업 중심 전략**은 전체 매출의 70~95%를 주력사업에서 창출하면서, 일부 보완적 사업을 운영하는 형태이다. 여기에 해당하는 기업이 **할리데이비슨**인데, 전체 매출(2025년도) 중 65~71%가 오토바이 판매에서 발생하며, 나머지는 부품 및 액세서리, 의류, 금융서비스가 각각 11%, 4%, 13~18% 정도이다. 이 전략은 단일사업에 기반한 집중 전략의 장점을 유지하면서도, 보조사업을 통해 일정 부분 리스크를 분산시킨다. 예를 들어, **현대자동차**는 자동차 제조를 주력으로 하면서도, 금융이나 모빌

웅진코웨이의 관련다각화

웅진코웨이는 1990년대 중반, 학습지 사업으로 축적한 방문판매 조직역량을 바탕으로 생활가전 렌탈시장으로 성공적인 관련다각화를 추진했다.

웅진은 원래 웅진씽크빅이라는 이름으로, 어린이 대상의 학습지 판매와 방문교사 중심의 교육 서비스를 주력으로 삼던 기업이었다. 이때 확보한 조직적 자산은 바로 전국 단위로 운영되는 방문판매망과 고객신뢰 관계관리 역량이었다. 이 판매인력들은 단순히 제품을 파는 데서 그치지 않고, 정기적으로 고객 가정을 방문하여 상담과 관리 서비스를 병행함으로써, 고객과의 지속적인 관계 기반의 영업 모델을 내재화하고 있었다.

이러한 구조는 이후 웅진이 정수기, 공기청정기, 비데 등 가정용 생활가전 분야로 진출할 때 결정적인 기반이 되었다. 특히 이 제품군들은 단순 일회성 구매보다도 장기적인 관리와 유지보수가 필수적이며, 소비자는 품질과 사후관리에 높은 가치를 부여한다. 웅진은 기존의 방문판매 조직을 그대로 활용하여, 고객 집을 주기적으로 방문해 필터를 교체하고 제품 상태를 점검하는 '코디(CODY)' 서비스 인력 체계를 도입했다. 이는 단순한 제품 판매가 아니라, '정기적 렌탈 서비스 + 유지관리 패키지'라는 새로운 비즈니스 모델을 완성시키는 결정적 장치가 되었다.

이처럼 웅진의 다각화 전략은 단순 제품군 확장이 아닌, 기존 사업에서 확보한 핵심역량인 방문판매 인력 운영 시스템과 고객관리 경험을 새로운 산업영역에 이식한 것이 핵심이다. 이는 자원기반이론에서 말하는 기업 특유의 가치 있는, 희소하며, 모방하기 어려운 자원을 확장하는 전략적 접근에 해당한다. '코디' 서비스와 같은 고객 맞춤형 케어 시스템, 체계화된 디지털 운영 역량은 기업 내부에 체화된 희소하고 이전 불가능한 조직적 자원으로 작용한다.

또한 웅진코웨이는 렌탈 모델의 경제적 구조를 조기에 도입함으로써, 소비자 초기 부담을 낮추고 월 단위의 안정적인 수익 흐름을 확보하는 동시에, 서비스 기반 차별화로 경쟁우위를 확보하였다. 이는 일회성 제품 판매 시장의 한계를 극복하고, 장기고객 생애가치 극대화를 지향하는 전략으로, 이후 국내 렌탈 산업 전반에 영향을 미쳤다. 요즘 유행하는 비즈니스 모델인 구독경제의 대표적 사례라 하겠다.

리티 서비스 등을 통해 리스크 변동에 대비한 전략적 보완을 하고 있다.

셋째, **관련다각화 전략**은 기업이 운영 중인 여러 사업 간에 기술, 고객, 유통, 브랜드 등이 서로 연관되어 있어 전체 사업의 시너지 창출 효과가 발생하는 전략이다. 중장기적으로 가장 안정적이고 높은 성과를 기대할 수 있는 전략으로 평가된다. 이 기업의 다각화 전략은 보유한 핵심역량을 새로운 산업에 확장·적용하여 부가가치를 창출한다. 3M은 접착제, 연마재, 필름 등 산업재를 주력으로 하지만, 동시에 헬스케어 제품(의료용 테이프, 살균 제품), 전자소재(디스플레이 필름 등), 소비재(포스트잇, 스카치테이프 등)에 이르기까지 다양한 연관 산업에 진출해 있다. 이들 각기 다른 산업군은 표면적으로는 분리된 영역처럼 보인다. 그러나 모두 3M의 핵심기술 기반인 정밀 코팅, 접착기술, 소재 공학 역량을 공유하고 있다는 점에서 밀접한 연관성을 갖는다.

넷째, **비관련다각화 전략**은 사업 간 기술, 시장, 유통 등에서 연관성이 거의 없는 전혀 다른 산업에 진출하는 전략이다. 이 전략은 산업별 경기변동에 따른 리스크를 분산시킬 수 있다. 그러나 사업 간 시너지가 없고, 관리 복잡성이 커지며, 핵심역량 활용의 한계가 발생한다. **타타그룹**, **삼성**, LG 등 신흥국의 재벌 그룹은 금융, 건설, 식품, 유통 등 다양한 산업에 비관련다각화를 추진하면서 내부 자본시장을 활용해 자금을 순환시키는 구조로 급성장을 이루었다. 서구 사례는 드물지만, 그중 **버크셔 해서웨이**(Berkshire Hathaway)가 대표적이다. 보험 및 재보험을 기반으로 철도, 유틸리티 및 에너지, 조립식 주택, 건전지, 음식료 등 다양한 분야에 투자하고 있다.

기업성과와 다각화

네 가지 유형의 전략 중, 특히 관련다각화와 비관련다각화 중 어느 방식이 성과가 높은지 의견이 분분했으나, 관련한 연구의 결과는 대체로 기업의 다각화 정도와 기업성과 간에 **역U자형 곡선**이 존재한다고 보고 있다.[104] [그림 7-7]은 단일사업 및 주력사업 전략, 그리고 비관련다각화는 관련다각화보다 성과가 낮음을 보여준다. 이런 결과에 대해서 명확한 인과성은 알 수 없으나 대략 다음과 같은 이유에서 **다각화 전략 간 성과 차이**를 설명할 수 있다.

단일사업 및 주력사업 전략을 취하는 기업은 상대적으로 낮은 리스크와 높은 집중도를 유지할 수 있으나, 시장변화나 성장 기회의 한계에 직면하기 쉽다. 관련다각화 전략은 기존의 핵심역량을 활용하여 신사업으로 확장함으로써 시너지 효과, 범위의 경제, 조직 학습 등을 통해 높은 성과를 이루어 낼 가능성이 크다. 그러나 비관련다각화 전략은 통합의 어려움, 관리 복잡성, 핵심역량의 분산으로 인해 성과가 저하되는 경향이 나타날 수 있다.

다각화 전략의 성과에 대한 또 다른 접근은 기업의 **시장가치와 다각화 전략** 간의 관계를 분석한 개념이다. **다각화 할인**(Diversification Discount)은 다각화된 기업의 시장가치가 사업 단위별 개별 기업가치를 단순 합산한 것보다 낮게 평가되는 현상이다. 이는 통합 실패, 시너지 부재, 조직 비효율성, 자원 오배분 등이 원인으로 작용한다. 대표적으로 GE는 과거 다양한 산업에 진출하며 세계적인 다각화 기업의 표본이었으나, 2000년대 이후 복잡한 사업구조와 낮은 시너지 실현률로 인해 기업가치가 하락하면서 다각화 할인 현상의 대표 사례가 되었다.

반면, **다각화 할증**(Diversification Premium)은 일부 기업들이 다각화를 통해 오히려 기업가치를 높게 평가받는 경우를 의미한다. 이는 다각화를 통해 시장 불완전성 극복, 자원 내부화, 내부 자본시장 활용, 위험분산 등이 효과적으로 작동한 결과로 해석된

그림 7-7 다각화와 성과 간 관계

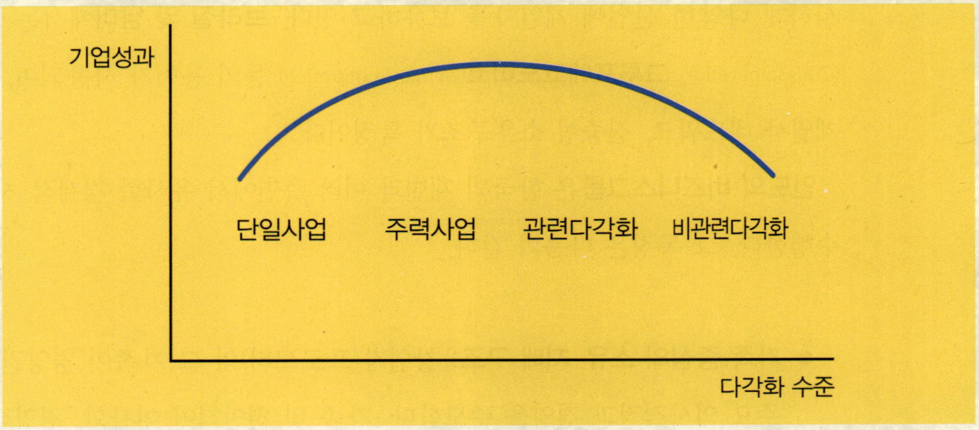

다. 이러한 현상은 특히 개도국 및 신흥국의 대기업집단에서 자주 발견된다. 그 이유는 신흥국 기업들은 외부시장의 미성숙과 제도적 불완전성, 예컨대, 금융시장, 법적 인프라, 노동시장, 기술이전 구조 등이 미비하여 필연적으로 내부화된 경제구조를 지향하게 되었고, 이는 좋은 경영성과로 이어지는 결과를 낳았다. 논리와 과정에 대해서는 다음의 '신흥시장에서 다각화'라는 별도의 제목으로 설명한다.

신흥시장에서 다각화

신흥시장에서 다각화를 설명하기 이전에, 그 배경이 되는 **신흥시장의 공통된 특징**을 살펴본다. 신흥국의 경제 성장기 국면에서 나타나는 현상은 특정 기업집단에 의한 경제력 집중이다. 기업집단 중 하나인 **한국**의 재벌은 가족 중심의 소유·지배, 계열사 간 내부거래, 경제력 집중 등을 특징으로 하며, 학술적으로도 **재벌**(Chaebol)이라는 용어가 쓰인다. **일본**의 **게이레츠**(系列, Keiretsu)는 전후 자이바츠(財閥, Zaibatsu) 해체 이후 등장한 기업 네트워크로, 상호출자와 은행 중심의 연계가 특징이다. 자이바츠는 전쟁 전 일본의 가족 중심 재벌을 의미한다. '빅 6'라고도 알려진 일본 상위의 게이레츠에는 후요, 산와, 스미토모, 미쓰비시, 미쓰이, 다이치강요 그룹이 있다. **인도**에서는 **비즈니스그룹**(Business Group) 또는 **기업그룹**(Corporate Group)이란 용어가 학술적으로 통용되며, 가족 경영과 다양한 산업 진출이라는 공통적 특징을 갖는다. 타타, 릴라이언스(Reliance), 아디티야 비를라(Aditya Birla) 등 대형 그룹이 대표적이며, 한국의 재벌과 유사하게 다양한 산업에 계열사를 보유하고 있다. **브라질 및 남미**에서는 **콩글로메라도**(Conglomerado), **그루포에코노미코**(Grupo Econômico) 등의 용어가 사용되며, 가족 소유와 계열사 네트워크, 집중형 소유구조가 특징이다.

인도의 비즈니스그룹은 한국의 재벌과 여러 측면에서 유사한 경제적·사회적 역할을 수행한다. 그 특징은 다음과 같다.

- **가족 중심의 소유·지배 구조**: 창업자(프로모터)와 그 가족이 경영권을 보유하고, 주요 의사결정과 경영을 주도한다. 가족 및 친인척이 이사회, 경영진 등 핵심 위

치를 차지하며, 그룹 내 계열사 간 인적·자본적 연결이 강하다.

- **다양한 산업에 걸친 계열사 운영:** 한 그룹이 제조, 금융, IT, 통신, 소비재 등 여러 산업에 계열사를 두고 사업을 다각화한다. 이는 한국재벌의 '문어발식' 확장과 유사하며, 위험분산과 시장지배력 강화를 동시에 추구한다.

- **중앙집중적 의사결정과 내부자원 배분:** 그룹 내 계열사들은 법적으로는 독립적이지만, 실제로는 그룹의 중앙 권력(가족 또는 창업자)에 의해 전략적 의사결정이 통합적으로 이루어진다. 자금, 인력, 자산 등이 그룹 내에서 유연하게 이동하며, 계열사 간 지원과 구조조정이 용이하다.

- **경제력 집중과 시장 영향력:** 국가 경제에서 큰 비중을 차지하며, 주요 산업의 성장과 고용창출에 핵심적 역할을 한다. 정부 정책, 금융, 산업 발전 등에서 막강한 영향력을 행사하며, 이는 한국재벌의 경제적 위상과 유사하다.

- **제도적·역사적 배경:** 인도는 영국 식민지 시절부터 관리대리인제도(Managing Agency System)와 같은 그룹 중심의 기업운영이 뿌리내렸고, 독립 이후에도 가족 중심 대기업집단이 성장했다. 금융시장, 법·제도, 기업지배구조 등 환경이 그룹 중심 경영에 유리하게 작용해왔다. 한국재벌은 이 점에서 다른데, 주로 해방 이후 개발독재 과정에서 성장했다. 인도 비즈니스그룹의 매니징 에이전시(Managing Agency)는 창업자나 가족의 별도의 법인으로 개인 자격과 또한 이를 통해 여러 계열사의 경영을 위임받아 통합적으로 관리한다.

- **정부와의 관계 및 산업정책:** 인도 정부는 전략산업 육성, 대규모 투자, 고용창출 등을 위해 대형 그룹에 정책적 지원을 제공해왔다. 최근에는 반도체, 신재생에너지 등 첨단산업에서도 대형 그룹 중심의 산업정책이 추진되고 있다.

신흥국 기업들이 형성한 대규모 기업집단은 단일 산업에 집중하지 않고, 광범위한 비관련 산업에 걸쳐 사업을 다각화해 온 특징을 갖는다. 특히 이들 기업집단은 제조업, 금융업, 서비스업, 유통, 교육, 의료 등 전혀 연관성이 없는 분야까지 사업영역을 확대하였고, 이를 흔히 '문어발 확장'이라 표현하기도 한다. 이러한 현상은 무작위적인 확장이 아니라, 당시의 제도적·경제적 환경 속에서 전략적·구조적 필요성에 의해 형성된 경영방식이다. 위의 인도 비즈니스그룹의 특징을 반영하여, **신흥국 기업집단의 다각화 전략**을 분석한다.

그 출발점을 당시 '**미성숙한 시장환경**에 대한 대응의 필요성'에서 시작한다. 당시, **외부시장의 불완전성과 거래비용**을 회피하기 위한 차원의 전략적 의사결정이 필요했다. 신흥국의 산업화 초기 단계에서 기업 외부시장은 제도적으로 미성숙했고, 법·회계·금융·노동 시장 등 필수적 인프라가 제대로 구축되어 있지 않았다. 이는 거래비용이 높은 시장환경을 의미하며, 기업은 외부시장에서 효율적 거래를 기대하기 어려웠다. 예를 들어, 고품질의 부품을 조달할 안정적인 공급망이 존재하지 않고, 전문 금융기관도 희소했으며, 신뢰할 수 있는 회계 및 법률 서비스 제공자도 부족했다.

이러한 시장실패 상황은 **기업의 내부화**를 강하게 유도했다. 다시 말해, 필요한 기능을 외부에서 조달하는 대신, 기업 내부에 해당 기능을 갖춘 부서를 설립하거나 아예 새로운 회사를 세워 그룹 내에서 수직적 가치사슬을 완성하려 했다. 인도의 대기업 **타타그룹**은 철강, 자동차, 소프트웨어뿐 아니라 은행, 보험, 호텔, 교육기관까지 보유하고 있으며, 이는 기능적 필요와 시장의 부재에 대한 대응에서 비롯된 구조이다.

금융시장에서 기업 성장에 필요한 자금을 조달하는데 제약이 있었다. **금융시장의 미발달**은 기업집단이 직접 금융 기관이나 조직을 설립하는 동기로서 작용한다. 신흥국의 금융시스템은 선진국에 비해 규제 중심이거나, 미성숙으로 인해 자본시장 기능이 취약한 경우가 많았다. 외부 자금을 조달하는 데 어려움이 있었기 때문에, 기업들은 자체 금융회사를 설립하거나 계열 금융기관을 통해 내부 자금을 순환시키는 방식을 활용했다. 예컨대, 한국의 **삼성그룹**은 제조 계열사뿐 아니라 삼성생명, 삼성증권, 삼성카드 등의 금융 계열사를 통해 자금의 내부조달과 운용을 가능하게 했다. 인도의 주요 비즈니스그룹들도 마찬가지로, 외부 자본시장이 불안정하거나 고금리인 경우 내부 금융기관 설립을 통해 직접 금융시스템을 그룹 내부에 구축하였다. 이는 리스크 통제뿐 아니라 성장기 자본투입의 지속성과 유연성을 확보하는 데 효과적이었다.

외부의 **인재시장과 교육 기반 부족**은 사내 양성 체계 구축을 유인했다. 인재 확보 측면에서도, 신흥국은 초기 단계에서 숙련된 기술자나 경영자를 외부시장에서 모집하기 어려웠다. 이에 따라 기업들은 사내 교육기관이나 대학을 직접 설립하여 필요한 인력을 자체적으로 양성했다. 대표적인 사례로 인도의 **비르라그룹**(Birla Group)은 자체 경영대학(BITS Pilani)을 설립하여 우수 인재를 그룹 내에 직접 공급하였다. **삼성그룹**도 삼성인력개발원, **LG그룹**도 LG사이언스파크를 통해 조직 내부에서 전략적 인재를 키우는 전통을 유지하고 있다.

다음은 신흥국의 '**정부 주도의 산업정책**과 이에 대한 기회 포착' 측면에서 신흥국 다각화 전략을 분석한다. 신흥국의 산업화는 대부분 정부의 주도로 전개된 경제성장을 위한 산업육성 정책과 밀접하게 관련된다. 정부는 특정 산업을 전략적으로 육성하면서 **대기업 집단에 우선권**을 주었고, 기업은 이를 이용해 관련·비관련 산업으로 진출하였다. 정부의 정책 방향에 따라 면허·규제·보조금·금융지원 등 다양한 형태의 혜택이 특정 산업에 몰리는 상황이 발생하자, 기업은 정책 유인을 활용해 다각화를 전략적으로 선택하였다. 예를 들어, 일본의 **미쓰비시그룹**은 정부의 중화학공업 중심 성장 정책에 발맞추어 선박, 중공업, 금융, 무역업까지 아우르는 광범위한 비관련 사업을 운영하였으며, 이 모든 기업이 은행을 중심으로 긴밀하게 연결된 게이레츠 구조를 형성했다.

결국, 현재 시각으로 신흥국 기업집단의 문어발식 확장, 즉 비관련다각화로 보이는 선택들은 과잉 확장이 아니라, 외부시장 실패에 대한 대응, 내부자원의 효율적 조달과 운용, 정부정책의 전략적 활용, 그리고 생존 가능성 확보라는 '전략적 판단의 결과물'로 해석할 수 있다. 신흥국 시장의 변동성과 제도 불안정성은 단일 산업 의존의 위험을 증대시킨다. 이에 따라 기업들은 다수의 산업군에 진출함으로써 위기 분산 효과와 회복 탄력성을 강화하려 하였다. 하나의 산업이 위기를 맞더라도, 다른 산업에서의 수익이 이를 보전해 줄 수 있는 다각적 사업 포트폴리오는 신흥국 대기업에게는 생존과 미래 성장을 위한 전략의 일환이었다. 그러나 오늘날에도 과거의 기업집단식

다각화 전략(Conglomerate Diversification)이 생존과 지속적 성장을 보장할 것으로 기대하는 기업집단의 전략결정자는 아마 없으리라 추측한다.

다각화 전략의 결정요인

다각화 전략은 단순히 산업구조나 자원 기반에 따른 선택만이 아니라, 경영자의 성향, 주주 및 이해관계자의 요구, 조직의 내부 역량, 외부환경 요인 등 다양한 요인에 의해 영향을 받는다. 기업의 다각화 결정에 영향을 미치는 주요 요소들을 분류하여 설명하면 다음과 같다.

첫째, **경영자의 심리적 요인**이다. 경영자의 **위신과 야망 추구 동기**가 작용한다. 대기업 총수나 CEO는 자신의 영향력을 넓히고자 사업 확장을 추구하는 경향이 있으며, 이는 다각화로 이어질 수 있다. 경영자의 **제국 구축 욕구**도 동기로 작용한다. 관리자가 자신이 통제하는 자산이나 인적자원을 확대하려는 경향이 다각화를 촉진할 수 있다. 경영자의 성격 중 **위험회피 성향**도 영향을 준다. 특히 위험에 민감한 경영자는 사업 하나에 의존하는 리스크를 분산하기 위해 다각화를 추진하는 경우가 생긴다. **경영자의 보상 구조**도 관련성이 있다. 매출 기준 인센티브와 같은 경영자의 보상이 기업 규모에 연동되는 규정이 있는 경우, 다각화를 통해 매출을 증가시키려는 유인이 작용한다.

둘째, **주주 및 이해관계자 요인**이다. 주주구성 및 통제구조가 **분산된 소유구조**에서는 경영자 자유도가 커져, 경영자 의지대로의 제국 구축형 다각화가 나타날 가능성이 크다. 이때 다각화는 비관련다각화일 가능성이 크다. 반면 **집중된 대주주 체제**에서는 수익성과 효율성 중심의 다각화가 압력으로 작용해 관련다각화가 주로 추진된다. 또한 **기관투자자**는 보통 '핵심역량 중심' 전략을 선호하여 무분별한 비관련다각화에 대해 회의적이다. 장기성과보다 **단기 주가에 민감한 이해관계자**가 많은 경우, 수익 극대화 위주 다각화보다는 리스크 분산형 다각화가 추진될 수 있다. 즉 어느 정도 위험에 대한 통제와 회피가 가능한 관련다각화를 선호한다.

셋째, **자원 및 역량 요인**이다. **핵심역량의 이전 가능성**이 높은 경우, 즉 기업이 보유한 기술, 마케팅, 브랜드 자산, 유통망 등을 다른 산업으로의 이전이 용이할 때 관련

다각화를 추진할 가능성이 크다. 내부 **자본시장의 활용 가능성**도 요인으로 작용한다. 외부 자본조달이 어렵거나 비용이 높은 경우, 내부 자본의 효율적 활용을 위해 사업 포트폴리오를 확장하려는 다각화 유인이 발생한다.[105] 왜냐하면, 기업이 여러 사업 부문을 보유하고 있을 경우, 내부에서 자본을 사업부 간 재배분할 수 있는 내부 자본시장이 형성된다. 내부시장은 '정보비용 감소' 측면에서 외부 금융시장보다 자본배분에 효율성이 높다. 각 사업부의 성과, 성장 가능성, 자본 수요에 대해 내부정보로서 정통하기 때문이다. 또 신용평가, 보증, 이자비용, 수수료 등 외부시장에서 자본조달 시 발생하는 잦은 부수적 비용도 없다. 즉 '낮은 거래비용'도 조건이 된다. **요약**하면, 사업 포트폴리오 확장으로 내부 자본시장 육성되며, 이는 곧 내부 자본조달 시장의 효율성 구조를 확대해, 상대적으로 비효율적인 외부 자본시장 이용의 필요성을 절감시킨다는 논리다. 이는 다각화 추진 압력을 증가한다. 그런데, 이런 경우에는 '비관련다각화'를 시행할 공산이 크다. 왜냐하면, 일단 다각화를 추진하여 내부자본시장을 크게 하는 것이 필요한데, 관련다각화는 대상과 속도면에서 제약이 있으므로 상대적으로 다각화 결정 과정이 용이한 비관련다각화를 우선시한다. 한편, 이러한 복잡한 논리와 경로가 아니라 일단 내부에 축적한 자금이 많을 때 이를 활용하는 방안으로 다각화를 추진한다는 직관적이고 고전적인 견해로도 풀이할 수 있다.[106] 기존 핵심사업이 성숙기에 접어들어 수익성과 재투자 동인이 감소하는 경우, 그동안 기업에 내재된 경영자원(자본, 인력, 기술 등)은 남는 자원을 흡수할 여지를 가진 새로운 사업영역으로의 진출을 유도한다. 외부시장 조달 없이, 내부 잉여분의 슬랙(Slack) 자원을 활용한 성장이 이 상황에선 합리적 선택이 될 수 있다.

넷째, **외부환경 요인**이다. 간략히 말해 산업환경이나 거시경제/제도적 환경이 다각화 요인으로 작용한다. **산업환경 요인**에서는 주력 산업이 성숙기나 쇠퇴기에 있을 경우, 새로운 성장동력을 확보하기 위해 다각화가 추진된다. 이때 산업간 장벽이 낮거나 기술적 연계성이 높은 경우, 자연스러운 '관련다각화'로 이어질 수 있다. 한편, **거시경제/제도적 환경 요인**은 선진국과 후진국에 따라 다각화 추진 가능성이 엇갈린다. 신흥국에서는 금융·노동·기술 시장의 미성숙으로 인해 인도 타타그룹과 같은 기업이 다수 산업을 아우르며 다각화로 내부시장 기능을 대체할 필요가 있다. 반면, 선진국에서는 효율적인 외부시장이 존재하므로 다각화가 오히려 주주가치에 부정적인 영향을 미친다는 압력으로 작용할 경우는 다각화 시도 가능성을 낮춘다.

다섯째, **기업의 전략 방향 및 역사적 경로 요인**이다. 기업의 창업 역사, 성장경로, 기존 사업 간 관계는 향후 다각화 방향에 영향을 미친다. 예를 들어, 과거 인수합병(M&A)을 통해 성장을 이룬 기업은 새로운 기회를 포착할 때도 M&A를 통한 다각화를 선호할 가능성이 높다. **경로 의존성**(Path Dependency)의 작용이다. 경로 의존성은 단일사업 전략이냐 다각화 전략이냐에, 또한 다각화 전략으로 관련다각화이냐 비관련다각화이냐의 선택에도 영향을 준다.

그린필드와 인수

기업이 기업성장 전략으로써 다각화를 시도하거나, 해외시장에 진출하여 자회사를 설립할 때 선택할 수 있는 대표적인 방식은 크게 두 가지로 구분된다. 하나는 현지에 새로운 법인과 생산시설을 직접 설립하는 그린필드(Greenfield) 방식이고, 다른 하나는 기존 현지기업을 인수(Acquisition)하는 방식이다.

그린필드는 기업이 스스로 공장과 사무소 등 물리적 인프라를 새로 구축하고, 인사·운영·마케팅 등 모든 기능을 본사의 표준에 따라 새롭게 정립하는 방식이다. 반면, 인수는 기존기업이나 현지기업의 자산 또는 지분을 매입하여 해당 기업을 통합하거나 활용하는 방식으로, 기존시장 또는 현지시장에 존재하는 자산과 역량을 빠르게 흡수할 수 있는 특징이 있다.

이러한 두 방식의 선택은 전략이론을 적용하여 해석할 수 있다. 자원기반이론(RBV)의 적용한다. RBV는 기업의 경쟁우위가 타사가 모방하기 어려운 자원과 역량으로부터 발생한다고 전제한다. 이 관점에서 보면, **그린필드**는 내부적으로 이미 보유한 핵심역량을 새로운 시장에 확장하는 내부 개발(Internal Development) 방식이다. 기업이 자사의 생산기술, 브랜드, 운영 시스템 등을 현지에 그대로 이식하여 일관된 방식으로 확장하려는 전략에 적합하다. 예를 들어, 글로벌 스마트폰 생산기지로써 **삼성전자의 베트남 현지공장**을 설립하면서 그린필드 방식을 택했다. 이미 축적된 공정기술과

표 7-1 그린필드와 인수 간 비교

		그린필드	인수
전략적 차원	장점	• 기존 경영방식에 맞는 맞춤형 현지시설의 구축 • 내부학습효과 및 내부관리능력을 향상시킴 • 내부자원 활용으로 노사관계 안정에 도움 • 기업 및 제품 이미지에 대한 일관성 유지	• 새로운 전략적 자산을 확보할 수 있음 • 기존시장 및 신규시장에 대한 신속한 접근 • 비관련 사업분야에도 진출을 가능케 함 • 성숙된 시장에서 포화생산량을 흡수 • 현지시장 내 경쟁자 수의 변동없이 진출
	단점	• 새로운 전략적 자산 확보 불가능 • 시장진출 속도 저하 • 성숙된 시장에서 포화생산량을 추가로 늘림 • 현지시장 내 경쟁자수 증가(해당 시장에서 경쟁 심화를 가중)	• 자사뿐 아니라 인수대상 기업에서 조직적 저항이 발생할 수 있음 • 조직의 관료화, 비대화에 따른 관리 효율성 감소 • 기업 및 제품 이미지에 대한 복잡성 · 상충성으로 고객이 혼란스러울 수 있음
비용적 차원	장점	• 진출 이전에 인수 프리미엄을 지불하지 않아 진출비용을 절감 • 진출 이후에 조정비용이 발생하지 않아 정착/운영비용을 절감	• 저평가된 기업을 인수하는 경우 주식가치의 시세차익 혜택을 얻을 수 있음
	단점	• 신축공장 건설경험의 부족 시 기존 전문기업을 인수하는 것보다 더 많은 건설비용이 소요될 수 있음	• 진출 이전 인수대상 기업에 대한 인수 프리미엄 지불로 진출비용이 상승 • 진출 이후 중복자산에 대한 조정비용 발생으로 정착/운영비용 상승

품질관리 시스템, 글로벌 브랜드 역량이 충분했기 때문에, 이를 현지에 맞춤형으로 재구성하여 자사 기준에 맞는 신규공장을 건설하는 것이 가장 합리적이라 판단했다.

반면, **인수**는 기업이 내부적으로 부족한 자원이나 역량을 신속히 확보해야 할 때 선택하는 전략이다. 이는 RBV 관점에서 외부의 전략적 자산을 내부화하는 과정으로 이해할 수 있으며, 특히 기술, 브랜드, 유통망 등 진입장벽이 높은 시장에서 빠른 정착을 가능하게 한다. 대표적인 사례로는 **구글의 유튜브 인수** 사례를 들 수 있다. 구글은 검색엔진과 광고 플랫폼에 강점을 가진 반면, 동영상 콘텐츠 플랫폼에 대한 내부 역량은 부족했다. 이를 보완하고 시장을 선점하기 위해 2006년 유튜브를 약 16억 달러에 인수함으로써, 동영상 검색·광고·콘텐츠 유통 시장에서 압도적인 우위를 확보할 수 있었다. 이는 기업이 내부에서 개발하기 어려운 전략자산을 외부로부터 흡수한 전형적인 인수형 전략이다.

한편, **비용 측면**에서는 일반적으로 인수는 더 많은 초기 자금과 사전·사후 조정비용을 수반한다.[107] **높은 사전비용**의 지급에는 핵심역량을 보유한 피인수 기업의 희소성에 따라 발생하는 인수 프리미엄이 존재하기 때문이다. 또한 **높은 사후비용**에는 협상과 계약 과정의 거래비용, 인수 후 조직 간 불필요한 중복 제거를 위한 조정비용(Adjustment Cost)이 추가된다. 중복된 관리조직이나 물류 인프라를 통합하거나 제거해야 하며, 문화적 마찰이나 인력구조조정 과정에서 조정비용이 커진다. 이와 달리, 그린필드 투자에서는 이러한 비용이 상대적으로 적고, 설계부터 운영까지 자사의 기준에 맞추어 진행할 수 있어 조정비용이 낮다. 물론 인수 프리미엄과 같은 사전비용도 없다. 즉 RBV를 적용하여 해석한 두 방식 간 비용 측면 비교에서, 인수가 그린필드보다 비용이 더 큰 전략적 선택이라 할 수 있다. 그러나 이는 동일조건을 가정하여, RBV의 전략적 활용 분야를 이해하고자 논리적으로 비용 측면에만 초점을 맞춰 비교한 결과이다. 예컨대 과거 한국의 외환위기 상황에서처럼 인수매물이 시장에 풍부할 때는 인수를 통한 진출비용이 그린필드보다 더 작을 수 있다. 양자 간 선택의 기준에는 비용 외에도 다음과 같은 다양한 전략적 목적이 존재한다.

기업성장 전략으로 두 방식을 선택할 때 참고할 수 있는 **그린필드와 인수의 장단점 비교**를 〈표 7-1〉에 요약한다. **그린필드의 장점**은 기존 경영방식에 적합한 현지시설을 직접 설계할 수 있어, 기업 이미지와 경영활동의 일관성을 유지하기에 유리하다. 또한 인력 채용 시 본사에서 직접 파견하거나 현지에서 신규 고용이 이루어지므로 기존 근로자 해고문제가 발생하지 않는다. 실행 과정에서 본사의 내부자원을 현지에 이식함으로써 조직학습 효과와 관리역량 향상 효과도 추가적으로 기대할 수 있다.

가장 큰 **인수의 장점**은 무엇보다 다른 산업 또는 현지시장에 신속하게 진입할 수 있다는 점이다. 특히 비관련 사업 분야라 하더라도 신속한 진입이 가능하고, 이미 성숙한 시장이라면 기존기업의 생산능력을 흡수함으로써 신규진입으로 인한 공급과잉을 방지하는 효과도 있다. 인수가 현지에서 새로운 경쟁자를 추가하지 않음으로써 산업 내 과잉생산 시설이나 시장경쟁 균형을 해치지 않는 점은 자신에게도 불리하지 않은 방식임을 뜻한다. 그러나 이는 동일조건을 가정하여, PBV의 전략적 활용분야를 이해하고자 논리적으로 비용 측면에만 초점을 맞춰 비교한 결과이다. 예컨대 과거 한국의 외환위기상황에서 인수매물이 시장에 풍부할 때는 인수를 통한 진출비용이 그린필드보다 더 작을 수 있다. 양자간 선택의 기준에는 비용외에도 다음과 같은 다양한 전략적 목적이 존재한다.

국제기업의 기업수준 전략

국제기업의 해외시장 진출방식 결정

국내시장을 넘어 해외시장에 진출하여 수익을 증대하려는 기업은 타 기업과 차별화된 기술, 인적자본, 설비 등의 요소를 보유하고, 이를 바탕으로 현지에서 부가가치창출 기회를 모색한다. 이러한 요소를 **기업특유자산**(Firm-specific Assets)이라 하는데, 이는 기업이 국제시장에서 경쟁우위를 형성하게 하는 기반이다. 기업특유자산을 활용한 **해외시장 진출방식**으로는 수출, 라이선싱, 해외직접투자(FDI) 등이 있다.

특허 및 지적재산권, 생산성 향상 기술, 상표와 브랜드, 운영관리 기술 등 국제기업이 소유한 기업특유자산은 그 자체로도 시장에서 높은 가치를 인정받는다. 따라서 이를 직접 거래의 대상으로 삼아 해외 수요자에게 고가에 판매하거나 임대함으로써 수익을 창출할 수 있다. 이런 방식을 **라이선싱 진출방식**이라 한다.

기업이 기업특유자산인 생산기술력과 경영노하우를 직접 제품생산에 투입하여 생산활동을 수행한다면, 생산과정에서 발생하는 추가 마진을 수익으로 확보할 수 있다. 일반적으로 이러한 방식은 라이선싱보다 수익 규모가 더 크지만, 그만큼 추가적인 기업활동과 투자에 따른 위험부담도 수반된다. 이 방식은 상대방에게 기술을 제공하지 않음으로써 라이선싱 도입자를 통해 잠재적인 경쟁자가 생겨나는 것을 미리 방지할 수 있는 장점이 있다. 국내에서 제품을 생산한 뒤 이를 해외시장에 판매하는 이와 같은 방식이 **수출 진출방식**이다.

한편, 생산 활동 자체를 국내가 아닌 해외에서 수행하는 경우, 즉 현지시장에 생산시설을 설립하여 그곳에서 제품을 생산한 후 현지 또는 다른 시장에 판매하여 이익을 얻는 경우가 해외직접투자이다. 이러한 **해외직접투자 진출방식**은 국내 생산요소

그림 7-8 해외시장 진출방식

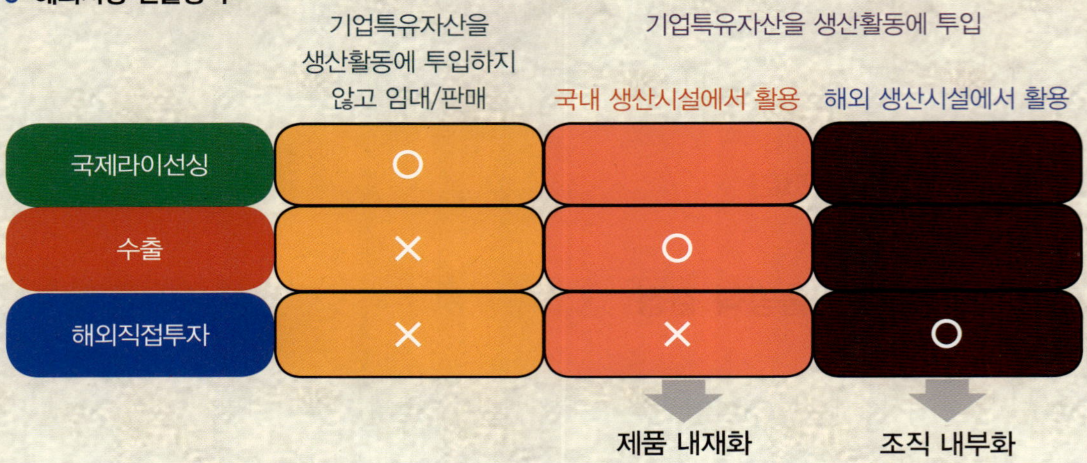

(자본, 노동력, 천연자원 등)보다 비용이 저렴한 해외 생산요소를 활용할 수 있으므로, 수출 방식보다 생산비 절감에 따른 높은 마진을 확보할 수 있다.

- **라이선싱:** 경쟁우위 요소인 기업특유자산, 그 자체를 임대하거나 판매하여 수익을 창출하는 방식이다. 자산의 고유한 가치를 시장에 거래함으로써 직접 수익을 획득하는 방식으로 다른 방식보다 투자위험 감수 정도가 낮은 만큼 마진은 적을 수 있다.

- **수출:** 기업특유자산이 국내 생산활동과 결합하여 제품에 체화된 뒤, 그 제품을 해외에 판매함으로써 수익이 발생한다. 라이선싱과 같이 수출제품을 '시장을 통해 거래'하는 방식이다. 라이선싱에 비해 기업특유자산을 생산과정 투입함으로써 발생하는 부가가치까지 획득하여 일반적으로 라이선싱보다는 높은 마진을 보장한다.

- **해외직접투자:** 수출이 국내생산 방식이라면, FDI는 국제생산 방식이다. 이때 기업특유자산은 현지에 설립한 법인에 내재화된다. 이처럼 해외에서 조직 내부화

그림 7-9 소유경쟁우위에 따른 국제화 방식 선택

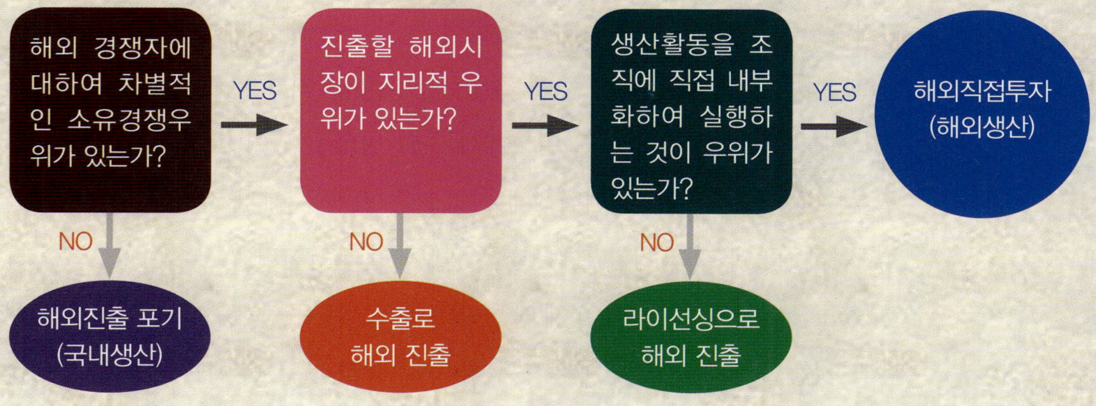

과정이 이루어진 데서 수출과 차이가 있다. 즉, 수출은 기업특유자산이 제품에 내재하여 국경을 넘는 제품의 국제시장거래이며, FDI는 기업특유자산이 국경을 넘어 조직에 내재(내부화)하는 조직설립에 의한 마진의 창출이다. 세 가지 해외시장진출 방식 중 가장 마진이 높은 방식이다.

[그림 7-9]는 기업의 국제화 과정에서 국내생산부터 해외생산까지 이르는 의사결정 체계를 설명한다. FDI 이론에서는 기업특유우위를 소유경쟁우위(Ownership Competitive Advantage)로 표현한다.[108] 국내생산 기업이 해외시장에 진출하기 위한 선행조건으로써 현지시장에 있는 해외경쟁자를 능가하는 **소유경쟁우위**를 보유하고 있어야 한다. 이 조건이 충족되면 진출할 시장의 지리적 우위가 국내시장보다 커야 하며, 그렇지 않다면 국내의 지리적 우위를 이용하는 **수출 방식**을 채택한다. 기업이 소유한 경쟁우위와 현지의 지리적 우위, 이 두 가지 조건이 국제생산 조건이다. 현지에서 생산시설을 직접 구축하는, 즉 조직 내로 경쟁우위를 내부화하는 **해외직접투자 방식**이 가장 높은 마진을 창출하는 국제화 방식이다. 소유경쟁우위를 국내에서든 해외에서든 조직에 내재화할 때, 부수되는 제반 비용이 크다면 내부화하는 대신 사용료(로열티)를 받고 판매·임대하는 것이 유리한데, 이런 경우가 **국제라이선싱 방식**이다.

국제기업의 본사 전략과 자회사 전략

기업수준 전략은 '어떤 사업에 진출할 것인가'에 대해 사업 포트폴리오의 구성, 자원 배분, 시너지 창출 방식 등을 결정하는 기업의 최고 차원의 전략이다. 다국적기업(Multinational Corporation: MNC)은 단일국가나 산업을 넘어 다양한 국가와 시장에 걸쳐 조직을 운영한다. 다국적기업에게 기업수준 전략은 해외 자회사설립에 대한 의사결정, 현지시장에 대한 기업 본사 차원의 전략이 해당한다.

MNC의 본사는 자사의 국제사업 포트폴리오를 구성·통합하며, 각국 자회사의 역할과 기능을 조율하는 의사결정 주체이다. 따라서 MNC에게 기업수준 전략은 **본사 수준 전략**(Headquarter Level Strategy) 차원에서의 글로벌 경쟁우위 확보, 국가 간 시너지 창출, 해외 자원의 배분, 통제 조직구조 설계 등과 같은 세계적 조정과 최적화의 전략을 포함한다.

반면, **자회사수준 전략**(Subsidiary Level Strategy)은 해당 자회사가 처한 지역적 맥락 속에서 어떻게 경쟁하고, 어떤 전략적 입지를 점할 것인가에 초점을 둔다. 자회사는 현지 경쟁자 환경에서, 또 다국적기업 내 다른 자회사 간 관계에서 자신을 포지셔닝할 것이냐는 전략적 질문에 직면한다. 자회사는 본사의 전사적 방향에 부합하면서도, 동시에 현지시장의 특수한 문화, 제도, 경쟁 환경을 고려하여 제품, 브랜드, 가격, 운영 등 다양한 측면에서 독자적 또는 적응적 전략을 전개해야 한다.

이러한 본사와 자회사 간 전략적 역할은 제3장에서 제시한 국제전략 유형, 즉 국제화전략, 다국가전략, 글로벌전략, 초국적전략과 맞물려 있다.[109] 본사는 기업수준 전략으로 전사적 일관성과 시너지 창출을 중시하고, 자회사는 자회사수준 전략으로 현지 적응성 및 시장 중심의 대응력을 추구한다.

본사는 MNC의 기업수준 전략을 담당하는 핵심축으로, MNC 전체의 전략적 조정자이자 통합자로서, 글로벌 효율성과 전략적 통합을 중심에 둔 다음과 같은 **본사의 기능**을 수행한다.

- **전사적 방향설정:** 기업이 진출할 국가와 산업을 결정하며, 사업 포트폴리오의 균

형과 시너지 창출 전략을 수립한다. 이는 어떤 시장에 어떤 방식으로 진입하고 철수할지를 포함한다.

- **자원 배분 및 통제:** 자금, 기술, 인력 등 본사 자원을 각 자회사에 전략적으로 배분하며, 전체 조직의 성과를 통제하고 조정한다.

- **글로벌 가치사슬 관리:** 생산, R&D, 마케팅 등 각 기능을 어떤 지역에 어떻게 배치할지를 설계하며, 글로벌 최적화를 도모한다.

- **조직문화 및 정체성 관리:** 전 세계 자회사에 일관된 기업문화와 비전을 전파하며, 전략적 일관성과 내부 결속을 유지한다.

자회사는 본사의 국제전략 아래에서 각각의 국가 또는 지역에서 사업 단위로서의 역할을 수행하며, 동시에 현지시장의 특성에 맞춘 전략적 대응을 요구받는다. 이에 따른 다음의 두 유형의 자회사가 있다. 추종형 자회사와 복제형 자회사이다.

먼저 **추종형 자회사**이다. 이 유형의 자회사는 본사의 전략을 충실히 실행(implement)하고 지원(support)하는 것이 주요 기능이다. 추종형 자회사의 특징을 세 가지로 간추려본다. 첫째, 본사 지시에 따른 실행 중심의 업무를 추진한다. 독자적 전략수립보다는 본사가 정한 글로벌전략, 제품 포트폴리오, 운영방침을 따른다. 둘째, 주로 가치사슬의 하류활동으로 기능이 제한된다. 연구개발, 기획, 재무 등의 기능보다는 제조·판매·서비스 지원 등으로 한정된다. 셋째, 현지 적응보다는 표준화된 운영방식을 중시한 업무활동을 수행한다. 요약하면, 추종형 자회사는 주로 해외 생산기지, 단순 유통법인, 판매 거점 등의 기능을 하며, 전략적 자율성이 낮고 표준화 체계에서의 기능을 수행한다. 하지만 규모의 경제 확보와 본사 통제력 강화라는 측면에서 기업 전체에 대한 공헌과 기여도가 높다.

다음은 **자율형 자회사**이다. 이 유형의 자회사는 상대적으로 높은 자율성을 가지며, 본사의 규범과 틀 안에서 독립적인 전략수립과 독자적 실행이 가능하다. 이 자율적 자회사는 다시 두 가지 하위 유형으로 나뉜다. 그중 하나는 **미니 본사복제형 자회사**(Mini-Replica)이다. 본사와 같은 범위의 기능을 가진 일종의 '미니 본사(Mini-Headquarter)'이다. 본사의 전략을 전제로 현지시장에 맞게 대부분 복제하여 수행하는 자율형 자회사다. 자체 생산, R&D, 마케팅 능력을 갖추고 있다. 현지시장 대응력이 본질적 임무 수행 미션이며, 현지 시장수요 적응에 주력한다. 즉 현지시장 반응에 강점을 가진 다국가조직(multi-domestic organization) 성격을 가진 것으로 이해하면 된다. 또 다른 자율형 자회사의 유형은 **글로벌제품 권한 자회사**(Global Product Mandate Subsidiary)이다. 특정 제품, 기술, 기능에 대해 글로벌 차원의 책임을 부여받고 미션을 수행한다. 단순한 지역 단위 운영을 넘어 다른 국가의 자회사에도 영향을 미치는 역할을 수행한다. 예를 들면, **캐나다** IBM이 '중형 컴퓨터'에 대한 글로벌 개발 권한을 갖는 경우이다.

다음은 일반적인 **자회사의 기능**을 요약해 열거한다. 앞에서 제시한 본사의 기능에 대비하여 자회사의 기능에 대한 개념을 정리한다.

- **시장접근 및 판매 거점:** 제품과 서비스를 현지 소비자에게 유통·판매하고, 마케팅 및 고객 대응을 통해 현지 수요에 최적화된 전략을 수행하는 기능이다. 예를 들어, **P&G 한국 자회사**는 미국 본사의 전략을 기반으로 국내시장에 적합한 제품 마케팅과 판매를 전담한다.

- **제조 및 생산기지:** 특히 인건비 절감이나 전략적 물류 거점 확보를 위해 생산기능을 위임받은 자회사들은 글로벌 공급망에서 핵심적 위치를 차지한다. **삼성전자 베트남 자회사**는 스마트폰의 글로벌 생산량 중 상당 부분을 담당하고 있는 대표적 사례다.

- **적응형 운영·제조:** 자회사는 현지의 소비자 특성과 제도, 문화에 맞춰 제품 및 운영방식을 조정하는 적응형 운영기능을 수행한다. 예컨대, 맥도날드 인도 자회사는 인도 소비자의 식습관과 종교적 특성을 고려해 채식 중심의 메뉴를 개발하

고 운영함으로써 현지화를 성공적으로 실현했다.

- **기술 및 제품개발 센터:** 기술 및 제품개발 기능(R&D Center)을 수행하며, 현지의 과학기술 인프라와 인재를 바탕으로 독자적인 연구개발을 추진한다. 예를 들어, **BMW 중국 자회사**는 중국 내 R&D센터를 통해 중국시장에 특화된 전기차 모델을 개발하고 있으며, 이는 글로벌 제품전략과도 연계된다.

- **학습과 능력 축적:** 자회사는 현지에서 축적된 경험과 운영 노하우를 전사적으로 공유하는 조직학습의 허브(Hub of Learning) 역할을 수행한다. **유니레버 브라질 자회사**는 저소득층 시장을 공략한 전략적 경험을 다른 신흥국 자회사들과 공유하며, 내부적 지식 이전을 촉진한 바 있다.

- **전략적 자산 확보 거점:** 전략적 자산 확보 거점(Strategic Asset Seeking Unit)으로서도 기능한다. 본사가 보유하지 못한 기술, 인재, 브랜드와 같은 자산을 흡수하거나 공동으로 개발하기 위해 현지기업과 협업하거나 제휴·인수를 추진한다. **토요타 미국 자회사**는 전기차 기술 기업과 협업하여 전략적 기술자산을 확보한 대표적인 사례다.

- **글로벌 제품 권한:** 본사로부터 특정 제품 또는 기술에 대한 글로벌 권한을 위임받는 글로벌제품 권한 자회사이다. 이러한 자회사는 단순한 지역거점을 넘어, 다른 국가의 자회사에도 영향을 미치는 핵심 거점으로 기능한다. **IBM 캐나다 자회사**의 중형 컴퓨터 글로벌 개발 권한이 해당한다.

- **본사의 전략 실행 및 지원:** 많은 자회사는 본사의 전략 실행 및 운영지원(Support & Implementation Unit)이라는 기본기능을 수행한다. 이러한 자회사는 본사의 전략적 지침에 따라 표준화된 제품, 마케팅, 운영방식을 적용하며, 자율성보다는 일관성과 통제가 강조되는 특성을 가진다.

그림 7-10 지역본부와 자회사 유형

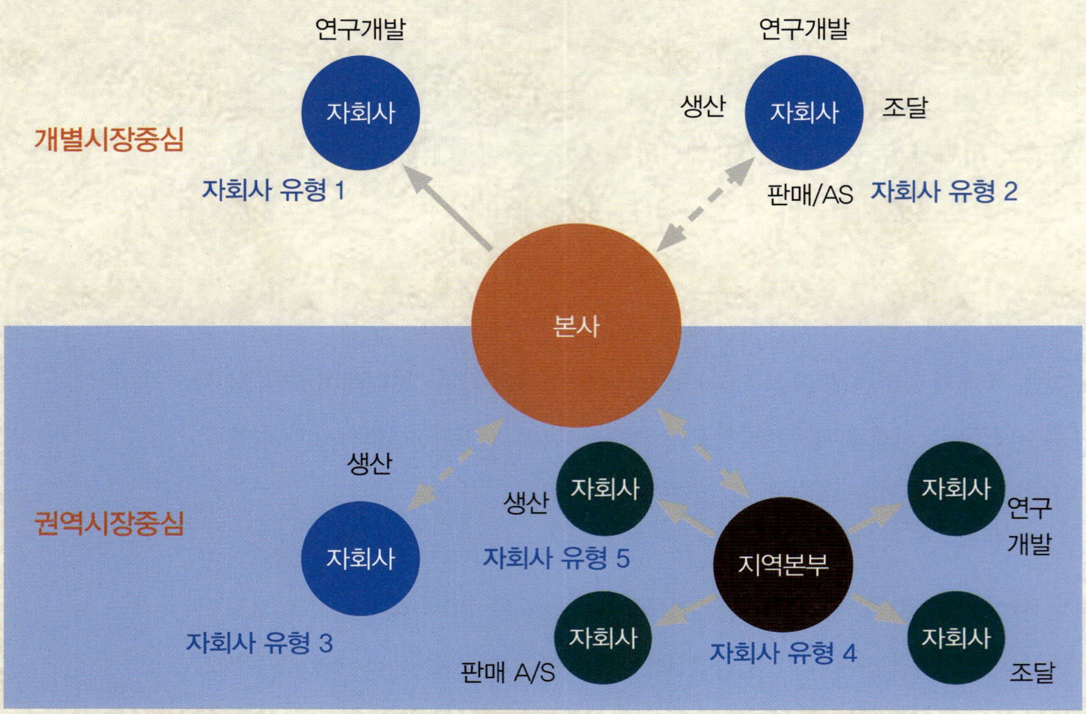

지역본부의 정의와 자회사 유형

국제조직과 관련한 용어로 **지역본부**(Regional Headquarter: RHQ)가 있다. 경영현장에서는 자주 접하는 용어이지만, 이를 위에서 설명한 자회사 역할과 기능을 구분 짓는 개념을 준용하여 학술적인 개념과 정의로 RHQ를 파악해보자.

[그림 7-10]에서 (**유형 1**)은 추종형 자회사에 해당한다. 많은 자회사가 본사의 전략 실행 및 운영지원이라는 기본기능을 수행한다. 이러한 자회사는 본사의 전략적 지침에 따라 표준화된 제품, 마케팅, 운영방식을 적용하며, 자율성보다는 일관성과 통제가 강조되는 특성을 가진다. (**유형 2**)는 자율형 자회사에 해당한다. 자율형 자회사는 미니 복제형 자회사와 글로벌제품 권한 자회사가 포함된다. 그런데 우리가 관심을 가

지는 RHQ는 자회사의 활동 범위가 일반 자회사보다는 광역인 권역 또는 지역이라는 데 특별한 의미가 부여된다. 범위를 권역으로 확대할 때, 자율형 자회사는 각각 〔유형 3〕의 권역형 글로벌제품 권한 자회사와 〔유형 4〕의 RHQ(권역형 미니 복제형 자회사)가 된다. **〔유형 3〕**은 본사로부터 특정 제품 또는 기술에 대한 광역 권한을 위임받은 광역에서의 글로벌제품 권한 자회사이다. 이러한 자회사는 조직 규모나 기능의 비중 측면에서 거대 거점으로서 역할을 한다. 우리의 관심인 RHQ는 바로 **〔유형 4〕**인데, **RHQ의 정의**를 '권역에서 본사를 대신하여 권역시장 전략을 수립하고, 권역 내 하위 자회사의 권역 반응도를 높이는 현지화 업무수행을 직간접적으로 지원하고 총괄하는 거점 자회사'로 한다. 광역시장에 맞게 본사 전략을 복제하여 대행하는 광역 자율형 자회사다. 자체 생산, R&D, 마케팅 능력을 갖추고 있다. **〔유형 5〕**는 RHQ의 하부에 설치된 자회사이다.

가치사슬 배치로 유형을 설명해 보다. 〔유형 1〕, 〔유형 3〕, 〔유형 5〕는 특정 가치사슬, 즉 1개 가치사슬에 특화하여 기업활동을 수행한다. 반면 〔유형 2〕는 상류부터 하류까지 모든 가치사슬을 배치되어 수행한다, 〔유형 4〕인 RHQ는 특정 가치사슬을 수행하지 않고 그 대신에 하부 자회사를 총괄·관리한다.

각 조직 간 **통제·조정 정도**를 유형별로 대입하면, 본사와 〔유형 1〕 간, 그리고 RHQ와 〔유형 5〕 간 밀착적 관계의 강한 통제·조정 정도가 유지되고, 이와 반대로 본사와 〔유형 2〕, 〔유형 3〕, 〔유형 4〕 간에는 느슨하고 약한 통제·조정 정도가 적용된다.

PART 3
전략의 실행

전략-조직 정렬 모델 조직유형 국제조직 조직문화

적응 문화 전략적 통제 통제시스템 유형 기능수준 통제

사업수준 통제 기업수준 통제 성과평가 시스템 균형성과표

08

조직설계와 통제 · 평가

조직구조는 전략과 밀접한 관계가 있다. 전략이 계획서라면 조직은 계획을 실현하는 행동 주체이며, 전략을 반영하여 구조가 설계된다. 그런데 잘 설계된 조직만으로는 목표한 전략의 성과를 충분히 실현할 수 없다. 설계된 조직의 기능에 인력이 배치되고, 조직에 동기가 부여돼야 비로소 성과가 온전히 나온다. 이 점에서 조직문화는 조직설계에 또 다른 고려요소이다. 이 밖에도 전략이 조직에 의해 수행되는 과정에서 조직운영의 효율성과 전략적 목표달성의 효과성이 유지되는지도 살펴보아야 한다. 이런 요소도 넓은 의미의 조직설계에 포함된다. 통제시스템에 의해서 전략목표에 대한 피드백과 모니터링이 병행될 때 완전한 전략을 구현하는 조직 구조가 된다. 본서는 **전략-조직 정렬 모델**을 기반으로 한, 조직구조, 조직문화, 전략적 통제시스템, 기업의 성과평가 시스템 등 각 조직구조 요소의 일관적 연계를 강조한다.

조직구조 유형은 기업의 성장 방향과 무관치 않다. 전략경영의 정의와 체계를 설명한 본서의 1장에서 기업의 성장 방향은 가치사슬(기능)의 수직적 통합, 제품라인 확장의 다각화, 그리고 해외시장 진출의 지리적 확장이라 하였다. 이들을 조직구조의 설계기준으로 표현하면, 기능, 제품(사업부), 지역이다. 일반 경영학 교과서에서 구분하는 대표적인 조직유형이 기능조직, 제품조직, 지역조직, 매트릭스조직인 것을 보면 기업의 성장 방향과 관련됨을 알 수 있다. 매트릭스는 의미대로 이들 기준을 몇 가지 격자로 조합한 조직 기준이다. 어찌 보면 기업성장의 방향 내지, 기업성장 전략과 조직이 연계되는 것은 당연하다. 조직구조는 전략을 반영하는데, 기능조직에서 조직규모가 커지고 경영활동 영역이 넓어지면서, 제품별 또는 지역별 조직으로 성장하고, 넓고 복잡한 환경에서 대응하기 위한 매트릭스조직이 탄생하게 된다.

이미 **국제조직 분야**에서는 1970년대부터 국제부조직, 국제제품조직, 국제지역조직, 글로벌매트릭스조직의 단계별 진화가 필연적이라는 가설이 등장했다.[110] 1980년대 말부터는 이러한 접근 외에도 본사의 자회사 통제 관점에서 글로벌조직구조, 다국가조직구조, 초국적조직구조 등으로 구분하는 연구가 시작됐다.[111]

조직문화는 '전략-조직 정렬 모델'에서 조직구조, 통제시스템, 기업성과 평가시스템과 함께 중요한 위치를 차지한다. 조직문화는 조직설계 구성요소로서 의미를 가질 뿐 아니라, 기업의 전략적 요소로 지속가능한 경쟁우위의 원천으로, 또한 기업의 변화관리에서 중심 역할로 기업전략을 성공시키는 데 공헌한다. 외부환경 변화, 고객 니즈, 기술혁신 등에 유연하고 능동적으로 대응하는 조직문화로써 '적응 문화'는 현대의 급변하는 불확실성의 환경에서 전략적 가치가 크다. 조직문화는 모든 조직원의 공통된 가치관이지만, 역시 그 중심에는 경영자가 있다. 조직문화 설명의 말미에 전략적 리더십의 주체로서 경영자가 문화 영향력에 대한 매개체 역할을 다섯 가지로 정리하여 제시한다.

통제에 대하여는 전략적 통제의 개념과 통제시스템의 유형 등 두 부분으로 나눠 기술한다. 전략적 통제는 전략의 유효성과 방향성을 유지할 수 있는 장치다. 전략의 수립과 실행의 전과정에서 전략적 통제가 이루어져야 한다. 전략적 통제의 적용 단계를 나눠, 각 단계에 담겨야 할 통제방식을 제시한다. 본서는 통제시스템의 네 가지 유형을 전략경영의 세 가지 전략 수준에서 각각 적용대상과 함께 시사점을 정리하였는데, 이는 처음 시도하는 차별적 공헌이라 생각한다.

성과평가 시스템은 최근 추세를 반영하여 **균형성과표**(BSC)를 중심으로 내용을 구성한다. 회계 및 재무지표가 기업의 과거 성과를 나타내며, 전략의 구체적 방향성과 달성하고자 하는 목표를 반영하지 못한다는 데서 출발한 BSC에 대해 세부 내용과 시사점을 정리하고, 아울러 BSC의 한계와 비판에 대해서도 의견을 담는다.

조직설계 모형과 핵심 요소

조직설계에 관한 고전적인 경구가 있다. 챈들러(Chandler)의 "조직은 전략을 따른다." 라는 문장이다. 이 뜻은 조직이 전략을 추종한다는 해석보다, 전략변화에 따라 조직구조가 달라진다는 의미가 더 적합하다. 챈들러는 듀폰, GM, 스탠다드 오일, 시어스로벅(백화점) 등 기업 사례를 분석하여 전략의 변환이 구조 변화를 유도했음으로 결론짓고 그의 명제를 확인했다. 그의 주장을 풀어서 쓰면, '전략은 조직이라는 하드웨어를 설계하는 청사진이며, 조직은 그 전략을 효과적으로 구현하기 위해 설계되어야 한다'는 의미다.

현대 조직이 직면한 경쟁 환경은 고정된 틀로는 대응할 수 없을 만큼 복잡하고 역동적이다. 이런 가운데 현대 조직이론의 함의는 **전략-조직 정렬 모델**(Strategic Alignment Framework)로 정립됐다. 이 모델은 전략을 중심축으로 삼고, 이를 효과적으로 실행하기 위한 조직운영 메커니즘들을 조직설계에 반영해야 한다는 접근이다. 이 모델은 특정 조직이론 학자의 주장이 아니라, 챈들러를 비롯해 사이먼(Simons), 카플란·노턴(Kaplan·Norton), 갤브레이스(Galbraith) 등의 공통된 주장을 명칭으로 부여한 모델이다.[112] 본 장의 프레임워크인 [그림 8-1]은 조직구조 외에도 통제시스템, 조직문화, 성과평가 시스템 등이 구조화되어 있다. 이 그림은 단순히 챈들러의 '전략에 맞는 구조'만이 아니라, 전략과 조직 간 적합 외에도 통제시스템, 조직문화, 성과평가 등의 '유기적 정렬의 통합 설계'를 조직설계의 핵심 가치로 표현한다. 즉, [그림 8-1]은 전략-조직 정렬 모델의 개념에 일치한다.

그럼, [그림 8-1]에서 조직설계의 구성요소인 조직구조, 통제시스템, 조직문화, 성과평가 시스템 등 **각 핵심 요소의 정렬**에 대해, 위에 언급한 조직이론 학자들의 견해를 그들의 저서·논문을 바탕으로 설명한다.

그림 8-1 전략-조직 정렬 모델

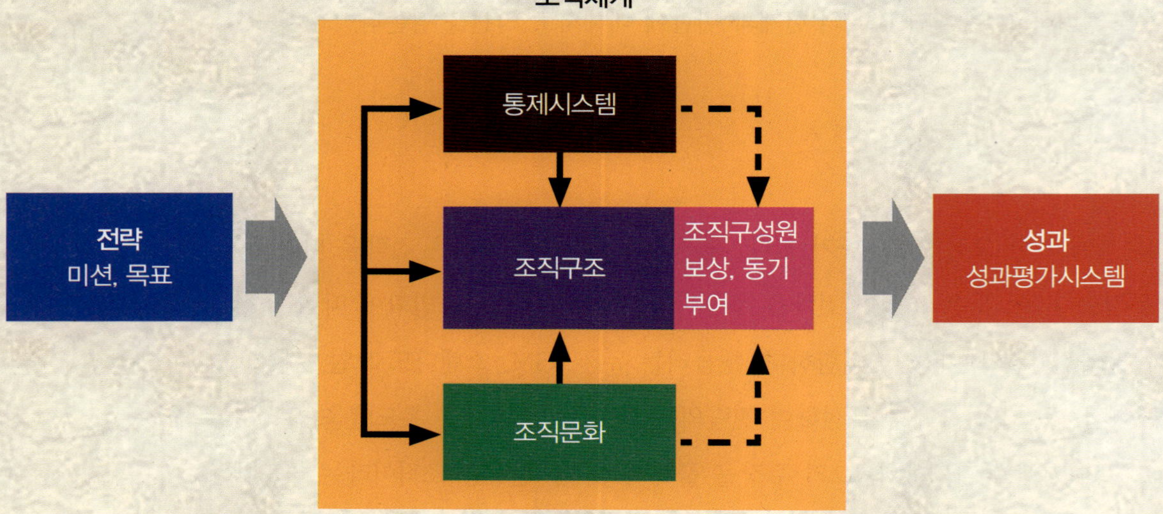

먼저 **조직구조 정렬**과 관련한 해석이다. **챈들러**는 전략을 '목표 설정과 자원의 배분'으로, 구조를 '조직 내 역할·책임·권한의 배치 방식'으로 정의하였다.[113] 전략은 외부 환경(시장, 경쟁자, 기술)에 대한 대응 방식이며, 구조는 그 전략을 조직 내부에서 실행하는 메커니즘이다. 예컨대, 제품군을 확장하는 전략을 설정하면 각 제품을 책임지는 사업부가 필요해지고, 시장을 넓히는 전략은 지역별로 조직에 책임과 자율성을 부여해야 하며, 연구개발 집중 투자 전략을 채택하면, 기술 중심의 기능구조가 필요해진다. 이러한 논리는 오늘날의 글로벌기업, 플랫폼 기업에도 동일하게 적용된다. 챈들러의 저서에서 흔히 인용되는 핵심 문구는 '다각화나 시장 확장을 추진하는 기업은 기능별 구조에서 사업부제 구조로 전환해야 한다'는 것이다. 이는 전략에 맞는 조직구조 정렬이 필요하다는 조직설계 지침에 대한 전형적인 표현이다. **갤브레이스**는, 조직구조는 조직설계의 하나의 요소일 뿐이며, 전략 실행을 위해서는 구조뿐만 아니라 보상, 인재, 프로세스 등의 하위 시스템까지 함께 정렬되어야 한다고 보았다. 이러한 관점을 통합적으로 제시한 것이 바로 **스타 모델**(Star Model)이다. 스타 모델은 전략(Strategy), 구조(Structure), 프로세스(Process), 보상체계(Rewards), 인재와 역량(People) 등 다섯 요소로 구성된다. 각각은 별의 다섯 개 꼭짓점을 의미하며, 전략을 중심으로 나머지 네 가지 요소가 모두 균형 있게 배열돼 상호작용하는 형태임을 강조하여 '스타'라고 이름 지었다. 별(★)은 각 요소가 개별적으로 존재하지만, 전체를 형성해야만 조직이 제대로 작동한다는 점을 상징한다고 한다. 이 모델은 구조가 전략을 담는 수단임과 동시에, 프로세스와 인사, 보상시스템과 조화를 이루어야만 효과적인 실행이 가능하다고 하여, 전략–구조 간 정렬을 지지한다. [그림 8–1]에서 조직구조와 '조직 구성원의 보상·동기 부여'가 밀착하여 포함돼 있다. 이는 스타 모델로 해석과 맥락을 같이 한다.

다음은 **통제시스템 정렬**과 관련한 해석이다. **통제시스템**은 전략 실행을 위해 구성원의 활동을 조율하고, 방향성을 유지하도록 돕는 메커니즘이다. **사이먼**은 통제시스템을 단순한 감시나 규제의 도구로 보지 않고, 전략 실행을 가능하게 하는 '조율 장치(Coordinating Device)'로 간주하였다. 그는 조직의 통제는 단순한 감시나 규제가 아니라 전략을 전 조직에 스며들게 하는 다음의 **네 가지 통제 지렛대**(Levers of Control)를 통해 이루어진다고 보았다.[114] 즉, 신념 체계(Belief Systems)를 통해 조직의 핵심 가치를 공유하고, 경계 시스템(Boundary Systems)으로 행동의 최소한을 제한하며, 진단적 통제(Diagnostic Control)로 성과를 측정하고, 상호작용적 통제(Interactive Control)로 전략적 학습과 피드백을 가능케 해야 한다고 주장한다. 이러한 통제시스템은 조직구조와 연계되어 작동하며, 전략 유형(혁신, 효율성 등)에 따라 강조하는 통제방식이 달라져야 함을 주장했다. 이는 조직설계 과정에서 통제시스템의 정렬을 지지하는 견해이다. 사이먼의 통제 지렛대를 부연 설명하면, 사이먼은 네 가지 통제시스템이 모두 필요하지만, '조직의 전략유형'에 따라 그 강조점은 달라져야 한다고 주장한다. 예컨대 효율성 중심의 전략은 진단적 통제와 경계 시스템이 강화되는 반면, 혁신 중심의 전략은 신념체계와 상호작용적 통제가 중요하다고 하며, 또한 지나치게 통제가 강하면 구성원의 자율성과 창의성이 위축될 수 있고, 반대로 통제가 부족하면 전략적 이탈이나 위험이 증가할 수 있으므로, 통제시스템 간의 균형적 설계가 조직성과를 내는 핵심이라 한다.

조직문화 정렬에 대한 설명이다. **조직문화**는 구성원이 공유하는 가치, 신념, 행동규범으로, 공식적인 구조나 통제가 미치지 못하는 영역에서 전략 실행을 가능하게 하는 자율적 메커니즘이다. 조직문화는 **갤브레이스**의 스타 모델에서 조직의 '인재 관리 및 가치체계'와 깊은 관련이 있다. 또 **사이먼**의 통제 지렛대에서는 '신념 체계'를 통해 전략적 가치가 구성원에게 내면화되도록 설계되어야 한다고 한다. 즉, 신념 체계는 조직이 추구하는 핵심 가치, 사명, 비전 등 구성원이 공감할 수 있는 전략적 방향성을 명문화하고 공유하는 체계로, 직원들이 스스로 전략적 의사결정을 할 수 있도록 동기를 부여한다고 한다. 요약하면, 조직문화는 전략을 자발적으로 수용하고 실행할 수 있는 기반으로 작동한다는 점에서 구조나 통제 못지않게 전략-조직 정렬에서 중요한 축을 담당한다.

마지막으로 **성과평가 시스템 정렬**의 설명이다. **평가시스템**은 전략을 구체적인 실행 단위로 분해하고, 성과를 추적하며, 보상과 피드백을 제공하는 메커니즘이다. 이를 **카플란·노턴**은 전략이 실제 조직 내 활동으로 전환될 수 있도록 관리하는 핵심 수단으로 간주하고, 성과평가의 실행 문제를 해결하기 위해 **균형성과표(BSC)**를 제안하였다.[115] BSC는 재무 관점, 고객 관점, 내부프로세스 관점, 학습·성장 관점이라는 네 관점에서 전략을 인과적 흐름으로 분해하고, 그에 따른 성과지표를 설계하여 구성원의 활동을 전략 방향성과 일치시키는 데 도움을 주는 도구이다. 또한 BSC는 단순한 평가도구를 넘어 전략 실행의 언어이자 프레임워크의 기능을 한다고 하며, 조직구조나 통제시스템, 문화와도 유기적으로 연계되어야 한다고 주장한다. 성과평가 시스템의 전략과의 정렬을 강조한 해석이다.

지금까지 설명의 결론을 대신하여, 본 장의 프레임워크인 [그림 8-1]을 전략-구조 정렬 모델을 지지하는 학자들의 논리를 **종합하여 적용**해 보자. 전략은 조직구조를 선행하여 결정되며(**챈들러**), 그 구조는 보상, 인재, 프로세스 등 다른 조직요소들과 통합적으로 정렬되어야 한다(**갤브레이스**). 이때 구성원의 전략적 행동을 유도하기 위해서는 통제시스템이 신념, 경계, 성과 진단, 상호작용 등 다양한 방식으로 설계되어야 하며(**사이먼**), 이러한 통제는 자율적 문화와 상호 보완 관계를 형성한다(**사이먼, 갤브레이스**). 정렬 모델의 마지만 단계인 전략의 실행을 측정하고 피드백하며 전 구성원과 연계하는 성과평가 체계는 단순한 지표가 아닌 전략을 실현하는 통합 시스템으로 기능해야 하며, BSC를 통해 구현할 수 있다(**카플란·노턴**).

조직구조

기업성장 전략과 조직유형, 국제조직

기업의 조직구조는 해당 기업 내 상하관계를 보여주는 청사진으로써, 특정한 업무가 어떻게 수행되고 해결되는지를 나타내는 체계도라고 할 수 있다. 조직구조는 일반적으로 도표나 차트의 형태로 표현되며, 이러한 조직도를 통해 그 기업이 수행하는 '사업의 성격'과 '업무추진 방식 및 프로세스'를 한눈에 파악할 수 있다.

이러한 점에서 기업의 조직구조를 보여주는 **조직도**는 기업의 전체모습을 투명하게 드러내는 거울이자, 조직의 핵심 기능을 인적자원 바탕으로 조화롭게 배치한 '조직설계도의 역할'을 한다. 동시에 조직 내 주요 활동에 있어 통제와 조정이 어떻게 이루어지는지를 보여주는 '통제·조정 흐름도 역할'을 한다. 예를 들어, 어느 위치에서 의사결정이 이루어지는지, 정보 시스템은 어느 부서에 설치되어 활용되는지, 그리고 직원들의 보상체계는 어떤 방식으로 운영되는지 등, 다양한 조직 활동의 배치와 연계 흐름이 조직도에 명시되어 있다.

조직구조 유형의 범주는 기업의 '세 가지 성장전략'을 반영한다. 기업의 성장 방향의 한 축은 가치사슬의 수직적 통합이다. 시장과 조직 내부화를 전제로, 가치사슬을 어디에 둘 것인가가 '기업의 경계 설정'이며, 곧 '기업 내 가치사슬 구조'가 기업의 조직구조이다. 가치사슬은 다른 말로는 기업의 '개별활동', 즉 '개별 기능'이며, 따라서 개별 가치사슬에 중점을 둔 조직유형이 **기능별 조직**이다. 또 다른 축은 제품라인의 다양성, 즉 다각화 전략을 통한 기업성장 방향이다. 이를 조직구조에 반영하면, **제품별 조직**, 또는 **사업부별 조직**이다. 제품 간 차별적 속성을 바탕으로 각 시장에 출시한 제품을 관리하는 부서가 사업부이다. 세 번째 기업성장 축은 지리적 확장이다. 국내시장을 넘어 해외 각 지역시장에 진출함에 있어, 이를 조직구조에 반영한 것이 **지역별 조직**이다. 이렇게 세 가지 기업성장 축, 즉 가치사슬, 제품라인, 지리적 공간을 반영한 조직구조가 각각 기능조직, 제품조직, 지역조직이다. 일반적으로 여기에 **매트릭스조직**을 추가하여 기본적인 네 가지 조직유형이 탄생한다. 매트릭스는 기능, 제품, 지역을 섞어서 조합한 형태의 조직구조라는 의미다. 이러한 본서의 조직유형 기원 논리를 [그림 8-2]에 정리하였다. 그런데, 국제조직 유형을 설명한 우측 그림에는 국제부조직이 존재한다. **국제부조직**은 기능조직을 기반으로 국제조직 유형을 분류할 때 이름 붙인 조직유형이다. 수출팀과 같은 특정 사업에 대해, 제품개발, 생산, 마케팅, AS 등 각 기능에 속해 추진하던 수출 관련 업무를 새로운 부서에 이관하여 전담부서를 만든 것이다. 이러한 기능조직이 수출팀이며, 수출팀을 부 수준으로 격상한 것이 국제부조직이다.

[그림 8-2]의 우측 그림은 **스토포드·웰즈**(Stopford·Wells)가 분류한 국제조직 유형이다.[116] 스토포드·웰즈의 **국제조직 유형의 논점**은 조직유형은 국제화 성숙과정에서 시간이 흐를수록 국제성이 진일보한 조직으로 변화하며, 이때 [그림 8-2]에서 볼 수 있는 '조직유형의 변경 경로'가 적용된다.

전체매출에서 해외비중이 낮은 단계에서 **국제부조직**(International Division) 유형에서 출발해서, 해외시장 확대에 따라 해외매출 비중이 높아지면, 조직구조는 점차 글로벌매트릭스조직형태로 발전한다. 단, 글로벌매트릭스조직까지는 **두 가지 경로**가 있다. 하나는 해외시장으로 진출하는 제품의 수가 증가하면 **제품별 조직**(Worldwide Product Division)으로 진화하고, 다른 하나는 이와 반대로써 제품 수보다 특정 제품이 여러 해외시장에 널리 판매되는 경우에는 **지역별 조직**(Area Division)으로 발전한다. 이 과정에서 스토포드·웰즈는 다음 가설을 강하게 주장한다. 기업이 한 번 제품 중심 혹은 지역 중심의 방향을 채택하면, 그 흐름이 하나의 '조직적 유행'으로 퍼지며 쉽게 되돌리기 어려운 경향을 보인다고 한다. 그래서 두 가지 경로가 나뉘어 출발하여 일정 기간 독립적으로 진행된다. 그러나 이와 같은 제품 중심 조직이든 지역 중심 조직이든 간에, 국제화 성숙단계의 끝자락까지 진행되면 결국 제품과 지역을 동시에 고려하는 **글로벌매트릭스조직**(Global Matrix Organization)으로 발전한다고 주장한다. 이 점에서 두 가지 유형이 처음부터 병립될 수 있는 하이브리드 조직과는 구별된다.

그러나 이 가설은 시간이 흐르며 부분적인 수정이 필요한 것으로 보인다. 스토포드·웰즈의 연구 이후 약 50년이 지난 현재까지도 글로벌매트릭스조직이 가장 발전된 조직형태라는 사례가 글로벌 현장에서 명확히 나타나고 있지 않다. 아주 드물게 P&G

그림 8-2 조직 유형

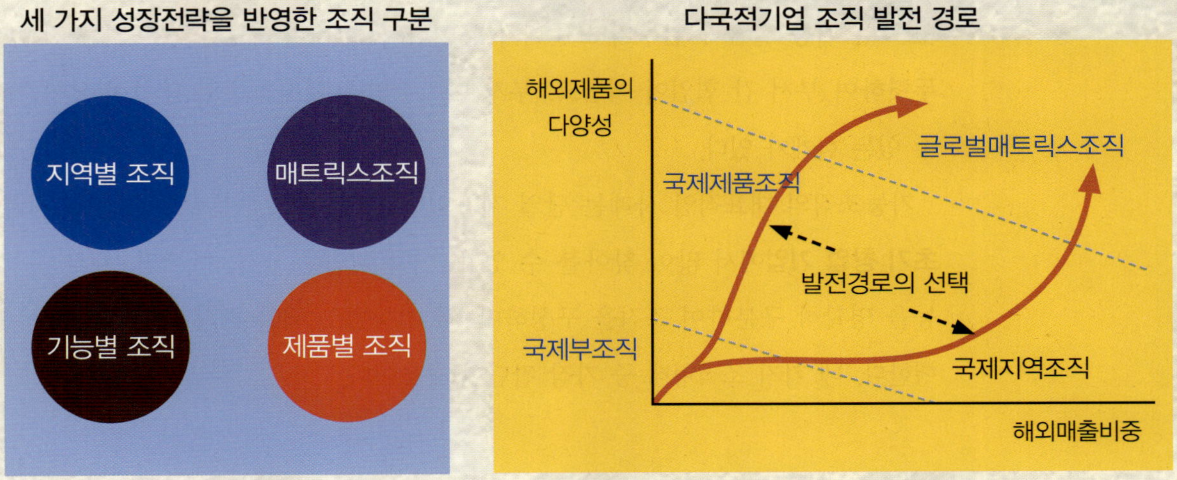

처럼 실제로 매트릭스조직을 도입한 다국적기업들은 명령계통의 이중성에서 비롯되는 관리의 비효율성 문제에 직면하였고, 이로 인해 제품별 조직이나 지역별 조직으로 다시 전환하거나 제한적으로 채택하는 사례가 나타나고 있다. 글로벌매트릭스조직 사례로 널리 인용되는 **유니레버**, ABB 등에서도 나타나는 현상이다.

조직유형별 특징

기능조직

기능조직이란 기업의 조직 구조를 주요 활동과 업무를 중심으로 기능별로 나누어 구성하는 형태를 의미한다. 주로 생산, 마케팅, 재무, 인사, 연구개발 등과 같이 기업 내에서 수행되는 기능을 기준으로 부서가 나뉘고, 각 부서는 해당 기능에 전문성을 가진 인력을 중심으로 조직된다. 기능조직에서는 기능별로 업무가 명확히 분리되어 있으며, 각 기능부서는 전문지식과 기술을 활용하여 효율적이고 효과적으로 담당 업무를 수행한다.

기능조직의 특징 중 하나는 각 기능부서가 특정 업무에 깊이 있는 **전문성**을 발휘할 수 있다는 점이다. 이로 인해 기업은 높은 수준의 업무 효율성과 전문성을 확보할 수 있으며, 비용 절감과 업무의 표준화가 용이하다. 그러나 기능조직은 기능 간 경계가 뚜렷하여 부서 간 협업이 어렵고, 부서 이기주의나 의사소통의 단절 현상이 나타날 수 있는 한계가 있다.

기능조직의 대표적인 사례는 단일 제품이나 단일 사업 부문을 가진 **중소기업**이나 **초기 창업 기업**에서 많이 찾아볼 수 있다. 이들 기업은 생산, 마케팅, 재무 등 각 기능을 명확히 구분하여 조직을 구성하며, 각 기능별로 책임 관리자를 두어 업무를 진행한다. 네 가지 조직형태 중 가장 간단한 구조이다.

그림 8-3 기능조직

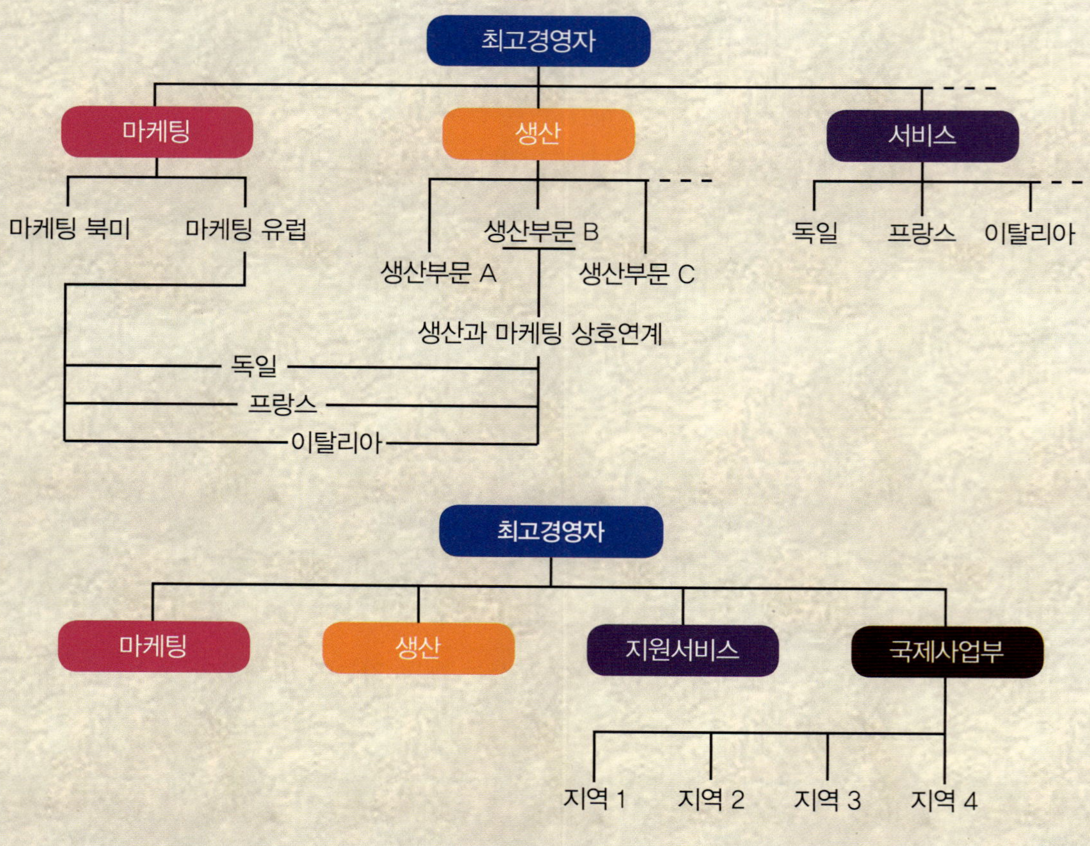

기능조직의 **장점**은 부서별 전문성이 높아 업무의 효율성을 극대화할 수 있다는 것이다. 또한 관리가 쉽고 책임 소재가 명확하다는 점도 장점으로 꼽힌다. 반면 **단점**으로는 기능 간 소통과 협력이 어렵고, 부서 간 목표 충돌이나 이기주의적 행태가 나타날 수 있다는 점이 있다.

기능조직의 **시사점**은 조직의 규모가 작거나 제품 및 서비스의 종류가 적은 기업에서 효율적이다. 그러나 기업이 성장하거나 제품 다양성이 증가할 경우에는 기능조직의 한계를 인식하고 보다 협력과 소통이 용이한 조직구조로의 전환을 고려해야 한다.

[그림 8-3]의 하단에 **국제사업부**가 있다. 국제사업부가 기능조직을 기반으로 함은 한눈에 들어온다. 기능조직의 각 기능에서 다루던 '해외사업' 또는 '국제사업'과 관련 업무를 떼어내 하나의 기능부서로 통합한 단위가 국제사업부다. 예컨대, 마케팅 부서에서 수출업무를 담당하다가 비중이 커지면, 수출반, 수출팀, 해외마케팅팀, 국제사업부 등의 순서로 조직을 확대해 나간다. 이로써 국제사업부가 탄생한다.

제품조직

제품조직은 제품이나 제품군을 중심으로 기업 내에서 독립적인 조직 단위를 형성하는 형태이다. 각 제품부문은 독립적인 사업부로서 생산, 마케팅, 연구개발 등의 필수 기능을 갖추고 있으며, 독립적인 경영활동을 수행한다. 제품별 사업부는 독립적인 수익구조의 책임을 가지며, 자체적으로 전략적 의사결정과 자원 배분을 결정할 수 있는 자율성을 보유한다. 제품조직은 **사업부제 조직**이라고도 부른다.

제품조직의 가장 큰 특징은 **사업부별 독립성**과 제품 중심의 책임경영에 있다. 각 사업부가 독립적으로 운영되므로 시장 변화에 빠르게 대응할 수 있고, 개별제품의 경쟁력과 시장성을 극대화하는 전략수립이 용이하다. 그러나 사업부 간 중복 투자가 발생할 수 있고, 자원의 비효율적인 활용과 사업부 간 협력의 부족으로 조직 전반의 효율성 저하 위험이 있다.

제품조직을 활용한 대표적인 사례로는 **P&G와 삼성전자**가 있다. 이러한 기업들은 다양한 제품군을 보유하고 있으며, 각 제품군은 독립된 사업부로 운영되어 독자적으로 경영활동을 수행한다.

제품조직의 **장점**으로는 개별 사업부의 명확한 성과 책임과 시장 대응력의 신속성을 들 수 있다. 반면 사업부 간 자원 중복과 협력 부족으로 인해 기업 차원의 전략적 통합성이 저하될 수 있는 **단점**이 있다.

제품조직의 **시사점**은 기업이 다양한 제품을 보유하고 각 제품군의 시장특성이 다를 경우 효과적이다. 제품별 경쟁력을 강화하고 수익성을 극대화하기 위한 구조적 선택으로 유리하다.

지역조직

지역조직은 지리적 지역 단위를 기준으로 기업 내에서 독립적인 조직을 구성하는 형태이다. 각 지역 단위는 독자적인 의사결정권을 가지고 지역의 시장특성과 수요에 맞춘 경영활동을 수행한다. 지역조직은 해당 지역 내 시장과 고객의 요구를 신속하게 반영하고, 각 지역시장의 특수성에 맞는 전략을 독립적으로 수립한다.

지역조직의 가장 큰 특징은 지리적 독립성과 **지역 특성에 기반한 전략적 대응력**이다. 지역 관리자는 지역시장의 특성에 맞는 전략을 독자적으로 수립하고, 조직의 유연성을 높여 시장 변화에 빠르게 대응할 수 있다. 그러나 지역별 조직이 독자적으로 운영됨에 따라 지역 간 협력과 조정이 어렵고, 중복 투자가 발생하여 비용이 증가할 가능성도 존재한다.

지역조직의 사례로는 **코카콜라**, **유니레버** 등이 있다. 이러한 기업들은 지역별로 독립적인 조직을 구성하여 해당 지역의 특성에 최적화된 제품과 서비스를 제공하고 있다.

지역조직의 **장점**은 지역시장에 맞춘 전략수립과 신속한 대응이 가능하다는 것이다. 지역 내 고객의 요구에 맞춘 서비스와 제품을 효과적으로 제공할 수 있다. 그러나 지역 간 중복된 투자와 운영의 비효율성, 본사와 지역 간 전략적 정체성 유지의 어려움이 **단점**으로 작용할 수 있다.

지역조직의 **시사점**은 시장의 지역적 특성이 강하거나 기업의 지리적 범위가 넓은 경우에 효과적이다. 물론 지역조직은 지역별 대응력을 강화하기 위해 본사로부터 자율

그림 8-4 제품조직, 지역조직

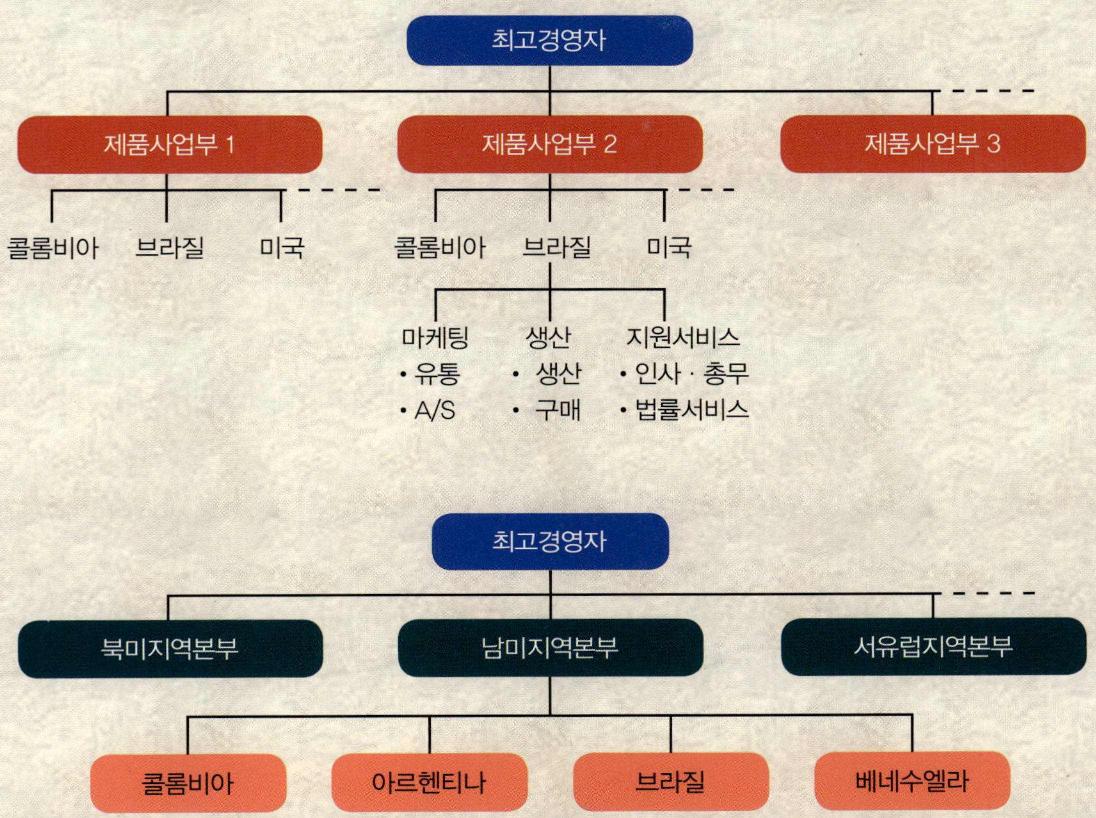

성을 확보한 조직유형이다. 그러나 기업 또는 본사의 전략적 정체성과 너무 동떨어진 조직운영이 되는 것을 방지하기 위해서는 지역 간 협력체계 구축과 본사의 적절한 통제시스템으로 보완이 필요하다.

매트릭스조직

매트릭스조직은 기업의 기능적 구조와 제품적(또는 프로젝트적) 구조를 결합하여 이중 보고체계를 갖는 복합 조직 형태이다. 각 구성원은 기능부서의 관리자와 제품(또는 프로젝트) 관리자의 지휘를 동시에 받으며, 조직 내의 업무가 기능과 제품, 두 차원에서 이루어진다. 이로 인해 각 조직 구성원은 이중적인 보고체계를 통해, 다차원적인 책임을 가지고 업무를 수행하게 된다.

매트릭스조직의 주요 특징은 **이중 관리 체계**에 있다. 구성원은 기능 관리자와 제품 관리자로부터 동시에 지시를 받기 때문에 조직 내 협력과 정보 공유가 활성화될 수 있으며, 다양한 관점에서 문제를 접근할 수 있는 **장점**이 있다. 또한, 자원을 보다 유연하게 배분하고 조정할 수 있어 조직 전체의 효율성과 혁신성을 높일 수 있다. 그러나 이중 보고체계로 인해 구성원들의 역할과 책임이 모호해지거나, 두 명의 상급자 간의 지시가 상충할 경우 의사결정 지연이나 갈등이 발생하는 **단점**도 존재한다.

매트릭스조직은 IBM, **필립스**, GE 등에서 적용사례가 있다. 이들 기업은 복잡하고 다양한 사업 환경에서 제품의 전문성과 기능별 전문성을 동시에 확보하기 위해 매트릭스조직을 채택하고 있으며, 이를 통해 조직 내부의 다차원적인 협력과 혁신을 촉진하고 있다.

매트릭스조직의 **장점**으로는 조직 내 다양한 기능과 제품부문 간의 긴밀한 협력과 유연한 자원 배분이 가능하다는 점이다. 또한 조직 전반의 통합성과 혁신성을 높이고, 변화하는 환경에 신속하게 대응할 수 있다는 것도 차별적인 장점이다. 반면 **단점**

그림 8-5 매트릭스조직

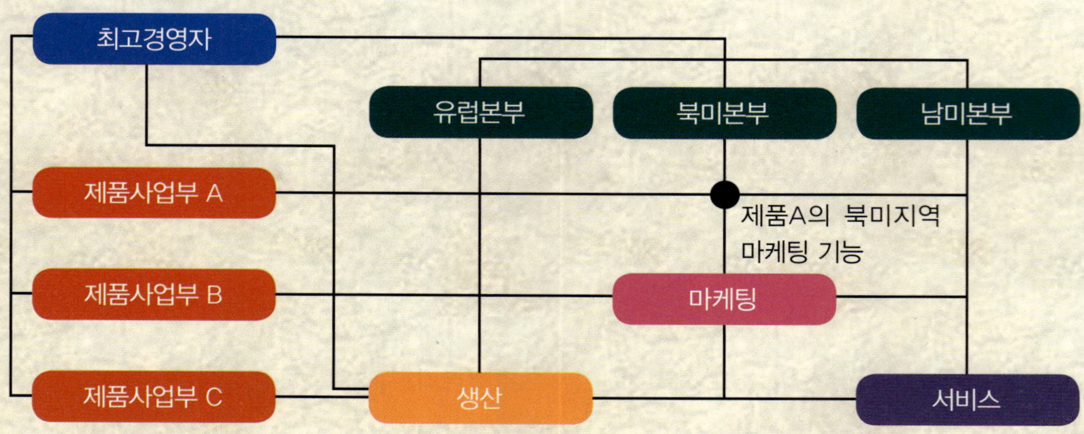

지멘스의 매트릭스 조직

독일에 본사를 둔 지멘스(Siemens AG)는 전력, 산업 자동화, 헬스케어, 교통 등 다양한 산업 분야에서 사업을 전개하는 대표적인 글로벌기업이다. 지멘스는 2000년대 들어 매트릭스 조직을 도입하였다. 특히 2007년 이후 본격적인 조직 재편을 통해 사업 부문과 지역본부라는 두 축을 중심으로 이중 보고체계를 갖춘 글로벌 매트릭스 구조를 구축하였다.

각 사업 부문은 전 세계를 대상으로 제품 및 기술 전략, 연구개발, 생산 계획 등을 수립하며, 동시에 각 지역본부는 현지시장에 맞는 마케팅, 고객 대응, 정부 정책 대응 등의 역할을 수행한다. 예컨대, 한국의 지멘스코리아에서 활동하는 직원은 산업 자동화 사업부의 글로벌전략에 따라 업무를 수행하면서도, 한국 내 고객 요구나 정책 변화에 따라 지역본부의 지침도 함께 따라야 한다. 이러한 이중 지휘체계는 글로벌 표준화와 지역 맞춤화를 동시에 실현하기 위한 구조적 장치였다.

지멘스의 매트릭스 구조는 실제로 다양한 효과를 발휘하였다. 인도시장에서는 전력 인프라가 부족한 상황에 맞춰, 지역본부가 공공조달에 적합한 저가형 발전 솔루션 수요를 파악하고 본사와 협력하여 이를 맞춤형 제품으로 개발하였다. 또한 독일 본사에서 개발된 디지털 센서 기술을 브라질 철강공장에 적용할 때, 지역본부의 고객 피드백과 기술지원 요청이 본사 기술팀에 실시간으로 전달되어 신속한 수정과 현장 적용이 가능했다. 이러한 협업 구조는 지멘스가 빠르게 기술을 확산시키고 시장 요구에 민첩하게 대응할 수 있는 기반이 되었다.

하지만 매트릭스 조직은 복잡성이라는 본질적 문제를 동반하였다. 사업 부문은 수익성을 중시한 고가격 전략을 지시하는 반면, 지역본부는 시장점유율 확보를 위해 가격 인하를 주장하며 현장에서 혼선이 발생하는 사례가 잦았다. 또한 이중보고 체계는 책임소재를 모호하게 만들었고, 의사결정이 지연되는 현상도 빈번했다. 이를 해결하기 위해 지멘스는 2013년부터 사업 부문이 모든 재무성과에 대한 책임을 지도록 하고, 지역본부는 전략 실행을 지원하는 기능 중심 조직으로 재편하였다. 또한 본사와 주요 지역 간의 전략조정위원회를 신설하여 분기별로 시장정보를 공유하고 전략적 충돌을 조정하는 체계를 마련하였다.

으로는 이중 보고체계로 인해 업무의 책임과 역할이 불분명해질 수 있고, 관리의 복잡성과 의사결정과정의 지연, 내부갈등이 발생할 가능성이 크다는 점이다.

매트릭스조직의 **시사점**은 조직이 복잡한 환경 속에서 다차원적 과제와 업무를 효과적으로 관리해야 할 때 매우 유용하다는 것이다. 특히, 조직 내부에서 기능 간, 제품 간 긴밀한 협력이 필수적인 경우나, 다양한 제품과 서비스가 복합적으로 제공되는 경우에 효과적으로 활용될 수 있다. 그러나 이러한 조직 구조가 성공적으로 작동하기 위해서는 명확한 역할 정의와 책임설정, 갈등 해결 메커니즘의 구축, 조직 내부의 효과적인 소통체계 마련과 같은 조직관리 능력과 추가 조치사항이 필수적으로 요구된다. 조직문화 또한 매트릭스조직의 성공에 있어 중요한 요인으로 작용하므로, 조직 내 협력과 개방적 커뮤니케이션을 촉진할 수 있는 문화적 토대 마련도 채택 이전에 검토하고 준비해야 할 사항이다.

국제기업의 조직유형

지금까지 전략경영의 조직설계에서 고려하는 네 가지 조직유형에 대해 특징과 시사점을 정리했다. 그러나 국제기업의 경우에는 이 네 가지 유형의 개념 적용에서 특별히 고려할 결정 기준이 있다. **글로벌 표준화와 현지화 요소**이다. 제품별 조직은 제품의 독립성을 기반으로 형성된 조직유형으로 표준화에 강점이 있다. 반면 지역별 조직은 지역 위주의 조직구조로 개별 현지시장에 대한 대응력에 강점이 있다. 국제기업에게 지역은 국경을 넘어 다른 나라 시장을 의미하므로, 국내시장의 지역(지방) 간 이질성보다 격차가 큰, 즉 본국과 현지국이라는 PESTL(정치, 경제, 사회, 기술, 법률) 측면의 이질성이 존재한다. 이 점에서 지역별 조직은 현지시장의 특성을 충분히 반영한 현지화에 적합한 조직유형이다.

매트릭스조직은 국제조직에서 글로벌매트릭스조직에 해당한다. 기능, 제품, 지역 등을 격자의 조합으로 설계한 조직유형인데, 국제기업에게는 특히 현지 국가시장의 이점을 중심으로, 각 기능과 제품을 격차로 설계할 수 있어 전략적 활용도가 크다. 이때 격자 효과는 본사와 자회사, 자회사 간 네트워크로 현실화되며, 이는 '통합·반응 분

석틀'에서 초국가조직 구조 개념에 해당한다고 보면 된다.[117]

국제기업의 조직유형을 다음과 같이 국제부조직, 국제제품조직과 국제지역조직, 글로벌매트릭스조직으로 구분하여 특징과 장단점, 그리고 시사점을 소개한다.

- **국제부조직:** 기능조직은 생산, 마케팅, 연구개발, 재무 등과 같은 조직의 핵심 기능을 기준으로 부서를 구성하는 조직형태이다. 특히 국제화 초기 단계에 있거나 해외시장 비중이 낮은 기업에서 흔히 채택되며, 본사 중심의 통합관리에 강점을 보인다. 기능조직에 기반을 두고 확장한 형태가 **국제부조직**이다. 이는 수출 관련 업무를 포함하여 해외시장 진출과 관련된 업무를 전문적으로 수행하는 부서가 별도로 구성된 조직 구조로, 수출 전담팀이나 국제업무를 전문적으로 수행하는 국제부는 기능조직의 확대 버전이라 할 수 있다. 기능조직의 장점은 기능별 전문성 극대화, 효율성 향상 및 표준화된 업무처리를 들 수 있고, 반면에 단점은 시장이나 제품, 지역별 반응속도가 떨어지고 타 부서와 국제업무의 협력에 어려움이 있는 점이다.

- **국제제품조직과 국제지역조직:** **국제제품조직**은 제품이나 제품군을 기준으로 독립된 사업부를 구성하여 운영하는 방식이다. 각 사업부는 자체 생산, 마케팅, 연구개발 등 기능조직을 보유한다. 제품조직은 특히 제품의 표준화전략 실행에 강점이 있으며, 제품별 수익구조 파악과 성과측정이 용이한 점, 제품별 전략의 차별화가 가능한 점은 장점이다. 그러나 지역별 고객 니즈 대응이 어렵고, 사업부 간 중복투자 우려가 있음은 단점 요소이다. **국제지역조직**은 지리적 시장을 중심으로 부서를 구성하는 조직형태로, 각 지역의 법적·문화적·소비자 특성에 맞춘 지역 밀착형 전략에 유리하다. 국제지역조직은 시장 반응속도가 빠르고 현지 고객과의 밀착도가 높은 장점이 있지만, 제품 간 일관된 전략 실행이 어렵고, 중복된 기능이 지역별 조직마다 존재하여 기업자원 낭비와 관리의 복잡성이 증가하는 단점이 있다.

- **글로벌매트릭스조직: 글로벌매트릭스조직**은 기능, 제품, 지역 중 두 가지 이상의 기준을 동시에 적용한 복합 조직 구조이다. 기업환경의 글로벌화가 진전되면서, '제품의 표준'화와 '지역 현지화' 사이에 균형을 맞추기 위해 등장하였다. 글로벌매트릭스조직의 가장 큰 장점은 제품과 지역, 때에 따라서는 기능까지 모두에 대한 통합적 대응이 가능하며, 협업과 정보 공유를 촉진한다는 점이다. 그러나 이중보고체계로 인해 책임 소재가 불명확해지고, 의사결정과정에서의 갈등과 지연이 빈번히 발생할 수 있는 점은 단점이다. 특히 **유니레버와** ABB 같은 글로벌기업들이 매트릭스 구조를 도입하였으나 복잡성과 비효율 문제로 인해 제품중심이나 지역중심 조직으로 재전환한 사례가 많다. 다만, 어느 다국적기업도 이를테면 제품조직이나, 지역조직과 같은 단일 조직구조로 전체 브랜드나 사업부 조직을 구축하는 경우는 없다. 유니레버의 경우도 글로벌매트릭스조직을 부분적으로 활용하고 있으며, 전면적으로 제품 또는 지역조직으로 전환한 것은 아님에 유의하기 바란다.

국제기업의 조직과 조정·통제

글로벌기업, 다국가기업, 초국적기업의 전략적 방향에 따라서, 각 조직구조가 어떻게 형성되어 있는지를 살펴보자. 이는 각 기업의 가치사슬 활동이 지리적으로 어떻게 배치되어 있는지를 분석하는 것과 같은 뜻이다. 조직구조의 조정과 통제 문제는 각 가치사슬 기능별 활동을 수행하는 과정에서, 모회사와 자회사 간 위계적 의사결정 관계로 나타난다. 이는 가치사슬의 지리적 배치형태에 따라 조정 및 통제 메커니즘이 달라진다는 것을 의미한다. 다시 말해, 글로벌기업, 다국가기업, 초국가기업이 선택한 국제전략 유형은 가치사슬 활동의 지리적 배치를 결정하는 일이며, 이 배치형태는 곧 조정·통제 시스템의 구성 방식에 영향을 미치는 상호 유기적 관계에 놓여 있다.

먼저, **글로벌기업의 조직구조**는 비용 절감을 위한 규모의 경제 실현과 같은 글로벌 통합의 효율성을 극대화하려는 전략을 추구한다. 이러한 전략 하에서는 각 자회사에 가치사슬 기능을 분산 배치하기보다는, 특정 지역의 자회사에 특정 가치사슬 기능을 집중시켜 운영 효율성을 높이는 것이 바람직하다. 즉, 각 자회사가 하나의 가치활동을 집중적으로 수행하도록 배치하는 것이다. 이 경우, 자원의 투입 효율성은 확보되지만, 개별 자회사에 분산된 가치활동들을 결합하여 하나의 통합된 가치사슬로 완성하는 데에 추가적 부담이 발생한다. 포터에 따르면 물류, 운영, 마케팅 및 서비스 등의 본원활동과 기술개발, 인적자원관리, 조달 등과 같은 지원활동이 연계되어야만 수익창출이라는 최종 성과가 가능하다고 한다.[118] 자회사별로 나눠 기능을 수행하고 있는 가치사슬의 전체 결합도를 높이는 방법은 본사가 '컨트롤 타워'로서 자회사를 강력하게 조정·통제하는 것이다. 가치사슬 연계를 비롯한 핵심적인 의사결정은 중앙집권적인 본사에서 이루어진다. 따라서 글로벌기업의 조직은 본사가 자회사에 대한 '강력한 조정·통제' 역할을 할 수 있는 구조로 설계되고, 명령 하달 방식으로는 **단순 수직적 통제시스템**을 적용한다.

다음은 **다국가기업의 조직구조**이다. 다국가기업은 현지시장이 서로 차별적이며 독립적인 환경을 갖고 있다고 전제하는 전략을 택한다. 이 경우 각 지역의 시장환경 변화에 신속히 대응할 수 있는 유연한 조직구조가 요구된다. 만약 글로벌기업처럼 자회사가 하나의 가치사슬 기능만 수행한다면, 시장의 변화에 즉각적으로 대응하기 어렵고, 자회사 간 조정이 필요하여 시간 지연이 발생한다. 따라서 다국가기업은 각 자회사에 전체 가치사슬을 배치하고, 자율적인 의사결정 권한을 부여하는 편이 효과적이다. 이에 따라 전략적 의사결정도 본사보다는 자회사가 직접 수행하며, 본사의 역할은 비교적 '느슨한 조정·통제'에 머무르게 된다. 이 구조에서는 자회사 간에도 직접적인 협력관계나, 복잡한 상호작용보다는 자율적 운영이 중시된다. 본사와 자회사 간 조정·통제에 있어 **단순 분권적 통제시스템**이 적용된다고 볼 수 있다.

마지막 유형인 **초국적기업의 조직구조**를 설명한다.[119] 초국적기업은 글로벌통합의 효율성과 현지시장의 차별적 수요에 동시에 대응할 수 있는 전략을 구현하고자 한다. 이를 위해서는 글로벌기업 조직의 장점과 다국가기업 조직의 장점이 모두 발휘되어야 한다. 그 방안으로는 특정 지역에 가치사슬 기능을 집중시켜 규모의 경제를 실현하면서도, 지역시장의 변화에 신속하게 대응할 수 있도록 자회사 간 유기적 연계를 구축해야 한다. 이러한 복합전략을 가능하게 하는 핵심 요소는 본사와 자회사, 자회사와 자회사 간에 유기적으로 연결된 '글로벌 네트워크'에 있다. 초국적기업은 조직 전체를 '상호 연계된 자원과 능력의 네트워크'로 인식하며, 각 자회사가 보유한 자원과 역량은 해당 국가의 수요에 대응할 뿐 아니라, 다른 자회사들과도 공유할 수 있는 공동의 전략자산으로 간주한다. 자회사 간에 가치사슬을 **분산화**, **독립화**, **전문화**하는 형태로 구성하되, 정보, 지식, 제품, 부품, 인력 등을 상호교환하고 공동 개발할 수 있는 체계를 구축하여 표준화의 이점에 유연성을 부여한 조직구조로 설계한다. 즉, 각 자회사별 한 개의 가치사슬만을 담당하게 하여 일단 규모경제 효과를 발생시키고, 이로 인한 단점인 유연성 부족은 **자회사 간 네트워크**로 보완하는 전략이다. 초국적기업의 조직은 분권화된 자회사에 대한 본사의 조정, 그리고 자회사 간의 상호작용을 유연하게 조율할 수 있어야 하며, 이를 위한 통제시스템은 단순 명령형 구조보다 훨씬 복잡하고 정교한 조정 메커니즘이 요구된다. 즉, **복잡 다층적 통제시스템**이 적용된다.

표 8-1 국제기업의 조직과 통제시스템

	글로벌기업	다국가기업	초국적기업
전략적 방향	글로벌통합 효율성 극대화	현지 적응 및 자율성 중시	글로벌 효율성과 현지 적응의 동시 추구
가치사슬 배치	기능별로 특정 국가에 집중 배치(전문화된 기능 중심 배치)	전체 가치사슬을 각 자회사에 독립적으로 배치	가치사슬 기능을 분산 · 전문화하여 네트워크화
운영 목적	규모의 경제 실현, 비용 절감	현지시장 변화에 빠르게 대응	양면적 목표로써 효율성과 현지 대응력의 동시 달성
조직 구조	중앙집중형 구조	분권형 구조	네트워크 기반의 복합적 구조
의사결정 권한	본사에 집중	자회사에 위임	본사와 자회사 모두가 협력적 · 공동 의사결정
조정 방식	본사 중심의 강한 통제	본사의 느슨한 조정	본사-자회사, 자회사-자회사 간 상호 조정
통제 시스템	단순한 수직적 통제	단순한 분권적 통제	복잡한 다층적 통제시스템
자회사 역할	특정 기능 수행(전문화된 기능 단위)	현지시장 전체 운영 책임	자원 · 지식의 창출과 공유 주체, 학습조직 구성원
핵심 개념	효율성 중심, 본사 통제	현지시장 적응, 자회사 자율성	글로벌 학습조직, 네트워크 통합

그림 8-6 글로벌기업 조직, 다국가기업 조직, 초국적기업 조직

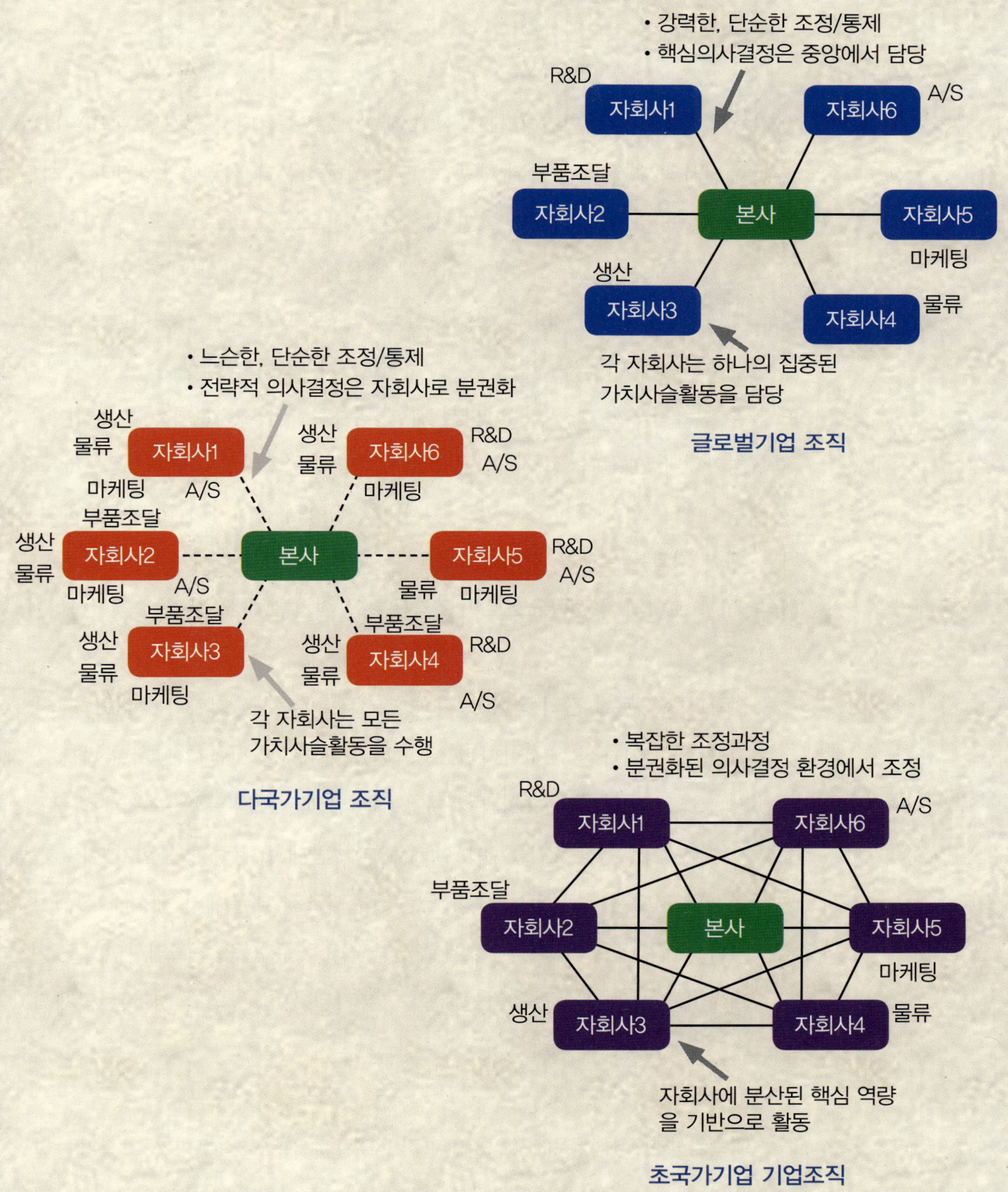

조직문화

조직문화의 정의와 의의

전략은 명확히 수립되었더라도, 실제 행동으로 구현되지 않으면 무의미하다. 전략 실행은 전사적 차원의 일관된 행동 변화를 요구하는데, 이때 구성원의 의사결정, 협업 방식, 일하는 방식에 영향을 미치는 강력한 요소가 바로 조직문화이다. **조직문화**는 조직 구성원들이 '이 조직에서 어떻게 행동해야 하는가'에 대한 공유된 인식과 가치를 내면화한 것이다. 기업의 조직문화는 사규로 명문화된 규정이나 조직구조가 강제하지 못하는 영역에서 전략 실행을 지원하거나, 또는 방해할 수 있어 전략경영에서 또 다른 전략적 요소가 된다. 따라서 지향하는 전략과 조직문화는 일치하여야 기업성과가 높아진다. 예컨대, 고객중심전략을 채택한 기업이라면, 구성원 모두가 고객 니즈를 최우선에 두고 행동하도록 만드는 서비스 지향적 문화가 전제되어야 하며, 혁신전략을 택한 기업은 실험을 장려하고 실패를 수용하는 심리적 안전 기반의 문화가 필요하다. 이를 포함하여 **전략요소로써 조직문화**의 위치를 다음과 같이 정리한다.

- **전략과 조직문화 간의 정렬:** 전략과 조직문화는 서로 정렬되어야 한다. 전략이 '무엇을 할 것인가'를 제시한다면, 문화는 '어떻게 할 것인가'에 대한 해답을 제공한다. 두 요소 간의 방향성과 가치가 일치할 때, 조직은 높은 실행력을 발휘하고 지속 가능한 경쟁우위를 확보할 수 있다. 반대로 전략과 문화가 비일치될 경우, 전략적 지향은 현장에서 저항에 부딪히고 조직 내부에서 해석과 실행이 왜곡되거나 무력화될 수 있다. 만약에 혁신을 강조하는 전략을 도입하면서도 여전히 위계적이고 실수에 불관용적인 문화가 유지된다면, 창의적 시도는 억제되고 전략은 선언에 그치게 된다.

- **지속가능한 경쟁우위:** 자원기반관점(RBV)에서는 조직문화가 지속가능한 경쟁우위의 핵심적 무형자산이며, 전략적 자원으로 인정받는다.[120] RBV는 조직문화 특

성을 다음 세 가지로 표현한다. 특정 기업만이 독자적으로 가진 고유의 조직 분위기나 행동 방식이다(희소성 충족). 구성원의 역사, 리더십, 관행 속에서 축적되어 타 기업이 모방하기 어렵다(모방곤란성 충족). 문화가 인재, 프로세스, 전략과 유기적으로 연결되어 있다(조직화 충족). 또한 조직문화는 사회적 복잡성과 경로의존성에 의해 형성되기 때문에, 단기간에 구축하거나 외부에서 수입할 수 없으며, 오랜 시간에 걸쳐 자연스럽게 조직에 내재화되는 경향이 있다고 설명한다. 이러한 관점에서 볼 때, 강한 조직문화는 단순히 조직 내 분위기를 넘어서, 외부환경 변화에 민첩하게 대응하고 전략을 지속적으로 구현해내는 핵심 자원이 된다.

- **변화관리의 중심 역할:** 전략의 변화는 구조, 보상, 시스템 등의 조정을 수반하지만, 이러한 공식적 요소만으로는 구성원의 내면적 수용과 행동 변화를 끌어내기 어렵다. 조직문화는 변화에 대한 태도, 기존 관행에 대한 저항, 새로운 시도의 수용성 등을 결정짓기 때문에, 전략적 변화가 성공하려면 문화 장벽을 먼저 인식하고 대응해야 한다. 실제로 기업의 디지털 트랜스포메이션, ESG 경영 도입, 글로벌화와 같은 전략적 변화는 문화의 전환 없이는 정착되기 어렵다. 이에 따라 전략수립 초기 단계에서부터 조직문화 진단과 정렬이 필수적 과제로 제기된다.

결론적으로 **전략경영에서 조직문화의 의의**를 다음과 같이 정리한다. 전략경영에서 조직문화는 단순한 조직 분위기나 관리영역을 넘어, 전략의 실행력과 지속가능성을 좌우하는 핵심요인이다. 전략과 조직문화가 정렬되어 있을 때 조직은 높은 일관성과 실행력을 바탕으로 성과를 창출하며, 반대로 양자 간 부조화는 전략의 실패와 혼선을 초래한다. 따라서 전략수립과 조직설계 과정에서는 조직문화의 정체성, 구성원 가치, 학습 가능성, 변화 수용력 등을 반드시 통합적으로 고려해야 한다. **전략적 시사점**으로 다시 요약하면, 전략–조직 간 정렬은 조직문화가 전략적 목표와 조화를 이룰 때 실현되며, 이는 전략 실행의 효과성을 극대화한다. 조직문화는 전략과 조직구조를 연결하는 매개로서, 정렬 수준에 따라 성과 차이가 발생한다.

삼성그룹과 현대그룹의 기업문화 차이

현대그룹은 강력한 리더십 기반의 직설적이고 현장 중심적인 문화를 특징으로 한다. 고 정주영 창업주가 대표하듯, 현대는 '되면 한다, 안 되면 되게 한다'는 정신으로 상징되며, 위계보다는 돌파력과 실행력이 강조되었다. 실제로 현대건설이 중동지역에 진출했던 1970~80년대의 일화는 이를 상징적으로 보여준다. 당시 사우디에서 고온다습한 환경 탓에 건설인력이 기피되자, 정주영 회장은 "이 문제는 회의로 풀 일이 아니다"라며 직접 현장을 방문해 중장비를 몰고 작업에 참여했고, 그 모습이 현지 언론에 소개되며 현장 사기 진작과 계약 신뢰확보에 기여했다. 이는 현대 특유의 현장 중시 문화, 상명하달보다는 실행 중심 문화의 전형적 사례다.

반면, 삼성그룹은 계획적이고 시스템화된 조직문화를 바탕으로 한 정교한 통제와 보고 중심의 문화를 발전시켜 왔다. 특히 1993년, 이건희 회장이 선언한 '프랑크푸르트 선언(제2의 창업)'은 삼성 조직문화 변화의 분기점이 되었다. "마누라 빼고 다 바꾸라"는 강력한 메시지로 요약되는 이 선언은, 당시 품질경영 강화, 글로벌 경쟁력 제고, 권위주의적 문화를 탈피한 혁신을 목표로 하였다. 이후 삼성은 일관된 보고체계, 매뉴얼 중심 업무수행, 내부 교육 시스템 고도화 등을 통해 체계적·효율적 문화로 전환하였다. 이 같은 변화는 삼성전자의 품질경영 도입, 데이터 중심(DMAIC) 프로세스 확산, 인재개발원 중심 교육 체계 구축 등으로 구체화되었다.

또한, 21세기 이후 조직문화 운동에서도 양사의 차이는 뚜렷했다. 삼성은 2016년 '수평적 조직문화 정착'을 위한 정책으로 직급 호칭 폐지, 자율복장제, 회의 간소화 등을 도입하며 위계적 문화를 탈피하려는 시도를 했다. 이는 전사적인 문화 혁신 캠페인으로 기획되어, 외형적 변화와 함께 인식 전환을 시도한 대표적 정책이다.

반면, 현대자동차그룹은 2020년대 들어서야 본격적인 조직문화 개혁에 착수했다. 정의선 회장 체제로 전환되면서, '미래 모빌리티 기업'으로의 전환을 위해 창의성·유연성·조직 자율성을 강조하는 개방형 조직을 지향하게 되었다. 특히 2021년 도입된 '직급 폐지 및 직책 중심 호칭제'는 과거 연공서열 중심 구조에서 벗어나려는 조치였다. 하지만 이 과정은 점진적이었고, 과거 현대 특유의 강한 리더십 중심문화와의 충돌을 완화하는 선에서 추진되었다.

조직문화와 경영자의 전략적 리더십

조직문화는 자연적으로 형성되기보다는 조직의 초기 경험, 상징, 리더의 언행과 철학을 통해 구축된다. 특히 경영자는 조직문화의 설계자이자 상징적인 구현체로서, 문화의 형성뿐 아니라 유지와 전환과정에서도 가장 큰 영향력을 발휘하는 존재이다. 이처럼 조직문화와 전략을 연결하고 이를 실천 가능한 조직역량으로 전환하는 리더십을 전략적 리더십(Strategic Leadership)이라고 한다.

전략적 리더십은 단순히 비전 제시나 목표 설정을 넘어서, 조직 전반의 가치체계를 설계하고, 전략적 일관성을 행동으로 구현하는 리더십이다. 경영자는 구성원이 무엇을 중요하게 생각하고 어떤 기준으로 행동할지를 직접적·간접적으로 규정하는 '문화적 기준자'의 역할을 수행한다.

경영자의 전략적 리더십으로 조직문화가 새롭게 형성된 사례를 소개한다. **마이크로소프트(MS) 사례**는 조직문화의 변화가 전략적 전환의 핵심 촉매로서, 리더십이 문화 형성에 얼마나 결정적 영향을 미치는지를 보여준다. **넷플릭스 사례**는 리더가 직접 철학을 설명하고 제도화한 성공적 결과로 평가받는다. **델 사례**는 조직문화 변화가 단지 구조조정의 문제가 아니라, '전략을 가능하게 하는 문화적 기반'을 구축한 사례이다.

- **MS 나델라의 '모두 배우는 문화'**: 2014년 CEO에 취임한 나델라(Nadella) 이전의 MS는 경쟁적이고 방어적인 문화로, 부서 간 협업 부족, 내부 정치, 정체된 혁신 등의 문제가 누적되어 있었다. 나델라는 '고정형 사고에서 성장형 사고(Growth Mindset)로의 전환'을 강조하며, 학습 중심, 고객 중심, 협업 중심의 문화를 구축하기 시작했다. 그는 직접 구성원들과의 대화에서 '배웁시다(Learn it all)' 문화, 즉 실패를 학습의 기회로 보는 문화의 중요성을 반복 강조했다. 평가시스템을 성과지표 중심에서 협업과 학습을 반영하는 방향으로 조정했다. 리더십 개발 프로그램을 혁신하고, 사내 소통의 방식도 권위적 발표가 아닌 열린 피드백 중심으로 전환했다. 그 결과 MS는 전사적으로 개방적이고 민첩한 조직문화를 정착시켰으며, 이는 클라우드 중심의 전략과 연결되어 기업가치의 폭발적 상승으로 이어졌다.

- **넷플릭스 헤이스팅스의 '자유와 책임 문화':** 넷플릭스는 공동창업자 겸 전 CEO 헤이스팅스(Hastings)의 리더십 아래에서 독특한 문화 신조를 정립하며, '자유와 책임'이라는 문화 철학을 실현해왔다. 그는 조직 구성원이 자율성을 가지고 판단하고 행동할 수 있어야 혁신이 가능하다는 믿음을 바탕으로, 절차 대신 원칙, 감시 대신 신뢰에 기반한 조직문화를 설계하였다. 관리통제 절차를 대폭 축소하고, 연차나 출장비 등의 지침도 자율적으로 운영했다. 철저한 성과주의와 문화적 적합성 기준을 동시 적용하여, 높은 자유를 주되 책임을 강하게 묻는 구조를 구축했다.

- **델 컴퓨터의 델의 '수평적 문화':** 초창기 델은 빠른 성장을 관리하기 위해 기능별 분업화된 전통적 수직 조직 구조를 채택했으나, 시장환경이 변화하고 기업이 글로벌화되면서 이 방식은 의사결정 지연, 부서 간 장벽, 고객 대응력 저하 등 여러 문제를 노출했다. 이에 마이클 델(Michael Dell)은 1990년대 말부터 본격적으로 수직적·계층적 조직문화를 수평적·유연한 문화로 전환하기 시작했다. 그는 스스로를 전통적 CEO가 아닌 '문화적 촉진자'라고 규정하며, 조직 전체에 다음과 같은 문화적 변화와 구조조정을 이끌었다. 수평적 문화 변화의 핵심 내용은 첫째, '계층 축소'이다. 중간관리자 계층을 줄이고 팀 기반구조로 전환하여 의사결정 속도를 단축하고, 현장 구성원의 자율성과 책임을 강화했다. 둘째, '부서 간 벽 허물기'이다. 엔지니어, 마케팅, 영업 간의 벽을 허물고, 통합적 제품팀 중심으로 협업구조를 재설계했다. 셋째, '피드백 문화 구축'이다. 구성원 간 상향식 의견 개진과 문제해결 중심의 커뮤니케이션을 장려하고, CEO 본인이 직접 직원과 소통하는 열린 채널 운영했다. 넷째, '성과 기반 보상'이다. 개인의 직책보다는 기여도와 결과 중심의 보상체계를 도입, 조직 내 유연성과 민첩성을 유도했다. 이렇게 마이클 델은 '고객 중심, 민첩한 대응, 투명한 의사소통'을 조직의 핵심 가치로 내세우고, 이를 실제 문화로 체화시키기 위해 자신의 리더십 방식과 시스템, 보상까지 전면적으로 정렬시키는 조처를 했다.

위의 사례는 조직문화 형성에 경영자의 역할이 얼마나 중요한지 알 수 있는 공통점이 있다. 사례로부터 얻을 수 있는 **전략적 리더십의 시사점**은 다음과 같다.

하나, 경영자는 문화의 설계자이자 전환자다. 전략적 리더십은 문화가 전략 실행을 뒷받침할 수 있도록 의도적이고 일관되게 설계한다. 이들은 모두 전략과 문화의 불일치를 인식하고, 변화의 방향을 문화에서부터 재설계했다.

둘, 문화는 구조나 제도보다 강한 실행 기반이다. 세 기업 모두 전통적 구조나 시스템이 전략 실행을 방해할 수 있다는 점을 인식하고, 보다 유연하고 수평적인 협업 기반의 문화를 통해 실행력을 제고했다.

셋, 문화는 선언이 아니라 일관된 실천을 통해 형성된다. 리더들은 모두 단순히 슬로건을 제시하는 데 그치지 않고, 평가방식, 리더의 행동, 피드백 채널 등 구체적 실천을 통해 문화를 정착시켰다.

사례들은 조직문화가 전략과 분리된 것이 아니라, 전략을 가능하게 만드는 내부 인프라이며, 그 설계와 전환의 중심에는 경영자의 전략적 리더십이 있다는 점을 보여준다. 경영자가 조직문화에 미치는 **경영자의 문화 영향력 매개체**, 다섯 가지를 정리하면 다음과 같다.

- **가치와 신념의 수립:** 경영자는 조직이 추구해야 할 가치, 행동규범, 전략적 우선순위 등을 선언하고 상징화함으로써 구성원들이 무엇을 중요하게 여겨야 하는지를 암시한다. 예를 들어 '우리는 고객 중심 기업이다' 또는 '실패를 두려워하지 않는 혁신 문화를 만든다'는 선언은 곧 조직 내부에서 행동의 기준으로 작동한다.

- **모범적 행동(모델링):** 경영자의 일상 행동과 의사결정 방식은 구성원들에게 강력한 문화적 신호(signal)를 보낸다. 리더가 어떤 가치를 실제로 실천하고, 어떤 행동을 인정하거나 배제하는지를 통해 문화적 경계가 형성된다.

- **보상과 제도 설계:** 경영자는 보상 시스템, 인사정책, 승진 기준 등을 설계함으로써 어떤 행동이 조직에서 바람직하고 유효한지를 제도화한다. 이는 문화헌장이

나 선언문보다 강력하게 문화의 방향을 고정한다. 예컨대, 협업을 강조하면서도 실적 경쟁만을 보상하면 구성원은 협업 대신 경쟁에 집중하게 된다.

- **상징과 언어의 사용:** 리더가 사용하는 언어, 회의 방식, 사내 메시지, 조직 내 상징(비전 문구, 사훈, 명예의 전당 등)은 구성원의 인식을 형성하며, 문화의 일관성과 전파에 영향을 준다.

- **위기 시 대응 방식:** 조직이 위기 상황에 직면했을 때, 리더가 보여주는 의사결정 기준과 가치판단은 문화의 진정성을 드러내는 중요한 순간이다. 이때의 행동은 조직 전체에 문화적 전환점을 제공할 수 있다.

적응 문화와 성공기업의 조직문화

글로벌시장에서 오랜 기간 성공하는 기업들은 각각 고유한 조직문화를 형성해 왔으며, 그 공통점은 바로 전략과 문화 간의 강한 정렬, 변화에 대한 적응성, 그리고 이를 통한 고성과 중심의 가치공유에 있다. **정렬**은 조직문화가 고성과로 연결하는 데 있어서, 전략에 대한 일치와 일사불란함을 통해 비용의 낭비를 방지한다. **적응성**은 변화하는 외부환경에 맞춰 수정한 경영자의 전략 결정에 중하위 관리자가 조직문화 행동으로 적응하는 유연성을 제공한다. 이를 통해 공유하는 가치가 '탁월함'에 맞춰져, 최고가 되려는 조직 분위기가 **고성과 중심의 가치**를 유지·보전케 한다.

변화하는 환경은 전략변화를 요구하며, 조직문화의 변경과 전환을 필요로 한다. 경영자는 적응 문화를 개발하려는 노력도 여기에 있다. **적응 문화**(Adaptive Culture)란 외부환경의 변화, 고객 니즈, 기술혁신 등에 유연하고 능동적으로 대응할 수 있는 조직문화를 말한다.[121] 이러한 문화는 경직된 규율이나 과거 성공 방식에만 의존하지 않고, 학습, 실험, 피드백을 통해 지속적으로 조직문화의 개선과 전환을 추구한다. 이때 강조점은 혁신적인 문화적응에 있는 것뿐 아니라, 중간 및 하위 관리자들의 독창적 행동을 유인하고 보상해주는 문화 형성이라는 데 있다.

다음은 성공적인 기업들이 공유하는 주요 조직문화 특성과 각각의 **성공기업 문화 사례**이다.

사명 중심의 가치 공유의 사례다. 성공적인 기업은 단지 이윤창출을 넘어서는 '존재 이유'를 조직 전체에 공유하고, 이를 바탕으로 전사적 정렬과 몰입을 이끈다. **파타고니아**(Patagonia)는 '지구를 구하는 비즈니스'라는 미션 아래 환경 지속가능성을 중심 가치로 내세운다. 전 임직원이 제품설계, 유통, 마케팅 등 모든 활동에서 환경적 책임을 고려하게 하며, 이는 곧 브랜드 충성도와 혁신으로 이어졌다. **삼성전자**는 '인재와 기술을 바탕으로 더 나은 미래를 창조한다'는 비전 아래, 인재중심 문화와 기술혁신 중심 전략을 일관되게 유지한다. 이 모두 환경변화와 위기 시에도 전사적 방향성을 잃지 않는 전략-문화의 정렬이 성장 기반으로 작용하게 하는 사례다.

혁신과 실험을 장려하는 문화의 사례다. 성공기업들은 실패에 대한 관용과 실험 장려를 통해 끊임없는 혁신을 가능케 하는 문화를 조성한다. **구글**은 직원의 20% 시간을 본업 외 프로젝트에 할애할 수 있게 하는 '20 프로 룰(20% Rule)'을 도입했는데, 여기서 지메일(Gmail)과 구글뉴스(Google News) 같은 혁신 서비스가 탄생했다. 또한 이와 함께 인사 고과나 승진 등에 있어 '심리적 안전'을 보장하여 구성원이 자유롭게 의견을 제시할 수 있는 기반을 마련했다. 실패는 비난이 아니라 학습의 기회로 간주하는 문화가 기업의 성공을 약속한다는 믿음에서 추진하였다.

개방적 소통과 수평적 관계의 사례다. 성공기업의 조직문화는 수직적 명령이 아니라 수평적 소통과 협업을 통해 전략을 실행하는 방식을 강화한다. 예로써 **델 컴퓨터**는 기존의 계층적 조직을 수평적, 팀 기반의 자율 조직으로 전환하여 변화대응 속도와 협업 능력을 강화했다. 중간관리자 수를 줄이고, 다중적 기능을 모든 팀에 부여하여 수평적 구조 정착을 이루어냈다. **토요타**는 '현장 중심'과 '개선(카이젠)'을 조직 전반에 문화로서 내재화했다. 이는 상향식 문제 인식과 개선을 가능하게 하는 기반이 됐다. 리더가 지시보다 질문과 관찰을 통해 개선을 유도하는 문화가 정착된 대표적 기업이 토요타이다.

고성과 중심의 책임 문화의 사례다. 자율성을 제공하되, 구성원이 결과에 대한 명확한 책임을 지는 문화는 기업의 경쟁우위로써 고성과의 원천이 된다. **애플**은 제품의 완성도와 품질을 추구하는 '장인문화, 탁월함(excellence) 지향문화'가 뿌리내린 기업이다. 창업자 잡스(Jobs)는 "A급 인재가 A급 인재를 데려온다"라고 말하며, 성과 중심의 인재 선별과 팀 문화 구축에 집중하였다. 이는 애플을 지금의 초일류 기업으로 탄생시키는 원동력이 됐다.

변화와 유연한 적응형 문화의 사례다. 급변하는 기업환경에서 기업문화의 성패를 가르는 기준는 적응성이다. 이를 반영한 '적응 문화'는 환경 변화에 기민하게 반응하며, 구성원의 학습능력과 조직의 변화 수용력을 높인다. 앞서 소개한 MS 사례처럼 외부환경 변화에 적응 못 하고 혁신이 정체된 상황에서 새로운 CEO에 의해 기존의 폐쇄적·경쟁적 문화를 벗어나 성장형 사고방식 기반의 학습중심문화로 전환은 적응 문화의 표본이다. MS는 전통적 실적 중심 구조를 탈피해 개방성, 협업, 실패 수용성을 바탕으로 전략 전환(클라우드 사업 중심)과 문화 혁신에 성공했다. **아마존**은 단순한 고객 중심이 아닌, 고객을 모든 판단과 행동의 중심에 놓고, 경쟁자보다 고객을 더 잘 이해하는 '고객 집착(Customer Obsession)'이라는 원칙을 수립했다. 오늘이 창업 첫날이라는 '초심(Day 1 Mindset) 프로젝트'를 통하여 초기 스타트업 같은 민첩성과 경계 없는 실행력을 조직문화로 제도화하였다.

통제시스템

전략적 통제의 정의와 목표

전략은 실제 환경에서 구현되고, 그 과정에서 수많은 예측불허의 변수들과 마주하게 된다. 이때 전략의 유효성을 확보하고 방향성을 유지하기 위해 필요한 관리 메커니즘이 전략적 통제(Strategic Control)이다. **전략적 통제**는 조직이 수립한 전략이 계획된 목표를 향해 잘 실행되고 있는지를 지속적으로 점검하고 조정하는 관리활동을 의미한다. '전략적'이라는 의미는 단순한 실행 감시가 아니라, 전략 자체의 적절성 검토, 또한 환경 변화에 따른 전략 방향 재조정까지 포함하는 전략 실행의 핵심적인 관리 기능을 강조한 개념이다. 이 점에서 **운영통제**(Operational Control)와 구분된다. 이 둘은 〈표

표 8-2 전략적 통제와 운영 통제 비교

	전략적 통제	운영통제
목적	전략의 적합성 검토 및 수정	효율적 자원 사용과 절차 관리
초점	조직의 장기적 방향성과 전략	일상적 활동, 절차, 단기 성과
시계열	미래 지향적, 환경 변화 대응	현재 중심, 즉시 실행 점검
범위	전사적 차원	부서, 기능별 차원
사례	전략 KPI 달성 여부, 환경 변화 반영 여부	생산 비용 관리, 품질 관리

8-2〉처럼 목적, 범위, 대상, 시간적 관점 등에서 뚜렷한 차이를 보인다. 전략적 통제는 조직이 변화하는 환경에 어떻게 적응하고 전략을 유지·보완할지를 중심으로 하는 전략 수행의 총체적 감시자 역할을 한다. 반면, 운영통제는 전략을 바탕으로 실행되는 일상 활동의 효율성·정확성 확보에 집중한다.

전략적 통제의 목적은 다음 네 가지로 나눌 수 있다. 첫 번째는 통제의 기본 목적인 **전략 실행력 제고**이다. 전략 실행이 일관되게 이루어지고 있는지 확인하는 기능이다. 조직이 수립한 전략이 현장에서 계획대로 일관되게 실행되고 있는지를 점검하고 강화하는 활동으로, 조직전략과 구조, 인력, 보상, 문화 등의 정렬상태 점검과 피드백을 포함한다. 예를 들어, **스타벅스**는 전략 실행 저하를 감지한 뒤 매장 교육을 통해 고객경험 중심 전략을 재강화하였다. **페덱스**는 실시간 배송 추적과 고객 피드백을 통해 전략 실행의 일관성을 유지하고 있으며, **현대자동차**는 글로벌 공장 간 품질 차이를 통제시스템 정비로 통일을 이루어냈다.

두 번째는 **전략의 유효성 검토**에 목적을 둔다. 전략은 환경분석과 내부 역량 평가를 바탕으로 수립되지만, 이는 시간이 지나면서 변질되거나 무효가 될 수 있다. 따라서 전략적 통제는 전략이 여전히 실행가능하고 경쟁우위를 제공할 수 있는지를 검토하는 기능을 수행한다. 가령, 제조업체가 원가우위 전략을 채택했으나, 원자재 가격 급등과 ESG 규제 강화 등으로 인해 전략의 지속성이 약화되어 전략 자체를 수정할 필요가 있을 때가 있다. **코카콜라**는 오랫동안 탄산음료 중심의 글로벌 브랜드 전략을 유지해왔다. 그러나 건강 트렌드 확산과 설탕 규제 강화로 인해 기존 전략의 유효성이 약화하기 시작했다. 전략적 통제를 통해 시장 변화를 감지하고, 저칼로리·무설탕 음료와 생수, 건강 음료 브랜드로 포트폴리오를 확대·전환했다. 이로써 코카콜라는 시장점유율을 지속할 수 있었다.

세 번째는 **외부환경변화 대응**의 목적이다. 거시경제, 경쟁 환경, 고객 요구, 기술변화 등 외부요인은 지속적으로 진화한다. 전략적 통제는 이러한 환경 변화를 감지하고, 전략수정 혹은 실행 방식 변경을 통해 대응할 수 있도록 한다. **넷플릭스**는 스트리밍 시장의 경쟁이 격화되고 구독자 증가가 정체되자, 광고기반 요금제를 새롭게 도입하는 전략적 조정을 수행했다. 이는 전략적 통제의 결과물이다.

네 번째는 **조직학습 강화**에 목적을 둔다. 전략실행 과정에서 발생하는 정보를 수집하고 분석하여 조직의 학습을 유도한다. 이러한 학습은 단순한 경험 축적이 아니라, 전략의 실행력과 유효성을 지속적으로 검토하고 진화시키는 과정이다. 실행 결과를 바탕으로 문제점을 발견하고, 이를 수정함으로써 전략의 정교함과 적합성을 높인다. **넷플릭스**는 사용자 데이터를 분석해 콘텐츠 제작 전략을 실험하고 지속적으로 개선한다. 이러한 반복 학습은 전략의 실패 확률을 줄이고, 환경 변화에 대한 적응력을 높여준다. 조직 구성원은 실험과 실패의 경험을 통해 더 나은 전략 대안을 도출할 수 있게 한다.

전략적 통제의 적용 단계

전략은 수립만큼이나 실행이 중요하며, 따라서 통제시스템도 전략이 기업성과로 이어지는 전 구간에 적용되어야 한다. 즉 전략적 통제는 전략수립–실행–조정의 전과정에서 적절히 배치되어야 전략의 실효성을 높일 수 있다. 전략의 전과정에서 단계별로 적용하는 전략적 통제를 〈표 8–3〉에 정리하였다. 전략의 수립단계와 전략의 실행단계에서 전략적 통제 유형을 달리하며, 또한 전략 실행이 진행된 후에는 실행단계 전반에 걸쳐 상시적인 통제, 그리고 돌발상황에서만 국한하여 실시하는 통제 등으로 구분한다. 아울러 전략적 통제를 가장 구조화된 방식으로 설명한다는 평가를 받는 고전적 접근인 **쉔델·호퍼**(Schendel·Hofer)의 구분인 전제조건 통제(Premise Control), 전략 실

표 8-3 전략적 통제의 목적

목적	내용	사례
전략 실행력 제고	조직이 수립한 전략이 현장에서 계획대로 일관되게 실행되고 있는지를 점검하고 강화. 전략-구조-보상-문화 등의 정렬 여부를 포함하여 실행 간극을 줄이기 위한 활동	스타벅스(교육을 통한 고객경험 전략 강화), 페덱스(실시간 추적), 현대차(품질 통제시스템)
전략의 유효성	전략수립 당시 가정이 변질되었는지를 점검하고, 전략이 여전히 유효하고 경쟁우위를 제공할 수 있는지를 검토	코카콜라(저칼로리/건강 음료 확대를 통한 전략 유효성 확보)
외부환경 변화대응	거시경제, 고객 요구, 기술변화 등 외부환경의 변화에 따라 전략 또는 실행 방식을 수정하고 대응할 수 있도록 설계	넷플릭스(구독자 정체 대응을 위한 광고 요금제 도입)
조직 학습 강화	전략 실행 과정에서의 데이터를 분석하고 학습하여 전략을 개선하는 순환적 학습 시스템을 구축과 실패와 실험을 통한 전략 진화 중심	넷플릭스(데이터 기반 콘텐츠 전략 반복 개선 및 학습 강화)

행 통제(Implementation Control), 전략 감시 통제(Strategic Surveillance Control), 특별 경보 통제(Special Alert Control)[122] 등을 **적용 단계별 통제 유형**에 대응시키고, 이에 대해 사례와 함께 설명한다.

- **전략수립 전, 또는 초기: 전제조건 통제**는 전략수립 시점에 사용되는 통제로, 전략의 기반이 되는 외부환경 및 내부 역량에 대한 가정이 여전히 유효한지를 점검하는 데 목적이 있다. 기업이 전략을 수립할 때 설정한 경제 상황, 기술 수준, 고객 트렌드 등의 전제가 시간이 흐르며 변할 수 있기 때문에, 이러한 전제의 변화 여부를 정기적으로 확인하는 과정이 필수적이다. 예를 들어, **코카콜라**는 오랜 기간에 탄산음료 중심의 전략을 유지했으나, 건강 트렌드와 설탕 규제 강화로 인해 해당 전제가 더 이상 유효하지 않음을 인식하고 저칼로리·무설탕 음료로 포트폴리오를 확대하였다.

- **전략 실행 초기~중기: 전략 실행 통제**는 전략 실행단계에서 적용되며, 전략이 계획한 대로 실행되고 있는지를 점검한다. 특히 실행 과정에서 발생할 수 있는 성과의 편차나 실행력 저하를 조기에 감지하여, 피드백을 통해 보완하는 기능을

담당한다. 실행 통제는 투자, 인력 배치, 생산 시스템 등의 실행단계를 점검하며, 전략목표에 도달하기 위한 조건이 충족되고 있는지를 확인한다. 예컨대, **스타벅스**는 매장서비스 품질 저하를 감지한 후 전국 매장을 일시 폐쇄하고 바리스타 재교육을 시행해, 전략 실행력을 회복하고 고객경험 중심 전략을 강화하였다.

- **전략 실행 전반 및 상시: 전략 감시 통제**는 전략 실행 중 전반적인 외부환경의 변화를 감시하는 기능을 수행하며, 특정 전제나 실행계획에 국한되지 않고 전체적인 전략적 변화 요소를 포착하려는 폭넓은 감시 체계다. 불확실성이 높은 상황에서는 이 통제를 통해 경쟁사 활동, 신기술 등장, 고객 니즈의 변화 등을 빠르게 감지하고 조직 대응을 유도한다. 예를 들어, **아마존**은 클라우드 컴퓨팅 수요가 빠르게 증가할 가능성을 사전에 포착하고, 이를 기반으로 AWS 서비스를 조기에 시장에 안착시켰다.

- **비상 상황 시 즉시: 특별 경보 통제**는 예상치 못한 위기나 돌발상황이 발생했을 때 발동되는 긴급 대응형 통제이다. 팬데믹, 지정학적 분쟁, 주요 법규 변경 등 기존전략을 무력화할 수 있는 사건에 직면했을 때 전략의 중단, 전면 수정 또는

표 8-4 적용 단계별 전략적 통제 유형

적용 단계	전략적 통제 유형	주요 초점	핵심 기능	대표 사례
전략 수립 전, 초기	전제 조건 통제	전략의 핵심 가정	전략이 전제한 환경적 · 조직적 조건(예: 원자재 가격, 수요 트렌드, 기술 기반 등)이 여전히 유효한지 검토	코카콜라가 건강 트렌드 확산을 감지하고 저칼로리 제품군 확대
전략 실행 초기~중기	전략 실행 통제	실행 진척도	전략이 계획대로 실행되고 있는지 단계별 점검. 실행 간극 식별 및 피드백 제공	스타벅스가 매장 운영 재교육을 통해 고객 경험 전략 재강화
전략 실행 전반 및 상시	전략 감시 통제	전체 환경 변화	경쟁자 동향, 기술 변화, 사회 트렌드 등 전략 외부 환경을 광범위하게 감시	아마존이 클라우드 수요 조짐을 감지하고 AWS를 조기 추진
비상 상황 시 즉시	특별 경보 통제	예기치 못한 위기 대응	팬데믹, 전쟁, 규제 변경 등 돌발상황 발생 시 전략 중단 또는 신속한 재설계	넷플릭스가 팬데믹 중 광고형 요금제 전환 등 전략 보완

대체 전략의 수립이 필요하다. 이러한 특별 통제는 민첩한 전략조정 능력을 통해 조직의 생존과 기회를 확보한다. 예를 들어, **넷플릭스**는 코로나 팬데믹으로 오리지널 콘텐츠 제작이 중단되자, 광고기반 요금제 도입과 같은 전략 보완책을 신속히 추진하였다.

통제시스템의 유형

통제시스템은 그 목적과 작동 방식에 따라 대체로 네 가지 유형으로 분류된다. 즉, 구성원의 자율성과 책임감을 촉진하는 **대인통제**(People Control), 구체적인 지침과 절차에 따라 행동을 통제하는 **행동통제**(Behavior Control), 결과 중심의 평가 및 보상을 중시하는 **산출통제**(Output Control), 그리고 조직의 공유된 가치와 문화를 통해 자율적 행동을 유도하는 **문화/집단통제**(Culture/Clan Control)가 그것이다. 각 통제 유형은 고유한 방식으로 전략 실행을 지원하며, 조직의 특성과 전략적 맥락에 따라 그 비중과 형태가 달라진다. 따라서 네 가지 통제 유형에 대한 이해는 전략적 조직설계와 실행의 정합성을 높이는 데 중요한 출발점이 된다.

- **대인통제:** 대인통제는 조직이 목표를 달성하는 과정에서 구성원들의 행동에 대인적 상호작용을 통해 영향을 미치는 통제방식이다. 이러한 '넓은 의미'보다는 주로 상위 관리자의 직접적이고 개인적인 감시와 감독을 통해 구성원의 업무수행을 확인하고, 목표에서 벗어난 행동을 수정하도록 유도하는 '좁은 의미'로 많이 쓰인다. 예로는 **아마존과 쿠팡**의 물류창고 운영방식이 해당한다. 창고 내 관리자가 근무자들의 작업 속도와 정확성을 현장에서 직접 관찰하고 평가하며, 업무수행의 미흡한 부분을 즉각적으로 지적하거나 교정하는 대인적 상호작용을 통해 직원들의 행동을 통제한다. 특히 규모가 작고 직접적인 대면이 가능한 **소규모 기능조직**에서 효과적으로 작동하며, 구성원의 행동에 대한 즉각적인 피드백과 개입을 통해 업무수행의 일관성과 통제력을 높인다. 다만 지나친 개입이나 엄격한 감독은 구성원의 스트레스를 증가시키고 자율성을 저하할 수 있어 주의가 필요하다.

- **행동통제:** 행동통제는 조직이 정해진 전략을 실현하기 위하여 구성원이 따라야 할 행동 기준과 절차를 명확하게 규정하고, 이를 지속적으로 점검하는 방식이다. 업무 매뉴얼, 표준운영절차(SOP), 체크리스트, 정기적 보고체계 등을 활용한다. 대표적인 사례로 **맥도날드**는 전 세계 매장에서 일정한 품질과 서비스를 유지하기 위하여 표준화한 조리 매뉴얼과 작업 절차를 사용하며, **항공사**는 안전을 최우선으로 하는 행동 규정을 체크리스트에 담는다. 대인통제와 마찬가지로 지나치게 엄격한 행동통제는 구성원의 창의성을 억제할 수 있으므로 주의가 필요하다.

- **산출통제:** 산출통제는 전략의 성공적 달성을 위해 결과 중심으로 성과를 평가하고 보상을 결정하는 방식이다. 이를 위해 조직은 구체적인 목표와 핵심성과지표(KPI)를 설정하고, 예산 달성률이나 목표관리(MBO)를 통해 구성원의 성과를 점검한다. **삼성전자**는 부서 단위의 명확한 성과목표를 설정하고 이를 평가하여 성과급을 차등 지급하며, **GE**는 크로톤빌 리더십 프로그램을 통해 목표관리 방식으로 성과를 측정한다. 그러나 지나친 결과 중심 접근은 단기적 성과에만 집중하는 부작용을 초래할 수 있어, 장기적 관점에서의 균형 잡힌 평가가 요구된다. 보험회사, 자동차판매회사와 같은 **영업조직**에 적합한 통제시스템이다.

- **문화/집단통제:** 문화 혹은 집단통제는 조직 내부에 형성된 공유된 가치와 신념, 조직문화를 통해 구성원들이 자발적으로 전략적 일관성을 유지하도록 유도하는 통제방식이다. 이는 사내 행사, 공통의 언어, 조직문화 내재화, 사회화 과정 등을 통해 실현되며, **구글**의 자율적인 혁신 문화, **자포스**(Zappos)의 강력한 고객중심 문화, **토요타**의 지속적인 개선(카이젠) 문화가 해당한다. 이 통제방식은 구축까지 시간이 오래 걸리지만, 한 번 정착되면 조직 내 자율성과 응집력을 높이고, 구성원들을 스스로 조직 목표에 헌신하도록 이끈다. **대학교와 연구기관**의 연구문화에서도 예를 볼 수 있다. 연구라는 업무 속성상 연구자들을 정시 출퇴근 규정과 같은 행동통제, 그리고 정량적 연구결과물 측정과 같은 산출통제로 가치가

있고 혁신적인 기술을 창출하기 어렵다. 이때 연구 동료 간 분위기통제는 어떤 통제방식보다 적절한 조직통제 수단이 된다.

세 가지 전략수준과 통제시스템의 적용

기능수준의 통제시스템

통제시스템의 유형을 각 가치사슬 활동의 성격에 따라 적절하게 적용한다면 동일 양의 자원투입 대비, 높은 성과를 거둘 수 있다. **대인통제**는 조직 내부의 상호작용이 잦은 부문, 즉 인적관리, 영업 현장 등에서 실행력을 강화하는 효과를 낸다. **행동통제**는 절차적 일관성이 중요한 생산·서비스·물류 등 표준화된 활동에서 효과적이다. **산출통제**는 명확한 성과지표가 존재하는 마케팅, 영업, 물류, 응용기술개발 활동에서 유용하다. **문화통제**는 서비스, 혁신연구, 조직개발 등 비형식성과 자율성이 요구되는 영역에서 조직 일관성을 유지하는 데 적합하다. **가치사슬별 통제시스템의 적용 영역**을 예시와 함께 설명하면 다음과 같다.

- **생산 운영:** 제품생산과 서비스제공 과정에서는 표준작업지침(SOP), 체크리스트 등을 기반으로 한 **행동통제**가 효과적이다. 또한, 현장 관리자의 직접적 감독을 통한 **대인통제**도 생산성과 품질 유지에 기여한다. 예컨대, **토요타**의 생산라인 현장감독에 적용하는 경우다.

- **물류관리:** 물류는 정해진 시간 내 정확한 처리와 비용 효율성이 중요하므로, 성과지표(KPI) 중심의 **산출통제**가 주로 사용된다. 동시에 출고·입고 프로세스의 일관성을 유지하기 위한 **행동통제**도 병행된다. 예를 들면, **페덱스**의 배송 시간 엄수율 관리에 사용한다.

- **마케팅 및 판매:** 다양한 통제시스템 적용이 가능하다. 매출 목표, 전환율 등 정

량 지표에 기반한 **산출통제**가 주축을 이룬다. 예를 들면, 영업팀별로 '세일즈 목표관리 시스템' 적용은 산출통제를 기반으로 한다. 하지만 팀장이나 영업관리자의 직접 감독을 통한 **대인통제**, 고객중심문화 정착을 위한 **조직문화 통제**도 중요한 역할을 한다.

- **고객서비스:** 고객과의 접점에서 일관된 서비스를 제공하기 위해 서비스 매뉴얼과 행동지침이 활용되며, 이는 **행동통제**에 해당한다. 콜센터의 고객 응대가 그 예다. 동시에 고객지향적 가치관과 태도를 공유하는 **문화통제**는 서비스 품질에 큰 영향을 준다. 이에 대한 대표사례는 **자포스**의 고객 최우선 문화를 꼽을 수 있다.

- **인적자원관리:** 조직 구성원의 역량 개발과 행동 유도를 위해 교육, 피드백, 리더십을 통한 **대인통제**를 적용하고, 장기적으로는 공유가치와 신념의 형성을 위해서 **문화통제**를 정착시키는 것이 중요하다. 문화통제의 예는 **구글**의 인재중심 조직문화가 있다.

- **기술개발:** 연구개발 결과물에 대해 산출지표를 설정하여 관리하는 **산출통제**가 사용되며, 자율적 연구 환경을 조성하고 지식 공유를 촉진하는 **문화통제**도 역시 강조된다. 후자에 대한 예는 3M의 '15% 자율 프로젝트' 문화가 있다.

- **조달:** 공급업체와의 거래 절차 준수, 구매 기준 명확화 등을 위한 **행동통제**, 그리고 구매 단가, 납기율 등의 성과기준에 기반한 **산출통제**가 주로 병행된다. **삼성전자와 현대자동차**의 협력사 평가시스템을 예로 들 수 있다.

대체로 가치사슬별로 밀접하게 궁합이 맞는 통제시스템이 무엇인지 추론할 수 있다. 그러나 특정 가치활동에 전적으로 특정 통제시스템을 대응해서 적용해야 성과가 높은 것이 아니다. 개별 가치사슬에서도 세부 내용에 따라 각각 통제시스템이 달리 적용할 때 성과관리 효과성이 높아진다. 예컨대, 응용기술의 개발은 연구결과물에 산출지표를 설정하여 관리하는 산출통제가 양적 측면에서는 효율적이다. 또한 질적 측면을 강조한다면 문화통제가 적절할 수 있다. 콜센터나 백화점 직원의 고객 응대 서비스는 행동통제가 고객으로부터 불평을 최소화하는 통제방식이나, 적극적으로 고객감동과 재구매를 위해서는 문화통제가 서비스의 질을 높이는 효과적인 통제시스템이 된다. 이처럼 전략적 통제시스템은 각 가치사슬 활동, 또는 세부 가치사슬 활동에 맞추어 **선택적·조합적으로 설계**되어야 하며, 이를 통해 기업은 전략 수립과 실행의 정합성과 운영 효율성을 극대화할 수 있다.

사업수준의 통제시스템

사업부수준 전략에서는 **산업 특성을 반영**하여 통제시스템을 적용한다. 정형화된 또는 비정화된 산업의 통제시스템, 제조업과 서비스업 간 통제시스템을 비교한다. 또한 제조업은 첨단제조업과 전통제조업으로, 서비스업은 전문서비스업과 일반서비스업으로 나눠 비교한다. 이러한 산업 구분은 범위가 넓어 동일 산업군 내에서도 세부 업종별 통제시스템이 다를 수 있으니, 이를 감안하여 다음의 산업(사업)별 통제시스템 적용사례를 해석하기 바란다.

- **정형화 산업:** 공정, 절차, 품질 기준이 명확하고, 결과 예측이 쉬운 산업으로 자동차, 전자, 제조업, 패스트푸드 등이 해당한다. 현대차, 인텔, 맥도날드 등이 속한 산업이다. 반복적이고 규칙적인 업무를 중심으로 한 성과관리가 용이하며, 표준화된 매뉴얼이나 지침을 활용한 관리가 필요하므로 **행동통제 및 산출통제**를 활용한다.

- **비정형화 산업:** 창의성, 직관, 비표준화된 활동이 중심인 산업으로 디자인, 광고, 컨설팅, IT 개발, 콘텐츠 산업 등이 해당한다. 예를 들면 사치앤사치, 픽사, 넷플릭스 등이 속한다. 결과보다는 가치공유와 자율성이 중요하며, 비공식적인 규범과 리더의 역할이 성과에 큰 영향을 주므로 **문화통제나 대인통제**를 적용한다.

- **첨단제조업:** R&D 중심, 기술혁신 속도 빠름, 글로벌 가치사슬 운영이 특징으로 반도체, 전자, 정밀기계, 바이오 등이 해당한다. 목표 기반의 생산성과 수익성 측정이 필요하므로 결과물 산출지표로써 **산출통제**를, 그리고 혁신과 협업 유도를 위한 개방적 조직문화도 강조되므로 **문화통제**를 병행한다.

- **전통제조업:** 대량생산, 품질·원가 중심, 공정표준화가 특징으로 철강, 섬유, 일반가전, 식품 등이 해당한다. 작업지침과 절차기반 운영이 요구되므로 **행동통제**가, 또한 생산성과 재고 회전율 등 정량 지표 활용이 유효한 **산출통제**가 활용된다.

- **전문서비스업:** 고도의 지식과 윤리, 자율성 중시, 비정형 과업의 속성인 전문서비스업은 컨설팅, 회계, 법률, 병원, 고등교육 등이 해당한다. 리더십과 파트너십 중심의 통제에는 **대인통제**, 그리고 전문가 문화와 가치 공유 기반의 자율적 통제로 **문화통제**를 적용한다.

- **일반서비스업:** 유통, 외식, 여행, 콜센터 등 고객 대면 중심, 표준화된 서비스, 정량적 평가가 가능한 속성을 가지므로, 매뉴얼 기반 서비스로 통일성 유지를 위한 **행동통제**, 그리고 고객만족도, 매출 등 지표 중심의 **산출통제**를 적용한다.

요약하면, **산업군별 통계시스템의 연계성**으로 볼 때, 정형화 산업은 절차·성과 중심의 행동통제·산출통제가 적합하며, 비정형화 산업은 문화·사람 중심의 문화통제·대인통제가 효과적이다. 또한, 전문서비스업은 자율성·신뢰 기반이 서비스 품질 향상에 중요하므로 대인통제·문화통제가 적합하고, 일반서비스업은 서비스 표준화·성과 측정이 중요시되므로 행동통제·산출 통제가 적합하다.

기업수준의 통제시스템

기업수준 전략에서 통제방식은 **사업 간 연계성 여부**에 따라 달라지는데, 관련 및 비관련 다각화의 구분 속성상, 사업의 연관성이 높은 관련다각화는 '통합과 조정'에 초점을 맞춘 통제시스템, 그리고 사업 간 독립성이 높은 비관련 다각화는 '독립 운영과 성과 통제'에 초점을 맞춘 통제시스템이 적합하다.

관련다각화는 연결된 사업 간 시너지 창출이 목표이므로, 공유된 절차, 조직문화, 공통의 성과지표(KPI) 설정이 중요하다. 따라서 각 사업부가 전략적으로 정렬되도록 상호 조정하는 메커니즘이 요구된다. 따라서 **산출통제는 제한적**으로 적용하고, 나머지 행동/문화/대인통제는 적절히 활용한다. 반면, **비관련다각화**는 서로 다른 산업의 포트폴리오로 구성되므로 통제는 각 사업의 재무성과 지표 위주로 분리·관리하는 것이 타당하다. 따라서 **산출통제를 중심**으로 한다.

- **관련다각화의 통제시스템:** 네 가지 통제방식의 유연적 적용이 가능하다.[123] 먼저 **행동통제**의 적용이다. 사업 간 활동이 상호 연계되어 있으므로, 각 부문의 업무 내용과 절차를 본사가 표준화하고 일관성 있는 실행 방식을 요구할 수 있다. 기능 간 협력과 통합의 필요성이 크므로 프로세스 중심의 행동통제가 유효하다. 또한 **문화통제**를 적용한다. 조직 전반에 공유된 가치와 규범을 확산시켜, 부문 간 지식 교류와 협업을 유도하는 데 효과적이다. 통합된 기업문화는 공동 목표와 시너지를 강조하는 관련다각화에 적합하다. **산출통제는 제한적**으로 적용한다. 개별 사업의 성과를 측정하되, 완전한 독립보다는 성과 공유와 성과 연계 보상을 통해 통합적 성과를 유도한다. 다만 사업 간 경계가 뚜렷하지 않아 성과측정의 한계가 존재할 수 있어 제한적 사용이 요구된다. **대인통제**를 적용한다. 대인통제의 대상 범위가 넓다. 핵심 인재의 순환보직, 집단 의사결정, 인적 네트워크 강화 등을 통해 부문 간 조정이 이뤄진다. 경영진의 직접적인 관여와 조정으로 통합 시너지를 지원한다.

- **비관련다각화의 통제시스템:** 네 가지 중, 주로 산출통제를 채택하고 나머지는 제한적 적용을 한다. 우선적으로 **산출통제에 치중**한다. 사업 간 시너지가 거의 없기 때문에 각 부문의 재무성과 중심의 독립적 통제가 가장 효율적이다. 투자수

익률(ROI), 자산수익률(ROA) 등 정량적 지표에 기반한 '성과 책임 체계'를 적용한다. **행동통제는 제한적**이다. 사업 특성이 매우 이질적이므로 통일된 업무 기준 설정이 불가하거나 비효율적이다. 통제비용이 크며, 오히려 비관련다각화의 전략적 장점을 저해할 수 있다. 따라서 제한적으로 사용한다. **문화통제는 제한적**이다. 통합된 문화 형성은 어렵기도 하거니와 추진할 실익도 없다. 문화에 대한 전파 범위는 본사 수준에서 기본적인 리더십 또는 핵심 이념 전파 수준에 한정된다. 적용에 있어 **대인통제가 제한적**이다. 대인통제 대상 범위가 좁으며, 핵심 인재풀은 부문 간 공유가 제한된다. 인사관리 역시 개별 사업부에서 독립적으로 이루어지며, 본사의 개입은 최소화된다.

성과평가 시스템

균형성과표의 관점과 시사점

과거의 성과평가 시스템은 주로 재무지표에 집중되어 있었다. 투자수익률(ROI), 매출, 순이익 등과 같은 지표는 조직의 과거 실적을 보여주지만, 미래의 성과를 예측하거나 전략 실행 방향을 점검하는 데에는 한계가 있다. 특히, 지식기반산업의 부상과 경쟁 환경의 복잡성 증대로 인해, 무형자산(고객 관계, 내부 프로세스, 인적자본 등)의 중요성이 증가하고 있음에도 재무제표에 직접 반영되지 않는다는 문제가 존재했다. **카플란·노턴**은 이에 대응하여, 조직의 비전과 전략을 다차원적으로 측정할 수 있는 균형 잡힌 성과지표 체계가 필요하다고 주장하였다. **균형성과표**(Balanced Scorecard: BSC)는 조직의 전략을 다음 네 가지 관점에서 구체적인 지표로써 관리하도록 제안한다.

- **재무 관점:** '주주와 이해관계자의 관점에서 우리가 성공하고 있는가'가 핵심 질문이다. 재무 관점은 전략적 목표가 궁극적으로 조직의 수익성과 가치를 얼마나 창출하는지를 측정하는 부분이다. 투자자나 경영진이 성과를 판단할 때 가장 익숙한 지표로 주로 수익성, 비용 효율성, 투자수익률 등 전통적 재무성과를 평가

한다. 이는 주주가치를 극대화하기 위한 핵심 지표이며, 전략 실행 후의 결과물로 간주한다.

- **고객 관점:** '우리는 어떤 고객에게 어떤 가치를 제공해야 하는가?'가 핵심 질문이다. 고객 관점은 조직이 목표로 삼는 고객군에게 가치 제안을 얼마나 잘 전달하고 있는지를 측정한다. 여기서 말하는 고객은 외부 소비자일 수도 있고, 공공기관의 경우 시민, 학생, 환자 등 다양한 이해관계자를 포함한다. 대표적 측정지표인 고객만족도, 충성도, 시장점유율 등을 통해 조직이 고객에게 제공하는 가치와 서비스 품질을 측정한다. 가치 제안은 운영 우수성(저비용, 고효율), 제품 리더십(혁신성, 품질), 고객 밀착(맞춤성, 고객관계) 등 크게 세 가지 범주에서 평가한다.

- **내부프로세스 관점:** '전략을 성공적으로 실행하기 위해 우리는 어떤 프로세스를 잘해야 하는가?'가 핵심 질문이다. 제품개발, 생산, 유통, 서비스 등 조직 내부의 핵심 프로세스가 전략적 목표를 얼마나 잘 지원하고 있는지를 평가한다. 이 관점은 조직이 전략적 목표를 달성하기 위해 내부적으로 수행해야 할 핵심활동과 프로세스를 정의하고, 그 성과를 측정하는 영역이다. 주요 측정지표는 불량률, 제조 리드타임, 프로세스 자동화 비율, 신제품 개발 주기, 고객 요청 대응시간, 프로세스 표준화율, 협업도 등이다. 내부 프로세스는 가치사슬 전체를 대상으로 하되, 전략과 경쟁우위에 직결되는 부분에 대해서는 중점을 두어 평가한다. 이는 조직의 가치사슬 전과정을 전략과 연계하는 데 기여한다.

- **학습과 성장 관점:** '우리는 변화하고 발전할 수 있는 조직역량을 갖추고 있는가?'가 핵심 질문이다. 이 관점은 전략을 장기적으로 지속하기 위한 조직의 기반 인프라, 즉 인적자본, 정보 시스템, 조직문화 등 무형자산의 개발과 축적 상태를 측정한다. 이는 앞의 세 관점을 실현할 수 있게 만드는 기반적 평가지표다. 직원의 역량, 정보 시스템, 조직문화 등 장기적인 성장 기반이 되는 요소를 측정한

다. 주요 측정지표는 직원의 역량의 경우는 교육시간, 교육 효과성, 직원몰입도 등으로, 정보 시스템의 경우는 정보시스템 활용률, 디지털화 수준, 내부지식 공유지표 등으로, 조직문화의 경우는 리더십 개발지수, 혁신 제안 건수, 내부 커뮤니케이션 만족도 등이 있다. 인적자본과 조직의 학습능력은 미래 경쟁력을 형성하는 중요한 원천이다.

네 가지 관점은 각기 단절된 것이 아니라, 전략적 논리에 따라 인과적으로 연결되어 있다. 간략히 **BSC의 인과 고리**를 정리하면, '**학습과 성장 관점** → (역량 향상과 시스템 개선) → **내부프로세스 관점** → (운영 효율성과 혁신 강화) → **고객 관점** → (만족도와 충성도 향상) → **재무 관점** → (매출 증대와 수익성 향상)'의 흐름으로 **장기적 기업가치**를 지향한다.

전략-조직 정렬에 대한 **BSC의 의의**는 다음과 같다. BSC는 전략실행의 단계에서 성과를 측정하는 하나의 도구로서 가치보다는 전략과 조직운영 간 정렬을 이루기 위

그림 8-7 균형성과표

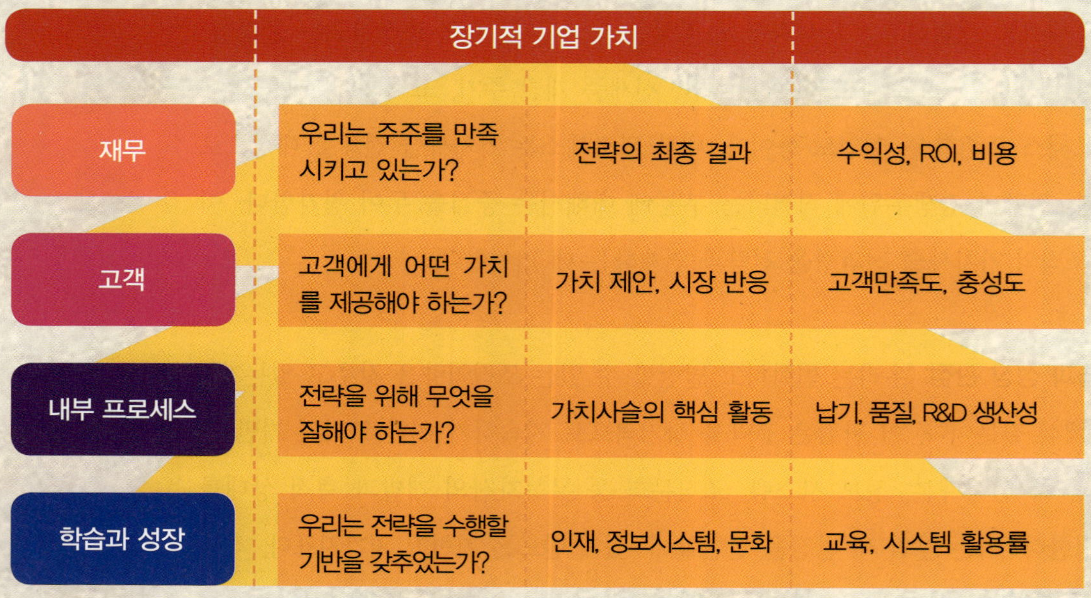

한 총체적 도구로 보아야 한다. 성과지표 설계를 통해 구성원의 목표를 기업의 전략과 일치시키고, 보상과 학습체계를 연계함으로써 조직 활동이 전략 방향성에 일관되도록 한다. BSC는 조직설계의 다른 요소들, 즉 구조, 통제, 문화 등과 밀접하게 연계해 작성한다. 만일 성과지표가 조직 구조상의 부서 단위와 불일치하거나, 조직문화가 고객지향적이지 않다면 전략 실행에 장애물이 된다.

균형성과표의 한계와 비판

많은 장점과 기존 성과평가 방식에 대한 차별적 공헌에도 불구하고, 다음과 같은 **BSC의 한계와 비판**이 나오고 있다. 여섯 가지로 추려서 정리한다.

첫째, **전략적 인과관계에 대한 검증 부족**을 지적한다.[124] BSC는 네 가지 관점(학습·성장 → 내부프로세스 → 고객 → 재무)이 인과적으로 연결된다는 가정하에 설계된다. 그러나 실제 현장에서 이 인과관계가 실증적으로 검증되기 어렵다는 점을 비판한다. 예를 들어, 직원교육이 내부 프로세스 개선을 거쳐 재무성과 향상으로 이어진다는 논리는 직관적으로 타당해 보이지만, 실제로는 다양한 외부 변수(시장 변화, 경쟁사 전략 등) 때문에 성과와의 직접적 연결고리가 희미한 경우가 많다는 지적이다.

둘째, **성과지표 간의 균형 상실**에 대한 비판이다. BSC는 본래 재무적지표와 비재무적 지표, 단기지표와 장기지표 간의 균형을 추구하지만, 현실에서는 여전히 재무적 성과에 대한 의존이 크며, 나머지 관점들은 '보조적'으로 취급되는 경우가 많다. 또한 장기 실적보다는 이해관계자들에 의한 단기 실적 압박이 크다. 이런 경우, 고객 만족이나 내부 역량 강화보다 단기 이익이나 매출성장을 우선하게 되어, 균형이 무너지는 경향이 자연적으로 발생한다. 또 구성원 평가 시 재무성과에 대한 보상이 더 직접적으로 연결돼 있어, 고객 서비스나 학습활동은 실제 행동으로 연결되기 어렵다.

셋째, **지표 과잉과 복잡성 문제**를 지적한다. BSC 도입 시 각 관점마다 다수의 지표(KPI)를 설정하게 된다. 이는 관리해야 할 지표의 수가 많아져 성과관리 시스템이 과도하게 복잡해지는 문제를 발생시킨다. 이로 인해 조직은 지표 간의 우선순위를 정하지 못하고, 측정 자체가 목적이 되어 '측정 과잉 상태'에 빠지게 된다. 이는 실무적 한

모빌오일의 균형성과표 도입

1990년대 중반, 미국의 에너지 대기업 모빌오일(Mobil Oil)은 정유부문의 수익성 저하와 내부 효율성 문제로 인해 근본적인 전략 실행체계의 전환이 요구되었다. 이러한 상황에서 균형성과표(BSC)를 도입하여 전략과 성과의 연계를 재구축하기로 결정했다. BSC는 다음의 4대 관점으로 설계되었다.

- 재무 관점: 자산 수익률(ROA), 운영비용 절감, 세전이익 증대 등 전통적인 수익성과 효율성 지표를 중심으로 설정되었다.
- 고객 관점: 유통 채널 만족도, 고객 충성도, 서비스 신뢰성 등 고객 가치 제안 강화를 측정하는 지표로 구성되었다.
- 내부 프로세스 관점: 정유공정의 운영 효율, 환경 안전 규정 준수율, 공급망 통합 속도 등 핵심역량을 추적하였다.
- 학습과 성장 관점: 직원의 기술 교육 참여율, 정보 시스템 활용도, 팀 기반 문제해결 역량 등 지속적 개선과 학습 문화를 강조하였다.

특히 모빌오일은 전략목표 간의 인과관계를 BSC 맵에 시각화하여, 예를 들어 '직원의 역량 강화 → 공정 운영 효율화 → 고객 만족 증대 → 수익성 향상'이라는 선순환 구조를 경영진과 전 직원에게 명확히 전달했다. 이를 위해 각 지표마다 구체적인 목표 수치와 달성 시한을 설정하고, 분기별 점검과 실행 책임자를 명확히 지정했다.

BSC 도입 후 모빌오일은 단기간 내 성과 개선 효과를 경험하였다. 18개월 이내에 고객 만족도가 15% 상승하였고, 운영비용이 목표 대비 12% 절감되었다. 또한 BSC를 도입한 지역본부가 그렇지 않은 본부보다 평균 수익률에서 2배 이상의 성과를 달성했다는 내부 분석 결과가 제시되었다. 중요한 점은, 이 성과가 단순한 수치의 개선을 넘어 조직 전체가 전략 중심의 운영체계로 전환되었음을 의미했다는 것이다.

모빌오일 사례는 BSC가 글로벌 대기업의 복잡한 전략을 현장 수준까지 내재화하고, 성과관리와 학습조직의 기반을 동시에 제공할 수 있음을 보여준다. 재무성과에 집착하던 기존 방식에서 벗어나, 고객, 프로세스, 학습 측면의 개선이 오히려 재무성과를 견인한다는 '전략적 논리의 가시화'를 가능하게 한 것이다.

계로써 너무 많은 KPI가 존재할 경우, 구성원들은 어떤 지표에 집중해야 할지 모호해지고, 핵심 성과지표의 전략적 중요성도 희석된다.

넷째, **질적 지표 측정의 어려움**을 지적한다. BSC는 고객 만족, 조직문화, 직원 몰입도 등 질적인 영역까지 측정 대상에 포함하려고 시도하지만, 이들 항목은 정량화하기 어렵고 주관성이 개입되기 쉬운 특성을 가진다. 결국, 이런 항목들은 가시성과 측정 가능성이 작아 실질적인 관리에서 배제되거나, 개인의 성과보상과 연결되지 못해 영향력이 약해지는 문제가 발생한다.

다섯째, **변화하는 환경에 대한 적응성 부족**을 비판한다. BSC는 일정한 전략과 목표를 전제로 성과지표를 설계하는데, 오늘날과 같이 급변하는 경영환경(예, 팬데믹, 디지털 트랜스포메이션, ESG 경영 등의 유행)은 전략 방향이나 측정 지표의 신속한 변경을 요구한다. 그러나 일반 기업에서 BSC는 정기적인 재설계 없이 고정화된 틀로 운용되기 쉬우며, 그에 따른 변화 민첩성이 떨어진다는 비판이 있다.

여섯째, **전사적 정렬 실패의 가능성**을 우려한다. BSC는 전략을 전사적 수준에서 기능·부서(팀)·개인으로 할당하여 정렬하는 것을 전제로 한다. 하지만 현실에서는 부서 간 이해관계나 리더십 부족, 커뮤니케이션 한계 등으로 인해 전략과 개별 핵심성과지표(KPI) 간의 연결이 단절되거나 왜곡될 수 있다. 그 결과, 부서나 개인이 조직전략과 무관한 지표에 매몰되거나, 전략과 무관한 행동을 강화하게 될 위험이 있다.

BSC는 전략을 실행 가능한 일상 활동으로 전환하기 위한 강력한 도구이지만, 이와 같은 한계와 비판처럼, 설계와 운영의 정교함, 지속적 개선, 조직문화와 리더십 간 정렬이 없다면 형식적인 틀에 그칠 수 있다. 기업이 BSC를 도입한 후 단지 지표를 나열하는 것에 BSC 도입의 의의가 있는 것이 아니므로, 전략적 목적과 조직의 실행 메커니즘 전반을 통합적으로 설계하고, 변화에 따라 지속적으로 조정할 수 있는 역량과 의지가 **BSC 채택의 전제조건**인 만큼 성과시스템으로 채택에 신중할 필요가 있다.

PART 3
전략의 실행

부시맨의 조직변화 변화와 경쟁우위 의도한 전략행위 변화의 유형

변화관리 모델 변화 저항의 대응 혁신의 범주 혁신과 경쟁우위

혁신의 최신 유형 경영혁신 기법 경영혁신 분석모형

09

변화와 혁신

세계 경제 사이클의 침체 국면, 코로나와 같은 질병의 대유행, 각국 정치적 이해관계에 따른 국지전 발생, 미중 간 무역 전쟁, 친환경 에너지 시대, AI 혁명 등 기업의 환경은 시장에서 경쟁자의 위협을 제외하고서라도 항상 충격과 돌발상황에 노출돼 있다. 이러한 상황에서 조직은 기존의 전략, 구조, 업무방식, 기술 체계, 인적자원 운영 등 핵심 요소들을 점검하고, 변화된 조건에 적응하기 위한 대대적인 전환을 시도한다. 이처럼 일정한 방향성과 의도를 가지고 조직 전체의 작동 방식을 바꾸려는 노력이 바로 '조직변화'다. 전략경영에서 **변화**(Change)는 단순한 업무 개선이나 부서 단위의 조정이 아니라, 조직이 목표하는 미래 상태에 도달하기 위해 근본적인 체계를 바꾸는 구조적 전환을 포함한다.

전략경영의 관점에서 보면, 이러한 변화는 지속하여 기업의 전략을 효과적으로 실행하기 위한 필수조건이다. 새로운 전략을 수립하더라도 조직의 구조와 문화, 인센티브 시스템이 과거 방식 그대로라면 전략은 작동하지 않게 된다. 따라서 변화는 바뀐 환경에서 전략 실행력을 확보하기 위한 조치이며, 동시에 경쟁 환경에서 유연하게 대응할 수 있도록 조직의 적응력을 높여주는 장치수단이기도 하다. 이러한 점에서 조직 변화는 환경에 대한 수동적 반응에서뿐 아니라, 장기적인 경쟁우위를 확보하기 위한 적극적인 전략적 선택으로서 의의가 있다.

변화의 이해를 돕고자 아프리카 남부 칼라하리 사막에 거주하는 부시맨(Bushman)의 생활조직 이야기를 **허스트**(Hurst)의 책에서 인용한다. 1944년의 부시맨 생활조직과 1982년의 부시맨 생활조직은 사뭇 달랐다.[125] 사냥에서 방목으로 경제사회환경이 변화한 것이다. **1944년도 조직특성**은 공식 계층이나 위계질서가 없는 평등한 조직 구조인 **비계층적 구조**를 가지며, 역할과 책임이 고정되어 있지 않고 상황에 따라 자율적으로 조정되는 **유연한 역할 분담** 체제였다. 구성원 각자자 **자발적 역할**을 선택하며, 집단 내에 강제성이나 명령 위계는 찾아보기 힘들다. 또한 집단 전체의 생존과 성과를 위한 **협력적 가치**가 강조된다. 이에 따른 커뮤니케이션 방식의 특징은 다음과 같다. 정보와 의사결정이 모두에게 개방되어 있으며, 중요한 문제는 전체 토론을 통해 결정하는 **개방적 소통**의 모습을 보인다. 움막의 간격이 일정하게 좁다. 집단의 목표와 가치가 자연스럽게 공유되고, 구성원 모두가 방향성에 대해 이해하는 **비전의 공유** 현상도 나타난다. 오늘날 회사운영방식으로 표현하면, 공식적 보고체계나 문서화된 절차 없이, 말과 행동을 통한 직접적 커뮤니케이션의 **비공식 네트워크**를 채택한다. 구성원 간 상호작용이 활발해, 피드백과 의견 조율이 신속하게 이루어지는 **즉각적 피드백**을 한다.

그러나 **1982년도 조직특성**은 많이 변해 있다. 의사결정 권한이 일부 상위 계층에 집중되고, 하위 구성원은 주로 지시를 따르는 **계층적 구조**로 전환됐다. 방목의 생산과 분배, 자원 관리, 의식 등에서 각자의 역할이 명확히 정해지는 **고정된 역할과 책임**이 과거의 유연한 역할 부담 체계를 대신했다. 집단의 질서와 생산성 유지를 위해 **규범, 규칙, 전통이 강화**되고 위계질서와 규율을 유지하기 위한 **공식적 절차가 도입**됐다. 커뮤니케이션 방식도 변화했다. 의사결정이 상위 계층으로부터 하위 계층으로 일방적으로 전달되는 경향이 강해지고, 하위 구성원의 의견 개진이나 집단적 토론 기회가 줄어드는 **폐쇄적·수직적 커뮤니케이션**으로 바뀌었다. 공식 회의, 의식, 규정 등을 통한 소통이 늘어나며, 비공식적·자유로운 대화는 감소하는 **공식적·형식적 소통**으로 변모했다. 중요한 정보나 결정사항은 일부 리더층에 집중되어, 전체 구성원에게는 제한적으로만 공유되는 **정보의 제한적 공유** 현상이 나타났다.

이러한 **부시맨의 생활과 조직의 변화**를 알 수 있는 그림이 [그림 9-1]이다. 좌측의 그림은 의사소통이 유리한, 개방적 조직 체제를 갖추고 있다. 반면, 우측 그림은 방목을 위한 동물 우리, 저장 창고 등 기능조직으로 변모하여, 공동보다는 계층적 구조와 폐쇄적 커뮤니케이션 체제가 구축되어 있다. 이 이야기를 통해 알 수 있는 것은 환경이 변화하면, 즉 사냥에서 방목으로 경제 양식이 바뀌면 조직구조와 커뮤니케이션 방식도 이에 따라 바뀐다는 것이다.

허스트는 1944년도 초기 부시맨 사회구조와 1982년도 부시맨 사회구조를 비교할 때, **조직의 생애주기**에서 초기 사냥 구조가 더욱 혁신, 창의성, 빠른 적응 등에 적합한 반면, 시간이 지나 방목 사회의 계층적·관료적 조직으로 변하면, 효율성은 높아지지만 변화 대응력은 떨어지는 조직으로 후퇴한다는 주장이다. 이는 현대 기업에게 주는 시사점으로 위기와 변화의 순간에 초기 부시맨 모델의 조직 구조와 커뮤니케이션을 복원하는 것이 조직의 갱신(Renewal)에 필수적임을 강조한다.

이와 같은 허스트의 주장은 일반적으로 기업에게 나타나는 '조직 생애주기'에 따른 시간 흐름적 현상에 부합하고, 부시맨의 두 사회조직 형태를 전형화하여 조직의 위기관리와 갱신 전략에 적용하는 시사점 도출은 타당한 견해이다. 하지만, 본서가 이 이야기를 본 장의 '변화와 혁신' 서두에 넣은 것은, 내외부 환경 간 전략적 접합성 정의에 부합하는, 부시맨 조직이 오히려 변화에 맞춰 대응했고, 환경변화의 결과물로서 우측 그림과 같은 모습이 정제돼 나타났다는 점을 강조하기 위해서다. 만일 현재 요구되는 기업의 사업모델과 시장의 요구가, 가령 플랫폼 사업구조나 개방형 혁신을 따라야 한다면, 허스트가 밝힌 초기 부시맨 모델을 지향하여 조직변화가 이루어져야 함은 당연하며, 이 또한 다음과 같은 **본서 제9장의 주요 내용**에 포함돼 있다.

제9장은 본서의 일관적인 관점인 환경과 관련한 경쟁우위 창출을 변화와 혁신에도 적용한다. **변화와 기업 경쟁우위**를 시작으로, 변화에 대한 대응을 기업의 '의도한 전략 행위'로 간주한다. 이를 이어 **변화의 유형 구분**과 함께 **변화관리 모델**을 설명한다. 여러 모델 중에서 두 가지 모델, 즉 고전적 변화관리 모델인 '르윈의 3단계 변화 모델'

과 '코터의 8단계 변화 모델'을 선정해 내용을 소개한다. 변화에 대한 **조직 저항에 대응정책**과 함께 본서가 고안한 조직 저항과 변화의 성과 간 관계를 나타낸 **역-카우보이모자 곡선**을 제시한다.

본 장도 본서의 관점인 내외부환경의 '전략적 적합성'에 따라 다음과 같은 논리로 **혁신을 변화적응에 연장선**으로 해석한다. 즉 혁신은 외부환경 변화 및 내부조직의 역량변화 가정에서 의도적으로 선택하는 '전략적 대응'으로 접근하여, 기업의 경쟁우위 창출이라는 본서의 관점에서 분석한다. **혁신의 기본개념**, 즉 정의, 범주, 경쟁우위와 관련성 등을 다루며, 또한 최근 떠오르는 **혁신유형**으로 파괴적 혁신, 오픈 혁신, 디지털 트랜스포메이션, 플랫폼 혁신, 그리고 국제기업의 혁신 주제로 '글로벌 연구개발 혁신'을 선정하여 설명한다. 본 장의 내용 중 전략경영 분야에 공헌이 있다면 **경영혁신 기법**을 분석하는 모형의 제공이다. 고전적 모형으로서 '앤소프의 제품·시장 성장모형'과 함께 본서의 '범위·속도 경영개선 모형'과 '활성화·합리화 경영개선 모형'에 대한 구성 논리와 시사점을 설명한다.

그림 9-1 부시맨의 생활조직 변화

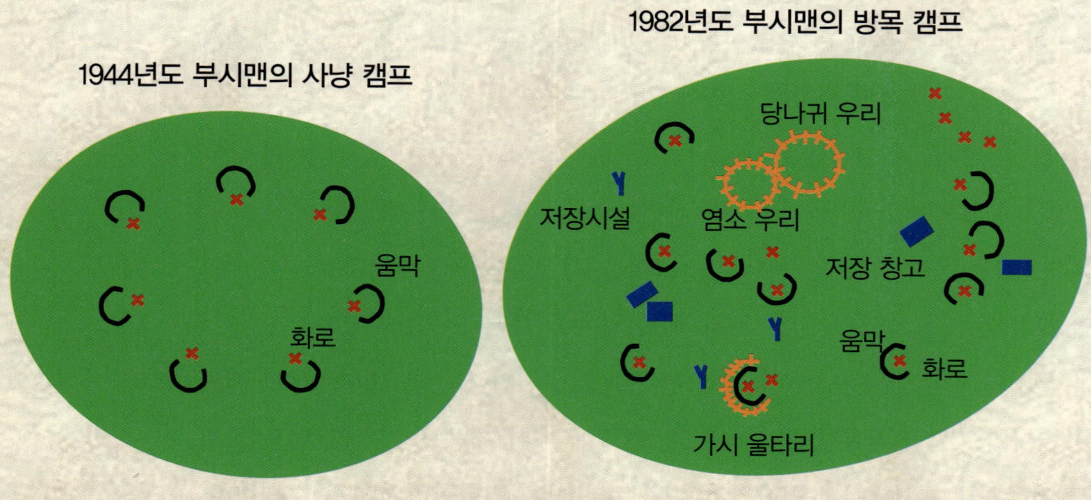

변화와 전략경영 시사점

변화와 기업 경쟁우위

조직은 끊임없이 변화하는 외부환경 속에서 생존하고 성장하기 위해, 현재의 상태를 유지하는 데 그치지 않고 스스로 자신을 변화시킬 필요가 있다. 시장의 수요가 바뀌거나, 경쟁의 양상이 달라지거나, 혹은 기술이나 규제 환경이 새롭게 전개되면 과거에 효과적이던 전략과 운영 방식은 더 이상 적절하지 않게 된다. 또한 내부적으로도 새로운 역량이 축적되거나 기존 인적·물적 자원의 활용 방식이 비효율적으로 느껴질 경우, 조직은 스스로의 구조나 프로세스를 재조정할 필요성을 느끼게 된다. 이처럼 조직변화는 외부와 내부, 두 가지 환경에서 주요한 원인 발생으로 유인된다.

외부환경 변화요인이다. 외부환경의 변화는 조직으로 하여금 기존 방식의 유효성을 재검토하도록 압박을 가한다. 예컨대, 소비자 수요의 급격한 이동, 새로운 경쟁자의 등장, 기술혁신, 또는 정부의 규제 변화는 기존의 전략과 운영방식을 더 이상 효과적으로 작동하지 못하게 만들 수 있다. 이럴 경우, 조직은 환경변화에 적응하고 생존하기 위해 전략적 방향을 수정하거나, 아예 조직 구조와 활동 방식을 변화시킬 필요가 생긴다.

내부환경 변화요인이다. 변화는 조직 내부의 발전과 역량 축적으로부터도 비롯된다. 시간이 흐르면서 조직 내에는 새로운 기술이 도입되고, 구성원들의 전문성이 향상되며, 운영 경험이 쌓이게 된다. 이러한 내부 역량이 일정 수준 이상으로 고도화되면, 조직은 더 높은 성과를 창출하거나 새로운 기회를 탐색하기 위해 기존의 운영방식을 변화시키려는 동기를 내부적으로 갖게 된다. 예를 들어, 특정 부서가 독립적으로 성장하거나, 디지털 역량이 강화되면서 프로세스 자동화, 사업영역의 전환 등이 추진될 수 있다.

결국, 조직변화는 환경에 적응하려는 **외적 반응**이기도 하면서, 역량을 활용하고 성장기회를 극대화하려는 **내적 진화**의 결과이기도 하다. 전략경영 관점에서는 이 두 요인을 모두 고려해 기업의 전략 수정과 조직의 변화를 설계해야 하며, 변화는 단지 '생존을 위한 조정'이 아니라 '적극적 전략 수단'으로써 **경쟁우위 구축**으로 이해되어야 한다. 변화에 대응방법으로써 경쟁우위 구축은 다음의 단계를 거치며 성숙한다. 경쟁우위 구축 차원과 관련하여 **변화의 전략적 대응 3단계**를 정리한다.

- **소극적 대응의 조정 단계:** 조직은 외부환경이 급변하거나 내부 운영이 정체되었을 때, 변화하지 않으면 생존 자체가 어려울 수 있다. 이런 상황에서의 변화는 주로 위기에 대한 반응이며, 조직이 존속하기 위한 최소한의 조정 행위로 나타난다. 예컨대, 비용 절감을 위해 일부 기능을 축소하거나, 경영 악화로 인해 구조조정을 단행하는 것 등이 이에 해당한다. 이러한 변화는 **상황을 유지**하는 데는 도움이 될 수 있지만, 경쟁사보다 유리한 위치를 선점하거나 새로운 시장을 창출하는 데에는 한계가 있다.

- **적극적 대응의 역량구축 단계:** 전략경영 관점에서 변화는 단지 현상을 보존하거나 위기를 피하는 소극적 대응에 그쳐서는 안 된다. 오히려 변화를 통해 조직이 자신만의 고유한 방식으로 자원을 재배치하고, 프로세스를 혁신하며, 역량을 강화해 나간다면, 이는 경쟁자들이 쉽게 모방하기 어려운 새로운 **경쟁우위를 창출**하는 계기가 될 수 있다. 예를 들어, 고객 데이터를 기반으로 조직 전반의 의사결정을 디지털화한 **아마존**이나, 전통적인 하드웨어 중심에서 클라우드와 서비스 중심으로 사업구조를 전환한 **마이크로소프트**처럼, 전략적 변화를 통해 업계의 판도를 바꾼 사례들이 있다.

- **전략적 대응의 '의도한 전략 결정' 단계:** 앞의 소극적 대응과 적극적 대응은 각각 조정을 통한 운영 효율성, 그리고 역량구축의 기회로 삼아 지속가능 경쟁우위를 유지하려는 관점이다. 이에 반해 최종단계의 '의도한 전략 결정'은 내외부의 변화를 오히려 '경쟁법칙 변경'에 대한 기회로 삼는 '전략적 대응'의 의미를 내포한다. 변화는 생존을 위한 방어적 조치에 머무는 것이 아니라, 새로운 기회를 식별하고 이를 조직화하여 지속 가능한 경쟁우위로 전환하려는 기회이며, 나아가 **게임**

의 법칙을 변경할 수 있는 '의도된 전략 행위'로 이해되어야 한다. 이는 변화가 단순히 외부 압력에 따른 반응이 아닌, 조직이 미래 성장을 주도하기 위한 '전략적 선택'이라는 점을 의미한다.

변화의 대응으로써 의도한 전략 행위

변화대응과 관련하여 **의도한 전략 행위**(Intentional Strategic Action)란 단순히 외부 변화에 수동적으로 반응하는 것이 아니라, 조직이 스스로 미래 환경을 예측하고, 기회를 탐색하며, 목표 달성을 위해 체계적으로 준비하고 실행하는 일련의 활동을 말한다. 이는 변화가 조직 내에서 계획되고 주도된다는 점에서, 우연적 변화(Accidental Change)나 환경 충격에 대한 임시 대응과 구별된다. 예를 들어, 디지털 트랜스포메이션을 추진하는 기업이 단순히 IT 시스템만 교체하는 것이 아니라, 이를 통해 고객 경험을 혁신하고, 내부 데이터를 분석해 의사결정을 고도화하며, 궁극적으로 새로운 수익 모델을 창출하려 한다면, 이것은 의도된 전략 행위에 해당한다. 이때 기업은 전략 목표에 맞춰 인사 재구성, 조직문화 변화, 성과측정 방식의 변화까지 포함하는 통합적 변화 설계를 추진해야 한다. 따라서 **의도한 전략 행위의 정의**는 '기회를 식별하고, 내부 역량을 조직화하며, 전략–구조–시스템이 정렬된 실행체계를 통해 지속 가능한 경쟁우위로 연결시키는 계획적이고도 종합적인 전략 활동'이라 할 수 있다.

다음은 '변화에 대한 의도한 전략 행위'로써, **의도한 전략 행위의 실행단계**를 설명한다. 실행의 다섯 단계는 '기회와 위협의 식별 → 내부 역량 진단과 조정 → 변화 방향 설계와 전략수립 → 구조와 시스템 정렬 → 실행 및 조정'으로 진행한다. 각 단계에서 필요한 분석도구와 이론을 함께 제시한다.

첫째, 조직은 변화의 출발점으로서 외부환경에 내재된 **기회와 위협을 식별**해야 한다. 이는 단기적 위기대응 차원을 넘어 중장기적 전략 전환의 실마리를 제공하는 과정이다. 이를 위해 PESTEL 분석, 포터의 산업구조(5 Forces) 분석, 시장 세분화 및 소비 트렌드 분석 등의 도구를 활용하여 거시환경과 경쟁구조의 움직임을 해석하고, 전략적 전환의 필요성과 가능성을 진단한다. **포터**는 경쟁우위의 원천이 외부 환경과

의 차별적 정렬에서 비롯된다고 그의 논문에서 강조한 바 있다.[126]

둘째, 조직 내부의 자원과 역량을 객관적으로 평가하고 변화의 실행 기반을 마련하는 **내부 역량의 진단과 조정** 단계가 이어진다. 자원이 가치 있고, 희귀하며, 모방하기 어렵고, 조직 내에서 활용 가능한 경우에 경쟁우위를 창출할 수 있다는 **바니**의 VRIO 프레임워크를 비롯해, SWOT 분석과 핵심역량 평가 등이 활용된다.[127] 이는 변화가 외부 기회만을 좇는 것이 아니라, 내부에서 역량 진단 과정을 통해 대처할 수 있다는 전제로 출발한다.

셋째, 환경분석과 역량 진단을 바탕으로 **변화의 방향을 구체화하고 전략을 수립**하는 단계가 필요하다. 이 단계에서는 **앤소프**(Ansoff)의 성장전략 매트릭스, 균형성과표(BSC) 등 전략기획 도구를 활용하여 변화의 목표와 실행 경로를 명확히 설정한다.[128] **카플란·노턴**은 전략을 명확한 지표와 목표로 구체화하지 않으면 조직 전체에 전략이 전파될 수 없다고 지적했다.[129] 따라서 전략은 비전이 아닌 실행계획으로 전환되어야 한다.

넷째, 수립된 전략이 조직의 제도 및 운영체계와 정렬되도록 **조직 구조와 시스템을 재설계**해야 한다. 이는 **갈브레이스**의 스타 모델처럼 전략–구조–시스템–사람–보상 간 정합성을 강조하는 조직설계 이론에 기반한다.[130] 전략과 맞지 않는 구조 하에서는 실행의 왜곡이 발생하며, 변화는 실질적 효과를 발휘하지 못한다. 전략 실행의 성공을 위해서는 조직 내부의 각 구성요소들이 전략 방향성과 일관되게 조정되는 것이 필수적이다.

다섯째, 변화는 계획만으로 완성되지 않으며, 실제 **운영과정에서 실행 및 조정**을 통해 전략의 실현 가능성과 유연성을 검토해야 한다. 실행단계에서는 전략적 통제나 핵심성과지표(KPI) 기반의 실행관리 시스템을 통해 진행 상황을 점검하고, 필요시 전략을 수정·보완한다. 이처럼 전략은 고정된 목표가 아니라, 환경변화와 내부 학습에 따라 동적으로 조정되는 실행 행위로 이해되어야 한다. 전략 실행의 성공을 위해서는 조직 내부의 각 구성요소들이 전략 방향성과 일관되게 조정되는 것이 필수적이다.

결국, 의도된 전략 행위란 환경변화에 선제적으로 대응하고, 내부 역량을 기반으로 명확한 전략을 수립하며, 이에 맞춰 조직을 재설계하고 조정하는 일련의 종합적 관리

과정이다. 이는 단지 변화에 적응하는 것이 아니라, **변화를 설계하고 주도하는 전략적 경영활동**임을 의미한다.

변화의 유형과 변화관리

변화의 유형

조직은 환경변화에 대응하거나 내부 역량을 강화하기 위해 다양한 방식으로 변화를 추진한다. 이때 조직변화 유형은 그 구분기준으로 변화의 **속도와 강도**, **목표의 성격**, **영향 범위** 등을 적용한다. 각 기준에서 보면, 급진적 변화와 점진적 변화, 전략적 변화와 구조적 변화, 전사적 변화와 국소적 변화 등이 서로 대립된 개념의 유형이다. 각 유형의 특징을 정리한다.

먼저 변화의 강도와 속도에 따른 구분으로 급진적 변화와 점진적 변화이다. **급진적 변화**(Radical Change)는 조직의 핵심 운영방식이나 전략적 방향을 근본적으로 뒤흔드는 전환을 의미한다. 이는 기술의 비약적 발전, 시장의 급변, 규제의 대변화와 같은 외부 충격에 대응하거나, 조직 스스로 경쟁우위를 재정립하려는 경우에 나타난다. 일반적으로 리스크와 저항이 크지만, 성공 시에는 높은 전략적 성과를 낼 수 있다. **점진적 변화**(Incremental Change)는 기존 전략과 구조를 유지한 채, 연속적으로 일부 기능이나 프로세스를 개선하는 방식이다. 점진적 변화는 조직에 부담을 최소화하면서 내부적으로 지속 가능한 개선을 도모할 수 있으며, 특히 안정된 환경과 성숙기 시장에 적합하다. 사례를 들면, 급진적 변화는 **마이크로소프트**의 클라우드 전환과 문화 혁신, 점진적 변화는 **토요타**의 생산성 향상을 위한 카이젠 활동이라 하겠다.

다음 유형의 구분은 변화의 목적과 대상이 전략 수준인가, 아니면 운영체계인가에 따른 구분인 전략적 변화와 구조적 변화이다. **전략적 변화**(Strategic Change)는 기업의 경쟁전략, 사업 포지셔닝, 시장 진입 방향 등 조직의 존재 이유와 방향성 자체를 변화시키는 것을 의미한다. 이는 주로 외부환경 변화나 기회의 포착을 위한 의도된 전략적 선택으로 발생하며, 자원 배분과 사업모델 전환이 동반된다. **구조적 변화**(Structural

Change)는 전략실행을 지원하기 위해 조직의 내부 구조, 지휘체계, 보고라인 등을 재설계하는 것이다. 이는 전략이 명확히 설정된 이후, 실행력을 높이기 위해 수반되는 변화로 볼 수 있으며, 보통 기능조직에서 사업부제 조직 또는 매트릭스 조직으로 전환으로 나타난다. 사례로 비교하면, 전략적 변화는 **넷플릭스**의 콘텐츠 중심 전략 전환이 해당하며, 구조적 변화는 **유니레버**의 글로벌매트릭스 조직 구축과 이후 전환에 따른 변화 사례를 들 수 있다.

유형 구분을 변화의 적용 범위의 기준으로, 즉 전체적 변화인가와 일부 변화인가로 구별한 것이 전사적 변화와 국소적 변화이다. **전사적 변화**(Transformational/Organization-wide Change)는 조직 전체의 전략, 구조, 문화, 기술, 인적자원 등 모든 요소를 총체적으로 재구성하는 변화이다. 이는 조직의 정체성 자체를 새롭게 정의하는 수준이며, 디지털 트랜스포메이션, ESG 경영 도입 등이 여기에 해당한다. **국소적 변화**(Partial Change)는 특정 부서나 기능, 또는 과업 수행 방식에 한정된 변화이다. 전체 전략이나 구조는 유지한 채, 필요에 따라 부문별 효율성 개선 또는 과제 해결을 목표로 수행된다. 범위는 작지만, 실행력이 높고 관리가 용이하다. 각각의 사례를 들면, 전사적 변화는 IBM의 서비스 기반 모델 전환 및 인사제도 혁신을, 국소적 변화는 **시티뱅크**가 고객센터 운영방식 개선이나 디지털 고객관계관리(CRM)를 도입하는 경우라 하겠다.

변화관리 모델

조직변화를 분석한 가장 고전적 모델에는 **르윈**(Lewin)이 제시한 **3단계 변화 모델**(Three-Step Change Model)이다.[131] 이 모델은 조직변화가 효과적으로 실현되기 위해서는 반드시 세 가지의 명확한 단계, 즉 해빙, 변화, 재동결을 거쳐야 한다고 주장한다. 3단계 모델은 변화가 급작스럽게 이루어지기보다는 단계적으로 계획되고 실행되어야 한다는 점에서 관리적 접근의 중요성을 강조한다. 또한 변화의 심리적·행동적 차원을 명확히 보여주어 조직변화 관리의 이론적 기반을 제공한다는 점에서 실무적으로도 높은 가치를 가진다.

- **1단계 해빙(Unfreeze):** 해빙 단계는 **변화의 시작점**으로, 조직이 기존의 상태로부터 벗어나 변화를 받아들일 준비를 하는 단계다. 이 단계에서는 기존의 습관적 사고와 행동양식을 깨뜨리고 변화의 필요성을 구성원들에게 인식시키는 단계다. 구성원들은 현 상태의 불만족이나 문제점을 명확하게 인지해야만 변화의 필요성에 대한 동기부여가 이루어진다. 따라서 경영자는 외부환경의 급격한 변화, 성과저하, 경쟁 심화 등 조직이 직면한 위기 상황을 명확히 전달하여 위기감을 조성하고, 데이터를 활용하여 현재의 문제점과 변화 필요성을 구성원들에게 구체적으로 제시하는 것이 필요하다. 이와 같은 기존 습관적 사고와 현재 위기적 사고 간 '심리적 불균형'을 조성하여 구성원으로 하여금 변화에 적극적으로 대응하도록 만든다.

- **2단계 변화(Change):** 변화 단계는 실제적인 **변화의 실행**이 이루어지는 단계로, 조직 내 새로운 전략, 시스템, 프로세스, 행동 방식이 도입되고 구성원들이 이를 받아들이며 실행에 옮긴다. 이 단계에서 경영자는 리더로서 명확한 비전을 제시하고 변화를 이끌어가는 중심 역할을 해야 하며, 구성원들과 지속적으로 소통하여 새로운 방향성과 행동을 명확히 인식시키는 것이 중요하다. 또한, 변화 과정에서 나타날 수 있는 불확실성이나 혼란을 관리하고 변화가 조직 전반에 걸쳐 원활히 이루어지도록 적극적으로 지원하는 것이 필수적이다. 이 과정에서 구성원들에게 새로운 행동과 태도를 학습시키고, 적절한 훈련과 교육을 제공하는 등 변화에 적응할 수 있는 환경을 조성해야 한다.

- **3단계 재동결(Refreeze):** 재동결 단계는 변화된 상태가 조직 내에서 **안정적으로 유지**되고 고착화되는 단계다. 이 단계에서는 새로운 행동 방식과 시스템이 조직의 문화와 규범으로 완전히 내재화되어야 한다. 재동결이 이루어지지 않으면 조직은 다시 이전의 상태로 되돌아갈 가능성이 크다. 따라서 경영진은 새로운 프로세스와 행동을 보상체계, 성과평가, 승진과 같은 공식적 시스템에 연계하여 지속적으로 강화하고, 조직 내에서 바람직한 행동이 자연스럽게 정착되도록 해

야 한다. 특히 새로운 규범과 가치가 조직의 무형적 자산인 문화로서 확고히 자리 잡을 때, 조직변화는 비로소 성공적으로 완성된다.

고전 모델로 변화에 대한 조직원의 저항과 이에 대한 경영자의 역할을 명쾌하게 단계별로 설명한 것은 **공헌**이라 할 수 있다. 그러나 이 모델은 변화가 현실에서는 단계 간의 경계가 모호하고, 지속적이며 순환적일 수 있다는 점을 간과한다는 **비판**도 받고 있다. 현대의 빠르게 변화하는 조직환경에서는 변화가 완전한 재동결 상태에 도달하기 어렵기 때문이다. 따라서 르윈의 모델은 조직변화의 출발점으로서는 매우 유용하나, 변화가 보다 역동적이고 지속적인 환경에서는 추가적인 정교하고 실무적 도구 개발이 필요함을 시사한다.

르윈 모델 이후 50여 년이 지나서 1990년대 중반에 발표된 변화관리 모델이 **코터**(Kotter)의 **8단계 변화 모델**(8-Step Change Model)이다.[132] 이 모델은 변화가 점진적으로, 체계적인 단계와 명확한 실행 활동을 통해 이루어져야 한다고 주장하며, 조직의 변화 과정을 세분화해 실무적 단계로써 구분한다. 이 모델은 '변화의 인식 → 추진력 확보 → 실행 → 내재화'의 구조로 설계되어, 현장에서 쉽게 이해하고 적용성이 높다는 **장점**이 있다. 그러나 **한계**도 있는데, 모델은 주로 리더 중심의 하향식 변화 방식에 기반하고 있어, 조직 하위 구성원의 자발성과 창의성을 통한 하향식 변화를 설명하지 못한다. 이 밖에도 단계별로 반드시 진행되지 않는다는 비선형성 비판,[133] 이상적이라느니 정치적 맥락에 대한 이해가 부족하다는 비판,[134] 복잡하고 상황적 접근이 필요하다는 비판[135] 등이 있다. 다음과 같이 단계별로 진행된다.

1단계의 위기의식 고취이다. 첫 단계로 조직 구성원에게 현재의 문제점과 위기를 명확히 전달하고, 변화의 필요성을 강력히 설득한다. 긴박감을 조성하여 구성원들이 변화를 수용할 수 있는 심리적 준비상태를 만드는 것이 핵심이다. 즉 '변하지 않으면 생존이 위협받는다'라는 선언에서 시작한다. 시장경쟁 심화, 기술변화, 소비자 트렌드 변화 등 외부환경의 위협 상황과 내부 성과 부진에 대한 데이터를 투명하게 제시하면서 구성원에게 현실 인식을 촉진한다.

2단계의 변화를 주도할 연합 구축이다. 강력한 변화 추진력을 확보하기 위해 영향력 있는 인물들로 구성된 리더십 팀을 구성한다. 이 팀은 조직 내 신뢰와 영향력을 바탕으로 변화의 정당성을 부여하고 구성원들의 참여를 끌어낸다. 단순한 상위 직급자가 아닌, 실행력과 설득력을 갖춘 인재로 구성한다.

3단계의 변화의 비전과 전략수립이다. 조직이 향해야 할 방향성과 그 목적을 달성하기 위한 전략적 방안을 설정하는 단계이다. 명확하고 설득력 있는 변화의 비전을 수립하고, 이를 모든 구성원에게 지속적으로 전달하여 공감대를 형성하고 변화에 대한 몰입을 촉진한다. 명확한 비전은 구성원에게 목표를 공유하게 하고, 전략은 구체적인 행동 계획을 수립하는 기반이 된다. 비전은 간결하고 설득력 있어야 하며, 조직 전체에 일관되게 전달되어야 한다.

4단계의 비전 전달 및 커뮤니케이션이다. 변화의 비전과 전략을 조직 내 모든 구성원에게 지속적으로 전달하고 공유하는 단계이다. 메시지는 일방적인 발표가 아니라, 구성원이 질문하고 피드백을 줄 수 있는 쌍방향 방식으로 이루어져야 한다. 또한, 말뿐 아니라 경영진의 행동에서도 비전이 일관되게 반영되어야 한다. 명확하고 설득력 있는 변화의 비전을 수립, 이에 대한 지속적 전달을 통해 모든 구성원의 공감대를 이끌고 변화에 대한 몰입을 촉진한다.

5단계의 구성원의 자율적 행동 유도이다. 변화를 실천할 수 있는 권한과 자원을 구성원에게 부여한다. 변화의 방해요인을 제거하고, 실질적인 행동이 가능하도록 장벽을 해소한다. 이 단계에서는 중간관리자와 일선 실무자의 역할이 중요하며, 실수에 대한 관용과 실험을 장려하는 조직 분위기가 필요하다. 요약하면, 비전을 실현하는 과정에서 나타나는 조직 내 장애물을 적극적으로 찾아내어 제거하고, 구성원들이 변화된 방향으로 나아갈 수 있도록 지원 체계를 마련한다.

6단계의 단기성과 달성 및 공유이다. 빠르게 달성 가능한 초기의 구체적이고 측정 가능한 성과를 창출하여 변화 과정에서 구성원들의 자신감을 높이고 지속적인 참여와 동기부여를 유도한다. 짧은 시간 안에 달성 가능한 성과목표의 설정, 그리고 이에 대한 실현은 변화가 올바른 방향으로 진행되고 있음을 조직 구성원에게 증명하는 최적의 도구다. 이러한 단기성과는 구성원의 자신감을 높이고, 비관적 분위기를 해소하는 데 효과적이다. 또, 변화 추진팀의 정당성을 강화시킨다.

7단계의 성과 기반의 지속적 개선 추진이다. 단기성과에 안주하지 않고, 더 큰 변화를 향해 지속적으로 개선을 추진한다. 이를 위해 성공 사례를 다른 부서에 확대하고, 시스템, 정책, 리더십 구조 등을 변화 방향에 맞춰 정렬한다. 구성원은 변화가 조직 전반에 퍼지고 있다는 인식을 가지게 된다. 변화의 추진력을 유지하고 장기적인 목표를 달성할 수 있는 지속적 개선의 기반이 중요함을 일깨우는 단계이다.

8단계의 새로운 문화로 정착이다. 변화를 일시적 조치로 끝내지 않고, 조직의 가치와 행동 기준으로 내재화시킨다. 이는 비전과 일치하는 방식으로 인재를 선발하고 육성하며, 리더십 행동과 인센티브를 변화된 문화에 맞게 조정함으로써 이루어진다. 또한, 성과와 연계된 스토리텔링과 조직 사례를 통해 조직문화로의 통합이 가능하다. 즉, 마지막 단계로 조직 내에 변화된 행동과 시스템을 제도화하고, 새로운 접근법을 조직문화로 정착시켜 변화의 효과가 장기적으로 지속되도록 한다.

변화 저항의 대응

조직변화 과정에서 가장 일반적으로 마주하는 문제 중 하나는 구성원의 **변화 저항**이다. 변화에 대한 저항은 주로 기존의 익숙한 업무방식에서 벗어나야 한다는 부담, 변화의 필요성과 효과에 대한 정보 부족, 변화가 초래할 수 있는 개인의 지위 및 역할 변화에 대한 불안감에서 비롯된다. 특히 조직 내 권력 구조의 변화나 책임의 재조정이 예상될 경우, 일부 구성원은 변화가 자신의 이해관계에 위협이 된다고 인식하여 보다 적극적으로 저항할 수 있다.

따라서 조직이 효과적으로 변화 전략을 실행하기 위해서는 이러한 저항을 사전에 예측하고, 이를 최소화하거나 전환시키기 위한 구체적인 **조직 저항의 대응정책**이 병행되어야 한다. 다음은 **변화 저항을 관리**하고 극복하기 위한 주요 전략이다.

- **참여 및 소통 강화:** 변화 과정에 조직 구성원을 조기에 참여시키고, 변화의 필요성, 기대 효과, 실행계획 등을 투명하게 공유함으로써 심리적 저항을 낮출 수 있다. 참여는 구성원에게 통제감을 부여하고, 변화에 대한 책임의식을 유도하게 한

다. 예를 들어, IBM은 디지털 트랜스포메이션 시 팀 단위 워크숍과 내부 커뮤니티를 통해 현장 구성원과의 상호작용을 지속적으로 확대하였다.

- **학습 및 훈련 제공:** 변화가 요구하는 새로운 지식이나 기술을 구성원이 습득할 수 있도록 교육 프로그램을 제공한다. 이는 변화로 인한 불확실성을 줄이고, 자기효능감을 높여 변화 수용을 용이하게 한다. P&G는 글로벌브랜드전략 전환과정에서 전 세계 마케팅 담당자를 대상으로 브랜딩 교육과 혁신관리 훈련을 실시했다.

- **보상체계 연계:** 변화 참여와 수용을 성과평가 및 보상 시스템과 연계하여, 변화에 기여한 구성원이 실질적인 혜택을 받을 수 있도록 한다. 이는 변화 행동의 내재화를 촉진하고 수용 확산에 기여한다. GE는 6시그마 도입 당시 프로젝트 성공에 기여한 구성원에게 인센티브와 경력 발전 기회를 제공하며 적극적인 참여를 유도하였다.

- **파일럿 프로그램 실행:** 전면적인 변화 이전에 일부 부서나 프로젝트 단위에서 변화 내용을 시범적으로 적용함으로써 리스크를 줄이고, 효과를 검증할 수 있다. 파일럿 실행은 변화의 실효성을 입증하고 초기 성공사례를 통해 조직 전체로 확산시킬 수 있는 근거를 마련한다. **넷플릭스**는 조직문화 개편 시 먼저 일부 팀에 자율성과 책임의 원칙을 실험적으로 도입한 뒤, 전사 수준으로 확장하였다.

변화 과정에서 조직 구성원의 저항은 필연적인 반응이다. 그러므로 변화 저항은 변화의 자연스러운 반응으로 간주하여야 한다. 이를 억제하기보다는 수용하고 전환하는 방향으로 대응하는 것이 바람직하다. 변화 저항의 대응정책은 단순한 기술적 접근이 아니라, 조직 구성원의 감정, 동기, 가치에 대한 이해를 바탕으로 하는 높은 수준의 전략적 리더십 행위이다. 성공적인 변화는 단지 구조나 시스템의 개편에 그치는 것이 아니라, 구성원의 인식과 행동의 전환을 통해서 완성된다.

[그림 9-2]는 변화의 시간 흐름별 조직 구성원의 저항과 변화의 성과 간 관계를 보여준다. 본서는 마치 카우보이모자를 거꾸로 세워 놓은 것 같은 모습이어서, 이를 **역-카우보이모자 곡선**(Reverse Cowboy Cap Curve: RCCC)이라고 이름 지었다. 그림은 변화가 시작되면서부터 우상향하는 곡선이 아니라, 일단 우하향하는 모습을 보이다가 변곡점을 거쳐 변화의 가속도가 붙는 우상향 곡선을 거치며 점차 정착기로 완성되는 모습을 보인다.

그림에서 **A 지점**은 경영자나 회사 내부의 경영진단팀에 의해 조직 구성원에게 변화에 대한 인식 및 필요성이 대두되는 시기다. 시간이 지날수록 변화에 대한 압력은 커지고, 변화에 대한 조직 구성원의 스트레스와 저항도 증가한다. 그 과정에서 성과는 동반하여 떨어진다. 이때 성과의 내용에는 간접적으로 이윤, 매출 등 기업의 재무회계적 성과와 함께, 또한 변화의 성과, 즉 조직의 변화 수준이나 경영개선 성과로써 전략적 성과가 포함된다. 변화 기간에는 부정적 효과가 수반된다. 새로운 경영개선 프로그램이 적용되면서 발생하는 안착비용, 조직 구성원과 갈등에 따른 업무 효율성 저하, 외부 이해관계자나 고객으로부터 부정적 인식 발생에 따른 기업 이미지 및 평판 훼손 등 유·무형 자산의 가치 하락이다. **B 지점**에 이르면, 조직의 변화에 대한 가능

그림 9-2 변화 저항의 역-카우보이모자 곡선

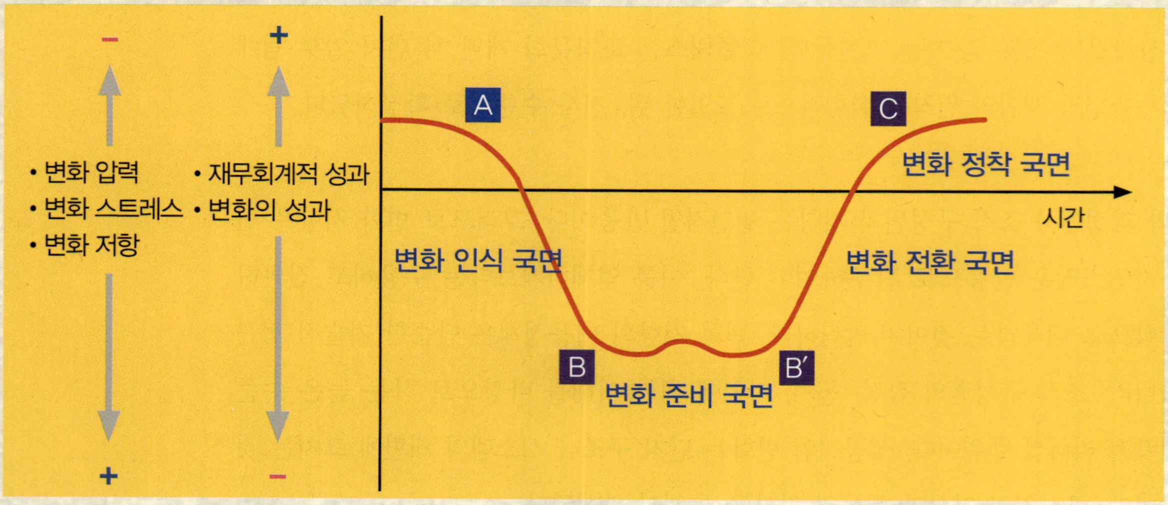

성이 회사 내외부에 알려지면서, 변화 과정의 부정적 효과는 진정되며, 따라서 성과의 급격한 하락도 멈추게 된다. 하지만 바닥을 찍고 곧장 우상향하는 경우보다는 바닥을 다지는 어느 정도 기간이 **BB′ 구간**처럼 나타난다. 조직 구성원이 변화에 대한 공감대를 충분히 인식하고, 이제 일치된 행동으로써 조직 재구성에 대한 '커미트먼트(commitment)'가 곧 있을 우상향의 동력으로서 축적되는 기간이다. 이후 B′ 지점에서 C 지점까지 변화의 성과가 체증적으로 일어난다. 이와 같은 변화에 대한 탄력이 붙는 단계를 지나 **C 지점** 이후는 새로운 조직 재구축이 완성된다. 그림에서처럼 시간의 흐름에 따라 '변화 인식 → 변화 준비 → 변화 전환 → 변화 정착'으로 진행한다. 학술적으로 **RCCC를 동태적 역량관점과 연계**하면, AB 국면은 탐지(Sensing), BB′ 국면은 포착(Seizing), B′C 국면는 변모(Transforming)에 해당한다고 할 수 있다.

혁신의 개념과 전략적 중요성

변화와 혁신: 전략적 수단과 결과

혁신(Innovation)은 단지 기업운영 활동에서 나타나는 자발적 창조의 산물이 아니라, 조직이 직면한 외부환경 변화(외적 변화)와 조직 내부의 역량 변화(내적 변화)로부터 발생하는 압력에 대한 전략적 대응으로 이해할 수 있다. **외부적**으로는 기술진보, 경쟁 강도, 규제 변화, 소비자 행동의 전환 등 환경의 불확실성이 높아질수록 기업은 기존 전략의 유효성을 재검토하게 되며, 이에 따라 새로운 가치 창출 방식으로서의 혁신이 요구된다. 동시에 **내부적**으로는 자원의 재구성, 구성원 역량 강화, 조직구조 개편과 같은 변화가 축적될 때, 기존 전략과 구조 사이의 불일치가 발생하고, 이를 해소하기 위한 혁신이 자연스럽게 발생한다. 즉 혁신은 **변화에 대한 압력으로 발생**하고, **대응으로 완성**한다.

또한, 이러한 맥락에서 보면, 혁신은 전략적 의사결정의 '수단'이자 '결과'라는 **양방향적 특성**을 지닌다. 대부분의 경우, 전략의 일환으로 혁신이 기획된다. 예컨대 원가우위 확보를 위한 공정혁신, 기술개발 등이다. 하지만 혁신의 결과가 전략 자체를 새롭게 형성하기도 한다. 새로 개발한 비용절감형 신기술을 바탕으로 시장 선점전략을 시행한다든지, 제품 차별화 전략에서 원가우위 전략으로 전략 전환을 가져오는 경우가 해당한다. 즉, 혁신은 전략을 실행하는 데 있어 핵심적인 **전략실행 수단**이 되며, 동시에 새로운 전략을 도출해내는 **전략수립 원천**으로 작용한다.

지금까지 내용을 요약하면, '혁신은 외적·내적 변화 압력에 대한 **조직의 의사결정 반응**이며, **전략적 사고와 실행을 매개**하는 가교역할을 수행한다'고 정의할 수 있다. **넷플릭스**에 이를 적용해 보자. 넷플릭스는 원래 DVD 우편 대여 서비스를 제공하는 기업으로 출발하였으나, 2000년대 중반 이후 급격히 변화하는 환경에 직면하게 되었다. 외부적으로는 고속 인터넷 보급과 스트리밍 기술의 상용화, 소비자의 콘텐츠 소비 방식의 변화, 그리고 유튜브, 애플 아이튠즈, 훌루 등 신규 스트리밍 경쟁자의 등장과 같은 요인이 복합적으로 작용하며, 조직에 강한 혁신 압력을 가하였다. 동시에 내부적으로는 시네매치(Cinematch)라는 고객 데이터 분석과 알고리즘 역량의 축적, IT 인프라의 고도화, 실험 중심의 민첩한 조직문화 형성 등이 이루어지며, 혁신을 수용하고 실행할 수 있는 역량적 기반이 조성되었다.

이러한 외부환경 변화와 내부 역량 진화라는 이중 압력 속에서, 넷플릭스는 2007년에 스트리밍 서비스로의 전환이라는 전략적 결단을 내렸다. 이는 단순한 기술 전환이 아니라, 외부 변화에 대응하는 전략적 의사결정의 수단이자, 이후 넷플릭스의 사업 정체성을 완전히 바꾸게 한 전략적 결과였다. 더 나아가 2013년 이후에는 오리지널 콘텐츠 제작에 본격 진입함으로써, 넷플릭스는 기존의 기술 기반 플랫폼 기업을 넘어 콘텐츠 제작사로서의 비즈니스 모델 혁신을 실현하였다. 넷플릭스 사례는 혁신이 외부·내부 변화 압력에 의해 촉진되며, 전략을 실행하는 수단인 동시에, 새로운 전략 정체성을 형성하는 결과를 낳게 하는 기능을 보여주는 예라 하겠다.

혁신의 정의와 범주

혁신은 조직이 경쟁우위를 확보하고 환경 변화에 적응하기 위해 필수적으로 추구하는 전략적 활동이다. 그러나 혁신은 단일한 개념으로 환원되기 어렵고, 정의와 적용 범위가 시대와 학문에 따라 다양하게 발전해왔다. 혁신 개념의 고전적 출발점은 **슘페터**(Schumpeter)에게서 찾을 수 있다.[136] 슘페터는 혁신을 "기존 요소들의 새로운 조합"이라고 정의하며, 기업가 정신을 통해 경제시스템에 동적 변화를 일으키는 주요 원천으로 보았다. 그는 다섯 가지 유형의 혁신을 제시했는데, 이는 신제품 개발, 새로운 생산방법 도입, 새로운 시장개척, 새로운 원료·자원 확보, 새로운 산업조직 형태의 창출로 구성된다. 이러한 접근은 혁신이 가진 기술·산업의 창발성과 경제성장에의 기여를 강조한 것이다.

이후 경영학에서는 슘페터의 정의를 확장하여, 혁신을 '조직이 자원을 활용해 새로운 가치를 창출하거나 기존 가치를 극적으로 향상시키는 모든 변화'로 간주한다. 예컨대, **티드·베산트**(Tidd·Bessant)는 혁신을 "제품, 공정, 포지션, 패러다임의 변화를 통해 조직이 부가가치를 창출하는 과정"이라고 정의하였다.[137] 이 정의는 기술뿐 아니라 마케팅, 운영, 조직문화까지 포괄하며, 혁신을 보다 실천적 개념으로 확장한 것이다. 국제기구인 OECD는 혁신을 "새롭거나 현저히 개선된 제품(재화 또는 서비스), 공정, 마케팅 방법 또는 조직 방법의 도입"으로 정의하며, 제품혁신, 공정혁신, 마케팅혁신, 조직혁신 등 네 가지 유형을 제시한다.[138]

이를 종합하면, 혁신은 더 이상 기술 분야에 국한된 개념이 아니며, 조직이 전략적으로 자원을 재배치하거나 활용함으로써 새로운 경쟁우위를 창출하거나, 기존 경쟁우위를 강화하는 모든 변화 활동을 의미한다. 특히 혁신은 환경변화에 대한 조직의 전략적 적응 수단인 동시에, 미래 전략의 기반을 새롭게 창출하는 원천으로서의 양면성을 갖는다. 이에 본서는 **혁신 정의**를 '혁신이란 조직이 외부 환경변화와 내부 역량 변화에 대응하여, 제품, 공정, 마케팅, 서비스, 비즈니스 모델, 조직 등 다양한 측면에서 새로운 가치를 창출하거나 기존 방식을 현저히 개선함으로써 경쟁우위를 확보하려는 전략적 변화 과정이다'라고 정리한다.

위의 정의를 예로 하여 **혁신의 범주**를 예시하면, **제품혁신**은 신제품 개발, 기존 제품개선으로, 예컨대 애플 아이폰 시리즈의 경우라 할 수 있다. **공정혁신**은 생산방식, 유통방식의 효율성 향상으로 토요타의 적시생산(JIT) 시스템이 해당한다. **마케팅 혁신**은 가격 전략, 포장, 유통, 판촉 방식의 혁신으로 나이키의 중간 유통을 줄이고 자사 온라인 채널을 확대하여 고객과 직접 소통하는 구조로 전환한 사례를 들 수 있다. **서비스 혁신**은 고객 인터페이스나 서비스 전달 방식의 혁신이다. 배달의민족의 배달 사용자경험(UX) 개선과 같은 경우이다. **비즈니스 모델 혁신**은 사업의 가치 창출과 포착 방식의 전환으로 넷플릭스의 스트리밍 전환 사례를 예로 들 수 있다. **조직혁신**은 조직 구조, 인사제도, 커뮤니케이션 방식, 조직문화의 변화로 마이크로소프트의 '성과보다는 학습' 중심문화로의 전환을 예로 들 수 있다.

혁신과 경쟁우위

조직이 경쟁우위를 확보하고 유지하기 위해서는 차별화된 가치 창출 방식이 필요하다. 이때 혁신은 그 자체로 경쟁자와 구별되는 고유한 **경쟁우위의 원천**이 될 수 있다. 기술, 제품, 공정, 마케팅 또는 조직구조의 혁신을 통해 기업은 경쟁자보다 먼저 시장에 진입하거나, 더 나은 방식으로 고객의 니즈를 충족시킬 수 있으며, 이는 수익성과 시장지배력 향상으로 이어진다. **혁신과 경쟁우위 간 관련성**에 관하여 다음의 네 가지 질문형식으로 접근하여 설명한다.

혁신은 왜 경쟁우위가 되는가? 혁신은 경쟁우위를 창출할 수 있는 몇 가지 이유를 내포한다. 혁신으로 **차별화 효과**가 발생한다. 혁신은 경쟁자가 쉽게 제공하지 못하는 독창적인 제품·서비스를 가능하게 한다. 이는 고객의 충성도를 높이고, 가격 프리미엄을 가능하게 한다. **비용 절감 효과**가 발생한다. 공정혁신이나 자동화를 통해 운영효율을 극대화하고 원가를 절감할 수 있다. **시장 선점 효과**가 발생한다. 새로운 기술이나 비즈니스 모델을 먼저 도입함으로써 시장의 '표준'을 선점하고 후발주자 대비 우위를 확보할 수 있다. **진입장벽 강화 효과**가 발생한다. 특허, 브랜드, 고객 네트워크 등 혁신의 결과물은 후발 경쟁자의 진입을 어렵게 만든다. **테슬라**를 예로 들어보자. 테슬라는 전기차 시장에서 혁신적인 배터리 기술, OTA(Over-the-Air) 소프트웨어 업데이트, 자체 슈퍼차저 충전 인프라 구축을 통해 경쟁우위를 확보한다. 이들 혁신은 단순한 기술력 이상의 가치망 통합이며, 시장 선도자의 위치를 공고히 하는 핵심자산으로서 기능을 한다.

혁신은 왜 일시적 경쟁우위에 그칠 수 있는가? 혁신이 경쟁우위로 작용한다고 해도, 그 효과가 지속되지 못할 가능성은 언제나 존재한다. 다음과 같은 이유에서다. **모방의 용이성** 때문이다. 기술, 제품, 마케팅 방식은 빠르게 경쟁사에 의해 모방되거나 대체될 수 있다. **기술 수명주기의 단축** 때문이다. 기술의 발전속도가 빠르기 때문에 현재의 혁신은 금세 낡은 것이 될 수 있다. **시장조건 변화** 때문이다. 고객 니즈, 규제 환경, 경쟁구조 등이 바뀌면 기존 혁신이 무의미해질 수 있다. 우리나라 MP3 플레이어 시장 사례이다. 2000년대 초반 **아이리버**, **크리에이티브** 등의 MP3 플레이어는 기술혁신으로 시장을 선도했지만, 스마트폰이라는 파괴적 혁신에 의해 급격히 쇠퇴하였다. 초기 혁신은 있었지만, 이를 지속하거나 다른 혁신으로 전환하지 못한 것이 한계였다.

지속적 경쟁우위를 위한 혁신 역량은 무엇인가? 지속적인 경쟁우위를 확보하기 위해서는 일회성 혁신이 아닌, 혁신을 반복하고 확장할 수 있는 능력이 중요하다. 이때 핵심개념이 바로 동태적 역량이다.[139] 동태적 역량은 변화하는 환경에 맞춰 자원을 재구성하고, 새로운 기회를 감지하며, 조직 내부 학습을 촉진하는 능력이다. 이러한 역량은 실패를 허용하고 실험을 장려하는 혁신 친화적인 조직문화, 학습과 피드백을 촉진하는 지식관리 체계, 민첩한 의사결정 구조와 유연한 리더십, 핵심 인재의 유지 및 육성 등으로 강화된다. **3M**은 R&D 예산의 일정 비율을 자유 탐색 프로젝트에 배정하고, 연구원이 하루 업무의 15%를 자율적 실험에 사용할 수 있도록 제도화하고 있다. 이러한 시스템은 조직의 지속적 혁신 능력을 내재화하고, 기술과 시장 변화에 유연하게 대응할 수 있는 기반이 된다.

혁신의 내재화를 통한 구조적 경쟁우위 확보는 어떻게 하나? 지속가능한 경쟁우위를 확보하기 위해서는 혁신 자체를 조직의 구조적 요소에 통합(내재화)해야 한다. 즉, 혁신이 일부 부서나 프로젝트의 활동이 아니라, 조직 전체의 운영 시스템에 녹아들어야 한다. 시스템 수준에서의 **내재화 방안**으로 다음 세 가지를 예시한다. 하나는 혁신 핵심성과지표(KPI)와 보상체계 및 인사제도 간 연계다. 둘은 고객 데이터와 피드백을 실시간으로 반영하는 프로세스 구축이다. 셋은 오픈 혁신, 협력 생태계 등 외부와의 연계 강화이다. **아마존**은 풀필먼트 센터 자동화, 프라임 배송 등의 물류혁신을 자체 기술과 서비스, 고객경험, 멤버십 모델과 긴밀하게 결합시켰다. 그 결과, 단발성 혁신이 아닌, 플랫폼 기반의 구조적 경쟁우위로 진화하였다. 고객은 물류 시스템을 의식하지 않지만, 이미 아마존 브랜드 경험의 핵심 요소로 작동하고 있으며, 이는 경쟁자에게 쉽게 모방이 어려운 차별적 우위로 작용한다.

혁신의 최신 유형

파괴적 혁신

파괴적 혁신(Disruptive Innovation)은 기존 시장의 지배적 기업 또는 주류 기술을 대체하거나 무력화시키며 새로운 시장규칙을 만들어 내는 혁신유형을 의미한다. 이 개념은 **크리스텐슨**(Christensen)이 제시한 이론으로, 그는 파괴적 혁신의 속성을 초기에는 성능이 낮고 틈새시장에서 출발하지만, 점진적인 품질 향상과 비용 절감을 통해 기존 강자들을 위협하고 시장을 재편하는 특징으로 보았다.[140]

다음은 파괴적 혁신의 주요 **특징**이다. 이는 특징이기도 하지만 파괴적 혁신이 진행되며 나타나는 양상이자 **진행단계**이다.

- 초기 시장에서는 기존 주류 고객이 아닌 새로운 고객층이나 저가 시장을 타깃으로 한다. 이러한 고객은 기존 제품이 제공하지 못하던 간편함, 접근성, 저비용 등을 파괴적 기술에서 찾는다.
- 기존 기술보다 낮은 성능이나 단순한 기능을 제공하지만, 특정 고객층에게는 충분한 효용을 제공하여 시장 진입이 가능하다.
- 시간이 지나면서 기술의 성능이 개선되고, 결국 주류 시장의 수요를 만족시키며 기존 강자 기업의 시장점유율을 잠식한다.
- 기존기업은 파괴적 기술을 과소평가하거나 무시하는 경우가 많아, 시장 대응이 늦어지면서 경쟁우위를 상실하게 된다.

여기서 알 수 있는 파괴적 혁신의 골자는 새로운 기술이 주류시장이 아닌 비주류

시장에서 시작해서 주류시장을 잠식한다는 것이다. 이때 적용기술은 성장 잠재성을 지닌 새로운 파괴적 기술이지만 틈새시장에서 시작해 주류시장의 경쟁자들이 미처 대응에 소홀하다는 가정이다. 이와 비슷한 기술혁신에 기반한 혁신유형은 다음의 점진적 혁신(Incremental Innovation)과 급진적 혁신(Radical Innovation)이 있다.

- **점진적 혁신:** 기존 제품이나 기술을 소폭 개선하거나 보완하는 방식의 혁신으로, 낮은 리스크와 비교적 빠른 상업화가 가능하다. 대부분의 많은 기업은 점진적 혁신을 통해 시장에서의 경쟁력을 유지하고 점유율을 확대한다. 예를 들면, 스마트폰 카메라의 고화질 기능을 향상하는 신기술 혁신이다.

- **급진적 혁신:** 기존 기술이나 시장의 패러다임을 근본적으로 뒤흔드는 혁신으로, 기술 불연속성과 새로운 수요 창출을 특징으로 한다. 급진적 혁신은 시장지형 자체를 바꾸며, 새로운 사업 생태계를 창출할 수 있다. 예를 들면, 자동차산업에서 인공지능 기반의 자율주행 신기술이다.

파괴적 혁신과 차이점은, 점진적 혁신은 '현재 시장 유지', 급진적 혁신은 '새로운 시장 창출 가능성'에 비중을 두는데, 파괴적 혁신은 '비주류 또는 저관여 시장에서 주류시장으로 확산'을 가정한다. 지향점에 있어, 파괴적 혁신은 기존 시장에서 외면받던 틈새 수요를 공략하여 점진적으로 기존 산업을 대체하며 성장한다. 반면 점진적 혁신은 기존 제품·서비스의 안정적 개선을 지향한다. 그리고 급진적 혁신은 기술적 도약과 시장 창출을 지향하지만, 일반적으로 고성능·고비용의 방향을 따른다. 따라서 파괴적 혁신은 초기의 낮은 기술수준과 대중성이 오히려 전략적 자산이 되며, 시장 지배의 새로운 경로로 작동한다. 성능이 낮지만 충분한 효용을 바탕으로 저변 시장부터 침투해 기존 시장질서를 흔드는 방식을 기대한다.

파괴적 혁신의 **효과**는 다음과 같다.

- **시장 접근성 확대:** 저비용, 간편성 등을 바탕으로 새로운 소비층의 시장 참여를

유도한다.

- **산업구조 재편:** 기존 강자 중심의 시장질서를 변화시키고 새로운 경쟁 구도를 형성한다.
- **혁신 촉진:** 기존 방식과는 다른 혁신 방향을 제시하며 전체 산업의 변화를 이끈다.
- **가격 파괴 및 비용 혁신:** 제품이나 서비스의 가격을 획기적으로 낮춰 시장 진입장벽을 허문다.

파괴적 혁신 이론은 혁신의 경로를 설명하고, 스타트업이나 후발 기업의 전략적 가능성을 제시한 점에서 큰 의의를 지닌다. 그러나 다음과 같은 **한계와 비판**도 제기된다.

- **모호한 개념의 정의:** 애초에는 '하위시장부터 시작해 주류시장을 대체하는 기술이나 서비스'로 명확했지만, 이후 개념이 확대·왜곡되어 이론의 예측력이 떨어진다는 비판이다.
- **사후적 설명에 의존:** 성공 사례에 대해 사후적으로 파괴적 혁신이라 명명하는 경향이 있어, 실제 전략적 의사결정 단계에서의 적용 가능성이 낮다는 비판이다.
- **기존기업 무능론의 오류:** 기존기업이 변화에 둔감해 실패한다고 가정하나, 애플의 아이폰 출시처럼 기존기업이 성공적으로 대응한 사례가 많다는 비판이다.
- **기술 외 요소 간과:** 제품기술 외에도 유통망, 브랜드, 규제 등 비기술적 요소가 시장 성패를 좌우하는 경우가 많은데, 이에 대해 간과했다는 비판이다.

파괴적 혁신을 적용해서 설명할 수 있는 사례는 우버, 스퀘어, 에어비앤비, 로빈후드, 닌텐도 등이 있다. **우버**는 초기에 승차공유라는 비전통적 시장에서 출발하여, 기존 택시 산업의 관행을 무너뜨리며 글로벌 모빌리티 플랫폼으로 성장하였다. **스퀘어**는 소상공인을 위한 모바일 카드 결제시스템을 도입해, 기존 대형 POS 시스템 기업들이 놓치던 시장을 개척했다. **에어비앤비**는 호텔 대신 일반 가정의 유휴 공간을 활용한 숙박 공유 모델로, 전통 호텔업계에 도전하여 급속한 성장세를 보였다. **로빈후드**는 기존 증권사들과 달리 '수수료 없는 주식 거래'로, 밀레니얼 세대를 대상으로 주식

표 9-1 파괴적 혁신, 점진적 혁신, 급진적 혁신

구분	파괴적 혁신	점진적 혁신	급진적 혁신
정의	하위 시장에서 시작하여 기존 시장을 잠식하는 혁신	기존 제품 · 서비스의 소폭 개선	기존 기술 및 시장의 패러다임을 근본적으로 변화시키는 혁신
시장 접근	비주류 또는 저관여 시장 → 주류 시장으로 확산	현재 시장 유지	새로운 시장 창출 가능성
기술 연속성	초기에는 낮은 기술 수준 → 점진적 향상	기존 기술 기반 개선	기술 불연속성 강조
목표 고객	새로운 소비자, 비소비자	기존 고객	새로운 수요 창출 대상
사례	넷플릭스, 우버 초기 모델	자동차 연비 향상	스마트폰의 등장, 전기차 플랫폼

시장 진입 문턱을 낮췄다. **닌텐도**의 신제품 위(Wii)는 고성능보다 접근성과 가족 중심 경험을 강조하여 전통 콘솔 시장에 새로운 수요층을 창출하였다.

파괴적 혁신 이론은 기존 시장질서에 안주하지 않고, 미충족 수요나 비소비자를 대상으로 새로운 시장을 창출하는 데 전략적 통찰을 제공한다. 이는 자원이 부족한 신생기업에게도 대기업과 경쟁할 기회를 열어주며, 변화에 둔감한 기존기업에는 '혁신적 마비'의 위험성을 경고하는 교훈이 된다.

오픈 혁신

오픈 혁신(Open Innovation)은 기업이 혁신을 추구할 때 내부자원에만 의존하지 않고 외부의 아이디어, 기술, 역량 및 지식을 적극적으로 활용하는 개방적 혁신전략이다. 이는 기업 내부의 연구개발에만 집중했던 전통적인 폐쇄형 혁신(Closed Innovation)과는 대비되는 개념으로, 외부와의 협업, 네트워크 형성, 지식 교류를 통해 혁신의 속도와 성공 가능성을 높인다.

오픈 혁신은 다음의 **특징**을 지닌다. 첫째, **내부와 외부 지식의 통합**이다. 오픈 혁신은 기업 내부에서 개발한 아이디어뿐 아니라 신생기업, 대학, 연구소, 고객, 경쟁사 등 외부의 다양한 지식과 자원을 결합하여 혁신을 가속화한다. 둘째, **개방형 협력방**

식이 중요하다. 산학협력, 전략적 제휴, 공동연구, 기술 라이선싱, 크라우드 소싱과 같은 다양한 형태의 협력이 이루어지며, 기업이 혁신과정에서 다양한 이해관계자와 협력하는 것이 특징이다. 셋째, 지식의 유입과 유출이라는 **양방향 흐름**이 강조된다. 기업은 외부의 혁신을 내부로 도입하는 인바운드(Inbound) 혁신과 내부의 아이디어를 외부로 제공하는 아웃바운드(Outbound) 혁신을 통해 상호 간 이익을 창출한다. 넷째, **혁신 리스크 분산**의 효과가 있다. 다양한 외부 자원을 활용하여 연구개발 비용과 혁신 실패의 위험을 줄이는 장점이 있다.

오픈 혁신의 장점과 한계점을 기술한다. 먼저 **장점**이다.

첫째, **혁신 속도와 성공률 향상**이다. 외부의 다양한 아이디어와 기술을 빠르게 도입하여 혁신을 촉진할 수 있다. 둘째, **R&D 비용 절감**을 통한 투자 효율성이 제고된다. 외부 자원의 활용을 통해 연구개발 투자비용을 낮추고 효율적으로 자원을 배분할 수 있다. 셋째, **시장 적응력**이 강화된다. 고객, 파트너, 외부 전문가와 협력하여 급변하는 시장환경에 신속하고 유연하게 대응할 수 있다. 넷째, **혁신생태계 구축**이 가능하다. 기업 중심의 폐쇄적 방식이 아니라 다양한 이해관계자와의 네트워크를 형성하고 협력하는 혁신생태계를 만들 수 있다.

그러나 오픈 혁신은 다음과 같은 **한계점**으로 도전 과제를 동반한다.

첫째, 지식 및 기술의 **핵심역량 유출 위험**이다. 외부와의 협력 과정에서 핵심기술과 노하우가 유출될 가능성이 있다. 둘째, 지적재산권(IP), 이익 등 **소유와 분배의 복잡성**이다. 다수의, 다양한, 다방면에서 협력하는 파트너와의 권리와 이익 배분 문제를 명확히 하는 것이 무엇보다 중요하다. 셋째, **조직문화의 변화 필요성**이다. 보수적이고 폐쇄적인 조직문화에서는 오픈 혁신이 정착되기 어려우므로, 개방적이고 협력적인 문화로의 전환이 요구된다. 넷째, **협업 관리의 문제**로 갈등과 관계가 복잡해질 수 있다. 다양한 이해관계자와의 효과적인 조율과 신뢰구축을 위한 체계적인 관리역량이 필수적이다.

오픈 혁신 사례는 다양하다. **나이키**가 스타트업 및 대학 연구소와의 공동 프로젝트를 통해 지속가능한 친환경 소재 개발 및 생산공정 혁신에 성공한 사례, **BMW**가 전 세계 유망 기술창업기업과 기술, 사용자 인터페이스, 자율주행 분야에서 공동 혁신을 추진한 사례, GE가 오픈 콘테스트를 통해 전 세계로부터 혁신적인 아이디어를 수집하여 사업화에 활용한 사례 등이 있다. **삼성전자**는 오픈 혁신 센터를 통해 외부 기술 창업기업과의 전략적 협업 및 투자를 확대하고 있으며, 인공지능, 헬스케어, 반도체 등 미래 성장 분야의 혁신을 주도하고 있다.

오픈 혁신은 기업이 혁신의 범위를 내부에서 외부로 확대하여 혁신의 속도와 질을 높이고, 시장 변화에 유연하게 대응할 수 있도록 하는 전략적 방안이다. 디지털 전환, 플랫폼 비즈니스 확산, 글로벌 경쟁이 치열해지는 환경에서 오픈 혁신은 기업의 지속 가능한 성장과 경쟁우위 확보를 위한 필수 전략 중 하나다.

디지털 트랜스포메이션

디지털 트랜스포메이션(Digital Transformation)은 디지털 기술을 전략적으로 통합하여 기업의 비즈니스 모델, 운영 프로세스, 고객 경험을 근본적으로 변화시키는 혁신적 전환과정을 말한다. 이는 단순한 IT 도입이나 기술 업그레이드를 넘어서, 디지털 기술을 기반으로 새로운 부가가치를 창출하고, 기존의 경쟁방식을 재정의하는 전사적 변화이다.

디지털 트랜스포메이션의 **핵심 요소**는 다음과 같다. 첫째, **데이터 기반 의사결정**이다. 디지털 전환은 대규모 데이터를 수집·분석하고 이를 기반으로 전략적 의사결정을 수행하는 체계를 구축한다. 둘째, **클라우드 컴퓨팅 및 플랫폼의 활용**이다. 유연한 인프라와 확장성을 제공하는 클라우드 환경은 디지털 전환을 위한 기반 기술로 자리잡고 있다. 셋째, 인공지능(AI), 머신러닝, 사물인터넷(IoT), 블록체인 등 **첨단 신기술의 접목**이다. 이러한 기술은 제품과 서비스의 고도화뿐 아니라 자동화, 예측, 맞춤형 대응을 가능하게 한다. 넷째, **고객 중심의 가치 창출**이다. 고객 여정을 중심으로 제품과 서비스를 재설계하여 개인화된 경험과 높은 만족도를 제공하는 것이 디지털 전환의 핵심 목표 중 하나다.

다음은 디지털 트랜스포메이션의 **장점**을 정리한다. 디지털 트랜스포메이션을 추진하면 다음과 같은 효과를 기대할 수 있다.

- **운영 효율성 제고:** 자동화와 실시간 데이터 분석을 통해 비용을 절감하고 생산성을 향상시킨다.
- **새로운 비즈니스 모델 창출:** 플랫폼 기반 서비스, 구독모델, 데이터 기반 수익 모델 등 새로운 방식의 비즈니스 기회를 창출한다.
- **고객 관계 강화:** 데이터 기반의 고객 이해를 바탕으로 맞춤형 서비스와 지속적 관계 유지를 실현한다.
- **조직 유연성 및 민첩성 향상:** 변화에 빠르게 대응할 수 있는 구조와 문화로 조직을 재구성한다.

디지털 트랜스포메이션의 **한계점**으로서 도전 과제를 정리하면 다음과 같다.

- **기존 조직문화와의 충돌:** 변화에 대한 저항, 관료주의적 의사결정 구조 등이 전환의 걸림돌이 될 수 있다.
- **기술격차:** 새로운 기술에 대한 이해 부족, 숙련된 인재 부족 등으로 인한 기술 도입의 어려움이 존재한다.
- **보안 및 개인정보 보호:** 디지털화된 정보의 보안 위협과 데이터 유출 방지는 중요한 이슈이다.
- **투자 대비 효과 불확실성:** 초기투자 비용이 크고, 구체적인 성과가 장기적으로 나타날 수 있기 때문에 신중한 기획이 필요하다.

우리나라의 현대자동차를 비롯한 많은 글로벌기업은 디지털 트랜스포메이션을 채택했다. **아마존**은 클라우드 서비스(AWS), 자동화 물류 시스템, 추천 알고리즘 등을 통해 디지털 기반 플랫폼 비즈니스의 선두주자로 자리매김하였다. **스타벅스**도 모바일 앱을 통해 주문, 결제, 리워드 프로그램을 통합하여 고객 경험을 혁신하였다. **GE**는 산업용 사물인터넷(IoT)를 기반으로 한 프리딕스 플랫폼(Predix)을 통해 제조·운영 데이터를 분석하고 예측 유지보수를 제공하는 스마트 팩토리를 구현하였다. **현대자동차**는 커넥티드카, 자율주행, 전기차 개발을 위해 AI, 빅데이터, 클라우드 등 디지털 기술을 차량과 모빌리티 서비스 전반에 적용하고 있다.

디지털 트랜스포메이션은 단지 기술의 문제가 아니라 조직전략과 문화 전반의 변화이다. 변화하는 고객 요구와 불확실한 시장환경에 민첩하게 대응하기 위해서는, 기술을 중심으로 한 기업 경쟁력 재정의가 필수적이다. 특히 디지털 기술은 기업 내외부의 경계를 허물고, 산업의 패러다임 전환을 이끄는 핵심 수단으로서, 지속 가능한 혁신과 경쟁우위 확보의 핵심 동력으로 작용하고 있다.

플랫폼 혁신

플랫폼 혁신(Platform Innovation)은 제품이나 서비스를 중심으로 이뤄지던 전통적인 비즈니스 방식에서 벗어나, 다수의 참여자가 상호작용하며 가치를 공동 창출하는 플랫폼 기반의 비즈니스 모델로 전환하는 혁신전략을 의미한다. 이는 생산자와 소비자, 공급자와 사용자, 제3자 개발자 등 다양한 주체 간의 연결과 네트워크 효과를 통해 새로운 시장을 형성하고, 지속적인 성장과 혁신을 유도하는 구조다.

플랫폼 혁신의 주요 **특징**은 다음과 같다. 첫째, **다면적 가치 창출**이다. 플랫폼은 공급자와 수요자, 제3의 참여자들이 동시에 가치를 주고받는 구조로, 참여자의 수가 증가할수록 전체 가치가 상승하는 네트워크 외부성이 작동한다. 둘째, **개방성과 모듈성**이다. 플랫폼은 다양한 참여자가 쉽게 접속하고 활용할 수 있도록 개방성과 표준화된 구조를 지니며, 이를 통해 유연한 확장성과 지속적인 혁신을 가능케 한다. 셋째, **데이터 기반 상호작용**이다. 플랫폼은 사용자 행동, 거래, 콘텐츠 등의 데이터를 수집·분석하여 알고리즘 추천, 광고 타깃팅, 서비스 맞춤화 등을 수행한다. 넷째, **자생적 생태계 형성**이다. 플랫폼은 참여자들이 자율적으로 상호작용하고 혁신을 촉진할 수 있는 환경을 제공하여, 지속적인 진화와 성장의 기반이 된다.

플랫폼 혁신의 **장점**은 다음과 같다.

- **참여자 확대에 따른 네트워크 효과:** 이용자가 많아질수록 플랫폼의 효용이 증가하며, 새로운 사용자와 공급자 유입을 유도한다.

- **자원 효율성 향상:** 외부 파트너의 자원과 역량을 활용하여 효율적으로 사업영역을 확장할 수 있다.
- **혁신 속도 가속:** 다양한 주체의 참여를 통해 아이디어와 기술이 지속적으로 유입되고 실행된다.
- **시장지배력 강화:** 플랫폼은 특정 산업 내 핵심 거점이 되어 시장을 선도하거나 장악할 수 있다.

플랫폼 혁신의 **한계점**으로서 도전 과제를 다음과 같이 정리한다.

- **초기 네트워크 형성의 어려움:** 사용자와 공급자를 동시에 확보해야 하므로, 초기 진입장벽이 높을 수 있다.
- **플랫폼 의존도 증가:** 참여자들이 플랫폼에 과도하게 의존할 경우, 공급자나 사용자에게 불리한 조건이 발생할 수 있다.
- **데이터 및 알고리즘 편향 문제:** 플랫폼 운영자의 알고리즘이 불투명하거나 왜곡될 경우 공정성과 신뢰성에 대한 문제가 발생한다.
- **규제 및 사회적 책임:** 시장 지배적 플랫폼은 공정 경쟁, 개인정보 보호, 독점 문제 등과 관련하여 규제대상이 될 수 있다.

플랫폼 혁신의 사례를 소개한다. **애플**은 iOS 생태계를 기반으로 앱 개발자, 사용자, 콘텐츠 제공자가 상호작용하며 지속적인 혁신과 수익창출을 실현하였다. **구글**은 안드로이드 플랫폼을 개방하여 다양한 제조사와 개발자들이 참여할 수 있도록 하여 글로벌 확산에 성공하였다. **우버**는 운전자와 승객을 실시간으로 연결하는 모바일 기반 플랫폼을 통해 교통 산업의 패러다임을 바꾸었다. **배달의 민족**은 음식점과 소비자를 연결하는 플랫폼을 기반으로, 결제, 리뷰, 배달 등 다면적 서비스를 제공하며 외식 산업을 재편하였다.

플랫폼 혁신은 단순한 기술적 전환이 아닌, 비즈니스 모델과 산업구조의 근본적 재편을 의미한다. 플랫폼은 참여자 간 연결을 촉진하고, 데이터와 네트워크 효과를 활용하여 혁신을 가속화한다. 이러한 혁신은 단일 기업의 성공을 넘어, 새로운 생태계를 구축하고 경제 전반의 가치 창출 방식을 변화시키는 핵심 전략으로 부상하고 있다. 특히 디지털 트랜스포메이션, 글로벌화, 사용자 중심 시장환경 속에서 플랫폼 중심의 사고는 지속 가능한 경쟁우위를 창출하는 핵심 요소로 작용한다.

글로벌 연구개발 혁신

글로벌 연구개발 혁신(Global R&D Innovation)은 기업이 자사의 기술 역량과 혁신 능력을 전 세계적으로 분산, 통합, 확장하여 새로운 가치와 경쟁우위를 창출하는 전략을 의미한다. 이는 단순한 해외 연구소의 설치를 넘어, 전 세계 다양한 기술자원과 인재를 연계해 글로벌 차원의 지식 흐름을 조직화하고, 현지시장에 맞춤화된 혁신을 달성하려는 전략적 접근이다.

글로벌 연구개발 혁신의 **특징**은 첫째, **분산과 통합의 병행**이라는 데 있다. R&D 거점을 글로벌하게 분산하면서도, 핵심기술 개발은 통합적으로 관리하여 기술 일관성과 협업 시너지를 동시에 달성할 수 있게 한다. 둘째, **글로벌 인재와 네트워크 활용**에 있다. 다양한 국가의 과학기술 역량과 전문인력을 활용함으로써 혁신 속도와 다양성이 높아진다. 글로벌 R&D 네트워크의 구축으로 기대할 수 있는 효과다. 셋째, **현지화된 혁신을 실현**한다. 각국 시장의 다양성을 반영하여 각 지역 특성에 맞는 제품·서비스를 개발함으로써 현지 수요에 부응하는 현지에 최적화한 기술혁신을 실현할 수 있다. 마지막으로 **시간 및 비용 효율성의 확보**이다. 글로벌 R&D 네트워크로 시차와 비교우위를 활용한 24시간 연속 개발 체계 구축이 가능하다. 기술성과 측면과 아울러 R&D 비용 절감에도 도움이 된다.

이러한 특징은 곧 글로벌 연구개발 혁신의 **장점**이 된다. 즉, 기술 역량의 글로벌 확장, 혁신 속도 향상 및 리스크 분산, 현지 적합성 확보 및 글로벌시장 경쟁력 강화 등이다. 이와 함께 '지식 공유와 학습의 확대'는 무엇보다 글로벌 R&D 네트워크을 통한 R&D 혁신의 가장 큰 장점이자 혜택이다. 기술자 간 공식·비공식의 노하우, 그리고 각국 현지에 특화되어 축적된 기술을 네트워크를 통해 이전·공유·학습할 수 있다.

표 9-2 글로벌 연구개발 혁신의 유형

유형	기술 통제	시장 대응성	외부 협업	글로벌 협업	주요 적용 산업
중앙집중형	높음	낮음	낮음	낮음	반도체, 항공우주, 정밀기계
현지응답형	낮음	높음	낮음	낮음	식품, 소비재, 의료기기
네트워크형	중간	중간	중간	높음	ICT, 자동차, 통신기기
오픈 R&D형	낮음	중간	높음	높음	바이오, AI, 친환경 에너지

그러나 다음과 같은 **극복할 과제**도 있다. 문화, 언어, 시간대 차이로 인한 커뮤니케이션의 어려움은 조직 내 협업의 한계로 작용한다. 글로벌 협업 시 기술 유출 리스크 증가와 같은 지식 보호와 지재권 문제도 해결해야 한다. 조직통합과 관리 복잡성으로 글로벌 거점 간의 역할조정, 정보 흐름 통제가 어려울 수 있다. 또한, 글로벌 기술인재 유치경쟁이 심화하고 있어, 필요한 인재를 확보하는 데 어려움도 커지는 추세다.

글로벌 연구개발 혁신의 유형은 중앙집중형, 현지응답형, 네트워크형, 오픈 R&D 형 등 네 가지로 나뉜다. 각 유형을 '통제중심', '현지 대응', '외부 협업' 등의 기준으로 비교한다. 첫째, 조직의 **기술 통제수준과 시장 반응성 기준**이다. 기업마다 본사에서 기술을 얼마나 통제할지, 현지시장에 얼마나 자율성을 줄지에 따라 전략이 달라진다. '중앙집중형'은 통제가 강한 반면, '현지응답형'은 시장에 가까운 민첩성이 장점이다.

둘째, 글로벌 운영 구조의 **복잡성과 협업 방식 차이**에 의한 구분이다. R&D가 단일 거점에 집중되어 있는지, 다수 거점이 유기적으로 연결되어 있는지에 따라 전략적 구조가 달라진다. '네트워크형'은 기술 협업과 동시 개발을 중시하고, '오픈 R&D형'은 외부기관과의 유연한 연결을 핵심으로 한다.

셋째, 혁신 자원의 **내부 집중과 외부 활용 여부**에 대한 구분이다. 내부자원 중심의 '중앙집중형'이나 '네트워크형'과 달리, '오픈 R&D형'은 외부 아이디어와 기술을 적극 수용하는 개방형 접근이다.

- **중앙집중형(Global Centralized R&D):** 본사 중심의 연구개발 체계로 기술 통제가 용이하며, 핵심기술의 표준화를 강화할 수 있다. R&D 자원을 집중적으로 배

치하여 중복투자와 자원낭비를 줄인다. 그러나 지역특화 제품개발에는 유연성이 떨어질 수 있다. **반도체**, **항공우주**, **정밀기계** 등 고도의 기술 통제와 표준화가 필요한 산업에 적합하다. 기술 유출 위험이 크고, R&D 비용이 집중되는 산업에서는 본사 중심의 통합이 효과적이다.

- **현지응답형(Local Responsive R&D)**: 각 지역의 시장 환경과 소비자 니즈를 반영한 맞춤형 혁신을 추구한다. 현지 고객과의 밀착된 피드백으로 제품의 적합성을 높일 수 있다. 다만, 본사와의 기술 일관성 유지가 도전과제가 될 수 있다. **식품**, **소비재**, **의료기기** 등 지역마다 문화와 규제가 다른 산업에서 적합하다. 각국의 고객 취향과 법적 기준을 반영한 맞춤형 제품개발이 중요하기 때문이다.

- **네트워크형(Network-integrated R&D)**: 글로벌 거점 간 협업을 통해 기술자산과 아이디어를 실시간 공유한다. 상호보완적 기술개발이 가능하며 혁신의 시너지가 크다. 그러나 협업 조율과 정보보안이 중요한 이슈로 떠오른다. **정보통신기술(ICT)**, **자동차**, **통신기기** 산업처럼 다기능 기술과 부품의 통합이 필요한 경우에 적합하다. 글로벌 팀 간 협업을 통해 빠른 기술 진화를 반영할 수 있다.

- **오픈 R&D형(Open Global Innovation)**: 외부의 다양한 혁신 주체와 협력하여 개방적 생태계를 구축한다. 스타트업, 대학, 연구소 등과 공동개발을 통해 기술 다양성과 속도를 확보한다. 지적재산권 보호와 파트너 간 신뢰구축이 핵심 과제다. **바이오**, **AI**, **친환경 에너지** 등 빠른 기술변화와 다양한 외부 아이디어 수렴이 핵심인 산업에 적합하다. 생태계 중심의 혁신 접근이 경쟁우위를 결정짓는다.

글로벌 연구개발 혁신은 기술을 중심의 다국적기업에게 폭넓게 채택되고 있다. **삼성전자**는 30개국 이상에 R&D 거점 보유하고 AI, 반도체, 통신 중심의 글로벌 선도기술을 개발한다. **보쉬**는 약 128개국 R&D 네트워크, 인도·중국·헝가리 등 R&D 센터를 통해 '글로벌 엔지니어링 허브'를 구축하고 있다. **토요타**는 수소차, 자율주행, AI

화웨이의 글로벌 연구개발 혁신

화웨이(Huawei)는 중국 선전에 본사를 둔 세계적 통신장비 및 스마트 디바이스 제조기업이다. 1990년대 후반부터 본격적으로 국제화 전략을 추진한 화웨이는, 단순한 해외 진출을 넘어 글로벌 R&D 네트워크 구축을 통한 기술혁신 중심의 성장전략을 실행해 왔다. 특히, 자체 기술 개발력 강화를 위해 연구개발(R&D)을 핵심 전략 축으로 삼고 있으며, 현재 전 세계 20개국 이상에 R&D 센터를 운영하고 있다.

화웨이의 R&D 전략은 '네트워크형 + 현지응답형 + 오픈형' R&D 구조의 복합적 조합이라는 점에서 특징적이다. 화웨이는 유럽(스웨덴, 독일, 프랑스), 북미(캐나다), 아시아(일본, 인도), 중동 및 아프리카 지역 등지에 기술 특화 거점을 배치하여 각 지역의 과학기술 자산을 전략적으로 흡수하고 있다. 예컨대, 스웨덴 스톡홀름 R&D 센터는 5G 무선통신 알고리즘과 기지국 칩 설계를 중점 연구하며, 인도 벵갈루루 R&D 센터는 소프트웨어 및 애플리케이션 개발을 담당하고 있다.

이러한 글로벌 R&D 분산은 단순한 업무 분업이 아니라, 각 지역의 역량을 기반으로 한 기술 자율성과 집중화의 균형을 고려한 결과다. 본사에서는 장기 기술 로드맵과 핵심 기술 아키텍처를 통제하지만, 현지 R&D 센터는 해당 지역의 시장특성과 고객 니즈에 기반한 기술 적용 및 커스터마이징 역할을 수행한다. 이를 통해 화웨이는 글로벌 기술 일관성과 현지 적응성을 동시에 확보하고 있다.

또한 화웨이는 외부 협업을 통한 오픈 R&D 모델을 적극 도입하고 있다. 다수의 글로벌 대학(MIT, 캠브리지대학), 기술 연구소, 파트너 기업들과의 공동연구를 통해 기술 혁신의 폭을 넓히고 있으며, 자사의 반도체 설계와 같은 핵심기술도 이러한 협업 기반에서 성장하였다. 특히, 5G 분야에서는 국제 표준화 주도권을 확보하기 위해 특허 기반 기술 전략을 전방위로 확장하고 있다.

2022년 기준, 화웨이는 전체 임직원의 55% 이상을 R&D에 배치하고 있으며, 연간 약 2,400억 위안(약 45조 원)의 연구개발비를 투입해 세계 최고 수준의 R&D 집중도를 유지하고 있다. 이처럼 화웨이의 글로벌 R&D 전략은 단기적 제품 경쟁력을 넘어서, 기술 패권과 표준 선점을 위한 전략적 무기로 기능하고 있다.

등 기술 전문 R&D를 각 지역의 기술환경에 따라 차별화된 R&D 센터에서 추진한다. **글락소미스클라인(GSK)**은 벨기에, 미국, 싱가포르 등 각지에서 백신/신약 R&D의 오픈 혁신 공동연구를 활발히 추진 중이다.

글로벌 R&D는 기업에게 단순한 운영방식이 아닌, 전략적 혁신의 기법으로서 작용한다. 이는 기술확보, 현지화, 협업 네트워크 구축을 동시에 달성하게 하는 복합적 수단이다. 특히 산업의 복잡성과 글로벌화가 가속되는 환경에서, R&D 전략은 기업의 경계 넘기와 생존력 확보의 핵심이 된다. 국제기업은 글로벌 R&D 네트워크를 통해 단기적 기술개발을 넘어, 글로벌 지식 생태계에서 지속가능한 경쟁우위를 확보한다.

경영혁신 기법과 분석모형

오늘날 기업은 급격한 시장 변화, 기술 혁신, 글로벌 경쟁 심화 등의 환경 변화 속에서 지속가능한 성장의 문제뿐 아니라 생존의 문제까지 위협받고 있다. 이에 다양한 **경영혁신 기법**이 등장하게 되었고, 대표적인 기법으로는 사업변신, 리스럭처링, BPR, 카이젠, 전사적 품질관리(TQM), 조직 다운사이징, 기업문화운동, 비전 메이킹 등이 있다. 이들은 경영자원의 재배분, 조직행동의 변화, 프로세스 효율화, 정체성 재정립 등의 목표를 지향하며, 각 기법은 변화의 속도, 범위, 목적, 실행 방식 등에 따라 서로 다른 전략적 기능을 수행한다.

전략적 수단으로써 경영혁신 기법들은 지금까지 살펴본 기업의 변화(Change)에 대한 노력이며, 혁신(Innovation)의 일환이다. 경영혁신 기법에 대한 **전략적 의의**를 다양하게 표현하면, '기업이 직면한 현재의 경영위기에 대응과 이를 극복하려는 조치', '환경의 불확실성과 위기에 대응하는 조직의 적응적 반응', '조직의 내면적 구조를 바꾸고 새로운 미래를 설계하는 틀', '기업성장과 생존의 본질적 구상' 등이다.

이러한 경영혁신 기법들은 학술 분야에서는 비교적 적게 다루어지고 있다. 학술이론의 연구대상이기보다는 경영현장에서 전략 실행과 조직관리 과정에서 직면한 문제점을 찾아내고 개선하는 데 활용된다. 개별 경영혁신 기법을 이해하고, 경영현장에서 세부적인 적용기술을 살펴보는 것도 좋지만, 학술 논리로써 이들의 성격을 진단하고 분류하는 것은 경영혁신 성과를 더욱 높이는 데 도움이 될 것이다.

이제부터 **경영혁신 분석모형**을 소개하고 설명한다. 먼저, 전략경영 분야에서 초기 고전적인 기업성장 방향성을 구분한 제품·시장 성장모형을 소개한다. 그리고 이에 본서가 제안하는 두 가지 모형을 추가하여 설명한다. 하나는 **범위·속도 경영개선 모형**으로, 또 하나는 **활성화·합리화 경영개선 모형**으로 이름을 붙였다.

제품·시장 성장모형

앤소프(Ansoff)의 **제품·시장 성장모형**(Product-Market Matrix)을 설명한다.[141] 앤소프의 모형은 기업성장의 방향을 체계적으로 분석하고 설명하는 데 있어 전환점을 마련했다고 평가받으며, 전략경영, 마케팅, 신사업 개발 분야에서 널리 사용되고 있다. 엄밀한 의미에서 경영혁신 분석모형은 아니지만 기업수준에서 새로운 성장 방향 모색에 대한 시사점 제공이라는 점에서 요즘 경영혁신 기법과 공통점이 있다.

제품·시장 매트릭스는 기업의 성장 가능성을 '제품'과 '시장', 이 두 가지 핵심축을 기준으로 체계적으로 분류하고, 이를 통해 전략적 선택지를 명료화한 도구이다. 기업이 기존 제품과 시장의 범위를 어떻게 조합하느냐에 따라 성장전략이 다르게 도출되며, 각 전략은 고유한 기회와 위험을 내포한다. 앤소프의 매트릭스는 **제품과 시장**, 각각을 **기존과 신규**로 구분한 2×2 매트릭스 형태를 갖는다. 이 구조에서 다음의 **네 가지 성장전략**이 도출된다.

- **시장 침투(Market Penetration):** 시장침투 전략은 기존 제품을 기존 시장에 더욱 깊이 확산시키는 것을 목표로 한다. 기존 시장 내 점유율을 극대화하기 위해, 기존 고객의 반복 구매 촉진, 경쟁사의 고객 유치, 마케팅 및 판촉 강화 등을 통해 성장을 이루는 접근법이다. 이 전략은 기업이 이미 축적한 시장지식과 자원을 활용하기 때문에 가장 낮은 수준의 위험을 가지며, 흔히 안정적이고 점진적인 성장전략으로 평가받는다. 그러나 시장이 포화상태에 가까워질수록 추가적 성장을 위한 비용이 급격히 증가할 수 있음을 유의해야 한다.

그림 9-3 제품·시장 성장모형

- **시장 개발**(Market Development): 시장개발 전략은 기존의 제품이나 서비스를 새로운 시장에 도입하여 성장기회를 확대하는 방식이다. 새로운 지리적 시장개척, 미개척 고객 세그먼트로의 진출, 온라인 등 새로운 유통채널 활용 등을 포함한다. 이 전략은 기존 제품에 대한 충분한 이해와 경험을 바탕으로 실행되지만, 새로운 시장의 수요 불확실성 및 진입장벽으로 인한 위험과 불확실성을 내재하고 있다. 따라서, 시장개발 전략의 성공을 위해서는 목표시장에 대한 철저한 분석과 전략적 마케팅 접근이 필요하다.

- **제품 개발**(Product Development): 제품개발 전략은 기업이 기존의 고객층과 시장을 유지하면서 혁신적이고 차별화된 신제품을 출시하여 시장에서의 위치를 강화하거나 확장하는 전략이다. 이 전략은 기술 혁신과 제품차별화 역량이 필수적이며, 기존 고객의 충성도를 높이고 추가 매출을 창출하는 데 효과적이다. 다만, 신제품 개발 및 출시 과정에서 발생하는 비용 및 실패 가능성의 리스크가 존재하므로, 기업의 혁신 역량 및 자원의 효율적 관리가 핵심이다.

- **다각화(Diversification):** 다각화 전략은 기존 시장과 제품의 범위를 넘어, 완전히 새로운 제품을 새로운 시장에 출시하는 것을 의미한다. 이는 기업이 전혀 경험하지 못한 사업영역에 진입하는 것을 의미한다. 따라서 가장 높은 위험성을 수반하며, 동시에 성공 시 가장 높은 성장잠재력을 제공한다. 다각화 전략은 기업이 보유한 핵심역량, 자원 배분 능력, 전략적 비전과 장기적인 시장 전망을 고려해 관련 또는 비관련 다각화를 선택한다.

앤소프 매트릭스는 각 전략선택의 **위험도 평가**에 대한 시사점도 제공한다. 즉, 기존의 제품-시장 영역을 벗어날수록 전략적 위험도는 증가한다. 위험도를 상대적으로 비교하면, 시장침투 → 제품 개발/시장 개발 → 다각화 순으로 위험도가 증가한다. 따라서 다각화 전략은 네 가지 기업성장 전략 중 가장 신중한 접근이 필요하다. 앤소프의 제품·시장 매트릭스는 기업에게 성장 가능성의 방향을 명확히 제시하고 전략적 의사결정과정에서의 체계적 접근을 가능하게 하는 매우 요긴한 도구이다. 매트릭스에서 나타난 네 가지 전략적 방향은 기업이 성장 목표를 명확하게 설정하고, 각 전략별 위험을 효과적으로 관리할 수 있도록 돕는 이론적 근거로써 활용된다.

범위·속도 경영개선 모형

범위·속도 경영개선 모형은 기업 변화의 폭과 속도를 기준으로 경영혁신 전략을 체계적으로 분류하는 2×2 매트릭스다. **변화 범위**에 따라 광범위 또는 제한적 범위, 그리고 **변화 속도**에 따라 빠름 또는 느림 등 두 가지 축으로 구성한다. 성장이 멈추거나 외부환경 변화로 인해 위기에 직면할 때, 기업이 취할 수 있는 여러 가지 대응 조치가 있지만, 결국, 조치의 수준은 대응 대상을 운영 중인 사업부와 조직 구조를 대상으로 하는 전면적 범위로 할 것인지, 업무조정과 같이 제한된 범위에서 할 것인지에 대한 결정이다. 또한 이를 실행함에 있어서 급격하게 빠른 시간 내 완결할 것인지, 아니면 시간을 갖고 천천히 추진할 것인지에 대한 결정이다. 이를 감안하여 다음의 **네 가지 경영개선전략**을 도출한다.

그림 9-4 범위·속도 경영개선 모형

- **사업변신(Turnaround):** 광범위 범위와 빠른 속도의 조합이다. 사업변신 전략은 기업의 전반적이고 광범위한 변화를 매우 빠르게 수행하는 것을 목표로 한다. 위기상황에 빠진 기업이 단기적으로 생존력을 확보하기 위해 조직구조 조정, 비용 절감, 자산 매각 등 급격하고 강도 높은 조치를 취한다. 신속한 의사결정과 과감한 실행력이 요구되며, 경영상황의 즉각적인 개선을 목표로 한다. 기업 자체의 변신은 그만큼 파격적이므로 빠른 실행 속도가 관건이다. 지체할 경우 조직 저항이 발생할 가능성이 크며, 이는 성공 가능성을 낮춘다.

- **사업구조조정(Transformation):** 광범위 범위와 느린 속도의 조합이다. 사업구조조정 전략은 기업의 전반적인 변화가 필요하지만, 장기적인 비전과 전략적 목표 아래 천천히 그리고 점진적으로 진행되는 형태이다. 문화 변화, 전략적 재편, 장기적 혁신 프로젝트 등을 통해 사업구조의 조정 및 해당 사업부의 지속가능성을 향상시키고, 점진적으로 기업을 재정비한다. 이 전략은 장기적인 변화관리 역량

과 철저한 계획 및 실행관리가 필수적이다. 속도 면에서 위의 사업변신보다는 느리며 많은 시간이 걸린다.

- **리엔지니어링(Reengineering):** 제한적 범위와 빠른 속도의 조합이다. 리엔지니어링은 특정 사업영역이나 프로세스에 집중하여 빠르게 성과를 내는 전략이다. 비효율적이고 구시대적인 프로세스를 신속히 재설계하여 성과를 즉시 개선하는 데 목표를 둔다. 비교적 제한적인 범위에서 빠르게 적용 가능하며, 단기적인 성과창출과 효율성 제고가 핵심 목표다. 경영혁신 기법으로 일반적으로 기업에서 채택하는 BPR(Business Process Reengineering)이 해당한다.

- **지속적 개선(Continuous Improvement):** 제한적 범위와 느린 속도의 조합이다. 지속적 개선 전략은 점진적으로 제한적인 영역에서 느린 속도로 진행되는 개선 활동이다. **카이젠**(Kaizen), **TQM**(Total Quality Management) 등이 대표적인 예로, 지속적인 프로세스 개선과 품질 향상을 통해 점진적인 성과를 추구한다. 직원들의 참여와 조직 구성원의 조직문화 형성이 중요하며, 장기적으로 꾸준한 성과 향상에 기여한다.

모형의 **시사점**을 간추리면 다음과 같다. 범위·속도 모형은 기업이 처한 상황과 목표에 따라 적절한 변화 전략을 선택하도록 돕는다. 기업이 상황과 목표에 맞는 경영혁신 전략을 합리적으로 선택하고 실행 속도를 조절함으로써 변화관리 실패를 줄이고 효과적인 혁신을 가능하게 한다는 점에서 가치가 크다. 이 모형은 단순한 변화관리 프레임워크를 넘어, 기업이 **전략적 민첩성과 조직역량**을 동시에 평가할 수 있는 기준을 제공한다. 빠른 변화가 필요한 상황에서 광범위한 조정이 요구되는지, 혹은 국소적 개선을 통해 점진적인 성과 향상을 노릴 것인지를 판단하는 데 유용하다. 또한 이 모형은 기업의 자원 배분, 리더십 스타일, 내부 커뮤니케이션 방식 등에 대한 전략적 선택 옵션과 실행 가능성을 함께 고려하게 함으로써, 변화 전략의 궁극적인 실행력을 높이는 데 기여한다.

활성화·합리화 경영개선 모형

기업의 변화는 단순한 효율성 향상에서 나아가, 근본적인 재정립과 전략적 방향 전환까지 다양한 형태로 나타난다. 이러한 변화 양상을 전략적으로 이해하고 구분하기 위한 또 하나의 프레임워크로 **활성화·합리화 경영개선 모형**(Revitalization-Rationalization Model)을 제시한다. 이 모형은 변화의 목적을 기준으로 양극단의 전략적 접근, 즉 활성화와 합리화를 축으로 설정하여 경영개선 기법의 유형을 전략의 속성 구분을 통해 체계화한다. 이때 **Y축의 활성화**(Revitalization)는 갱생/부활(Renewal), 재건(Rebuilding)과 같은 의미다. **X축의 합리화**(Rationalization)는 사전의 뜻 그대로 효율성(Efficiency), 경제성(Economics)을 의미한다. 요약하면, 조직이 당면한 위기에서 탈출이나 경영개선을 위한 경영조치는 두 개의 전략적 지향점, 즉 활성화와 합리화 중심으로 구분할 수 있다. 이 두 지향점은 기업 변화의 성격과 목적에 따라 다음과 같이 구분된다.

- **활성화 지향 전략:** 활성화 지향은 기업의 정체성을 다시 정의하고, 전략, 조직문화, 사업영역 등을 근본적으로 전환함으로써 새롭게 태어나는 수준의 경영혁신을 의미한다. 이는 외부환경의 급격한 변화, 경영위기, 성장 정체 등을 극복하기 위한 전략적 대응으로 나타나며, 다음과 같은 경영혁신 기법을 포함한다.

  - **사업변신(Turnaround):** 위기 상황에서 단기간 내에 생존을 확보하기 위한 급진적 구조조정
  - **사업구조조정(Transformation):** 장기적 전략 방향에 따른 전략적 사업 재편, 장기적 혁신 프로젝트
  - **기업문화운동(Culture Movement):** 조직 구성원의 가치, 태도, 행동양식 전환을 통한 변화
  - **비전 수립(Vision Making):** 경영자에 의한 새로운 정체성과 장기전략 방향 설정

- **합리화 지향 전략:** 합리화 지향은 기존 시스템과 프로세스를 정비하고 최적화함

으로써 효율성과 생산성을 극대화하는 접근이다. 이는 급격한 변화보다는 안정적이고 측정 가능한 개선을 추구하는 전략으로, 다음과 같은 경영혁신 기법을 포함한다.

- **리엔지니어링(Reengineering):** BPR과 같은 기존 프로세스의 근본적 재설계를 통한 성과 극대
- **지속적 개선(Continuous Improvement):** 일상적이고 반복적인 개선 활동을 통해 점진적 성과 향상 추구
- **다운사이징(Downsizing):** 불필요한 인력 및 자원 축소를 통한 비용 절감 및 조직 슬림화

활성화 지향 전략은 고위험-고성과 구조로, 경영자의 강한 리더십, 내부 공감대 형성, 실행력 있는 변화관리가 핵심이다. **합리화 지향 전략**은 조직 안정성과 실행 용이성을 높이며, 특히 성숙기 산업이나 비용 경쟁이 치열한 시장에서 효과적이다.

활성화·합리화 모형을 나타내는 [그림 9-5]에 **세 가지 경로**가 있다. 기업의 현재 경영상태인 A 지점에서 향후 기대하는 경영개선 이후의 기업 위치인 B 지점에 이르는 경로를 세 가지로 세분했다. **(경로 1)**은 활성화 지향 전략을 먼저 추진하고, 후에 합리화 지향 전략을 실행하는 경로다. 이와 반대로 **(경로 2)**는 합리화 지향 전략을 먼저 추진하고, 후에 활성화 지향 전략을 실행한다. **(경로 3)**은 활성화와 합리화 지향 전략을 동시에 혼합하여 추진하는 경로다. 이 중 어느 경로가 바람직한지는 기업 현장의 경험자료나 실증자료를 통해 결과를 분석하는 것이 합당할 것이다.

추천하는 경로는 **(경로 1)**과 **(경로 2)** 중에서 하나를 선택한다. 두 경로 중에는 기업이 직면한 상태와 위기의 성격에 따라 하나를 선택할 수 있다. 전면적 변화가 필요치 않고, 처한 상황이 조금 여유가 있으면, **(경로 2)**가, 그렇지 않다면 **(경로 1)**을 선택해 과감히 추진하는 것도 하나의 방편이다. 운영 효율성이 심각한 현안 과제이면 **(경로 2)**를 선택하여 운영 개선을 이루고, 이후 기업의 재탄생 수준인 사업변신이나 사업구조조정을 차후에 실행한다.

그림 9-5 활성화·합리화 경영개선 모형

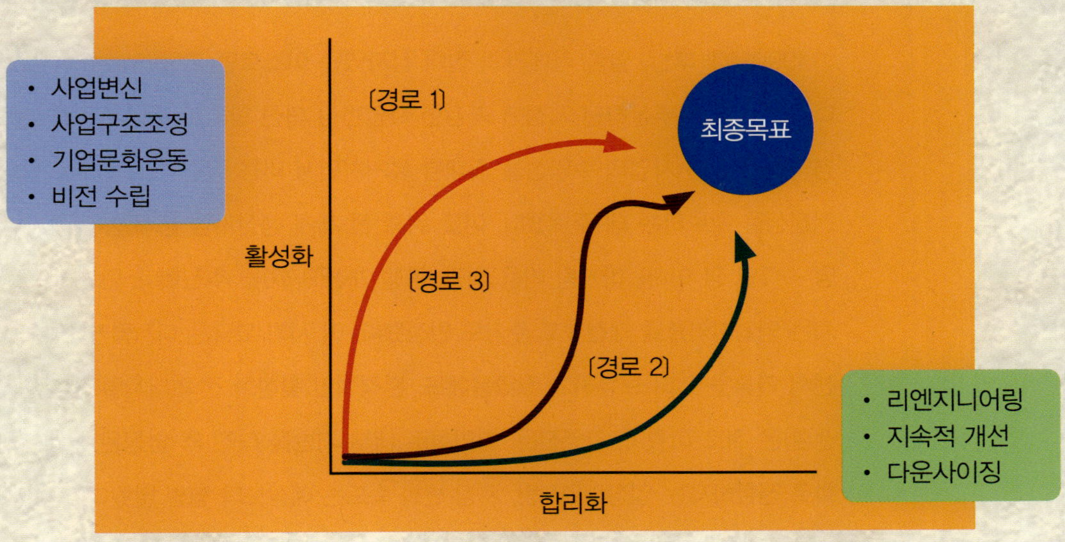

일반적으로 사업변신이나 사업구조조정 방식은 조직 구성원으로부터 강력한 저항에 부딪힐 수 있다. 또한 이들 방식은 고위험 경영개선 전략으로 실패 시 기업이 입는 손실이 막대하며 기업 존망까지 다툴 수 있다. 드물게 추진과정에서 외부환경이 우호적으로 바뀌어 추가 경영개선 노력을 기울이지 않아도 될 경우도 있다. 이 모든 경우를 감안하면 **〔경로 1〕**을 선택하는 데는 부담이 큰 것은 사실이다. 그런데, 만일 합리화 전략과 활성화 전략, 이 둘의 전략을 모두 완벽히 추진할 의지가 확고하다면, **〔경로 1〕**이 더 바람직한 대안이다. 왜냐하면, 조직 구성원이 합리화 이후에 전면적 조직구조조정인 활성화 지향 기법을 사용한다는 경영방침을 알아챈 경우라면 노동조합을 비롯한 전직원의 강력한 저항이 합리화 기법이 추진되는 상당한 기간에 계속해서 발생할 수 있으며, 이는 최종적인 활성화 경영개선 조치를 무력화할 수 있다.

요약하면, **〔경로 1〕**과 **〔경로 2〕** 중 기업의 내외환경을 반영하여 하나를 정한다. 기업활성화에 의지가 강하다면, **〔경로 1〕**이 더 적합하다. 다만 어떤 경우라도 **〔경로 3〕**은 지양해야 할 방안이다. 활성화와 합리화를 동시에 병행한다면, 조직 구성원이 회사 경영방침의 의도를 명확히 이해하는 데 혼란스러우며, 일단 합리화 경영개선 기법은

코닥의 경영혁신 실패

1990년대 후반, 필름 카메라의 절대 강자였던 이스트먼 코닥(Eastman Kodak)은 디지털 기술이 부상하던 시점에 과감한 사업변신 대신 합리화 지향 전략을 선택했다. 경영진은 필름 사업의 수익성을 최대한 유지하면서 비용 절감과 효율화를 통해 재무 건전성을 확보하는 데 주력했다. 이를 위해 전 세계 생산거점 통폐합, 인력 감축(13만 명 → 7만 명 이하), 마케팅 비용 절감, 공정 개선(BPR)을 추진했다. 단기적으로 이 조치는 영업이익률을 개선했고 주가도 안정됐다. 이 시기 코닥은 디지털카메라와 이미지 센서 기술을 이미 보유하고 있었음에도, 본격적인 활성화 전략(디지털 중심 사업구조 전환)은 뒤로 미뤘다. 경영진은 '합리화로 내부 기반을 다진 후 안정된 상태에서 활성화로 전환하자'는 입장이었지만, 시장 변화 속도는 예상보다 훨씬 빨랐다.

2000년대 초반, 경쟁사인 캐논·니콘·소니가 디지털카메라 시장을 장악하고, 애플과 삼성은 스마트폰 카메라 혁신을 가속화하자, 코닥은 뒤늦게 활성화 전략을 가동했다. 디지털카메라 라인업 확장, 온라인 사진 인화 서비스, 디지털 프린팅 사업 등 새로운 비즈니스에 대규모 투자했다. 그러나 이 과정에서 기존 합리화 전략과 활성화 전략이 조직 내부에서 충돌하는 현상이 발생했다. 조직문화가 문제였다. 합리화 단계에서 형성된 '비용 절감'과 '리스크 최소화' 중심의 보수적 문화가 여전히 강하게 남아 있었다. 신규 디지털 사업팀이 창의적 시도와 빠른 의사결정을 요구했지만, 기존 필름 부문 관리자들은 이를 비용 낭비로 간주하며 승인 절차를 지연시켰다. 자원 배분의 충돌 문제도 발생했다. 합리화 시절부터 유지해 온 필름 사업은 여전히 안정적인 현금창출원이었기에, 내부자원 배분에서 디지털 부문이 우선순위를 확보하지 못했다. 그 결과, 디지털 사업은 시장 대응 속도와 품질 경쟁력에서 뒤처졌다. 내부 혼란과 사기 저하 문제도 뒤따랐다. 구조조정으로 인력 감축을 경험한 직원들은 활성화 전략이 가져올 추가적인 변화를 불안하게 받아들였다. 특히 '합리화로 효율화된 조직에 다시 대규모 혁신 투자를 한다'는 경영방침이 명확한 설명 없이 내려오자, 현장에서는 경영진의 전략 일관성에 대한 신뢰가 흔들렸다. 결국, 2012년 코닥은 파산보호를 신청했고, 이후 일부 특허 매각과 사업 축소를 통해 재출발했으나 과거의 위상은 되찾지 못했다.

개선결과가 나오기까지 어느 정도의 시간을 요구하는데, 결과가 나오기 전에 전면적 사업변신이나 사업구조조정을 시행하면 이전의 합리화 개선조치는 의미가 없기 때문이다.

모형의 **시사점**은 다음과 같다. 이 모형은 기업이 변화의 방향성을 설정할 때 단순히 '어떻게 변화할 것인가'뿐만 아니라 '무엇을 위해 변화할 것인가'까지 포함한 전략적 판단을 내릴 수 있도록 돕는다. 또한 모형의 성격상 기존에 알려진 여러 개별적 **경영혁신기법을 두 그룹으로 분류**하는 내용을 담고 있는데, 이러한 개별 경영혁신기법을 속성 기준으로 그룹별 시도를 처음으로 했다는 것도 의미가 있다.

결론적으로, 기업의 경영혁신 방안으로 활성화 조치는 기업의 본질적 재정립을 요구하는 반면, 합리화 조치는 기존 체계의 최적화를 통한 성과 개선에 초점을 둔다.

PART 3
전략의 실행

경영자와 ESG	리더십 유형	국제기업 경영자	대리인 이론
의도한 전략행위	지배구조와 ESG	국제 지배구조 유형	전문경영인
오너 경영	기업의 사회적 책임	경영윤리와 ESG	기업윤리 관점
인권/아동노동	공모 인권침해	지속가능 성장	

10

경영자, 지배구조, 경영윤리

전략경영에서 **최고경영자(CEO)의 리더십**은 조직운영 책임자의 역할을 넘어, 한 기업의 전략적 방향성을 설정하고, 기업 목표와 성과를 달성하기 위한 전략 수단 선택과 실행의 기준이자 원천이다. 조직은 늘 외부환경의 불확실성과 내부자원의 제약 환경에 직면한다. 이 과정에서도 CEO는 기업의 정체성을 형성하고 미래의 경쟁우위를 창출하기 위한 전략과 조직을 이끌어가는 중심축이다. 일상의 기업활동에서 전략수립과 실행의 모든 단계에 CEO의 리더십이 작용하며, 변화가 필요한 환경, 혁신을 통한 기업변신 과정에서도 조직 구성원의 몰입과 헌신을 유도하는 구심점 기능을 한다.

이와 관련하여 본 장에선 경영자와 전략경영 간 관계를 주요 제목을 붙여 설명한다. 특히 경영자의 기업 내외부 환경에 대한 인지 및 관점은 전략경영 전반에 반영되어, 전략수립 단계부터 성과평가까지 영향을 미친다. 이 과정에서 경영자의 리더십은 핵심 기능을 하는데, 리더십이 전략경영에 주는 시사점과 함께 **조직변화 리더십 유형**을 구분하고 각 특성을 소개한다. 국제경영 분야에서 **국제경영자의 전략적 의사결정**

과 관계한 주제로 경영자 특성과 해외직접투자이론, 다국적주의, 국제화 동기와 수준 등을 설명한다. 또한 ESG와 관련해서는 '경영자와 ESG 경영'으로 별도의 주제를 삽입하여 설명한다. 이는 다음의 지배구조, 경영윤리 등에도 적용하여, 각각 '지배구조와 ESG 경영', '경영윤리와 ESG 경영' 등의 형태로 기술한다.

전략경영에서 **기업의 지배구조**는 단순한 지분 구조나 이사회 구성의 문제가 아니라, 기업의 전략적 의사결정과 지속가능 성장을 가능하게 하는 기반 시스템이다. 지배구조는 소유와 경영의 분리로 인한 대리문제를 해결하고, 경영진의 의사결정을 감시·견제함으로써 주주의 이익과 기업의 장기적 가치를 보호하는 장치다. 지배구조는 기업전략과 무관하지 않다. 기업전략의 정당성과 실행력을 높이는 기반이 된다. 외부환경의 불확실성이 크고 다양한 이해관계자가 존재하는 상황에서, 투명하고 효율적인 지배구조는 기업전략의 신뢰성을 높이는 전략적 기반이다.

이와 관련하여 지배구조의 배경적 학술이론인 **대리인 이론**을 지배구조 통제와 연계하여 설명한다. 기업의 지배구조는 국가별 역사나 경제사회 환경을 반영하여 각기 다른 유형으로 진화됐다. **국제 지배구조 유형**을 나누고, 각 특징과 전략적 시사점을 정리한다. 지배구조와 관련하여 우리나라에서 특히 관심이 큰 **전문경영인**을 통한 경영방식과 대주주 경영방식인 세칭 **오너 경영**의 긍정·부정요소 비교와 함께 각 제도의 성과에 관한 실증연구 결과를 소개한다.

전략경영에서 **경영윤리**는 단순한 법적 준수나 도덕적 선택, 그 이상이다. 기업의 지속가능성과 경쟁우위를 확보하기 위한 전략적 요소다. 경영윤리는 기업이 내부적으로는 조직 구성원의 올바른 판단과 행동을 유도하고, 외부적으로는 고객·주주·지역사회 등 다양한 이해관계자와의 신뢰를 구축하는 기반이 된다. 요즘처럼 기업의 의사결정과 행동에 대한 사회적 감시와 관심이 높아지고 강화되는 추세에서, 윤리적 경영은 선택이 아닌 필수다. 경영윤리는 조직 구성원에게 기업 변화와 혁신에 대한 거부감으로부터 구성원의 몰입과 자발적 참여를 유도하는 문화적 토대가 된다. 잘 드러나지는 않지만 강력하게 조직에 내재한, 기업의 장기적 성과와 평판을 결정짓는 우량 기업의 전략적 자산이다.

이와 관련하여 **기업의 사회적 책임(CSR)**의 유형과 전략적 의미를 논의한다. 요즘 기업은 CSR을 적극적으로 해석하고 활용한다. 단순히 이해관계자에 대한 의무로 규정하는 데서 나아가 기업의 경쟁우위 창출과 평판자산의 원천으로써 경영성과에 긍정적 영향을 미치는 전략적 수단으로 간주한다. 이에 초점을 맞춰 CSR과 윤리경영의 개념, 유형, 성과 등을 기술한다. 윤리경영에 대한 특별한 관심과 엄격한 준수가 요구되는 **국제기업의 경영윤리**는 '국제기업의 기업윤리 관점', 그리고 국제기업의 주요 인권의제인 '국제인권 및 아동노동', '공모에 의한 인권침해' 등을 소제목으로 하여 기술한다. 또한 환경오염과 지속가능 성장에 대해서도 국제기업의 윤리성에 초점을 맞춰 견해를 밝힌다.

경영자와 전략경영

경영자의 정의, 역할, 기업가 정신

전략경영의 관점에서 **경영자를 정의**하면, 단순히 조직의 활동을 조정·관리하는 기능적 관리자가 아닌, 조직의 방향성과 생존 전략을 수립하고 실행을 주도하는 핵심 의사결정자라고 할 수 있다. 특히 최고경영자(CEO)는 외부환경을 해석하고, 조직의 자원을 배분하며, 비전과 전략적 목표를 설정하는 전략의 설계자이자 실행의 총괄 책임자라 할 수 있다.[142] **경영자의 역할**은 전략의 수립자, 환경의 해석자, 자원 통합자, 동기 부여자 등으로, 이러한 경영자 역할은 조직의 전략 방향에 큰 영향을 미친다.

- **전략 수립자**(Formulator)로서 기업의 비전과 미션을 설정하고, 내·외부 환경을 분석하여 전략적 목표를 도출한다.
- **환경 해석자**(Interpreter)로서 경쟁 환경과 기술 변화, 제도적 요인을 해석하고, 이를 위협 또는 기회로 재정의한다.
- **자원 통합자**(Integrator)로서 조직의 기능 간 조정을 통해 전략 실행이 가능하도록 체계를 설계한다.

- **동기 부여자(Motivator)**로서 구성원들에게 전략의 의미를 전달하고 몰입을 유도한다.[143]

경영자의 전략적 리더십에서 기업가 정신(Entrepreneurship)은 매우 핵심적인 요소로 작용한다. **기업가 정신**이란 조직 내에서 새로운 기회를 인식하고, 자원을 활용하여 이를 실현하며, 불확실성과 위험을 감수하는 전략적 행동 양식을 의미한다.[144] 이는 반드시 창업자에게만 국한되지 않으며, 기업의 경쟁우위를 창출하는 동력이 된다. 기업가 정신은 전략수립에서 기회의 정의, 전략 실행에서 자원의 활용과 위험 감수, 그리고 전략 지속성 확보를 위한 변화와 혁신에 이르기까지 전과정에 걸쳐 작용한다. 기업가 정신은 다음과 같은 **기업가 정신의 핵심 요소**로 설명된다.[145]

- **기회 탐색:** 기업가적 경영자는 경쟁자보다 먼저 환경의 변화를 감지하고, 그 안에서 새로운 사업기회를 발견한다.
- **혁신:** 기술적 혁신뿐 아니라, 제품, 서비스, 유통방식, 비즈니스 모델 등의 전반적 혁신을 통해 시장에 새로운 가치를 창출한다.
- **위험 감수:** 불확실한 상황에서도 자원을 투입하고, 전략적 결단을 내릴 수 있는 용기가 요구된다.
- **자원 통제력:** 제한된 자원 속에서도 창의적인 방식으로 자원을 조합하고 외부와 협력하여 전략을 실행할 수 있어야 한다.
- **학습과 적응:** 시행착오를 빠르게 학습하고 시장 변화에 맞추어 전략을 유연하게 조정하는 능력이 기업가 정신의 지속성을 높인다.

버핏(Buffett)은 단기적 유행에 휩쓸리지 않고, 장기적 가치와 원칙 중심의 경영철학을 바탕으로 **버크셔 해서웨이**(Berkshire Hathaway)를 이끌어왔다. 그는 변화무쌍한 시장에서도 침착하게 기회를 판단하고, 리스크를 감수하면서도 무분별한 확장을 경계하였다. 또한, 자신만의 투자 원칙을 수십 년간 일관되게 지켜온 점, 신뢰 기반의 경영을 실천한 점에서 단지 뛰어난 투자자가 아닌, 기업가 정신의 철학적 모범으로 평가

된다. 그의 경영방식은 기회 탐색, 자원 활용, 책임 있는 리스크 감수, 장기적 가치 창출이라는 기업가 정신의 핵심 요소를 실제로 구현한 대표사례라 할 수 있다.

경영자의 인지와 전략선택

주류 전략경영의 전략수립에 대한 이론적 배경에는 기업은 외부환경 분석과 내부 자원의 평가를 기반으로 전략적 선택을 한다는 가정이 깔려있다. 그러나 현장 중심의 논리는 전략수립을 단순한 자료 분석의 결과가 아닌, 경영진의 인식 방식과 해석의 산물이라는 점을 강조한다. 즉, 기업의 전략은 객관적 사실만으로 구성되는 것이 아니라, 그것을 바라보는 **경영자의 인지적 틀**(cognitive frame)에 따라 달라지며, 경영진의 사고방식이 전략선택에 실질적인 영향을 미친다는 것이다. 예컨대, 게임법칙 변경 이론에서 산업가치관(Industry Norms)으로서의 게임법칙은 경영자의 주관적 인지에서 비롯된다. 다수 경영자의 인지를 바탕으로 산업의 경쟁규칙 또는 산업에서의 성공 논리를 바라보는 공통된 시각으로 형성된 것이 해당 산업의 핵심성공요인(KSF)이다.

이러한 시각은 **최고경영진이론**(Upper Echelons Theory)에 이론적 기반을 두고 있다. 상층부 이론으로도 불리는 이 이론은 '조직은 그 상층부의 해석을 따라간다'라는 명제로 요약되며, 경영자의 연령, 교육 수준, 직무 경험, 가치관, 인지 구조 등이 전략 결정에 영향을 미친다고 본다.[146] 이들은 외부 정보를 선별하고 해석하는 '인지적 필터' 역할을 하며, 동일한 환경이라도 각기 다른 전략적 반응을 유도한다. 예컨대, 한 산업의 기술변화에 대해 어떤 CEO는 위협으로 인식하고 방어전략을 취하는 반면, 또 다른 CEO는 그것을 기회로 해석하고 공격적인 투자전략을 수립한다. 두 CEO는 동일한 데이터를 마주하지만, 경험과 사고의 틀이 다르기 때문에 서로 다른 전략선택을 하게 되는 것이다. 이러한 관점에서 보면, 전략은 경영자의 해석된 현실에 대한 반응이며, 따라서 경영자의 해석은 반드시 합리적이거나 객관적이지 않을 수 있음도 내포한다.

경영자의 인지는 의사결정과정의 속도와 범위에도 영향을 준다. 복잡한 환경 속에서 전략적 선택을 해야 하는 경영자는 제한된 시간과 정보 속에서 판단을 내려야 하

경영진 인지와 전략적 선택: 노키아, 블랙베리, 넷플릭스

노키아(Nokia)의 변화된 게임의 규칙을 인지하지 못한 전략 실패의 사례다. 2000년대 초반까지 세계 휴대폰 시장의 절대 강자였던 노키아는 기술력, 브랜드, 유통망 등 모든 측면에서 독보적인 경쟁우위를 가졌지만, 스마트폰 시장으로의 패러다임 전환을 과소평가했다. 경영진은 스마트폰 시장이 기존 피처폰 시장의 연장선 상에 있다고 해석했고, 자사의 하드웨어 우위가 여전히 시장지배력을 유지해줄 것이라고 믿었다. 그러나 iOS와 안드로이드 기반 생태계는 단순한 하드웨어 경쟁이 아닌, 소프트웨어 플랫폼 기반 경쟁이라는 새로운 게임의 규칙을 만들었다. 노키아는 이를 인식하지 못한 채, 자사 운영체제(Symbian)에 집착했고, 전략적 전환이 지나치게 늦어졌다.

다음은 블랙베리(BlackBerry)의 보안 중심의 해석이 전략적 시야를 제한한 실패사례다. 블랙베리 역시 스마트폰 시대의 선두주자 중 하나였지만, 전략적 해석에 있어 협소한 시각을 고수했다. 경영진은 블랙베리의 강점인 보안 기능과 물리적 키보드가 기업 고객층에 대한 충성도를 유지시켜줄 것으로 판단했다. 이들은 소비자 시장에서의 트렌드 변화, 예컨대 터치스크린, 앱 생태계, 사용자 친화적 인터페이스 등을 일시적인 유행으로 간주했으며, 엔터프라이즈 시장에 집중하는 기존전략을 고수했다. 결과적으로 블랙베리는 시장의 대세를 형성한 스마트폰의 진화 방향을 제대로 인식하지 못했고, 제품 혁신과 플랫폼 전략의 결정적 타이밍을 놓쳤다.

반면, 넷플릭스(Netflix)는 경영진의 인지 유연성과 전략적 사고 전환을 통해 자신의 사업모델을 스스로 파괴하며 성장한 대표적인 성공 사례다. DVD 우편 대여 서비스로 시작한 넷플릭스는 스트리밍 기술의 발전과 인터넷 보급률의 상승을 일찍이 전략적 기회로 해석했다. CEO 헤이스팅스(Hastings)는 기존 DVD 모델에 안주하지 않고, '콘텐츠 소비의 방식이 근본적으로 바뀌고 있다'는 환경 해석을 바탕으로 스트리밍 플랫폼으로의 전환을 강력히 추진했다. 넷플릭스는 외부 변화에 수동적으로 반응하는 것이 아니라, 이를 기회로 재정의하고 선제적으로 전략을 설계했다는 점에서, 경영자의 인지능력이 전략성과에 결정적이라는 것을 보여준다. 경영자 인지에 따라 지속적 성장이 가능한 것이다.

며, 이때 **직관이나 경험적 규칙**(heuristics)을 활용하게 된다. 이는 빠른 결정을 가능하게 하지만, 동시에 편향이나 인지적 오류를 초래할 위험도 있다. 즉, 대표성 편향, 확증편향, 과신 등이 전략 결정에 영향을 미칠 수 있다.[147] 예를 들어, 기존에 성공한 사업모델에 지나치게 의존하는 경영자는 급격한 시장 변화 속에서도 과거 전략을 반복하는 오류를 범할 수 있다. 또는 자신이 선호하는 정보만을 수집하고 해석하여 전략의 유연성을 잃을 수 있다. 이러한 경향은 특히 빠르게 변하는 기술산업이나 글로벌 시장에서 심각한 전략 실패로 이어질 수 있다.

경영진의 인지와 전략적 선택은 단순히 합리적 계산의 문제가 아니라, 사고의 방식, 해석의 틀, 경험의 총합이 반영된 인간 중심적 과정이다. 이는 전략이 수립되고 실행되는 실제 과정을 보다 현실적이고 입체적으로 이해하게 해준다. 전략은 정보를 해석하고 의미를 부여하는 경영진의 사고에서 시작되며, 결국 기업의 방향은 그들이 세상을 어떻게 바라보느냐에 따라 달라진다. 전략적 성공을 위해서는 경영진의 인지 역량과 해석 능력을 끊임없이 점검하고 확장하려는 노력을 병행해야 할 이유이다.

경영자와 ESG 경영

요즘 경영자에게 기대하는 역할은 단지 이윤 극대화를 위한 경쟁전략의 수립에만 머물지 않게 됐다. 먼저 **경영자와 ESG 간 관계**를 설정해보자. 기업가치 평가에 있어, 주식시장의 투자자까지도 경제적 성과지표만으로 기업가치를 평가하지 않으며, 환경(Environment), 사회(Social), 지배구조(Governance)를 포괄하는 ESG 요소를 경영 전반에 통합했는가를 중요하게 여긴다. ESG는 기업의 지속가능성을 판단하는 새로운 기준이자, 투자자·고객·사회 전반의 기대를 반영하는 전략적 과제가 되고 있으며, 이 과정에서 경영자의 인식과 가치관은 결정적인 요소로써 반영된다.

전통적으로 전략수립은 시장점유율, 원가우위, 기술혁신 등 경쟁적 요소에 초점을 맞췄지만, ESG 경영은 보다 넓은 이해관계자 관점에서의 전략 설계를 요구한다. 즉, 환경보호, 사회적 형평성, 투명한 지배구조 등 비재무적 요소를 고려해야 하며, 이에 대한 기업의 대응 수준은 경영자의 철학, 윤리관, 리더십 스타일에 따라 크게 달라진다.

어떤 경영자는 ESG를 규제 대응 혹은 비용으로 인식해 수동적이고 형식적인 수준에서 이행하는 반면, 지속가능성을 장기적 경쟁우위의 원천으로 인식하는 경영자는 ESG 요소를 기업전략의 중심에 두고, 제품설계, 공급망 관리, 조직문화 등에 이르기까지 전방위적 혁신을 추진한다. 이는 ESG 전략이 경영자의 주관적 가치체계와 세계관에 따라 '의무적 준수'에서 '전략적 선택'으로 진화할 수 있음을 보여준다.

E, S, G 별 경영자와 관련성을 살펴보자. **ESG의 'E'**, 즉 환경은 지속가능성에 대한 CEO의 태도와 자세이다. 실제로 ESG 경영은 단순한 윤리적 판단을 넘어서, 경영자의 리더십으로 '어떤 세상을 만들고자 하는가'에 대한 철학적 선언이기도 하다. 대표적으로 **유니레버의 CEO 폴먼**(Polman)은 "지속가능성이 성과의 적이 아니라, 성장의 기반이다"라는 철학을 바탕으로 기업의 ESG 전략을 주도하였다.[148] 그는 기후변화 대응, 공정무역 구매, 저개발국 지원 등을 전사적 과제로 통합하면서, 사회적 가치 창출과 재무적 성과 간의 선순환 구조를 구축해냈다. 이는 ESG를 선택적 활동이 아니라, 기업의 '전략적 DNA'로 끌어올린 사례로 평가된다.

ESG의 'G', 즉 지배구조 영역은 경영자의 윤리성과 투명성, 권한 위임 방식과 직결된다. CEO가 독단적으로 권력을 행사하거나, 이해 상충을 방치하는 경우에 조직 전반의 지배구조는 취약해지며, 이는 주주·투자자·소비자의 신뢰 상실로 이어질 수 있다. 반면, 투명한 의사결정 구조, 이사회와의 수평적 관계, 내부통제의 신뢰성 확보에 집중하는 경영자는 장기적 신뢰와 전략 실행력 모두를 높이게 한다.

ESG의 'S', 즉 사회 측면에서도 경영자의 태도는 중요하다. 다양성(다양한 인종·성별·세대의 포용), 지역사회 기여, 근로자의 복지 확대 등은 모두 경영자의 인식에 따라 추진 범위와 수준이 달라진다. 이는 ESG 경영이 단순히 전략수립 이후의 이행 단계에 머무는 것이 아니라, 전략수립의 전제 자체를 바꾸는 경영자의 가치 기반의 리더십을 필요로 한다는 것을 의미한다.

경영자와 ESG 경영의 전략적 시사점을 간추린다. ESG 경영은 기업 외부환경의 요구에서 시작되지만, 그 방향성과 수준을 결정하는 것은 내부, 특히 경영자의 세계관과 리더십 철학이다. 경영자는 이윤창출의 책임자일 뿐만 아니라, 기업이 사회에 어떤 존재로 기여할 것인지에 대한 비전 제시자이기도 하다. ESG 경영은 전략경영을 이제 더 이상 '어떻게 경쟁할 것인가'에 머무르지 않고, '무엇을 위해 경쟁할 것인가'라는 영역의 확장을 자극한다. 이 지점에서 경영자의 ESG 감수성과 철학은 이제 전략경영에서 심도 있게 다루어져야 할 전략적 차별화의 핵심요인이 된다.

경영자와 전략적 의사결정

전략적 의사결정과 경영자 리더십

전략수립은 기업의 장기적인 방향성을 설정하고, 자원의 배분 및 경영활동의 우선순위를 결정하는 과정으로, **전략수립 단계에서 경영자의 리더십**은 결정적인 영향을 미친다. 특히 전략수립은 단순한 분석의 결과가 아니라, 경영자의 해석, 가치관, 비전을 바탕으로 구성되는 주관적 과정이며, 다음과 같은 핵심 영역에서 리더십의 작용이 뚜렷하게 나타난다.

첫째, **기업의 비전과 미션 설정**은 전략수립의 출발점으로, 최고경영자의 철학과 세계관이 가장 직접적으로 반영되는 영역이다. 기업의 비전은 장기적으로 지향하는 미래상이며, 미션은 기업 존재의 목적과 이유를 설명한다. 예컨대 **테슬라의 CEO 머스크**(Musk)는 인류를 다른 행성에서도 거주할 수 있게 하겠다는 비전, 즉 "인류를 다행성 종족으로 만들겠다"는 슬로건 아래 전기차, 우주탐사, AI 등 다양한 산업에 걸쳐 전략을 전개하고 있다. 이러한 비전은 단지 상징적인 슬로건이 아니라, 어떤 시장에 진입하고 어떤 기술에 투자할지를 결정짓는 전략적 나침반 역할을 한다. 따라서 경영자는 조직 구성원과 이해관계자들이 공감할 수 있는 선도적이고 설득력 있는 전략 서사를 제시함으로써, 전략수립의 방향성을 결정한다.

둘째, **산업의 경쟁구조에 대한 경영자의 해석**, 즉 '게임의 법칙'을 어떻게 인식하느냐에 따라 전략의 본질이 달라진다. 동일한 산업 내에서도 경영자가 산업의 경계를 좁게 보느냐, 확장적으로 보느냐에 따라 시장의 기회와 위협에 대한 해석이 달라지고, 이에 따른 전략 선택도 달라진다. 학술적으로는 과학적 분석법인 포터의 산업구조분석

(5 Forces Model)과 같은 객관적 분석을 중시하지만, 실제 기업 현장에서는 **경영자의 직관과 해석**이 더 큰 영향을 미친다. 예컨대 전통적인 음반 시장을 'CD 판매 산업'으로 보는 경영자는 디지털 전환에 소극적이지만, 이를 '콘텐츠 소비 산업'으로 인식한 경영자는 스트리밍 플랫폼과의 제휴, 구독형 모델로 빠르게 전환하는 전략을 택할 수 있다. 이러한 관점에서 전략수립은 경영자의 주관적 현실 해석에 기반한 '구성된 현실'이라는 점이 강조된다.

셋째, **사업 포트폴리오 구성과 다각화 방향**에서도 경영자의 리더십은 결정적이다. 어떤 사업영역을 강화할 것인가, 무엇을 철수할 것인가, 혹은 어떤 새로운 분야로 확장할 것인가는 단순히 재무성과만으로 판단되지 않으며, 경영자의 미래 전망, 기술에 대한 이해, 그리고 산업 간 시너지에 대한 직관이 전략수립에 영향을 준다. 예를 들어 GE는 과거 다각화를 통해 다양한 산업에 진출했으나, 최근에는 항공기 엔진과 헬스케어, 에너지 등 소수 핵심사업에 집중하는 방향으로 포트폴리오를 조정했다. 이 같은 결정은 객관적 수치뿐 아니라, CEO가 미래 시장을 어떻게 바라보는지, 어떤 산업을 '전략적 핵심'으로 인식하느냐에 따라 달라진다. 특히 다각화의 방향이 관련 다각화인지, 비관련 다각화인지에 대한 판단은 경영자의 자원 활용 철학과 조직운영에 대한 신념에 따라 달라진다.

넷째, **기업의 경계를 어디까지 설정**할 것인가, 즉 수직적 통합을 강화할 것인지, 아웃소싱을 확대할 것인지에 대한 전략적 판단 또한 경영자의 리더십에 깊이 연관된다. 기업은 가치사슬 내에서 어떤 활동을 내부화할지, 외부 파트너와 협력할지를 결정해야 하며, 이는 단순히 비용효율성 문제를 넘어 전략적 통제력, 기술 보안, 조직역량 강화 여부 등 다양한 요인을 고려해야 한다. 예컨대 **테슬라**는 배터리 생산까지 내재화하면서 수직통합 전략을 추진했으며, 이는 제품품질과 기술 통제를 극대화하기 위한 일관된 리더십의 결과다. 반면 **애플**은 설계와 마케팅에 집중하고, 제조는 폭스콘 같은 외부 파트너에 위탁함으로써 효율성과 속도에 집중한 전략을 선택했다. 이처럼 경영자의 '자율성'과 '통제'에 대한 상대적 선호도는 기업의 경계를 결정하고, 그에 따른 조직 구조와 자원 배분 전략에 깊이 영향을 미친다.

전략실행단계에서 경영자의 리더십은 수립된 전략을 현실로 이행하기 위한 조직 내

자원 배분, 실행구조 설계, 인적자원 동기부여 등을 포함한다. 실행이 실패하는 주요 원인은 전략 자체의 부실보다 실행 과정에서의 리더십 부족인 경우가 많다. 경영자는 전략 실행에 필요한 구조적 기반을 마련함과 동시에, 구성원들이 전략목표에 몰입할 수 있도록 동기부여, 커뮤니케이션, 조직문화 정비 등 감성적 리더십까지 발휘해야 한다. **GE의 CEO 웰치**(Welch)는 실행 중심의 리더십을 대표하는 사례로, 전략목표를 조직 전반에 내재화시키고, 성과위주 평가시스템과 보상 구조를 통해 전략적 실행력을 확보하였다.

또한, 경영자는 전략 실행 과정에서 발생하는 내부 저항과 외부변수에 유연하게 대응하며 전략을 조정하는 조정자이자 통합자 역할도 수행한다. 이때 중요한 것은 리더십의 '일관성과 유연성' 사이의 균형이다. 지나치게 일관된 전략 집착은 환경 변화에 둔감한 조직을 만들 수 있고, 반대로 과도한 전략 변경은 조직 구성원의 혼란을 야기할 수 있다. 경영자는 이 사이에서 전략 실행의 관성과 변화를 조율하는 리더십을 발휘해야 한다. 경영자의 리더십 유형에 따라 변화의 양상과 결과가 달라진다.

경영자의 조직변화 리더십 유형

조직의 변화에서 경영자 리더십이 차지하는 비중은 매우 크다. 조직변화는 단순한 구조의 전환이나 제도의 개편만으로 이루어지지 않는다. 변화의 추진과정에서 리더의 역할은 조직의 변화를 실제로 가능하게 만드는 핵심 동인이며, 변화 리더십의 유형에 따라 변화의 방식과 구성원의 수용도는 크게 달라진다. 대표적인 **조직변화 리더십 유형**은 다음과 같다.

- **변혁적 리더십:** 변혁적 리더는 구성원의 내면적 동기를 자극하고, 조직이 지향해야 할 미래 비전을 제시함으로써 변화를 유도한다. 이들은 카리스마, 영감적 동기부여, 지적 자극, 개별적 배려 등의 요소를 통해 구성원이 스스로 변화의 주체가 되도록 만든다. **애플의 CEO 잡스**(Jobs)는 기술과 예술의 융합이라는 비전을 바탕으로 제품혁신을 주도하며, 아이폰, 아이패드 등 시장을 재편하는 파괴적 혁

신을 이끌었다. 그의 리더십은 구성원에게 도전의식을 불러일으키고, "우리는 세상을 바꿀 수 있다"는 신념을 공유하게 만든 대표적인 변혁적 리더십 사례이다.

- **서번트 리더십:** 서번트 리더(Servant Leader)는 리더 자신이 권위적 중심이 아닌, 조직 구성원의 성장과 복지, 그리고 공동체의 발전을 최우선으로 삼는다. 구성원을 신뢰와 공감을 통해 지원하고, 스스로 자율적 변화를 일으키도록 돕는다. **MS의 CEO 나델라**(Nadella)는 마이크로소프트의 전통적 권위주의 문화를 '학습하고 공유하는 문화'로 전환시키는 데 중점을 두었다. 직원 간의 협업, 다양성 존중, 고객 중심 사고를 강조하면서, 클라우드 전환 등 전략 변화도 동시에 추진하였다. 그는 구성원 신뢰를 바탕으로 자발적 혁신을 유도한 서번트 리더십의 대표적 사례로 평가받는다.

- **카리스마적 리더십:** 카리스마적 리더는 자신의 개인적 매력, 설득력, 비전 제시 능력을 통해 구성원들의 감정적 몰입과 지지를 유도한다. 급진적 변화가 필요한 시점에서 구성원을 결속시키고, 고위험 결정을 추진하는 데 강점을 보인다. **테슬라의 CEO 머스크**는 지속가능한 에너지와 우주산업이라는 거대한 비전을 대중과 조직에 강력하게 설파하며, 불확실성이 높은 혁신 프로젝트를 이끌고 있다. 그의 리더십은 미래지향적 사고와 위험 감수 능력을 통해 급진적 변화를 가능케 한다는 점에서 카리스마적 리더십의 전형으로 꼽힌다.

이처럼 리더십 유형의 구분은 각기 다른 전략적 상황에서 어떤 리더십이 효과적인지를 판단하는 기준을 제공한다. 예컨대 급격한 혁신이 요구되는 전략에서는 변혁적 리더십이, 지속적인 조직몰입과 공동체 형성이 필요한 경우에는 서번트 리더십이 더욱 적합하다. 리더십 유형에 따라 조직변화의 양상은 달라지며, 성공적인 변화는 조직의 특성과 구성원의 성향에 적합한 리더십을 통해 실현된다. 리더가 단순한 명령자가 아니라 '변화의 촉진자(Change Agent)'로 기능할 때, 조직은 내부 저항을 넘어 진정한 전환에 도달할 수 있다.

국제기업 경영자와 전략적 의사결정

경영자의 특성이 국제전략이나 국제경영관리에 중요한 변수로 영향을 미친다는 접근은 국제경영학 분야에 속속 내재해 있다. 경영자 특성이 특히 반영된 국제경영 연구주제는 국제화 동기나 국제화 이론과 같이 기업의 공간적 확장과 관련한 전략적 의사결정 부문이다. 이와 관련하여 **경영자 특성과 해외직접투자이론**, **다국적주의**, **국제화 동기 및 국제화 수준** 등 소제목을 붙여 설명한다.

일반적인 전략경영에 있어 기업의 최고 의사결정자(CEO)의 가치관, 산업시장의 경쟁 논리를 보는 관점, 능력과 역량 등이 다른 기술적 변수보다 중요할 수 있다. 아시아·태평양 지역의 다국적기업 지역본부 입지를 조사하는 과정에서 얻은 귀중한 경험을 소개한다. 2000년대 초, 당시 **시스코**(Cisco)의 지역본부는 호주와 싱가포르에 있었지만, 한 명의 지역 CEO가 두 곳을 맡고 있었다. 그는 한 달에 보름은 호주에, 보름은 싱가포르에 머물렀다. 어느 곳이 지역본부이냐, 입지로 적합하냐는 인터뷰 중 질문에 시스코 CEO는 이렇게 대답했다. "내가 있는 곳이 지역본부다" CEO가 머무는 동안 그곳이 아시아·태평양 지역본부 기능을 하는 최적의 입지인 것이다.

경영자와 해외직접투자 이론

해외직접투자(FDI) 이론 중 하나인 **행동론적 접근방법**(Behavioral Process Approach)은 기업의 해외투자가 단순한 경제적 합리성이나 이윤극대화 논리에 따라 이루어진다기보다, 의사결정자의 태도, 가치관, 행동 특성 등 **경영자의 심리적·인지적 요인**에 의해 결정된다는 점에 초점을 맞춘다. 이 접근은 **아하로니**(Aharoni)에 의해 처음 제안되었다. 기업의 FDI 결정이 경제적 합리성만으로 설명되기 어렵고, 실제로는 경영자의 태도, 인식, 조직 내 정치적 과정 등 행동적 요인이 중요한 역할을 한다는 점을 사례 연구를 통해 제시한 고전적인 연구다.[149]

아하로니는 기업의 FDI가 엄밀한 분석이나 계획된 전략보다는, 우연한 외부자극 또는 경영과정 내의 비공식적 상호작용 속에서 자연스럽게 발생한다고 보았다. 예컨대,

내부적으로는 특정 경영자의 문제의식, 이기적 제안, 조직 내 비공식 네트워크에서의 대화와 관심이 투자 결정을 자극할 수 있고, 외부적으로는 현지국의 관세 인상, 수입 규제, 또는 현지 파트너의 제안과 같은 환경 변화가 그 계기가 되기도 한다.

이러한 관점은 전통적인 FDI 이론, 예컨대 생산비용 절감, 시장 접근성, 자원확보 등의 객관적·경제적 요인을 강조하는 이론과는 차별화된다. 행동론적 접근은 특히 **기업의 초기 국제화 단계**에서 더 뚜렷하게 나타나며, 경영자의 특성과 인지 방식이 **투자경로**, **투자방식**, **투자시기**에 직접적인 영향을 준다고 설명한다.

예를 들어, 경영자의 국제경험은 외국시장에 대한 인식을 긍정적으로 형성하며, 외국어 능력이나 다문화 적응력은 정보 수집과 현지 네트워크 형성에 도움을 준다. 또한, 위험 감수 성향이 강한 경영자는 불확실한 환경에서도 적극적으로 해외투자 기회를 탐색하는 반면, 보수적 성향의 경영자는 동일한 조건에서도 투자 결정을 미루거나 회피할 수 있다.

이처럼 경영자의 행동 특성과 심리적 태도는 단순한 전략 집행자가 아니라, 전략형성과 실행의 주체로서 FDI의 방향과 성립에 직접적인 영향을 미친다는 점에서 행동론적 접근은 FDI의 결정요인에 대한 보다 인간 중심적 이해와 접근으로 해석된다.

경영자와 다국적주의

통합·반응 분석모형과 함께 국제경영전략의 유형을 구분하는 또 다른 대표적인 접근법으로 **히낸·펄뮤터**(Heenan·Perlmutter)의 **EPRG 모형**이 있다. 이 모형은 국제기업의 해외진출 과정과 운영형태에 있어 최고 의사결정자의 태도와 성향이 큰 영향을 미친다는 점에 주목한다. 히낸·펄뮤터는 다국적주의(Multinationalism)를 설명함에 있어 해외법인의 수, 해외 지분 구조, 경영자의 국적 등과 같은 구조적 기준이나 해외 자산 규모, 해외 고용인원, 해외시장 매출액 등과 같은 성과 기준만으로는 기업의 국제화 수준과 운영 특성을 충분히 설명할 수 없다고 지적한다. 이러한 객관적 지표들은 해외에 투입된 자원의 규모를 파악하는 데는 유용하지만, 실제로 국제시장에서 활동하는 기업의 전략적 방향성과 조직운영 방식까지 설명하기에는 한계가 있다는 것이다.

이에 대한 보완적 기준으로 제시된 것이 바로 **최고경영자의 태도**에 관한 '주관적 지표'이다. 경영자의 태도는 기업의 목표 설정, 조직문화 형성, 전략수립, 구조 설계, 운영 방식 등 광범위한 영역에 영향을 미치는 핵심 변수로, 이러한 요소들은 상호 밀접하게 연결되어 있다는 것이 EPRG 모형의 기본 전제다. 경영자의 태도, 즉 국제화를 보는 지향점에 따라 **본국중심주의**(Ethnocentrism), **현지중심주의**(Polycentrism), **권역중심주의**(Regiocentrism), **세계중심주의**(Geocentrism) 등 네 가지로 구분되며, 각 유형은 국제기업의 전략 방향, 경영관리 방식, 조직 구조 등과 유기적으로 연결된다. EPRG라는 명칭은 이 네 가지 유형의 머리글자를 조합한 것이다.

경영자와 국제화 동기와 수준

최고경영자가 가진 **국제화에 대한 태도와 특성**은 실제 기업의 국제화 과정에 직접적으로 반영된다. 특히 최고경영자의 국제경험, 외국어 숙련도, 출생지, 해외 진출에 대한 위험 감수 성향 등 개인적 특성은 기업의 국제화 전략에서 적극성 또는 소극성으로 나타날 수 있다.

- **해외여행 및 국제경험:** 해외여행을 자주 하며 국제경험이 풍부한 경영자는 보다 개방적인 사고를 형성해 국제화에 관심을 높인다. 이러한 경험은 외국인 경영자와의 파트너십 형성에 주저함이 없게 하며, 국내에서 접하기 어려운 해외 사업기회를 인식하는 데 도움을 준다. 개인적으로 구축한 해외 인맥을 활용하거나, 다양한 문화를 가진 현지 경영자들과의 협상에서 유연하게 대응할 수 있게 해준다.

- **외국어의 숙달:** 언어장벽은 국제화를 저해하는 주요 요인이며, 따라서 여러 외국어에 능숙한 경영자는 더 넓은 국제무대에서 활동할 수 있다. 현지 문화와 비즈니스 관행에 대한 적응력이 높아 국제협상과 현지경영에 유리하고, 중간관리자들과의 직접적인 소통을 통해 오해와 갈등을 줄이고 관계를 강화할 수 있다.

- **경영자의 국제적 배경:** 경영자가 외국에서 태어나거나 자랐거나, 유학 또는 해외 근무 경험이 있다면 해당 시장에 대해 친숙함을 느끼고 진출에 적극적일 가능성이 크다. 이러한 국제경력은 해외시장 내 사업기회에 대한 관심도를 높이며, 조직 내에서는 국제 리더십의 정당성을 보여주는 요소로 작용하기도 한다.

- **개인적 성향:** 경영자의 위험 감수 성향이나 외향성은 기업의 국제화 수준에 영향을 미친다. 위험을 기피하는 경영자보다 감수하려는 경영자, 내향적인 성향보다 외향적인 성향의 경영자가 더 높은 수준의 국제화, 예컨대 수출, 라이선싱, 합작투자보다는 단독투자를 추진할 가능성이 크다. 진취적이고 낯선 환경에 두려움이 없는 태도는 해외시장 개척에 유리하게 작용한다.

지배구조와 전략경영

지배구조 개념과 의의

기업 지배구조(Corporate Governance)란 기업이 의사결정을 내리고, 이를 실행하며, 다양한 이해관계자들 사이의 권한과 책임을 분배하는 **제도적 틀**이다. 기업의 의사결정 구조, 통제 체계, 이해관계자 간 권한과 책임을 '제도적으로 규율하는 메커니즘'을 의미한다. 좁은 의미에서는 주주와 경영자 간의 이해 상충을 조정하기 위한 장치로 이해되며, 넓은 의미에서는 기업이 윤리적으로, 책임 있게, 지속가능한 방식으로 운영되도록 만드는 전체적인 시스템을 지칭한다.

지배구조는 기업이 지속 가능한 성과를 창출하고 이해관계자의 신뢰를 유지하는 데 필수적인 전략적 기반으로, 전략수립과 집행, 위험관리, 장기성과에 이르기까지 기업활동 전반에 영향을 미친다. 즉 전략경영에서, 지배구조는 단순한 경영 감시 체계를 넘어서, 장기적 경쟁우위 확보에 영향을 미치는 **기업 경쟁우위 창출의 핵심 메커니즘**의 기능을 한다.

지배구조 논의의 출발점은 **기업의 소유와 경영의 분리 문제**이다. 주주는 자본을 제공하는 소유자지만, 기업의 실질적 운영은 전문경영인에게 위임된다. 이로 인해 경영자는 자신의 이해관계를 우선시하거나, 단기적 실적을 추구하는 등 주주의 장기적 이익과 다른 방향으로 행동할 가능성이 존재한다. 이러한 문제가 '대리인 문제(Agency Problem)'다. 예를 들어, 경영자가 자신의 보수와 연동된 단기 실적을 높이기 위해 장기적 가치를 훼손하는 결정을 내릴 경우, 이는 주주 이익과 충돌한다. 지배구조는 이를 해결하기 위한 통제시스템으로 기능을 한다. 즉, 이사회와 감사제도, 주주총회, 정보공시, 경영자 보상 구조 등은 모두 이러한 대리문제를 완화하고자 설계된 장치들이다.

지배구조는 다음과 같은 관점에서 기업경영에 **전략적 의의**를 지닌다. 첫째, **의사결정의 정당성 확보**다. 이사회를 통해 주요 전략과 투자가 심의되고 승인됨으로써, 기업의 의사결정은 독단적이지 않고, 제도적 타당성을 가진다. 둘째, **리스크 통제 기능**이다. 투명하고 독립적인 지배구조는 경영자의 독단, 부정 회계, 이해충돌 등의 리스크를 사전에 방지할 수 있다. 셋째, **자본시장 신뢰 제고**다. 기관투자자나 외부 투자자는 기업의 지배구조 수준을 판단 기준으로 삼으며, 이는 주가와 기업가치에도 직접적으로 반영된다.

특히 최근에는 ESG 경영이 전 세계적으로 확산함에 따라, 지배구조는 그 자체로 기업의 지속가능성을 가늠하는 핵심 요소로 부각되고 있다. 단지 주주의 권리를 보호하는 데 그치지 않고, 환경보호, 사회적 책임, 윤리경영 등, **ESG 통합 거버넌스** 체계를 갖춘 기업일수록 장기적 경쟁력과 시장 신뢰를 확보할 수 있다.

요컨대, 지배구조는 기업의 법적 틀이나 단순한 조직 구조를 넘어서, 전략의 실행 기반, 성과의 지속성, 그리고 시장과 사회로부터의 신뢰 형성에 직결되는 핵심 인프라라 할 수 있다. 기업은 자신이 속한 제도환경과 기업집단 구조, 이해관계자 특성 등을 고려하여, 가장 효과적인 지배구조를 설계하고 지속적 개선이 필요하다.

대리인 이론과 지배구조 통제

대리인 이론(Agency Theory)은 지배구조 논의의 이론적 기반을 제공한다. 이 이론은 기업 내에서 주인(Principal)과 대리인(Agent) 간의 이해상충 문제를 설명한다. 기업에서 주인은 주주이고, 대리인은 경영자이다. 주주는 자신의 자본을 경영자에게 위탁하지만, 경영자는 반드시 주주의 이익을 대변하여 행동하지 않을 수 있다. 이때 주인의 기대와 대리인의 행동 간에 불일치가 발생하는데, 이를 대리문제 또는 대리인 문제라고 한다. 이를 해결하기 위한 통제 및 감시 장치로써 지배구조가 기능을 한다.

주주와 대리인(전문경영인) 간에는 '정보의 비대칭성'이 작용하여 대리인 문제가 발생한다. 주주는 경영자에게 경영을 위임하지만, 경영자가 반드시 주주의 이익에 부합하게 행동할 것이라는 보장은 없다. 이는 양자 간 정보의 비대칭적 소유 때문에 일어날 수 있는 일이며, 그로 인해 대리인 계약 전후에 다양한 문제가 발생할 수 있다. 문제의 근원에 계약 전은 경영자를 임명하는 과정에서의 정보 부족이 있고, 계약체결 후는 경영자가 실제로 업무를 수행하는 과정에서의 감시의 한계가 작용한다. 이 두 상황은 각각 역선택(Adverse Selection)과 도덕적 해이(Moral Hazard)로 이어진다.

역선택은 주주가 경영자를 선발하는 과정에서 후보자의 실제 능력이나 성향을 정확히 알지 못하는 상황에서 기인한다. 예를 들어, 전문경영인 후보자가 과거의 실적이나 경력, 리더십 역량을 과장하거나 왜곡하여 제출할 경우, 주주는 그 진위를 파악하지 못한 채 잘못된 판단을 내릴 수 있다. 역선택은 특히 외부에서 CEO를 영입하는 경우, 또는 성장기에 있는 기업에서 급하게 전문경영인을 임명할 때 발생 가능성이 크다. 이러한 상황을 방지하기 위해서 후보자 검증 시스템, 외부 평판 조회, 전환형 계약 제도(조건부 임명) 등을 도입하지만, 정보의 비대칭성이 완전히 해소되지 않는 한 이 문제는 사라지지 않고 언제든지 발생한다.

도덕적 해이는 경영자가 임명된 후 실제 업무를 수행하면서, 외부에서 그의 행동을 완전히 감시하거나 평가하기 어려운 상황에서 나타난다. 이 경우, 경영자는 자신의 사적 이익을 추구할 유인을 가지며, 이는 주주의 이익과 충돌할 수 있다. 예를 들어, 경영자는 단기 실적을 부풀리기 위해 마케팅 비용을 과도하게 집행하거나, 장기적 경쟁력을 저해하는 방식으로 연구개발(R&D) 투자를 줄일 수 있다. 또, 자신의 연봉이나 스톡옵션 수익을 극대화하기 위해 주가 관리에만 집중하거나 회계 처리를 왜곡할 수도 있다. 이러한 소극적 해이보다 심각한 것은 비위까지 연결될 수 있는 적극적 해이이다. 즉 회사 자산을 사적으로 유용하거나, 자신과 친분의 납품업체 우선 선정 등이다. 이를 통제하기 위해 보상 설계의 정교화, 이사회 독립성 강화, 정보공시 의무 강화 등 지배구조 관련 보완조치를 시행한다.

- **보상 설계의 정교화:** 단기 실적 중심의 연봉이나 보너스 체계는 경영자에게 단기 이익 극대화 유인을 제공하며, 이는 장기적 기업가치 훼손으로 이어질 수 있다. 이를 방지하기 위해 총주주수익률(TSR), 경제적 부가가치(EVA) 등 **장기성과에 연동된 보상제도**를 도입한다. 경영자에게 **스톡옵션과 자사주 매입**을 통한 지분 보유를 유도하는 것도 경영자의 이해관계를 주주와 일치시키는 효과적인 수단이 된다. 또한 적극적 연구개발 투자의 회피 방지를 위한 **리스크 조정형 인센티브** 등 경영자가 과도한 위험을 감수하지 않도록 보상 구조에 '위험 대비 성과요소'를 반영한다.

- **이사회의 독립성 강화:** 이사회는 경영자를 직접 감시하고 통제할 수 있는 유일한 내부조직이며, 그 기능이 제대로 작동하지 않으면 대리문제는 제어될 수 없다. 이를 위해 **사외이사 비율 확대**는 필수적이다. 이해관계로부터 자유로운 외부 인사가 경영자에 대한 객관적 판단을 내릴 수 있다. 나아가 이사회 구성의 다양성과 전문성도 함께 고려한다. 또한, 특정 대주주나 오너에게 종속되지 않도록 하는 제도적 보완이 필요하다. 특히 이사회 내 **감사위원회의 독립성과 투명성**을 높여 회계와 내부통제 시스템을 감독한다.

- **정보공시 의무 강화:** 대리인 문제는 본질적으로 정보의 비대칭성에서 발생하기 때문에, 이를 완화하기 위해 투명한 **정보공시를 의무화**한다. 특히 규모가 큰 상장기업의 경우, 외부 주주와 투자자, 채권자, 이해관계자들은 기업 내부사정을 직접 파악하기 어려우므로, 정기적이고 신뢰할 수 있는 정보공시가 절대적으로 중요하다. 경영자의 보수, 주요 의사결정, ESG 성과, 위험요소 등에 대한 정량·정성적 정보가 주기적으로 제공될 때, 외부 감시자는 보다 효과적으로 기업 경영을 통제할 수 있다.

지배구조 실패의 엔론 사태

엔론(Enron)은 한때 미국에서 가장 혁신적인 에너지 기업으로 평가받았던 기업이다. 1990년대에 들어 전통적인 에너지 산업에서 벗어나 전력 및 가스의 거래 플랫폼을 중심으로 한 신사업 모델로 급속히 성장했다. 엔론은 자산 600억 달러, 직원 수 2만 명 이상을 보유한 미국 7위의 대기업으로까지 평가받았으나, 2001년 회계부정과 지배구조 실패로 인해 극적으로 파산했다.

엔론의 몰락은 표면적으로는 회계부정이었지만, 그 근본 원인은 내부통제 실패와 지배구조의 붕괴에 있었다. 당시 CEO였던 제프리 스킬링(Jeffrey Skilling)과 CFO 앤드류 패스트로우(Andrew Fastow)는 특수목적법인을 활용해 막대한 부채를 숨기고, 실제보다 훨씬 좋은 재무상태를 외부에 보고하였다. 이사회는 이러한 고위 경영진의 행위에 대해 제대로 된 견제를 하지 못했으며, 감사위원회 역시 회계법인인 아서앤더슨과의 수수료 이해관계로 인해 감시 기능을 상실하고 있었다.

이러한 지배구조의 무력화는 투자자들에게 잘못된 정보를 제공하여 시장을 왜곡시키는 결과를 초래했다. 주가는 허위 정보에 기반하여 급등했으며, 그 과정에서 경영진은 스톡옵션을 통해 막대한 사적 이익을 챙겼다. 그러나 진실이 드러나면서 주가는 폭락했고, 2001년 12월 엔론은 미국 역사상 가장 큰 파산 중 하나를 기록하게 되었다. 파산 당시 2만 명 이상의 직원이 일자리를 잃었고, 수많은 투자자와 퇴직연금 수급자들이 막대한 손실을 입었다.

엔론 사태는 기업 지배구조의 중요성을 극명하게 보여주는 사례다. 이사회가 경영진을 효과적으로 견제하지 못하고, 감사 기능이 독립성과 전문성을 유지하지 못할 경우, 기업 전체가 사적 이익에 의해 좌지우지될 수 있다. 또한 지배구조의 실패는 단순히 도덕적 문제를 넘어, 시장의 신뢰를 무너뜨리고, 투자자 보호를 훼손하며, 기업 존립 자체를 위협하게 된다.

엔론의 파산 이후 미국은 2002년 사베인스-옥슬리법(Sarbanes-Oxley Act)을 제정하였다. 이 법은 경영진의 회계보고 책임 강화, 이사회 및 감사위원회의 독립성 확보, 내부통제 시스템의 법제화 등을 주요 골자로 하고 있으며, 이후 전 세계적으로 기업 지배구조 개선 움직임을 촉진시키는 계기가 되었다.

지배구조와 ESG 경영

최근 주목받고 있는 ESG 경영에서, 특히 지배구조는 ESG의 기반이자 핵심으로 인식되고 있다. 지배구조가 중요한 이유는 환경적 책임(E)과 사회적 책임(S)을 실제로 기업의 의사결정에 반영하고 지속가능한 전략으로 구체화하기 위해서는 견고하고 효과적인 지배구조가 필수적이기 때문이다. 즉, 아무리 훌륭한 E와 S 관련 정책을 수립한다 해도, 이를 실행할 수 있는 효과적인 의사결정 구조와 내부통제 시스템이 없다면 지속가능한 경영 성과를 기대하기 어렵다. 따라서 ESG의 성공적 구현을 위해서는 지배구조(G)가 체계적으로 구축되어 있어야 한다.

전통적인 기업 지배구조는 주인인 주주와 경영자인 대리인 사이의 이해 상충 문제를 최소화하고, 경영자가 주주의 이익을 위해 행동하도록 유도하는 메커니즘에 초점을 맞추었다. 그러나 최근 ESG 경영의 관점에서는 주주 이익뿐 아니라, 더 포괄적인 이해관계자의 가치를 중요시하는 방향으로 변화하고 있다. 기업의 책임 범위가 수익성과 주가 관리에 국한되지 않고, 환경적 지속가능성, 사회적 공정성, 그리고 조직의 윤리적 투명성까지 확장된 것이다.

이러한 맥락에서 **ESG 관점의 지배구조**를 다음과 같이 구축한다. 첫째, **ESG 강화를 위한 이사회의 다양성과 독립성 구축**은 환경 및 사회 이슈에 대한 균형 잡힌 의사결정을 촉진하게 한다. 환경전문가, 사회적 영향 전문가 등 다양한 ESG 관련 전문가가 포함된 독립적인 이사회는 기업이 환경문제나 사회적 이슈에 직면할 때 신속하고 책임감 있게 대응할 수 있도록 돕는다. 둘째, **윤리경영 및 준법경영 체계에 ESG 기준 준수**를 위한 내부 감독과 점검 시스템을 포함한다. 이로써, 기업 내 환경 및 사회적 문제에 대한 명확한 기준과 대응 프로세스가 마련돼 기업의 ESG 책임성을 효과적으로 높일 수 있다. 셋째, **경영자의 보상체계의 ESG 연계**는 지배구조에서 특히 중요하다. 환경적 목표(탄소 배출 감소, 친환경 투자 비율 등)와 사회적 목표(다양성 확대, 노동 안전, 지역사회 기여 등)를 구체적으로 반영한 투명한 성과보상 체계를 설계하여, 경영자가 ESG 지표를 적극적으로 추구하도록 유도한다. 넷째, **투자자 및 소비자의 ESG 평가**를 촉진한다. 이해관계자에 정보공시와 소통 메커니즘은 일반적 정보공개를 넘어서 ESG와 관련한 환경적, 사회적 성과를 포함하고 이를 투명하고 상세히 하여 ESG 경영의 질을 높인다. 다섯째, 리스크 관리시스템은 환경 및 사회적 위험을 전통적 재무 리스크와 함께 통합적으로 평가하고 대응할 수 있는 **ESG 통합 리스크 관리시스템**으로 구축한다.

글로벌 금융시장에서도 ESG는 이제 필수적인 **재무적 투자자의 투자판단 기준**이 되고 있다. 세계 최대 자산운용사인 **블랙록**(BlackRock)을 비롯한 글로벌 투자자들은 기업의 ESG 성과를 정기적으로 평가하고 있으며, 특히 지배구조가 불투명하거나 부실한 기업은 투자를 기피하는 경향을 보인다. 이는 ESG 요소가 단지 도덕적 측면의 평가 기준이 아니라, 장기적인 재무성과와 매우 밀접하게 연결되어 있음을 시사한다. 여러 실증연구들에 따르면 투명하고 잘 정립된 지배구조를 갖춘 기업이 그렇지 않은 기업보다 장기적으로 자기자본이익률(ROE), 주가 안정성, 기업 성장성 등 재무적 지표에서 훨씬 우수한 성과를 나타낸다.[150]

지배구조의 유형과 경영성과

국제 지배구조 유형

기업지배구조는 기업이 의사결정을 내리고 이를 감독하는 방식에 관한 제도와 메커니즘을 의미한다. 지배구조는 기업의 성과, 경영의 투명성, 이해관계자 간 관계에 직접적으로 영향을 미치며, 국가와 지역에 따라 상이한 특징을 보인다. 따라서 전략경영의 관점에서 **국제 지배구조의 유형**을 이해하는 것은 경영 의사결정 체제의 선택과 기업성과 관리 차원에서도 중요하다.

먼저 **미국**의 경우, 소액주주를 포함한 주주의 권익 보호를 최우선으로 하는 **주주 중심적 지배구조**(Shareholder-Oriented)를 채택하고 있다. 기업의 소유구조는 분산 소유가 일반적이며, 다수의 기관투자자와 개인투자자가 지배구조에 참여한다. 미국의 지배구조는 독립성이 높은 이사회를 통해 경영진에 대한 감시와 견제가 이루어진다. 일반적으로 **GE**, **애플**, **테슬라**와 같은 대기업들은 다양한 사업부를 보유하고 있지만, 이들은 한 기업으로 통합하여 단일 법인으로 주식시장에 상장하는 특징을 갖는다. 이 모델은 자본시장의 효율성과 경영 투명성을 강조하지만, 주가 상승만을 위한 단기성과 압박과 같은 한계도 존재한다.

반면 **한국**의 지배구조는 **재벌 중심형**(Chaebol Governance)이 존재한다. 이는 대주주와 총수 일가가 지배구조에서 중심적인 역할을 하며, 계열사 간 상호출자와 순환출자를 통해 소수의 지분으로도 강력한 지배력을 행사할 수 있는 구조다. **삼성그룹**, **현대자동차그룹**, **LG**와 같은 대기업들은 계열사 성격의 삼성전자, 삼성물산, 현대차, 기아차, LG에너지솔루션, LG칼텍스정유 등의 개별적 상장회사를 통하여 상호출자 및 순환출자로 총수 일가의 지배권을 유지한다. 이는 경영권 보호와 빠른 의사결정을 가능하게 하지만, 내부거래로 인한 불공정 경쟁과 소액주주의 권익 침해 문제를 발생시키는 요인이기도 하다.

일본의 경우에는 **케이레츠**(Keiretsu)라는 독특한 지배구조를 채택하고 있다. 이는 주요 은행(메인뱅크)과 기업 간의 장기적인 신뢰 관계를 기반으로 기업들이 상호 지분을 보유하고 있는 구조다. 예컨대 **도요타**, **히타치** 등 일본의 주요 기업들은 서로 지분을 보유하고, 또한 은행과의 긴밀한 관계 속에서 안정적 경영과 장기적 성장을 추구한다. 하지만 이러한 구조는 경영진에 대한 외부적 견제력이 약화되고, 주주 권익 보호가 소홀해질 수 있는 한계가 있다.

인도의 지배구조는 **가족 중심 지배구조**(Family Business Dominance)로 특징지을 수 있다. 인도의 대기업 대부분은 창업자 가족에 의해 소유 및 경영되며, 이러한 기업들은 가족의 영향력 아래 전략적 의사결정을 내린다. **타타**, **릴라이언스**그룹이 대표적인 사례다. 인도 기업은 상장기업이라 하더라도 여전히 가족 구성원들이 이사회를 구성하고 지배력을 유지하는 경우가 많아, 전문경영인 체제가 자리 잡기 어려운 구조적 한계가 존재한다.

유럽은 **이해관계자 중심 지배구조**(Stakeholder-Orientedl)를 추구하며, 주주뿐만 아니라 노동자, 정부, 지역사회 등 다양한 이해관계자의 이익을 균형 있게 반영하는 것을 목표로 한다. 독일은 노동자 대표가 기업의 감독이사회에 참여하는 공동결정제도를 통해 기업 의사결정과정에서 노동자의 목소리를 공식적으로 반영한다. **지멘스**와 같은 기업들은 장기적이고 안정적인 경영과 지속가능성을 강조하며, 재무적 성과와 사회적 가치를 균형 있게 추구하는 전략을 구사한다.

남미 국가들은 **가족지배와 국영기업 혼재형** 지배구조가 두드러진다. 브라질의 경우 국영기업과 가족 기업이 공존하며, 정부와 기업 간 유착 관계가 강력한 경우가 많다. 예를 들어 브라질의 국영 석유기업 **페트로브라스**(Petrobras)는 정치적 영향력이 경영에 깊숙이 개입하는 사례로 유명하다. 이러한 지배구조는 부패 문제와 정치적 간섭으로 인한 경영의 불투명성을 초래할 수 있는 위험이 있다.

이처럼 국가별로 다양한 지배구조 형태가 존재하며, 각 구조는 해당 국가의 역사적, 제도적, 사회문화적 맥락과 긴밀히 연결되어 있다. 이를 기반으로 **지배구조 유형에 대한 전략적 시사점**을 정리한다.

- **주주 중심형(미국과 영국):** 이사회는 주주를 대리하여 경영진을 감시하고, 경영진은 시장의 평가와 성과 기반 보상체계에 의해 강하게 통제된다. CEO 교체는 자유롭고, 적대적 인수합병(M&A)도 활발하게 이루어져 경영실패에 대한 징벌적 메커니즘이 작동한다. 이러한 구조는 전문경영인의 자율성과 시장경쟁을 통한 성과 압박을 장점으로 가지며, 신속한 전략 전환, 민첩한 투자 결정이 가능하다. 다만 단기성과에 집착할 위험이 있으며, 장기적 이해관계 조정은 상대적으로 취약할 수 있다.

- **이해관계자 중심형(독일과 북유럽):** 이사회는 감독이사회와 집행이사회로 이원화되어 있으며, 감독이사회에는 종업원 대표가 참여하는 공동결정제도(Co-determination)가 법적으로 보장되어 있다. 이러한 구조는 전략적으로는 사회적 신뢰와 협력, 장기 투자, 기술 기반의 경쟁우위 확보에 유리하다. 다만 신속한 구조조정이나 전략 전환에는 한계가 있을 수 있다. 노동 유연성이 낮고, 경영 의사결정은 느릴 수 있으나, 위기 상황에서 내부 이해관계자 간 협력을 통해 견고하게 버텨내는 특징이 있다.

유럽형 가족기업 하이네켄

글로벌 맥주 기업 하이네켄(Heineken)은 가족기업으로서의 특성을 유지하면서도, 현대적 지배구조 원칙을 결합해 지속가능한 경영 모델을 구축한 사례로 꼽힌다. 하이네켄은 창업자인 제라드 하이네켄(Gerard Heineken) 이후 4세대에 걸쳐 가업을 이어왔으며, 현재도 하이네켄 가문이 기업의 실질적인 지배력을 행사하고 있다.

하이네켄은 기업의 소유권을 스티히팅(Stichting)이라 불리는 네덜란드 특유의 재단 구조를 통해 유지하고 있다. 이 구조를 통해 하이네켄 가문은 기업 지분의 약 50% 이상을 직접 또는 간접적으로 보유하고 있으며, 핵심 전략 및 인수합병 등 주요 경영 의사결정에 안정적인 영향력을 행사할 수 있다. 이러한 고지분 구조는 경영권의 안정성을 확보하고 장기적인 기업 전략을 가능하게 한다. 단기 실적에 치우치기보다는 지속가능성과 브랜드 가치, 글로벌 파트너십 강화 등 중장기적 가치 창출에 집중할 수 있게 되는 것이다. 실제로 하이네켄은 100개국 이상에 진출해 있으며, 가족의 지속적인 관여와 책임경영을 통해 글로벌기업으로서의 신뢰를 구축해왔다.

동시에 하이네켄은 이사회 독립성 확보와 외부 전문경영인의 선임을 통해 지배구조의 투명성과 효율성을 제고하고 있다. 예를 들어, CEO는 가족 출신이 아닌 외부 인물로 임명되며, 이사회에는 다양한 국가, 산업 출신의 독립 사외이사가 포함되어 있다. 이를 통해 가족의 소유권과 경영권이 직접적으로 연결되지 않도록 하여, 이해충돌을 최소화하고 전문성을 강화한다.

하이네켄 사례는 유럽 가족기업들이 단순한 세습경영에 머무르지 않고, 법적 구조와 이사회운영, 외부인재 활용 등을 통해 투명하고 지속가능한 지배구조를 실현할 수 있음을 보여준다. 특히 하이네켄은 가족의 소유권을 유지하면서도, 경영권은 시장과 제도 기반의 전문성에 맡김으로써, 가족기업이 반드시 폐쇄적이거나 비합리적이라는 편견을 뛰어넘는 사례로 꼽힌다. 또한, 장기전략 수립과 사회적 책임 이행 측면에서도 가족의 정체성과 책임의식이 기업경영에 긍정적으로 작용할 수 있음을 보여준다. 하이네켄은 브랜드의 전통성과 글로벌화, 지속가능성을 조화시킨 균형 잡힌 가족기업의 모범으로 평가된다.

- **내부자 중심형(일본):** CEO는 내부 승진을 통해 배출되며, 장기 고용과 종업원 중심의 기업문화가 특징이다. 이사회는 형식적이고 내부 인물 중심으로 구성되는 경향이 있다. 이러한 일본형 지배구조는 장기 안정성, 품질관리, 점진적 혁신에 강점을 가지며, 특히 제조업 기반 기업의 경쟁력 유지에 기여했다. 그러나 글로벌화 시대에 들어서는 외부 감시 부족, 경직된 의사결정 구조, 구조조정 지연 등의 한계를 드러냈으며, 최근에는 미국식 이사회 구조와 사외이사 비중 확대를 추진 중이다.

- **기업집단 및 가족지배형(한국과 인도):** 지주회사와 순환출자 구조, 내부지분 보유 등을 통해 소수지분으로 대규모 기업집단을 지배하는 구조가 일반적이다. 총수 일가가 그룹 경영을 직접 수행하거나 실질적으로 통제하며, 이사회와 감사기구는 상대적으로 약한 견제력을 가진다. 이러한 구조는 자원 집중, 신속한 의사결정, 수직통합을 통한 시너지 창출에는 유리하나, 동시에 이해 상충, 사익 편중, 전문경영인의 부재, 투자자 신뢰 저하 등의 부작용도 내포하고 있다.

- **정치경제적 혼합형(브라질 및 남미 국가):** 브라질, 멕시코 등 남미 국가들은 '가족지배 + 정치개입 + 제도 불안정성'이 혼재된 구조를 보인다. 법제도는 선진국 모델을 모방하였으나, 실제 실행에서는 규범적 기준보다 정치적 연결이나 사적 이해가 우선하는 경우가 많다. 이로 인해 투자환경이 불안정하며, 기업의 지배구조도 외부 감시 기능이 약하고, 내부통제시스템이 취약한 경우가 많다.

전문경영인 경영과 오너 경영

지배구조 유형과 전문경영인 제도는 밀접하게 연결되며, 전문경영인의 존재 여부는 경영의 전문성, 투명성, 책임성을 확보하는 핵심 요건이다. **전문경영인 제도**란, 기업의 소유자(대주주, 총수)가 아닌 외부 혹은 내부에서 전문성과 경력을 가진 인사를 경영자로 임명하는 제도이다. 이 제도는 소유와 경영이 분리된 구조에서 일반적인 방식이며, 경영자의 성과에 따라 보상과 경질이 가능하다. 미국·영국형 지배구조에서는 전문경영인에 대한 경쟁시장이 발달해 있으며, 이사회가 CEO를 선임·평가·해임하는 구조가 일반적이다.

반면 한국, 인도, 남미 등의 가족기업·기업집단 중심국가에서는 오너 일가가 CEO를 겸임하거나, 이사회와 경영진을 실질적으로 장악하는 경우가 많다. 한국의 재벌 대기업에서는 종종 지배지분 5~10% 수준으로 그룹 전체를 지배하면서, 총수 일가가 CEO 역할까지 수행하는 오너 경영이 일반적이다. '오너' 혹은 '오너 경영'은 세계 학계에서 통용하는 학술용어가 아니다. 총수 일가 지배지분의 총합 10% 미만 수준으로는 오너라고 단정해 지칭하는 데는 무리가 있다. 의미를 정확히 전달하면, '대주주 경영인' 혹은 '대주주 경영'이 올바른 표현이다. 하지만 한국의 기업 지배구조를 이해하는 데, 재벌의 지배구조를 빼놓고 설명할 수 없으며, 이러한 특별한 재벌의 지배구조에서 독특한 경영인 제도가 '오너 경영'이므로 본 절의 내용설명을 위해 편의상 이 용어를 사용한다.

미국, 영국, 유럽국가들에서 전문경영인 제도는 특별한 것이 아니며, 따라서 장단점을 논하는 것이 크게 의미가 없다. 하지만 우리나라의 경우, 전문경영인 제도 활성화가 미흡하여 **전문경영인 제도의 장단점**을 다음과 같이 정리한다. 세부사항은 〈표 10-1〉를 참고하기 바란다.

전문경영인 체제는 경영의 전문성과 제도적 투명성을 바탕으로 전략수립과 경영활동을 추진하는 **장점**이 있지만, 동시에 구조적 한계도 존재한다. 먼저 가장 큰 강점은 역량과 성과 중심 선발을 통해 전문성과 합리적 의사결정이 가능하다는 점이다. 또한 이사회나 주주의 감시와 교체가 가능하여 책임성과 투명성이 높아지고, 이는 ESG 기준을 충족하기 쉬워 투자자 신뢰 확보에도 유리하다. 후계구조 측면에서도 혈연 승계가 아닌 능력 중심 체제를 만들 수 있어 리더십 승계의 유연성도 크다. 그러나 **단점**도 분명하다. 단기 실적 압박에 따라 장기전략을 회피할 가능성이 있고, 외부 출신 CEO는 조직문화에 적응하지 못해 내외부 갈등을 유발할 수 있다. 또한 전략 연속성이 부족하거나 위기 대응력이 약할 수 있으며, 경영자 규범에 대한 지나친 제도화는 추진력을 떨어뜨릴 수 있다. 따라서 전문경영인 체제의 효과를 극대화하려면, 제도적

표 10-1 전문경영인 경영의 장단점

전략요소	장점 (전략적 효과)	단점 (구조적 리스크)
경영 전문성과 합리성	성과 기반으로 선발된 CEO가 체계적 · 분석적 의사결정을 수행 → 자원 배분 효율성, 리스크 관리 강화	조직 외부 출신일 경우 기업문화 이해 부족 → 내외부 갈등 또는 전략 부적응 가능
견제 가능한 지배구조	CEO가 이사회 · 주주로부터 직접 평가받고 교체 가능 → 투명성과 책임성 제고	단기 실적 압박에 따라 장기전략 회피 가능성 → 미래가치보다 단기 수익성에 집중 우려
제도적 투명성 강화	공정한 보상시스템, 정보공시, 내부통제 등이 제도화 → 투자자 신뢰 및 기업가치 제고	이사회와 CEO 간 실질적 협력 부족 시 → 전략 실행력 약화, '형식적 지배구조' 우려
기업 이미지 및 대외 신뢰도	사적 지배 논란이 없고 공정성 중심 → 기관투자자, 외국인 투자자 선호→ ESG 기준 충족에 유리	리더십의 카리스마나 강한 추진력 부족 시 → 위기 대응력, 강력한 방향설정이 어려울 수 있음
후계구조의 유연성	성과 중심 CEO 교체 가능 → 승계 리스크 최소화 → 능력 기반 리더십 구조 정착	CEO 교체가 잦을 경우, 전략 연속성 훼손 → 중장기 비전 실종 우려
조직문화의 개방성	외부 전문가 유입, 다양성 제고 → 글로벌 경쟁력 · 혁신성 강화	내부 승진 배제 시 조직 내 반발 또는 외부 전문가와 기존 조직 간 마찰 발생 가능

견제와 더불어 장기전략 실행력을 확보하는 보완책이 병행되어야 한다. 전문경영인 제도와 비교를 위해 **오너 경영의 긍정·부정 평가요소**를 〈표 10-2〉로 정리한다.

전문경영인 제도, 또는 오너 경영 제도에 따른 **양 제도 간 성과 차이**는 발생하는가는 현실에서 매우 흥미로운 연구주제이지만, 기존 실증연구 결과와 연구주제 속성으로 볼 때, 결론부터 말하면 큰 의미가 없다. 전략경영 학계가 미국, 유럽 등 서구 중심이어서, 보편적 연구주제이기보다는 지역학 연구에 가까운 한국의 오너 경영 주제에 관한 논문을 세계 유명 학술지에서 찾아보기 힘들다. 즉, 실증결과로써 일반화 수준까지 가설을 입증하는 데 연구 자체가 부족하다. 설사, 실증적으로 인과성을 통계적으로 지지하는 연구 결과가 있더라도, 최대한 보수적인 해석이 필요하다. 오너 경영 지배구조가 성과에 직접적 결정요인으로 작동하는 효과를 실증모델에서 측정하기에는 통제해야 할 변수가 너무 많기 때문이다. 한국의 오너 경영 상황만 해도, 기업별로 기업구조와 형태, 역사적 경로, 산업과 업종 등이 제각각인데, 이러한 모든 상황을 통

표 10-2 오너 경영의 긍정·부정 평가요소

평가요소	긍정 평가요소	부정 평가요소
전약과 비전 장기성	총수일가 중심의 리더십으로 장기 전략을 일관되게 추진 가능 → 대규모 투자, 신사업 진출 등에서 유리	총수의 개인적 판단에 전략이 종속될 수 있음 → 환경 변화나 다각적 의견 반영에 취약
의사결정 신속성	집중형 의사결정 구조로 위기 시 빠른 판단과 실행 가능 → IMF, 글로벌 위기 시 과감한 구조조정 가능	독단적 · 비합리적 결정으로 손실 초래 가능 → 이사회 견제력 약화, 내부 반론 억제
계열사 전략 통합성	그룹 차원의 시너지 창출 가능 → 브랜드 통합, 자원 재배분, 공급망 최적화	순환출자 · 내부거래 남용 위험 → 자본비용 증가, 시장 왜곡, 공정성 논란
책임경영	오너의 심리적 소유의식으로 조직에 대한 책임감 강함 → 충성도 높은 기업문화 유지	폐쇄적 문화와 사익추구 가능성 존재 → 일감 몰아주기, 윤리문제, 조직 다양성 저해
승계 구조 안정성	리더십 공백 없이 경영권 세습 가능 → 전략 연속성 유지, 조직 혼란 최소화	외부인에게 개방된 전문성 검증 없이 폐쇄적 혈연 중심으로 승계 → 자격부족 후계자의 경영실패 가능성
한국 산업발전 기여도	재벌이 압축 성장과 글로벌화에 핵심 역할 → 수출 · 제조업 경쟁력 강화	경제력 집중과 산업 편중 심화 → 중소기업 위축, 혁신 다양성 저하

제하지 않고, 연구대상을 특정화하여 양 제도 간 차이로 인한 발생 효과의 비교는 연구 타당성을 확보하기가 어렵다. 이를 감안할 필요가 있으며, 관련 논문의 실증결과를 다음과 같이 정리한다.

미국에서 연구는 중립적이며(미국 상장기업 대상),[151] 유럽(덴마크 승계구조 가족기업 대상)[152] 및 인도(가족경영자와 전문경영인 비교)에서 연구는 전문경영인 제도가 상대적으로 우수한 성과를 낸다.[153] 정확히는 가족중심 경영제도의 부정적 효과가 더 크다.[154] 그리고 한국 상장기업 대상의 연구에는 '아시아 및 글로벌 경제위기 상황'에서라는 단서하에 오너 경영이 전문경영보다 성과에 긍정적인 실증결과를 보인다.[155] 다시 한번 강조하지만, 양자 간 성과를 학술·방법론 측면에서 유·무의성을 판별하는 것보다, 각 제도의 장단점과 특징을 이해하고 전략경영 현장의 시사점으로 활용하는 것이 더욱 바람직한 판단이다. 그 판단하에 각 제도의 평가를 전략적 효과와 구조적 리스크, 긍정·부정 평가요소로 나눠 〈표 10-1〉과 〈표 10-2〉에 정리하였다.

오히려 다음과 같은 접근 방식의 논문은 나름대로 의미가 있다. 경영현장에 대한 시사점 중심으로 내용을 요약한다. **잔담·레우스·자라**는 연구 표본을 오너 경영을 대상으로 한 것은 아니고, 창업자 CEO와 전문경영인을 구분하여 양 방식 간 기업성과 차이를 22개국 상장기업을 대상으로 표본을 수집하여 실증을 시행했다.[156] 그 결과, 신흥국 또는 **제도적 견제와 규제가 약한 국가**에서는 창업자 CEO가 전략적 유연성과 강한 통제를 통해 창업자 CEO의 자율성과 혁신역량이 발휘되고, 이사회, 시장, 법제도의 외부 견제와 투명성 요구가 큰 미국, 영국, 독일 등 **제도적 성숙 국가**에서는 전문경영인이 제도에 따라 효율적 경영을 수행하는 것으로 나타났다. 이를 역으로 해석하면, 창업자 CEO에게는 '제도적 견제와 규제가 약한 국가'가 기업하기 좋은 환경이고, '제도적 성숙 국가'에 대해서는 그렇지 않은 국가에서보다 불리한 기업환경이다. 그렇다고 전문경영인이 제도적 견제와 규제가 약한 국가를 선호치 않는 일은 없을 것 같다. 논문 주장대로 창업자 CEO만큼 자율성과 혁신역량이 떨어질 수는 있겠지만, 앞서 대리인 문제에서 논의한 '도덕적 해이 측면'에서는 창업자 CEO나 전문경영인 모두에게 선호되는 유리한 지역이다.

경영윤리와 전략경영

경영윤리 정의와 역할

경영윤리(Business Ethics)란 기업이 조직 내외부의 다양한 이해관계자들과의 관계 속에서 직면하는 옳고 그름의 문제에 대해 도덕적 기준에 따라 책임 있게 판단하고 행동하는 원칙과 기준을 말한다. 경영윤리는 **법적 요건을 초과하는 수준**에서 기업의 의사결정과 행동에 대한 도덕적·사회적 책임을 다하려는 노력이다. 경영윤리는 단순한 규범의 문제가 아니다. 법과 제도 이상 수준으로 기업 전반에 윤리적 가치를 부여하는 것은 자칫 기업의 부정적 성과를 초래할 수 있다. 그러기에 윤리의식에 대한 경영자와 조직 구성원의 적극적 의지가 개입돼야 한다. 전략영영에서 경영윤리를 중시하는 이유는 전략경영의 핵심적인 장기적 가치 창출 메커니즘으로 기능을 할 수 있기 때문이다. 예컨대, 기업의 윤리적 행동은 고객의 신뢰를 증대시키고 브랜드 평판을 높이며, 인재 확보와 종업원의 조직몰입을 유도함으로써 궁극적으로 기업의 경쟁우위를 강화하는 전략적 수단으로도 활용될 수 있다. 반대로 비윤리적 행동은 사회적 비난, 법적 제재, 소비자 이탈, 투자자 신뢰 상실 등을 초래하여 기업의 전략적 목표 달성을 저해할 수 있다.

하지만 꼭 경쟁우위와 연계한 가치 창출이 아니더라도, 주주를 비롯한 기업환경 구성주체로서 이해관계자에게 법적인 기본의무 수준 이상으로 보답한다는 취지에서 경영윤리는 필요하다. 전략경영에서 **경영윤리의 역할과 기능**은 다음과 같다.

- **전략 설정의 윤리적 기준 제공:** 기업이 이윤 극대화를 추구하는 과정에서 선택해야 할 전략적 대안이 윤리적으로 정당한지 판단하는 기준을 제공한다. 특히 원가 절감을 위한 해고, 세금회피 전략 등과 같은 전략적 딜레마 상황에서 판단 기준으로 중요한 역할을 한다. **파타고니아**(Patagonia)는 단기 수익보다 친환경 전략을 우선시하는 윤리 기준을 실제 제품개발, 마케팅, 조직 구조, 지분 소유구조까지 윤리적 원칙을 일관되게 적용한다.

- **이해관계자 관리의 지침:** 기업은 주주의 이익을 위해서만 아니라 종업원, 고객, 지역사회, 환경 등 다양한 이해관계자와 관계를 맺고 있으며, 이들의 요구사항에 직면한다. 경영윤리는 이해관계자 관계에서 공정성과 책임의 원칙에 따라 이익 균형 조율 기능을 한다. **존슨앤드존슨**은 타이레놀 사망 사건 이후 소비자 안전을 최우선시하여 전 제품을 자진 회수함으로써 고객 신뢰를 회복했다.

- **기업문화와 조직 행동 형성:** 윤리적 가치관은 조직 내부의 의사결정과 행동 규범을 형성하고, 기업문화에 반영되어 구성원들의 일관된 전략 실행의 기반이 된다. 윤리적 가치가 내재된 기업문화는 전략 실행의 일관성과 몰입도를 높인다. **스타벅스**는 윤리적 구매, 직원 복지 등을 강조하는 조직문화를 통해 브랜드 충성도를 확보한다.

파타고니아의 윤리경영

파타고니아(Patagonia)는 미국의 아웃도어 의류 브랜드로, 환경보호와 사회적 책임을 기업전략의 핵심으로 삼아온 대표적인 윤리경영 기업이다. 이 회사는 '지구를 위한 사업'이라는 슬로건 아래, 이윤 극대화보다는 지속가능성과 사회적 가치를 최우선으로 고려하는 전략을 추구해 왔다.

파타고니아는 1973년 설립 이후 환경 보호 활동에 기업의 핵심 자원을 배분해 왔다. 제품 생산 시 유기농 면, 재활용 폴리에스터 등의 친환경 소재를 사용하고, 공정무역 인증을 받은 공장에서 의류를 생산하는 등 공급망 전반에서 윤리적 기준을 엄격히 적용하고 있다. 또한 'Worn Wear' 프로그램을 통해 소비자에게 기존 제품의 수선·재활용을 장려하고, 새 제품의 구매를 자제하라는 메시지를 전하기도 했다. 이 같은 전략은 과잉소비에 반대하며 소비자와의 신뢰 기반을 구축하려는 윤리적 브랜드 정체성의 일환이다.

특히 2011년 미국의 주요 일간지에 '이 재킷을 사지 마세요'라는 제목의 전면 광고를 게재한 사건은 파타고니아의 윤리경영을 대외적으로 각인시킨 상징적인 사례다. 당시 광고는 블랙프라이데이를 앞두고 자사의 인기제품을 소개하면서, 소비자에게 불필요한 소비를 자제하고 현재 가진 제품을 수선해서 오래 입으라고 권유했다. 이 파격적인 메시지는 일시적으로 매출을 떨어뜨릴 수 있었지만, 장기적으로는 브랜드에 대한 소비자 신뢰를 크게 제고시키는 효과를 가져왔다. 윤리적 가치를 명확히 실천하는 기업이라는 평판은 이후 충성고객 확보와 신규 고객 유입에도 기여하였다.

또한 2022년, 창업자인 이본 쉬나드(Yvon Chouinard)는 파타고니아의 소유 지분 전량을 지구환경 보호를 위한 비영리 재단과 신탁에 기부하였다. 그는 "이익을 위해 회사를 팔 수도 있었고, 상장하여 주주들을 부유하게 만들 수도 있었지만, 우리는 지구를 위한 최선의 선택을 했다"는 말을 남겼다. 이를 통해 파타고니아는 명목상의 CSR을 넘어, 기업의 지배구조 자체를 윤리적 사명 중심으로 재편하는 과감한 결정을 내린 셈이다. 이러한 소유구조의 전환은 파타고니아가 단기 재무성과보다는 장기적인 가치 실현을 경영의 최우선 원칙으로 삼고 있음을 보여준다.

- **리스크 관리와 평판자산 보호:** 비윤리적 행동은 법적 처벌과 평판 손실을 불러일으킬 수 있다. 윤리경영은 기업은 발생 가능한 리스크를 사전에 예방하고, 기업의 사회적 신뢰 유지를 통해 지속가능한 전략 실행의 보호장치 기능을 한다. **폭스바겐**이 배기가스 조작 사건 이후 막대한 평판 손실과 전략적 위기에 직면한 사례가 있다.

기업의 사회적 책임

기업은 이윤을 추구 동기를 실현하고자, 전략과 조직을 수립하고 구축해 주주를 비롯한 이해관계자와 관계성 속에서 필요한 경영활동을 수행한다. 기업의 근본 목적은 이윤추구 행위이지만, 필요한 경영활동 수행과정에서 이해관계자로부터 많은 조력과 헌신을 받는다. 따라서 급부로서 기업이 해야 할 책무가 있는데, 이가 '기업의 사회적 책임', 즉 CSR(Corporate Social Responsibility)이다.

기업의 사회적 책임(CSR)이란 기업이 단순한 이윤추구를 넘어서, 경제적·법적·윤리적·인권적·환경적 책임을 포괄적으로 이행하며 사회 전체의 지속가능한 발전에 기여하는 것을 의미한다. 이는 주주뿐만 아니라 종업원, 고객, 지역사회, 환경 등 다양한 이해관계자와의 관계 속에서 정당성과 신뢰를 확보하려는 기업의 의무이자 적극적 의미에서 '전략적 선택'이다.

기업의 사회적 책임을 요구하는 환경을 분류하면 경제적 책임환경, 법적/윤리적 책임환경, 인권적 책임환경, 지속성장 책임환경, 국제시민 책임환경 등이며, 그 내용을 간추리면 다음과 같다.

- **경제적 책임환경:** 경제적 책임환경은 기업의 사회적 책임 중 가장 기본적인 전제조건이자 출발점이라 할 수 있다. 기업은 시장경제의 핵심 주체로서 지속 가능한 이윤을 창출해야 하며, 이 과정에서 주주, 종업원, 협력업체 등 이해관계자에게 경제적 피해를 주지 않도록 책임 있는 경영을 수행해야 한다. 일반적으로 경제적 책임은 너무 당연하게 여겨져 사회적 책임의 범주에 명시적으로 포함되지 않는

경우도 있지만, 이는 오히려 그 중요성을 간과하는 오류가 될 수 있다. 이윤창출은 단순히 기업 내부의 생존을 위한 목적이 아니라, 자원의 효율적 배분, 고용창출, 세수 확보 등 사회 전체에 긍정적인 외부효과를 유발하는 고유한 공익적 기제로 작용한다. 따라서 경제적 책임환경은 그 자체로 기업이 수행해야 할 고유한 사회적 역할이며, 동시에 법적·윤리적·환경적 책임을 실현할 수 있게 하는 원천적 기반이라 할 수 있다. 이윤의 지속적 창출 없이는 어떠한 형태의 사회적 기여도 지속가능하지 않다는 점에서, 경제적 책임은 단순한 전제 조건을 넘어 사회적 책임 전체의 **출발점이자 필수조건**이다.

- **법적·윤리적 책임:** 기업은 국가 내에서 법적으로 인정받는 조직체이자 경제주체로서, 법률을 준수하는 최소한의 사회적 책임을 갖는다. 이는 자연인이 법을 지켜야 하듯, 기업 역시 상법, 근로기준법, 공정거래법, 환경보호법 등 다양한 법령에 따라 정당하게 운영되어야 함을 의미한다. 법적 책임은 기업의 사회적 책임 중 가장 기본적이며 기초적인 성격을 지니며, 이를 이행하지 않을 경우에 기업 존재 자체가 위협받을 수 있다. 그러나 오늘날에는 법적 기준을 준수하는 것만으로는 충분하지 않으며, 사회가 기대하는 윤리적 기준을 동시에 충족해야 한다. 이는 법이 미처 규율하지 못하는 회색지대에서 기업이 공정하고 책임감 있는 행동을 통해 사회적 정당성을 확보해야 함을 뜻한다. 예컨대, 환경오염이나 정보은폐와 같이 법적으로 처벌받지 않더라도 사회적으로 비난받는 행위는 기업의 평판을 훼손하고 전략적 리스크로 이어질 수 있다. 이처럼 법적·윤리적 책임환경은 기업의 사회적 책임 중 **최소한의 조건**이자, 다른 책임 환경들이 작동할 수 있도록 하는 기초 구조로서 기능을 한다.

- **인권적 책임환경:** 인권적 책임환경은 민감하고 국제적인 사회적 책임 영역이다. 글로벌 공급망을 운영하는 다국적기업들이 노동력 착취, 아동노동, 강제근로, 종교·성별 차별 등 다양한 인권침해 이슈와 직접적으로 연결되면서 기업의 인권책임에 대한 사회적 감시가 강화되고 있다. 과거에는 특정 국가의 낮은 인권 기준

을 기업이 비용 절감을 위한 기회로 이용하는 경우가 있었으나, 오늘날에는 이러한 행위가 국제사회의 비판과 불매운동, 투자 철회 등으로 이어질 수 있다. 국제 NGO인 **국제사면위원회(암네스티)**, **휴먼라이츠워치(HRW)** 등은 기업의 인권감시 활동을 통해 해당 기업의 투명성과 책임성을 평가하고, 대중에게 그 정보를 공개하고 있다. 이에 따라 기업은 단지 본사뿐 아니라, 공급업체 및 위탁생산업체 등 전체 가치사슬에서의 인권 상황을 파악하고 이를 개선하기 위한 노력까지 포함해 사회적 책임을 수행해야 한다.

- **지속성장 책임환경:** 지속성장 책임환경은 환경 보전과 미래 세대의 삶의 질을 고려한 책임 이행을 의미한다. 기업활동이 확대되고, 산업화와 도시화가 가속화되면서 기후변화, 탄소 배출, 자원 고갈 등 환경문제가 인류 생존의 위협요인으로 떠오르게 되었다. 이에 따라 지속가능 발전은 기업에게 선택이 아닌 의무로 자리잡았고, 환경적 책임은 단기 전략이 아닌 장기 생존 전략의 핵심 요소가 되었다. 국제사회는 **기후변화협약**, **파리협정**, **탄소세** 등 다양한 국제규범을 통해 환경 관련 규제를 강화하고 있으며, 기업은 이에 대응하기 위해 친환경 경영을 추진하고 있다. 예컨대, 재생에너지 전환, 탄소 배출 감축 기술개발, 자원 순환 시스템 도입 등이 그 예이다. 기업의 지속성장 책임은 단지 규제를 준수하는 차원을 넘어, 미래 세대의 환경권을 보장하는 윤리적 과제로 이해되며, 이는 ESG 경영에서도 핵심 축으로 다뤄진다.

- **국제시민 책임환경:** 국제시민 책임환경은 기업이 단지 자국의 법과 기준을 따르는 데 그치지 않고, 글로벌 차원에서 인류 공동체의 발전과 복지에 기여할 책임을 의미한다. 이는 다국적기업의 활동 범위가 국경을 넘어서고, 국가 간 사회·경제 격차가 확산되면서 제기된 요구이며, **지역사회와의 상생**, **지속가능한 개발목표의 실현**, **글로벌 공공재 창출**에 대한 책무를 포함한다. 오늘날 많은 글로벌기업들은 지역사회와 협력하여 교육, 보건, 주거, 환경 개선 등의 다양한 사회공헌 사업을 수행하고 있다. 이는 지역사회 내 갈등을 최소화하고, 기업의 활동이 해

당 지역의 발전과 직결될 수 있도록 전략적으로 설계된다. 예를 들어, 현지고용 확대, 기술이전, 사회기반시설 지원 등은 단기적인 사회적 책임 수행이면서도 기업의 장기적 시장 확보 전략과 연계된다. 국제시민으로서의 기업은 단지 법적 주체를 넘어 글로벌 이해관계자의 신뢰를 얻는 윤리적 주체로 기능을 해야 하며, 이는 지속가능한 글로벌 경쟁력의 핵심이 된다.

경영윤리와 ESG 경영

경영윤리는 ESG 경영의 철학적 기반으로서, ESG 활동이 단지 수치와 평가 기준에 머무르지 않고 진정성 있는 실행으로 이어지기 위해 갖추어야 하는 가치체계다. 경영윤리는 ESG 각각의 영역에 다음과 같은 방식으로 내재돼 있다.

환경(E)에서 경영윤리는 탄소중립, 자원 순환, 생물 다양성 보호와 관련한 윤리적 판단 기준이다. 예를 들어 기업이 법적 기준을 초과하여 자발적으로 친환경 소재를 채택하거나 환경영향 정보를 투명하게 공개하는 것이 이에 해당한다. **사회(S)에서 경영윤리**는 인권 보호, 다양성과 포용, 지역사회 기여 등 기업의 사회적 책무가 포함되며, 내부 윤리문화, 근로자의 정당한 대우, 공급망의 책임성 등도 모두 윤리와 직결된다. **지배구조(G)에서 경영윤리**는 경영 투명성, 반부패, 이사회 독립성 등은 단순한 제도적 요건을 넘어 윤리적 의사결정 구조와 맞닿아 있다. 예컨대, 내부자 거래, 회계 조작, 리스크 은폐 등은 기업윤리가 결여되었을 때 발생할 수 있는 지배구조 실패의 사례다.

경영윤리와 ESG 경영 간 관계는 다음과 같은 관계성이 성립한다. ESG 경영은 최근에 기업에 요구되는 기업의 지속가능한 전략 틀로서 많은 기업에서 경영의 핵심축에 자리한다. 그 실질적 실행을 가능하게 하는 기반이 바로 경영윤리다. 윤리 없는 ESG는 형식적인 보고로 끝날 수 있다. 반대로, 윤리적 판단이 ESG 실행으로 체계화되지 않으면, 지속가능성과 장기성과는 이룰 수 없다.

경영윤리와 ESG 경영 외에도 이와 유사한 용어가 CSR이다. CSR, ESG, 그리고 경영윤리는 모두 기업이 사회와 맺는 관계에서의 역할과 책임을 강조한다는 공통점을 지닌다. 그러나 이들 개념은 발생 배경, 적용 범위, 접근방식 측면에서 중요한 **차이점**을 가진다. **경영윤리**는 기업의 철학과 가치에 기반한 도덕적 판단의 기준이고, **CSR**은 사회에 대한 책임 수행을 강조하는 기업 행위이며, **ESG**는 이러한 활동을 계량화하여 전략적 의사결정에 반영하려는 평가지표다. 세 개념은 각각 독립적이면서도 상호보완적인 관계에 있으며, 전략경영 차원에서는 이들 개념이 통합적으로 고려되어야 기업의 장기 경쟁력과 사회적 정당성을 확보할 수 있다. 전략경영의 용어로써 **경영윤리, CSR, ESG의 함의**를 아래처럼 정리한다.

- **경영윤리의 함의:** 경영 활동에서의 옳고 그름을 판단하는 도덕적 기준과 철학적 기반을 의미한다. 이는 개별 구성원이나 조직이 윤리적으로 올바른 결정을 내리고 행동하도록 하는 원칙과 가치체계를 포함한다. 기업윤리는 법적 요건을 초과하는 수준의 도덕적 판단을 요구하며, 전략수립과 실행 전반에 걸쳐 통합적으로 적용된다.

- **CSR의 함의:** 국제기업이 단순히 이윤을 추구하는 것을 넘어, 사회 전체에 긍정적인 영향을 미치는 활동을 수행해야 한다는 책임의식을 기반으로 한다. CSR은 주로 지역사회 공헌, 기부, 친환경 캠페인 등 기업의 외부 활동에 초점을 두는 경우가 많았다. 이는 과거에는 '선택적 책임'으로 간주되기도 했지만, 점차 기업의 차별적 이미지 형성과 같은 전략의 일환으로 인식되고 있다.

- **ESG의 함의:** 기업의 환경(E), 사회(S), 지배구조(G)에 대한 성과를 투자자와 이해관계자가 정량적으로 평가할 수 있는 프레임워크다. ESG는 투자지표로서의 실용성을 강조하며, 지속가능한 기업 경영을 위한 측정 가능한 기준을 제공한다. 이로 인해 ESG는 단기 수익을 중시하던 전통적 주주자본주의에서 벗어나, 기업이 고객, 직원, 지역사회 등 다양한 이해관계자의 이익을 함께 고려하는 지속가능한 자본주의로 전환하는 데 핵심적인 역할을 하고 있다.

경영윤리와 경영성과

CSR과 경쟁우위, 전략성과

CSR은 기업이 이윤을 추구하는 동시에 사회와 환경에 긍정적인 영향을 미쳐야 한다는 관점에서 출발하였다. 초창기에는 자발적 기부나 지역사회 봉사 등과 같은 비재무적 활동이 중심이었지만, 오늘날 CSR은 기업의 전략적 활동과 밀접하게 연계되며, 단순한 '선행'이 아니라 기업의 지속가능성과 경쟁우위를 위한 핵심 수단으로 인식되고 있다. CSR은 전략적 관점에서 다양한 유형으로 구분할 수 있으며, 각 유형은 '윤리성 정도' 및 전략적 시사점에 따라 달라진다.

첫째, **자선형 CSR**은 기업이 이익 일부를 사회에 환원하는 방식이다. 이는 가장 전통적인 형태로, 기부금 전달, 재난 구호, 교육지원 등 다양한 사회공헌 활동이 여기에 포함된다. 이 유형은 사회적 평판을 제고하고 소비자의 호감도를 높이는 데 효과적이지만, 기업의 핵심역량이나 전략과 직접적인 연계가 부족한 경우가 많아 지속가능성이 낮다는 한계가 있다.

둘째, **규제 대응형 CSR**은 환경보호, 안전 기준, 인권 등 법적·사회적 규범에 대응하기 위해 시행되는 유형이다. 기업은 규제 위반에 따른 법적 리스크와 평판 손상을 방지하기 위해 CSR 활동을 수행한다. 이 경우 윤리성은 외부 규범에 따라 수동적으로 부여되는 경우가 많고, 전략적 주도권은 상대적으로 약하다.

셋째, **전략적 CSR**은 기업의 사업모델과 핵심역량에 CSR을 통합하여 장기적 경쟁우위를 창출하는 방식이다. 이는 CSR을 단순히 비용이나 책임으로 보는 것이 아니라, 고객가치 창출, 브랜드 차별화, 시장 진입장벽 형성 등과 연계된 투자로 간주한다. 대표적 사례로는 **유니레버**의 '지속가능한 생활 전략'과 **파타고니아**의 '친환경 제품전략' 등이 있다.

넷째, **공유가치 창출 접근**은 CSR보다 한 단계 진화된 형태로, 기업이 경제적 가치와 사회적 가치를 동시에 창출하는 것을 목표로 한다.[157] CSR을 전략적 가치사슬 전반에 내재화시켜 지속가능성과 수익성을 동시에 확보하려는 시도다. 예를 들어, **네슬

레는 아프리카 농가의 커피 생산성을 향상시키는 기술을 지원함으로써 원재료 품질을 높이고, 동시에 지역사회 발전에 기여한다.

이처럼 CSR 전략은 단순한 이해관계자의 외부기대 충족에서부터, 기업전략과 통합된 가치창출 방식으로까지 진화하고 있다. 자선형 CSR과 규제 대응형 CSR은 전략경영의 경쟁우위 및 경영성과에는 관련이 적은 비전략적 행위의 성격을 지닌 데 비해, 전략적 CSR은 경쟁우위 연계를 의도한 본격적 전략경영 수단으로 간주되며, 공유가치 창출(Creating Shared Value: CSV)은 이러한 전략적 CSR에 본원적인 CSR의 취지를 결합한 용어이다. CSV의 정의는 '기업의 경쟁력 강화와 사회의 경제·사회적 발전을 동시에 추구하는 정책과 실행 방식'이다.

경영윤리와 경영성과

CSR이 경쟁우위와 전략 실행 측면에서 다루어지는 데 비해, 경영윤리는 기업 이익과 성과에 기업이 직접 의도한 조치로서 간주하지는 않는다. 경영윤리 준수가 기업의 단기적 이익과 상충한다고 보는 인식은 과거에는 일반적이었다. 도덕적 원칙을 준수하면 비용이 증가하고, 비윤리적 방법을 사용하면 경쟁에서 유리하다는 인식은 널리 퍼져 있었다. 그러다 최근 전략경영 분야의 다수 연구는 윤리경영이 오히려 기업의 지속가능한 성과창출에 기여하며, 장기적으로는 경쟁우위의 원천이 될 가능성을 시사한다. 그 가능성을 재무성과와 비재무성과의 측면으로 구분하여 살펴본다.

윤리경영이 재무성과에 긍정적인 영향을 미친다는 주장은 다음과 같은 메커니즘을 통해 설명된다. 첫째, 윤리적 기업은 소비자와 투자자로부터 신뢰를 얻어 **고객 충성도와 브랜드 가치**를 높인다. 예컨대, **스타벅스**는 공정무역 커피 구매와 종업원 복지 확대를 통해 윤리적 브랜드로 자리잡으며 프리미엄 가격을 유지해왔다.

둘째, 윤리경영은 **리스크 관리비용을 절감**하는 수단이 되기도 한다. 부정행위나 법적 위반에 따른 벌금, 소송, 평판 손실은 기업의 직접적인 재무적 부담을 불러일으킨다. 이를 방지하기 위한 내부통제와 윤리적 문화 구축은 리스크 대응 비용을 사전에 줄일 수 있다. 예를 들어, **폭스바겐**은 배출가스 조작 스캔들로 인해 수십억 달러의 벌금과 평판 손실을 입었으며, 이는 단기 수익을 좇은 비윤리적 전략의 대가였다.

셋째, 윤리경영은 **투자자 유인** 측면에서도 이점이 있다. ESG 요소를 고려하는 투자자들은 윤리와 지속가능성을 기업의 중장기 수익성을 판단하는 기준으로 삼는다. 윤리적인 기업은 자본시장에서 자금조달 측면에서도 유리한 위치를 차지할 수 있다.

윤리경영이 비재무성과에 긍정적인 영향을 미친다는 주장이다. 경영윤리는 종업원의 태도, 조직문화, 고객 관계 등 비재무적 성과에도 긍정적인 영향을 준다. 첫째, 윤리적 기업문화는 **구성원의 몰입도·신뢰·조직시민행동을 촉진**하여 내부 운영 효율성을 높인다. 예컨대, 윤리적인 리더십 아래에서 종업원들은 자신의 조직이 사회적으로 정당한 목적을 추구한다고 인식하며, 자발적이고 책임 있는 행동을 보일 가능성이 크다. 여기서 '조직시민행동'이란 개인이 조직 내에서 공식적 보상이나 직무 요건에는 명시되지 않지만, 조직의 효과성과 분위기에 긍정적 영향을 미치는 자발적 행동을 의미하다. 예를 들어, 동료를 도와주는 행동, 부서의 명예를 외부에서 보호하는 행동, 다른 직원의 업무나 회의 준비를 자발적으로 돕는 일 등이다.

둘째, 윤리경영은 **고객과의 긍정적인 관계 형성**에도 유리하게 작용한다. 오늘날 소비자들은 제품의 품질뿐 아니라, 그것이 만들어지는 과정의 윤리성까지 고려하는 경향이 강하다. 윤리적 공급망, 친환경 생산, 공정 거래 등은 기업의 평판자산을 강화하고, 충성고객 기반을 확보하는 데 기여한다. **스타벅스**의 공정무역 인증 커피 구매, 윤리적 조달, 농가 지원 프로그램 등은 커피의 윤리적 생산에 관심 있는 소비자들의 신뢰확보, 프리미엄 이미지 유지에 기여한다. **바디샵**은 동물실험 반대, 공정무역 원료 사용, 인권 캠페인 적극 참여 등을 통해 '윤리 소비' 지향 고객과 정체성을 공유하고, '사회운동 성격의 소비자 충성도'를 형성한다.

국제기업과 경영윤리

국제기업의 기업윤리 관점

기업의 윤리적 행위는, 기업 역시 사회 성원으로서 일반 개인과 마찬가지로 인격체로 간주되며, 정직, 신뢰, 책임, 공정과 같은 핵심 가치를 준수해야 한다는 인식에서 출발한다. 이러한 가치들은 단순한 규범에 그치지 않고, 기업의 전략수립, 의사결정, 경영 실행 등 전반적인 경영활동 과정에서 구체적으로 실현되어야 하며, 이 실현 정도로써 각 기업의 '기업 윤리성'이 완성된다. 특히 국제경영의 환경에서는 기업윤리에 대한 인식과 판단 기준이 국가나 문화에 따라 달라지기 때문에, 다음과 같은 **기업윤리의 네 가지 관점**이 존재한다.

- **개인적 상대주의(Individual Relativism):** 특정 행동의 수용 여부가 개인이나 조직의 관점에 따라 달라질 수 있다는 입장이다. 이는 어떤 상황에서의 행동이 옳은지 그른지를 판단하는 기준이 개인의 가치관에 의해 결정된다는 의미이며, 해당 관점을 지닌 기업이나 경영자는 자신이 가진 신념과 성향에 기반하여 경영활동을 수행하게 된다. 따라서 이들은 기업윤리에 대해 자의적 기준을 인정하며, 그 결과 윤리적 행동의 일관성이나 보편성은 확보되기 어렵다. 이러한 관점에서는, 설령 현지 경영활동 중에 윤리적 기준이 훼손되더라도 기업이 이를 문제로 인식하지 않을 가능성이 크다.

- **문화적 상대주의(Cultural Relativism):** 모든 문화는 동등한 가치를 지닌다는 전제에서 출발한다. 이 관점은 문화 간 우열을 인정하지 않고, 각국의 윤리 기준 역시 그 사회의 고유한 문화에 따라 다르게 형성된다고 본다. 이에 따라 국제경영 관리자들은 본국과 현지국의 문화 중 어느 것이 자사에 유리한지를 판단하고, 상황에 따라 윤리 기준을 선택적으로 적용하는 유연한 태도의 함정에 빠지게 된다. 예컨대, 미국은 아동노동을 법적으로나 도덕적으로 엄격히 금지하지만, 방글라데시와 같이 아동노동이 암묵적으로 용인되는 문화에서는 미국인 경영자라 하더라도 해당 관행을 수용하며 아동을 고용할 수 있게 되는 것이다. 이처럼 문화적 상대주의는 현지 문화에 대한 존중을 바탕으로 하지만, 윤리의 기준과 적용이 상황적 맥락에 따라 크게 달라질 수 있다.

- **윤리적 제국주의(Ethical Imperialism):** 자국의 윤리 기준을 절대적인 것으로 간주하고, 다른 국가나 문화에서도 동일한 기준을 적용해야 한다는 태도다. 이 관점을 지닌 개인이나 조직은 자신이 속한 모국의 윤리 가치관이 가장 이상적이라고 믿으며, 이를 모든 경영활동의 지침으로 삼는다. 앞의 예를 다시 활용하면, 방글라데시에서 활동하는 미국인 사업가는 미국 수준의 근무환경과 아동노동 금지를 방글라데시 현지기업에까지 강하게 요구할 것이다. 물론 반대의 상황, 즉, 방글라데시 기업가가 미국에서 자국의 기준을 적용하려는 시도는 현지인 미국의 법률과 제도, 사회적 통념에 의해 실현 가능성이 작을 것이다. 이처럼 윤리적 제국주의는 가치판단 기준이 자국 중심으로 고정된다는 점에서, 다른 문화와의 충돌 가능성을 내포한다.

- **보편주의(Universalism):** 국가나 문화와 관계없이 인류 전체가 공유할 수 있는 기본 가치와 원칙을 윤리의 기준으로 삼는다. 이는 세계적으로 통용되는 윤리적 코드, 예를 들어, 인간 존엄성, 자유, 안전, 평등 등을 기초로 하며, 국제경영에서 발생할 수 있는 윤리적 갈등을 최소화할 수 있는 기준을 제공한다. 국제인권선언문은 이러한 보편적 가치에 기반하여 만들어졌으며, 기업의 윤리적 판단과 행동이 국가 간 경계를 넘어서도 일정 수준 이상의 일관성을 유지하도록 하는 역할을 한다. 보편주의 관점에서는 아동노동은 개발도상국이든 선진국이든 관계없이 윤리적으로 비판받아야 할 행위로 간주한다.

이제까지 설명한 네 가지 관점을 비교해 보면, **개인적 상대주의와 문화적 상대주의**는 모두 '윤리의 상대성'을 인정한다는 공통점을 지닌다. 단, 전자는 판단 기준의 출발점이 **개인의 가치관**이고, 후자는 **문화적 다양성**에서 비롯된다는 점에서 구분된다. 이들 관점에 기반한 윤리적 판단은 '일관성이 부족'하다는 한계를 지닌다. 반면, **윤리적 제국주의와 보편주의**는 윤리 판단의 일관성을 중시하지만, 전자는 **자국 중심의 윤리 강요**라는 문제를 내포하며, 후자는 일반적으로 받아들여지는 **보편적 가치** 기준을 바탕으로 한다는 점에서 차별성을 갖는다. 결국, 어떤 관점이 현지노동자에게 더 윤리적

인지는 상황에 따라 달라질 수 있으나, 최소한의 윤리 기준을 보장하는 데는 보편주의 관점이 가장 설득력 있는 기준이 될 수 있다.

국제기업의 인권침해, 지속가능 성장

국제기업은 지리적 경계를 넘어 전 세계적으로 확장된 시장을 활동 대상으로 하고 있어, 그에 따라 기업이 준수해야 할 윤리적 기준도 더욱 복잡하고 중요해지고 있다. 특히 개발도상국이나 법·제도적 기반이 미비한 국가에서의 기업활동은 현지노동자와 지역사회, 자연환경에 미치는 영향이 매우 크기 때문에, 국제기업은 단순한 경제적 책임을 넘어 윤리적 책임에 대해 각별한 관심을 기울여야 한다. **국제인권의 보장, 아동노동의 금지, 공모에 의한 인권침해의 방지**, 그리고 **환경보전과 이에 따른 지속가능 성장** 등은 국제사회가 기업에 요구하는 핵심 윤리 기준으로 자리 잡고 있다. 이는 단순한 도덕적 의무를 넘어, 기업의 지속가능성과 장기적 평판, 그리고 국제시장에서의 경쟁력과도 직결되는 문제다. 이를 다음의 세 가지 소주제로 하여 국제기업의 윤리경영에 대한 전략적 접근과 책임에 대해 논해 본다.

국제기업과 국제인권, 아동노동

기업의 글로벌화와 생산기지의 저비용 국가로의 이전이 가속화되면서, 인권 기준이 취약한 국가에서 이루어지는 기업활동이 다양한 인권침해 문제에 연루되는 사례가 증가하고 있다. 그 가운데에서도 가장 심각하면서도 윤리적 논란이 지속되는 주제가 바로 **아동노동 문제**다.

아동노동은 유엔아동기금(UNICEF), 국제노동기구(ILO) 등 국제기구들이 엄격히 금지하고 있음에도 불구하고, 전 세계적으로 1억 6,000만 명에 달하는 아동들이 여전히 노동에 종사하고 있으며, 이들 중 절반 이상은 물리적·정신적으로 위험한 환경에서 일하고 있는 것으로 추정된다.[158] 특히 아프리카와 남아시아 지역에서는 초등교육도 제대로 받지 못한 아동들이 광산, 농장, 가내수공업, 공장 등에서 극도의 저임금과 위험을 감수하며 일하고 있다.

이러한 상황은 다국적기업의 글로벌 공급망과 깊게 얽혀 있다. 최근 코트디부아르와 가나의 카카오 산업에서는 세계 최대 초콜릿 브랜드인 **네슬레와 허쉬**가 아동노동 착취와 연관되어 있다는 의혹이 제기되었으며, 이에 대해 미국 내에서 집단소송이 제기되기도 했다. 또한, 2022년에는 미국 고속패션 브랜드 **셰인**이 중국 내 협력공장에서 아동노동과 과도한 근로시간, 저임금 문제에 연루되어 글로벌 소비자들의 거센 비판을 받았다. 이 외에도 애플, 테슬라 등의 전자기업들 역시 콩고민주공화국에서 채굴되는 코발트의 공급망이 아동노동과 연결되어 있다는 이유로 윤리적 책임이 제기되었다.

아동노동은 단순히 법과 규정을 위반하는 문제가 아니라, 국제사회가 보편적으로 지향하는 인간의 기본권을 침해하는 중대한 윤리 위반이다. 그러나 여기에는 윤리적 딜레마도 존재한다. 기업이 아동노동을 철저히 금지할 경우, 해당 아동이 속한 빈곤 가정은 중요한 소득원을 잃게 되고, 이는 결과적으로 더 심각한 사회문제로 이어질 수 있다는 주장이다. 일부 지역에서는 아동노동의 중단이 오히려 아동을 거리로 내몰고, 비공식적이고 더 위험한 노동에 종사하게 만드는 역효과를 초래하기도 한다.

이러한 복잡성과 윤리적 양면성을 고려할 때, 기업은 단순히 공급업체에 아동노동 금지만을 요구하는 수준을 넘어, 아동의 교육 기회 제공, 지역사회 소득 기반 구축, 부모 대상 고용창출 프로그램 등 구조적 대안을 함께 제시해야 한다. 최근 다국적 의류기업인 **H&M**은 인도 및 방글라데시 지역의 협력공장에서 아동노동을 근절하기 위해 NGO와 협력하여 학교 지원 프로그램을 운영하고 있으며, **마이크로소프트**는 아동노동 리스크가 높은 지역에서의 원자재 조달을 중단하거나, 윤리적 인증 제도를 도입해 대응하고 있다.

요컨대, 아동노동 문제는 국제기업의 윤리성을 가장 첨예하게 시험하고 평가받는 지점이며, 윤리경영은 단순한 선언이 아닌 공급망 전반의 구조적 혁신과 글로벌 협력을 요구하는 실천적 과제임을 보여준다. 전략적 차원에서도 윤리적 공급망을 구축하는 기업은 장기적으로 고객 신뢰, 브랜드 가치, 투자자 신뢰라는 무형자산을 확보할 수 있으며, 이는 경쟁우위의 핵심이 될 수 있다.

국제기업과 공모에 의한 인권침해

공모에 의한 인권침해란 기업이 자사의 이익을 보전하거나 확대하기 위해 정부 또는 권력기관과 협력하거나 묵인하는 과정에서 발생하는 인권침해이다. 이는 기업이 정치 권력의 부당한 통제에 간접적으로 기여하거나, 인권침해가 자행되는 체제를 유지·지지하는 방식으로 포괄적인 인권침해 책임 공유를 의미한다.

정부 또는 무장 세력과 결탁하여 소수민족이나 토착민에 대한 강제이주, 강제노동, 토지 수탈 등 인권침해를 묵인하거나, 이를 이용해 암묵적으로 이익을 얻는 방식이 대표적이다. 특히 다국적기업의 자원개발, 대규모 인프라 건설, 농업 플랜테이션 조성 과정에서 이러한 문제가 빈번하게 발생한다. 일부 개발도상국 정부는 자국의 정치적 불안정성과 경제적 종속을 악용해, 다국적기업에 편의를 제공하는 대가로 지역 주민의 인권을 희생시키는 방식으로 공모하게 된다.

최근 중국 신장 위구르 자치구에서 발생한 강제노동 이슈가 세계적인 공모 인권침해 논란의 중심에 있다. 여러 글로벌 의류·전자 기업들이 해당 지역에서 생산된 면화나 원자재를 사용한 것으로 밝혀지며, 이들 다국적기업이 중국 정부가 조직적으로 운영하는 '재교육 캠프' 및 강제노동 시스템과 암묵적으로 연결되어 있다는 비판을 받았다. 이에 따라 미국은 2021년 '위구르 강제노동 방지법'을 통과시켜, 해당 지역에서의 제품 수입을 전면 금지하고, 관련 기업에 대한 조사와 제재를 강화하고 있다. 이러한 조치는 미국시장에 진출하고자 하는 기업에게 영향을 미친다.

공모에 의한 인권침해는 직접적인 가해뿐만 아니라, 기업이 정치적 억압 체제를 유지하는데 간접적으로 참여하는 것까지 포함된다. 예컨대, 권위주의 정부에 대한 정치자금 제공, 뇌물 지급, 반인권적 체제에 대한 물류·기술적 지원, 부패한 정책의 이행 지원 등은 모두 광의의 인권침해 공모로 간주된다. 기업이 인권을 침해하는 정권에 재정적·물적 기반을 제공하는 행위는 단순한 준법 여부를 넘어선 윤리적 책임의 대상이 된다.

이러한 관점에서 글로벌 기술기업의 감시기술 수출 또한 새로운 공모 형태로 주목받고 있다. 일부 서구 기술기업이 독재국에 인터넷 검열 시스템, 얼굴인식 AI, 통신 감

페가수스의 공모에 의한 인권침해

페가수스(Pegasus)는 대상자의 스마트폰에 비밀리에 침투해 메시지, 통화, 사진, 위치정보는 물론 마이크와 카메라 기능까지 원격으로 제어할 수 있는 초정밀 감시 도구이다. NSO는 이를 오직 테러나 중범죄 대응 목적의 '정부 기관'에만 판매했다고 주장하나, 실제로는 다양한 권위주의 정권 및 일부 민주국가 정부가 이를 통해 자국 내 반체제 인사, 언론인, 인권운동가, 야당 정치인을 무차별적으로 감시한 것으로 밝혀졌다.

2021년 '페가수스 프로젝트'라는 이름으로 전 세계 17개 언론사와 NGO들이 공동 보도한 바에 따르면, 이 스파이웨어는 멕시코, 인도, 헝가리, 사우디아라비아, 아랍에미리트, 모로코 등 다양한 국가에서 비판 세력을 억압하기 위한 수단으로 활용되었다. 예를 들어, 사우디 언론인 자말 카슈끄지가 암살되기 전 가족과 동료들의 스마트폰이 페가수스를 통해 감시되었으며, 인도에서는 대법관과 언론인, 시민단체 인사들의 휴대전화가 해킹된 정황이 포착되었다.

스파이웨어의 침투 방식 또한 충격적이었다. 사용자가 링크를 클릭하지 않아도 해킹이 가능한 제로클릭 공격(Zero-click Exploit)이 활용되었으며, 이는 사용자 모르게 휴대전화 전체를 감시 장치로 전환시킬 수 있다는 점에서, 정보인권과 사생활 보호에 중대한 위협이 되었다. 국제사면위원회(암네스티)와 스탠포드대학교 인터넷관찰소는 이를 '디지털 시대의 인권침해'로 규정하고, 국제기준 마련을 촉구했다.

이 사건은 기술기업이 권위주의 정권과의 직·간접적 협력 또는 묵인을 통해 인권탄압 구조에 공모하는 전형적인 사례로 간주된다. 더욱이 NSO 그룹은 미국 페이스북(현 메타)의 WhatsApp 플랫폼을 통해 1,400여 명의 사용자 휴대전화에 페가수스를 배포한 혐의로 미국 법원에 피소되었으며, 2025년 5월 미국 연방법원은 NSO가 사용자 프라이버시를 침해한 책임을 인정하고 1억6,770만 달러의 손해배상 판결을 내렸다. 이는 국제기업의 기술 공급망 책임을 법적으로 물은 최초의 사례 중 하나로 기록되며, 향후 기술기업의 윤리적 책임 범위가 확대될 수 있는 선례가 되었다.

이같이 기업이 인권침해 가능성을 인지하고도 묵인하거나, 충분한 사전 인권 실사를 거치지 않고 고위험국가에 기술을 수출한 경우에도 도덕적·법적 책임이 따를 수 있다.

청기술 등을 수출하여 시민의 기본권을 제한하고 언론의 자유를 억압하는 데 기여한 사실이 국제사회에 알려지며, 국제인권단체와 소비자들의 강한 반발을 샀다. 대표적으로 이스라엘의 **NSO 그룹**(NSO Group Technologies)이 개발한 스파이웨어 **페가수스**(Pegasus)는 여러 권위주의 정권에 의해 반체제 인사, 기자, 인권운동가 감시에 사용된 바 있다.

국제사면위원회(암네스티), **휴먼라이츠워치(HRW)** 등 글로벌 인권단체들은 다국적기업의 이러한 구조적 인권침해에 대한 정보 수집과 고발 활동을 확대하고 있으며, 언론과 협력해 공공의 관심을 유도하고 있다. 특히 최근에는 ESG(환경·사회·지배구조) 투자기준이 확산됨에 따라, 투자자와 금융기관 또한 기업의 인권 실적과 공급망 윤리 수준을 투자 결정의 핵심 요소로 고려하고 있다.

결론적으로, 공모에 의한 인권침해는 단지 현지에서의 범죄 행위에 동조하는 것을 넘어, 기업의 국제적 정당성과 윤리적 정체성에 심대한 위협이 되는 요소로 작용한다. 따라서 기업은 정부와의 관계, 정책 로비, 공급망 설계, 기술 수출 등 모든 경영활동에서 인권에 대한 사전·사후적 점검체계를 갖추고, 의도치 않은 공모 구조로 편입되지 않도록 철저히 관리해야 한다.

국제기업의 환경오염과 지속가능 성장

수질오염, 자원 고갈, 지구온난화와 같은 환경문제에 대한 경각심이 커짐에 따라, 기업활동이 환경에 미치는 부정적 영향에 대한 우려가 더욱 증가하고 있다. 기업들은 소비자, 투자자, 시민, 정부 등 다양한 사회계층의 이해관계자들이 요구하는 환경기준을 따르지 않을 수 없는 상황에 직면해 있다. 특히 소비자와 주주들은 환경문제에 민감하게 반응하고 있으며, 다양한 환경 관련 압력단체들은 기업의 환경 유해 행위를 비판하면서, 사업 운영과 관련된 친환경 기준을 한층 강화할 것을 요구하고 있다.

국제기업의 수익추구 활동은 본의 아니게 환경오염을 유발하는 경우가 많다. 생산과정에서 필요한 원자재를 자연에서 채취하게 되면서, 불가피하게 환경 파괴가 수반되는 것이다. 예를 들어, **맥도날드나 버거킹**과 같은 다국적 외식업체가 러시아와 같은 신흥시장을 개척해 햄버거 매출을 늘릴수록, 쇠고기 공급을 위한 목장개발이 브라질이나 아르헨티나 등 초원 국가에서 더욱 활발하게 이루어진다. 아르헨티나의 울창한 숲은 벌목으로 인해 황폐해지고, 그 자리에 소 사육을 위한 목초지가 조성된다. 이처럼 러시아, 중국 등 신흥시장에서의 외식업체 사업 확장이 아르헨티나 숲 파괴를 유도하는 간접적 원인이 되기도 한다.

식품 산업과 관련된 또 다른 사례도 있다. 최근 국제 유가가 급등하자, 옥수수와 콩과 같은 곡물을 원료로 차량용 디젤유를 정제하는 바이오 연료 사업이 활성화되었다. 이로 인해 숲과 초지가 곡물 재배용 농장으로 전환되면서, 물 부족 현상과 사막화가 심화하고 있다. 그 결과 곡물 가격이 상승하고, 이는 아프리카의 빈곤층에게 돌아가는 식량 배급량을 감소시키는 부작용으로 이어진다.

지속가능 성장은 현재 세대의 경제적 만족만을 목표로 하지 않고, 미래 세대의 삶의 질과 환경적 기반을 고려하여 자원을 이용하는 방식을 의미한다. 지속가능 경영을 실현하기 위한 기업의 전략은 일반적으로 **세 단계의 진화과정**을 따른다. 첫째, 법적 규제에 대한 수용과 대응을 통해 기본적인 환경 책임을 이행하는 단계로, 이 시기에는 주로 정부의 환경 관련 법령과 규제를 준수하는 데 초점을 맞춘다. 폐수 처리, 배출가스 관리, 산업폐기물 규제 준수 등 최소한의 기준을 충족하는 것이 주요 과제다. 둘째, 자원 효율성과 비용 절감을 통해 환경성과를 기업의 생산성과 연결하는 전략적 기회를 모색하는 단계로, 에너지 절감 기술 도입, 생산공정의 개선, 재활용 확대 등을 통해 환경적 성과가 기업의 경영성과와 직결될 수 있도록 하는 데 주력한다. 이 단계에서는 환경관리 활동이 단순한 비용이 아닌 수익 개선과 경쟁력 제고의 수단으로 인식된다. 셋째, 환경적 성과를 기업의 핵심 전략에 통합하여 장기적 가치 창출과 새로운 시장 차별화를 실현하는 단계다. 이 수준에 이르면 기업은 환경문제를 전략의 중심에 두고, 지속가능성을 혁신과 브랜드 이미지, 고객 충성도 제고를 위한 차별화 요소로 적극 활용하게 된다. 이는 ESG 투자 확대, 탄소중립 선언, 친환경 제품 개발 등으로 구체화되며, 기업의 지속가능한 성장 기반을 공고히 한다.

지속가능 성장은 단지 환경오염을 줄이거나 폐기물 관리를 개선하고 자원 효율성을 높이는 데 그치지 않는다. 이는 경영시스템의 변화는 물론, 기업의 철학과 마케팅전략의 전환을 포함하는 통합적인 접근을 통해 달성된다. 많은 기업이 폐기물 절감과 자원 재활용을 통해 비용 절감을 도모하고 있다. 그러나 가장 강력한 지속가능 성장모델은 이러한 경제적 효율성 향상뿐만 아니라, 전 지구적 환경 보전과 경제적 형평성까지 포함하는 **지속가능한 번영**을 지향한다. 즉, 지속가능 성장은 환경관리를 통해 기업의 경제적 효율성을 제고하는 동시에, 생태계를 보존하고 인간 삶의 질을 향상시키는 경영활동을 추구하는 것이다.

이러한 철학에 따라 글로벌기업들은 국제가이드라인에 기반한 지속가능성 보고서를 정기적으로 발행하고 있다. 이 보고서는 기업의 환경관련 목표 설정, 이행 현황, 탄소배출량, 자원 소비량 등의 정보를 투명하게 공개하며, 이해관계자와의 신뢰를 구축하고 지속가능 성장 여부를 점검하는 도구로 활용된다. 환경적 책임을 수용한 기업만이 미래의 글로벌 경쟁 환경에서 진정한 리더로 자리매김할 수 있을 것이다.

미/주

01_ Kotler, P., R. Berger, and N. Bickhoff, 2016, *The Quintessence of Strategic Management: What You Really Need to Know to Survive in Business*, Hamburg, Springer.

02_ The Economist, "The Strategy Process", *The Economist*, 1994. 9. 10.

03_ Barney, J. B., 2000, *Gaining and Sustainable Competitive Advantage*, Harlow, Pearson Education Limited.

04_ Henry Mintzberg, 1987, "Five Ps for Strategy", *Organizational Approach to Strategy*, 30(1), pp. 11–24.

05_ Mintzberg, A. and A. Mchugh, 1985, "Strategy Formation in an Adhocracy", *Administrative Science Quarterly*, 30(2), pp. 160–197.

06_ Porter, M. E., 1996, "What is Strategy?", *Harvard Business Review*, 74(6), pp. 61–78.

07_ Hambrick, D. C. and P. A. Mason, 1984. "Upper Echelons: The Organization as a Reflection of Its Top Managers", *Academy of Management Review*, 9(2), pp. 193–206.

08_ Kaplan, R. S. and D. P. Norton, 2005, *Creating the Office of Strategy Management*, Paper 05–071, Harvard Business School.

09_ Andrews, K. R., 1971, *The Concept of Corporate Strategy*, Homewood, Dow Jones–Irwin.; Quinn, J. B., 1980, *Strategic for Change: Logical Incrementalism*, Homewood, Irwin.

10_ Doran, G. T., 1981, "There's a SMART Way to Write Management's Goals and Objectives", *Journal of Management Review*, 70(11), pp. 35–36.

11_ Barney, J. B., 2000, *Gaining and Sustainable Competitive Advantage*, Harlow, Pearson Education Limited.

12_ Kovalenko, I., Y. Davydenko, and A. Shved, 2019, "Development of the Procedure for Integrated Application of Scenario Prediction Methods", *Eastern–European Journal of Enterprise Technologies*, 2(4), pp. 31–38.; Bradfield, R., G. Wright, G. Burt, G. Cairns, K. B. D. Heijden, and Kees Van Der, 2005, "The Origins and Evolution of Scenario Techniques in Long Range Business Planning", *Futures*, 37(8), pp. 795–812.

13_ Porter, M. E., 1979, "How Competitive Forces Shape Strategy", *Harvard Business Review*, 57(2), pp. 137–145.

14_ Porter, M. E., 1980, *Competitive Strategy: Techniques for Analyzing Industries and Competitors*, New York, Free Press.

15_ Porter, M. E., 1985, *Competitive Advantage: Creating and Sustaining Superior Performance*, New York, Free Press.

16_ Wernerfelt, B., 1984, "A Resource–based View of the Firm", *Strategic Management Journal*, 5(2), pp. 171–180.

17_ Barney, J. B., 1991, "Firm Resources and Sustained Competitive Advantage", *Journal of Management*, 17(1), pp. 99–120.

18_ Teece, D. J., G. Pisano, and A. Shuen, 1997, "Dynamic Capabilities and Strategic Management", *Strategic Management Journal*, 18(7), pp. 509–533.

19_ Helfat, C. E. and M. A. Peteraf, 2003, "The Dynamic Resource-based View: Capability Lifecycles", *Strategic Management Journal*, 24(10), pp. 997–1010.

20_ Rochet, J. C. and J. Tirole, 2003, "Platform Competition in Two-sided Markets", *Journal of the European Economic Association*, 1(4), pp. 990–1029.; Eisenmann, T., G. Parker and M. W. Van Alstyne, 2006, Strategies for Two-sided Markets, *Harvard Business Review*, 84(10), pp. 92–101.

21_ Adner, R., 2017, "Ecosystem as Strategy", *Harvard Business Review*, 95(5), pp. 40–48.

22_ Lim, S. H., 2005, "Foreign Investment Impact and Incentive: A Strategic Approach to the Relationship between the Objectives of Foreign Investment Policy and Their Promotion", *International Business Review*, 14(1), pp. 61–76.

23_ Porter, M. E., 1990, *The Competitive Advantage of Nations*, New York, Free Press.

24_ Rugman A. M. and J. R. D'Cruz, 1993, "The 'Double Diamond' Model of International Competitiveness: The Canadian Experience", *Management International Review*, 33(2), pp. 17–39.

25_ Vernon, R., 1966, "International Investment and International Trade in Product Cycle", *Quarterly Journal of Economics*, 80, pp. 90–207.

26_ Vernon, R., 1979, "The Product Cycle Hypothesis in a New International Environment", *Oxford Bulletin of Economics and Statistics*, 41, pp. 255–267.

27_ United Nations Conference on Trade and Development (UNCTAD), 1998, *World Investment Report 1998: Trends and Determinants*, New York and Geneva, United Nations Publication.

28_ Porter, M. E., 1980, *Competitive Strategy: Techniques for Analyzing Industries and Competitors*, New York, Free Press.

29_ Schmalensee, R., 1985, "Do Markets Differ Much?", *The American Economic Review*, 75(3), pp. 341–351.

30_ Rumelt, R. P., 1991, "How Much Does Industry Matter?", *Strategic Management Journal*, 12(3), pp. 167–185.

31_ Schmalensee, R., 1985, "Do Markets Differ Much?", *The American Economic Review*, 75(3), pp. 341–351.; Rumelt, R. P., 1991, "How Much Does Industry Matter?", *Strategic Management Journal*, 12(3), pp. 167–185.; McGahan, A. M. and M. Porter, 1997, "How Much Does Industry Matter, Really?", *Strategic Management*

Journal, 18(Summer Special Issue), pp. 15–30.; Roquebert, J. A., R. L. Phillips, and P. A. Westfall, 1996, "A Multilevel Analysis of Firm and Industry Effects on Profitability", *Strategic Management Journal*, 17(8), pp. 653–664.; Hawawini, G., V. Subramanian, and P. Verdin, 2003, "Is Performance Driven by Industry or Firm-specific Factors? A New Look at the Evidence", *Strategic Management Journal*, 24(1), pp. 1–16.

32_ Teece, D. J., G. Pisano, and A. Shuen, 1997, "Dynamic Capabilities and Strategic Management", *Strategic Management Journal*, 18(7), pp. 509–533.; Teece, D. J., 2007, "Explicating Dynamic Capabilities: The Nature and Microfoundations of (Sustainable) Enterprise Performance", *Strategic Management Journal*, 28(13), pp. 1319–1350.

33_ Winter, S. G., 2003, "Understanding Dynamic Capabilities", *Strategic Management Journal*, 24(10), pp. 991–995.; Helfat, C. E. and M. A. Peteraf, 2003, "The Dynamic Resource-based View: Capability Lifecycles", *Strategic Management Journal*, 24(10), pp. 997–1010.

34_ Meyer, J. W. and B. Rowan, 1977, "Institutionalized Organizations: Formal Structure as Myth and Ceremony", *American Journal of Sociology*, 83(2), pp. 340–363.; DiMaggio, P. J. and W. W. Powell, 1983, "The Iron Cage Revisited: Institutional Isomorphism and Collective Rationality in Organizational Fields", *American Sociological Review*, 48(2), pp. 147–160.

35_ Hunt, M. S., 1972, *Competition in the Major Home Appliance Industry: 1960–1970*, Doctoral Dissertation, Harvard University, Graduate School of Business Administration.

36_ Ohlin, B., 1933, *Interregional and International Trade*, Cambridge, Harvard University Press.

37_ Caves, R. E., 1984, "Economic Analysis and the Quest for Competitive Advantage", *American Economic Review*, 74(2), pp. 127–132.

38_ Vernon, R., 1966, "International Investment and International Trade in the Product Cycle", *The Quarterly Journal of Economics*, 80(2), pp. 190–207.

39_ Porter, M. E., 1980, *Competitive Strategy: Techniques for Analyzing Industries and Competitors*, New York, Free Press.

40_ Prahalad, C. K. and Y. L. Doz, 1987, *The Multinational Mission: Balancing Local Demands and Global Vision*, New York, The Free Press.

41_ Bartlett, C. A. and S. Ghoshal, 1989, *Managing Across Borders: The Transnational Solution*, Boston, MA, Harvard Business School Press.

42_ Smith, A., 1776, *An Inquiry into the Nature and Causes of the Wealth of Nations*, Oxford, Oxford University Press.; Ricardo, D., 1817, *On the Principles of Political Economy and Taxation*, London, John Murray.

43_ Bain, J. S., 1959, *Industrial Organization*, New York, Wiley.

44_ Teece, D. J., 2010, "Business Models, Business Strategy and Innovation", *Long Range Planning*, 43(2–3), pp. 172–194.

45_ Barney, J., 1991, "Firm Resources and Sustained Competitive Advantage", *Journal of Management*, 17(1), pp. 99–120.

46_ Pareto, V., 1906, *Manuale di Economia Politica*, Milano, Società Editrice Libraria.

47_ Amit, R. and P. J. H. Schoemaker, 1993, Strategic Assets and Organizational Rent. *Strategic Management Journal*, 14(1), pp. 33–46.; Peteraf, M. A., 1993, The Cornerstones of Competitive Advantage: A Resource–based View, *Strategic Management Journal*, 14(3), pp. 179–191.; Rumelt, R. P., 1987, Theory, Strategy, and Entrepreneurship. In D. J. Teece (Ed.), *The Competitive Challenge: Strategies for Industrial Innovation and Renewal*, pp. 137–158, Cambridge, MA, Ballinger.

48_ Dyer, J. H. and H. Singh, 1998, The Relational View: Cooperative Strategy and Sources of Interorganizational Competitive Advantage, *Academy of Management Review*, 23(4), pp. 660–679.

49_ Conner, K. R., 1991, A Historical Comparison of Resource–based Theory and Five Schools of Thought within Industrial Organization Economics: Do We Have a New Theory of the Firm?, *Journal of Management*, 17(1), pp. 121–154.

50_ Porter, M. E., 1985, *Competitive Advantage: Creating and Sustaining Superior Performance*, New York, Free Press.

51_ Brandenburger, A. M. and H. W. Jr. Stuart, 1996, "Value–based Business Strategy", *Journal of Economics & Management Strategy*, 5(1), pp. 5–24.

52_ Selznick, P., 1957, *Leadership in Administration: A Sociological Interpretation*, Harper & Row.

53_ Penrose, E., 1959, *The Theory of the Growth of the Firm*, Oxford University Press.

54_ Wernerfelt, B., 1984, "A Resource–Based View of the Firm", *Strategic Management Journal*, 5(2), pp. 171–180.

55_ Barney, J., 1991, "Firm Resources and Sustained Competitive Advantage", *Journal of Management*, 17(1), pp. 99–120.

56_ Peteraf, M. A., 1993, "The Cornerstones of Competitive Advantage: A Resource–Based View", *Strategic Management Journal*, 14(3), pp. 179–191.

57_ Barney, J. B., 1995, "Looking Inside for Competitive Advantage", *Academy of Management Executive*, 9(4), pp. 49–61.

58_ Grant, R. M., 1996, "Toward a Knowledge–Based Theory of the Firm", *Strategic Management Journal*, 17(S2), pp. 109–122.

59_ Teece, D. J., G. Pisano, and A. Shuen, 1997, "Dynamic Capabilities and Strategic Management", *Strategic Management Journal*, 18(7), pp. 509–533.

60_ Teece, D. J., 2007, "Explicating Dynamic Capabilities: The Nature and Microfoundations of (Sustainable) Enterprise Performance", *Strategic Management Journal*, 28(13), pp. 1319–1350.

61_ Eisenhardt, K. M. and J. A. Martin, 2000, "Dynamic Capabilities: What Are They?", *Strategic Management Journal*, 21(10–11), pp. 1105–1121.

62_ Barney, J. B., 2000, *Gaining and Sustainable Competitive Advantage*, Harlow, Pearson Education Limited.

63_ Barney, J. B., 1995, "Looking Inside for Competitive Advantage", *Academy of Management Executive*, 9(4), pp. 49-61.

64_ Prahalad, C. K. and G. Hamel, 1990, "The Core Competence of the Corporation", *Harvard Business Review*, 68(3), pp. 79–91.

65_ Prahalad, C. K. and G. Hamel, 1994, *Competing for the Future*, Boston, MA, Harvard Business School Press.

66_ Grant, R. M., 1996, "Toward a Knowledge–Based Theory of the Firm", *Strategic Management Journal*, 17(S2), pp. 109-122.; Grant, R. M., 2013, "Reflections on Knowledge–Based Approaches to the Organization of Production", *Journal of Management and Organization*, 19(1), pp. 4–17.; Nonaka, I. and H. Takeuchi, 1995, *The Knowledge–Creating Company: How Japanese Companies Create the Dynamics of Innovation*, Oxford University Press.; Kogut, B. and U. Zander, 1992, "Knowledge of the Firm, Combinative Capabilities, and the Replication of Technology", *Organization Science*, 3(3), pp. 383–397.; Spender, J.–C., 1996, "Making Knowledge the Basis of a Dynamic Theory of the Firm", *Strategic Management Journal*, 17(Winter Special Issue), pp. 5–16.

67_ Grant, R. M., 1996, "Toward a Knowledge–Based Theory of the Firm", *Strategic Management Journal*, 17(S2), pp. 109-122.

68_ Nonaka, I. and H. Takeuchi, 1995, *The Knowledge–Creating Company: How Japanese Companies Create the Dynamics of Innovation*, Oxford University Press.

69_ Teece, D. J., G. Pisano, and A. Shuen, 1997, "Dynamic Capabilities and Strategic Management", *Strategic Management Journal*, 18(7), pp. 509-533.

70_ Foss, N. J., J. Schmidt, and D. J. Teece, 2023, "Refocusing on the Dynamic Capabilities-Environment Nexus", *Academy of Management Collections*, 2025(2).; Foss, N. J., J. Schmidt, and D. J. Teece, 2023, "Ecosystem Leadership as a Dynamic Capability", *Long Range Planning*, 56, 102270.

71_ Warner, K. S. R. and M. Wäger, 2019, "Building Dynamic Capabilities for Digital Transformation: An Ongoing Process of Strategic Renewal", *Long Range Planning*, 52(3), pp. 326–349.

72_ Adner, R., 2017, "Ecosystem as Strategy", *Harvard Business Review*, 95(5), pp. 40–48.

73_ Teece, D. J., 2010, "Business Models, Business Strategy and Innovation", *Long Range Planning*, 43(2–3), pp. 172–194.

74_ Teece, D. J., M. Peteraf, and S. Leih, 2016, "Dynamic Capabilities and Organizational Agility: Risk, Uncertainty, and Strategy in the Innovation Economy", *California Management Review*, 58(4), pp. 13–35.

75_ Hymer, S. H., 1960/1976, *The International Operations of National Firms: A Study of Direct Foreign Investment*, MIT Press.

76_ Kindleberger, C. P., 1969, *American Business Abroad: Six Lectures on Direct Investment*, Yale University

Press.; Kindleberger, C. P., 1969, *The International Corporation: A Study of Direct Foreign Investment*, MIT Press.

77_ Dunning, J. H., 1980, "Toward an Eclectic Theory of International Production", *Journal of International Business Studies*, 11(1), pp. 9–31.

78_ Caves, R. E., 1971, "International Corporations: The Industrial Economics of Foreign Investment", *Economica*, 38(149), pp. 1–27.

79_ Hirsh, S., 1976, "An International Trade and Investment Theory of the Firm", *Oxford Economic Papers*, 28(2), pp. 258–270.

80_ Lall, S., 1983, *The New Multinationals: The Spread of Third World Enterprises*, John Wiley & Sons.; Wells, L. T., 1983, *Third World Multinationals: The Rise of Foreign Investment from Developing Countries*, MIT Press.

81_ Cantwell, J. and P. E. E. Tolentino, 1990, "Technological Accumulation and Third World Multinationals", Discussion Papers in *International Investment and Business Studies*, No. 139. University of Reading.

82_ Gammeltoft, P. and B. Hobdari, 2017, "Emerging Market Multinationals, International Knowledge Fows and Inovation", *International Journal of Technology Management*, 74 (1–4), pp. 1–22.

83_ Porter, M. E., 1980, *Competitive Strategy: Techniques for Analyzing Industries and Competitors*, New York, Free Press.

84_ Porter, M. E., 1980, *Competitive Strategy: Techniques for Analyzing Industries and Competitors*, New York, Free Press.; Porter, M. E., 1985, *Competitive Advantage: Creating and Sustaining Superior Performance*, New York, Free Press.; Porter, M E., 1996, "What Is Strategy?", *Harvard Business Review*, 74(6), pp. 61–78.

85_ Hofer, C. W. and D. Schendel, 1978, *Strategy Formulation: Analytical Concepts*, St. Paul, MN, West Publishing.

86_ Sousa de Vasconcellos e Sá, J. and D. C. Hambrick, 1989, "Key Success Factors: Test of a General Theory in the Mature Industrial Product Sector", *Strategic Management Journal*, 10(4), pp. 367–382.

87_ Hofer, C. W. and D. Schendel, 1978, *Strategy Formulation: Analytical Concepts*, St. Paul, MN, West Publishing.

88_ Teece, D. J., G. Pisano, and A. Shuen, 1997, "Dynamic Capabilities and Strategic Management", *Strategic Management Journal*, 18(7), pp. 509–533.

89_ Hofer, C. W. and D. Schendel, 1978, *Strategy Formulation: Analytical Concepts*, St. Paul, MN, West Publishing.

90_ Hamel, G. and C. K. Prahalad, 1989, "Strategic Intent", *Harvard Business Review*, 67(3), pp. 63–76.

91_ Itami, H., 1991, "Industry Influences on Strategy Reformulation", *Strategic Management Journal*, 3, pp. 119–131.

92_ Ohmae, K., 1982, *The Mind of the Strategist: The Art of Japanese Business*, NY, McGraw Hill, Inc.

93_ Abrahamson, E. and C. J. Fombrun, 1994, "Macrocultures: Determinants and Consequences", *Academy of Management Review*, 19(4), pp. 728–755.

94_ Spender, J. C., 1989, Industry Recipes: *The Nature and Source of Managerial Judgment*, Cambridge, MA, Blackwell.

95_ Hambrick, D. C., 1982, "Environmental Scanning and Organizational Strategy", *Strategic Management Journal*, 3, pp. 159–174.

96_ Huff, A., 1982, "Industry Influences on Strategy Reformulation", *Strategic Management Journal*, 3, pp. 119–131.

97_ Hambrick, D. C. and P. A. Masson, 1984, "Upper Echelons: The Organization as a Reflection of Its Top Managers", *Academy of Management Review*, 9(2), pp. 193–206.

98_ Vesper, K. H., 1985, "A New Direction, or Just a New Label?", In Kao, J. J. and H. H. Stevenston (Eds.), *Entrepreneurship: What It is and How to Teach It*, Harvard Business School, Boston, MA, pp. 62–76.

99_ Mises, L., 1949, *Human Action: Treatise on Economics*, New Haven, CT, Yale University Press.

100_ Hamel, G. and C. K. Prahalad, 1989, "Strategic Intent", *Harvard Business Review*, 67(3), pp. 63–76.

101_ Schumpeter, J. A., 1934, *The Theory of Economic Development: An Inquiry into Profits, Capital, Credit, Interest, and the Business Cycle*, Cambridge, MA, Harvard University Press.

102_ Kim, W. C. and R. Mauborgne, 2005, *Blue Ocean Strategy: How to Create Uncontested Market Space and Make the Competition Irrelevant*, Boston, MA, Harvard Business School Press.

103_ Hofer, C. W. and D. Schendel, 1978, *Strategy Formulation: Analytical Concepts*, St. Paul, MN, West Publishing.

104_ Palich, L. E., L. B. Cardinal, and C. C. Miller, 2000, "Curvilinearity in the Diversification-Performance Linkage: An Examination of Over Three Decades of Research", *Strategic Management Journal*, 21(2), pp. 155-174.

105_ Stein, J. C., 1997, "Internal Capital Markets and the Competition for Corporate Resources", *Journal of Finance*, 52(1), pp. 111-133.

106_ Penrose, E., 1959, *The Theory of the Growth of the Firm*, Oxford University Press.

107_ Woodcock, C., P. Beamish, and S. Makino, 1994, "Ownership-Based Entry Mode Strategies and International Performance", *Journal of International Business Studies*, 25(2), pp. 253–273.

108_ Dunning, J. H., 1980, "Toward an Eclectic Theory of International Production", *Journal of International Business Studies*, 11(1), pp. 9–31.

109_ Bartlett, C. A. and S. Ghoshal, 1989, *Managing Across Borders: The Transnational Solution*, Boston, MA, Harvard Business School Press.

110_ Stopford, J. M. and L. T. Wells, 1972, *Managing the Multinational Enterprise: Organization of the Firm and Ownership of the Subsidiaries*, New York, Basic Books.

111_ Bartlett, C. A. and S. Ghoshal, 1989, *Managing Across Borders: The Transnational Solution*, Boston, MA, Harvard Business School Press.

112_ Chandler, A. D., 1962, *Strategy and Structure: Chapters in the History of the Industrial Enterprise*, Cambridge, MA: MIT Press.; Galbraith, J. R., 2002, *Designing Organizations: An Executive Guide to Strategy, Structure, and Process*, San Francisco, CA, Jossey-Bass.; Simons, R., 1995, *Levers of Control: How Managers use Innovative Control Systems to Drive Strategic Renewal*, Boston, MA, Harvard Business School Press.; Kaplan, R. S. and D. P. Norton, 1996, *The Balanced Scorecard: Translating Strategy into Action*, Boston, MA, Harvard Business School Press.

113_ Chandler, A. D., 1962, *Strategy and Structure: Chapters in the History of the Industrial Enterprise, Cambridge*, MA, MIT Press.

114_ Simons, R., 1995, *Levers of Control: How Managers use Innovative Control Systems to Drive Strategic Renewal*, Boston, MA, Harvard Business School Press.

115_ Kaplan, R. S. and D. P. Norton, 1996, *The Balanced Scorecard: Translating Strategy into Action*, Boston, MA, Harvard Business School Press.

116_ Stopford, J. M. and L. T. Wells, 1972, *Managing the Multinational Enterprise: Organization of the Firm and Ownership of the Subsidiaries*, New York, Basic Books.

117_ Prahalad, C. K. and Y. L. Doz, 1987, *The Multinational Mission: Balancing Local Demands and Global Vision*, New York, The Free Press.; Bartlett, C. A. and S. Ghoshal, 1989, *Managing Across Borders: The Transnational Solution*, Boston, MA, Harvard Business School Press.

118_ Porter, M. E., 1985, *Competitive Advantage: Creating and Sustaining Superior Performance*, New York, Free Press.

119_ Bartlett, C. A. and S. Ghoshal, 1989, *Managing Across Borders: The Transnational Solution*, Boston, MA, Harvard Business School Press.

120_ Barney, J. B., 1986, "Organizational Culture: Can It be a Source of Sustained Competitive Advantage?", *Academy of Management Review*, 11(3), pp. 656-665.

121_ Kotter, J. P. and J. L. Heskett, 1992, *Corporate Culture and Performance*, New York, Free Press.

122_ Schendel, D. and C. W. Hofer, 1979, *Strategic Management: A New View of Business Policy and Planning*, Boston, MA: Little, Brown.

123_ Rowe, W. G. and P. M. Wright, 1997, "Related and Unrelated Diversification and Their Effect on Human Resource Management Controls", *Strategic Management Journal*, 18(4), pp. 329-338.

124_ Nørreklit, H., 2000, "The Balance on the Balanced Scorecard-A Critical Analysis of Some of Its Assumptions", *Accounting, Organizations and Society*, 25(6), pp. 65-84.

125_ Hurst, D. K., 1995, *Crisis & Renewal: Meeting the Challenge of Organizational Change*, Boston, MA, Harvard Business School Press.

126_ Porter, M. E., 1996, "What Is Strategy?", *Harvard Business Review*, 74(6), pp. 61–78.

127_ Barney, J. B., 1991, "Firm Resources and Sustained Competitive Advantage", *Journal of Management*, 17(1), pp. 99–120.; Hamel, G. and C. K. Prahalad, 1989, "Strategic Intent", *Harvard Business Review*, 67(3), pp. 63–76.

128_ Ansoff, H. I., 1957, "Strategies for Diversification", *Harvard Business Review*, 35(5), pp. 113–124.

129_ Kaplan, R. S. and D. P. Norton, 1996, *The Balanced Scorecard: Translating Strategy into Action*, Boston, MA, Harvard Business School Press.

130_ Galbraith, J. R., 2002, *Designing Organizations: An Executive Guide to Strategy, Structure, and Process*, San Francisco, CA, Jossey–Bass.

131_ Lewin, K., 1947, "Frontiers in Group Dynamics", In D. Cartwright (Ed.), *Field Theory in Social Science*, New York, Harper & Row, pp. 5–41.; Lewin, K., 1951, *Field Theory in Social Science: Selected Theoretical Papers*, New York, Harper & Row.

132_ Kotter, J. P., 1996, *Leading Change*, Boston, MA, Harvard Business School Press.

133_ Stacey, R. D., 1996, *Strategic Management and Organisational Dynamics*, London, Pitman.

134_ Hughes, M., 2016, "The Tools and Techniques of Change Management", *Journal of Change Management*, 16(3), pp. 253–264.

135_ Appelbaum, S. H., S. Habashy, J. L. Malo, and H. Shafiq, 2012, "Back to the Future: Revisiting Kotter's 1996 Change Model", *Journal of Management Development*, 31(8), pp. 764–782.

136_ Schumpeter, J. A., 1934, *The Theory of Economic Development: An Inquiry into Profits, Capital, Credit, Interest, and the Business Cycle*, Cambridge, MA, Harvard University Press.

137_ Tidd, J. and J. R. Bessant, 2020, *Managing Innovation: Integrating Technological, Market and Organizational Change* (7th ed.), Chichester, John Wiley & Sons.

138_ OECD, 1992, *OECD Proposed Guidelines for Collecting and Interpreting Technological Innovation Data: Oslo Manual*, Paris: OECD.; OECD/Eurostat, 2018, *Oslo Manual 2018: Guidelines for Collecting, Reporting and Using Data on Innovation* (4th ed.), Paris, OECD Publishing.

139_ Teece, D. J., G. Pisano, and A. Shuen, 1997, "Dynamic Capabilities and Strategic Management", *Strategic Management Journal*, 18(7), pp. 509–533.

140_ Christensen, C. M., 1997, *The Innovator's Dilemma: When New Technologies Cause Great Firms to Fail*, Boston, MA, Harvard Business School Press.; Bower, J. L. and C. M. Christensen, "Disruptive Technologies: Catching the Wave", *Harvard Business Review*, 73(1), pp. 43–53.

141_ Ansoff, H. I., 1957, "Strategies for Diversification", *Harvard Business Review*, 35(5), pp. 113–124.

142_ Hambrick, D. C. and P. A. Masson, 1984, "Upper Echelons: The Organization as a Reflection of Its Top Managers", *Academy of Management Review*, 9(2), pp. 193–206.

143_ Yukl, G., 2013, *Leadership in Organizations* (8th ed.), Harlow, England, Pearson Education.

144_ Schumpeter, J. A., 1934, *The Theory of Economic Development: An Inquiry into Profits, Capital, Credit, Interest, and the Business Cycle*, Cambridge, MA, Harvard University Press.; Ireland, R. D., M. A. Hitt, and D. G. Sirmon, 2003, "A Model of Strategic Entrepreneurship: The Construct and Its Dimensions", *Journal of Management*, 29(6), pp. 963–989.

145_ Ireland, R. D., M. A. Hitt, and D. G. Sirmon, 2003, "A Model of Strategic Entrepreneurship: The Construct and Its Dimensions", *Journal of Management*, 29(6), pp. 963–989.

146_ Hambrick, D. C. and P. A. Masson, 1984, "Upper Echelons: The Organization as a Reflection of Its Top Managers", *Academy of Management Review*, 9(2), pp. 193–206.

147_ Kahneman, D. and A. Tversky, 1974, "Judgment under Uncertainty: Heuristics and Biases", *Science*, 185(4157), pp. 1124–1131.

148_ Polman, P. and A. Winston, 2021, *Net Positive: How Courageous Companies Thrive by Giving More Than They Take*, Boston, MA, Harvard Business Review Press.

149_ Aharoni, Y., 1966, *The Foreign Investment Decision Process*, Boston, MA, Harvard University Press.

150_ Kotsantonis, S., C. Pinney, and G. Serafeim, 2016, "ESG Integration in Investment Management: Myths and Realities", *Journal of Applied Corporate Finance*, 28(2), pp. 10–16.

151_ Fahlenbrach, R., 2009, "Founder–CEOs, Investment Decisions, and Stock Market Performance", *Journal of Financial and Quantitative Analysis*, 44(2), pp. 439–466.

152_ Bennedsen, M., K. M. Nielsen, F. Pérez–González, and D. Wolfenzon, 2007, "Inside the Family Firm: The Role of Families in Succession Decisions and Performance", *Quarterly Journal of Economics*, 122(2), pp. 647–691.

153_ Sahoo, S., S. Subramanian, and P. Malyadri, 2023, "Board Meeting, Promoter CEO and Firm Performance: Evidence from India", *Corporate Governance: The International Journal of Business in Society*, 23(3), pp. 566–583.

154_ Panda, B. and N. M. Leepsa, 2017, "Agency Theory: Review of Theory and Evidence on Problems and Perspectives", *Indian Journal of Corporate Governance*, 10(1), pp. 74–95.

155_ Oh, C. H. and C. H. Kim, 2019, "Owner–managers and Firm Performance during the Asian and Global Financial Crises: Evidence from Korea", *Asia Pacific Journal of Management*, 36(1), pp. 155–180.

156_ Zaandam, D., T. H. Reus, and S. A. Zahra, 2021, "Founder and Professional CEOs: Performance Differences Across Institutional Contexts", *Journal of International Business Studies*, 52(5), pp. 845–871.

157_ Porter, M. E. and M. R. Kramer, 2006, "Strategy and Society: The Link Between Competitive Advantage and Corporate Social Responsibility", *Harvard Business Review*, 84(12), pp. 78–92.; Porter, M. E. and M. R. Kramer, 2011, "Creating Shared Value", *Harvard Business Review*, 89(Jan–Feb), pp. 62–77.

158_ ILO and UNICEF, 2021, *Child Labour: Global Estimates 2020, Trends and the Road Forward*, Geneva, International Labour Organization.

색/인

국/문/색/인

영/문/색/인

D

E

F

G

H

I

K

L

M

저/자/소/개

저자 임성훈은 건국대학교 국제무역학과 교수이다. 한양대학교 경제학과를 졸업하고 서울대학교 대학원 경영학과에서 경영학 석사와 박사학위를 취득했다. KOTRA 공채 입사 후 월드뱅크, 감사원, 대통령직속 동북아경제중심추진위원회와 동북아시대위원회에서 수석전문위원으로 상근하며 국가경쟁력과 다국적기업에 대한 이해를 넓혔다. 경제자유구역위원회, 행정중심복합도시건설 추진위원회, 한국기상산업기술원에서 민간위원과 비상근 이사로 현장의 정책과 전략 수립 의사결정에 참여했다. 학문적 관심은 '경쟁력'이다. 동북아경쟁력, 한반도경쟁력, 한국의 국가경쟁력과 산업경쟁력, 그리고 우리 기업의 경쟁력이 연구대상이자 관점이다. 저서는 국내외에서 다섯 권의 표준시리즈를 비롯해 「북한을 사라, 한올」, 「한반도 경제특구, 학현사」, 「Rethinking SEZs as a Survival Strategy for North Korea, 미국 FcFarland & Co.」, 「외국인투자유치전략의 수립, 몽골 АДМОН ХЭВЛЭЛИЙН ГАЗАР」 등이 있다. 학술활동은 유럽국제경영학회 저널(IBR) 단독저자 2편 등 국제저명학술지(SSCI)에 십수 편의 논문을 게재하였고, 존 더닝(J. Dunning)의 세계국제경영학회 저널(JIBS) 서평에서 유일한 참고문헌으로 인용되기도 했다. 투자촉진 분야 영향력 높은 논문의 저자 373명 중 6위에 올랐고, 교육부(한국연구재단)의 우수논문, 인문학저술출판지원, 건국대학교 연구년 특별지원 등의 대상자로 선정됐다. 상훈으로 국무총리표창을 받았다.

국제기업을 위한 표준 경영전략

임성훈

1판 1쇄 인쇄 2025년 8월 25일
1판 1쇄 발행 2025년 8월 30일

발행인 회장 박 철 용
대표 박 세 원

발행처 **학현사**
우. 10881 경기도 파주시 직지길 522 파주출판도시
전 화 031) 955-8700(대표)
팩 스 031) 955-8705
메 일 yswgroup@naver.com
hhspub@daum.net
http://www.hakhyunsa.com

출판등록 1992년 6월 20일
등록번호 제 406-2004-000033호
I S B N 978-89-5853-609-3
정 가 35,000원